Domenico De Masi

Alfabeto da sociedade desorientada

Para entender o nosso tempo

TRADUÇÃO
Silvana Cobucci
Federico Carotti

Copyright © 2015 by Domenico De Masi

Grafia atualizada segundo o Acordo Ortográfico da Língua Portuguesa de 1990,
que entrou em vigor no Brasil em 2009.

Título original
TAG: Le parole del tempo

Capa
Rodrigo Maroja

Preparação
Diogo Henriques

Revisão
Ana Maria Barbosa
Clara Diament

Dados Internacionais de Catalogação na Publicação (CIP)
(Câmara Brasileira do Livro, SP, Brasil)

> Masi, Domenico De
> Alfabeto da sociedade desorientada: para entender
> o nosso tempo / Domenico De Masi; tradução Silva-
> na Cobucci, Federico Carotti. — 1ª ed. — São Paulo:
> Objetiva, 2017.
>
> Título original: TAG: Le parole del tempo.
> ISBN 978-85-470-0027-1
>
> 1. Civilização moderna — Século 21 I. Título.

16-00311	CDD-301.09

Índice para catálogo sistemático:
1. Civilização moderna : Sociologia : História 301.09

[2017]
Todos os direitos desta edição reservados à
EDITORA SCHWARCZ S.A.
Praça Floriano, 19 — Sala 3001
20031-050 – Rio de Janeiro – RJ
Telefone: (21) 3993-7510
www.companhiadasletras.com.br
www.blogdacompanhia.com.br
facebook.com/editoraobjetiva
instagram.com/editora_objetiva
twitter.com/edobjetiva

Sumário

Introdução 9

Aforismo 14

Beleza 53

Criatividade 66

Desorientação 93

Ecossistema 110

Fausto 131

Gênio 164

Hobby 181

Interpretação 203

Jobless 222

Kelvin 248

Lugares 268

Mídia 303

Nápoles 330

Ócio 347

Partidos 369

Quixote 387

Roma 409

Slow	425
Trabalho	442
Universidade	479
Václav	497
Web	511
Xénos	535
Yin e Yang	559
Zeta	583

Para Mara e Barbara

Introdução

> *A vida e os sonhos são páginas do mesmo livro.*
> *Lê-las em ordem é viver, folheá-las ao acaso é sonhar.*
> ARTHUR SCHOPENHAUER

PARAÍSO E INFERNO

Jorge Luis Borges faz Paracelso afirmar que o Paraíso existe e é esta nossa terra, uma vez que a divindade não teria podido criar um lugar que não fosse Paraíso. O inferno também existe, segundo Paracelso, e consiste em ignorar que estamos no Paraíso. Em minha opinião, embora este no qual vivemos não seja o melhor dos mundos possíveis, ainda assim é o melhor dos mundos existidos até agora. Eu gostaria de ter vivido na Atenas de Péricles, na Roma de Adriano, na Florença de Lourenço, o Magnífico, na Paris de Voltaire. Mas ninguém me garante que seria justamente eu no lugar desses personagens, desfrutando de seus privilégios. Seja como for, no tempo deles a expectativa de vida era bem mais breve do que a atual, e em caso de dor de dente não havia analgésicos para aliviá-la.

DEPRESSÃO UNIVERSAL

Já por si só, essa constatação deveria nos bastar para termos uma atitude menos desconcertada em relação à sorte que nos faz viver aqui e agora. Mas o mundo não está de acordo e predispõe a uma depressão que se tornou totalizante a partir daquele 2 de abril de 2007, quando a New Century Financial, a sociedade americana especializada na concessão de empréstimos *subprime*, pediu concordata, desencadeando oficialmente uma crise financeira sem precedentes.

Eduardo Galeano assim descreveu nosso sistema: "Os funcionários não funcionam. Os políticos falam mas não dizem. Os eleitores votam mas não escolhem. Os meios de informação desinformam. Os centros de ensino ensinam a não aprender. Os juízes condenam as vítimas. Os militares estão em guerra contra seus compatriotas. Os policiais não combatem os crimes porque estão ocupados demais em cometê-los. As perdas se socializam, os rendimentos se privatizam. O dinheiro é mais livre do que as pessoas. As pessoas estão a serviço das coisas".

Até o Brasil, última reserva de humanismo corporal e de sensualidade cordial, já induz ao pessimismo. Quando, vinte anos atrás, eu ia de Roma para o Rio, partia de um país eufórico e aterrissava num país deprimido. Dez anos atrás, voltando ao Brasil, deixava uma Itália deprimida e chegava a um país eufórico. Hoje, tanto cá quanto lá prevalece uma deprimente crise econômica, vivida como crise total. Mas até em países como Luxemburgo ou o Principado de Mônaco, onde o PIB per capita é escancaradamente exorbitante, os rostos ansiosos ou ausentes são em maior número do que os serenos.

A RAIZ DA INQUIETAÇÃO

Procurei compreender as causas dessa depressão que se expande até nos países de PIB alegre. A riqueza total do planeta cresce três ou quatro pontos ao ano; o número de Estados democráticos quase ultrapassou o dos regimes autoritários; a média de vida se alongou em toda parte, e em toda parte a medicina tornou um pouco mais suportáveis as enfermidades e a velhice; de ano em ano as tecnologias nos fornecem instrumentos cada vez mais eficazes para não esquecermos, não nos isolarmos, não nos perdermos, não ignorarmos, não nos entediarmos, não nos descuidarmos. No entanto, cresce uma inquietação dividida entre passividade e angústia.

Em um livro anterior — *O futuro chegou: modelos de vida para uma sociedade desorientada* —, eu identificava a raiz sociológica dessa depressão universal na desorientação gerada pela crescente dificuldade de distinguir. Para nós, é cada vez mais difícil distinguir o verdadeiro e o falso, o bem e o mal, o bonito e o feio, o público e o privado, o que é de direita e o que é de esquerda, e até o que é macho e o que é fêmea, o que é vivo e o que é morto. A impossibilidade de distinguir nos dificulta julgar, educar, decidir; nos lança em um estado de impotência justamente quando a ciência solicita nosso delírio de onipotência.

FALTA DE UM MODELO

Em *O futuro chegou*, situei a causa da depressão na desorientação, a causa da desorientação na impossibilidade de distinguir, a impossibilidade de distinguir na falta de um modelo de referência, de um paradigma capaz de fornecer ao nosso juízo critérios precisos de avaliação e, ao nosso itinerário, balizas seguras. Dessa concatenação de causas fiz descender a incapacidade individual e coletiva de projetar o futuro. E quando não somos nós a projetar nosso futuro, outros o projetam por nós, agravando nossa sensação de impotência.

ANOMALIA PÓS-INDUSTRIAL

Essa situação incômoda é totalmente inédita. Sua anomalia, e as consequências que daí derivam, está no fato de que somente a nossa atual sociedade pós-industrial cresceu sobre si mesma, quase por germinação espontânea, sem um modelo pré-elaborado, sem um plano, um mapa, um esquema ao qual se amoldar. Todas as sociedades precedentes — da democracia de Atenas ao Império Romano, do Sacro Império Romano-Germânico às nações protestantes, dos Estados Unidos à União Soviética — surgiram com base em um modelo preexistente, quer fosse religioso ou laico. O mesmo se pode dizer dos Estados indianos, chineses, japoneses, muçulmanos que se sucederam ao longo dos séculos.

QUINZE MODELOS

Incitado pelas minhas hipóteses, tentei reconstituir quinze desses modelos a fim de apurar e comparar o que havia a ser conservado ou descartado da sociedade hinduísta e da confuciana, da taoista e da islâmica, da iluminista, da capitalista, da comunista e da social-democrata, com vistas a um modelo novo a ser pensado e experimentado para conferir sentido à nossa sociedade pós-industrial. *O futuro chegou* é um diário de bordo, um relato desse meu périplo em torno das grandes tentativas com as quais a humanidade buscou reduzir a angústia da incerteza orientando os comportamentos sociais com percursos traçados em nome de Deus ou do povo, mas de qualquer modo em busca da felicidade.

EM ORDEM ALFABÉTICA

Mas, ao reconstituir esses percursos, ao identificar um a um os *guard rails* com os quais o homem delimitou sua trajetória, cresceu em mim a necessidade de esclarecer alguns conceitos nodais que resistem grandemente à simplificação e que nos induzem a refugiar-nos astutamente na toca protetora da complexidade, entendida como categoria tautológica que tudo explica e justifica. Para dar uma sequência a esses nós a ser desatados, evitando submetê-los a uma classificação, escolhi o mais óbvio dos critérios: a ordem alfabética. O leitor poderá segui-la ou, então, se preferir, escolher de vez em quando a palavra e o conceito a ser explorados com base em seu desejo do momento.

CONCEITOS COMPLICADOS, FORMA SIMPLES

Muitos conceitos reunidos neste livro me acompanham há anos e já foram esboçados ou expressados em outros ensaios meus. Quando necessário, retomei-os neste contexto, e isso explica as remissões a obras precedentes de minha autoria, não por autocomplacência, mas por completude. Em sinal de gratidão para com os leitores, esforcei-me por expor do modo mais simples possível até os conceitos mais complicados, a fim de facilitar sua compreensão sem, no entanto, empobrecê-los ou banalizá-los. Pelo mesmo motivo, eliminei as notas de pé de página e a bibliografia, englobando no discurso informações suficientes sobre as fontes, sem tornar o texto pesado.

PALAVRAS-CHAVE

O resultado não é um tratado de sociologia, uma anatomia e uma fisiologia sistemáticas da nossa sociedade, que são impossíveis dada a natureza fragmentária e esquizofrênica da própria sociedade, mas sim um patchwork de questões cruciais que tenta reproduzir o patchwork da realidade, descobrindo-lhe os nexos. Cada questão é evocada por uma palavra-chave. Algumas palavras (Ecossistema, Fausto) referem-se à saúde precária do planeta e ao progresso ameaçador da tecnologia, isto é, ao hardware da nossa existência. Outras (Aforismo, Web) referem-se às nossas modalidades, velhas e novas, de comunicar-nos com os outros, isto é, ao software da nossa convivência. Outras (*Jobless*, Trabalho, Ócio, Hobby) referem-se às nossas modalidades de ser e de expressar-nos através de algumas práticas como a fadiga, o repouso, o tempo livre e o jogo. Outras (Interpretação, Kelvin, Universidade) referem-se aos nossos modos de explorar o mundo do mais ou menos, de medir o universo da precisão e de transmitir esses conhecimentos através da instituição escolar. Outras (Lugares, Nápoles, Roma) referem-se a três modos diferentes de organizar os lugares e os não lugares criados pelo homem. Outras (Beleza, Criatividade, Gênio) referem-se aos fatores que mais se encarregam da nossa felicidade, tais como a estética, a descoberta e a invenção. Outras (Mídia, Partidos, Václav, Yin/Yang, Zeta) referem-se à dialética do poder em suas formas democráticas e em suas formas opressivas. Outras (Desorientação, *Slow*, Quixote, Xénos) referem-se a algumas abordagens à vida, da serenidade à confusão, da estranheza à loucura. Tendo me proposto a cobrir todas as 26 letras do alfabeto internacional, tive de recorrer a expedientes linguísticos para honrar também letras como K ou Y, pouco usuais no alfabeto brasileiro e inexistentes no italiano.

Dedicatória. Dedico este livro às minhas filhas Mara e Barbara, que conheço e amo desde sempre. Mas também o dedico a Liu Xiaobo e à sua mulher Liu Xia, que amo há anos mas que não conhecerei jamais. Desde 2009, Liu, filósofo e poeta, cumpre pena de onze anos de prisão por "incitação à subversão contra o poder do Estado". Em 2010, ganhou o prêmio Nobel da Paz "pelo empenho não violento em defesa dos direitos humanos" e o dedicou "às almas mortas da praça Tian'anmen". Em seu cárcere na Manchúria, onde lhe foram tirados papel e tinta, Liu traça seus versos sobre o pavimento de pedra, molhando um dedo na tigela da água que bebe. Enquanto isso, sua mulher Liu Xia, após recusar-se a pedir o divórcio, como lhe impunham as autoridades policiais, foi internada em uma clínica de Pequim, onde é cotidianamente submetida à condição de enlouquecer ou suicidar-se. Liu e sua mulher estão condenados à *damnatio memoriae* pelo dragão do Oriente e pela conivência do Ocidente, ambos dispostos a ignorar, por cínico interesse, que o gigante dos capitais financeiros esconde o anão dos direitos humanos.

A. Aforismo

Um aforismo jamais coincide com a verdade:
ou é uma meia verdade, ou é uma verdade e meia.
KARL KRAUS

REGISTRO CIVIL DO AFORISMO

Arqueologia do twitter

Digamos com franqueza: falar do aforismo, de sua história e de suas características é para mim sobretudo um pretexto para me desobrigar com o leitor, dando-lhe os aforismos mais belos com os quais topei no decorrer dos anos. Mas é também um modo de explorar a arqueologia da nossa linguagem mais atual, que se precipita -- graças à informática — para uma desorientação talvez irreversível.

"Os homens no tempo de hoje são desejosos de brevidade", dizia já em 1305 Bartolomeu de San Concordio em seu *Ammaestramenti degli antichi*. Passaram-se setecentos anos, e a tecnologia tratou de contentá-lo. A informática conspira a favor da brevidade expressiva e obriga seus adeptos a falar por aforismos, dos quais o Twitter representa a versão triunfante.

Existe uma extraordinária simetria entre o aforismo e suas épocas. Gino Ruozzi, máximo especialista italiano nesse gênero literário, afirma: "Os escritores de aforismos, que em primeiro lugar são escritores de meditação, oferecem a oportunidade de sondar os humores oscilantes do nosso tempo".

Nascido elitista no mundo clássico, em que era pensado por poucos sábios para poucos eruditos, passado ao mundo medieval, em que era pensado por poucos teólogos e moralistas para muitos crentes, hoje o aforismo paira sobre tablets e celulares, nos quais é postado por todos e recebido por todos. Nesse murmurinho planetário, que vale dezenas de bilhões de dólares, todos são *followers*, todos estão *following*.

Mas o aforismo havia nascido como ponto de referência seguro, como baliza de um percurso bem delineado, como transmissão concisa, em mão única — do sábio ao ignorante —, de um saber garantido pela credibilidade da fonte. Durante séculos, exprimindo a sabedoria de filósofos, *condottieri*, cientistas, pedagogos, maîtres à *penser*, ele representou uma fresta para a visão sobre a realidade. Prometendo mantê-la sob controle, criou um curto-circuito repentino entre o mundo e a presunção de poder conhecê-lo sabiamente, comunicá-lo sucintamente, fustigá-lo severamente e corrigi-lo salvificamente.

Depois, aos poucos, por heterogênese dos fins, o aforismo abandonou a exatidão e a credibilidade das fontes, rejeitou toda missão ética e social, aventurou-se pela pradaria do *qualunquismo*, da contradição, da confusão, preferiu o efeito, a surpresa, o brilhantismo, o esnobismo, em vez da solidez de um pensamento compacto, coerente, sistemático. Com sua linguagem confusional, contribuiu para a confusão geral da nossa época.

Agora, com sua recente metamorfose em tuíte, ele oferece a qualquer cultor da internet — ou seja, a todos — a possibilidade técnica de aventurar-se em uma circum-navegação do homem e em uma exploração da sociedade sem ter um mapa, uma meta e, talvez, sem que continuem existindo tanto o homem quanto a sociedade.

Se, durante séculos, o aforista orientou o mundo, seguro de conhecer o próximo mais do que o próximo conhecia a si mesmo, hoje ele se diverte em desemparelhar os pontos cardeais do mapa náutico que a humanidade buscou, obstinada e ilusoriamente, construir para si no decorrer dos séculos, e contribui, com seus fragmentos de sabedoria enlouquecida, para desorientar ainda mais o mundo desorientado. Esse deslocamento, como veremos, começou no final do século XIX com os aforismos de dois gênios sublimes e malditos – Baudelaire e Nietzsche –, para depois se instalar em todo o século XX, desintegrando toda linguagem subsequente, até a atual.

140 *caracteres*

Vivemos numa sociedade crescida sobre si mesma, sem ter um modelo ao qual se amoldar. Sua linguagem fragmentária e gramaticalmente falha é coerente e consubstancial a essa sua carência genética. E o aforismo, que hoje representa a forma mais frequente e expressiva dessa linguagem, ainda que não tenhamos consciência disso, nos dá a ilusão de fundamentar uma moral justamente enquanto contribui para despedaçá-la com sua retórica, sua erudição, sua contraditoriedade, seu cinismo, sua ironia, sua presumida brevidade. Sob esse aspecto, o Twitter representa a última metamorfose do aforismo e leva o despedaçamento até o ponto de impor a toda mensagem o intransponível limite métrico-decimal de 140 caracteres (ou 120, caso se insira um link ou uma imagem).

Foi Jack Dorsey quem imaginou um serviço que permitisse a uma pessoa comunicar-se com um número restrito de outras pessoas através dos SMS. O primeiro tuíte, publicado por Dorsey a título experimental em 21 de março de 2006, dizia: "*just setting up my twttr*". O lançamento do serviço, uma vez pronto, aconteceu em 15 de julho de 2006. Sete anos depois, em 2013, pelo menos 230 milhões de usuários se conectavam mensalmente com o Twitter, que conseguia gerenciar 143199 tuítes por segundo e faturava 1 bilhão de dólares. À diferença do Facebook, o Twitter não admite chats ou anexos, e suas mensagens diretas só podem ter como destinatários os *followers*. Se na mensagem se acrescentar uma *hashtag*, isto é, uma cerquilha (#), a algumas palavras ou agrupamentos de palavras, essa mensagem é etiquetada de tal modo que possa ser reconectada rapidamente, hipertextualmente, a todas as outras recentes mensagens sobre o mesmo assunto. Além disso, na primeira página do Twitter é publicada a lista das hashtags mais frequentes, país por país e cidade por cidade.

Medicina do homem

Mas o que é um aforismo? Muito distante de nós, Bartolo de Buti (1315-1406) o define como "breve sermão". Muito perto de nós, Giuseppe Pontiggia, que foi cultor e autor desse gênero (é sua a coletânea *Le sabbie immobili*, de 1991), diz que o aforismo "é a possibilidade de encerrar, dentro dos limites de uma definição, o fluxo, que sem isso seria inapreensível, da experiência". E traz o exemplo de Hipócrates, que no século V a.C. fundamentou a responsabilidade ética da medicina com uma coletânea aberta pelo memorável aforismo "A vida é breve, a arte longa, a ocasião fugidia, a experiência falaz, o juízo difícil", em que "o horizonte da medicina está contido dentro de limites de luminosa gravidade e de heroísmo humilde". Pontiggia diz: "Medicina do homem, esta é a essência do aforismo". Nós acrescentaríamos: "em doses pediátricas".

Federico Roncoroni, que organizou *Il libro degli aforismi*, fornece esta definição: "O aforisma ou, como melhor deveria ser chamado, o aforismo, é uma frase que compendia em um breve giro de palavras o resultado de reflexões precedentes".

Alda Merini, que escreveu aforismos inquietantes, diz que "o aforismo é o sonho de uma vingança sutil ou a sutil consideração de uma vingança que nunca será aplicada a nenhum governo e muito menos à vida interior do poeta [...]. O aforismo é gênio e vingança".

A Wikipédia, que fornece gratuitamente ou mediante pagamento dezenas de milhares de aforismos, oferece esta definição: "Um aforisma ou aforismo (do grego ἀφορισμός, definição) é uma breve frase que condensa — à semelhança das antigas locuções latinas — um princípio específico ou um mais geral saber filosófico ou moral".

Bem antes, Alano di Lilla (1125-1202), em suas *Regulae de sacra theologia*, dizia que toda ciência tem seus modos de expressão: as máximas para a dialética, os lugares--comuns para a retórica, as sentenças para a ética, os corolários para a aritmética, os teoremas para a geometria, os axiomas para a música, os aforismos para a medicina. E hoje — acrescento eu — para a informática.

O gênero aforístico, que remete justamente a Hipócrates e à sua ciência médica, até a Idade Média foi adotado por todos os seguidores deste último, e somente no século XVII foi liberado da hegemonia sanitária.

Na Itália — onde, ao que parece, o gênero foi introduzido com os *Disticha Catonis*, talvez de Catão, o Censor (234-149 a.C.) —, quem fará dele o maior uso serão primeiro as escolas médicas para o tratamento do corpo (escolas salernitana, bolonhesa, perugina) e depois as escolas religiosas para o tratamento da alma (Próspero de Aquitânia, Pietro Lombardo). Virão em seguida os aforismos morais (Jeremias de Montagnone), políticos (Campanella), jurídicos (Irnerio), astronômicos (Cardano), militares (Montecuccoli) e de humanidades em geral (Algarotti). A mesma coisa, mais ou menos, aconteceu em toda a Europa e na América Latina.

Aforismos pensados, aforismos adaptados

Assim, o termo "aforismo", usado pela primeira vez em língua italiana por Dante Alighieri, mudará progressivamente de casa, de finalidade e de nome, assumindo-os tão variados a ponto de compor uma lista de mais de cem termos que, embora não sendo sinônimos perfeitos, ainda assim têm estreito parentesco entre si. De fato, vai-se do epigrama de Marcial à sentença de Petrarca, da regra de Leonardo ao pensamento de Marco Aurélio e de Pascal, do *witz* (tirada) e dos *Abfälle* (dejetos) de Kraus às proposições de Nietzsche, das *remarques* de La Bruyère às *fusées* (rojões) de Baudelaire.

Existem aforismos que representam o que resta de um livro perdido, como se fossem ruínas arqueológicas. Outros que representam as anotações para um livro em gestação. Outros, ainda, que foram escritos direta e intencionalmente como aforismos, depois talvez publicados em revistas, e então recolhidos em volume pelo próprio autor ou por organizadores autorizados a fazê-lo enquanto o autor ainda era vivo.

Na Itália, Francesco Guicciardini (1483-1540) foi o primeiro a publicar um livro de aforismos pensado como tal: cem páginas escritas e reescritas no arco de dezoito anos até a edição de 1530, na qual os pensamentos se tornam 221, recolhidos sob o título de *Ricordi politici e civili*.

Em 1500, Erasmo de Roterdã publicou, sob o título *Adagiorum collectanea*, um conjunto de 818 provérbios latinos. Gradativamente, acrescentaria os provérbios gregos, e em 1536, ano de sua morte, publicaria a edição definitiva de nada menos que 4151 provérbios, com o novo título *Adagiorum chiliades*.

Na França, Jean de La Bruyère compôs seus *Caracteres* como um *work in progress*, passando das 420 *remarques* da primeira edição (1688) às 1120 da oitava e última edição (1694). Os diários íntimos de Baudelaire são anotações, muitas das quais em forma aforística, escritas pelo autor em papéis esparsos com vistas a um "grande livro" a ser completado em um segundo momento. Na Alemanha, os aforismos que Goethe insere aqui e ali em algumas de suas obras são recolhidos muito mais tarde, em 1907, por Max Hecker, em 1417 *Maximen und Reflexionen*. Os *Grundisse* de Marx, compostos entre 1857 e 1858, poderiam ser considerados encorpados aforismos escritos como trabalho preparatório ao livro *Para uma crítica da economia política*, publicado parcialmente em 1859. Marx nunca os publicou integralmente, e só oitenta anos após sua morte eles foram editados em versão original pelo Instituto Marx-Engels-Lênin de Moscou.

No século XX, muitos autores escreveram e publicaram aforismos, primeiro isoladamente e depois recolhidos em volume pelo próprio autor. É o caso de *Pensamentos desgrenhados*, de Stanisław J. Lec, ou dos três livros — *Ditos e desditos*, *Pro domo et mundo* e *De noite* — nos quais Karl Kraus reuniu os aforismos já publicados em sua revista *Die Fackel*.

Em outros casos, trata-se de frases que o autor havia incluído em discursos, ensaios ou romances e que, suprimidas de sua sede original, se prestam a ser consideradas aforismos, confluindo em coletâneas devocionais, edificantes, formativas, divertidas. Ou até em manuais revolucionários.

O primeiro a extrapolar e recolher em livro as proposições de um autor para fazer delas um texto à parte foi Próspero de Aquitânia, falecido em 463 d.C., que extraiu 392 frases dos livros de santo Agostinho e as reuniu no *Stentiarum ex operibus S. Augustini delibatarum libri*. Muitos séculos depois, Robert Ross fez uma operação análoga, extraindo da sede original as frases com que Oscar Wilde havia recheado seus livros e reunindo-as no afortunado *Sebastian Melmoth's Aphorisms* (Sebastian Melmoth é o pseudônimo que Wilde adotou após sair do cárcere). E pensemos também no sucesso obtido na Itália, como numerosas edições e outros tantos acréscimos, por *Anche le formiche nel loro piccolo s'incazzano*, de Gino & Michele e de Matteo Molinari. Mas o exemplo mais famoso desse método, embora aplicado a uma matéria de gênero totalmente diverso, é sem dúvida o *Livro vermelho* compilado por Lin Piao com os pensamentos de Mao Tsé-tung: difundido em 5 bilhões de exemplares, representa o segundo best-seller de todos os tempos depois da Bíblia.

Outras vezes, enfim, trata-se de pensamentos editados ou inéditos, recolhidos em volumes póstumos. Entram nessa categoria florilégios como *Pensieri diversi sopra materie filosofiche e filologiche*, de Francesco Algarotti, ou *Il bianco e il nero*, de Massimo Bontempelli, ou *La sua signora*, de Leo Longanesi. Aí se encaixa também o *Frasario essenciale per passare inosservati nella società*, de Ennio Flaiano, o qual representa um raro caso de autor mais publicado depois de morto do que em vida: seis ou sete livros em vida contra dez póstumos, para os quais confluíram todas as "coisas que depois formarão um volume".

HISTÓRIA DO AFORISMO

Exploradores e desertores

Na Itália temos o privilégio de uma edição extraordinariamente rica de aforismos organizada por Gino Ruozzi, que reconstrói a história do gênero desde o século XIII até o XX, e dele nos fornece o que há de melhor. Assim, em mais de 3 mil páginas, é passada em escrupulosa revista a produção de uma centena de aforistas, permitindo a avaliação e a comparação entre eles. Recorrerei a essa preciosa coletânea crítica para obter informações e indicações úteis ao meu discurso.

As filhas de Marx costumavam fazer um jogo que consistia em apresentar algumas perguntas a uma pessoa cuja personalidade pretendiam investigar. Para nossa sorte, temos as respostas que o pai deu ao insólito questionário. À indagação sobre qual seria seu mote preferido, a resposta de Marx foi: "De omnibus disputandum", convém duvidar e discutir a respeito de tudo. À pergunta sobre qual seria sua máxima preferida, a resposta foi: "Nihil humani a me alienum puto", nada do que é humano me é estranho. Naquela época já eram famosos os aforismos de Lichtenberg, de Goethe, de Novalis, de Shelling, e no entanto Marx cita uma frase extraída do século II a.C.: o *Heautontimorumenos* de Terêncio.

Portanto, a citação latina ainda está viva no século XIX, mas sua origem é distante. As mais antigas coletâneas medievais trazem pensamentos elaborados por filósofos clássicos e por personalidades fidedignas (médicos, padres da Igreja, imperadores), salvando-os assim do esquecimento através da transferência da tradição oral à forma escrita, da obra volumosa ao prêt-à-porter intelectual. Em certo sentido, o tempo e a inteligência seletiva fazem com o pensamento dos sábios aquilo que o cinzel de Michelangelo fará com o mármore: eliminam o supérfluo e deste selecionam o indispensável, tornando-o inédito.

Esse processo de delimitação e de minimização ocorreu sobretudo na filosofia grega. Em ordem temporal, Platão foi o primeiro filósofo de quem existem livros inteiros escritos e publicados por ele. Em contraposição, a vida e o pensamento de todos os pré-socráticos e do próprio Sócrates nos chegaram graças a citações e testemunhos fragmentários reportados por outros intelectuais, frequentemente centenas de anos depois. Na coletânea do século XIII *Fiori e vita di filosofi e d'altri savi e d'imperadori*, lê-se que Pitágoras "foi de tanta autoridade que os ouvintes escreviam como sentença aquilo que o escutavam dizer". A mesma coisa aconteceu com mestres como Buda, Jesus, Maomé e talvez Confúcio, que se limitaram a pregar sem deixar nada escrito.

Maria Luisa Spaziani afirma que "o aforismo é um estilhaço de universo. Reconstituir o vitral é um pouco mais difícil". Sem as citações e os fragmentos do pensamento pré-socrático que nos foram transmitidos pelos pensadores subsequentes, sem esses estilhaços de universo, nada saberíamos do "prodigioso vitral" que precede a Atenas de Péricles e que representa uma etapa fundamental do progresso humano. Se, sete séculos depois dos pré-socráticos, Diógenes Laércio não tivesse composto sua coletânea monumental de *Vidas e doutrinas dos filósofos*, com toda a sua massa de dados, datas, citações, testemunhos e até mexericos; e se, a 25 séculos de distância, o grande filólogo alemão Herman Diels não tivesse dedicado sua vida a recolher e organizar muitos materiais no seu *Fragmentos dos pré-socráticos* (1903), hoje não saberíamos quase nada de Orfeu, Hesíodo, Tales, Anaximandro, Anaxímenes, Heráclito, Pitágoras, Parmênides e Zênon.

Concentremo-nos um instante em Heráclito. Sem as citações que dele fizeram Aristóteles, Plutarco, Orígenes, Plotino e Platão, sem a paciência de Diógenes Laércio e de Herman Diels, hoje não conheceríamos seus aforismos, intensíssimos em ironia, profundidade e mistério. A ironia fustigante que se encontra em pensamentos como estes: "Se a felicidade se identifica com o corpo, consideraríamos felizes os bois quando encontram ervilhacas para comer"; ou: "Que a riqueza possa não vos abandonar jamais, ó efésios, a fim de que possais dar prova de quão infeliz condição é a vossa". A profundidade que se encontra em aforismos como este: "Não é possível percorrer duas vezes o mesmo rio". O mistério que envolve aforismos como este: "Imortais mortais, mortais imortais, a vida destes é a morte daqueles, e a morte destes, a vida daqueles". E também a sabedoria contida em aforismos que merecem toda a fama de que gozam: "Para o homem, o caráter é o seu demônio"; ou então: "É na mudança que as coisas descansam".

Um elogio explícito da citação é expressado nas *Cartas a Lucílio* por Lúcio Aneu Sêneca, morto em 65 d.C. Durante os últimos anos de sua vida, o grande filósofo escreveu uma série de cartas ao seu amigo, governador da Sicília e culto intelectual. Delas restam 124, reunidas em vinte livros. Nesse monumento filosófico com o qual pretende demonstrar algumas verdades exortando ao bem, e precisamente na segunda carta, Sêneca se congratula com o amigo-aluno porque este não é irrequieto, não se agita mudando de lugares continuamente, e sabe permanecer sossegado e recolhido em si mesmo. Depois lhe recomenda ser igualmente equilibrado também nas leituras e "adquirir familiaridade com autores selecionados", nutrindo-se somente deles, sem vagar de um escritor a outro, de um livro a outro. "Por isso, lê sempre os melhores autores e, se por vezes quiseres passar a outros, volta depois aos primeiros [...]. Após teres lido muito, escolhe um pensamento que possas assimilar naquele dia. Eu também faço assim: do muito que leio, extraio sempre algo. Esta, por exemplo, é a máxima de hoje, que encontrei em Epicuro (tenho, de fato, o hábito de passar ao campo alheio, mas como explorador, não como desertor): "É uma bela coisa", diz ele, "a pobreza aceita com ânimo alegre."

E assim Sêneca não só faz o elogio da citação como termina ele mesmo cada carta com a citação de um grande personagem. A terceira, por exemplo, se conclui com uma frase de Pompônio ("Há quem viva tão fechado em sua concha que vê um obscuro perigo em tudo o que está à luz do sol"); a quarta e muitas outras terminam com máximas epicuristas; a quinta e a sexta, com uma citação de Hecateu; a sétima termina de novo com um pensamento de Epicuro dirigido a um colega de escola: "Escrevo-te isto não para a multidão, mas para ti; de fato, sejamos um para o outro um teatro bastante grande".

Depois de 25 séculos, as citações estão ainda hoje em moda porque emprestam a credibilidade da personalidade citada ao pensamento daquele que a cita e porque permitem a este último expressar-se em um estilo melhor do que o próprio. De resto, as citações também são úteis aos autores citados porque lhes aumentam a *auctoritas*, a divulgação e a admiração junto a um público mais vasto e douradouro; e porque, escolhendo dentro da produção de seu autor os pontos mais brilhantes, validam-lhe uma genialidade talvez superior à real. Hoje, o Facebook e o Twitter se encarregam de multiplicar esses efeitos ao infinito, recheando-os de erros e imprecisões.

Guerra e ciência

Com Guicciardini e com Leonardo nasce o aforismo escrito pelo aforista, remetendo já não aos pensamentos credíveis de antigos sábios ou poderosos, mas à própria experiência pessoal e à observação direta da natureza. Embora, entre seus aforismos, não faltem os de tipo moral, Leonardo pintor escreve sobretudo ensinamentos destinados aos alunos pintores, e Leonardo cientista escreve para outros cientistas ou, de qualquer modo, para práticos, mais ou menos como Hipócrates havia feito em sua época. Seus temas preferidos são a anatomia, a medicina, a matemática, a física, a arte militar, o voo das aves. Dele, eu gostaria de lembrar aqui três aforismos. Um é leve e alusivo como uma metáfora: "Entre nós e o sol há trevas, e no entanto o ar parece azul". O outro é parâmetro para quem quer que se dedique ao ensino: "Triste é o discípulo que não se adianta ao seu mestre". O terceiro é um elogio da esfera emocional, tanto mais convincente quanto vem de um cientista: "Toda convicção decorre dos sentimentos".

Já dos *Ricordi* de Guicciardini, agrada-me citar este aforismo bem adequado aos nossos tempos, nos quais um político, quando não sabe o que fazer, nomeia uma comissão de técnicos: "Reúna seis ou oito sábios, tornam-se outros tantos loucos; porque, não entrando em acordo, põem as coisas antes em disputa do que em resolução".

No Renascimento floresceram os manuais para uso prático: tal como Leonardo, também Cennini e Piero della Francesca escreveram os seus para formar os artistas; Maquiavel e Guicciardini, para tornar argutos os políticos e os cidadãos; Baldassarre Castiglione e o monsenhor Della Casa, para ensinar boas maneiras. Mas também grandes *condottieri* como Wallenstein, Turenne, Gustavo Adolfo da Suécia, o príncipe de Condé e, sobretudo, Raimondo Montecuccoli sentiram a necessidade de transmitir suas experiências heroicas em pílulas de arte bélica, que irão completar o estudo inteiramente teórico feito por Maquiavel em seus inigualáveis *Diálogos da arte da guerra* (1521). E como, além das guerras intestinas como a conduzida e teorizada por Tommaso Campanella, as mais ásperas e heterodoxas são aquelas contra os turcos, travadas sobretudo na Hungria, a elas se referirão os aforismos de guerra de Carlos Emanuel I, duque de Savoia, e sobretudo os celebérrimos aforismos de arte bélica intitulados justamente *Della guerra col turco in Ungheria*, de Raimondo Montecuccoli, militar estrepitoso, destruidor do duplo mito da invencibilidade turca e da invencibilidade francesa, cultíssimo conhecedor de nada menos que sete línguas, além do latim e do italiano, escritor eficacíssimo em seu estilo forte e enxuto, que fará de seu livro um best-seller até hoje apreciado. Dele transcrevo somente dois aforismos, muito diferentes entre si, para mostrar o sentido com que Montecuccoli trata a guerra: "Começar a disputa à noite ou ao entardecer, caso se deva combater com poucos contra muitos ou se deva atacar um campo, porque a noite possibilita simulações e insídias; de resto, ela recobre indiferentemente sob seu manto as belas e as más ações, donde permanece a virtude sem o estímulo da cupidez, da honra, e do temor da ignomínia e do castigo". O outro aforismo antecipa as astúcias gerenciais das *human relations*: "Na retaguarda dos batalhões, manter religiosos, barbeiros, escrivães, que consolem, curem, registrem os feridos".

Desdém e arte pérfida da prudência

São os tempos de Carlos V, de Isabel de Castela e das grandes descobertas geográficas; são os tempos da protoindustrialização inglesa, que vão do reinado pobre e retrógrado de Henrique VIII ao evoluído e rico de Isabel I; são os tempos de Martinho Lutero, de Calvino e de Zwingli, com suas reformas que tentam deslocar de Roma para a Europa central o epicentro do poder religioso.

Em 1528, Baldassarre Castiglione publica *Il cortegiano*, com o qual indica na *sprezzatura*, arrogância desdenhosa, a qualidade mais apreciável do perfeito homem de corte. Como são poucos os cortesãos que possuem a tendência natural à cortesania, ou seja, a capacidade de entretecer lisonjas e adulações com tiradas espirituosas, jogos de palavras e aforismos, é preciso formar-se nessa arte combinatória com todo o empenho necessário e, uma vez aprendida, exercê-la com graça, ocultando o esforço despendido para tal e ostentando-a como virtude não adquirida, e sim natural. A *sprezzatura* é a arte de ocultar a arte e dissimular a simulação. Segundo a definição dada por Castiglione, e mais tarde retomada por Leopardi no *Zibaldone*, a *sprezzatura* é o oposto da afetação: "Para dizer talvez uma nova palavra, usar em tudo certa *sprezzatura*, que esconda a arte e demonstre o que se faz e se diz como feito sem fadiga e quase sem pensar [...]. Disso creio eu que deriva bastante a graça [...]. Pode-se, contudo, chamá-la de verdadeira arte, que não parece ser arte".

Mas esses são também os tempos de César e Lucrécia Bórgia, da família dos Medici, com seus triunfos e suas caçadas, de Maquiavel e de Júlio II, de Bernini e Borromini, de Inocêncio X e de sua cunhada e amante dona Olímpia, dita "La Pimpaccia". Tempos em que, à guerra travada nos campos de batalha com tropas uniformizadas e canhões e estandartes e inimigos reconhecíveis como tais, correspondia uma guerra mais sutil, conduzida nas cortes, nos palácios, nos conventos, a golpes de alusões, silêncios, meias palavras, olhares e subentendidos, conjurações e vinganças, longamente incubadas, subitamente consumadas a golpes de florete, venenos e punhaladas noturnas. Tempos sanguinários, marcados por um culto igualitariamente atribuído à sublime beleza e aos abomináveis vícios, públicos e privados. Tempos nos quais, para morrer de morte natural, convinha exercer em alta medida a arte da prudência. Que nunca era excessiva, se considerarmos que até Guicciardini, mesmo tendo-a ensinado fartamente em seus *Ricordi*, elaborados em longos anos de reflexões e ajustes, não conseguiu exercê-la na medida necessária para não cair duas vezes em desgraça.

Guerras, intrigas e conjurações foram, nos séculos XVI e XVII, o caldo de cultura dos novos estilos aforísticos, uma vez que o gênero se mostrava particularmente afim ao estilo de vida que se afirmava por toda parte na Europa. Dessa guinada são protagonistas príncipes e cardeais, bispos e monsenhores, ministros e *grand commis*, com os jesuítas na primeira fileira, dada a convergência de seu espírito corporativo com o espírito da época.

Permanece como exemplo celebérrimo dessa produção aforística *A arte da prudência*, publicado em Huesca, na Espanha, em 1647, pelo jesuíta Baltasar Gracián, a fim de oferecer aos homens do seu tempo um guia que os auxiliasse a se desvencilhar nos labirintos das intrigas, das dúvidas e dos mexericos cotidianos.

Quando o livro saiu, Bacon e Galileu tinham morrido havia pouco; Descartes e Newton, Velázquez e Calderón de la Barca ainda viviam. Gracián, portanto, teve a feliz oportunidade de atravessar aquele período mágico no qual o mundo moderno ganhou corpo. De fato, foi na Europa do século XVII que o primado da arte renascentista deu lugar ao primado da ciência exata, estabelecendo as bases para a iminente sociedade industrial. E foi na Espanha do século XVII que os velhos modelos de vida, bem representados pela dramaturgia de Calderón, deram lugar aos novos modelos de vida magistralmente prefigurados pela pintura de Velázquez.

Entre o cinismo da decadência e o entusiasmo do progresso, Baltasar Gracián escolheu a decadência. E, para não se perder nas curvas indolentes do barroco, recorreu às astutas contorções de seu lúcido intelecto e, de certo modo, intencionalmente, o prostituiu.

A civilização barroca não foi menos criativa do que a renascentista, mas assinalou o início de um desequilíbrio que mais tarde o Iluminismo não conseguiu devolver à condição normal e que a humanidade, a partir do século XX, carregará, cada vez mais alucinado e implacável, dentro de si. Hoje, quem quiser apossar-se da chave indispensável para interpretar o sentido coleante dessa civilização elíptica só precisa recorrer à preciosa leitura de *Barroco: do quadrado à elipse*, de Affonso Romano de Sant'Anna. Com o *Oráculo manual*, em contraposição, Gracián não queria oferecer chaves de leitura ou modelos conceituais, mas simples normas de comportamento prático, atalhos para chegar, se não ao sucesso, pelo menos à vida serena. Justamente como fazem hoje os manuaizinhos americanos que pretendem ensinar aos managers as quatro regras para sobreviver às pérfidas peripécias da carreira empresarial.

"Não mentir, mas não dizer toda a verdade"; "Fazer por si mesmo tudo o que é favorável; fazer tudo o que é odioso por meio de terceiros"; "Conhecer os afortunados para frequentá-los, os desafortunados para evitá-los"; "Ser capaz de fazer o próprio mal recair sobre os ombros dos outros"; "Seguir a corrente, mas dignamente"; "Fazer os outros dependerem de você"; "Saber negar". Eis um destilado das astúcias sugeridas por Gracián, que reduz a nível penosamente corriqueiro e prudente aquele cinismo que em Maquiavel é monstruosamente grande e desabusado. Aqui convergem fingimento, simulação e dissimulação, sínteses desafiantes e fugidios subentendidos, comedimento e reserva, intuição e experiência. Aqui triunfa o relativismo da prudência e da astúcia, isto é, daquelas virtudes dos fracos que sempre permitiram o triunfo de todas as prepotências. Aqui se toca o fundo negro e monstruoso da inteligência humana, capaz de infinitas perfídias e de angelicais redenções.

Das cortes aos salões

Enquanto a vida de corte é submetida a regras cada vez mais precisas, quase científicas, enquanto os cardeais Richelieu e Mazzarino ditam seus aforismos aos políticos, enquanto na Holanda o teólogo Erasmo de Roterdã resgata os provérbios do mundo popular e lhes confere dignidade de aforismos, na Inglaterra o grão-chanceler Francis Bacon, na França o ensaísta Michel de Montaigne e o filósofo Blaise Pascal conferem aos aforismos a dignidade de *essais*, ensaios. Como não recordar pelo menos dois aforismos de Pascal? "O homem é somente um caniço, o mais frágil da natureza; mas é um caniço que pensa." E o outro: "O coração tem razões que a própria razão desconhece".

E se, em Paris, Descartes tenta conter a vida em suas abscissas e em suas ordenadas, em Nápoles Giambattista Vico escarnecerá dele chamando-o "Renato Delle Carte" e carimbando-o com um aforismo: "Se transferires o método geométrico à atividade prática da vida cotidiana, nada mais fazes além de te empenhares em enlouquecer raciocinando".

Desse momento em diante, o aforismo se coloca também a serviço da ciência, fornecendo-lhe a forma expressiva para divulgar teoremas e experimentações úteis ao bem-estar material do homem.

No gênero aforístico irrompe, elegante e arguto, François de la Rochefoucauld com suas *Réflexions ou sentences et maximes morales*, escritas entre 1665 e 1678 e que, daí em diante, criarão um divisor de águas entre o aforismo tradicional, científico, racional, pedagógico, grave, especulativo, filosofante e moralizante, e as *máximas*, que penderão para a argúcia, o mundanismo, o *mot d'esprit*, o divertimento e a variedade. "Todos temos força suficiente para suportar os males alheios", diz La Rochefoucauld; ou: "O amor se assemelha mais ao ódio do que à amizade".

Enquanto isso, nas cortes primeiro se flanqueiam e depois se contrapõem os salões nos quais, para ter sucesso, todos deverão ser brilhantes, agudos e espirituosos, inteligentes, moralizantes, libertinos, paradoxais e surpreendentes. De qualquer modo, porém, cultos, muito cultos. Para compreender os gigantes da época — os Newton, por exemplo — e para divulgar o pensamento deles, não bastará ser erudito: será necessário o espírito refinado de Voltaire ou de Galiani, será necessário ter simpatia pela curiosidade, que é filha da ignorância e mãe do conhecimento. Será necessário romper os limites do real perseguindo a utopia possível.

Na Paris dos iluministas, todos sabem ler e todos leem. Em todo país da Europa os homens cultos falam francês, e entre um país e outro há um vaivém de filósofos, economistas, matemáticos, cientistas, musicistas e literatos. A convergência das ideias iluministas com os recursos rapinados às colônias gerará a Revolução Industrial em economia, as revoluções inglesa, americana e francesa em política, abrindo caminho aos Estados nacionais do século XIX.

Ainda no século XIX, a palma aforística pertence à Alemanha, onde os *Aphorismen* de Georg Christov Lichtenberg prenunciam grandes autores como Goethe, Novalis,

Schellling, Schopenhauer e depois Nietzsche. E, enquanto o aforismo alemão passeia entre a ironia, a sabedoria e a loucura, o italiano se faz pedagógico, político, ideológico, moral, com Giacomo Leopardi e Niccolò Tommaseo, e o francês se torna diário íntimo e furibundo com Baudelaire.

Rancor

O último livro de Charles Baudelaire praticamente não existe. Trata-se apenas de folhas esparsas, anotações e apontamentos, escritos entre 1855 e 1866, que a mãe encontrou após a morte do poeta e presenteou a um amigo dele, que o repassou a outro amigo, o qual os numerou e encadernou em dois volumes, cada um com um título extraído das *Marginalia* de Edgar Allan Poe: *Fusées*, rojões, e *Mon coeur mis à nu*, meu coração posto a nu. Este último "grande livro", destinado a obscurecer a fama das *Confissões* de Jean-Jacques Rousseau — como escreve à mãe, sem modéstia, o próprio Charles —, permaneceria "em estado de anotações". Quatro anos antes de morrer, em 1867, com apenas 46 anos, ele ainda dizia: "Pois bem, sim! Este livro será um livro de rancor... Quero fazer sentir sem trégua minha estranheza ante a sociedade e seus cultos".

Surgem assim acopladas, no mundo aforístico, as palavras *rancor* e *estranheza*, que, com Baudelaire e Nietzsche, circunscrevem em poucas sílabas o sentimento de isolamento e de rejeição indignada aos ritos e mitos da sociedade industrial e à sua presunção de normalizar, racionalizar, colocar tudo sob controle, tornar tudo previsível, programável e calculável, prestar contas de tudo em balanços preventivos e finais.

Em contraposição, nos dois diários íntimos de Baudelaire tudo é inexoravelmente dessacralizado: "Deus é o único ser que, para reinar, não precisa sequer existir"; "Deus é um escândalo — um escândalo que dá frutos"; "Os padres são os servidores e os sectários da imaginação"; "Por que os democratas não amam os gatos é fácil de adivinhar. O gato é belo; revela ideias de luxo, de limpeza, de volúpia"; "Ser um homem útil sempre me pareceu algo repugnante".

Depois o rancor encontrará sua expressão natural nas revistas, bem como nos livros. *Ronda*, *La Voce* e *Lacerba*, na Itália, e *Die Fackel*, na Áustria, divulgam os aforismos dos autores locais e traduzem os de autores estrangeiros, favorecendo uma mestiçagem de ideias, de estilos e de ressentimentos. Em toda a Europa são traduzidos e imitados os aforismos de Schopenhauer, Schlegel, De Gourmont, Baudelaire, Nietzsche, Kraus.

Intimismo e impulso, subjetivismo, vontade de reflexão e vontade de poder, recolhimento e entusiasmo, ideia e espírito abrem caminho aos preâmbulos do século XX com vibrações e fulgores fecundados pela leitura de Bergson e de William James. A velocidade do aforismo combina perfeitamente com o mito futurista da velocidade, e em pouco tempo o delírio de poder celebrará o casamento entre aforismo, nazismo e fascismo. Dezenas de aforistas e dezenas de revistas apoiarão os empreendimentos de Hitler e Mussolini, emprestando-lhes slogans, ideias, estética.

Theodor Adorno disse que "escrever poemas depois de Auschwitz é uma barbárie". Imagine-se então escrever aforismos! Depois da Segunda Guerra Mundial, inclusive nos países vencedores, os aforismos se tornam outras tantas reflexões sobre a derrota do homem e sobre a incerteza quanto ao futuro dele. Gino Ruozzi observa agudamente que "o fragmento desse período não é um fragmento que fere, mas um fragmento ferido". Um fragmento que marca a provisoriedade e o extravio, que acolhe a dúvida, esconde o rancor, rende-se à precariedade. O aforismo, que por sua natureza exige concisão e segurança, é inadequado à desorientação, e o aforista, para esconder esse handicap, obriga-se a uma overdose de achados linguísticos, jogos de palavras e metáforas inusuais. Chegamos assim à produção deleitável mas desorientadora de um Nelson Rodrigues, de um Woody Allen ou de um Ennio Flaiano.

IDENTIKIT DO AFORISTA

Dissimulado, irritadiço, briguento

Nem sempre inteligência teórica e inteligência prática se combinam. Basta pensar no desajeitado Beethoven ou em Gaudí, tomado por mendigo. Sobre Newton diz-se que fez dois buracos na entrada de sua casa de campo: um grande para o cão e um pequeno para o gato.

E o aforista, que cabeça tem ele? Todos falamos e escrevemos usando nossos aforismos ou citando frases alheias. Mas há pessoas particularmente versadas nesse gênero de expressão. Segundo Teofrasto, Heráclito tendia a pensamentos rápidos, fulminantes, frequentemente obscuros, porque seu temperamento melancólico o induzia a interromper aquilo que escrevia ou a escrevê-lo de modo descontínuo. Giuseppe Prezzolini, que amava o estilo "conciso, rápido, definitivo", diz que "escrever aforismos é de grão-senhor, assim como é de grão-senhor presentear garrafas de vinho; seria de camponês presentear uma pipa". Alda Merini diz que "quem faz aforismos morre saturado de memórias e de sonhos, mas permanece não vencedor nem diante de Deus, nem diante de si mesmo, nem diante de seu puro demônio".

A atitude do aforista (que nem sempre é um literato de profissão), no entanto, é a de um intelectual capaz — só ele! — de revelar aos mortais comuns as verdades que estão ao alcance da mão para os gênios e que por isso ele, gênio, consegue genialmente prever e generosamente, genialmente, prodigalizar. Ninguém conhece tanto quanto ele as mulheres, os homens, os pecados, os pecadores, os burocratas, os burgueses, os trapaceiros, as astúcias, os subterfúgios, as fraquezas, as falsidades. Em um mundo de hipócritas, só ele tem a coragem de desmascarar as hipocrisias. Em suma, ninguém como ele tem a presunção de conhecer profundamente a vida e o mundo: um "mundo inimigo do bem", como diz Leopardi.

Unindo a sabedoria do velho e a desinibição do jovem, olhando de fora e do alto, só ele está autorizado a descrever, representar, denunciar, revelar, eviscerar, acariciar, lisonjear, espantar, provocar, ridicularizar, colocar na berlinda, fustigar, chicotear, apunhalar tudo e todos. Ao fazê-lo, o aforista deve ser essencial, irrefutável, brilhante, estetizante; deve ser abrupto, elidir o supérfluo, evitar frioleiras, ser indulgente com as aliterações, o jogo de palavras, o achado linguístico, a escaramuça fonética, a intui- ção astuta, a frase requintada, o julgamento cortante, a alusão maliciosa. Um aforista incomum, o jesuíta Emanuele Tesauro descreve-nos até o olhar dissimulado do autor de aforismos: "Olhos mais alegres do que tristes, mas não risonhos".

Tendente ao conservadorismo, *laudator temporis acti*, pessimista quanto ao presente, cético diante do futuro, sempre suspenso entre intuição genial e obviedade generalizante, o aforista, em relação ao filósofo e ao sociólogo, tem o afortunado privilégio de poder enunciar sem precisar provar. E, enunciando, pode permitir-se toda a gama que vai da dádiva à carícia, da lisonja à alfinetada, sem se ater à coerência e tampouco à boa educação.

Burguesíssimo, fustiga a burguesia; conservador intolerante, fustiga os conserva- dores; sabichão insatisfeito, fustiga os sabichões; briguento, desencadeia rixas com os outros briguentos. Leopardi, que escreve aforismos, fustiga os outros aforistas porque considera "engano e fraude" isso de eles "prometerem felicidade", incitarem os jovens à sabedoria extinguindo-lhes assim a juventude, "enganarem os alunos, a fim de que posponham a comodidade deles à de outrem". Carlo Dossi, por sua vez, apostrofa Leo- pardi como "choramingas", "incapaz de riso", "reservatório de perpétua infelicidade", enquanto Tommaseo chega a chamá-lo de "engenho falso e estreito". De resto, Calígula dizia que as obras de Sêneca eram construções de areia sem cal (*harena sine calce*), e os detratores de Debussy afirmarão que a música dele é *soupe sans viande*, caldo sem carne.

Antipático, amado, odiado, cortejado, mimado, tolerado, assediado por convites para as estreias teatrais e os jantares brilhantes, que finge esnobar, o aforista se compraz no ódio-amor pelo qual está circundado e que ele espertamente cultiva. Após calcular bem o peso dos adversários e das armas de que dispõe para combatê-los ("Eu ajusto meu adversário à medida das minhas flechas", confessa Kraus), o aforista trava sua batalha. "Escrevo certas coisas até mesmo quando o público as espera", insiste Kraus. Ou então: "Por que tanta gente fala mal de mim? Porque me louvam e, apesar disso, eu falo mal deles". Longanesi sintetiza tudo isso em um aforismo ainda mais breve: "O prazer de desagradar a quem quer agradar".

Quando finalmente alcança um nível de fama que lhe assegura a impunidade, o aforista se concede refinados esgotamentos nervosos e suntuosos cansaços, como ele mesmo confidencia. A essa altura, pode abandonar-se àquilo que Flaiano chama de "refinado orgulho da resignação", ou permitir-se elevar sua mira sobre adversários ilustres ou ainda confessar descaradamente sua desonestidade intelectual. Longanesi ousa: "Benedetto Croce é perfeito como um relógio suíço: não atrasa e não avança". Um crítico literário inglês chegava a dizer: "Nunca leio um livro antes de resenhá-lo, para não me deixar influenciar". E Kraus: "Para conservar a objetividade do meu julgamento, não posso evitar manter-me conscientemente longe do espetáculo".

Estilo e vida

As qualidades estilísticas do aforista são, segundo o caso, a elegância, o coquetismo, a argúcia, a erudição, a prosa mordaz, cativante, brilhante, impiedosa. Ao rigor e ao perfeccionismo linguístico de alguns corresponde a falsa negligência gramatical de outros. É onipresente a "*sprezzatura*" que Baldassare Castiglione atribuía aos cortesãos e que os aforistas cultivam, embora se fingindo ingênuos inexperientes em lisonjas. As relações deles com a sociedade vão do isolamento mal-humorado (Schopenhauer) à frequentação dos salões (La Rochefoucauld, Wilde). Alguns gostam de representar-se como solitários, diferentes (e, portanto, melhores): "Vivo no campo", escreve Ugo Bernasconi, "arredio a todo tipo de cenáculo ou de polêmicas de café".

Intrínseco aos eventos públicos e ao mundanismo, muito mais do que deseja fazer crer, nosso aforista conhece a fundo os ritos neuróticos e os meandros íntimos da sociedade na qual veleja com ostensivo distanciamento. Ouçam, por exemplo, este aforismo de Kraus: "Estavam presentes todos os que deviam estar ali, e que de outro modo não saberiam de que serve estar, a não ser justamente estar ali". E leiam estes seis aforismos de Leo Longanesi para compreender como ele conhece a fundo, por frequentação intrínseca e direta, aquela sociedade da qual gostaria de tomar distância: "O assistente de direção C. ajuda o diretor V. a fazer com que gaste dinheiro o comendador B., enriquecido com a ajuda americana, o qual ajuda uma graciosa jovem obrigada a ajudar a família". "No marido veem o pai dos filhos; nos filhos, o fruto das próprias infelicidades; na infelicidade, o motivo para arranjar um amante; no amante, uma vítima a sacrificar ao marido"; "Na *trattoria*. O advogado O. finge não me ver, mas seus ouvidos me fitam"; "Diz a condessa P. B.: 'A inteligência, o senhor sabe disso, ama os convites para almoçar'"; "Mostra-me seus filhos e os ilustra com adjetivos tão adocicados que não posso evitar perguntar: 'Posso experimentar um?'"; "A mulher girou o olhar em torno da mesa e se tranquilizou: tinha ido para a cama com todos".

Para alguns aforistas, não basta sentirem-se isolados; eles se descrevem como perseguidos: "Há pessoas que conseguem unir as vantagens do mundo com os benefícios da perseguição", diz Kraus, talvez sem perceber que fala de si mesmo. "Todo mundo está em desacordo comigo", escreve Nietzsche em *Ecce Homo*, não sem satisfação.

Na realidade, os aforistas são perseguidos sobretudo pela necessidade de criar aforismos, jogos de palavras, aliterações para estarrecer ou fustigar os interlocutores, e são aterrorizados pelo medo de que sua veia aforística seque. Nietzsche confessa: "Em cada giro de frase percebo a fadiga, o peso e a veleidade de ser espirituoso".

O CADERNO DE ANOTAÇÕES E A PLATEIA

De qualquer modo, o aforista precisa de uma plateia que depois, contagiada, se desvaneça em citá-lo, propagando assim, de boca em boca, o pensamento dele: se faz piadas, precisa de um cabaré ou de um programa televisivo de entretenimento; se escreve para as elites intelectuais, precisa de uma revista radical chique ou de um editor refinado. Karl Kraus tinha sua revista *Die Fackel*; Longanesi, seu *L'italiano*, seu *Il Borghese*, além de sua editora homônima. Quando se torna famosíssimo, o aforista desfruta daquilo que Merton chama "princípio de são Mateus" (a quem mais tem, mais será dado): quem quer que deseje citar uma frase brilhante de cujo autor não se lembra irá atribuí-la, para lhe reforçar o efeito e a credibilidade, ao Wilde, ao Flaiano, ao Woody Allen da vez, o qual desse modo sai ulteriormente reforçado em sua fama.

Imagino que todo aforista disponha de um caderninho no qual anota escrupulosamente suas ideias à medida que elas adejam em sua cabeça, a fim de que nada se perca. Condenado a uma maníaca precisão terminológica, é obrigado a polir à perfeição suas frases, seus adjetivos, sua pontuação, a fim de que tudo resulte essencial, minimalista, fluente, surpreendente. Depois, no momento certo, à mesa com os amigos ou na rubrica semanal da própria revista, ou no Facebook, salpicará como que de passagem suas pílulas de saber, esperando, com ansiedade camuflada de *sprezzatura*, o efeito surtido, a hilaridade, a admiração, a indignação despertada.

Kraus, contudo, foi muito além. Numa época em que não existiam nem rádio, nem televisão e muito menos internet, ele inventou um modo todo seu para divulgar o próprio saber sem recorrer ao cabaré, pouco decoroso para seu nível intelectual. A partir de 1910 e até a morte, por 26 anos consecutivos, fez mais de setecentas "leituras" não só nos teatros de sua Viena como também nos de outras cidades europeias, de Berlim a Praga, de Paris a Trieste. Sozinho diante de uma mesinha, recitava no palco textos seus e textos alheios, das tragédias de Shakespeare às operetas de Offenbach. E, obviamente, recheava de aforismos cada conferência. Elias Canetti, que assistia como fã a essas performances, descreve-o assim: "A grande sala de concerto estava lotada. Eu me sentava muito atrás e, daquela distância, pouco podia ver: um homem pequeno, um tanto franzino, meio curvado para diante, com um rosto que terminava em ponta, de uma inquietante mobilidade, que eu não conseguia compreender — ele tinha em si algo de uma criatura desconhecida, de um animal descoberto só agora, eu não saberia dizer qual. A voz, incisiva e vivaz, dominava facilmente a sala, e às vezes — ou melhor, com frequência — se intensificava de repente".

Com suas frases cortantes o aforista aposta intencionalmente em um efeito edificante, revelador, salvífico como uma confissão de santo Agostinho; mortificante, castigador, culpabilizante como uma invectiva de Savonarola; coberto de pátina e fosforescente como um discurso de D'Annunzio; translúcido e sedutor como um pensamento de Nietzsche; crepitante e cativante como uma frase de Flaiano, arguto e refinado como uma piada de Woody Allen.

Mas o aforista pode ser também manipulador e devastante como uma prédica de Charles Milles Manson. Elias Canetti, que permaneceu capturado pela personalidade de Karl Kraus e que só conseguiu libertar-se muitos anos depois, deixou-nos esta revelação inquietante: "Então fiz verdadeiramente a experiência do que significa viver sob a ditadura. Eu era um apoiador voluntário dele, devoto, apaixonado e entusiasta. Aos meus olhos, um inimigo de Karl Kraus era um homem desprezível, imoral; e se não cheguei a ponto, coisa que nas ditaduras sucessivas se tornou costumeira, de exterminar os supostos insetos imundos, também tinha, devo confessá-lo com vergonha — sim, não posso dizê-lo de outro modo: também tinha os meus 'hebreus', homens que eu evitava olhar, que não me importavam em nada quando os encontrava nos locais, que eram por mim repelidos ou proscritos, cujo contato me contaminaria, que eu com absoluta seriedade não mais considerava parte da humanidade: as vítimas e os inimigos de Karl Kraus".

Moral e moralismo

Na medida em que instrui, forma, edifica, sugere, aconselha, desaconselha, reprova, proíbe, fustiga, o aforismo é intrinsecamente moralizante e comporta uma legítima comparação com a vida de quem o concebeu. Aliás, Manzoni havia escrito que "a vida é o paradigma das palavras". O leitor de aforismos está autorizado a perguntar: que conduta tiveram, em suas existências, aforistas como Guicciardini, ou La Rochefoucauld, Lichtenberg ou Nelson Rodrigues, Leo Longanesi ou Woody Allen, para sentirem-se autorizados a ensinar, escarnecer, reprovar, moralizar?

Longanesi, por exemplo, emprestou ao fascismo boa parte de sua inteligência. De 1926 a 1942, *L'italiano* foi sua "revista semanal da gente fascista". Em 1926 ele publicou o *Vademecum del perfetto fascista* e três anos depois, em 1929, assumiu a direção do *Assalto*, semanário da federação provincial fascista de Bolonha, para o qual cunhou lemas como "*Ardisco, non ordisco*", ouso, não tramo. São dele as mais significativas palavras de ordem adotadas pelo fascismo: "Serve-se à pátria até fazendo a guarda de uma lata de gasolina"; "Mussolini tem sempre razão"; "A literatura do século XX é ou hebraica ou pederasta".

Quando não adere a uma ideologia pela qual pode ser possuído até ao carolismo, o aforista pode cair no *qualunquismo* ("Creia em mim: não creia em nada", confidencia Longanesi após a queda do fascismo) ou no pessimismo cósmico ("Não só não existe Deus, mas tentem achar um bombeiro em um domingo!", lamenta Woody Allen. "Ninguém é infalível. A criação do homem é a prova disso", afirma Alessandro Morandotti). Ou pode adotar, com desenvolta superficialidade, pontos de vista discordantes e até antitéticos, como faz Jean de La Bruyère em seus *Caracteres*. Ou ainda pode pairar em uma atmosfera de limpidez moral e de coerência laica, tal como faz Pietro Ellero em seus 855 *Aforismi morali*. Ou então pode lutar contra o próprio conceito de moral, como faz Nietzsche em *Aurora. Reflexões sobre os preconceitos morais*.

Esse texto, que se compõe de 575 aforismos, representa a extrema tentativa de desmascarar a ética burguesa para construir aquele ultra-homem ou super-homem que conseguirá dominar a civilização da técnica e a organização total do mundo. Trata-se, então, de destruir a ética cristã e a kantiana, uma vez que nossas ações são complexas demais para serem compreendidas por nós mesmos e ainda mais para serem julgadas e guiadas pelos moralistas que nos observam de fora.

O sujeito não só não é livre como também não existe enquanto sujeito. Não existindo o sujeito a quem imputá-las, as ações nunca são morais ou imorais. Temos a ilusão de compreender por que fazemos aquilo que fazemos, mas na realidade as causas das nossas ações, instintuais e sociais, são tantas que cada um de nós não sabe absolutamente aquilo que faz e aquilo que deve fazer, mas sim, a cada instante de sua existência, é *feito* por outros e por outra coisa.

O homem, portanto, não é culpado daquelas suas ações que a moral moralizante denigre como egoísticas. A moral não é senão uma neurose, geradora de outras neuroses porque, sob o fardo insuportável da responsabilidade individual, o homem acaba por agarrar-se ao socorro da graça divina. Em contraposição, tomando conhecimento da ausência da moral, "nós restituímos aos homens um ânimo sereno [...]. Quando o homem não se considera mau, cessa de sê-lo", diz o aforismo 148 de *Aurora*, que recorda o aforismo de Voltaire: "As bruxas deixaram de existir desde quando deixamos de queimá-las".

FISIOLOGIA DO AFORISMO

Missão

A missão de todo aforista, como diz Kraus, é a de fixar o leitor à verdade, reduzindo-a a uma meia verdade ou inflando-a até transformá-la em uma verdade e meia. Às vezes trata-se de uma verdade surpreendente, justamente por sua impensada obviedade: "A forma mais perfeita na natureza é o ovo, e no entanto a galinha o põe pelo cu" (Bruno Munari). "Se Girolamo Savonarola tivesse um microfone, não acabaria na fogueira" (Marcello Marchesi). "Antigamente, até a eternidade era mais duradoura" (Stanisław J. Lec). "Shakespeare não sabia grego e Homero não sabia inglês" (Ennio Flaiano). "O morto esquecido é o único que repousa em paz" (Nelson Rodrigues).

Mas por que o aforista teima em escrever aforismos? Antes de mais nada, para desafogar sua criatividade em doses pediátricas e porque não pode evitá-lo: é mais forte do que ele. Um exemplo me foi contado por Leonardo Sciascia, durante uma competição brincalhona entre nós sobre quem recordava mais aforismos, que disputamos por algumas horas em um restaurante de Sevilha. Parece que Mazzacurati havia espalhado o mexerico de que Flaiano era traído pela mulher. Flaiano soube e ameaçou espancar o amigo caluniador, o qual, por alguns dias, evitou prudentemente aparecer em público. Depois, certa manhã, enveredou casualmente pela *via* Della Croce, notoriamente estreita, justamente quando, em sentido contrário, vinha chegando Flaiano. A poucos passos um do outro, o confronto era inevitável, e Mazzacurati disse a ele: "Você tem razão de estar aborrecido comigo. Pode me fazer de tudo, mas não me dê chifradas!".

O aforista não quer provocar uma gargalhada espalhafatosa, mas uma reflexão, um sorriso amargo, um pesar, um desvio no percurso da vida cotidiana. Para alcançar seu objetivo, às vezes sussurra ou burila; frequentemente diverte ou dessacraliza; mais frequentemente ainda, prega ou fere.

Frei Silvestre (1278-1348) pregava: "A regra é feita para os viciosos, não para os bons, que são regra eles mesmos". Horácio dessacralizava: "Não compreendo como um padre consegue não morrer de rir quando encontra outro padre". Os aforismos de Marco Aurélio (121-80 d.C.) comandavam através de metáforas: "O que não é proveitoso para a colmeia tampouco o é para a abelha". Os aforismos de Napoleão sabiam ser muito líricos ("Antes que nos campos de batalha, eu venço minhas guerras nos sonhos de meus soldados"), mas também extremamente práticos: "Em guerra somente o comandante compreende a importância de certas coisas, e somente ele pode, com sua vontade e suas faculdades superiores, vencer e superar todas as dificuldades". As *Citações das obras do presidente Mao Tsé-tung* recolhidas por Lin Piao no *Livro vermelho*, e destinadas a ser decoradas para tornar-se "uma bomba atômica espiritual de potência ímpar", são outros tantos aforismos densos de carisma e de história: "Luta de classes — algumas classes triunfam, outras são eliminadas. Esta é a história, esta é há milênios a história da civilização". Ou: "A revolução não é um almoço de gala; não é uma obra literária, um desenho, um bordado; não pode ser feita com as mesmas elegância, tranquilidade, delicadeza, ou com as mesmas doçura, gentileza, cortesia, atenção e magnanimidade. A revolução é uma insurreição, um ato de violência com o qual uma classe derruba outra".

Karl Kraus é como um gravador de águas-fortes: "A humanidade se tornou histérica na Idade Média porque reprimiu de mau jeito as impressões sexuais de sua adolescência grega". Ou: "O que são todas as orgias de Baco diante da embriaguez daquele que se abandona desenfreadamente à continência?".

Stanisław Lec é um cinzelador de camafeus: "Vox populi vox Dei ex machina"; ou: "O sonho dos poetas: O Cântico dos cânticos dos cânticos". Oscar Wilde avança com o passo atenuado de um dândi de salão: "Somente os superficiais não julgam pelas aparências"; ou: "No mundo há apenas uma coisa pior do que fazer falar de si: não fazer falar de si".

Desnorteamentos, contrassensos, aliterações

Alguns aforistas tendem a desnortear o leitor com uma repentina aterrissagem das esferas rarefeitas da filosofia à crua e ineludível cotidianidade: "Com sorte você atravessa o mundo, sem sorte você não atravessa a rua", diz Nelson Rodrigues.

"Procurava na Bíblia o endereço de um hotel na Palestina", diz Longanesi. Woody Allen, mestre nessas viradas, adverte: "Deus morreu, Marx morreu e eu também não me sinto muito bem". Ou: "São três as grandes perguntas da humanidade: de onde viemos, para onde vamos e o que comeremos esta noite".

Outros aforistas querem surpreender ou divertir jogando com contrassensos. "A história", diz Alessandro Modotti, "ensina que a história não ensina nada." Manzi faz uma mulheraça dizer ao seu homúnculo: "Sim, eu te traí. Mas te perdoo". Mestre do gênero é o nosso chargista Altan. Eis alguns exemplos: "Sou corrupto, incapaz, suspeito. Só existe um modo de descobri-lo: releiam-me". Ou: "Nós governamos este país por trinta anos? Desafio o senhor a me dar provas!". Ou: "É óbvio que não sou coerente. Senão, onde vai parar o pluralismo?". Ou: "Vêm à minha mente opiniões que não compartilho". Mais frequentemente, Altan confia suas piadas a um diálogo entre colegas de trabalho, entre pai e filho, entre marido e mulher, com estocadas e respostas de poucas sílabas: "— A inflação vem comendo o meu salário. — Vê-se que ela está de dieta". Ou: "— Afirma que há muitos inválidos falsos, Excelência. — Amputem-lhes uma perna".

Às vezes os aforismos adquirem o vezo da aliteração, do jogo de palavras, do dito espirituoso, com o inconveniente de serem frequentemente intraduzíveis em outras línguas, como acontece até aos aforismos de Shakespeare. "O entendedor é alguém que conseguiu dar a entender que entende do assunto", diz Alessandro Morandotti. E Longanesi: "O diletante se deleita em descobrir o que poderia fazer se o soubesse fazer"; ou "Não se faz ideia das ideias das pessoas sem ideias". Mas uma sentença de Epicuro já dizia: "Nada basta a quem não basta aquilo que é suficiente".

Muitos aforismos são intencionalmente desconfortáveis, ásperos, provocadores, tendentes a desmascarar, desvelar, revelar, estigmatizar, reprimir: "Hoje o cretino é especializado" (Flaiano); "Antigamente, o silêncio era dos imbecis; hoje, são os melhores que emudecem" (Nelson Rodrigues); "É um cretino iluminado por lampejos de imbecilidade" (Flaiano).

Outros autores amam o contrassenso: "A única diferença entre o capricho e a paixão de uma vida é que o capricho dura mais" (Wilde). Outros, ainda, amam o nonsense: "Alguém já perguntou à tese e à antítese se querem tornar-se síntese?" (Lec). Outros são escancaradamente desabusados: "Estes são os meus princípios. Se não agradarem a vocês, tenho outros" (Groucho Marx).

Alguns aforismos são ostensivamente sentenciosos, compromissados, confessam paixões, proclamam fé, como este de Carlo Dossi: "Quem semeia benefícios colhe ingratidão", ou como estes de Baltasar Gracián: "O amor é mais temerário do que o ódio" e "Para viver, deixe viver". Outros, ainda, são insolentemente urticantes: "Se amam a solidão, casem-se", de Oscar Wilde, que emparelha com "Se temem a solidão, não se casem", de Anton Tchekhov, e "O casamento é o máximo da solidão com a mínima privacidade", de Nelson Rodrigues. Muitos aforismos gostam de sugerir e aludir a conteúdos eróticos, como este de Vasco Mirandola: "Mi piace tutto di te dalla A alla Z, ma sopratutto verso la Q", "gosto de tudo em você, do A ao Z, mas sobretudo nas proximidades do Q".* Às vezes o aforista recorre à ambivalência, como faz por exemplo Heráclito na frase: "Deste logos que é sempre os homens não têm inteligência", cujo sentido muda segundo a vírgula seja colocada antes ou depois da palavra "sempre".

Por um lado, portanto, o aforista quer seduzir o leitor com ironia e originalidade; por outro, quer educá-lo, firmando-o de volta com os pés no chão, fazendo lampejarem diante dele realidades que de outro modo lhe escapam, expressando prudência, compromisso, reflexão, seriedade, sabedoria, experiência, credibilidade, gravidade e contenção; por outro ainda, quer embasbacá-lo e esmagá-lo com sua cultura, sua erudição, sua inteligência; por fim, quer aniquilá-lo com sua acidez, inveja, soberba, presunção e até maldade.

---

* Alusão ao termo *culo*. Em italiano, a pronúncia do Q é seguida de u. (N. T.)

Nietzsche e Wittgenstein

Muitos aforismos são um condensado de sabedoria: "Falo difícil a fim de que me entendas" (Giuseppe Peano); "Para não mostrar aos outros os limites do próprio saber, basta não os ultrapassar" (Leopardi). Outros aforismos adotam um tom aparentemente lapalissiano, mas escancaram horizontes vastíssimos e revolucionários. É o caso exemplar de Wittgenstein, que imprime um salto à filosofia da linguagem com o *Tractatus logico-philosophicus*, de apenas setenta páginas, publicado em 1921 e composto de proposições que são outros tantos aforismos, entre os quais é famosíssimo o conclusivo: "Sobre isso, de que não se pode falar, deve-se calar". E é também o caso de Nietzsche, que alguns anos antes havia aberto seu *Humano, demasiado humano II* (escrito entre 1876 e 1879) com um aforismo só aparentemente semelhante ao de Wittgenstein: "Convém falar somente quando não é lícito calar".

Mas, visto que os mencionamos, vale a pena citar outros aforismos desses dois gigantes da filosofia moderna. No *Tractatus* encontramos frases como estas: "O pensamento é a proposição munida de sentido"; "A totalidade das proposições é a linguagem"; "Os *limites da minha linguagem* significam os limites do meu mundo"; "De uma resposta que não se pode formular, não se pode formular nem sequer a pergunta". Encontramos aforismos igualmente densos em todos os escritos de Wittgenstein: "Também para o pensamento há um tempo para arar e um tempo para colher"; "A linguagem é um labirinto de caminhos"; "A vida de conhecimento é a vida que é feliz apesar da miséria do mundo"; "Rezar é pensar no sentido da vida"; "As palavras são ações"; "Na corrida da filosofia, vence quem sabe correr mais lentamente"; "Escrevo quase sempre solilóquios. Coisas que digo de mim para mim"; "É difícil saber algo e agir como se não o soubéssemos"; "Ética e estética são uma coisa só"; "Um novo vocábulo é como uma semente fresca lançada ao terreno da discussão"; "Eu penso de fato com a pena, porque com frequência minha cabeça não sabe nada do que minha mão escreve".

Também Nietzsche escreveu ensaios inteiros em forma de aforismos. *A gaia ciência* é, praticamente, uma sequência de 383 longas proposições, entre as quais algumas em versos. O mesmo se pode dizer das 350 proposições que formam *Humano, demasiado humano II*. E são 575 as proposições do já citado *Autora*, que não por acaso tem como subtítulo *Reflexões sobre os preconceitos morais*. Leiamos algumas delas, entre as mais breves: "Só é possível entusiasmar as naturezas fleumáticas tornando-as fanáticas"; "Quem é punido não é mais aquele que consumou o fato. É sempre o bode expiatório"; "Se alguém se cala por todo um ano, desaprende a tagarelar e aprende a falar"; "Começa-se desaprendendo a amar os outros e acaba-se não encontrando em si mesmo mais nada digno de ser amado"; "Pouco a pouco, lentamente, endurecer-se como uma pedra preciosa — e por fim permanecer sereno e imóvel para a alegria da eternidade". Por fim: "Quanto mais alto nos alçamos, tanto menores parecemos àqueles que não podem voar".

Com Nietzsche e com Baudelaire, o aforismo adquire ao mesmo tempo dureza profunda, rancor revolucionário, impulso fundador. Com Wittgenstein, a filosofia atinge os cumes dessa nova linguagem e decifra-lhe a potência.

Sabedoria nacional-popular

Na vertente oposta desses supremos aforistas existem outros que podemos considerar "nacional-populares", caracterizados por prudência, retórica e obviedade. Prudentíssimos e induzidores à prudência são aqueles aforismos anônimos e populares — tão caros aos párocos de província — que denominamos provérbios ("Mais vale um pássaro na mão do que dois voando", "Assaz tem quem se contenta com o que tem", "Devagar se vai ao longe"), cuja credibilidade é assegurada ela mesma por um aforismo tautológico como "Vox populi, vox Dei". Oscar Wilde dizia com justeza que "nossos provérbios deveriam todos ser reescritos. Foram pensados no inverno, mas agora é verão".

Outros aforismos tendem à pregação açucarada de pensamentos destinados desde o nascimento a acabar em embalagens de chocolate. Infelizmente, pertencem também a esse gênero, basta relê-las hoje, muitas máximas de La Rochefoucauld, tão menos críveis quanto ditadas por um libertino de salão, amante tardio de Madame de La Fayette. Eis alguns exemplos: "A espera atenua as paixões medíocres e aumenta as maiores"; "A ninguém a sorte parece tão cega quanto àqueles que não são por ela beneficiados"; "A mente é sempre vítima do coração"; "Perdoa-se na medida em que se ama"; "No ciúme há mais amor-próprio do que amor".

Da mesma estirpe são os afortunadíssimos aforismos que periodicamente Paulo Coelho faz chover como orvalho, com misterioso otimismo, sobre o vasto povo *new age*. Eis um ramalhetezinho de sete flores: "Quando você quer alguma coisa, todo o Universo conspira para que você realize seu desejo"; "Às vezes, é impossível deter o rio da vida"; "A busca da felicidade é muito mais importante do que a necessidade de dor"; "Em cada idade, o Senhor concede ao homem as próprias inquietações"; "Nunca abandone seus sonhos, siga os sinais"; "Quando se ama, as coisas adquirem um significado mais profundo"; "A vida é o trem, não a estação".

FENOMENOLOGIA DO AFORISMO

Brevidade

Brevitas é sinônimo de *latinitas*. Enquanto a língua grega era graciosa, a latina era uma língua potente, estruturalmente concisa, essencial, quase lapidar, que tendia a expressar o máximo de significado com o mínimo de palavras. Sêneca recomendava "plus significare quam loqui", fazer entender mais do que se diz. Horácio recomendava o "sermo simplex", isto é, a linguagem essencial, e a "callida iunctura", isto é, o nexo arguto, a junção inesperada: aquela típica, hoje, dos aforismos de Woody Allen. Falando das *sententiae* de Sêneca, Quintiliano diz que "elas despertam a atenção e, em um só golpe, frequentemente obrigam-na a ceder, permanecem impressas por sua própria concisão e, deleitando, persuadem". Não contentes com a concisão, muitas vezes os latinos, para reforçar-lhe o efeito, costumavam subverter as frases, como por exemplo faz Sêneca, quando diz: "Impares nascitur, pares morimur", nascemos diferentes, morremos iguais.

Existem frases pronunciadas por grandes personagens, em momentos graves, as quais mais tarde se tornaram aforismos repetidos para definir situações análogas. Um exemplo é a invectiva de Cícero contra Catilina — "Quosque tandem", até quando abusarás de nossa paciência? Outro, a frase pronunciada por Júlio César assim que atravessou o Rubicão — "Alea jacta est", a sorte está lançada, a decisão foi tomada e não se volta mais atrás. Ou ainda a outra frase do mesmo César — "Tu quoque" — quando, apunhalado pelos conspiradores, percebe Brutus, seu filho adotivo, entre os conjurados. Ou a de Fábio Máximo — "Cartago delenda" — quando insiste obstinadamente na necessidade de interromper qualquer trato com Cartago e destruí-la definitivamente.

Então como hoje, a essência do aforismo está na brevidade, funcional à memorização e à didática, conatural à preceptiva, adequada ao florilégio. Bartolomeu de San Concordio diz que "sete são as razões pelas quais é melhor o falar breve do que o longo: porque o falar breve cria desejo, enquanto o falar longo cria aborrecimento; porque muitas vezes o dito breve é mais compreensível do que o dito longo; porque as coisas breves se recordam melhor; movem os ânimos; porque compreender um fato descrito com poucas palavras é sinal de sabedoria; porque se se dizem coisas inúteis e não pertinentes acaba-se por desvalorizar as úteis e essenciais; porque, enfim, 'o breve dizer é mais aceitável'".

Bacon, por sua vez, distingue entre a escrita fragmentária, imperfeita, aberta, dos aforismos e a escrita fechada, metódica e por isso tediosa dos ensaios. Os primeiros, "visto que representam um conhecimento descontínuo, convidam a indagar ulteriormente, enquanto os sistemas, trazendo a aparência de um total, tranquilizam os homens como se eles estivessem no ápice do conhecimento".

Nos aforismos, dada essa sua natureza, são sempre apreciados a laconicidade, a essencialidade, a síntese, o brilhantismo, a "preênsil inapreensibilidade", a genialidade, a surpresa. Prezzolini fala de "fragmentarismo que só admite o imediatamente sentido, o sinceramente irrompido, o pequeno mas certo".

Um raro exemplo de brevidade é o aforismo de Heráclito — "O tempo é uma criança que joga deslocando dados" —, no qual, com menos de dez palavras, é atribuída ao tempo uma tríplice inconfiabilidade: porque criança, porque criança que joga e porque criança que joga com dados.

A brevidade é indicada desde logo como conotação irrenunciável do aforismo por Isidoro de Sevilha, pelo já citado Bartolomeu de San Concordio e por Guicciardini ("Pouco e bom, diz o provérbio. É impossível que quem diz ou escreve muitas coisas não inclua nelas muita borra, mas as poucas podem ser todas bem digeríveis e enxutas").

Leonardo é um cultor da brevidade entendida como perfeição alcançada não mediante a esperteza trapaceira dos apressados, mas através do obstinado rigor experimental que os cientistas copiam da natureza, a qual "produz os efeitos pelos mais breves modos possíveis".

Obviamente, são breves e claros os aforismos de Raimondo Montecuccoli ou de Napoleão Bonaparte relativos à arte bélica: seria difícil obter obediência imediata e unívoca por meio de comandos expressados no estilo sofisticado de Karl Kraus!

Em *Humano, demasiado humano*, Nietzsche introduz uma distinção entre brevidade de um pensamento, quase uma anotação, sobre assuntos ainda não destrinçados a fundo, e brevidade sintética, consecutiva ao aprofundamento. "Contra os recriminadores da brevidade. Uma coisa dita com brevidade pode ser o fruto e a colheita de muitas coisas longamente pensadas: mas o leitor que é novato nesse campo e ainda não refletiu exaustivamente a respeito vê em tudo o que é dito com brevidade algo de embrionário, não sem uma pontinha de crítica ao autor, que lhe pôs na mesa para o almoço, com o resto, semelhantes coisas não acabadas de crescer, não ainda maduras."

Diálogos e poesia

Às vezes os aforismos assumem uma forma dialógica, de estocada e contraestocada. Diz-se que George Bernard Shaw convidou Winston Churchill para a estreia de uma comédia sua escrevendo: "Mando-lhe dois ingressos, um para você e outro para um amigo, *se você tiver algum*". Churchill respondeu: "Infelizmente, nessa data eu tenho um compromisso. Peço-lhe que me envie ingressos para uma reprise, *se houver*". Diz-se também que Kissinger perguntou a Mao o que ele achava da Revolução Francesa e que Mao teria respondido: "É cedo demais para opinar!".

Outras vezes o aforista pode imitar um roteiro teatral, como faz neste caso Ennio Flaiano: "Primeiro ato: violenta a mãe e sodomiza o pai. Segundo ato: idem com o irmão e com a irmã. Terceiro ato: descobre ser filho adotivo e se suicida". Alguns recorrem à rima para reforçar a carga irônica dos seus aforismos, como faz Marcello Marchesi com este poemeto: "Lunga la fila/ stretta la via/ fece un sorpasso/ e così sia", fila comprida, rua estreita, fez uma ultrapassagem e assim seja.

Mas a forma poética, por sua natureza sintética e equilibrada, sempre serviu de modelo ao aforismo. Sêneca escreveu que "se circunscritos e encerrados na medida do *carmen*, os pensamentos isolados penetram mais facilmente e resultam mais compreensíveis". Leve-se em conta que, com a palavra "*carmen*", os romanos indicavam não só o verso poético, mas também qualquer frase que precisasse ser concisa e memorizável: da prece à fórmula mágica, do provérbio ao oráculo, da receita médica à sentença jurídica e à adivinhação.

Um grande pensador como Nietzsche recorre à forma poética para seus aforismos. Leia-se este, intitulado "Minha felicidade": "Desde quando me cansei de procurar,/ aprendi a encontrar./ Desde quando um vento se opôs à minha rota,/ Faço-me à vela com todos os ventos". Ou então este, intitulado "Almas mesquinhas": "Almas mesquinhas: em vós/ Nada de bom,/ e de mau quase nada". Ou ainda este, intitulado "Juízos cansados": "Os fracos maldizem a flor; para eles/ O que importa em uma árvore é a sombra!".

A poesia breve, síntese extrema de um pensamento liofilizado, pontua toda a época de ouro da dinastia Tang (618-907), quando na China poesia e pintura constituíam, para o pensamento zen, duas vias pelas quais alcançar a Verdade. Longe de serem frutos estéticos de inspirações repentinas, os poemas representavam então a essência e o destilado do longo caminho espiritual pelo qual, depois de anos de meditação, alguns mestres e monges conseguiam alcançar o "despertar".

Uma severa disciplina preparava os discípulos para libertar-se dos vínculos do tempo e do espaço na tentativa de chegar a esse "despertar" e depois descrevê-lo, se tivessem tido o raro privilégio de acessá-lo. A descrição só podia acontecer de forma poética e se referia a duas grandes temáticas: a Iluminação e a Morte. Para preparar o aluno, entre outras coisas era-lhe atribuído frequentemente um *koan*, isto é, um tema a desenvolver com o mínimo de palavras essenciais, colocando-se sob o ponto de vista do objeto investigado, ou seja, não olhando *para ele*, mas sim olhando *como ele*, identificando-se com ele. Vejamos, por exemplo, dois desenvolvimentos que evocam o *koan* "Carvalho no pátio". Um poema de Eian diz: "O 'Carvalho no pátio' de Joshu:/ Ninguém segurou suas raízes./ Retornados de doces ameixeiras,/ Recolhem peras acerbas na colina".

E eis como a mesma evocação é tratada em um poema de Monju-Dhindo: "O 'Carvalho no pátio' de Joshu:/ As mãos estendidas para baixo, mas perdidas entre os ramos frondosos/ Eles não alcançam a raiz. O discípulo Kaku grita/ 'Joshu nunca disse nada!'".

Em ambos os casos, trata-se de poemas de Iluminação. Mas igualmente costumeira na poesia zen da China é a temática da Morte, tratada em termos de libertação, de confiança, de exaltação ou de escárnio. Leia-se, como exemplo, este poema de Rakan-Keinan: "Hoje Rakan, subindo em sentido contrário/ Um cavalo de ferro galga o monte Sumeru./ Galopando através do Vazio/ Não deixarei rastros".

A partir do século XII, a cultura chinesa influenciou profundamente o Japão, onde a poesia zen acrescentou às temáticas da Iluminação e da Morte a dos eventos mais importantes da história do país. Assim como hoje, entre nós, as liturgias religiosas são em latim para os monges e na língua local para os fiéis comuns, no Japão os poemas zen eram escritos em chinês se fossem reservados a comunidades restritas de pessoas cultas, e em japonês se fossem destinados a um público mais vasto. Em ambos os casos, a poesia zen do Japão foi submetida a regras extremamente rígidas. Já na coletânea mais antiga e mais famosa (o *Manyoshu* do século VIII), antes mesmo que a influência chinesa se fizesse sentir, os versos eram de três tipos — o *choka*, o *tanka* e o *sedoka* —, todos obedientes à regra severíssima pela qual as linhas deviam ter 5-7-5 sílabas, nem uma a mais, nem uma a menos. Mais tarde, acrescentaram-se a eles o *renga*, de catorze e 21 sílabas; depois, o *haikai-renga* e em seguida o *haicai*, ambos de dezessete sílabas e sem título.

Sob o aspecto da severidade métrico-decimal (mas somente sob esse aspecto), a rigidez zen emparelha hoje com o Twitter, que, como já recordamos, não admite mais de 140 caracteres.

Os poetas zen são induzidos a usar o menor número de palavras, assim como os pintores zen são induzidos a usar o menor número de pinceladas, porque, em ambos os casos, à completude a estética zen prefere a evocação, a sugestão, deixando a quem lê e a quem olha a oportunidade de captar o estímulo para depois lhe acrescentar suas próprias reflexões. A singeleza, o frescor, a acessibilidade dos haicais não devem induzir a engano e criar a ilusão de que qualquer um saberia compô-los: por trás daquela aparente simplicidade, os conteúdos deles são profundos, sua forma é refinada e rebuscadíssima. Leiam-se estas pérolas do supremo poeta Basho: "Possa quem traz/ flores esta noite/ ter a luz da lua". Ou: "Sobre os íris/ lento planar/ de um milhafre".

Esses poemas fazem estremecer. Lucien Stryk observa agudamente que também este poema de Ezra Pound, intitulado "Em uma estação do metrô", faz estremecer: "A aparição destes rostos em meio à multidão;/ Pétalas sobre um úmido negro ramo". Mas, para um poeta de haicai, muito daquilo que Pound escreve permaneceria subentendido, a começar pelo título, e o resultado seria: "Rostos no metrô —/ pétalas/ sobre um úmido, negro ramo". Se lhe perguntássemos por quê, diz Stryk, "ele responderia assim: 'As primeiras palavras, *A aparição destes*, não acrescentam nada, embora tenham uma forte ressonância; e tampouco a referência à *multidão*, porque é óbvio que as estações de metrô são lotadas. Em contraposição, as *pétalas* do símile tornam esta evidente'. E assim sua revisão, sustentaria ele, transforma o poema em um haicai aceitável".

É esse, em certo sentido, o percurso mental que conduz o aforista à composição do aforismo, embora eu me dê conta de que a comparação com a poesia zen pode resultar excêntrica.

PSICANÁLISE DO AFORISMO

Misoginia

Até o momento o aforismo tem sido um gênero descaradamente masculino e misógino. "A fêmea", escreve Paolo de Certaldo já em meados do século XIV, "é coisa muito vã e leve de mover, e por isso quando está sem o marido corre grande perigo. E por isso, se tens fêmeas em casa, conserva-as por perto o máximo que puderes, e volta frequentemente para casa, e trata dos teus assuntos, e conserva-as em tremor e em medo ainda assim." Ou: "Todas as grandes desonras, vergonhas, pecados e despesas se adquirem pelas fêmeas". No século XVII, Salvator Rosa escreve: "As fêmeas assemelham-se às serpentes que, embora lhes cortes a cabeça, ainda querem mover a cauda"; ou: "Um bom cavalo e uma bela mulher são dois animais caros". Entre os séculos XIX e XX, Carlo Dossi escreve: "O cão é o animal que prefiro, depois da mulher"; Oscar Wilde diz: "A mulher: uma esfinge sem segredos", ou: "As mulheres nunca têm nada a dizer, mas sabem dizê-lo muito bem". Nietzsche confidencia que "a mulher não pega, rouba". Karl Kraus confessa: "Ao monólogo com minha mulher, prefiro o diálogo comigo mesmo". A misoginia de Kraus é particularmente insistente, impiedosa, pontiaguda: "A personalidade da mulher é a inconsistência nobilitada pela inconsciência", ou: "Há uma mulher no aposento, antes de entrar alguém que a vê? Existe a mulher em si?", ou: "A cosmética é a ciência do cosmo da mulher", ou: "Uma mulher deve ter um aspecto tão inteligente que sua estupidez se apresente como uma agradável surpresa".

Longanesi não fica atrás: "Desconfiem das mulheres intelectuais: elas sempre acabarão achando o cretino que as compreende"; "A sra. B.: bolsinha de leopardo, sapatos de leopardo, cinto de leopardo e olhos de frango".

"Machismo cordial" foi a definição dada à misoginia de Nelson Rodrigues, que transparece destes seus aforismos: "A adúltera é a mais pura porque está salva do desejo que apodrecia nela". Ou: "Desconfie da esposa amável, da esposa cordial, gentil. A virtude é triste, azeda e neurastênica." Ou: "Não existe família sem adúltera".

A misoginia aforística alcança até os nossos dias: "Rainha da casa/ pendure/ sua coroa em um prego/ e me faça uma sopa", diz Marcello Marchesi. E Walter Fontana: "Não sou misógino. Se tivesse um jardim, teria namorada".

O feminismo, porém, impôs novas regras ao jogo dos gêneros, e, com chargistas como Manzi ou como Francesco Tullio Altan, o papel atribuído às mulheres torna-se até vencedor. Nos últimos anos, finalmente, apareceram ótimas coletâneas de aforismos escritos por mulheres: Lalla Romano, por exemplo, ou Maria Luisa Spaziani, ou Alda Merini, que define os aforismos como "sortilégios da noite".

A interpretação de Freud

Freud volta duas vezes àquele tipo de aforismo que é o chiste: em 1905, com *O chiste e sua relação com o inconsciente*; e em 1927, com *O humor*. Em ambos os casos, o foco do seu discurso não é propriamente o aforismo, mas a tirada arguta, a piada e as expressões semelhantes, porém algumas de suas observações são extensíveis também ao aforismo, como mostra o próprio Freud.

Em sua opinião, o efeito provocado pelo chiste se deve a um mecanismo algo complicado. Em um momento translúcido, como o de semivigília, o chiste emerge do inconsciente do autor, que o traduz em palavras concretas e conscientes. O ouvinte faz a operação inversa: escuta as palavras concretas e conscientes do autor, decodifica--lhes o conteúdo inconsciente e o reconduz, sem o saber, ao próprio inconsciente. Em suma, se uma piada faz rir, significa que é capaz de transferir algo do inconsciente de quem a conta ao inconsciente de quem a escuta. Como esse algo, de natureza prevalentemente sexual, é proibido e recalcado, e como, para passar de quem conta a quem escuta, de qualquer modo precisa de palavras concretas, para evitar a censura à qual estas seriam submetidas ele exige o expediente da forma espirituosa, com a qual tudo é concedido e perdoado.

Segundo Freud, o cerne do chiste está na *condensação* e no *deslocamento*, os mesmos fatores que encontramos também no mecanismo dos sonhos. Em ambos os casos, o pensamento racional e a linguagem com que o expressamos são deformados a ponto de desvelar significados latentes e reprimidos que, para manifestar-se, aproveitam-se ou da forma onírica, quando sonhamos, ou da humorística, quando recorremos ao chiste.

Portanto, o jogo de palavras serve ao chiste para ir além das próprias palavras e para aludir a algo de proibido que está por baixo e atrás delas. Disso resulta que o chiste é uma válvula de escape para liberar cargas sexuais reprimidas, um ato liberatório que, liberando, comporta prazer tanto em quem se libera contando como em quem se libera escutando. O chiste, de fato, postula a conivência entre duas ou mais pessoas e resulta tanto mais espirituoso quanto mais se limita a aludir, a dizer e não dizer, apelando para a rapidez e para a acuidade dos ouvintes, aos quais deixa intencionalmente o espaço mais estreito possível, apenas uma fresta para intuir e interpretar.

Como, em última análise, muitos chistes têm uma natureza sexual, seu sucesso deriva da capacidade de expressar sob formas mascaradas e pouco embaraçosas as fantasias e as pulsões eróticas reprovadas pela ética corrente. Obviamente, o que era embaraçoso na Viena do início do século XX, no "Kärntner Bar" de Loos, nos jantares de Alma Mahler ou nas entrelinhas da própria "Fachel" de Kraus, era muito mais extenso do que hoje, depois de todas as batalhas feministas e dos movimentos de liberação e depois de toda a mercantilização do sexo em todas as suas expressões.

Freud distingue o "espírito de palavra" do "espírito de pensamento". Ambos tendem a comprimir e a sintetizar, mas, para fazê-lo, o primeiro recorre a distorções de sentido das palavras isoladas, enquanto o segundo joga com a estrutura conceitual de uma frase inteira.

O *espírito de palavra* cria vocábulos compostos com os quais se obtêm significados novos ou acopla palavras introduzindo deformações, rimas e aliterações, como neste aforismo de Marcello Marchesi: "Se eu estivesse bem como estou mal, estaria muitíssimo bem". Ou joga com a colocação delas na frase a fim de obter significados inéditos, como, por exemplo: "A democracia significa mandar espancar o povo pelo povo em nome do povo" (Oscar Wilde).

Em contraposição, o *espírito de pensamento* precisa de raciocínios mais complexos e, por conseguinte, de frases mais encorpadas. Freud enumera uma série de técnicas às quais geralmente se recorre para obter o efeito desejado. Uma delas consiste no absurdo, como por exemplo neste aforismo de Stanisław J. Lec: "Sempre haverá esquimós prontos a ditar as normas sobre como devem comportar-se os habitantes do Congo durante a canícula". Outra técnica é o acoplamento indevido de conceitos geralmente separados, como neste exemplo de Longanesi: "Estamos unidos por uma recíproca antipatia que não conseguimos desafogar". Uma terceira técnica consiste em colocar em curto-circuito alguns conceitos distantes entre si, como neste outro exemplo de Longanesi: "Um casamento de amor: ambos amam os poodles". Uma quarta técnica consiste no exagero, como neste exemplo vindo de Walter Fontana: "Meu último espetáculo fez tanto sucesso que as pessoas trocavam socos para sair" (trata-se de exagero, ou antes de um jogo de palavras baseado na substituição de entrar por sair?); ou neste outro vindo de Flaiano: "É um poeta tão ruim que sete cidades se acusam da desonra de ter lhe dado nascimento" (talvez, também neste caso, o jogo não seja construído sobre um exagero, mas sobre a inversão em negativo de uma frase normalmente pronunciada em positivo). Outras técnicas consistem na analogia, na alusão, na omissão, como por exemplo neste aforismo de Flaiano: "Quando garoto eu acreditava que a vagina fosse horizontal"; ou neste de Antonio Machado: "Ajude-me a compreender aquilo que digo, e eu o formularei melhor"; ou neste outro de Mark Twain: "Prefiro o paraíso pelo clima, o inferno pela companhia".

QUATRO AFORISTAS

Karl Kraus

Nas obras de Karl Kraus, assim como nas de Oscar Wilde, há um contínuo intercâmbio entre ensaios e aforismos: frases publicadas dentro de ensaios são mais tarde suprimidas, para tornar-se aforismos autônomos, e aforismos nascidos como tais são importados para ensaios posteriores. Isso acontece sobretudo com as duas coletâneas *Ditos e desditos* e *Pro domo et mundo* (1912). Todos os aforismos da terceira coletânea — *De noite* (1919), que também representa o canto do cisne dos aforismos em prosa escritos por Kraus — nascem como tais e, não por acaso, acentuam sua densidade em relação aos precedentes.

Em toda a sua vasta produção aforística, Kraus joga com teclas múltiplas, do requintado ao frívolo, do imediato ao intricado, do evidente ao obscuro.

Em 1º de abril de 1899, no epicentro daquela Kakânia descrita por Musil onde "era possível que um gênio fosse tomado por bronco, mas era impossível que um bronco fosse tomado por gênio", Karl Kraus lançou o primeiro número de sua revista *Die Fackel*, destinada a tornar-se um bisturi corrosivo para dissecar a sociedade dos Habsburgo em estado terminal, e assegurou aos leitores "não um sonoro o que fazemos, mas um honesto o que eliminamos". Essa missão adotará a arma do aforismo a partir do número 198 da *Fackel*, no qual um primeiro grupo de máximas será publicado sob o título trash de *Abfälle*, isto é, dejetos.

Viena era então, como diz Roberto Calasso no prefácio à edição italiana dos aforismos de Kraus, "a primeira cidade que produzia estética como matéria-prima". E naquela cidade — graças a Freud e a Wittgenstein, a Schoenberg, a Loos e ao próprio Kraus —, inconsciente e linguagem tornaram-se campos privilegiados, obsessivos, neurotizantes, da exploração filosófica, psicológica, estética. Dessa exploração, Kraus participou tanto como teórico (basta pensar no ensaio *Es*) quanto como autor (basta pensar justamente na múltipla experimentação dos aforismos, tanto em prosa quanto em verso). "A linguagem é a mãe, e não a serva do pensamento"; "Minha linguagem é a puta de todos, que eu devolvo virgem"; "A linguagem deve ser a vareta do rabdomante que descobre nascentes de pensamento"; "O pensamento me vem porque eu o pego pela palavra"; "Muitos pensamentos que não tenho e que não poderia resumir em palavras, eu os alcancei pela linguagem", dizem alguns aforismos de *Pro domo et mundo*, e "muitas vezes bato a cabeça contra a parede da linguagem", diz um aforismo de *De noite*.

Calasso chega a sustentar que "Kraus não é um pensador, mas uma linguagem que pensa", e certifica que, para compreender as "catacumbas inexauríveis" que se abrem sob a "monstruosa compressão" dos seus aforismos, convém primeiro ler toda a sua desmesurada produção de artigos, ensaios, "operetas em prosa", poemas, polêmicas e traduções. Mas isso contradiz a própria natureza do aforismo, que deseja ser uma verdade imediata, concluída e compreensível em si mesma, sem necessidade de indispensáveis preparações propedêuticas. Por isso, nós nos contentamos com a fisionomia à primeira vista afiada e prepotente que os aforismos de Kraus exibem através de sua carga de "meneios, intemperanças, vórtices de antíteses, paradoxalidade sistemática".

Mestres de referência de Kraus, segundo Calasso, são Lichtenberg e Nietzsche, tendo também eles buscado no aforismo "a forma enganosamente discursiva, o máximo adensamento na superfície, que emerge da língua". É o próprio Kraus, em *Ditos e desditos*, a afirmar que a forma do aforismo "tem alguma coisa de sombrio, de concentrado, de obscuramente violento... completamente oposta à máxima, essa sentença para uso da alta-roda, que é atenuada até tornar-se lapidar, enquanto o aforismo é insociável como um seixo... (mas uma pedra de origem misteriosa, um pesado meteoro que, logo após cair, gostaria de volatilizar-se)". E, uma vez que seus ensaios (como, aliás, os romances de Wilde) são "mosaicos de aforismos", definindo como sombria e obscuramente violenta a natureza dos aforismos, Kraus nos desvela a natureza de toda a sua imensa obra.

Todo esse esforço da inteligência com a linguagem, todo esse trabalho de cunhar proposições, de aguçá-las, de dar-lhes polimento, alcança um resultado de surpreendente, comprimida, compacta homogeneidade: "Um só bloco, uma espécie de aforismo único, uma só respiração mantida por um tempo insuportavelmente longo", diz Calasso. "A respiração mais longa é a do aforismo", já dissera o próprio Kraus em *Pro domo et mundo*.

Na grande massa dos seus aforismos, aqui e ali Kraus usa alguns justamente para definir o que é, em sua opinião, um aforismo. Embora, em suas coletâneas, ele tenha incluído até aforismos de uma página ou mais, a brevidade, a densidade, sob seu ponto de vista, continuam sendo as características fundamentais desse gênero: "Há escritores que conseguem expressar já em vinte páginas coisas para as quais às vezes eu preciso até de duas linhas"; "Não se pode ditar um aforismo em nenhuma máquina de escrever. Isso exigiria tempo demais".

Kraus também é drástico ao definir a relação entre aforismo e realidade: "Um aforismo não precisa ser verdadeiro, mas deve transpor a realidade. Com um só passo, deve saltá-la"; "Escrever um aforismo, para quem sabe fazê-lo, muitas vezes é difícil. Bem mais fácil é escrever um aforismo para quem não sabe fazê-lo". Para Kraus, enfim, não pode haver aforismo dedicado à bondade porque sua missão é intrinsecamente má, até mesmo incendiária: "Eu e meu público nos entendemos muito bem: ele não ouve o que eu digo e eu não digo o que ele gostaria de ouvir". Kraus é um elitista que fala para gente culta, testando-lhe a inteligência, a cultura e a paciência. Não quer ser compreendido por todos e de imediato, mas sim por poucos iniciados, após um espaço de reflexão que pode até durar muitos segundos e pode também exigir uma releitura do texto ou o socorro de um exegeta.

Por outro lado, muitos dos seus aforismos exigem do leitor um esforço para compreendê-los superior ao prazer que eles oferecem depois de serem compreendidos. Aqui estão dois exemplos disso: "Um homem de valor jamais poderá acreditar-se tão superior a uma mulher desprezível quanto um homem desprezível a uma mulher de valor"; "O prazer da mulher, ao lado daquele do homem, está na posição do epos em relação ao epigrama"; "O protetor é o órgão executivo da imoralidade. O órgão executivo da moralidade é o chantagista".

Proponho então ao leitor um florilégio de aforismos porque são de deleitável compreensão imediata, porque me agradam e porque se incluem entre os mais breves entre os muitíssimos proporcionados por Kraus. Da coletânea *Ditos e desditos* escolho alguns que transpiram sabedoria e fustigam a estupidez: "Este e somente este é o conteúdo da nossa civilização: a rapidez com que a idiotice nos arrasta para seu vórtice"; "A política social é a desesperada decisão de operar os calos de um doente de câncer"; "A vida familiar é uma interferência na vida privada"; "A diferença entre os psiquiatras e os outros psicopatas é meio como a relação entre loucura convexa e loucura côncava"; "Existem imbecis superficiais e imbecis profundos"; "Ainda não chegamos à solidão certa, quando nos ocupamos de nós mesmos"; "Não se vive nem sequer uma vez".

Ao lado desses, proponho outros que implicam com as instituições, beirando o elogio da anarquia: "O parlamentarismo é o aquartelamento da prostituição política"; "É melhor que não nos roubem nada. Pelo menos, assim não teremos problemas com a polícia".

Três anos depois de *Ditos e desditos*, Kraus publicou *Pro domo et mundo*, a segunda coletânea de aforismos da qual me agrada citar dois sobre a moral: "Nápoles é uma cidade extremamente moral, onde podemos procurar mil rufiões antes de encontrar uma puta"; "O diabo é um otimista, se acredita poder piorar os homens". Cito também três aforismos relativos à política, à estética, à ciência: "Democrático significa poder ser escravo de todos"; "A arte desorganiza a vida. Os poetas da humanidade restabelecem a cada vez o caos"; "Uma das doenças mais difundidas é o diagnóstico".

Passam-se ainda sete anos e, em 1919, Kraus publica *De noite*, a última coletânea de aforismos, entre os quais escolhi estes quatro: "Artista é somente quem sabe fazer de uma solução um enigma"; "A psicanálise é aquela doença mental da qual afirma ser a terapia"; "Bethlehem [Belém] é um lugar na América onde se encontra a maior fábrica de munições"; "*La bourse est la vie*".

"Quem sabe escrever aforismos não deveria dispersar-se fazendo ensaios", escreve Kraus em *Pro domo et mundo*, reconhecendo a irredutível antítese que existe entre escrever aforismos e escrever obras longas, complexas, detalhadas. O aforismo se exaure numa proposição-relâmpago, preferida por quem pensa que não há tempo nem para escrever, nem para ler obras amplas e estruturadas com um início, um longo desenvolvimento e um fim. Elias Canetti afirma sobre a obra de Kraus: "Não existe nunca um princípio estrutural subordinante. Porque a estrutura, que falta totalmente, está presente em cada proposição e salta aos olhos". O próprio Kraus havia dito algo semelhante em 1920: "Considero-me nada mais do que um simples *construtor de proposições*".

Leo Longanesi

O autor italiano mais próximo de Karl Kraus é Leo Longanesi. Mesma agudeza, mesmos alvos, mesma impaciência, mesma presunção, mesma maldade ("Sou uma alcachofrinha ao ódio"). Marcello Marchesi chamava-o de "O Toulouse-Lautrec da Feia Époque".

Uma concisa introdução de Indro Montanelli a *La sua signora*, de Longanesi (1957), explica e amplifica a magia deste. Em primeiro lugar, Montanelli faz o próprio Longanesi nos dizer por que, apesar de sua inesgotável criatividade, nunca escreveu um romance. "Porque, se quer contar alguma coisa, como se costuma dizer, de orgânico, você precisa ceder, de vez em quando, ao banal. Até Tolstói deve dizer a certa altura que 'Anna Kariênina se levantou e foi apoiar a fronte nos vidros da janela'. Aí está, eu jamais seria capaz de seguir uma Anna Kariênina em um movimento tão óbvio e usual. O que me importa que essa brava senhora vá até à janela? Até a minha serva faz isso de vez em quando. E depois se esquece de limpar a vidraça. No entanto, se quiser escrever um romance, você deve resignar-se a seguir os personagens mesmo nessas coisinhas privadas. E eu não me resigno a isso." Eis-nos, portanto, dentro da cabeça de um escritor de aforismos, de uma personalidade que não se concede e não concede o luxo da pausa, que não dá paz e não se dá paz.

Escreve Montanelli: "Sempre polêmico, agressivo, belicoso, sempre na contramão e contra a corrente, sempre inesperado e extemporâneo, sem nenhum freio, nem mesmo o da mais elementar educação, Leo retribuía a quem pagava a conta com toneladas de desconcertantes paradoxos, nenhum dos quais errava o alvo... Era um homem triste, que casquinava para não soluçar, e tinha clara consciência da falência de todos os valores que defendia. Por que se obstinava em fazê-lo é difícil dizer. Um pouco porque acreditava neles. Um pouco porque, guiado como era mais pelo gosto do que pela lógica, só amava as batalhas perdidas. Insuportável, maldoso, injusto, ingrato. Mas um grande Mestre".

E eis-nos absorvidos, desde meados dos anos 1950, na desorientação dos nossos tempos, tão privados de um modelo ético e social a ponto de considerar Mestres, com M maiúsculo, até mesmo escritores maldosos, injustos e ingratos.

Leiamos alguns aforismos desse Mestre, privilegiando aqueles com os quais ele pintou de maneira incomparável a burguesia à qual pertencia e à qual dedicou a última das revistas que fundou, justamente *Il Borghese*. Escolhi onze, cada um mais intrigante do que o outro: "A burguesia não tem ideias: vive de hábitos"; "Uma personalidade complexa: escreve-se cartas anônimas para guiar a própria consciência"; "Quando a campainha da consciência deles toca, fingem não estar em casa"; "Contento-me com aquele pouco que não me basta"; "Não servem para nada, mas são capazes de tudo"; "A liberdade tende à obesidade"; "Repete meus discursos aos outros, ignorando que eu, quando falava com ele, abusava de sua ignorância"; "Acredita que a *moral* é a conclusão das fábulas"; "De sua pena dependem uma esposa, vários filhos, uma mãe e uma serva. Convém levar isso em conta quando se julga sua prosa"; "À manutenção, os italianos preferem a inauguração"; "Desposam uma ideia, depois a deixam, com a desculpa de que ela não teve filhos".

Mas Longanesi também sabe ser delicadíssimo, com aforismos tristes como crisântemos: "Já escureceu. São apenas quatro horas. A cada vez que acendo a luz, envelheço um pouco"; "Nestes últimos dias, eu me perdi de vista"; "Sinto-me tão sozinho que o espelho não me reflete mais".

Ennio Flaiano

Dois aforistas coetâneos representam bem esse clima no qual, como diz Manganelli, reina um "mal-estar profundo, mas não sem o íntimo estrilar de um riso": Ennio Flaiano na Itália e Nelson Rodrigues no Brasil. Em ambos encontram-se uma inspeção aguda e espirituosa do mundo irrelevante que os circunda e um desejo, que nunca se torna compromisso e paixão, de sondar essa irrelevância com observações mais desencantadas do que reveladoras, espicaçantes somente até o ponto de deixar o tempo que encontram.

Flaiano (1910-72), que citei continuamente, escreveu cerca de quarenta livros e setenta roteiros cinematográficos, tendo colaborado com os maiores diretores italianos, de Rossellini a Blasetti, de Antonioni a Monicelli. Com Fellini assinou uma dezena de obras-primas, de *Abismo de um sonho* a *Os boas-vidas*, de *A estrada da vida* e *A trapaça* a *Noites de Cabíria*, de *A doce vida* a *Oito e meio* e *Julieta dos espíritos*.

Os alvos principais de Flaiano são a Itália e os italianos, como se vê por estes quatro aforismos: "O inferno que o italiano se obstina em imaginar é um lugar onde, bem ou mal, se está com as mulheres nuas e onde se entra em acordo com os diabos"; "Família romana com pai liberal e filho mais velho comunista, o mais novo fascista, tio padre, mãe monárquica, filha teúda e manteúda: disputam todos os eventos"; "No amor grupal há pelo menos a vantagem de que um pode dormir"; "Querem a revolução, mas preferem fazer as barricadas com os móveis dos outros".

Mas a Itália e os italianos vivem em um mundo global onde a realidade desorienta, e, para sobreviver, convém manter "os pés fortemente apoiados sobre as nuvens". A estratégia para sobreviver em uma sociedade sem orientação passa pelo pragmatismo ("Não compro quadros abstratos, eu mesmo os faço em casa"; "A psicanálise é uma pseudociência inventada por um judeu para convencer os protestantes a comportarem--se como os católicos"). Ou então passa pela fuga para o surreal ("Os ratos abandonam o avião que cai?").

Nelson Rodrigues

Um povo naturalmente, intrinsecamente, perenemente levado a representar o mundo e a representar-se ao mundo com um olhar divertido e sonso, como é o brasileiro ("O baiano, quando vem ao mundo, não nasce, estreia", diz-se em Salvador), produz humoristas, chargistas, aforistas em quantidades industriais. Cito um por todos — Nelson Rodrigues (1912-80) —, pela afinidade entre seu humor e o de Ennio Flaiano. Assim como Flaiano era apaixonado por cinema, Nelson Rodrigues o era por futebol, cinema e teatro. Cronista esportivo, torcedor incurável do Fluminense, fundou jornais e colaborou nos cotidianos mais importantes do Rio de Janeiro. Autor de romances, peças teatrais, contos, crônicas e telenovelas, seus aforismos são frases extraídas de todos esses seus textos, de suas rubricas televisivas e jornalísticas (é famosa *A vida como ela é*, para o jornal *Última Hora*). Casou-se várias vezes e voltou a se casar com a primeira mulher, Elza, que sobreviveu a ele mas no túmulo de Nelson mandou instalar uma lápide com os nomes dos dois e com uma epígrafe que é em si mesma um aforismo: "Unidos para além da vida e da morte. E é só".

Obsedado, como todo aforista, pela missão de revelar ao mundo as hipocrisias da sociedade, sobretudo a burguesa, ele mesmo confessa esse seu encarniçamento maníaco: "Para salvar a plateia, é preciso encher o palco de assassinos, de adúlteros, de insanos e, em suma, de uma rajada de monstros. São os nossos monstros, dos quais eventualmente nos libertamos para depois recriá-los". Os principais alvos de Nelson são o Brasil e os brasileiros, assim como os de Flaiano eram a Itália e os italianos. Leiam-se estes aforismos: "Está se deteriorando a bondade brasileira. De quinze em quinze minutos, aumenta o desgaste da nossa delicadeza"; "A pior forma de solidão é a companhia de um paulista"; "O Brasil é muito impopular no Brasil"; "O brasileiro é um feriado"; "O brasileiro, quando não é canalha na véspera, é canalha no dia seguinte".

Sempre em comum com Flaiano, Nelson Rodrigues exerce uma observação aguda e dissimulada sobre as mudanças sociais que lhe passam sob os olhos, como demonstram estes aforismos: "A televisão matou a janela"; "O grande acontecimento do século foi a ascensão espantosa e fulminante do idiota"; "Qualquer menino parece, hoje, um experimentado e perverso anão de 47 anos"; "Não existe família sem adúltera".

Ainda em comum com Flaiano, Nelson Rodrigues lança farpas contra certas profissões e certas virtudes: "Entre o psicanalista e o doente, o mais perigoso é o psicanalista"; "Falta ao virtuoso a feérica, a irisada, a multicolorida variedade do vigarista".

Mas Rodrigues, em relação a Flaiano, prodigaliza sobretudo observações de caráter geral sobre a vida, sobre o homem e sobre a humanidade. Leiam-se estes aforismos: "Deus está nas coincidências"; "Subdesenvolvimento não se improvisa: é obra de séculos"; "Dinheiro compra tudo, até amor verdadeiro"; "Amar é ser fiel a quem nos trai"; "Não acredito em honestidade sem acidez, sem dieta e sem úlcera"; "Se todos conhecessem a intimidade sexual uns dos outros, ninguém cumprimentaria ninguém"; "O adulto não existe. O homem é um menino perene". Este último aforismo me recorda aquilo que o velho Chagall disse em uma entrevista ao extraordinário jornalista que é Roberto d'Avila: "Eu sou um menino de uma certa idade".

O PÁSSARO E A PLUMA

"A arte", diz Picasso, "é uma mentira que ajuda a compreender a verdade." Algo semelhante poderia ser dito sobre muitos aforismos. Minimizando, ampliando, deformando, eles conseguem o efeito de focalizar, iluminar, sublinhar, esclarecer, prestando um precioso serviço à verdade.

Por outro lado, a publicidade, os títulos e os subtítulos dos jornais, os esquetes televisivos, em suma, grande parte da linguagem na qual somos mergulhados a cada dia como em um "labirinto de caminhos" privilegia agora a forma aforística, por ser a mais rápida, a mais assertiva, a mais capaz de transferir ardilosamente as meias verdades ou, enfaticamente, as verdades e meia. Nesse processo global inseriu-se a internet, com o Facebook, o Twitter e todas as outras formas de comunicação em tempo real, em duas e mais vias nas quais imagens e sons deixam à palavra escrita e falada um espaço sempre menor e sempre mais subalterno.

Se o aforismo era uma mensagem tornada breve e sintética pela sabedoria do aforista filósofo, cientista, literato, mas de qualquer forma portador de um saber exuberante em relação à suposta ignorância dos seus destinatários, hoje essa desproporção aparece entre o titulador de um jornal e seu leitor médio e entre o publicitário e seu público massificado, mas já não existe entre o *follower* e o *following* do Twitter. Em compensação, enquanto as palavras de Péricles, de Savonarola, de Napoleão, desprovidos de microfone e de rádio, só podiam chegar a poucos milhares de pessoas, os destinatários de um tuíte coincidem potencialmente com os habitantes do planeta inteiro.

Tornado um gênero comunicativo usado por todos e dirigido a todos, o aforismo digital marca uma distância abissal em relação ao aforismo analógico que vai de Heráclito e Marco Aurélio a Nelson Rodrigues e Altan. E se o aforismo, nascido com a intenção de desvelar, revelar, assegurar, ainda assim provocou, no curso de sua história, dúvidas e contradições, imagine-se qual desorientação ele induz hoje, em sua feição informática, transformando o mundo inteiro em um imenso e ininterrupto *talk show* no qual o apresentador, pressionado pelo tempo, exige intervenções cada vez mais breves e em que os participantes do painel, perseguidos pelo relógio, são obrigados a falar por aforismos improvisados e acabam sobrepondo suas intervenções, transformando-as em ruído.

Essa atitude das mídias tradicionais de reduzir o discurso a ruído convenceu os líderes políticos — sobretudo os mais jovens — de que o aforismo-tuíte oferece a forma expressiva ideal para criar uma relação pseudodemocrática com uma plateia ampla, dúctil, cambiante, vulnerável a uma nova tipologia de slogan, camuflado de mensagem pessoal, quase íntima. Hoje, o arsenal comunicativo de um líder político vai da entrevista coletiva ao comunicado à imprensa, das intervenções nas convenções à publicação de livros, à entrevista televisiva e jornalística. Mas essas surtidas pontuais estão imersas no burburinho de correntes comunicativas feitas de tuítes metralhados full time. A incoerência entre os conteúdos de todos esses instrumentos é indubitável e faz parte do jogo midiático que não visa à clareza, mas à confusão.

É essa a contribuição que a linguagem up-to-date traz à sociedade desorientada, para depois desorientá-la de tal modo que cada um de nós se abandone ao arbítrio das correntes e contradiga o aforismo que Paul Valéry nos deixou em seus *Cahiers*: "É preciso ser leve como o pássaro, e não como a pluma".

B. Beleza

Duas coisas são irredutíveis a todo racionalismo:
o tempo e a beleza.
SIMONE WEIL

DA HARMONIA AO ESPANTO

O que é a beleza? Por muitos séculos a beleza foi "harmonia", como a dos bronzes de Riace, da *Gioconda* de Leonardo ou das *villas* de Palladio. Depois foi "espanto", como no *Ulisses* de Joyce, na *Sagração da primavera* de Stravinski ou no *Guggenheim de Bilbao* de Gehry. E hoje, o que é hoje a beleza?

Hoje — dizem os filósofos do ramo — a beleza é *shock* e doação de sentido. Nós cidadãos da sociedade pós-industrial dizemos que uma coisa é bela se, entre milhares de outras coisas que nos circundam, é justamente ela que se destaca, impressiona-nos, impõe-nos ser levada em consideração, conquista um espaço na nossa atenção e consegue adquirir *para nós* um significado, um sentido todo especial.

Enquanto os nossos antepassados, em sua existência pré-tecnológica, não eram distraídos pelos infinitos joguetes mecânicos que congestionam a nossa existência, e tudo assumia aos seus olhos uma importância precisa ganhando a devida consideração, nós somos submergidos por uma tal massa de objetos, informações e relações que nossa mente não consegue decifrar, ordenar, dominar e metabolizar. Hoje, conferir beleza a uma coisa significa resgatá-la da opacidade, da indiferença. É isto que, por exemplo, faz Andy Warhol quando escolhe um objeto de uso cotidiano (uma garrafa de Coca-

-Cola, uma latinha de sopa Campbell), amplia-o em dimensões garrafais e recupera-o esteticamente, impondo-o à nossa aturdida atenção também através do pedido de um preço escandaloso. O risco, a esse ponto, é que não seja mais o valor a dar o preço, e sim o preço a dar o valor.

O TRIUNFO DO ESTETICISMO

No dia em que Moravia completou oitenta anos perguntei-lhe qual fora, segundo sua opinião, a maior mudança da sociedade durante o arco de sua longa vida. O *esteticismo*, respondeu-me sem hesitação. As nossas cidades, nossas casas, nossas roupas, os nossos objetos tornaram-se mais belos. Todos, mesmo quando não sabem precisamente o que é a beleza, procuram, contudo, objetos mais belos, são propensos a apreciá-los e a pagar a qualidade estética.

Temos confirmação deste testemunho toda vez que nos acontece ver velhas fotografias das nossas cidades ou trechos de filmes em preto e branco: muitas ruas, mesmo nos centros urbanos, eram de terra batida, com galinhas ciscando (Ennio Flaiano lembra um americano que no pós-guerra dizia espantado: "Na Itália os frangos andam crus pelas ruas"); muitos monumentos eram visivelmente negligenciados; roupas e penteados eram de uma ingenuidade despojada; a decoração doméstica era desoladoramente pobre.

Em poucas décadas, nós e nosso mundo, além de termos nos tornado mais ricos, mais saudáveis e mais longevos, tornamo-nos mais belos, enquanto a arte foi se democratizando graças à sua reprodutibilidade técnica. E tudo isso aconteceu justamente no século da modernidade, aquele acusado de ter destruído o próprio conceito de beleza, preferindo a ele a utilidade.

POUCOS PARA POUCOS

Qualquer pessoa, hoje, pode adquirir por um bom preço objetos e roupas escolhendo numa gama de aparências e de cores que despertariam a inveja de Lourenço, o Magnífico. Em sua época, a arte era produzida por poucos artistas e destinada a poucos mecenas. Quem podia penetrar no Vaticano até os aposentos afrescados por Rafael para Júlio II? Quem podia rezar diante da *Pietà* pintada por Michelangelo para Vittoria Colonna? Quando também o povo era admitido à visão das obras de arte, como nas igrejas, nas praças ou nos palácios municipais, o fim primário não era o de despertar seu gozo estético ou seu crescimento intelectual, mas o de manipulá-lo, de reforçar sua assombrada subordinação ao poder que, também por meio da arte, confirmava a própria esmagadora superioridade.

Quando o rei da Inglaterra se tornou solvente junto aos grandes bancos florentinos, eles reagiram investindo não na aquisição de terrenos, mas no financiamento de obras de arte como a cúpula de Brunelleschi, porque a economia da beleza podia ser financeira e politicamente mais rentável do que a renda ricardiana.

Graças a estátuas e afrescos, os poderosos — e somente eles — podiam identificar-se com as alegorias clássicas, com figuras mitológicas, com os personagens bíblicos, como os pintados por Pietro da Cortona ou Giogio Vasari nas cúpulas das igrejas e nas abóbadas dos palácios aristocráticos. Ou eram eles mesmos mitificados, como ocorre nas tumbas mediceias, onde Michelangelo transfigura em guerreiros imponentes dois medíocres rebentos da rapace dinastia florentina. Somente os nobres e os eclesiásticos podiam aspirar a ser representados em estátuas de mármore ou também em simples bustos: quando Bernini executou o de Constanza Vivarelli, a coisa foi um escândalo não só porque se tratava da sua amante, mas principalmente porque se tratava de uma simples dona de casa.

Será Caravaggio o primeiro a introduzir despudoradamente proletários e lumpemproletários nas palas de altar: sua obra-prima na igreja de Santo Agostinho em Roma chega a representar peregrinos vestidos com trapos rasgados, com os pés sujos, ajoelhados diante de uma Virgem em vestes de veludo, mas numa atitude nada nobre.

A democratização da arte prossegue ainda mais depressa na música: no século XVII o Oratório de São Filipe Neri organiza seus corais de orfãozinhos no edifício projetado expressamente para essa finalidade por Borromini; no século XIX, Franz Lizst inventa o formato *festival*, graças ao qual qualquer pessoa, pagando uma entrada, pode assistir aos concertos, antes reservados somente para os nobres.

MUITOS PARA MUITOS

Hoje temos finalmente a sorte de experimentar uma arte produzida por muitos e destinada a muitos. Qualquer pessoa que saiba tocar pode gravar e vender seus discos; qualquer pessoa que saiba pintar pode imprimir e multiplicar suas gravuras; qualquer pessoa que saiba fotografar pode difundir suas obras no mundo todo através da internet. A tecnologia digital permite a reprodução e a difusão da arte visual em toda parte e em tempo real. O design, por sua vez, permite fruir o belo no espaço doméstico, acompanhando nossa vida cotidiana com belos móveis e complementos de decoração, em casa e no escritório.

Na Florença dos Medici, se um menino mostrava um mínimo de vocação artística, era confiado a um mestre de oficina que o mantinha em casa até a maioridade para transmitir-lhe estilo, técnica e caráter. Na Escócia do século XIX, um dos pais do socialismo utópico — Robert Owen — criou New Lanark, uma cidade ideal que ainda hoje desperta admiração no visitante, onde as crianças frequentavam em tempo integral a "Casa da Inteligência", uma escola-modelo que identificava suas vocações e as aperfeiçoava para depois valorizá-los profissionalmente. Hoje, em Joinville, cidade brasileira no estado de Santa Catarina, por genial intuição e impulso de seu ex-governador Luís Henrique da Silveira, oitocentos jovens pobres usufruem de uma bolsa de estudo integral para frequentar diariamente uma escola de dança clássica em tempo integral, realizada em colaboração com o mítico Bolshoi de Moscou, para realizar a miraculosa transformação de moleques em príncipes. Florença, New Lanark, Joinville representam três diferentes expressões de amor em relação às crianças, pensadas para garantir sua genialidade à glória da pátria através do desenvolvimento de seu sentido estético.

No que diferem os três casos citados? O ateliê renascentista era um sistema elitista de *poucos* mestres para *poucos* aprendizes. A escola de New Lanark foi um sistema industrial de *poucos* mestres para *muitos* alunos. O Bolshoi de Joinville é um sistema pós-industrial de *muitos* mestres para *muitos* alunos. A pedagogia pós-industrial não pretende descobrir os raros gênios para canalizar sobre eles toda a formação: seu objetivo é educar a coletividade toda, começando pelos mais desafortunados, para fazer com que — como dizia Marx — qualquer jovem que tenha dentro de si um Mozart ou um Michelangelo possa exprimi-lo em toda sua grandeza.

Hoje, em nível mundial, o exemplo mais extraordinário da pedagogia baseada no princípio de "muitos para muitos" é o venezuelano de José Antonio Abreu.

GERAR BELEZA

Abreu é um homenzinho pequeno e franzino como Gandhi, com dois olhinhos móveis e assustados, que está revolucionando a Venezuela e a América do Sul com a mesma serena genialidade com que Mahatma revolucionou a Índia. Por trás desse homenzinho há milhares de orquestras e centenas de milhares de jovens músicos no mundo todo.

Abreu é descendente de italianos, nascido na Venezuela, onde foi também ministro da Cultura. Venezuela significa "pequena Veneza", e foi justamente no veneziano Vivaldi, que em sua cidade fundara uma escola para moças pobres, que se inspirou o maestro Abreu para criar seu "Sistema das orquestras juvenis", *el Sistema Abreu*, como o chamam principalmente os pobres, em toda a América Latina.

Seguindo os passos do avô, que imigrado do Vêneto fundou em Caracas uma banda musical, em 12 de fevereiro de 1970, José Antonio, então com 35 anos, reuniu em torno de si onze jovens de favela e pacientemente ensinou-os a tocar música de câmara e sinfônica. Esses onze jovens, tornando-se professores, ensinaram a outros, e estes a mais outros. Hoje, só na Venezuela, são 350 mil as crianças e jovens organizados em todo o território em noventa "núcleos". Cada núcleo tem uma sede e cada sede possui várias orquestras sinfônicas, muitos conjuntos de câmara e muitos corais, perfazendo um total de quatrocentas orquestras e 1500 corais, mas outros nascem de ano em ano, dilatando o Sistema ao infinito. O projeto vai se estendendo como uma mancha de óleo em toda a América Latina e no resto do mundo, da Escócia a Portugal, da Alemanha à Áustria, dos Estados Unidos à Nova Zelândia. E agora é a vez da Itália, onde já desabrocharam os primeiros núcleos, por iniciativa da Federcultura, de seu presidente Roberto Grossi, grande amigo de Abreu e de Claudio Abbado — que, quando estava vivo, se tornou um dos patrocinadores mais entusiastas e ativos do Sistema.

Ir a Caracas e passar alguns dias com as orquestras de Abreu é uma das maiores alegrias que podemos nos proporcionar. Rodei o mundo todo, mas nunca vi nada mais extraordinário. Imaginação e concretude, emoção e regra confluem num mundo centrado na filosofia orquestral.

Mas como funciona o Sistema? O quartel-general está no andar térreo de um antigo McDonald's no centro de Caracas, onde Abreu elabora suas estratégias planetárias. Em qualquer lugar que se apresente a possibilidade, é montado um núcleo num edifício simples mas arrumado, limpíssimo e funcional, dotado de muitos camarins isolados acusticamente para exercícios individuais e muitas salas amplas para as aulas, ensaios e concertos de orquestra. Cada núcleo tem várias orquestras — por exemplo, o núcleo de Moltalban, na periferia de Caracas, tem sete — e cada orquestra corresponde a um nível de maturidade. Independentemente da idade, assim que um aluno demonstra ter feito progressos, é deslocado para a orquestra de nível superior.

Ao programa de educação habitual une-se o programa de educação especial, que prevê a inserção de crianças com déficit de visão, dificuldades motoras, autismo, para que se possa integrá-las na sociedade através da música. Inicialmente não se conseguia entender como uma pessoa surda podia dedicar-se à música dentro de um conservatório, mas depois aconteceu o milagre.

Quando uma criança de três anos chega ao núcleo, escolhe o instrumento que mais a atrai e, com a ajuda dos pais, constrói seu formato em papelão. Completando o brinquedo, começam as aulas, e, conforme a criança aprende as notas musicais, a posição do corpo, das mãos e do instrumento, passa-se a um verdadeiro violino, a um verdadeiro trompete, a um verdadeiro contrabaixo, mesmo que em miniatura. Com cinco anos toda criança, junto com a leitura da partitura e o uso do instrumento, aprendeu que não existem somente o caos, a violência, o individualismo da favela, mas também a possibilidade de viver de modo coletivo e sereno. "Pergunto-me", dizia Claudio Abbado, "como ninguém pensou nisso antes!"

Na Grécia antiga, Platão e Aristóteles recomendavam o ensino da ginástica para harmonizar o corpo e o da música para refinar o espírito. Na Venezuela contemporânea, onde a renda per capita é somente um terço da renda per capita italiana, e menos de um quarto da norte-americana, Abreu educa a genialidade de um país inteiro através da orquestra sinfônica.

As orquestras do Sistema não só são compostas por jovens, mas também subvertem a própria ideia de orquestra sinfônica tradicional, rigidamente destinada a executar somente música sinfônica, como expressão máxima da criatividade e da execução musical. Os jovens do Sistema Abreu, depois de terem executado à perfeição uma sinfonia de Beethoven ou de Chostakóvitch, passam desenvoltamente a Bernstein e a Piazzola, e depois às músicas populares venezuelanas, e depois ainda a jazz e samba, conscientes de que a música é uma só e que, no terreno extrassinfônico, os Wiener ou os Berliner Philharmoniker não seriam capazes de alcançá-los.

Hoje, o Sistema Abreu contagiou o mundo todo. Basta pensar na maravilhosa Orquestra Sinfônica Juvenil da Bahia dirigida por Ricardo Castro. Já são milhões de jovens — provenientes principalmente das classes pobres — que entraram nesse caminho das maravilhas, derrubando tanto a barreira entre os gêneros quanto o apartheid cultural devido ao qual a música clássica era prerrogativa europeia. Contra esse apartheid já haviam combatido e vencido Oscar Niemeyer com sua arquitetura e Heitor Villa-Lobos com suas composições musicais, inspiradas numa originalíssima mestiçagem cultural. Este último, depois de ter explorado a música clássica europeia na Europa e a música indígena brasileira no Mato Grosso, realizou uma operação intelectual coerente com o *Manifesto antropofágico* publicado por Oswald de Andrade em 1928: "Somente a Antropofagia nos une. Socialmente. Economicamente. Filosoficamente... Interessa-me somente o que não é meu... Antes que os portugueses descobrissem o Brasil, o Brasil já havia descoberto a felicidade". Assim Villa-Lobos metabolizou a música clássica e, com as novas *Bachianas brasileiras*, propôs uma originalíssima mestiçagem cultural explicando-as com estas palavras: "É um tipo especial de composição musical que se apoia de um lado no profundo conhecimento das grandes obras de Bach, de outro numa relação do autor com a atmosfera harmônica, contrapontística e melódica da região norte-ocidental do Brasil. O autor vê em Bach uma vasta e rica fonte de folclore, profundamente enraizada na música popular de todos os países do mundo: desse modo Bach torna-se um mediador entre as raças".

Mas voltemos ao "Sistema" venezuelano. O que é uma orquestra?, pergunta-se Abreu. "A orquestra é uma comunidade que tem como característica essencial e exclusiva — e só ela tem essa característica — ser a única comunidade que se constitui com o objetivo essencial de unir pessoas em seu interior. Por isso, quem faz parte de uma orquestra começa a viver aquilo que é chamado *concertação*. O que significa concertação? Significa a filosofia do grupo que se reconhece como interdependente, em que cada um é responsável por todos e todos são responsáveis por cada um. Reunir-se por quê? Para gerar beleza."

Nessas poucas palavras estão concentradas toda a sociologia do subdesenvolvimento e toda a estratégia do desenvolvimento. Subdesenvolvimento significa incapacidade de trabalhar coletivamente, incapacidade de organizar-se e de identificar um objetivo a perseguir prioritária e sinergicamente, com método e tenacidade. Abreu propõe o método da orquestra sinfônica e o objetivo da beleza.

A música sinfônica, que a tradição aristocrática e burguesa reserva ao deleite dos aristocratas e dos burgueses cultos, na iniciativa pedagógica de Abreu torna-se instrumento de educação dos pobres para um viver civilizado baseado na imaginação do indivíduo, na coralidade da orquestra, na concretude da disciplina, na beleza da arte. O resultado é o resgate econômico através do amadurecimento humanista.

Diz Abreu: "Quem quer que, tocando, gere beleza e harmonia musical começa a conhecer dentro de si a harmonia essencial: a harmonia humana. O que somente a música pode comunicar ao ser humano é a revelação que transforma, sublima e desenvolve a partir do interior o espírito do homem".

Os resultados são evidentes, comoventes, emocionantes. O Sistema, além de produzir dezenas de milhares de ótimos músicos, já ativos nas orquestras de meio mundo, produz também regentes do nível de Gustavo Dudamel, disputado pelas melhores orquestras do planeta. "Um projeto sem resultados", testemunha Dudamel, "não tem sentido. O Projeto do Sistema das Orquestras tem um resultado. Eu o vejo, eu o vivi, sou um produto deste Sistema. Comecei a estudar música aos quatro anos e a partir daquele momento fiz parte de uma família. Essa família levou-me a aprender coisas não só musicais, mas também coisas com as quais me confronto na vida. E é este o sucesso do Sistema."

Agora, sob a direção genial de Abreu, verificou-se um enésimo milagre. Toda cidade grande e pequena da Venezuela tem sua orquestra; de cada orquestra surge espontaneamente um diretor. Todo diretor é convidado pela sua cidade a se tornar prefeito, isto é, a dirigir a coletividade como se fosse uma orquestra. Assim, o recrutamento das elites políticas, que no mundo todo ocorre através da via crúcis dos partidos, na Venezuela começa a efetuar-se através da excelência no campo cultural.

Depois de ter ouvido o concerto de uma dessas tantas orquestras de músicos muito jovens, Placido Domingo disse: "Não esperava entrar no Paraíso e ouvir essas vozes celestiais. A verdade é que jamais experimentei uma emoção tão grande". Uma emoção que José Antonio Abreu soube dar ao mundo inteiro através da sua concepção concreta e salvífica da beleza.

OS NETOS DE JOHN ADAMS

Diz Marx: "O animal constrói somente segundo a medida e as necessidades da espécie à qual pertence, enquanto o homem sabe produzir segundo a medida de todas as espécies [...]. O homem constrói também segundo as leis da beleza". Quanto mais se avança na sociedade pós-industrial, mais os crentes apelam à fé e mais os laicos apelam à estética, assumida como a disciplina que, mais do que qualquer outra, se encarrega da felicidade humana.

Por trás dessa fortuna da estética, por trás do esteticismo triunfante, há também motivos estruturais. Em 1786 o presidente dos Estados Unidos John Adams disse: "Preciso estudar a política e a guerra de modo que meus filhos tenham a possibilidade de estudar a matemática e a filosofia, a navegação, o comércio e a agricultura, para poder fornecer a seus filhos a possibilidade de estudar a pintura, a poesia, a música e... as porcelanas". O tempo das porcelanas, sonhado por John Adams para os filhos dos seus filhos, chegou: não só graças à guerra, à filosofia, à navegação, ao comércio e à agricultura, mas também graças à matemática, à ciência, à tecnologia. O esteticismo difundido, a corrida ao belo e ao bem-feito, origina-se também da circunstância de que em muitos campos a tecnologia alcançou a máxima funcionalidade e, portanto, não constitui mais um fator diferencial entre produto e produto.

A ESTÉTICA COMO PARÂMETRO UNIVERSAL

Tento me explicar. Os objetos tecnológicos — uma geladeira, um automóvel, uma televisão — não nascem já perfeitos e confiáveis. Sua vida é uma longa marcha de aproximação à perfeição e à confiabilidade. O relógio foi inventado no século XII e, ainda depois de oito séculos, quando eu era rapaz, errava o horário em muitos minutos todo dia, tanto que o rádio — para quem tinha o privilégio de possuir um — transmitia frequentes sinais para permitir aos ouvintes acertarem os ponteiros sempre atrasados ou adiantados. O preço de cada relógio dependia do grau de precisão técnica com que marcava o tempo. Para ter um razoavelmente preciso, dotado de um oscilador capaz de oscilar cinco ou seis vezes por segundo, era necessário gastar valores proibitivos.

Depois foi inventado o relógio de quartzo, dotado de um oscilador que oscila 2 bilhões de vezes por segundo, e depois ainda o relógio ao césio, dotado de um oscilador que oscila 9 bilhões de vezes por segundo. Hoje todo relógio, mesmo os que são oferecidos de brinde nos supermercados, é cerca de duzentas vezes mais preciso do que seria necessário para quem o usa cotidianamente. Em outros termos, o preço de um relógio não depende mais da sua perfeição técnica, *já previsível*, mas de outros fatores, mais impalpáveis e menos mensuráveis: depende de sua estética e da grife que a certifica.

A estética tornou-se a medida de todas as coisas, o parâmetro universal: de uma cafeteira a um arranha-céu, de um bairro a uma cidade inteira, seu grau de atração e, consequentemente, o preço dos produtos móveis e imóveis dependem não só de sua história, de sua estrutura e funcionalidade, mas também de sua forma. Daqui a fortuna dos designers e dos arquitetos-estrela. Daqui o papel da estética como fator competitivo, porque responde a uma necessidade radical que ela mesma aguça tanto em setores tradicionais, como a fashion, os automóveis, a decoração urbana e os acessórios para a casa (como compreendeu Adriano Olivetti cinquenta anos antes de Steve Jobs), quanto em setores relativamente novos, como a eletrônica, onde o sucesso da Apple é confiado em boa medida à refinada originalidade das estruturas. E depois, a atenção pela estética cresceu também em setores como a alimentação, o comércio, os não lugares (estações, aeroportos etc.), antes indiferentes à beleza.

Transformando as empresas em butiques, as marcas em grifes, a concepção individual em criatividade de grupo, os artistas, publicitários, os chamados "criativos", enfim, todos os produtores de beleza, conquistaram uma posição cada vez mais central nos organogramas empresariais e no circo midiático.

Os técnicos da imagem multiplicaram-se no mundo todo, paralelamente à necessidade de imagem. Justamente a sua diversidade estimulou o sincretismo e a hibridação dos estilos num patchwork deliciosamente pós-moderno. Mas também a globalização estimulou uma progressiva homologação do gosto (arrastada a excessos como o Hotel Burj Al Arab, onde se joga tênis numa plataforma suspensa no ar a 211 metros de altura, ou como a torre Burj Dubai, que se eleva a oitocentos metros); contudo, muitas escolhas estéticas permaneceram saborosamente locais e subjetivas, frequentemente satisfeitas com o enraizamento em seu próprio húmus étnico e empenhadas na reapropriação de suas próprias raízes culturais.

PATCHWORK VITALISTA

Muito provavelmente a estética irá nos acompanhar nos próximos anos, e, muitos esperando a salvação a partir dela, será cada vez mais marcada pelas sensações opostas de onipotência e de crise; pela exigência de conjugar racionalidade e emotividade; pela presença onívora da ciência, da tecnologia, das redes; pela progressiva desestruturação do tempo e do espaço; pela necessidade de incluir, juntar, acolher, tolerar, recuperar, reciclar; pelo vitalismo que exalta a alma e o valor intrínseco dos objetos; pela beleza como atributo apenas transitório das coisas.

Neste novo universo estético, corre-se o risco de que o valor das obras dependa não só do seu preço, mas também da comunicação bombástica que as propagandeia, dissolvendo-as, assim, no sistema da arte e separando a arte do belo.

Mas o que é o belo? O que é o feio? Como ressaltou Richard Shusterman (*Pragmatist Aesthetics: Living Beauty, Rethinking Art*, 2000), uma tela de Bacon ou um rap são belos justamente porque são feios, evocam desconforto e vulgaridade. Uma coisa feia pode estimular uma experiência estética porque o belo e o feio não são somente atributos impressos pelo artista na sua obra, mas também experiências, também energias de quem a olha. A estética pós-moderna, de fato, obriga o público a assumir um papel ativo na fruição da arte, porque toda obra, depois de ter obrigado o artista a impressionar--nos, pede a nós que nos deixemos impressionar. Em suma, mais do que nunca, hoje a beleza reside antes de mais nada nos olhos de quem olha e nos ouvidos de quem ouve.

A cegueira e a surdez são uma carência dos indivíduos, de grandes instituições, de comunidades inteiras. Quando uma cidade recupera um monumento abandonado, significa que "vê" a sua beleza danificada e "sente" o chamado da sua história. Um exemplo clamoroso da cegueira institucional foi fornecido há alguns anos pela Prefeitura de Palermo. Armados de tratores e guindastes, os seus guardas municipais encontraram tempo para desmantelar uma singular obra de arte realizada na praça Garaffello, justamente no centro mais deteriorado da cidade, por um jovem artista visionário, Uwe Jäntsch, e pela sua companheira, Costanza Lanza de Scalea.

Com paciência de monges, Uwe e Costanza haviam transformado um horrível edifício semidestruído num gigantesco conjunto de prateleiras em que iam colocando — com a ajuda dos jovens do bairro — os mais variados objetos encontrados nos montes de lixo para compô-los numa espécie de catedral trash, única em seu gênero. A imensa instalação, transformando a degradação urbana em gesto estético, já atraía visitantes de toda parte, mas a Prefeitura, em vez de valorizá-la como símbolo de resgate, preferiu destruí-la.

No Village de Nova York ou no 798 de Pequim, a instalação de Uwe teria sido venerada como um totem. Em Palermo, foi destruída. Os administradores e a maioria dos administrados não conseguiram entender que o confronto entre as nações e as cidades — efetuado até agora em termos de armamentos e de PIB — irá se basear cada vez mais na capacidade de tornar atraentes os lugares e gentis os comportamentos. Não conseguiram entender que qualquer atividade artística torna artístico o espaço em que se realiza.

A ARTE COMO SISTEMA

Se Palermo e os palermitanos não viram e não ouviram, não é porque faltam olhos e ouvidos. Hoje não bastam mais a posse física desses órgãos e sua funcionalidade no estado primitivo e ingênuo, como bastavam aos peregrinos que, chegando ao cemitério de Pisa, ficavam aterrorizados pelo *Triunfo da morte* de Buonamico Buffalomacco. Hoje são necessários órgãos organizados, fortalecidos por uma cultura capaz por sua vez de fortalecer ao infinito o sentido das coisas. O que nos faz gostar dos objetos é também o conhecimento de sua história, a reconstrução mental do processo que levou à sua criação, a análise de suas vibrações que, além de nos impressionar, pretendem convencer-nos.

Diz Bertrand Russell: "Apreciei os pêssegos e os damascos muito mais do que os apreciava antes depois que soube que se começou a cultivá-los na China no início da dinastia Han, e que os chineses tomados como reféns pelo grande Kanisha introduziram-nos na Índia, de onde difundiram-se para a Pérsia, chegando ao Império Romano no primeiro século da nossa era. Tudo isso tornou-me essas frutas mais doces".

A arte e a beleza vivem também de relações e interdependências. Se, como dizia Keats, "a obra de arte é uma alegria criada para sempre", é preciso, todavia, reconhecer que também em presença de instrumentos tecnológicos poderosíssimos, que permitiriam a todos produzir cultura e beleza para todos, a alegria que emana da obra de arte é *para sempre*, mas não ainda *para todos*. A obra de arte contemporânea pede a todos para ser levada em consideração, mas depois concede sua alegria somente aos que participam do complexo sistema da arte, feito de cultura de base, cultura especializada, disponibilidade, motivação, relação favorável entre artista, agente, galerista, crítico e mídia.

A VIDA BELA

Não é só um objeto belo, uma música bela, um filme belo. Há também uma *vida bela*. Mas em que consiste, hoje, a beleza da vida? A experiência rural dos nossos antepassados — d'*Os trabalhos e os dias* de Hesíodo ao vilarejo do Sul onde meu avô e meu pai eram clínicos gerais — era marcada por poucos e simples eventos cotidianos (acordar, lavar-se, ir ao campo ou visitar os pacientes, almoçar, ir ao bar ou ao grêmio, passear, jantar, deitar) que se repetiam sempre iguais no decorrer das estações e dos anos. A nossa vida pós-industrial, entretanto, é abarrotada de experiências, de viagens, de leituras, de filmes, de encontros, de amores, de carícias e de feridas. Somos tão acossados pelos compromissos que sonhamos com férias em solidão e descanso total, em que a felicidade consista em não ter prazos. Um parêntese desprovido de eventos, plano e imutável, que, contudo, não creio que nos compensaria realmente do estresse acumulado na longa sequência de dias frenéticos. Pelo contrário, iria nos esvaziar e entediar. Penso que a estética da vida pós-industrial não consiste apenas em reduzir a nossa agenda, mas principalmente em conferir um sentido, um significado, uma interconexão vital com tudo o que fazemos, pequeno ou grande que seja. Consiste na capacidade de recolocar continuamente em jogo os equilíbrios que nossa preguiça nos leva a construir e a tornar definitivos.

Uma vida bela é uma vida em que as paixões ressurgem e se renovam continuamente, em que o risco nunca deixa de atrair a curiosidade, em que todos os eventos, incluído o trabalho, assumem as modalidades do jogo, com suas regras e suas apostas, suas destrezas e seus golpes de sorte, seus felizes imprevistos e seus momentos de reflexão. "Não somos velhos", diz Baudelaire, "enquanto desejarmos seduzir e ser seduzidos."

O oposto do jogo (onde tudo é imprevisível) é a burocracia (em que tudo é regulamentado): como a vida do funcionário ou do executivo que todos os dias acorda na mesma hora, chega ao escritório na mesma hora, encontra os mesmos colegas que lhe contam as mesmas piadas e o submetem às mesmas questões profissionais.

Frequentemente essas vidas parecem frenéticas porque consteladas pelo telefone que toca, o chefe que convoca, o cliente que reclama, pelo *multitasking* e a permanente obrigação de ser encontrado, em rastreabilidade permanente. Mas, efetivamente, nada fazem além de repetir por anos e anos as mesmas liturgias que depois, no final de uma chamada carreira, entregam o burocrata à quietude semieterna da aposentadoria, e, enfim, à quietude eterna da morte. Longanesi fala de quem vive essas vidas, "daqueles sujeitos que mantêm o retrato dos filhos na escrivaninha por anos e que depois ficam sabendo, pela esposa em fim de vida, que somente uma daquelas três criaturas era sua".

A BELEZA NÃO BASTA

Há muito modos, muitos estilos para viver esteticamente: da extravagância dândi de Oscar Wilde ou de D'Annunzio ao pauperismo de são Francisco ou de Gaudí. Na sociedade pós-industrial o problema estético da vida consiste em como organizar as várias frações da própria existência de modo a conferir a elas um sentido e não cair na esquizofrenia, consiste em tornar novamente distintas e complementares as dicotomias entre interior e exterior, essência e aparência, latente e manifesto, autêntico e inautêntico, significante e significado, sincrônico e diacrônico, nômade e sedentário, real e virtual que o pós-moderno confundiu, confundindo-nos.

Mas talvez consista, em, primeiro lugar, em recolocar novamente em confronto o belo, o verdadeiro e o bom; a compreensão, a indignação e a reação. Quando Oscar Niemeyer, criador incansável de belezas, completou cem anos, perguntei-lhe se compartilhava da batida frase de Dostoiévski, "a beleza salvará o mundo". Respondeu-me: "A beleza nunca salvou ninguém. Para salvar o mundo, é preciso uma revolução".

C. Criatividade

O espírito criativo afirma-se
onde reina a serenidade.
LE CORBUSIER

UM INSTINTO A MAIS

No decorrer de sua longa história, a humanidade teve de enfrentar uma dezena de desafios impostos pela natureza: fome e miséria, cansaço do corpo e da mente, dor física e psíquica, doenças, tédio, escravidão, feiura, morte. Até onde lhe foi possível, o homem conseguiu vencer esses desafios servindo-se da ciência e da técnica; quando não conseguiu, contentou-se com dois placebos: a religião e a arte. Em todo caso, mobilizou sua criatividade, o fator específico que o tornou humano e o colocou acima das feras.

Durante uma célebre conferência de 1938, Gustav Jung definiu cinco instintos humanos: a fome, a sexualidade, a pulsão para a atividade, a reflexão, a criatividade. Dez anos depois, em 1947, Konrad Lorenz publicou um ensaio destinado ele também a ficar famoso — *O chamado mal* —, em que enumerou por sua vez os instintos dos animais: a nutrição, correspondente aproximadamente ao instinto de fome que Jung indicara para o homem, a procriação, correspondente à nossa sexualidade, a agressão, correspondente à pulsão para a atividade, a fuga, correspondente à reflexão. Nos animais, portanto, não se encontra nada comparável à criatividade, que se mantém como a marca distintiva da nossa espécie, o elemento que nos faz humanos, que nos permite rebater golpe a golpe os desafios da natureza, que nos permite ser, no planeta, a única espécie que continua a se expandir.

CRIATIVIDADE DIVINA, CRIATIVIDADE LAICA

Graças à sua criatividade, todo homem é levado instintivamente a descobrir, modificar e melhorar a si mesmo, suas relações sociais, seus semelhantes, seu ambiente. No decorrer da história humana, nem mesmo esse processo de descoberta e de invenção permaneceu igual a si mesmo. Melhorando incessantemente seus modos de criar, o homem recriou também a criação. Inventar na pré-história uma pedra lascada para usá-la como faca, preparar na Mesopotâmia um eixo para formar uma roda, escrever versos na Grécia para compor uma tragédia, pintar um quadro no Renascimento para representar a realidade é coisa totalmente diferente de rodar um filme ou produzir fármacos no século XIX, mapear o genoma ou construir uma cidade no ano 2000.

Terminada a criação, no sétimo dia Deus descansou e à criatividade religiosa seguiu-se a criatividade laica. A partir do oitavo dia, o homem continuou por conta própria e sem pausa o empreendimento criativo, transformando o mundo com métodos que são progressivamente transformados com o transformar da experiência, da instrução, dos materiais, dos instrumentos de cálculo e de transporte.

Numa primeira e longuíssima fase do seu caminho, o homem aprendeu a caminhar ereto, a falar, a controlar o fogo, a caçar as presas, a colher os frutos da terra. Numa segunda fase inventou o além, aprendeu a sorrir, criou a arte, o cão, o arco, as flechas. Numa terceira fase aprendeu a cultivar a terra, a calcular o movimento dos astros, inventou a escrita, a moeda, a economia, o Estado, a ditadura, a cidade, as leis, a organização. Numa quarta fase inventou a democracia, a historiografia, a dramaturgia, descobriu o ócio e a sabedoria. Numa quinta fase inventou o purgatório, a bússola, a pólvora, o moinho à água, os arreios modernos dos cavalos e a imprensa, construiu as catedrais, fundou as corporações, os ateliês, as academias. Numa sexta fase descobriu a precisão, o método, a sinfonia, a anestesia, a indústria, a organização científica do trabalho.

Por fim, o homem inventou a programação do seu futuro, a criatividade organizada, os meios de comunicação de massa, a informática, os novos materiais, as biotecnologias, as nanotecnologias, o laser, e acelerou os ritmos do progresso a tal ponto que o poder dos microprocessadores duplica a cada dezoito meses, o das fibras óticas, a cada nove meses.

CRIATIVIDADE FESTIVA, CRIATIVIDADE DO DIA ÚTIL

O homem primitivo tinha à sua disposição tecnologias já prontas na natureza: uma pedra, um galho, um osso, um curso d'água, um lobo. Depois, transformando a pedra em faca, o galho em arco, o osso em ponteira, o curso de água em força motriz, o lobo em cão de trenó, inaugurou a inovação tecnológica, que comporta invenção, aceitação ou rejeição das mudanças, conflito entre velho e novo, deslocamento de riquezas e de poder, nova organização do trabalho, novo conhecimento, nova cultura, nova sociedade.

A era industrial — entre meados do século XVIII e meados do XX — foi inaugurada e marcada por grandes invenções que revolucionaram drasticamente todos os setores, tanto artísticos como científicos. Sua conotação criativa, porém, não está só nessas "grandes" novidades revolucionárias, mas também numa infinidade de pequenas transformações incrementais que modificaram desde os mínimos detalhes toda a nossa vida cotidiana. As ruas, as praças, os templos, as habitações em que transcorria a vida de Dante ou Voltaire eram mais ou menos idênticos aos da época em que transcorrera a vida de Sócrates. Entretanto, o planeta em que hoje vivemos é profundamente diferente não só em relação ao de Sócrates ou Voltaire, mas também em relação àquele em que vivíamos quando jovens. Os ciclos de transformação tornaram-se submúltiplos de uma vida humana.

Mudaram os navios e os portos, os trens e as estações, os aviões e os aeroportos, o leito dos rios, o traçado das autoestradas, o asfalto que as cobre e os automóveis que as percorrem; mudaram até as igrejas e os cemitérios. Ainda mais rápida, minuciosa, penetrante foi a transformação dentro de nossas casas, onde grande parte dos objetos — do ar-condicionado ao computador, do saca-rolhas às lâmpadas — ou eram diferentes ou simplesmente não existiam. Assim, hoje os nossos olhos veem formas e cores desconhecidas, nossos ouvidos ouvem sons jamais ouvidos, o olfato, a garganta, o tato são mobilizados continuamente para saborear comidas, sentir cheiros, tocar formas inéditas.

A sociedade industrial antes e a pós-industrial hoje foram laboratórios permanentes, tocas fervilhantes, florestas em que milhões de abelhas laboriosas e cupins e castores noite e dia freneticamente produziram, modificaram, destruíram e reconstruíram tudo a seu alcance.

Se as grandes descobertas, as grandes invenções são como um salto vertical, raro, visível, revolucionário, surpreendente, que subverte as nossas existências e o nosso imaginário, essa transformação perpétua, entretanto, é como uma expansão horizontal, um rizoma, uma contínua colonização, discreta mas tenaz, da nossa vida cotidiana que muda pouco a pouco, momento a momento. A grande invenção, a grande descoberta representam as pontas festivas da criatividade humana; a pequena inovação representa, por sua vez, seu aspecto de dia útil, humilde, subterrâneo, mas incessante e, no fim das contas, não menos determinante.

Já nos deparamos com a frase de Heráclito, "Não é possível percorrer duas vezes o mesmo rio". Para Heráclito tudo fluía, mas lentamente. A mania de transformação instantânea nasceu apenas com a indústria e depois prosseguiu até nós, cada vez mais aguda, através de formas de produção e consumo que todo dia não só modificam e aceleram as necessidades e os produtos, isto é, a nossa existência, mas também a si mesmas, seus equipamentos, seus operadores, seus processos, suas solidariedades e seus conflitos. Esse moto-perpétuo, cada vez mais rápido, induzido pela nossa biologia e pelos nossos instintos, pela obsolescência programada dos produtos, pela nossa vontade intencional e, com muito mais frequência, pela manipulação midiática, tornou-se fim em si mesmo, de modo que milhões de pessoas troçam continuamente seu carro, seu computador ou celular sem nenhuma necessidade real a não ser a própria vontade de trocar, aguçada pela propaganda e encorajada pelos empréstimos bancários.

CRIATIVIDADE CIENTÍFICA, CRIATIVIDADE HUMANISTA

Três aspectos marcam a história da criatividade humana, festiva ou cotidiana que seja: o alternar-se, em toda disciplina, entre fases abundantes em descobertas e invenções e fases rarefeitas ("o tempo, como o espaço, tem seus desertos e suas solidões", diz Francis Bacon); o alternar-se e o entretecer-se de progresso científico e desenvolvimento humanista; a progressiva passagem de formas de criatividade predominantemente individuais a formas de criatividade predominantemente coletivas.

Depois dos milênios pré-históricos de lentíssimo progresso técnico-científico, quase de súbito e num arco temporal relativamente curto, a Mesopotâmia deu vida a dezenas de invenções fundamentais, da roda à escrita, da moeda à cidade. Essa avalanche de invenções foi tão imponente que, mesmo 3 mil anos depois, Aristóteles estava convencido de que não havia mais nada a inventar para a melhoria da vida prática. O progresso técnico-científico entrou, portanto, numa longa fase de recesso durante a qual, antes na Grécia e depois em Roma, a filosofia e a poesia, a arquitetura, a arte, o teatro, a historiografia, o direito, a organização da guerra e da paz produziram obras-primas até hoje não superadas.

A partir do século XII, e com crescente intensidade depois do século XVII, retomou vigor aquele progresso científico e tecnológico que preparou o nascimento da era industrial e que, mais recentemente, tornando-se torrencial, permitiu desembocar na sociedade pós-industrial em que atualmente vivemos.

Por outro lado, no decorrer da história, a criatividade industrial entreteceu-se com a coletiva, mas, a partir de meados do século XIX, sobre os gênios individuais prevaleceram cada vez mais os grupos criativos organizados, como veremos mais adiante. Provavelmente individual foi a decoração das grutas de Lascaux e Altamira. Certamente individuais foram a criação poética de Píndaro e a científica de Newton. Coletivas, entretanto, foram a progressiva colaboração dos poemas homéricos, a criação das catedrais da Idade Média e, mais próximas de nós, as descobertas científicas do Cavendish ou da Cern, as artísticas da Disney e das grandes casas de moda.

UM CASTELO ASSEDIADO

O homem logo tomou consciência de sua singularidade criativa, com a qual ele mesmo ficou surpreso, e tentou entender de onde se origina essa força poderosa e misteriosa da criatividade, para poder depois incrementá-la. Assim, a criatividade tornou-se uma espécie de castelo assediado por neurologistas, psicanalistas, psicólogos, epistemólogos, pedagogos e sociólogos, cada um armado com suas próprias experiências e métodos próprios, cada um empenhado na exploração de determinados aspectos especializados do problema. À descrição desse assédio e sobre seus destinos variados dediquei o livro *Fantasia e concretude*.

Em linhas gerais, posso dizer que os neurocientistas tentaram compreender o que distingue um cérebro muito criativo, a peculiaridade dos seus mecanismos neuronais, as diferenças entre hemisférios direito e esquerdo, entre criatividade científica e criatividade artística. Os psicanalistas tentaram entender por que a mente humana possui essa irrefreável pulsão de criar, quais diferenças criativas existem entre homens e mulheres, que papel exercem o inconsciente coletivo, o órgon, a dinâmica entre eros e tânatos, quais mensagens estão implícitas em obras como *Moisés*, de Michelangelo, *Poesia e verdade*, de Goethe, *Esperando Godot*, de Beckett.

Jung, como vimos, lançou luz sobre os instintos humanos, Hillman insinuou-se nas dobras da nossa psique, distinguindo ânimo e alma. Arieti, sobre o qual voltaremos daqui a pouco, forneceu-nos uma contribuição fundamental partindo do conceito psiquiátrico de esquizofrenia. Simplificando, podemos dizer que os psicólogos estudaram as relações entre criatividade, sexo e idade e aventuraram-se ao empreendimento de determinar os traços específicos da personalidade criativa, elaborando listas tão variadas que nos fazem concluir que — se excluirmos a tenacidade, única característica admitida por todos os estudiosos — esses traços não existem.

Os epistemólogos tentaram entender se os processos criativos podem chegar a conclusões definitivas ou sempre falseáveis (Popper), se prosseguem segundo um método paradigmático (Kuhn), segundo programas intencionais (Lákatos) ou sem nenhum programa (Feyerabend). Os pedagogos tentaram teorizar e experimentar métodos para educar a criatividade. Os sociólogos foram atraídos pelas relações entre sociedade e criatividade, pelos adensamentos criativos em algumas épocas e em alguns lugares, pela criatividade de grupo.

FANTASIA E CONCRETUDE

Com base nessa massa imponente de estudos, finalmente somos capazes de dizer o que é a criatividade? Aqui vou me limitar a expor meu ponto de vista pessoal, partindo do trabalho de um psiquiatra, Silvano Arieti, autor de *Criatividade. A síntese mágica*, um dos ensaios mais convincentes sobre a gênese do ato criativo. Segundo Arieti, o processo criativo, ao contrário dos seus produtos, "é desprovido de novidade e sublimidade; em boa parte ele consiste em mecanismos mentais antigos, superados e primitivos, em geral confinados naqueles recessos da psique que estão sob o domínio do que Freud chamou de o processo primário". Mais especificamente, o processo criativo consiste numa síntese entre o pensamento primário e o secundário, entre o inconsciente e o consciente. "O *processo primário*, para Freud, é um modo de funcionamento da psique, em especial de sua parte inconsciente. Ele predomina nos sonhos e em algumas doenças mentais, principalmente a psicose. O processo primário funciona de forma muito diferente do secundário, que é o modo de funcionamento da mente quando está desperta e se serve da lógica comum. Os mecanismos do processo secundário reaparecem também no processo criativo, em estranhas e complexas combinações com os mecanismos do processo primário e em sínteses que, embora imprevisíveis, são, contudo, suscetíveis de interpretação psicológica. É pela união apropriada com o mecanismo do processo secundário que essas formas primitivas de cognição, geralmente limitadas a estados anormais ou processos inconscientes, se tornam forças inovadoras."

Dos meus estudos sobre os grupos criativos, que apresentei no livro *A emoção e a regra*, e sobre os grupos criativos atuais, surge a necessidade de enriquecer a descrição do processo criativo como síntese de pensamento primário e secundário através da assunção de mais uma variável: ele, de fato, não é apenas síntese de consciente (secundário) e inconsciente (primário), mas síntese também de cálculo racional e pulsão emocional. Se se intersecta o eixo consciente-inconsciente com o eixo racional-emotivo, obtém-se uma tabela com dupla entrada em que se identificam quatro zonas.

Por uma questão de brevidade, iremos nos deter somente sobre duas delas: a zona determinada pelo encontro da esfera emocional com o inconsciente é o reino da *ima-*

ginação. A zona determinada pelo encontro da esfera racional com o nível consciente é o reino da *concretude.* A criatividade, diferentemente do que se acredita em geral, não se identifica só com a imaginação, mas consiste numa *síntese de imaginação e concretude.* Michelangelo não é considerado um gênio pelo simples fato de ter idealizado e desenhado, já com setenta anos, a cúpula de São Pedro, mas porque, *além de tê-la idealizado e desenhado,* conseguiu impor seu projeto à atenção do papa, conseguiu que se aprovasse e se financiasse uma obra tão audaciosa, conseguiu recrutar e dirigir uma massa de oitocentos pedreiros, escultores, carpinteiros, artesãos de todo tipo, conseguiu manter-se firme durante vinte anos, até o dia de sua morte, num empreendimento hiperbólico cujo término sabia que não veria.

DESAFIOS E RESPOSTAS

O dia 4 de outubro de 1957 foi ruim para os Estados Unidos. Em plena Guerra Fria, todo americano estava convencido de que seu país tinha uma superioridade tecnológica esmagadora em relação à União Soviética. A partir dos anos 1930, de fato, o grande êxodo de cientistas europeus fugidos das ditaduras do mundo todo, inclusive a soviética, adotara a América, que os recebera colocando à disposição recursos e liberdade, com um excedente de criatividade.

Mas naquele dia de outubro de 1957 o mundo inteiro foi apanhado de surpresa pelo anúncio de que, ao redor do nosso planeta, orbitava admirável e ameaçador um satélite artificial — o primeiro da história — inventado não em Stanford ou no MIT de Boston, mas na União Soviética. Num só golpe era destruída toda a mítica primazia da criatividade americana.

O segundo golpe àquela que Thomas Kiley orgulhosamente chamou de "a capacidade inventiva inata da inteligência americana" foi desferido vinte anos depois pela concorrência japonesa, que ameaçou a supremacia técnico-comercial dos Estados Unidos com produtos mais inovadores e agradáveis. Já nos anos 1930 o Japão ameaçara o mercado têxtil americano invadindo-o com sua seda, e a pesquisa científica dos Estados Unidos rebatera essa ameaça inventando o nylon (irado acrônimo de Now You Loose, Old Nippon).

Nessa segunda vez as empresas americanas, que por algumas décadas guiaram o progresso mundial junto com os laboratórios universitários a elas ligadas, descobriram-se com tal falta de ideias que Jay Galbraith, um dos gurus mais apreciados das grandes indústrias, escreveu na mais importante revista americana de administração: "A maior parte das mudanças atuais tem origem fora da indústria. Não foram os fabricantes de máquinas de escrever que introduziram a máquina de escrever elétrica, os inventores da máquina elétrica não inventaram a máquina de escrever eletrônica, as empresas que produziam válvulas não introduziram o transistor, e assim por diante". Ainda mais lapidar, Kenneth Galbraith, o economista mais respeitado daqueles anos, declarou severamente: "É bom que, de vez em quando, o dinheiro se separe dos imbecis".

Os americanos responderam também a esse segundo desafio recorrendo ao seu racionalismo empírico: o Estado e as empresas destinaram generosos fundos para a formação da criatividade, os executivos submeteram-se docilmente a experiências formativas de todo tipo, os estudiosos e os formadores foram férteis em descobertas de todo tipo multiplicando o arsenal de técnicas criativogênicas. O tema da criatividade foi posto no centro do debate nacional, dos programas ministeriais, acadêmicos e empresariais. Todos os aspectos, mesmo que mínimos, da criatividade foram investigados meticulosamente: se é verdadeira a opinião difundida segundo a qual os criativos são loucos ou excêntricos; se a criatividade torna felizes os criativos ou representa um fardo opressor; em quais campos é prioritário mobilizar a força misteriosa da criatividade para vencer os desafios da concorrência mundial; por que em alguns lugares e em alguns períodos explode uma surpreendente criatividade e por que, depois de períodos especialmente fecundos, essa vitalidade entra em letargia; se, ao lado da criatividade individual, pode haver uma coletiva, e, em caso positivo, como organizá-la, controlá-la, premiá-la.

NOVOS DESAFIOS À ESPERA DE RESPOSTAS

Depois de milênios de invenções e descobertas, depois de ter conseguido multiplicar por dez a população do planeta e duplicar a duração da vida média, depois de ter produzido próteses prodigiosas para potencializar ao infinito nossa visão, nossa audição, nossa velocidade, nossos cálculos, nossas emoções, tornava-se necessário, por conseguinte, multiplicar por dez os esforços para decifrar o segredo da criatividade, para entendê-la, ensiná-la, educá-la, potencializá-la.

Por outro lado, na guerra sem quartel travada contra a natureza vencemos algumas escaramuças, deslocamos em nossa vantagem as fronteiras de alguns territórios disputados, mas os resultados continuam ainda favoráveis à nossa grande mãe inimiga. No planeta, em valores absolutos aumentam tanto os ricos quanto os pobres, mas em valores percentuais os pobres aumentam muito mais do que os ricos. Lá onde se conseguiu substituir o esforço físico pelo trabalho intelectual, o estresse mental tomou o lugar da exaustão corporal, criando um desconforto diferente, mas igualmente agudo. Conseguimos anestesiar quase todas as dores físicas, mas não conseguimos vencer a depressão, a tristeza, a agressividade, o tédio. Derrubamos com as insurreições muitos regimes ditatoriais, porém dilatamos em excesso a escravidão midiática, a alienação e a anomia. Embelezamos os centros das cidades mais ricas, mas criamos imensas descargas humanas nas periferias urbanas e nos vilarejos pobres do mundo todo. Sobretudo, no fundo do percurso da nossa experiência terrena, implacável como sempre, espera-nos, em todo caso, a morte. Este déficit de criatividade estimula a multiplicá-la.

CRIATIVIDADE EM PRIMEIRO LUGAR

Na sociedade pós-industrial há um motivo ulterior pelo qual a criatividade ocupa uma posição central. Em todo o planeta vai se aprofundando uma nova divisão internacional do trabalho: de um lado, os poucos países hegemônicos, que apostam todas as suas cartas no monopólio do conhecimento e na força da invenção, potencializando seus laboratórios de pesquisa, suas universidades, seus meios de comunicação; de outro, os países do Terceiro Mundo, para onde vão se deslocando todas as atividades manufatureiras que demandam baixo know-how, rendem pouco e poluem muito.

Para ficar ou para entrar na categoria afortunada dos países ricos, hoje é preciso crescer economicamente, e, para isso, é preciso ser criativo, cada vez mais criativo, produzindo de forma contínua novas ideias, novos projetos, novos serviços, novas informações, novos símbolos, novos valores, novas estéticas. À criatividade, em síntese, pedimos que nos traga a felicidade e, se possível, a imortalidade.

O mercado mundial é vorazmente ávido por grandes e pequenas novidades, gratifica-as generosamente, consome-as velozmente e abandona-as prontamente.

Outro motivo pelo qual a criatividade adquire nova relevância está no fato de que quase todos os objetos antes construídos com a força física do homem são hoje realizados por meio de máquinas. Até o trabalho intelectual de natureza complexa (como o do desenhista, de um caixa de banco ou de um analista químico) já pode ser delegado aos computadores e robôs. Antes o trabalhador da cadeia de montagem, depois o empregado de *routine*, agora o empregado de conceito e o *professional* entraram em concorrência com computadores cada vez mais sofisticados, que ameaçam expulsá-los dos postos de trabalho executando programas com uma precisão, uma confiabilidade e um custo muito mais atraentes do que os do trabalho humano.

O que resta, portanto, ao homem? Resta tudo o que é apuradamente criativo. Enquanto a velha indústria manufatureira precisava de esforço bruto, o novo mundo pós-industrial precisa de atividade criativa. Isso obriga todas as organizações — família, escola, empresa, Estado — a encontrar, incubar e cultivar os dotes criativos dos jovens.

Por outro lado, os trabalhadores também — cada vez mais cultos, especializados e escolarizados — estariam prontos para essas tarefas mais criativas se sua fertilidade intelectual não fosse castrada por organizações obsoletas, que ainda os refreiam dentro de regras nascidas há mais de cem anos em função dos encarregados então semianalfabetos na cadeia de montagem. Como é necessário revolucionar criativamente essas regras, eis outro motivo pelo qual a criatividade se torna imprescindível.

UMA ABORDAGEM SOCIOLÓGICA

A disponibilidade de fundos e a vocação empírica dos americanos permitiram a eles investigar o problema da criatividade com a construção em laboratório de dispendiosas situações experimentais, cientificamente observáveis e mensuráveis. Nas universidades onde tive a ventura de lecionar, no entanto, pesquisas empíricas desse gênero jamais teriam encontrado os financiamentos necessários. Foi-me, portanto, necessário voltar--me para um método heurístico diferente, menos dispendioso, mas não menos fecundo em resultados.

Em vez de criar grupos experimentais ad hoc, a cada vez diferentes em número, idade, profissão dos componentes, objetivos, campos de ação, contextos, *leadership* etc., de modo a medir e comparar o grau de criatividade com que cada um deles é capaz de resolver os problemas colocados, parti de casos de comprovada criatividade historicamente verificada para reconstruir ao revés os seus processos criativos e captar suas particularidades metodológicas. Sendo sociólogo, concentrei-me na criatividade coletiva e nas variáveis de natureza sócio-organizacional.

Muitos resultados são satisfatórios, mas muito trabalho resta ainda por fazer. Permanece um mistério, por exemplo, o adensamento de gênios em alguns períodos e em algumas áreas do planeta. A Atenas em que viveram Sócrates, Platão, Aristóteles e dezenas de outros gênios de igual estatura contava somente com 40 mil cidadãos livres, 20 mil metecos e 250 mil escravos. Depois da peste de 1348, a Florença renascentista em que se exprimiam Leonardo, Michelangelo, Brunelleschi, Donatello e Botticelli, Maquiavel, Guicciardini e Pico della Mirandola não superava 20 mil habitantes. Como é possível que centros urbanos tão pequenos, em épocas tecnologicamente tão imaturas, tenham produzido inovações mais numerosas e profundas do que muitas empresas atuais, com centenas de milhares de colaboradores espalhados no mundo todo, alimentadas por enormes capitais e contando com computadores onipotentes? As explicações até agora se mostram ingênuas demais.

PRIMOGENITURA EUROPEIA

A partir do início do século XX, consolidou-se a convicção de que a América pode reivindicar, ao lado da primazia criativa em muitos campos, também a primogenitura dos grupos e da criatividade coletiva.

Não há dúvida de que suas universidades e *business schools* têm em seus quadros docentes o maior número de prêmios Nobel; de que seus laboratórios detêm o maior número de patentes, que dos seus estúdios saem os filmes de maior sucesso; de que seus motores de pesquisa processam bilhões de dados, de que as descobertas e invenções mais relevantes no campo da eletrônica, informática, laser, medicina, nanotecnologias, biotecnologias vieram de Massachusetts e da Califórnia. Mas a América não foi a primeira a dar vida aos grupos criativos.

Mesmo sem remontar aos ateliês renascentistas, basta considerar que, durante as primeiras décadas do século XX, enquanto nos Estados Unidos o trabalho industrial era sempre centrado na divisão taylorista, na Europa multiplicavam-se os grupos criativos inspirados na cooperação, na informalidade, na estética. Basta pensar, no campo científico, no Instituto Pasteur de Paris, no grupo romano reunido ao redor de Enrico Fermi, no Cavendish de Max Perutz, Francis Crick e James Watson. No campo artístico, basta pensar na Casa Thonet e na Weiner Werkstätte de Viena, nos pré-rafaelitas e no Bloomsbury Group de Londres, na Bauhaus de Berlim. No campo humanístico, basta pensar no círculo filosófico de Viena ou no Instituto de Ciências Sociais de Frankfurt.

Cada um desses grupos, nascidos para produzir arte ou ciência, elaborou também seu modelo original de organização, de financiamento, de exploração das patentes. O distrito, a rede, o lobby, o *management by objectives*, o *Project work*, o congresso permanente, todas as diversas inovações que vêm sendo adotadas nos últimos anos pelos maiores teóricos das ciências organizacionais já haviam sido pensadas, testadas, adotadas pelos grupos criativos surgidos na Europa um século atrás.

ANATOMIA DOS GRUPOS CRIATIVOS

Estudando a história e a organização desses grupos e de muitos outros, florescidos de meados do século XIX até nossos dias, foi-me possível compreender e reproduzir alguns de seus mecanismos. O que sabemos, agora, sobre a criatividade coletiva? Quais disciplinas contribuem mais para desvendar os segredos dos grupos criativos? Quais circunstâncias e características tornam criativos esses grupos? Que estímulo exercem, sobre as capacidades criativas de um grupo, o profissionalismo, a motivação, as neuroses de cada um de seus membros, sua propensão ao dinheiro, ao sucesso, à solidariedade, à filantropia? Quais são as fontes de poder e de estilos de *leadership* mais apropriadas para quem dirige um grupo criativo? Como se desenvolvem os processos informativos e decisórios no seu interior? Quais são as causas e as possíveis soluções dos conflitos que neles surgem? Como se pode avaliar, do interior e do exterior, o grau de criatividade de um grupo? Como se formam e como se dissolvem os grupos criativos? De quais recursos necessitam? Que influência exerce sobre eles o contexto em que operam?

Para responder a essas perguntas, antes de mais nada é preciso compreender como é recrutado e formado um grupo para que possa ser criativo.

Podemos definir como "gênio" uma pessoa que possui, sinergicamente, uma grande imaginação e uma grande concretude. Na maior parte dos indivíduos, de fato, a imaginação e a concretude não caminham juntas e não são ambas desenvolvidas em grau semelhante de excepcionalidade: há quem, como este que aqui escreve, se sobressai na imaginação, mas não na concretude, e quem se sobressai na concretude, mas não na imaginação. Nos grupos, então, essa disparidade acentua-se porque alguns, como por exemplo nas empresas publicitárias, tendem a selecionar pessoas predominantemente imaginativas, enquanto outros, como por exemplo as empresas financeiras, tendem a selecionar pessoas predominantemente concretas.

A passagem da *small art* e da *small science* à *Big Art* e à *Big Science*, graças aos grupos criativos formados na passagem do século XIX para o XX por organizadores excepcionais como Pasteur, Dohrn, Guccia, Hoffmann, Gropius, Horkheimer etc., abriu possibilidades criativas antes inimagináveis. O conceito de fundo no qual se inspiraram esses grandes líderes, mesmo que inconscientemente, foi que não havia necessidade de recorrer a gênios individuais (que são raros), cada um completo em si mesmo graças à coexistência de grande imaginação e grande concretude, mas que bastava reunir pessoas dotadas principalmente de grande imaginação e pessoas dotadas principalmente de grande concretude (ambas numerosíssimas), dando vida assim a férteis organizações criativas, a "gênios coletivos" compostos por indivíduos em si não geniais.

A este ponto, como se pode compreender, produzir criatividade nas organizações não consiste tanto em induzir as pessoas concretas a ser mais imaginativas ou as pessoas imaginativas a ser mais concretas graças a técnicas maiêuticas de todo tipo, mais custosas do que eficazes. Produzir criatividade nas organizações consiste em formar sábias misturas de pessoas imaginativas e pessoas concretas, cada uma fiel à própria vocação natural; consiste em criar um clima de recíproca tolerância e estima; em tornar esse clima entusiasmante e incandescente graças a uma missão compartilhada e a uma liderança carismática.

FISIOLOGIA DOS GRUPOS CRIATIVOS

Nos grupos organizados para produzir bens ou serviços, o processo criativo é um fluxo contínuo, mas, no seu interior, podem-se distinguir algumas fases que se sucedem com relativa constância: a pesquisa pura, a pesquisa aplicada, o desenvolvimento, a produção, a distribuição, a colonização do mercado, a fruição.

A observação de centenas de grupos criativos, que produziram obras-primas de ciência e de arte no decorrer dos últimos 150 anos, permite afirmar que na base de cada grupo realmente criativo há, antes de mais nada, a motivação dos seus membros. A organização das fábricas manufatureiras baseava-se no controle, no medo, na cooperação programada, na concorrência, na luta de classes; a dos grupos criativos é baseada na motivação, no entusiasmo, na cooperação espontânea, na emulação, na curiosidade. Somente o trabalho físico e repetitivo pode ser controlado. Posso dizer a um operário: "Venha amanhã cedo às sete e, até às nove, precisa me produzir cem porcas", mas não posso dizer a um publicitário: "Venha amanhã cedo às sete e, até às nove, precisa me produzir um slogan publicitário". A produção intelectual — isto é, a produção hoje demandada à maioria dos trabalhadores — não depende do controle externo, mas da motivação interna. A porta da criatividade está fechada pelo lado de dentro. Se eu introduzir controles severos no trabalho intelectual, automaticamente diminuo a motivação e, portanto, reduzo o rendimento, criando um círculo vicioso pelo qual quanto mais controlo, mais renuncio à eficiência.

A motivação representa a *conditio* sine qua non porque dela dependem a tenacidade, a coesão, a flexibilidade, a inclinação a conjugar trabalho e diversão, empenho e tempo livre, família e profissão, a capacidade de transformar os vínculos em oportunidades, os conflitos em estímulos, a combatividade em colaboração. A motivação alimenta o espírito criativogênico, ajuda a não se render diante dos insucessos, compromete todos na *mission* do grupo, afugenta a tentação de preferir os atalhos da esperteza aos percursos da inteligência.

Mas o índice de criatividade aumenta ainda mais quando o grupo tende ao futuro sem abandonar suas próprias raízes, quando é interdisciplinar, interclassista, antiburocrático, internacionalista, universalista, metodologicamente sistemático e rigoroso, contrário a toda discriminação de gênero e de cultura, atento à dimensão ética e estética, propenso à modernidade tecnológica. Quando é capaz de conferir sentido às coisas feitas por cada um dos seus membros, quando consegue neutralizar constantemente a resistência às mudanças, quando cuida da própria dimensão "feminina" feita de subjetividade, emotividade, ética e estética, quando usa disponibilidade e cortesia nos comportamentos recíprocos.

Enfim, um grupo não pode ser criativo se não for capaz de recolocar em discussão a ordem dos poderes e métodos de gestão, dando vida a um *setting* dotado de atitude crítica, entusiasmo contagiante, carisma dos líderes, liberdade de expressão e de ação, organização por objetivos, desestruturação do tempo e do espaço, honestidade e curiosidade intelectual, substituição da censura pelo encorajamento, refinamento estético dos modos e dos lugares.

OS OBSTÁCULOS À CRIATIVIDADE

Os grupos criativos são mais humanos e exaltantes do que os grupos executivos, mas isso não os coloca ao abrigo de uma série de obstáculos que cercam o seu caminho. O primeiro entre todos é a burocracia, que é para os processos organizacionais como a entropia para os fenômenos físicos e como o colesterol para a circulação sanguínea. Por sorte, uma vez delegadas as tarefas repetitivas à precisão das máquinas, as intervenções criativas do homem tornam-se tão indispensáveis para a vida das organizações que nenhuma peia burocrática pode bloqueá-las. Por mais que os burocratas queiram ser numerosos e insidiosos, todavia não prevalecerão porque a sociedade pós-industrial pode dispensar a burocracia, mas não a criatividade.

Outras barreiras à criatividade são a força do hábito, a tendência dos líderes a evitar riscos presentes nas mudanças propostas ou iniciadas por outros, a falta de um sistema de controle sadio e eficiente, capaz de medir os méritos e os deméritos, a incapacidade, por parte dos *decision makers*, de selecionar as ideias brilhantes e desenvolvê-las, a deficiência de comunicação entre as várias funções, a rigidez da estrutura organizacional, os critérios indispensáveis para a criatividade do grupo, os objetivos inexistentes ou malformulados, o escasso planejamento dos processos criativos, os empregados não motivados à criatividade, o *turnover* escasso demais ou frequente demais.

A CRIATIVIDADE NÃO TEM CONSTANTES

A criatividade escapa a toda regra: há gênios precoces como Mozart e longevos como Michelangelo, equilibrados como Kant e desequilibrados como Borromini, refinados como Leonardo e *naïf* como Ligabue, afortunados como Bernini e desafortunados como Caravaggio, ricos como Wagner e pobres como Schubert, subestimados como Lorenzo Lotto e celebrados como Haydn, misantropos como Salinger e frívolos como D'Annunzio, reservados como Enrico Fermi e mundanos como Andy Warhol. Não se pode dizer que Modigliani ou o Marquês de Sade gozaram a vida generosa de Rafael ou de Mendelssohn-Bartholdy.

Cada ser criativo tem seus lugares privilegiados, seus tempos, seus ritmos, seus ritos, suas próprias relações entre trabalho e tempo livre, entre ruído e silêncio.

Mas até o estresse pode ser aliado da criatividade: o precoce gênio matemático Évariste Galois esboçara seus sete famosos teoremas sem jamais encontrar tempo para aperfeiçoá-los e a coragem para publicá-los. Na noite anterior ao duelo fatal em que perdeu a vida, acossado pela premonição de não ter outras ocasiões para fazê-lo, conseguiu escrevê-los de uma só vez.

Aumentar a criatividade de um gênio individual ou de um grupo criativo significa multiplicar o mais precioso dos recursos humanos: aquele do qual dependem o progresso e a felicidade; mas a criatividade tem suas regras e seus desregramentos, suas acelerações e suas pausas, suas bondades e seus cinismos. Às vezes nasce do silêncio, da ordem, da paz, outras vezes nasce do barulho, do caos, da luta. Quase sempre doa mais alegria a quem usufrui de seus produtos do que a quem os cria. Sempre permite a quem merece olhar com confiança para o futuro da nossa espécie.

TRABALHO E NÃO TRABALHO

O nosso atual modelo de vida formou-se no decorrer de muitos séculos, quando a duração geral de uma existência humana era de cerca 350 mil horas, metade das quais dedicada ao esforço físico. Em apenas três gerações, dos nossos bisavós até nós, a duração da vida média dobrou, superando 700 mil horas, das quais somente um décimo é dedicado ao trabalho, já predominantemente intelectual.

Ao mesmo tempo, graças ao progresso tecnológico, ao desenvolvimento organizacional e à globalização, aprendemos a produzir uma quantidade crescente de bens e serviços com uma quantidade decrescente de trabalho humano. Nos países industrializados as horas anuais dedicadas ao trabalho são contratualmente reduzidas.

Se a vida média se alonga, a parte dedicada ao trabalho diminui e cresce o tempo livre: as horas que podemos dedicar ao descanso, ao estudo, ao jogo. E tudo isso é coerente com o desenvolvimento da humanidade, que, desde a noite dos tempos, sempre procurou afastar a morte, eliminar o esforço, debelar o sofrimento, aumentar as horas de despreocupação e livre criatividade.

Infelizmente, porém, nosso atual modelo de vida formou-se quando vivíamos pouco e trabalhávamos muito, e por isso o trabalho assumiu um papel central, onívoro, mitificado no plano civil, no qual é considerado um dever, e no plano religioso, no qual é considerado uma expiação. Tudo e todos — família, escola, empresa, mídia — preocupam-se em educar-nos para o trabalho como fim, meta e coroamento da nossa formação. E essa formação é ainda baseada sobre o paradigma taylorista e fordista que obriga o trabalho dentro de regras elevadas a princípios científicos: a padronização, a especialização, a sincronização, a concentração dos poderes e das informações, a economia de escala, a maximização dos fatores produtivos.

Hoje, sob o estímulo implacável da concorrência, essa ciência organizacional é acriticamente aplicada tanto aos operários como aos empregados, aos profissionais liberais, aos executivos e aos dirigentes de um ministério, de um aeroporto, de um hospital, de um festival, de um estúdio profissional, de uma operação de socorro, de um campeonato mundial, de um exército, de um canal de televisão, de uma igreja, de um vilarejo turístico, de uma frota, de uma agência de publicidade.

Disso deriva a separação drástica e universal entre trabalho e tempo livre, entre trabalho e vida. Henry Ford, o mítico fundador da homônima fábrica automobilística e inventor da cadeia de montagem, recomendava: "Quando trabalhamos, devemos trabalhar. Quando nos divertimos, devemos nos divertir. Não serve de nada tentar misturar as duas coisas. O único objetivo deve ser o de realizar o trabalho e ser pago por tê-lo realizado. Quando o trabalho acabou, então pode vir a diversão, mas não antes".

A nítida separação entre o tempo de trabalho decrescente e o tempo livre crescente, inata às tarefas fracionadas, repetitivas, padronizadas, continua a ser inevitável para um trabalhador braçal agrícola, um mineiro, um encarregado da cadeia de montagem, um chapista num fast-food ou um cobrador nos pedágios das autoestradas, mas nunca foi oportuna para a atividade de um jornalista, um estudante ou um artista, obrigados a se adaptarem a ela. Por outro lado, o tempo livre, esta parte preciosa da nossa existência, capaz de nos fornecer energias, estímulos, inspiração, cultura, ideias, distração, alegria, com muita frequência foi negligenciado, desperdiçado, reduzido a espaço residual do nosso dia, destinado a "matar o tempo", em vez de nutri-lo, dissipando-o no tédio, alienando-o no consumismo, ou até envenenando-o com drogas e degradando-o na violência.

O PROGRESSO COMO AMEAÇA E COMO OPORTUNIDADE

Era o ano de 1999 quando antecipei, em meu livro *O futuro do trabalho*, as consequências negativas às quais iríamos de encontro se, tolamente, não nos déssemos conta das prodigiosas oportunidades oferecidas ao homem pelo progresso tecnológico e pela globalização, condenando-nos masoquistamente a sofrer apenas suas decorrências negativas.

Como nesse meio-tempo a visão economicista e, além do mais, liberalista conquistou absoluto predomínio nas estratégias dos governos (jamais tão medíocres como nos últimos cem anos), frustrando a visão sociológica, estética, o resultado geral é visível por todos: a desorientação geral provoca a sensação de crise, a sensação de crise impede o projeto do futuro; falta uma meta, um percurso, um modelo ao qual recorrer, e por isso navega-se a olho, dilapidando tesouros escondidos por trás da ordem pós-industrial da nossa sociedade. Mas se assim tem sido até agora, não é obrigatório que continue a sê-lo também no futuro.

Na sociedade industrial, os trabalhos substituídos pelas tecnologias eram mais que compensados pelo nascimento de novos trabalhos e novos setores, muitas vezes determinados justamente pela introdução dessas novas tecnologias. Basta pensar em quantos nasceram com o advento das ferrovias ou da utilização da energia elétrica. Mas será assim também na nossa sociedade pós-industrial, onde as novidades são determinadas pela informática, pelas nanotecnologias e biotecnologias?

Se até agora o computador e a internet substituíram os caixas dos bancos, as agências de viagem e os encarregados do check-in nos aeroportos, hoje um software está pronto para dirigir um automóvel, lançando à miséria caminhoneiros e motoristas de táxi; outro software está pronto para escrever artigos sobre os resultados financeiros, substituindo os jornalistas especializados; outro ainda é capaz de ensinar línguas, substituindo os professores. O software Turbotax é capaz de substituir os contadores na declaração de renda e os radiologistas na leitura das ecografias. Diante dessa realidade tão evidente, pelo menos a metade dos economistas, segundo uma pesquisa do Pew Research Center, começa a entender a diferença entre os efeitos sobre o emprego produzidos pelas tecnologias mecânicas e os produzidos pelas tecnologias informáticas, chegando à conclusão de que produziremos cada vez mais bens e serviços com cada vez menos trabalho humano.

A essa realidade poderemos reagir de dois modos diferentes: continuar entregando-nos ingenuamente à mão invisível do mercado, pela qual os pais seguem numa labuta de dez horas por dia enquanto os filhos ficam desempregados; ou intervir drasticamente, reduzindo e redistribuindo o horário de trabalho em proporção ao aumento de produtividade obtido a cada vez que se introduz uma nova tecnologia. Hal Varian, chefe dos economistas que trabalham para o Google, naturalmente prega que se podem salvar ambas as coisas: "Quem lamenta os tempos em que os pratos e panos eram lavados à mão? Também desta vez, como no passado, nascerão novos ofícios no lugar desses mais cansativos, que desaparecem. Todos nós queremos trabalhar menos". No entanto, muitos sociólogos, como por exemplo Judith Donath, do Harvard Center for Internet and Society, preveem que, diante do alastramento do neoliberalismo, as políticas redistributivas não conseguirão se impor, o desemprego continuará crescendo de modo exponencial e, com ele, a distribuição sempre mais iníqua da riqueza, do saber, do poder, das oportunidade e das tutelas.

Mas a sociedade é um sistema dinâmico em que os problemas, tornando-se agudos, obrigam a levá-los em conta e a encontrar as soluções. O ensaio de Thomas Piketty, *O capital no século XXI*, representa uma tomada de posição fundamental. Agora é preciso passar às soluções. Se o *trend* das últimas décadas prosseguir (e por que não deveria?), de um lado seremos cada vez mais longevos, mais abastados e mais cultos; de outro lado, teremos à nossa disposição meios cada vez mais cômodos e baratos para aumentar a produtividade do trabalho executivo e até o criativo, liberando tempo para meditar, estudar, viajar, comunicar, fruir, amar, nos divertir, recompondo o trabalho com o ócio.

Mas as questões em aberto continuam a ser pelo menos duas: é possível essa recomposição do trabalho com o ócio, tornando-os ambos criativos? Em caso positivo, é possível reeducar os trabalhadores, e quais trabalhadores, para essa recomposição?

DA ALIENAÇÃO DAS FORMIGAS À CIVILIZAÇÃO DAS CIGARRAS

Em meados do século XIX, quando Marx escreveu *O capital*, Manchester era a cidade mais industrializada do mundo, onde 9% de todos os trabalhadores empregados realizavam tarefas físicas e fracionadas do operário. Hoje, nos países industrializados, essa porcentagem se aproxima dos 33%, aos quais se devem acrescentar mais 33% de trabalhadores que executam tarefas intelectuais, mas igualmente fracionadas e repetitivas: a caixa do supermercado, o bancário no caixa etc.

Para operadores desse tipo, o trabalho não pode ser senão alienante, como havia bem explicado Karl Marx já nos seus *Manuscritos de 1844*: "A desvalorização do mundo humano cresce em relação direta com a valorização do mundo das coisas [...]. O objeto que o trabalho produz, o produto do trabalho, contrapõe-se a ele como um ser estranho, como uma potência independente de quem a produz [...]. Esta realização do trabalho aparece, no estágio da economia privada, como uma anulação do operário, a objetivação aparece como perda e sujeição do objeto, a apropriação como estranhamento, como alienação [...]. Mas o estranhamento mostra-se não somente no resultado, mas também no ato da produção, dentro da própria atividade produtiva [...] o trabalho alienado, o trabalho em que o homem se aliena, é um trabalho de sacrifício de si mesmo, de mortificação [...]. Enfim, a exterioridade do trabalho para o operário aparece naquilo em que o trabalho não é dele próprio, mas de outro. Não lhe pertence, e ele, no trabalho, não pertence a si mesmo, mas a outro".

Embora em tempo integral e indeterminado, embora garantido por um contrato regular, embora bem remunerado, embora executado em condições ambientais confortáveis, um trabalho desse tipo jamais será "expressivo" para quem o exerce porque, de todo modo, castra sua vocação criativa. Até um papa como Paulo VI, certamente insuspeito de marxismo, em sua encíclica *Populorum Progressio* (1967) estigmatiza esse tipo de trabalho, que, "mais científico e mais bem organizado, traz o risco de desumanizar seu executor, tornado seu escravo, *porque o trabalho é humano somente se continua inteligente e livre*" (grifo meu).

Aristóteles, na conclusão de sua *Ética a Nicômaco*, sugere uma classificação das atividades humanas em quatro categorias: o trabalho cansativo (*pomos*), os negócios (*ascholia*), o jogo (*paideia*), o prazer cultivado (*scholè*). Segundo o grande filósofo, todos os homens são capazes de se matar de esforço, de se azafamar e se divertir. Mas o prazer cultivado, que constitui uma forma sublime de diversão, é reservado apenas aos seres humanos realmente livres: no corpo e na alma.

Muito bem. A difusão de máquinas capazes de realizar em nosso lugar os trabalhos brutais, perigosos, repetitivos e tediosos libera diariamente milhões de pessoas das tarefas mais alienantes. Por outro lado, a difusão da cultura através da escolarização e dos meios de comunicação de massa coloca as mesmas pessoas em condições adequadas para cultivar as atividades flexíveis e criativas, auxiliadas muito mais pela calma do que pela hiperexcitação.

Estamos, portanto, no fim da sociedade do esforço, sofrida pelas formigas escravas, e no despertar da civilização do ócio, gozada pelas cigarras livres.

A internet nos permite eliminar movimentos, deslocamentos, viagens inúteis, porque nos traz as informações sempre em qualquer lugar. O tempo livre está se demonstrando não só mais agradável do que o tempo de trabalho, mas até mais rentável sob o perfil econômico. O que conta não é mais a fabricação de bens materiais, como os automóveis e as geladeiras, em fábricas pouco rentáveis e muito poluentes: o que conta é a produção de ideias nos laboratórios, nas universidades, em toda parte.

Em síntese, 33% de toda a força de trabalho empregada nos países ricos desenvolve atividades de natureza criativa manipulando informações; seus instrumentos de trabalho são o cérebro, o computador portátil e a internet. E como trabalho e tempo livre tornaram-se ambos atividades intelectuais que usam os mesmos instrumentos e os mesmos recursos imateriais, agora desaparecem um no outro, dando vida a um mix inextricável de ideias e atividades, devido ao qual se torna difícil dizer quando estamos trabalhando e quando estamos no ócio, quando estamos aprendendo e quando estamos nos divertindo.

UM NOME INADEQUADO

Para esse tipo de atividade até o nome "trabalho" é inadequado. Não por acaso um escritor como Joseph Conrad se perguntava: "Como faço para explicar à minha mulher que quando olho pela janela estou trabalhando?". O fato é que Conrad, quando olhava pela janela, não estava trabalhando: estava se inspirando, estava criando, estava fazendo algo que absorvia a sua mente com modalidades completamente diferentes das impostas ao mineiro, embora ambos fossem remunerados pela respectiva produção.

Até aqueles que refletiram sociologicamente sobre o ócio, como por exemplo Moreau-Christophe, Marx, Lafargue, Hesse, Russell, foram inadequados e inadequantes sob esse aspecto porque, sendo muito laboriosos, viam-se como "trabalhadores" pertinazes que, contudo, pregavam o ócio. O fato é que nenhum deles "trabalhava" no sentido indistintamente atribuído a este termo. O que faziam fora escolhido por eles mesmos; tratava-se de uma atividade intelectual e criativa; ninguém os obrigava a fazê-la nem como e quando; e, ao fazê-la, eles cresciam intelectualmente e acumulavam um patrimônio inalienável.

As consequências que derivam do fato de que toda atividade remunerada — física, intelectual, repetitiva, flexível, criativa que seja — é sempre reunida sob o mesmo rótulo de "trabalho" são desastrosas. Como, por exemplo, por "trabalho" até agora se entende "trabalho operário", a idade de aposentadoria é padronizada para todos os "trabalhadores" tomando como parâmetro o desgaste físico causado pelo trabalho físico: um jornalista ou um professor universitário aposentam-se quando completam a mesma idade em que se aposenta um metalúrgico ou um mineiro.

Por isso, provocadoramente, eu aponto a diferença entre a atividade criativa e a executiva, chamando a primeira pela expressão "ócio criativo".

Confundindo-se e hibridando-se cada vez mais com outras atividades intelectuais — o estudo e o entretenimento —, essa versão do "trabalho", outrora reservada a uma elite restrita, mas hoje estendida a um terço de toda a população ativa, não só escapa ao significado tradicional do termo "trabalho", mas é também absolutamente incompatível com o paradigma taylorista e fordista, e, portanto, deve ser renomeada e reorganizada segundo aquilo que é: não mais um penoso castigo bíblico, mas uma situação agradável e até estimulante em que o trabalho que produz riqueza se confunde com o estudo que produz aprendizagem e com o entretenimento que produz alegria. Saberemos acolher essa melhoria, mortificando nosso masoquismo sempre à espreita?

ÓCIO CRIATIVO

Escrevi vários livros ao longo da vida. Algumas pesquisas úteis para mim e tediosas para outros, algumas reflexões sobre como mudar as cidades, o trabalho, a criatividade, o tempo livre, as organizações, as sociedades. Alguns mais, outros menos, esses livros conseguiram conquistar algum espaço nas livrarias. Mas há um que é citado com frequência muito maior do que os outros, como se fosse o mais importante dos meus textos e a síntese de todo o meu pensamento. Tem como título *Ócio criativo*, e na Itália é publicado pela Rizzoli (no Brasil, pela Sextante). Mais do que um verdadeiro livro, trata-se de uma longa entrevista realizada por Anna Maria Palieri, uma jornalista de grande qualidade.

O motivo desse sucesso pode ser talvez rastreado no afortunado título *Ócio criativo*, que une dois conceitos habitualmente vistos como opostos: o *ócio*, geralmente entendido como inércia, indolência, passividade, e a *criatividade*, geralmente entendida como movimento, dinamismo, vitalidade. Assim, a acepção negativa do substantivo "ócio" é resgatada pela acepção positiva do adjetivo "criativo".

Mas por "ócio criativo" não entendo de forma alguma a indolência, a preguiça, a falta de empenho, a ausência de atividade até tornar o dia vazio. Sempre pensei que o "*dolce far niente*" nada tem de doce, e só de pensar nele sinto tédio e até náusea. Por ócio criativo entendo aquele estado de graça que se alcança quando se faz algo que, ao mesmo tempo, nos dá a sensação de trabalhar, de estudar e de nos divertirmos. Algo com que, simultaneamente, produzimos riqueza, aprendizagem e alegria. Uma sensação de agradável altivez que acende a nossa criatividade e nos faz sentir plenamente humanos. É o estado de ânimo que percebe o artista quando está totalmente tomado pela sua obra-prima, a criança quando constrói seu castelo de areia, o líder quando dirige um *team* bem montado para uma meta inovadora, uma dona de casa quando aperfeiçoa e otimiza a gestão doméstica com eficiência e amor, o cientista quando persegue com método e tenacidade a sua hipótese, o político quando elabora uma nova e feliz organização civil para a sua comunidade.

Quando se realizam essas condições, o artista, a criança, o líder, a dona de casa, o cientista, o político não sabem sequer eles mesmos o que estão fazendo; esquecendo o tempo que passa, esticam a corda da própria vida além de toda previsível resistência.

Segundo uma máxima zen, que capta à perfeição a essência daquilo que chamo de ócio criativo, "quem é mestre na arte de viver distingue pouco entre seu trabalho e seu tempo livre, entre sua mente e seu corpo, sua educação e sua recreação, seu amor e a sua religião. Com dificuldade sabe o que é. Persegue simplesmente a sua visão da excelência em qualquer coisa que faça, deixando aos outros decidir se está trabalhando ou se divertindo. Ele pensa sempre estar fazendo as duas coisas ao mesmo tempo".

CONTRA O MASOQUISMO

Nos últimos dois séculos, muitos países se industrializaram aprendendo sempre mais como se trabalha e se produz a riqueza com métodos tayloristas, mas esquecendo sempre mais como se dedica ao ócio e se produz o bem-estar com o ócio criativo. O resultado pode ser visto por todos: povos riquíssimos, como o americano ou o sueco, já neurotizados e incapazes de viver serenamente seu próprio tempo, colocam a felicidade em primeiro lugar na hierarquia dos valores. Justamente agora que conquistaram os recursos para usufruir, não sabem mais como se faz e correm o risco de degradar o ócio em alienação em vez de sublimá-lo em arte criativa. A necessidade tornou-se masoquismo.

Devem, portanto, ser reavaliadas as poucas regiões do mundo ainda capazes de viver o tempo sem sentimento de culpa e com irrefreável vitalidade. Estes "parques antropológicos" da festa e da vocação alegre — Rio e o Nordeste do Brasil, a Andaluzia na Espanha, certas reservas de humanismo espiritual na Índia, certos pequenos estados pobres como o Uruguai e o Butão — representam verdadeiras reservas de ócio criativo, assim como a Amazônia é uma reserva de oxigênio. Por isso devem ser preservados com a mesma ciosa apreensão, defendidos a todo custo do racionalismo exasperado das sociedades dominadas pelo mercado competitivo. Só quem é totalmente sábio pode chegar a entender que a sabedoria não é tudo.

Infelizmente esse feliz estado de graça em que o trabalho, o estudo e a diversão coincidem e exaltam-se mutuamente não é fácil de alcançar, porque estamos saindo de uma longa época industrial iniciada no final do século XVII e terminada no final do século XX, durante a qual a organização do trabalho e da vida não foi centrada na síntese, na união, na hibridação, mas na separação nítida entre estudo concentrado nos primeiros anos de vida, o trabalho rigidamente desenvolvido em determinados lugares e em determinadas horas, a distração igualmente rigidamente limitada a certas outras horas e a certos outros lugares.

Mas hoje um terço de todos os trabalhadores cumpre atividades de natureza predominantemente intelectual, que podem ser realizadas em qualquer hora e em qualquer lugar, também graças ao suporte do celular, do notebook, da internet. Daí a possibilidade, vedada pela empresa tradicional, de "teletrabalhar", realizando em casa, no bar, na praia, na segunda habitação aquele trabalho que geralmente é feito no escritório, deslocando-se sem outra razão a não ser um rotineiro ritualismo.

A desestruturação do tempo e do espaço é a nova e afortunada condição que permite ainda mais hibridar o trabalho com o estudo e a diversão, transformando sabiamente o estresse do esforço tradicional na felicidade do ócio criativo. Liberados da condenação bíblica que nos impunha ganhar o pão com o suor do rosto, podemos finalmente obter também a manteiga e a geleia com a diversão da mente e com a alegria no coração.

ÓCIO E *OTIUM*

É esse tipo de vitalidade que se encontra nas pessoas geniais e nos grupos criativos: uma fertilidade do pensamento acompanhada, às vezes, por uma aparente indolência. Rossini, por exemplo, tinha fama de pessoa preguiçosa; contudo, com menos de quarenta anos, já conseguira compor vinte óperas líricas.

Visto de fora, o trabalho intelectual, que chamo de ócio criativo, pode se assemelhar à preguiça congênita e extravagante, interrompida aqui e ali por uma milagrosa e repentina explosão criativa, mas, na minha acepção, ele contém método e intuição, imaginação e concretude, emoção e regra. Antes que Saint-Simon, em 1808, estendesse a noção de trabalho também às pesquisas dos cientistas, as atividades intelectuais eram consideradas em bloco como *otia* e constituíam as artes nobres de todos aqueles que não trabalhavam com as mãos e não suavam: isto é, todos aqueles que, alimentados por escravos e proletários, pagaram este alimento elaborando o saber e a tecnologia com os quais nos libertamos da ignorância e da pobreza. "Foi a classe ociosa", escreve Bertrand Russell, "que cultivou as artes e descobriu as ciências, que escreveu livros, inventou sistemas filosóficos e refinou as relações sociais... Sem uma classe ociosa, a humanidade jamais se ergueria da barbárie."

No trabalho criativo, o ócio representa aquela espécie de modorra do espírito durante a qual as intuições se evaporam do inconsciente e vão se condensar em ideias novas. É o ócio, portanto, que permite o necessário distanciamento dos problemas contingentes que nos afligem e permite a imersão naquela espécie de limbo da mente onde flutua o plâncton da nossa criatividade.

Desvinculado de lugares e horários compulsórios, o ócio criativo deve ser cultivado nos lugares certos, que não são mais, para todos indistintamente, os pretensiosos edifícios em vidro e concreto relegados nos centros direcionais, mas são para cada um o lugar que melhor corresponde à própria subjetividade: Posillipo para Wagner, Sorrento e Amalfi para Ibsen, Massacciuccoli para Pucini, Dolbiaco para Mahler, Copacabana para Niemeyer, o "Studio 5" da Cinnecittà para Fellini, um bunker para Salinger, Salvador para Jorge Amado e Caetano Veloso, Café de Flore para Sartre, Les Deux Magots para Gide representam tocas, úteros e ninhos onde esses gênios trabalharam como não poderiam ter feito em nenhum outro lugar do mundo, encontrando só nesses refúgios em particular a atmosfera adequada para transformar o tempo de trabalho em férias, o esforço em diversão, a imaginação em obras concretas. A propósito dessa inefável atmosfera, que habitualmente chamamos de *"genius loci"*, Le Corbusier dizia que "o espírito criativo afirma-se onde reina a serenidade".

ÓCIO E TEMPO

A criatividade requer não só o local propício, mas também o tempo certo. Por duzentos anos, no decurso da sociedade industrial, a maioria dos trabalhadores realizou tarefas executivas, esmigalhadas, reduzidas cada uma a gestos de poucos segundos repetidos ao infinito, segundo o ritmo frenético imposto por uma cadeia de produção.

Em tais condições cada minuto era precioso porque permitia a produção de uma porca a mais. A quantidade dos produtos era estritamente proporcional à quantidade de tempo transcorrido no local de trabalho e à velocidade do ritmo com que se operava; a organização da fábrica tinha como objetivo reduzir cada vez mais os tempos e tornar cada vez mais severos os controles.

Assim, aos poucos nos habituamos a uma vida inteiramente transcorrida sob o chicote do cronômetro, até nos alienarmos, até ostentar a nossa falta de tempo, o nosso estresse convertido em símbolo de status. "Não tenho um segundo de tempo"; "Trabalho dez horas por dia", "Não tenho um minuto sequer para mim", "Faz anos que não tiro férias", vangloria-se o executivo de carreira.

Nem sempre foi assim. Na Atenas de Péricles os dias de folga eram quase mais numerosos dos que os dias úteis. Não era diferente a vida social na Florença dos Medici, onde os ateliês artísticos eram, ao mesmo tempo, locais de produção e agremiações de confronto cultural em que trabalho e vida, ofício e arte conseguiam conviver de forma feliz, produzindo aquela obra-prima global que foi o Renascimento. As mulheres refinadíssimas de Botticelli, as poderosas estátuas de Michelangelo nas tumbas mediceias oferecem a mais eloquente representação plástica do ócio criativo, em que natureza e cultura, força e leveza concorrem entre si para tornar-nos felizes.

Algo análogo ocorria na Viena na passagem do século XIX para o XX, onde Hoffmann, Musil, Klimt, Mahler, Kraus passavam muitas horas por dia nos maravilhosos cafés liberty, alongando-se nas fecundíssimas conversas interdisciplinares que hoje um executivo competitivo confundiria com conversas vazias, mas que, no entanto, produziram o melhor da cultura moderna.

Enquanto numa época a plebe mourejava e a aristocracia se entregava ao ócio, agora são os executivos, os dirigentes, os diretores, os empresários — enfim, os ricos e os poderosos — que ficam com todo o trabalho e se entopem de tarefas até sofrerem um enfarte. Assim, sem percebermos, deslizamos para uma condição penosa e, ao mesmo tempo, ridícula. Já no início do século XX foi o que percebeu um chefe indígena das ilhas Samoa — Tuiavii di Tiavea —, que veio à Europa e escreveu, com grande espírito de observação, uma espécie de *réportage* antropológica sobre nós europeus, que ele chamava de "papalaguis".

Entre os dez breves capítulos em que se divide a *réportage*, um se intitula "O papalagui não tem tempo". "O papalagui", lê-se ali, "acima de todas as coisas ama o que não pode pegar e que mesmo assim está sempre presente: o tempo. E disto faz um grande alvoroço e tolas conversas. Embora nunca haja mais do que pode haver entre o nascer e o pôr do sol, para ele nunca é suficiente. O papalagui está sempre descontente com o seu tempo e reclama com o Grande Espírito porque não lhe deu suficiente [...]. Nomeia mil coisas que lhe roubam tempo, fica de cara feia e reclama do seu trabalho, que não tem nenhuma vontade de fazer, que não lhe traz alegria e ao qual ninguém o obriga a não ser ele mesmo [...]. Há papalaguis que afirmam que nunca têm tempo. Correm para lá e para cá desesperados, como possuídos pelo demônio, e em todo lugar a que chegam fazem o mal e criam problemas e criam medo porque perderam seu tempo. Essa loucura é um estado terrível, uma doença que nenhum homem da medicina sabe curar, que contagia muita gente e leva à ruína."

Se relacionarmos a nossa incapacidade de resolver os problemas do trabalho e da vida com os ritmos estressantes da nossa existência cotidiana, perceberemos que a atual carência criativa deriva não de uma pouca operosidade, e sim do excesso. "Eu penso", escreveu Bertrand Russell, "que neste mundo se trabalha demais, e que os males incalculáveis são derivados da convicção de que o trabalho é coisa santa e virtuosa [...]. O caminho para a felicidade e a prosperidade encontra-se, no entanto, numa diminuição do trabalho [...]. A técnica moderna permite que o tempo livre, dentro de certos limites, não seja prerrogativa de pequenas classes privilegiadas, mas possa ser equitativamente distribuído entre todos os membros de uma comunidade. A ética do trabalho é a ética dos escravos, e o mundo moderno não precisa mais de escravos."

O que falta à nossa criatividade, o que serve para fazer respirar a nossa mente, é o oxigênio do tempo livre. O trabalhador executivo (isto é, o trabalhador da indústria tradicional) podia produzir ininterruptamente, com o único limite da sua resistência física. Mas o trabalhador criativo moderno precisa de pausas de ócio tal como de pão ou de ar. O tempo livre constitui todo o seu luxo e toda a sua necessidade.

Isto, obviamente, é um modelo de trabalhador a uma enorme distância do ideal até agora cultivado nas *business schools*. Contudo, as organizações, se quiserem valorizar a criatividade de seus funcionários, não têm outra escolha: incrementar a sua produção de ideias significa refinar cada vez mais a sua capacidade de saborear o tempo livre, o luxo da pausa, o ócio elevado a arte.

Para transformar a imaginação abstrata em criatividade concreta é necessária uma atmosfera que somente o tempo livre pode garantir: feita do sentido do belo, do bem--feito, do refinado, do cortês, de todos aqueles bons modos, de todos aqueles valores estéticos e éticos que no Renascimento, no século XVIII, no Romantismo, eram orgulhosa prerrogativa das elites, mas que hoje, tornando-se finalmente praticáveis graças à sociedade pós-industrial, podem se tornar recurso comum para toda a humanidade.

ONDE NASCE A CIVILIZAÇÃO

Devido à sua própria natureza humana, as mulheres e os homens não carecem de capacidades ideativas. É, por isso, totalmente supérfluo submetê-los e adestrá-los segundo as técnicas criativogênicas contrabandeadas pelos gurus das *business schools*. Na verdade, a maioria das organizações, independentemente de suas abstratas declarações de intenções, não tem nenhuma séria intenção de renovar-se e prefere morrer a mudar. Enquanto os empresários continuarem a partilhar os valores industriais e a ignorar os pós-industriais, irão se sentir ptolomaicamente no centro do sistema e, toldados pelo complexo de onipotência, não saberão captar os desejos do "mercado" do qual, todavia, dependem.

Portanto, é necessária uma verdadeira revolução copernicana nas empresas para que as ideias inovadoras sejam produzidas em quantidade crescente e consigam transformar-se em prática cotidiana. Mas o caminho é muito longo, e enquanto os executivos demoram a enfrentá-lo, o mundo corre em direção de outros objetivos.

Uma revolução igualmente radical deve ocorrer em todos nós, nascidos para a criatividade, educados para a executividade, resgatáveis na nossa vocação original. Infelizmente, como já disse, as instituições que se ocuparam de nós preparam-nos obsessivamente para o trabalho, negligenciando a educação para o tempo livre, identificado como consumo vistoso, caro e vicioso.

A missão que está diante de nós, portanto, consiste em educar a nós mesmos e os outros a continuar o estudo com o trabalho e com a diversão, até fazer do ócio uma arte refinada, uma escolha de vida, uma fonte inexaurível de criatividade. É este o gênero de bem viver que, segundo Hermann Hesse, deve ser "desenvolvido, dominado e saboreado até se tornar arte [...] permitindo que se esclareçam novas ideias e amadureça o trabalho inconsciente, para reaproximarmo-nos a cada vez, com desinteressado fervor, do mundo natural, tornando-nos novamente crianças, sentindo-nos novamente amigos e irmãos da terra, da planta, da rocha e da nuvem".

Para Platão, as matérias a ser ensinadas aos jovens eram principalmente a ginástica para harmonizar o corpo e a música para refinar o espírito. Aristóteles acrescentava a gramática e o desenho, e, em seu tratado sobre a *Política*, recomendava: "A guerra deve ter em vista a paz, a atividade em vista o ócio, as coisas necessárias e úteis em vista as belas [...]. É verdade que é preciso desenvolver uma atividade e combater, mas muito mais necessário é ficar em paz e em ócio, e assim fazer as coisas necessárias e úteis, mas ainda mais as belas".

Hoje a educação para o tempo livre, o trabalho criativo, a vida, significa introspecção, viagem, cultura, amizade, erotismo, estética, descanso, diversão. Significa desenvolta hibridação de experiências sofisticadas com experiências frívolas. Significa sentirmo--nos sempre abertos a novas experiências, exercitarmo-nos a descobrir quantas coisas poderíamos fazer hoje, no nosso tempo livre, sem gastar um tostão. Enfim, significa dar sentido às coisas de todos os dias, com frequência belíssimas, sempre iguais e diferentes, infelizmente depreciadas pelo consumo cotidiano.

D. Desorientação

> *Um dos maiores problemas da humanidade não consiste na*
> *imperfeição dos meios, mas na confusão dos fins.*
> ALBERT EINSTEIN

UM SALTO HISTÓRICO

"É na transformação que as coisas descansam." Heráclito podia mostrar tanta serenidade porque, seis séculos antes de Cristo, as transformações eram muito lentas e diziam respeito, a cada vez, a poucos aspectos da vida. Mas hoje, quem entre nós poderia exprimir-se com a mesma tranquila segurança?

Raras vezes na história humana, o trabalho, a riqueza, o poder e o saber mudaram simultaneamente. Quando isso ocorre, estamos na presença de verdadeiras descontinuidades que marcam época, pedras miliares no caminho do homem. A invenção das técnicas para controlar o fogo, o início da agricultura e do pastoreio na Mesopotâmia, a organização da democracia na Grécia, as grandes descobertas científicas e geográficas realizadas entre os séculos XII e XVI, o advento da sociedade industrial no século XIX, tudo isso representa saltos de época, que desorientaram gerações inteiras.

Se olharmos bem, essas ondas longas da história, como as chamava Braudel, tornaram-se cada vez mais curtas. Acabamos de nos recuperar da ultrapassagem da agricultura pela indústria, ocorrida no século XIX, e em menos de um século um novo salto de época nos tomou de surpresa, lançando-nos na confusão. Dessa vez o salto coincidiu com a rápida passagem de uma sociedade de tipo industrial dominada pelos proprietários das fábricas manufatureiras para uma sociedade de tipo pós-industrial dominada pelos proprietários dos meios de informação.

O fórceps com o qual a recém-nascida sociedade pós-industrial foi extraída do ventre da sociedade industrial anterior é representado pelo progresso científico e tecnológico, pela globalização, pelas guerras mundiais, pelas revoluções proletárias, pelo ensino universal e pelos meios de comunicação de massa. Agindo simultaneamente, esses fenômenos produziram uma avalanche ciclópica, talvez a mais irresistível de toda a história humana, na qual nós contemporâneos temos o privilégio e a desventura de estar envolvidos em primeira pessoa.

DESORIENTAÇÃO E CRISE

Ninguém poderia ficar impassível diante de uma mudança dessa envergadura. Por isso a sensação mais difundida é a desorientação: aquele sentimento suspenso entre surpresa e pânico que se insinua nos filmes mais vistos, nos livros mais lidos, nas imagens mais clicadas no YouTube, nos videoclipes mais badalados da MTV ou Music Box. A mesma desorientação que encontramos em formas mais sofisticadas nos salões, em formas mais bizantinas nos partidos, em formas mais acadêmicas nas universidades, em formas mais cínicas nas Bolsas.

Essa desorientação tende a gerar euforia em países onde o PIB marcha no ritmo de 10%, ou em países onde a democracia recém-conquistada leva a exageros, e a gerar depressão em países onde o demasiado novo e o demasiado velho convivem no mesmo sistema e onde a marcha do produto interno bruto desacelerou até recuar.

A nossa desorientação afeta as esferas econômica, familiar, política, sexual, cultural. É um sintoma de crescimento, mas é também o indício de um perigo porque quem está desorientado sente-se em crise e quem se sente em crise deixa de projetar o próprio futuro. Se deixarmos de projetar nosso futuro, alguém mais o projetará para nós, não em função dos nossos interesses, mas do seu proveito próprio.

MEDOS

Os recursos do planeta aumentam todo ano em três ou quatro pontos, mas não sabemos como distribuí-los. Enquanto se gastam bilhões para anunciar a comida dos nossos gatos, faltam financiamentos mínimos para garantir o direito ao estudo ou à saúde dos nossos jovens. Na Itália, todos os domingos utilizam-se 15 mil policiais para manter a ordem nos estádios, enquanto faltam os indispensáveis para conter a máfia e a camorra.

Os objetos e serviços multiplicam-se e se parecem a tal ponto que não sabemos qual escolher. Somos afogados pelas informações, mas não sabemos ainda os esquemas lógicos para controlá-las. O gosto sofre oscilações tão rápidas que ainda nem nos acostumamos a uma moda e já outra nos acossa.

Em síntese, a desorientação se traduz em medos que a maioria da população não consegue exorcizar: medo da guerra, das epidemias, dos imigrantes, da superpopulação, da poluição, da violência, da promiscuidade, do multiculturalismo, das quebras das Bolsas, da solidão, do tédio, da morte, do além.

DESORIENTAÇÃO POLÍTICA

A sensação geral de desorientação devida ao grande salto da sociedade industrial é a soma de múltiplas desorientações setoriais, cada uma determinada por causas próprias.

Em todos os países democráticos, em uns mais, em outros menos, o declínio das ideologias eliminou um apoio insubstituível e uma direção segura para as várias partes políticas. Na era clássica, o homem ocidental era orientado pela mitologia e pela sabedoria. Na Idade Média era orientado pela religião, no Renascimento, pela estética, nos séculos XIX e XX, pelas ideologias. Num mundo drasticamente dividido entre ricos e pobres, cidadãos e estrangeiros, crentes e infiéis, era cômodo encontrar em Marx ou em Weber, em Keynes ou em Roosevelt, nas encíclicas e nas pastorais, nas palavras de ordem dos líderes carismáticos e nos modelos das estrelas a sinalização mental com base na qual se avança agilmente. Hoje os aparatos partidários estão desmantelados em todos os lugares; os líderes, embora de média estatura e desprovidos de carisma, dominam caprichosos e incontestes; as classes se aglutinaram numa musse incolor à qual corresponde uma progressiva convergência dos programas eleitorais. E quem enuncia o seu programa não é avaliado pelo conteúdo proposto, mas pela imagem apresentada e pela capacidade de divulgá-la através das mídias e da rede. Na política-espetáculo, um nó malfeito na gravata ou uma frase pouco sedutora proferida num *talk show* pode afetar os consensos muito mais do que uma proposta insensata.

Desapareceram os líderes renomados como Gandhi, Pio XII, Churchill ou Stálin, que representaram analogamente pontos de referência na política, e nenhum dos governos mais recentes conseguiu até agora formular planos comparáveis ao Plano Marshall.

Na Europa, o próprio nascimento da União Europeia e a introdução do euro atenuaram os conceitos de pátria, de identidade e de fronteira, fatores limitantes, mas também motivos de segurança e de orgulho, pelos quais, nos séculos passados, se estava disposto a combater e morrer. Para os jovens, ao lado do perigo de perder o sentido do próprio profissionalismo dissipado em longas fases de desemprego, aumentaram a possibilidade e a necessidade de mudar de trabalho e país, o que os obriga a reciclar várias vezes usos e costumes, grupos de referência, mapas cognitivos e geopolíticos. Calcula-se que, em média, um cidadão europeu muda de residência sete vezes durante a sua vida, e o cidadão americano, pelo menos nove.

Todas as sociedades do passado nasceram inspirando-se num sólido modelo teórico persistente: a democracia de Péricles no pensamento de Pitágoras, Zenão e Anaxágoras, o Sacro Império Romano nos evangelhos e nos escritos dos Pais da Igreja, os Estados islâmicos no Corão, a democracia americana no Iluminismo de Voltaire, Diderot, Franklin e Jefferson, os Estados-nação do século XIX nas obras de Smith, Montesquieu e Tocqueville, a Itália do Risorgimento de Cavour nas reflexões de Beccaria, Cattaneo, Gioberti e Mazzini, as sociais-democracias e os Estados de bem-estar social nas ideias e experimentações de Owen e Bernstein, a União Soviética no pensamento de Marx, Engels e Lênin.

Somente a atual sociedade pós-industrial nasceu por ensaio e erro, sem ser direcionada por um modelo ideal. Toda a nossa desorientação e nosso sentido de crise derivam da falta de um modelo, mais opressiva do que qualquer modelo. Esse vazio une todos os governos do planeta, inclusive os das grandes potências, com a única exceção do papado, que segue em frente no traçado da doutrina bimilenar da Igreja.

Na ausência de um modelo capaz de indicar a meta e o caminho, todo governante navega a olho, extraindo seu frágil ideário do *collage* de pequenas ideias roubadas nos mil mercadinhos da cultura pós-moderna. Com base numa atenta reconstrução realizada pelo *Corriere della Sera*, o pensamento do primeiro-ministro Matteo Renzi não se remete a um panteão de grandes personagens, mas a um patchwork no qual coabitam desenvoltamente Kennedy e La Pirra, Mandela e Prodi, Barrico, Farinetti e Jovanotti, Cuccinelli e Briatore, os Escoteiros e a Fiorentina, Saint-Exupéry e Peter Weir. Obviamente, também a composição do governo Renzi, seus ministros e subsecretários, é cria natural desse patchwork que não tem relação alguma com as poderosas construções sociopolíticas de Maquiavel ou Gucciardini, de Hegel ou Marx, de Bentham ou Croce.

"Nenhum vento é favorável para o marinheiro que não sabe para onde vai", dizia Sêneca. Mesmo hoje, se por um passe de mágica desaparecessem do planeta os graves problemas da fome, do desemprego, da dívida pública, do racismo e das guerras de religião, os vários governos não saberiam para onde e como conduzir seus países.

DESORIENTAÇÃO ECONÔMICA

Se acompanhamos a biografia dos grandes pioneiros industriais (de Singer a Ford, de Dupont a Olivetti), percebemos como a maior parte dos atuais protagonistas da cena econômica não passa, em comparação, de meros pigmeus. Para aqueles pioneiros, a empresa não representava uma mina de dinheiro a ser esvaziada descaradamente, não era só um fim econômico a ser traduzido em luxo, mas um meio para garantir o progresso feliz à própria família e à comunidade toda.

Hoje o surgimento de novas potências produtivas e de novos mercados mundiais, em vez de estimular o empreendedorismo, desorganiza o front empresarial, levando alguns a invocar novos protecionismos, outros a trilhar as rotas mais arriscadas das flibustarias financeiras.

Assim a economia sobrepujou a política, as finanças sobrepujaram a economia, as agências de rating sobrepujaram as finanças. A velocidade dos jogos na Bolsa sobrepujou a solidez dos investimentos mediados. As licitações internacionais sobrepujaram os mercados locais. A economia intangível sobrepujou a economia tangível. A mercantilização estendeu-se dos terrenos aos imóveis, dos objetos materiais aos imateriais, dos bens comuns às relações humanas e, agora, à cultura.

O resultado é uma distribuição cada vez mais desigual e iníqua da riqueza. Segundo o relatório *Grandes desigualdades crescem*, publicado por dezessete organizações não governamentais britânicas, a distância entre ricos e pobres está em aumento porque, apesar da crise, os pobres se tornam mais pobres, além de mais numerosos. Os muito ricos são 35 milhões, entre os quais 14 milhões de norte-americanos, quase 3 milhões de japoneses, quase 2,5 milhões de franceses, quase 2 milhões de ingleses e também alemães, pouco mais de 1,5 milhão de italianos. Cada um desses riquíssimos dispõe de 2,7 milhões de dólares, enquanto 80% de todos os habitantes do planeta precisam se contentar com 3851 dólares cada: setecentas vezes menos. Os 85 personagens mais ricos do mundo, segundo o ranking da *Forbes*, possuem uma riqueza equivalente à de 3,5 bilhões de pobres. Segundo Winnie Byanyima, diretora executiva da Oxfan International, "a explosão da desigualdade freia a luta contra a pobreza num mundo onde mais de 1 bilhão de pessoas vive com menos de 1,25 dólares ao dia e uma pessoa em nove não tem o suficiente para comer".

Em 2007 explodiu a grande crise dos empréstimos hipotecários, em 2008, a dos bancos de Wall Street, que arrastaram para a desgraça os coirmãos alemães, ingleses, irlandeses e espanhóis. Esse *crash* de dimensões planetárias somente ampliou a clivagem entre ricos e pobres, devido pelo menos a dois motivos: porque as políticas anticrise postas em funcionamento pelos bancos centrais nos Estados Unidos, Europa e Japão salvaram os bancos privados com dinheiro público subtraindo fundos do welfare e porque essas políticas anticrise, criando maior liquidez, provocaram o aumento do preço das ações e dos *bonds*, isto é, dos títulos preferidos pelos ricos. Enquanto isso, também nos países emergentes, sem o welfare e sem políticas de redistribuição, os ricos puderam acumular maior riqueza em detrimento dos pobres.

Tomemos como exemplo o caso italiano, isto é, um país rico, com um PIB que ocupa o décimo lugar no ranking mundial. No início da crise, em 2008, as dez famílias mais ricas possuíam uma riqueza de 4,8 bilhões por família; após cinco anos de crise, as mesmas dez famílias possuem 9,3 bilhões por família. No entanto, os 18 milhões de italianos mais pobres (isto é, 30% da população nacional) no início da crise possuíam 6300 euros cada; depois de cinco anos de crise, possuem 3200 euros cada. Em suma, cada família rica tinha 4,8 bilhões e agora tem 9,3 bilhões, cada pobre tinha 6300 euros e agora tem 3200. Se, em vez das dez famílias, levarmos em consideração os dez maiores contribuintes individuais, descobre-se que sua riqueza é igual à de 3,5 milhões de pobres.

O crescimento patológico das diferenças, denunciado por prêmios Nobel como Joseph Stiglitz ou Paul Robin Krugman e demonstrado cientificamente por Thomas Piketty com o ensaio *O capital no século XXI*, alarmou até os ricos. Pelo menos os mais avisados. George Soros, o mítico fundador do Quantum Fund Management, vigésimo no ranking da *Forbes* com 23 bilhões de dólares, titular das ações que ficaram sempre no ativo durante os anos da crise, identificou na própria crise a prova irrefutável de que não só os bancos faliram, mas sim todo o modelo econômico liberalista, baseado na certeza de que os mercados agiam de modo racional, que eram capazes de autor-regulação e que, com base nas informações disponíveis, eram capazes de atribuir um preço correto aos ativos financeiros. No desmoronamento da certeza liberalista, Soros reagiu financiando com centenas de milhões de dólares o Institute for New Economic Thinking (Inet), no qual novos economistas e pesquisadores estão empenhados não só em refutar e demolir as velhas ideias, mas também em apresentar novas propostas capazes de libertar a economia da desorientação que a paralisa.

Os reflexos da desigualdade crescente são desastrosos, e os mais alarmantes referem--se ao bem essencial da saúde. Quanto mais pobres somos, mais doentes ficamos, menos saramos e mais cedo morremos. Segundo o estudo *Equidade da saúde*, organizado pela Universidade de Turim, a expectativa de vida dos mais pobres na Itália é cinco a sete anos menor do que a dos mais ricos. Entre os pobres, são mais frequentes as doenças cardiovasculares, os tumores e o diabetes. Se por milagre se eliminassem as disparidades atuais, a mortalidade cairia 10% entre as mulheres e 25% entre os homens. As vantagens da dieta mediterrânea e do sistema sanitário universal atenuam as distâncias em termos de bem-estar físico, mas contra a saúde dos pobres conspiram os estilos e locais de vida insalubre, a inadequação das políticas sociais, o acesso não equitativo aos serviços sanitários.

Como nos lembra Gian Antonio Gilli, "a pertença de classe influencia quase todos os aspectos do comportamento dos indivíduos e cada momento de suas vidas. Dependem da classe social de pertença, para citar somente alguns: as probabilidades de sobrevivência ao nascimento, a probabilidade de obter o máximo de instrução formal, a capacidade de verbalizar (isto é, de falar com propriedade e completude sobre qualquer assunto), o tipo de trabalho que se 'escolhe', a renda, o nível e estilo de vida, o comportamento sexual, o comportamento religioso, a probabilidade de contrair determinadas doenças, a probabilidade de ser encerrado num cárcere ou manicômio, e assim por diante. Talvez seja desnecessário acrescentar que, em cada um desses aspectos, as classes subordinadas são desfavorecidas em comparação às classes dominantes" (*Como se faz pesquisa*, 1971).

Também no interior de países mais desenvolvidos, essa assustadora e crescente separação entre as classes sociais — efeito gerado por um neoliberalismo acrítico e por recorrentes crises financeiras desencadeadas por um punhado de banqueiros onipotentes — comporta, além da expansão da indigência, a evaporação da classe média e o desespero dos próprios empresários. No ano passado, apenas na Itália, suicidaram-se mais de cem pessoas por motivos diretamente relacionados com a crise econômica. Em outros termos, mais de cem inocentes mataram o mesmo tanto de inocentes, obtendo em troca espaços cada vez mais modestos no noticiário das mídias. Em alguns casos os desesperados — empresários, operários, desempregados — ampliaram o alvo, acrescentando a si mesmos também funcionários e policiais. Essa escalada era previsível, assim como são previsíveis suas próximas etapas, porque a crise é econômica, mas as causas e os efeitos não são só econômicos. Seria cômodo para os culpados que as vítimas continuassem a descontar em si mesmas, mas a sociologia nos avisa que se a raiva não for iluminada por um projeto vital e canalizada para uma ação coletiva, democrática mas intransigente, dirigida por um partido que se encarregue dos explorados e de seu resgate, a deriva violenta enveredará por uma deriva anarcoide. Cem anos atrás, os desesperados do mundo tinham doutrinas, partidos, projetos e líderes de referência; hoje não têm nada disso tudo, e a luta de classes dos pobres contra os ricos, que visava à conquista da igualdade, foi subvertida em luta de classes dos ricos contra os pobres, que visa à imposição das diferenças.

DESORIENTAÇÃO SEXUAL

Na esfera sexual, o advento da pílula do dia anterior e do dia seguinte legitimou o erotismo das mulheres, separando-o da função de procriar. Por outro lado, para ter um filho, o homem ainda precisa ter uma esposa, enquanto a mulher não precisa mais ter um marido. A sociedade industrial, mais ainda do que a rural, vetava às mulheres todas as atividades criativas, as carreiras políticas e as empresariais, imobilizando-as nos níveis mais baixos das pirâmides profissionais, relegando-as ao papel reprodutivo, à educação da prole e à assistência familiar. A Igreja encarregava-se de fornecer uma justificação ideológica para essa exclusão.

Na sociedade pós-industrial, a relação está se invertendo: em quase todas as faculdades universitárias, as estudantes já são em número pelo menos igual ao dos estudantes e frequentemente estudam com maior diligência, obtendo o diploma em menos tempo e com notas mais elevadas. Até 2020, 60% dos estudantes universitários, graduados e pós-graduados, serão mulheres. Muitas se casarão com homens mais jovens do que elas. Por tudo isso, as mulheres se encontrarão no centro do sistema social e poderiam se sentir tentadas a exercer seu poder com a dureza justificada pelas injustiças sofridas nos 10 mil anos anteriores. Os valores "femininos" (estética, subjetividade, emotividade, flexibilidade) terão colonizado também os homens de maneira que, nos estilos de vida, predominará a androginia.

Principalmente nas profissões criativas — da publicidade aos laboratórios científicos, das relações públicas à moda —, as mulheres estão entrando nos postos de comando e aumenta o número de homens que dependem delas. A reação dos homens é de refúgio nos velhos estereótipos, de defesa extremada de privilégios adquiridos ou de total atordoamento.

No plano físico, as biotecnologias e a engenharia genética permitem trocas de espermatozoides, empréstimos de úteros, seleções e clonagens naturais. As relações pré-matrimoniais, até aos olhos dos crentes, foram rebaixadas a simples pecados veniais. O erotismo, privado do mistério, carregou-se de neuroses. A liberdade sexual varreu o tabu da virgindade feminina, tornando plausível o que nos tempos de Karl Kraus era somente um aforismo: "Começou seu matrimônio com uma mentira. Era virgem e não lhe contou".

A cirurgia permite transplantes de órgãos. O corpo, como dado imutável designado a cada ser vivo pela natureza, hoje, graças à engenharia genética, à cirurgia plástica e à dietologia, tornou-se uma simples hipótese sobre a qual se pode intervir com modificações sempre mais substanciais.

As homossexualidades masculina e feminina, perseguidas por séculos como práticas desviantes ou como patologias infamantes, já aparecem como condições normais ou como opções lícitas, com direitos iguais aos da heterossexualidade.

DESORIENTAÇÃO FAMILIAR

Somente meio século atrás, um sociólogo americano, C. Banfield, apontou o "familialismo" como o traço cultural dominante do sul da Itália e, num certo sentido, de toda a cultura mediterrânea. O sistema social das áreas pobres — segundo o estudioso norte-americano — baseava-se essencialmente na família nuclear, única célula coletiva válida interposta entre o indivíduo e o Estado. Também nesse caso, a Igreja encarregava-se de fornecer o suporte ideológico para a ênfase posta na família.

A seguir, na Itália dos anos 1960, duas leis legitimaram o divórcio e o aborto, introduzindo no sistema familiar alguns elementos de liberdade e instabilidade que outros países já haviam metabolizado muito tempo antes. No ano 2000, chegou à idade adulta a primeira onda de cidadãos traumatizados na infância pelo divórcio dos pais e que agora, por sua vez, despejam sobre seus próprios filhos as consequências desse trauma.

A esse motivo de perturbação do velho sistema familiar, outros depois se acrescentaram: os matrimônios inter-raciais e interculturais motivados pela imigração, os matrimônios civis, as uniões estáveis, os segundos e terceiros matrimônios, o nascimento de figuras novas para as quais ainda nem sequer existe um nome. Por exemplo, o que é para uma criança a segunda esposa do avô? A avrasta?

Em seu livro *As novas famílias*, a socióloga Anna Laura Zanatta escreveu: "Um só indivíduo pode ter a experiência de viver uma sequência de formas familiares: pode começar sua vida numa família tradicional e, após o divórcio dos pais, passar a fazer parte de uma família com um só genitor (na maioria das vezes a mãe), depois uma família recomposta, a mãe que se casa novamente, adquirindo eventualmente novos irmãos e uma espécie de pai 'social', mesmo que não reconhecido, que se soma, sem o substituir, ao pai biológico e legal. Chegando à idade adulta, pode viver temporariamente sozinho, dando vida a uma família unipessoal, depois passar a conviver (família de fato) e posteriormente casar-se, não necessariamente com a mesma pessoa com quem conviveu; não se pode excluir que depois se divorcie, como fizeram seus pais, e dê vida a uma família recomposta, não mais como filho ou filha, mas como cônjuge ou companheiro, talvez experimentando de novo, antes ou depois, um período de solidão ou de convivência. Por fim — se for uma mulher, com maior probabilidade do que um homem —, concluirá sua vida outra vez só, como viúvo ou viúva. A família tende sempre a se transformar de experiência total e permanente em experiência parcial e transitória da vida individual. Além do mais, toda vez que se fala de casal, pode-se tratar também de dois homossexuais".

Agora que já estão debeladas as doenças infantis, não é mais preciso ter uma prole numerosa para garantir a descendência. Por isso tem-se o aumento das famílias com um ou dois filhos no máximo. Esse fenômeno, junto com os divórcios e a conquista da longevidade dos idosos, substitui os velhos núcleos familiares compostos por muitos tios e poucos avós por novos núcleos familiares compostos por poucos tios e muitos avós. A minha netinha, de treze anos, tem só duas tias e nada menos que sete avós.

Outros fenômenos que merecem ser aprofundados são a viuvez e o forte predomínio de famílias unipessoais compostas por viúvas em comparação a famílias unipessoais formadas por viúvos. Na Itália, por exemplo, os viúvos são 722 mil (equivalente a 2,5% da população masculina) e as viúvas são 3 777 000 (equivalente a 12,3% da população feminina).

Os demógrafos Antonio Golini e Barbara Buldo assim comentam: "Já há mais de cinco viúvas para cada viúvo, e esta proporção tende a aumentar ainda mais pelo fato de que, no fluxo de viuvezes que se vêm a criar a cada ano, o número de viúvas é equivalente a cerca de oito vezes o fluxo de viúvos [...]. A diferença encontrada entre os dois sexos deve ser atribuída em parte à maior mortalidade dos homens e à diferença de idade ao matrimônio; por outro lado, é certamente imputável à atitude diferente com que se enfrentam os eventos da vida: as mulheres habitualmente aceitam a solidão, são mais capazes de viver autonomamente, enquanto os homens que ficaram sós têm maior propensão a constituir um novo núcleo familiar [...]. Cada vez mais a população dos viúvos tende a coincidir com a dos idosos, tendo sido formidável o processo de envelhecimento também em seu interior: agora somente um viúvo em vinte tem menos de cinquenta anos, enquanto em 1951 a proporção era de um para sete. Assim aumenta drasticamente para os viúvos a probabilidade de morrer e diminui paralelamente a probabilidade de casar outra vez".

DESORIENTAÇÃO RELIGIOSA

O colapso da família tradicional, pedra angular da doutrina cristã, arrastou para a crise também a religiosidade. À secularização e à desorientação que dela derivam contribuem as contradições sempre mais evidentes entre as conquistas da ciência e os dogmas da fé, o confronto cada vez mais cerrado entre as diversas igrejas, o contrapor--se dos fundamentalismos com sua cruenta recaída bélica.

Muitos tentam exorcizar essa desorientação continuando praticantes, mesmo quando não são mais crentes. Outros preenchem o vazio determinado pela perda da fé e dos ritos tradicionais passando a religiões sempre mais esotéricas e a práticas religiosas cada vez mais excêntricas.

Há zonas de fronteira entre sociedade, ciência e religião em que a desorientação é mais evidente. Se todos os homossexuais católicos (que, considerando-se as estatísticas, devem ser cerca de 2,9 milhões) fossem contra o matrimônio gay e todos os homossexuais não católicos (cerca de 117 mil) fossem a favor, as forças em campo ficariam fortemente desequilibradas. Mas a verdade é bem diferente.

Os dados oficiais da Igreja identificam os católicos com os batizados. Mas na imensa maioria dos casos o batismo é imposto aos recém-nascidos. Quando eles crescem, uma parte deixa de acreditar (na Itália os ateus são 9 milhões, equivalente a 15% do total), uma parte (24,4%) deixa de praticar. Se levarmos em conta o fato de que pelo menos um "praticante" em cada três é criança ou adolescente, chega-se à conclusão de que os prováveis eleitores contrários ao matrimônio gay por motivos de pertença religiosa são pouco mais de 7 milhões.

A verdade, porém, é que nem todos os católicos, pelo fato de serem católicos, são contrários ao matrimônio gay e nem todos os eleitores "laicos", pelo fato de serem laicos, são a favor. A família não é só uma instituição do Estado e um sacramento da religião. É também um fator de segurança, um totem do nosso inconsciente, um costume da nossa história, um *topos* da nossa literatura. A relação com esse imponente arcabouço social corta transversalmente os sexos, as idades, as religiões. Como a extensão do matrimônio aos homossexuais não impõe a eles a obrigação de se casar, mas limita-se a dar-lhes a simples possibilidade, e como muitos homossexuais reivindicam este seu direito, a única atitude equânime consistiria em seguir o exemplo dos Estados Unidos, a nação que os conservadores italianos citam até com demasiada frequência como país-guia. O papa Francisco, entrevistado sobre este tema, disse sibilinamente: "Quem sou eu para julgar um gay?". Mas a posição oficial da Igreja, oposta à da ciência, permaneceu inalterada: a homossexualidade é uma doença e, se for praticada, torna-se pecado.

Outra zona de fronteira e de atrito entre sociedade e religião diz respeito à relação entre a dinâmica acelerada dos comportamentos da sociedade e a dinâmica mais controlada dos comportamentos da Igreja. Um exemplo desse desvio nos é oferecido pela viagem do papa Francisco ao Brasil em julho de 2013, poucos meses após sua eleição. Nos mesmos dias de sua permanência no Rio, milhões de jovens se manifestavam em passo de dança para denunciar a corrupção da classe dirigente e milhões de jovens se manifestavam, sempre em passo de dança, para festejar o papa.

Não sabemos quantos jovens estavam presentes em ambas as manifestações, mas quem conhece bem o Brasil pode conjecturar que o *overlapping* era notável. Em ambos os casos jogava-se uma partida entre um movimento fluido, acéfalo, nada superficial, embora brasileiramente alegre, e, em todo caso, esquivo a qualquer tentativa de manipulação, e as instituições (civis e religiosas) que tentavam governar e, no fundo, manipular esse movimento.

Em seu discurso na praia de Copacabana, o papa incentivou os jovens a "fazer bagunça". Que um papa, isto é, o ponto hierárquico supremo da mais hierarquizada entre todas as instituições mundiais, diga a 3 milhões de jovens brasileiros para "fazer bagunça" não é um fato quase milagroso, como o coro bajulador da mídia apressou-se em decodificar, mas é a mais paradoxal e ilusória tentativa de superar em anarquia um povo que há quinhentos anos "faz bagunça" por vocação e por profissão. Se Ratzinger, numa ocasião análoga, recomendara "não confundir estes dias de prece com um festival de rock", o papa Bergoglio fez de tudo para transformar a sua viagem brasileira num festival de samba. Certamente quem organizou a quermesse papal no Rio não podia ignorar que a missa na praia resultaria numa anômala liturgia em que freiras e bispos celebrariam a eucaristia dançando junto com milhares de cariocas desenfreadas de biquíni. Qualquer coisa que aconteça no Brasil, mesmo a chegada de um papa novo em folha, é sempre o Brasil que acabará por vencer. Assim foi com os portugueses, assim foi com os americanos. Os antropólogos chamam isso de sincretismo. Com efeito, é a vitória de uma cultura multissecular, feita de acolhida, alegria e erotismo, uma forma clássica de paganismo vital, uma vitória do humanismo corporal sobre o espiritual, do politeísmo sobre o monoteísmo. Como canta Chico Buarque, "não existe pecado do lado de baixo do equador", portanto, também não há confissão nem confessor.

DESORIENTAÇÃO CULTURAL

Durante todo o século XIX, a passagem da sociedade rural à industrial produziu traumas e conflitos de todo tipo. Em poucas décadas os ateliês tornaram-se fábricas, os vilarejos tornaram-se cidades. Fica-se muito menos desorientado trabalhando num ateliê familiar e vivendo num vilarejo do que trabalhando numa multinacional e vivendo numa metrópole onde as massas nos tiram a solidão sem nos oferecer companhia.

A subversão das estruturas logo se traduziria em subversão das culturas e das formas. Na primeira metade do século XX, com Freud, Einstein, Fermi e tantos outros estudiosos, mudaram os paradigmas das ciências; com Picasso, Stravinski, Joyce e tantos outros artistas, mudaram os paradigmas das artes. E quando, depois da Segunda Guerra Mundial, afirmou-se uma sociedade pós-industrial completamente inédita, todas as contradições explodiram, provocando aquela desorientação geral em que nos enredamos.

No plano cultural, a desorientação é determinada pela coexistência pós-moderna de modelos de vida, profissões, gostos, ideias, usos, formas, costumes, linguagens diferentes e contraditórias. Para a construção desse patchwork variegado e fantasmagórico contribuem tanto a convivência, nas mesmas áreas geográficas, de cidadãos vindos de todas as regiões do mundo quanto a rede de mídias cada vez mais poderosas e personalizadas que provocam uma babel semântica, na qual é difícil se locomover sem o suporte de uma sólida cultura e guias seguros, capazes de criar escolas de pensamento e orientar massas de alunos. Em outros termos, sem um modelo.

TEMPO E ESPAÇO

Nesse mundo totalmente modificado, o que mais nos transtorna é a rápida e simultânea subversão das duas categorias ancestrais — o espaço e o tempo — consideradas imutáveis desde sempre.

Num livro policial de Simenon, que me atraiu porque foi escrito em 1938, no mesmo ano em que nasci, a certo ponto o protagonista diz: "Sob as minhas janelas, os automóveis passam a setenta por hora". Setenta quilômetros por hora é pouco ou muito? Para nossos antepassados, que no melhor dos casos viajavam de carruagem, devia ser muitíssimo. Quem sabe quantos não sentiriam revirar o estômago a essa velocidade. Para os carros de hoje, para as Ferraris e Maseratis, setenta quilômetros é pouco. E é pouquíssimo para quem viaja num avião supersônico.

A velocidade, intimamente ligada à tecnologia, tornou-se um indicador do progresso. Entre Péricles e Napoleão passam-se 2250 anos, mas, para cobrir a distância entre Atenas e Parigi, empregam um tempo igual. Em 1903, os irmãos Wright conseguem realizar o primeiro voo da história: durou 59 segundos e percorreu 260 metros. Pouco depois, em 1927, Lindbergh conseguiu voar de Nova York a Paris em 33 horas. Em 1961, Gagárin foi para o espaço. Em 1969, Armstrong pisou na Lua.

A nova sociedade pós-industrial é fundada no movimento e na rapidez dos átomos e dos bits, no deslocamento e no aglomeramento de pessoas, mercadorias e informações provenientes dos lugares mais díspares. Até os botões do nosso casaco incorporam tecnologias e conhecimentos reunidos em inumeráveis países e inumeráveis épocas; até no frango que comemos há mais informática do que carne.

Em todos os campos, as transformações são um submúltiplo da vida humana, mais rápidas do que o direito consegue regular, o mercado digerir, o nosso cérebro compreender.

Ficamos tão desabituados a fazer as coisas com calma que, assim que dispomos de uma horinha a mais, imediatamente a entupimos com tantos compromissos que sempre acaba faltando tempo. Tempo e espaço reduziram-se a tal ponto que, hoje, ter tempo e ter espaço são luxos raríssimos.

Em duas gerações somente, graças à higiene, à farmacologia e à medicina, nossa vida se alongou mais do que havia se alongado nas oitocentas gerações anteriores. Contudo a pressa nos persegue. Marcello Marchesi dizia: "Bela a vida de agora, vive-se mais, morre-se com mais frequência!".

Por trás dessa pressa está o tormento da morte. Por mais que a vida se alongue, a "comadre seca", como a chamava Pasolini, está sempre ali à espreita e, por mais experiências que se consigam acumular, de toda forma, haverá alegrias que não teremos tempo para apreciar.

Daí a luta contra o tempo, para roubar-lhe mais ocasiões do que a sorte nos reservaria. Daí as infinitas astúcias para economizar tempo recorrendo aos telefones, aos aviões, à rede; para enriquecer o tempo ouvindo rádio enquanto andamos de carro; para programar o tempo recorrendo a agendas sofisticadas e a cursos de "*time management*"; para estocar o tempo com as secretárias eletrônicas, as filmadoras digitais, a *nuvem*.

Toda a sociedade industrial empenhou-se ao máximo na disputa com o tempo: chamavam-na "eficiência", e vencia quem conseguia produzir mais coisas em menos tempo, embora essas coisas não servissem para nada. Quando nos convencemos de ter alcançado o limite máximo da velocidade com nossos aparelhos mecânicos, eis que irrompe a eletrônica com seus microprocessadores que a cada dezoito meses duplicam sua potência e que já podem realizar 1 bilhão de operações por segundo.

A esse ponto nosso cérebro corre o risco de entrar em parafuso: depois de desencadear a corrida com o tempo, não se consegue acompanhá-lo, e a pessoa tenta dividir-se no *multitasking*, fazendo uma coisa enquanto com o pensamento já corre para a seguinte. "A vida", dizia Oscar Wilde, "é o que acontece enquanto pensamos noutra coisa."

Eternamente picados pela vespa da velocidade urbana, consumimos o luxo das raras pausas sonhando e perseguindo a tranquilidade perdida do mundo rural. Dentro de nós, o impulso à pressa alterna-se com a tentação da calma, assim como o nosso espírito nômade cede periodicamente ao nosso desejo de sedentarismo. Mas o ócio é uma arte, e nem todos somos artistas.

Pessoalmente, sinto-me inebriado quando os meus dias transbordam de sensações e de eventos que me tiram o fôlego com seu ritmo frenético. Mas fico igualmente feliz quando, dois meses por ano, fico sozinho comigo mesmo num canto remoto do mundo e posso olhar do alto, com a serenidade do distanciamento, as lanchas que correm no mar e os carros na terra.

ELEGÂNCIA DA MENTE

Certos humoristas captaram a envergadura e as nuances dessa fase evolutiva da desorientação com mais acuidade do que os próprios filósofos e sociólogos. Talvez este também seja um sinal dos tempos. Na Itália, temos a sorte de ter Tullio Altan, que, quase diariamente, há quarenta anos, nos faz sorrir, refletir e sofrer sobre nossa falta de modelos, sobre nossas dúvidas, "como se na pena se ocultasse um antropólogo cômico e meditativo. Ou, por milagre, um politólogo não pedante", como disse o escritor Nello Ajello a seu respeito, e que atribui às suas tiras uma "elegância da mente". Desejo, portanto, mostrar-lhes como Altan nos faz refletir com sofisticada neurose sobre quatro temas entre as tantas dúvidas que acompanham a desorientação pós-industrial.

O primeiro diz respeito ao funcionamento da nossa mente e o fluxo das ideias que a atravessam:

"Pergunto-me quem será o mandante das baboseiras que faço."

"Surpreende-me este refluxo moderado. Acho que perdi o fluxo progressista."

"Confesso: não sei mais em quem não acreditar."

"Estamos na pós-babel. Todos falam a mesma língua e ninguém ouve."

"Não tenho mais ideias. Devo tê-las jogado fora junto com as ideologias."

"O que eu não daria para fugir para o oeste de mim mesmo."

Outra dúvida diz respeito aos nossos valores:

"Agora a dúvida é um luxo e a certeza é vulgar."

"— Papai, me diga um valor em que acreditar. — Quantas letras?"

"— Diga sim ou não. — Cômodo demais! Eu tenho uma personalidade mais rica e complexa."

"Claro que sou um privilegiado. O importante é confessá-lo com franqueza."

"— O senhor é laico? — Sim, mas não praticante!"

"— Luisa, o que esse estrangeiro está fazendo na cama, no meu lugar? — Um dos trabalhos que os italianos não querem mais fazer."

Uma outra dúvida é sobre o nosso futuro:

"— Papai, o que vai ser de mim? — Por enquanto é jovem. Depois será marginalizado, soldado e desempregado. Depois escolha: ou meridional ou mulher."

"Por sorte sou velho. Senão, teria que ser jovem."

"Eu lhes digo: chega a primavera. E ele responde: gostaria de saber a quem interessa."

Outra dúvida é quase uma certeza nutrida de cinismo, principalmente na relação entre adultos e jovens:

"Sou um pós-indiferentista. Tudo é bom para mim."

"Desaprovo os métodos fascistas porque não dão garantia de duração."

"– Papai, este sistema é injusto! – Sim. Mas não funciona também."

"– E a história da humanidade, papai? – Nada: antes se fazem as bobagens, depois se estudam as bobagens que foram feitas."

E, NO ENTANTO, O MELHOR DOS MUNDOS JÁ EXISTENTES

A nossa desorientação deriva da incapacidade de traçar as coordenadas do nosso presente e decidir com lucidez as abordagens do futuro com base num modelo construído com método. Disso deriva que as ligações sociais e a persistência em perseguir os objetivos se atenuam, predomina o narcisismo, ficamos mais vulneráveis aos *opinion leaders*, cai-se na abulia do caráter e no desmazelo do estilo. Nem todos, obviamente, reagem do mesmo modo: as personalidades fortes e criativas extraem o estímulo para encontrar novas ideias e novos equilíbrios; as personalidades frágeis perdem a confiança nelas mesmas e nos outros. Esta é a bifurcação que se nos apresenta.

Mas como entrar nas sendas que ainda não foram traçadas? Em quais balizas, em quais princípios podemos confiar para reduzir nossa desorientação? Antes de mais nada, podemos nos agarrar a algumas certezas tranquilizadoras: todo ano, o produto interno bruto do planeta cresce, nunca a vida humana foi tão longa, jamais pudemos produzir tantos bens e tantos serviços com tão pouco esforço, jamais as minorias foram tão respeitadas, jamais em tantos Estados democráticos tantos cidadãos foram inseridos na gestão da coisa pública, jamais fomos tão capazes de debelar a dor física, jamais os países da Europa e da América do Sul gozaram de paz tão duradoura.

É verdade que o sistema social nunca foi tão mutável e complexo como agora, mas é também verdade que nunca tivemos à nossa disposição instrumentos tão poderosos como os de agora para dominar a complexidade. A transformação, ademais, faz parte da nossa natureza, faz parte do nosso patrimônio genético: da concepção à morte nosso corpo se move, mesmo de noite, nossa mente sonha, mesmo de dia.

Além dessas inegáveis certezas, a orientação pode nos vir da cultura da sabedoria e da alegria da beleza: duas coordenadas que o mundo clássico — de Sócrates a Sêneca — cultivou com toda a sua prodigiosa criatividade e que ainda hoje permitem traçar um bom itinerário para quem se aventura na pós-modernidade.

Essas duas coordenadas permitem-nos colocar cada coisa no seu lugar certo na escala dos valores, sem cair nas armadilhas da manipulação que nos induz a superestimar o fútil e a negligenciar o essencial. Permitem-nos moderar as necessidades, por outro lado incontestáveis, de riqueza, posse e poder, para canalizar a nossa tensão para as necessidades radicais de beleza, introspecção, amizade, amor, diversão e convívio social.

Enfim, a cultura da sabedoria e a alegria da beleza conseguem nos revelar, por trás de todos os motivos de medo, também uma ocasião de esperança. A bomba demográfica pode ser desarmada por um atento controle dos nascimentos, as ondas migratórias podem compensar o nosso declínio demográfico com novas forças de trabalho e novas contribuições culturais, as novas tecnologias, que geram desemprego quando são adotadas sem critério, podem garantir bem-estar e tempo livre se introduzidas com discernimento, a ciência pode controlar as epidemias com novos medicamentos e as doenças com novos métodos, a progressiva redução das horas de trabalho, o teletrabalho, os recursos sociológicos e as terapias psicanalíticas podem reduzir o estresse nas cidades, a participação pode reduzir o autoritarismo nas organizações, a internet pode romper a onipotência dos monopólios da comunicação; os movimentos ambientalistas podem manter viva a consciência ecológica, os anticonsumistas podem alertar contra os perigos do desperdício ostensivo, a globalização, realizada em formas capazes de evitar a homologação cultural e a colonização econômica, pode melhorar a qualidade de vida também no Terceiro Mundo e revalorizar as identidades locais, os novos instrumentos disponíveis para garantir a transparência podem fornecer uma barreira à violência e à corrupção. Parafraseando Roland Barthes, podemos dizer que se trata de outros fragmentos de um discurso amoroso, que esperam para ser compostos num modelo unitário e salvífico, fundado na mestiçagem, na harmonia, na sabedoria e na beleza.

Para ativar a força boa da transformação, para conquistar a bússola orientadora através de um modelo unificante e universal, é preciso armar-se de utopia positiva, composta de imaginação e concretude, de emoção e regra. É preciso tomar consciência de que o nosso não é o melhor dos mundos possíveis, como se iludia Pangloss, mas mesmo assim continua a ser o melhor dos mundos existentes até agora.

E. Ecossistema

A clareza é uma distribuição
adequada de luz e de sombra.
GOETHE

EDGE EFFECT

Sistemas confluentes

Os ecologistas elaboraram o conceito de *edge effect*, efeito de borda, para indicar as características das áreas em que confluem dois ecossistemas diferentes e nasce um terceiro, com características novas. Por exemplo, quando na África se encontram o deserto e a savana ou quando no Brasil as águas doces do rio Amazonas se misturam com as salgadas do oceano Atlântico num imenso delta, surgem formas de vida completamente novas, que usufruem do aporte dos dois sistemas confluentes.

Os litorais representam as áreas mais propensas ao *edge effect*. É aqui que exemplares diferentes de flora e fauna se encontram, criando novas espécies; é aqui que usos, costumes, humores e raças distantes se encontram com as autóctones, criando a mescla mestiça, intrincada e intrincante, dos novos povos e das novas civilizações.

Recursos desde sempre preciosos, os litorais são sensores que captam e capturam os humores do mundo, metabolizando-os e transformando-os criativamente em produtos originais, em propensão às trocas, em sensibilidade estética, estilos de vida abertos e variados.

Esse sensor se encontra de modo privilegiado nas penínsulas, mas também nas ilhas, onde o *edge effect* amplifica o sentido do tempo e do espaço. Predrag Matvejević, autor daquele sublime breviário que é *Mediterrâneo*, escreveu que "a peculiaridade comum à maioria das ilhas consiste na espera daquilo que acontecerá". A mesma propensão à espera é típica das zonas litorâneas, onde o horizonte marinho estende-se ao infinito, propiciando nostalgias, saudades, sonhos e esperanças.

Quem gosta de viajar por mar, assim como quem gosta de olhar o mar a partir da terra firme, bem conhece *Mediterrâneo*, no qual se fala de litorais e portos, de carrancas e boias, de bússolas, portuários, tráfegos e civilização. A propósito das ilhas, diz-se que elas "são lugares especiais. Diferenciam-se sob muitos aspectos: a distância do litoral mais próximo, as características do canal que as separa dele... Diferenciam-se também pela imagem e pela impressão que suscitam: há ilhas que parecem navegar ou afundar, outras que parecem ancoradas ou petrificadas e são realmente apenas restos do continente, separadas ou incompletas, tendo se separado no devido tempo e às vezes tornadas independentes, mais ou menos autossuficientes. Algumas se encontram em estado de avançadíssima decomposição e desordem; em outras, porém, cada coisa está em seu lugar e assim parece possível estabelecer-se ali uma ordem ideal".

Mas podem-se dizer coisas análogas em relação aos litorais, principalmente olhando-os do alto: há trechos povoadíssimos e outros que permaneceram milagrosamente selvagens, promontórios e fiordes de linhas tortuosas que brincam de acolher e rechaçar o mar tempestuoso, linhas de rebentação retas e arenosas, que se deixam acariciar suavemente por ondas longas, serenas e cadenciadas.

Toda ilha, assim como todo litoral, tem seu próprio caráter, que às vezes acaricia e às vezes colide com nosso estado de ânimo. Há litorais irrequietos, continuamente batidos por ventos e ressacas; outros tranquilos, que dormem serenamente embalados pelas ondas calmas do mar. Há ilhas e litorais que podem contar somente consigo mesmos, com suas praias e escolhos; outros, entretanto, são densos de história, privilegiados por monumentos insignes ou pela presença de hóspedes ilustres. Há ilhas e litorais famosos e mundanos, com grande trânsito do jet set e com grifes por todos os lados, como nos aeroportos, e outras ainda agastadiças e introvertidas, que não gostam de bulício e se fecham em si mesmas sempre que chega um forasteiro.

Seja como for, todo litoral é uma oportunidade porque todo homem é uma aventura e toda ilha é uma experiência. Todo homem é uma ilha, organicamente ligada às outras ilhas naquele vasto arquipélago que é a humanidade.

Silêncio que cria

No imaginário coletivo, as ilhas evocam. por um lado. mistério, inacessibilidade, distância, reclusão, até angústia, medo, horror, maldição; por outro lado, felicidade, beleza, sedução, sonho, alegria, paz, recolhimento, amor, beatitude, segurança. Os litorais, por sua vez, evocam sempre segurança e vitalidade, dinamismo e acolhida.

À diferença de muitos trechos de litoral que permanecem inexplicavelmente desertos, nenhuma ilha é desabitada: mesmo aquelas em que, à primeira vista, não se vê alma viva hospedam sátiros, monstros, górgonas, fantasmas e sereias. Lembram-se de Homero quando falava de Odisseu que se aproximava das míticas ilhas Sirenusas? "Enquanto eu falo o alado barco veleja — e eis como névoa distante — os lidos das sereias surgirem do mar... — As sereias, sentadas num belo prado — emitem um canto dos argutos lábios".

A mitologia e as fábulas enumeram muitos tipos de sereias. Segundo uma crença popular, as que ficaram vivendo nas Sirenusas têm a tarefa de "chamar o tempo". Segundo Norman Douglas, o motivo profundo pelo qual esse tipo de arquipélago exerceu sobre Ulisses e ainda exerce sobre nós uma atração encantadora consiste na rara circunstância de que aqui, mais do que em outras partes, "percebe-se um frêmito que dispõe a mente a receber impressões quiméricas: o silêncio que cria".

Esse "silêncio que cria", localizável em algumas outras ilhas e em alguns trechos de litoral, geralmente deriva de uma feliz concomitância de fatores como um azul do mar mais intenso e profundo, sobrevivências pré-históricas, escolhos bizarramente recortados, brisas de verão acariciantes e purificadoras, uma flora variegada e furta-cor, uma fauna rica de cigarras, leões-marinhos e falcões-peregrinos.

Frequentemente, no perfil das ilhas ou dos promontórios, os navegantes enxergam corpos de homens acorrentados ou rostos de belas adormecidas. As ilhas e os litorais são sempre considerados seres vivos, malditos ou abençoados, nus ou sedentos, silenciosos ou melodiosos.

Farol

Para tranquilizar os navegantes, há a presença poética e misteriosa do farol, que é sinal, luz e estrela guia, é diálogo entre terra e mar, é acolhida e vida.

Com a forma branca e elementar que desponta de dia, com seu mecanismo simples de luz que gira na noite, o farol é simultaneamente um obelisco para a memória e uma obra de arte para a esperança. Uma instalação inquietante e salvífica ao mesmo tempo. Para o marinheiro que viaja na escuridão da noite, o farol marca a presença e a distância alarmante dos escolhos, assinala um perigo a ser evitado e uma terra-refúgio onde atracar. Porque o farol é signo: aviso, gesto, indicação, mensagem, símbolo e forma. O farol é luz.

Na luz residem a função e o fascínio do farol: naquela luz que se oferece e se esconde, sístole e diástole de um coração mecânico dotado de empatia humana. A luz é evocada por Deus como geradora do mundo — *fiat lux* —, e cada um de nós, ao nascer, "veio à luz". De luz são feitas as coisas, que sem luz perderiam a visibilidade: os quadros que admiramos, os rostos que amamos, os filmes em que mergulhamos são feitos de luz, porque a luz é fogo, raio, sol, esplendor, verão, olho e inteligência. A luz é vida.

A vida pequena e singular de cada um de nós, tão furta-cor, tumultuada e trágica, feita de sentimentos, paixões, amores e conflitos, empalidece diante da humana vida biológica, feita de células, genes e cromossomos, tão igual a si mesma por milhares de séculos. Contudo, cada um de nós, armado com seu cérebro que à noite sonha e de dia pensa, pode reprojetar o mundo graças à sua criatividade, pode descobrir os mistérios da própria vida e modificar seus desfechos. Porque a vida é nascimento, desejo, natureza, espírito e célula. A vida é terra.

A terra que acolhe com seus continentes e seus mares, sempre mais explorada, sempre menos misteriosa, a terra que por milênios nos pareceu onipotente artífice dos nossos destinos hoje desvela todas as suas fragilidades, os seus rios poluídos, seus recursos decrescentes, sua atmosfera pesada com a nossa respiração e o hálito das fábricas. Já velha e frágil, todavia continua a ser o lugar da aventura humana, itinerário das nossas viagens, experiência globalizada dos nossos comércios. Porque a terra é mãe, nutrição, tráfego, comunidade. A terra é acolhida.

A acolhida é a súmula das virtudes humanas. É a globalização da disponibilidade contraposta à globalização da indiferença, do individualismo de massa, da recusa agressiva do outro. Acolhida significa dignidade e respeito. Significa civilização em que cada indivíduo cultiva generosidade, amor, atenção, e em que a sociedade em seu conjunto privilegia a abertura, a visão, a disponibilidade, a partilha. Porque acolhida é abraço, caridade, oferecimento, hospitalidade, solidariedade, reciprocidade, encontro. A acolhida é a estrela Polar.

Estrela Polar que cada um de nós, desde criança, conseguiu identificar, guiado pelo dedo experiente do pai, estendido para lhe indicar o ponto mais luminoso no final do carro, aquele que indica o Norte e que se mantém fixo no céu, como um farol para as miríades de estrelas que giram ao seu redor. Nas civilizações passadas, as populações sedentárias descobriram os segredos da terra: como semear e como colher, como fazer a rotação das culturas e como adubar a fertilidade. As populações nômades, entretanto, viajando no frescor da noite, descobriram os segredos do céu, elaboraram a astronomia e encontraram na estrela Polar a indicação de fuga. Porque a estrela Polar é bússola e direção, é ponto de referência e timão. A estrela Polar, como o farol, é beleza e salvação.

SOCIOSSISTEMA

Racismo

Como entre o mar e os litorais, também entre os povos, entre as etnias e entre as classes sociais pode existir um *edge effect* que permite síntese, diálogo, troca, colaboração, entrelaçamento, mestiçagem, solidariedade, ou pode haver uma hostilidade que provoca separação, recusa, exclusão, conflito, prepotência, violência.

Alguns povos cultivam o mito de sua própria pureza racial ou religiosa perseguindo e tentando aniquilar as presenças consideradas impuras. Principalmente a partir de meados do século XIX e com pontas de especial virulência entre os anos 1930 e 1940, quis se identificar o ramo linguístico indo-europeu com a raça ariana, biogeneticamente superior, por definição, a qualquer outra raça humana porque única descendente direta do povo indo-europeu pré-histórico e, portanto, única digna de sobreviver. Daí o genocídio nazista e fascista das raças "não arianas": 5 ou 6 milhões de judeus eliminados com a *Shoah*, aos quais se devem acrescentar 2 milhões de judeus eliminados na Polônia, cerca de meio milhão de ciganos Rom e Sinti eliminados com o *Porajmos*. A estes se devem se acrescentar os acusados de outras diferenças, eliminados pelo excessivo poder de outros desumanos: as centenas de milhares de armênios trucidados antes pelo Império Otomano, depois pelos Jovens Turcos, a seguir pela milícia curda e pelo exército turco; os 2 ou 3 milhões de prisioneiros de guerra soviéticos; os 250 mil deficientes e pentecostais; os quase 3 mil entre sacerdotes católicos, pastores protestantes e popes ortodoxos; os 200 mil maçons; os 15 mil homossexuais; as 5 mil testemunhas de Jeová; o 1,5 milhão de dissidentes políticos e os 2,5 milhões de eslavos, num total de quase 20 milhões de impuros ou estrangeiros ou infiéis.

Em outros momentos históricos, o encontro de linhagens étnicas ocorreu sob a égide de uma drástica colonização: o povo colonizador não só exterminou, mas escravizou, submeteu, explorou o povo colonizado, inculto por definição, não se contentando em lhe impor seus usos e costumes, mas segregando-o com o apartheid, como ocorreu nos Estados Unidos e na África do Sul.

Na maioria dos casos, o que deve ser demonizado e severamente punido é a mestiçagem. No ano XIX da era fascista, isto é, em 1941, foram difundidos na Itália um primeiro e depois um segundo *Livro do fascista* que expunham como num catecismo, isto é, na forma acessível de perguntas e respostas, "os aspectos morais, políticos, sociais, organizacionais do fascismo". Em suma, um "simples guia, necessário para a cultura do espírito e para as relações cotidianas da existência". A propósito da raça lê-se que "a civilização atual, em tudo o que tem de sólido e de elevado, é obra de estirpes arianas [...]. A raça à qual pertencemos está na liderança do mundo [...]. A primeira defesa essencial da raça consiste em impedir qualquer cruzamento com pessoas de origem diferente. Mas a defesa do sangue não basta. A raça ariana deve rechaçar toda espécie de contaminações morais e intelectuais, ou seja, todas aquelas teorias e ideologias, todos aqueles sistemas filosóficos, políticos, sociais, econômicos, todas aquelas expressões artísticas, literárias ou pretensamente científicas, todos aqueles costumes que estão em contraste com a tradição e sua índole [...]. O povo italiano é, por sua natureza e em consequência de sua história, um povo colonizador [...]. A raça conquistadora deve afirmar em todo momento e em todo aspecto da existência pública e privada, nas relações com outras raças, a própria superioridade". E depois começa o catecismo:

P. Como se chama um indivíduo nascido de pais de raças diferentes?
R. O indivíduo nascido de pais de raças diferentes, um dos quais de cor, chama-se mestiço.
P. Quais são as características do mestiço?
R. O mestiço é um indivíduo física e moralmente inferior.
P. É permitido aos cidadãos italianos, homens e mulheres, se casar com pessoas de raça não ariana?
R. Não. A lei proíbe e pune os casamentos mistos. Todo indivíduo que procria um mestiço ofende a dignidade da raça e condena seu filho a um estado de inferioridade fisiológica, moral e social.

Mestiçagem

Em outras situações históricas, a força de atração e inclusão venceu a da exclusão e subjugação criando a mestiçagem, ou seja, um modelo de convivência diferente e superior em relação aos modelos individuais que nele confluíram.

O exemplo mais cristalino desse fenômeno é o Brasil, onde, não por acaso, a população instala-se ao longo dos litorais e há quinhentos anos recusa a oportunidade de se espalhar pelo imenso território interior. Oscar Niemeyer, um dos maiores gênios desse país, escreveu com orgulho: "Meu verdadeiro nome é Oscar Ribeiro Almeida Niemeyer Soares: Ribeiro e Soares são portugueses, Almeida é árabe, Niemeyer é alemão: portanto sou mestiço como mestiços são todos os meus irmãos brasileiros". Devido a uma série de causas históricas, o Brasil é o país mais mestiço do mundo: fisiológica e culturalmente.

Como descrevi mais amplamente no livro *Mappa mundi*, após o descobrimento ocorrido no ano de 1500, a chegada dos colonizadores portugueses, predominantemente homens, levou a uma primeira mestiçagem com as mulheres índias, gerando os mamelucos. Mais tarde, a chegada dos escravos africanos levou a uma segunda mestiçagem com os portugueses, gerando os mulatos. A união entre mulatos e mamelucos produziu outras mestiçagens. Por fim, a imigração de suíços, alemães, espanhóis, poloneses, japoneses, chineses, coreanos, libaneses e sírios contribuiu para outras múltiplas miscigenações, de modo que hoje no Brasil dezenas de grupos étnicos convivem pacificamente.

O antropólogo Sérgio Buarque de Holanda distingue por um lado a cultura espanhola catalã, presente em toda a América Latina, exceto no Brasil, e simbolizada no calceteiro racional, sistemático, que coloniza também o interior do território, que mantém seu isolamento racial e que, antes de construir as suas cidades, projeta-as geometricamente, planejando-as em cada função; e de outro lado, a cultura portuguesa, lusitana, presente no Brasil, simbolizada pelo semeador emocional e improvisador, que lança a semente, constrói as suas cidades sem um plano predeterminado, permanece por muito tempo ao longo do litoral onde espera outras raças com as quais irá se mesclar desenvoltamente.

Nos últimos quinhentos anos, os povos europeus jamais deixaram de se massacrar deslocando fronteiras e exércitos, dizimando e deportando populações inteiras em guerras de todos os tipos: civis, religiosas, de partilha e de conquistas territoriais. Em duzentos anos, entre o início do século XVI e o final do XVII, as reformas de Lutero e Calvino dividiram o continente em duas partes irremediavelmente contrapostas. A Contrarreforma agudizou a divisão. Guerras religiosas contrapuseram católicos e huguenotes na França; motivos religiosos e políticos determinaram a Guerra dos Trinta Anos. A disputa entre turcos e cristãos ensanguentou por décadas meia Europa e todo o Mediterrâneo. Três séculos depois — ininterruptamente atormentados por conflitos regionais e nacionais —, foram alguns estados europeus que desencadearam duas guerras mundiais e conceberam, como já vimos, a eliminação científica de grupos étnicos inteiros.

Enquanto isso, o Brasil, embora cercado por dez países vizinhos, em toda a sua história teve uma única guerra, ao lado da Argentina e do Uruguai: a guerra contra o Paraguai (1865-70), provocada por este país encorajado pelos ingleses. Hoje o PIB brasileiro per capita é de 13 mil dólares, isto é, muito inferior ao dos Estados Unidos (48 mil), do Japão (46 mil) e da Itália (36 mil), mas nenhum desses países pode ostentar a convivência multinacional e multiétnica praticada no Brasil.

É essa intensa mescla, que se tornou possível graças a um baixo índice de racismo, que dá origem no Brasil ao seu sincretismo cultural, ao amor pelo corpo, pela dança e pelo esporte, à sua alegria, espontaneidade, sensualidade, à sua tolerância, sociabilidade, cordialidade, à sua abertura perante o novo e as mudanças, à sua propensão de assimilar as contribuições externas, de enfrentar a realidade com sentimento positivo, de se mover desenvoltamente entre diversos códigos de comportamento, de reinterpretar as regras e as linguagens, de considerar fluidas as fronteiras entre sacro e profano, formal e informal, público e privado, emocional e racional.

A todos esses elementos positivos já presentes no modelo de vida brasileiro é necessário acrescentar mais dois: a maior consciência dos grandes desafios a enfrentar e vencer no interior (corrupção, violência, desigualdade, déficit educacional) e a percepção já clara de ser um país de ponta, diferente e positivo, capaz de propor também ao exterior, orgulhosamente, seu próprio modo de ser.

Um planeta dissonante

Por certos lados, a nossa sociedade pós-industrial assemelha-se muito ao Brasil. Nascida de uma sucessão de transformações científicas, econômicas, culturais tão rápidas que não deixam o tempo necessário para ser metabolizadas, essa nova sociedade globalizada apresenta-se como um caótico *collage* de ideias e de experimentações iniciadas sem mapa e sem projeto. Para ser gerida e vivida equilibradamente, ela exige um modelo capaz de explicar o presente e orientar o futuro. Nenhum dos vários modelos já elaborados e experimentados da humanidade — do hinduísta ao confuciano, do cristão ao muçulmano, do capitalista ao comunista —, mesmo com muitos estímulos ainda válidos, possui a completude e a atualidade necessárias para constituir, por si só, um mapa conceitual capaz de conferir ordem, sentido e segurança à nossa sociedade desorientada.

No estágio atual, o conceito de todos esses modelos produz uma música solecista, que mais parece um barulho. Por séculos tivemos do nosso planeta uma ideia parcial como a do caubói que atravessa as pradarias; agora finalmente temos uma ideia geral como a do astronauta que o contempla do espaço. Esse olhar finalmente global diz-nos que o ecossistema e o sociossistema apresentam esgarçamentos já no limite do tolerável. O vento neoliberal, que varre o planeta desde os anos 1980, longe de favorecer o *edge effect* do ambiente físico e do sistema social, está colocando seus equilíbrios a dura prova.

Surgem os novos termos, sempre mais imperiosos, de uma luta de classes conduzida em nível global pela minoria rica contra a maioria pobre, uma guerra que se trava também no campo da exploração dos recursos naturais. Apenas 2% da água é doce, mas um americano usa 575 litros por dia, principalmente para regar gramados e lavar automóveis, e um europeu usa 250; um habitante da África subsaariana usa menos de dezenove, e as mulheres andam uma média de dez quilômetros por dia para transportá-la.

Igualmente cínica é a distribuição do alimento. Hoje as bocas a ser alimentadas somam cerca de 7 bilhões. Os agricultores do mundo todo cultivam produtos equivalentes a 2800 calorias para cada ser vivo: mais que suficientes, portanto, para garantir uma nutrição sadia para todo o gênero humano. No entanto, 55 milhões de crianças sofrem de desnutrição, e, entre elas, 3,5 milhões morrem de fome a cada ano. Uma vaca leiteira na Europa recebe um subsídio de 913 dólares, enquanto um habitante da África subsaariana recebe oito dólares.

Não menos anômala é a distribuição geográfica dos seres humanos. Em 1950, somente 83 metrópoles tinham mais de 1 milhão de habitantes; hoje, são 480. Nada menos que 26 megalópoles têm mais de 10 milhões de habitantes e ocupam 2% da superfície terrestre, mas utilizam 60% da água potável e são responsáveis por 80% de todas as emissões de carbono produzidas pelo homem. Até 2025, a China terá quinze megalópoles, com uma média de 25 milhões de habitantes cada uma. Nova York, sozinha, supera o PIB do Brasil todo. Londres e Paris juntas têm o mesmo PIB da Índia.

Mais extravagante de todas é a distribuição da riqueza entre os países, bem como no interior de cada país. Quase em toda parte, o desequilíbrio cresce em vez de diminuir. Dez milhões de ricos possuem juntos mais de 41 trilhões de dólares. Os 20% mais ricos da população mundial apropriam-se de 77% de toda a riqueza produzida no planeta, enquanto os 50% mais pobres devem se contentar com 7% da renda global. Segundo o Instituto de Pesquisas do Credit Suisse, 24 milhões de ricos em 2010 dispunham de bens equivalentes a 2,875 milhões de dólares cada um, entre 3 bilhões de pobres que deviam se contentar com 2667 dólares: um valor 1077 vezes menor.

Hoje, 1,5 bilhão de pessoas são obrigadas a viver com um dólar por dia, e cerca de 2,5 bilhões dispõem de dois dólares. O pagamento por hora de um operário é de quatro dólares no México, 28 dólares na Califórnia. Nos Estados Unidos, um *top manager* pode chegar a ganhar mil vezes mais do que um operário da mesma empresa; na Itália, um empresário pode ganhar 10 mil vezes mais do que um funcionário. A população amontoada nas favelas das grandes cidades representava 5% de todos os habitantes nos anos 1980 e hoje supera os 20%, equivalente a 1,5 bilhão de pessoas.

O planeta produz uma riqueza equivalente a 65 trilhões de dólares, e a cada ano este valor cresce de 3% a 4%. Segundo os cálculos da ONU, bastariam 100 bilhões de dólares por ano para acabar com a fome no mundo, mas o mundo não é capaz de encontrá-los.

Por ocasião da última crise desencadeada pelos bancos, nos Estados Unidos e na Europa os governos salvaram os próprios bancos e os outros institutos financeiros da falência-suicídio revitalizando-os com 15 trilhões de dólares nos Estados Unidos e 3 trilhões de euros na Europa, justamente enquanto a classe trabalhadora era massacrada, tanto com a redução dos postos de trabalho, da segurança, dos salários, dos serviços às famílias e das aposentadorias quanto com o aumento do custo da instrução, da saúde e dos transportes públicos.

As consequências escandalosas e as perspectivas desastrosas dessas injustiças começam a ser assinaladas com crescente alarme em diversos lugares. Exemplos "laicos" dessas denúncias são o livro-entrevista do sociólogo Luciano Gallino, *La lotta di classe dopo la lotta di classe* (2012), e o já citado ensaio do economista francês Thomas Piketty, *O capital no século XXI* (2013), aos quais retornarei a seguir. Mas tanto a Igreja católica, com as encíclicas sociais de seus papas, quanto a literatura socioeconômica de esquerda já haviam chegado muito tempo atrás a conclusões semelhantes.

Classe média

O que o modelo neoliberal conseguiu corroer progressivamente foi a classe média, que, por sua natureza, exerce no sociossistema um *edge effect* entre burguesia e proletariado, semelhante ao que os litorais e as linhas de rebentação realizam entre terra e mar no ecossistema.

Atualmente podem ser classificados como "classe média" cerca de 1,8 bilhão de pessoas, o equivalente a 24% da população mundial. Essa classe representa o segmento forte da economia porque gasta mais de um terço do PIB global. Enquanto, porém, na China, no Brasil, na Coreia, ela aumenta seu peso percentual e sua cota de consumos, nos Estados Unidos e na Europa ela decresce.

Hoje a classe média da América do Norte gasta um valor equivalente a 26% do consumo da classe média global, mas até 2020 baixará para 20%.

Recentemente uma pesquisa do *New York Times* assinalou o declínio dessa classe já "destituída de sua primazia mundial, empobrecida, superada pelo teor de vida das classes médias de algumas nações europeias". Mas também em muitos países ricos a classe média recua dia a dia na sua condição econômica e diminui em número devido ao estilicídio da proletarização. A classe média europeia é responsável por 38% do consumo da classe média global, mas descerá a 30% em dez anos.

Quanto mais a classe média se reduz e proletariza, mais aumenta patologicamente a gritante distância entre burguesia e proletariado, reduz-se o seu efeito de amortecedor social, aumentam as massas empobrecidas, a desorientação generalizada, a insatisfação, as ocasiões de conflito e a tentação revolucionária. Quanto mais a classe média cresce quantitativa e qualitativamente, mais nuançadas se tornam as diferenças sociais entre ricos e pobres, cresce a osmose cultural entre as classes e reduzem-se as ocasiões de embates frontais entre eles. Portanto, a consistência quantitativa e o poder de compra da classe média, a qual serve de camada isolante entre ricos e pobres, são bons indicadores do equilíbrio distributivo da riqueza, do poder, do saber e das oportunidades no âmbito de um sistema social.

Nos países ricos, a amplitude patológica das distâncias entre ricos e pobres, a precariedade do trabalho, a redução do welfare, das garantias e das tutelas, o desemprego, o aumento do custo dos serviços colocam um número crescente de jovens diplomados e formados, de professores, funcionários, aposentados, mas também executivos e dirigentes, nas condições de insegurança econômica que são próprias do proletariado.

Para conseguir um posto de trabalho mesmo irrisório, para evitar a demissão, para obter um pequeno avanço na carreira, a pessoa é posta em termos de concorrência com outra, a competitividade degenera em guerra de todos contra todos, a solidariedade de classe se desmorona. Os sindicatos perdem adeptos e força contratual conforme se alonga a fila dos desempregados que pleiteiam um emprego.

Por outro lado, a classe média, predominantemente composta por trabalhadores assalariados, acaba por ser a mais acossada pelos impostos: na Itália, por exemplo, 60% do Irpef é pago pelos empregados em atividade, 30% pelos ex-empregados aposentados e somente 10% pelos comerciantes, profissionais, artesãos, empresários, que apesar disso representam 25% da população ativa. Em nível global, meio bilhão de trabalhadores dos países ricos entra em concorrência com 1,5 bilhão de trabalhadores dos países pobres.

A classe média, surgida entre os meados do século XVII e o final do XVIII com o Iluminismo e três grandes revoluções — inglesa, americana e francesa —, representou a grande novidade sociopolítica consolidada pela sociedade industrial: a que garantiu ao capitalismo grande parte do consumo, assim como a classe operária garantiu-lhe grande parte da produção.

A decadência em termos numéricos, em poder de compra e em poder *tout court* assinala o declínio de sua função de *edge effect*, determinando mais um motivo de desorientação.

Imigração

A proletarização da classe média e o consequente distanciamento cada vez maior entre o pequeno número de ricos e uma infinidade de pobres transformam a insatisfação em depressão para alguns, em rebelião para outros, em fuga para outros mais.

Até agora, como vimos, sob o látego da competitividade, as distâncias aumentaram, em vez de diminuir. O neoliberalismo teorizado por Milton Friedman, aplicado por Margareth Thatcher e Ronald Reagan, planejado pelos economistas conselheiros do príncipe, ensinado em todas as *business schools*, cortejado pelos executivos que nessas escolas se abeberam, já aplicado pelos governos de quase todos os países, baseado na certeza indiscutida de recursos infinitos que permitem um progresso infinito, incrementou escandalosamente as diferenças, as distâncias e as impaciências, reduzindo os interstícios, as zonas intermediárias, os espaços de fronteira e intercâmbio entre classes e culturas.

Justamente enquanto vai completando a conquista do planeta todo, esse modelo capitalista demonstra-se, porém, incapaz de garantir serenidade e felicidade, estando dominado pelo consumismo, pelo cinismo, pela competitividade, pela ilusão de um crescimento infinito que, no entanto, conduz irremediavelmente a uma frustração infinita.

Já está consolidado que a felicidade de um povo e a excelência do seu modelo de vida não dependem somente da riqueza. Os japoneses têm um PIB per capita de 46 mil dólares, mas se suicidam com tamanha frequência que em 2007 seu governo sentiu a necessidade de publicar um *Livro branco antissuicidas*. O Butão tem um PIB per capita de 2400 dólares, mas adota um índice FIB (Felicidade Interna Bruta) que contempla também a qualidade do ar, a saúde dos cidadãos e do ecossistema, a instrução, o desenvolvimento das comunidades locais e a riqueza das relações sociais. Com base no PIB, esse pequeno estado é um dos mais pobres da Ásia e, portanto, do mundo; com base no FIB, coloca-se em primeiro lugar em seu continente e em oitavo no planeta.

Enquanto para os pobres falta pão para sobreviver, um número crescente de menos pobres vai percebendo que não se vive só de pão, que o bem-estar não coincide com o produzir para consumir, que também a economia exige humildade, autocrítica e humanidade. Difunde-se, por isso, a sensação de que o nosso modelo de vida está errado, e um número crescente de pessoas, como doentes que se revolvem na cama em busca de uma trégua impossível com sua própria dor, deseja mudar de país e cidade na ilusão de que poderá encontrar em outra parte uma solução para os seus problemas psicológicos e sociais.

Conforme aumenta na classe média a mobilidade descendente, aumenta também a mobilidade geográfica. Foi calculado que pelo menos 10% da população mundial, equivalente a 700 milhões de pessoas, está insatisfeita com seu país e gostaria de imigrar. Nestes últimos dez anos o número dos imigrantes internacionais — pertencentes em grande parte à classe pobre, mas em medida crescente também à classe média — quase duplicou, e a imigração, principalmente a da classe média, vai enriquecer os países já ricos: metade dos diplomados em Gana vive no exterior; no Reino Unido, 37% dos médicos são imigrantes.

O sistema mundial das migrações é um cruzamento cada vez mais denso de rios humanos que se deslocam de um lado para outro do planeta, criando misturas de grupos étnicos e de culturas que levam o *edge effect* social para dentro do coração dos continentes. Mas quem governa esse fenômeno, quem coloca a mão na solução dessas cruéis bizarrices do ecossistema e do sociossistema provocadas principalmente pela parte rica e poderosa da humanidade com seu neoliberalismo? Pululam as associações oficiais e entidades voluntárias para a assistência dos imigrantes e refugiados, mas o agente talvez mais empenhado de todos na análise da situação, na assistência e integração dos imigrantes é a Igreja católica, que se coloca, além da óbvia finalidade do apostolado, também a do *edge effect* entre as culturas. Em 2004, o papa João Paulo II enviou a todos os fiéis uma mensagem sobre a integração cultural, entendida não como "uma assimilação, que induz a suprimir ou esquecer a própria identidade cultural. O contato com o outro leva, antes, a descobrir seu 'segredo', a abrir-se a ele para acolher seus aspectos válidos e contribuir assim para um maior conhecimento de cada um. É um processo prolongado que visa a formar sociedades e culturas".

O papa Wojtyła adotava precisamente o conceito de *edge effect* aplicado ao fenômeno migratório que, comportando o encontro entre etnias e povos, apresenta o perigo de conflitos de identidade, mas oferece também a oportunidade de um enriquecimento recíproco entre culturas acolhidas e culturas acolhedoras. "Nas nossas sociedades afetadas pelo fenômeno global da imigração, é necessário procurar um justo equilíbrio entre o respeito da própria identidade e o reconhecimento da dos outros. É, de fato, necessário reconhecer a legítima pluralidade das culturas presentes num país, compativelmente com a tutela da ordem da qual dependem a paz social e a liberdade dos cidadãos. Devem--se de fato excluir tanto os modelos assimilacionistas, que tendem a fazer do diferente uma cópia de si, quanto os modelos de marginalização dos imigrantes, com atitudes que podem chegar até as escolhas do apartheid. A via a ser percorrida é a da genuína integração, numa perspectiva aberta, que recuse considerar apenas as diferenças entre imigrantes e autóctones."

Para alcançar essa "genuína integração", o papa evocava o termo *simpatia*, que tem como raiz etimológica o conceito de sofrer, sentir, emocionar-se juntos: "Nasce assim a necessidade do diálogo entre homens de culturas diferentes num contexto de pluralismo que vá além da simples tolerância e alcance a simpatia. Uma simples justaposição de grupos de imigrantes e autóctones tende ao fechamento recíproco das culturas, ou à instauração de simples relações de exterioridade ou de tolerância entre elas. Dever--se-ia, no entanto, promover uma fecundação recíproca das culturas. Isto supõe o conhecimento e a abertura das culturas entre si, num contexto de autêntica compreensão e benevolência".

Ecossistema harmonioso, sociossistema feliz

O encontro, o conhecimento e a abertura recíproca, a compreensão e a benevolência autênticas permitem, portanto, a mestiçagem, que representa uma conquista, um recurso, uma força indispensável para construir o novo modelo de convivência que nos é necessário para restituir equilíbrio ao nosso ecossistema e para corresponder às renovadas expectativas de felicidade do nosso sociossistema.

Hoje não temos guias adequados para a sociedade pós-industrial, mas, como disse, apenas modelos do passado, grandiosos e obsoletos, cada um dos quais, sendo fruto de uma longa reflexão, projeto e experimentação, contém partes individuais que devem ser salvaguardadas e englobadas no novo modelo que é preciso elaborar com um processo antropológico de *edge effect*, graças ao qual seja possível a osmose entre essas preciosas parcelas do passado e as de surgimento mais recente. Uma vez criado esse novo modelo, será preciso que toda a humanidade o metabolize, conjugando com as diversas culturas de modo a torná-lo uma polifonia sociológica.

Assim, por exemplo, os cidadãos dos Estados Unidos poderiam enriquecer o seu *American way of life* com o melhor da cultura japonesa ou brasileira ou muçulmana, e vice-versa, até obter um modelo universal e mestiço, inspirado na sabedoria, na beleza, na harmonia, capaz de garantir a maior cota de felicidade à maior parte da população mundial.

Até agora, no decorrer dos séculos, "poderes fortes" como Roma, Inglaterra, Espanha, Portugal e Estados Unidos elaboraram seu próprio modelo e tentaram impô-lo ao resto do mundo, colonizando-o militar, econômica e culturalmente. Hoje, enfim, temos a necessidade, mas também a possibilidade objetiva, graças aos instrumentos tecnológicos, às condições sociais e às linguagens, de tentar essa elaboração de projeto conjunto do novo modelo, transpondo-o da utopia para a realidade. Um prenúncio dessa oportunidade chega-nos do mundo da comunicação, onde as networks e a Wikipédia vão permitindo a criação de uma nova cultura elaborada por todos e destinada a todos.

TRÊS MOTIVOS DE ESPERANÇA

Ilhamania

Mas, para concluir, voltemos aos nossos litorais e às nossas ilhas. Não é difícil acreditar em Lawrence Durrell quando ele afirma que podemos adoecer de "ilhamania": "Existem homens", diz ele, "para os quais as ilhas são de algum modo irresistíveis, e o conhecimento que conseguem obter de algumas delas, desse pequeno mundo fechado e circundado de água, preenche-os de uma indescritível embriaguez". Mas igualmente sedutores podem ser os trechos de litoral em que dominam o poder dos ventos, a vastidão do horizonte, a infinita variedade de verdes e de azuis, a possibilidade de ficar sozinho consigo mesmo, a oportunidade de socializar com as pessoas de terra e mar, antigas em suas tradições, modernamente corajosas em suas migrações.

Segundo Matvejević, as ilhas "estão mais generosamente próximas de nós no verão. No inverno, muitos de nós mantêm as distâncias. Contudo, há muitas que não se deixam esquecer em nenhuma estação". O mesmo podemos dizer dos litorais: inesquecíveis principalmente aqueles que favorecem o ócio criativo. Isto é, onde conseguimos conciliar o trabalho com o estudo e com a diversão, auxiliados pelo silêncio e pelo respeito recíproco impostos pelos lugares de mar a todos que os habitam.

Ao longo dos litorais e nas ilhas aprende-se melhor do que em outros locais a arte de aguardar porque sempre se aguarda algo: que o tempo passe e que os navios cheguem, trazendo lembranças de amigos distantes e rostos desconhecidos trazidos até aqui pela curiosidade do diferente, pela busca de si mesmos e de um lugar onde reconhecer-se. Essa propensão ao ócio e à espera confere aos locais marítimos o fascínio das drogas capazes de atenuar a violência peremptória da razão para fornecer asas ao voo da imaginação e dos sentimentos.

Enfim, há litorais e ilhas atraentes, propensos a servir de meta para as nossas viagens, e ilhas inconstantes, das quais se prefere fugir para o mar aberto ou para a tranquilizadora terra firme.

A esperança no pós-industrial

"As nossas elites políticas e econômicas", escreveu Serge Latouche, "estão mais dispostas a salvar os bancos do que as banquisas." Segundo Latouche, por efeito do modelo consumista aplicado pelo neoliberalismo em escala global, a decomposição do ecossistema já alcançou um estágio tão avançado que não se pode condescender com nenhum tipo de desenvolvimento, mesmo que rotulado como "sustentável", e não resta senão lançar mão de um decréscimo programado de modo a não corroer os atuais níveis de felicidade, e sim a incrementá-los. Já é tarde demais. Se bloqueássemos hoje mesmo as emissões de gás, o efeito estufa, os vários tipos de poluição, de exaurimento das fontes de energia fóssil, a acumulação dos venenos, se também reduzíssemos "nossa marca ecológica até um nível sustentável, teríamos, ainda assim, uma elevação da temperatura de dois graus até o final do século. Isso significa zonas litorâneas submersas, dezenas, se não centenas de milhões de exilados ambientais (até 2 bilhões, segundo alguns cálculos), graves problemas alimentares, uma penúria de água potável para muitas populações".

Ao que parece, portanto, a idílica visão de ilhas e litorais com os quais abri este capítulo está destinada a ser desmentida pela catástrofe ecológica. Que *edge effect* que nada! A linha de rebentação, de local de encontro e diálogo, corre o risco de se candidatar a local letal para qualquer convívio humano. Por outro lado, as catástrofes ecológicas são provocadas por alterações da biosfera às quais a ação do homem não é de forma alguma estranha. Os 200 mil mortos devido ao tsunami de 2004 no Sudeste Asiático estariam provavelmente vivos se a especulação imobiliária, a destruição produzida pelo turismo internacional e a dizimação dos mangues não tivessem sido cúmplices muito eficazes do maremoto.

Contudo, uma nesga de esperança chega-nos por pelo menos três motivos. O primeiro consiste no declínio da sociedade industrial: aquela sociedade que, entre meados do século XVIII e do XX, privilegiou a produção de bens materiais em grande série por meio de fábricas feias, poluentes e devastadoras, aquela sociedade que preferiu teimosamente a quantidade à estética, o consumismo à sobriedade, a acumulação de objetos ao sentido dado às coisas.

Por sorte, a sociedade pós-industrial na qual estamos adentrando é cada vez mais desmaterializada, as máquinas são cada vez mais produzidas por outras máquinas e a atividade humana se aplica cada vez mais no tratamento imaterial de informações, símbolos, valores e estética. Essa nova sociedade polui muito menos o ecossistema do Primeiro Mundo e, aliás, tende a resgatar as zonas anteriormente poluídas, principalmente quando são ilhas e litorais destináveis ao ócio criativo. Mas os países ricos não podem ficar sem as fábricas, e, visto que para torná-las não poluentes seria preciso gastar demais, segundo os cálculos das vorazes multinacionais, elas preferem se transferir para os países em via de desenvolvimento onde podem construí-las sem vínculos e sem escrúpulos, criando assim os pressupostos de uma virulenta e gigantesca catástrofe ecológica.

É necessário, portanto, que um harmonioso *edge effect*, finalmente recriável nos litorais do Primeiro Mundo, conquiste também o resto do planeta.

A esperança na ciência

O segundo motivo de esperança consiste no empenho que muitos cientistas dedicam há mais de um século à exploração e à proteção do ecossistema. Limito-me aqui a evocar Felix Anton Dohrn (1840-1909), personagem exemplar que, no final do século XIX, inventou justamente as palavras "ecossistema" e "ecologia". Quem hoje percorre o célebre beira-mar de Nápoles pode notar um imponente edifício mergulhado no verde da *villa* comunal: a Estação Zoológica fundada em 1872 pelo biólogo alemão Anton Dohrn aos trinta anos de idade. Entre o final do século XIX e o início do XX, tal "Estação" hospedou o mais importante laboratório de estudos biológicos então existente no mundo, ainda hoje um dos institutos internacionais mais credenciados para o estudo das ciências da vida, principalmente a marinha.

O segredo de tal sucesso reside principalmente na genialidade do fundador, capaz de criar um ambiente onde se exploravam os grandes segredos da biologia e da ecologia, onde o planejamento ocorria em termos modernos e inovadores, onde os intercâmbios internacionais, o estudo interdisciplinar e a energia vital conseguiam atrair jovens talentos do mundo todo, onde também a arte e a música eram chamadas a estimular a imaginação dos cientistas.

Mas quem era esse biólogo vindo do Norte, com apenas trinta anos, nas pegadas de todos os aristocratas cultores do *grand tour*, porém com objetivos totalmente diferentes e bem mais ambiciosos? Como escrevi outras vezes, era um cientista e ao mesmo tempo um empreendedor. Um consciencioso, organizado, meticuloso classificador, de um lado; um dinâmico viajante, organizador, estimulador de energias, de outro. Um otimista sanguíneo e vital, mas também um deprimido até os limites da neurastenia. "Preciso tentar esticar o elástico da minha vida o melhor possível", propusera-se ele. E, efetivamente, por setenta anos a fio seguiu seu demônio interior, um frenesi científico ao qual sacrificou todas as coisas: desde as relações com o pai ao patrimônio familiar, desde as relações com os filhos ao dote da esposa e ao equilíbrio da vida conjugal, desde a residência na pátria ao próprio amor pela pesquisa e pelos seus estudos pessoais.

Tendo visitado um aquário recentemente aberto em Berlim, Anton Dohrn escolheu Nápoles como sede de trabalho porque o mar piscoso da cidade lhe forneceria os peixes para as suas experiências. Mas também porque Nápoles, com seus 500 mil habitantes, era uma das maiores e mais atraentes cidades da Europa. Naqueles tempos não existiam cinemas, nem televisão, e, seguindo o projeto moderníssimo de Dohrn, a construção de um aquário de entrada paga, além de fornecer um laboratório vivo para seus experimentos, iria se tornar também uma sólida fonte de financiamento para a Estação. Olhar centenas de peixes de todos os tipos através dos vidros, como se estivessem no hábitat natural dos fundos marinhos, despertaria igual admiração nas crianças napolitanas, nos adultos que as acompanhavam e nos turistas que, pagando o ingresso, garantiriam ao laboratório uma boa contribuição econômica para as despesas de pesquisa. Também graças às propagandas afixadas nos transatlânticos que atracavam em Nápoles, logo o aquário se tornou tão célebre que foram visitá-lo reis como Vitor Emanuel II e Guilherme II, estadistas como Theodor Roosevelt, celebridades como Eleonora Duse. A bilheteria chegou a cobrir dois quintos das despesas totais da Estação. O restante era arrecadado por Dohrn através de uma intensa ação de moderníssimo *fundraising*. Quando ainda eram necessárias 81 horas para ir de Nápoles a Brighton, encontramos Dohrn em constante viagem pela Europa e América para angariar verbas e divulgar suas ideias. Seus interlocutores, nesse longo périplo, são cientistas como Darwin, funcionários de ministério, governantes, embaixadores, cônsules, príncipes, arquiduques e reis como os da Baviera ou o czar da Rússia. Portanto, para realizar seu laboratório, Dohrn uniu e muitas vezes antepôs aos estudos científicos as atividades de empreendedor, financista e diplomata, obrigado a passar o tempo em consultas, colóquios, negociações, perorações, conferências e almoços de trabalho como um moderníssimo homem de negócios, sacrificando ao empenho empresarial a vocação científica.

Nessa Estação, Dohrn inventou as palavras *ecologia* e *ecossistema* inspirando-se nos critérios organizacionais do seu aquário, onde, diferentemente dos poucos outros aquários então existentes, cada tipo específico de peixe não ficava isolado num tanque, mas em cada tanque se reconstruía um hábitat de flora e fauna marinhas complementares entre si de modo a formar um equilibrado sistema "ecológico" autossuficiente.

Tudo, na experiência de Anton Dohrn, evoca *edge effect*, confluência de homens, ideias, disciplinas, inteligências. A seleção e a formação dos colaboradores eram cuidadosas, fossem eles pescadores ou cientistas, artistas ou serventes. O filho do porteiro, por exemplo, entrando na Estação aos catorze anos e semianalfabeto, aprendeu e aperfeiçoou os métodos para a conservação dos animais até alcançar fama internacional e obter o diploma honoris causa da Universidade de Nápoles.

Mínima era a segmentação das tarefas e máxima a interdisciplinaridade. Escreveu Theodor Heuss, primeiro presidente da República Federal Alemã e biógrafo de Dohrn: "Dohrn demandava dos seus colaboradores préstimos absolutamente excepcionais: não só eles deviam honrar o jovem instituto com seus trabalhos científicos, mas a cada um deles foi confiada uma boa dose de atividades administrativas, de correspondência, de negócios, de conservação dos livros, de estatística, de contabilidade para os seus setores". Na Estação, a segmentação das tarefas, mesmo entre os cientistas e o pessoal de serviço, era reduzida ao mínimo. Igualmente denso e inédito era o diálogo entre as ciências naturais. Escreve Dohrn: "Quando se trata de estabelecer as condições da existência, mesmo que de apenas um animal, o zóologo não deveria talvez interrogar o algologista e este, por sua vez, o geólogo, o mineralogista, e os três o hidrólogo, o químico e o físico?". Na vida cotidiana do grande laboratório, tudo isso se traduzia em "contatos pessoais entre os cientistas e fecundas ligações entre orientações científicas" que se interligavam na Estação e de lá se estendiam até cobrir com uma densa rede informal toda a comunidade internacional das ciências biológicas e naturais.

Mas Anton Dohrn foi bem além. Tendo compreendido que o trabalho intelectual demanda um ambiente físico baseado na beleza, um ambiente humano baseado no refinamento, na temática coletiva, no respeito pela natureza e pelas pessoas, para alimentar a criatividade dos seus pesquisadores, transformou a Estação numa espécie de parnaso intelectual com a presença ativa de arquitetos como Hildebrand, pintores como Marèes, literatos como Grant. Não por acaso, a grande sala no primeiro andar, afrescada por Marèes, fora concebida também como sala de concerto. A Estação Zoológica, escreve o próprio Dohrn, "não era uma fábrica (como hoje são todas as instituições acadêmicas). Antes era uma *forja*, porque a ciência ali crescia sozinha ou melhor que em outros lugares, como crescem as flores numa estufa bem-cuidada".

O *edge effect* manifestava-se também no internacionalismo, na apoliticidade, no senso de hospitalidade, no laicismo, na tolerância, no intercâmbio contínuo, que fez com que a Estação fosse comparada a um "congresso permanente". Tudo isto se refletia na elasticidade da organização, na aversão pessoal de Dohrn por qualquer procedimento administrativo abstrato e despersonalizante, na fuga de qualquer tentação de burocratizar a Estação ou de absorvê-la em tranquilizadoras estruturas públicas que eliminariam a sua luta estimulante, quase darwinista, pela existência. Hoje diríamos que a organização criada por Dohrn assemelhava-se muito mais a um organismo do que a um relógio e oferecia o primeiro exemplo de organização concebida como sistema biológico, como network de funções biologicamente interagentes com o ecossistema. Em síntese, o que representam Dohrn e sua Estação zoológica na história da ecologia, no estudo do ecossistema, na conquista do *edge effect*? Representam um sistema orgânico constituído por um fundador genial, por uma ciência nova e heterogênea, por centenas de cientistas, por um aquário, por uma biblioteca abastecidíssima, por dezenas de laboratórios, escritórios administrativos, seções de microscopia, de conservação etc. Um sistema que produziu outputs copiosos e de várias naturezas: de publicações à divulgação científica, dos preparados biológicos às ideias e, principalmente, aos cientistas, que, formados no clima irrepetível da Estação, passaram a dirigir em outros lugares museus e laboratórios, ocuparam cátedras e fundaram instituições que se inspiraram na Estação e que às vezes superaram sua importância. Em sua última relação, Dohrn anota que 1858 estudiosos, dos quais 566 alemães, já haviam trabalhado na Estação. Nada menos que dezenove pesquisadores, entre os quais Watson e Crick, descobridores da estrutura do DNA, receberam depois o prêmio Nobel de química, medicina, fisiologia e até da paz.

Em 1876, quando estava no meio de sua missão, Dohrn escreveu: "A obra é realmente algo livre, autônomo, não tem precedentes, nasceu do simples pensamento e traz traços espirituais de cada fase da minha existência... Eu queria criar espiritualmente, viver espiritualmente, concluir minha existência numa atmosfera de civilidade interior".

Felix Anton morreu em 26 de setembro de 1909. Em sua comemoração fúnebre, como ele havia pedido, foram tocados dois quartetos de Beethoven. Depois de sua morte, a Estação foi dirigida por seu filho Reinhard e depois pelo neto Pietro, ambos cientistas e filantropos dignos do pai e do avô.

Relatei isso tudo para lembrar que, já há mais de um século, um gênio alemão transferido para Nápoles entendera que a biologia e a ecologia podiam mudar o mundo desde que o trabalho intelectual, organizado segundo princípios inspirados na criatividade, se realizasse num ambiente físico baseado na beleza, num ambiente humano baseado na polifonia, num contexto global baseado no universalismo e no internacionalismo.

A esperança na inteligência

O terceiro motivo de esperança reside no fato de que a inteligência geral presente na Terra aumenta com o crescimento da população mundial e talvez possa nos garantir a criatividade necessária para salvar e valorizar o ecossistema como um todo.

Em 31 de outubro de 2011, a população do nosso planeta alcançou os 7 bilhões e em 2046 alcançará 9 bilhões. Segundo as estimativas de Carl Haub do Population

Reference Bureau, a soma total dos seres humanos que existiram na Terra desde sua origem está perto de 100 bilhões. Portanto, 7% de toda a humanidade está viva hoje. Isso significa que há no mundo mais de 7 bilhões de bocas para nutrir e alguns bilhões de pessoas a serem curadas, mas há o mesmo número de cérebros que acordam todas as manhãs e começam a pensar, adormecem todas as noites e começam a sonhar. Porém o planeta tem sido habitado por uma massa cerebral igualmente imponente e, além do mais, igualmente instruída e munida de próteses mecânicas e informáticas. Por que essa imensa inteligência haveria de fracassar diante da tarefa de salvaguardar o ecossistema, garantindo assim a sua própria sobrevivência?

O crescimento exponencial, tanto demográfico quanto intelectual, é fruto ele próprio da maior inteligência e criatividade de que hoje dispõe a humanidade e que se exprimem não só no progresso tecnológico, mas também na redução da violência e da ignorância, na capacidade de previsão e de prevenção efetuadas com métodos cada vez mais sofisticados e confiáveis, nas melhorias da instrução e da higiene, na alimentação mais saudável, na medicina mais eficiente, na maior possibilidade de imigrar para zonas mais saudáveis. Ou seja, no maior cuidado com o ecossistema junto com o maior equilíbrio do sociossistema, devidos, ambos, à inteligência humana, que sabe errar, mas também sabe remediar. Não por acaso as previsões demográficas nos dizem que o aumento da população, cada vez mais rápido da pré-história aos dias de hoje, irá diminuir a sua corrida nos próximos anos: bastaram treze anos para passar dos 7 bilhões aos 8 bilhões, serão necessários 22 anos para chegar aos 9 bilhões em 2016, serão necessários 37 para chegar aos 10 bilhões em 2053, mas, segundo outras estimativas, chegaremos bem mais tarde, somente em 2150.

Outra repercussão positiva do advento pós-industrial, como já vimos, é que agiremos cada vez mais virtualmente do que fisicamente: o teletrabalho, a telediversão, a telecura, evitando os perigos e contaminações ligados aos deslocamentos materiais de homens e coisas. Além do mais, o tempo livre aumentará em medida exponencial, permitindo perceber, estudar e resolver melhor também os problemas ligados à salvaguarda e à valorização do ecossistema, a começar pelos litorais e ilhas, onde a dimensão festiva da vida predomina com mais frequência sobre a dimensão laboral.

A ILHA DA FELICIDADE

Enfim, alguns valores emergentes — a estética, a ética, a emotividade, a feminização, a qualidade de vida — mostram-se decididamente positivos para os fins do respeito ambiental. Jamais tantos estudiosos, aficionados, grupos, associações, voluntários estiveram tão atentos quanto hoje à conservação do patrimônio artístico e natural. Jamais tanto esteticismo nos levou a lutar pela valorização da arte, para a salvaguarda da paisagem, para a doação de sentido e de beleza a cada mínimo aspecto da vida cotidiana, aprimorada com o design, com a música, com a urbanística e com a arquitetura. Essa difusão do senso estético, emocional e subjetivo ganha uma contribuição determinante da progressiva feminilização da sociedade e a consequente ampliação desses valores predominantemente femininos também aos homens.

Portanto, podemos concluir que, também no que diz respeito à natureza e à beleza, o nosso não é o melhor dos mundos possíveis, mas certamente é o melhor dos mundos que existiram até agora. Agnes Heller lembrou-nos que pesa sobre nossos comportamentos a pulsão exclusivamente quantitativa em direção ao poder, à posse, ao dinheiro: uma pulsão que joga inconscientemente contra o ambiente e o patrimônio cultural. Mas, para nossa sorte, também aumenta uma grande tensão exclusivamente qualitativa em direção à introspecção, à amizade, ao amor, à diversão, à beleza, ao convívio. A tensão entre essas duas forças, que o neoliberalismo tende a resolver em favor das necessidades quantitativas, não está de forma alguma perdida para a humanidade, que vai despertando do seu torpor induzido pela droga do dinheiro. Como disse George Bateson: "Parece que existe uma espécie de lei de Gresham da evolução cultural, segundo a qual as ideias ultrassimplificadas acabam sempre por destronar aquelas mais elaboradas, e o que é vulgar e desprezível acaba sempre por destronar a beleza. Apesar disso a beleza perdura".

A beleza perdura porque representa a condição primária da nossa felicidade. E o equilíbrio harmonioso do nosso ecossistema constitui sua precondição. Jean-Jacques Rousseau, por exemplo, confessa ter experimentado a plenitude da felicidade somente na ilha de Saint-Pierre, "onde a alma pode encontrar um lugar de descanso razoavelmente seguro para ali estabelecer-se e concentrar-se em seu próprio ser, sem necessidade de lamentar o passado ou de imaginar o futuro, em que o presente flui indefinidamente, porém essa duração passa inobservada, sem nenhum sinal da passagem do tempo e sem outras sensações de privações ou de gozo, de prazer ou de dor, de desejo ou de medo, mas com a simples sensação de existir, uma sensação que preenche totalmente a alma. Enquanto durar essa sensação, podemos nos considerar felizes".

F. Fausto

Muitas coisas maravilhosas, cuja causa é desconhecida, ocorrem segundo a natureza, enquanto outras ocorrem contra a natureza, produzidas pela techné em benefício dos homens.

ARISTÓTELES

FRANKENSTEIN

De amor e de luz

Encontra-se exposto na Royal Academy de Londres um retrato de Mary Shelley (1797-1851) pintado por Richard Rothwell e acompanhado, como dedicatória, pelos versos do poema "A revolta do Islã", do grande poeta romântico Percy Shelley, em que Mary é definida como "Child of love and light" [Filha do amor e da luz]. Shelley não falava apenas por ouvir dizer: era o marido de Mary.

Essa inquietante escritora, ensaísta e biógrafa inglesa nascera no lugar certo e no momento certo para sua veia criativa. A família calvinista, puritano-presbiteriana, descendia de revolucionários que haviam combatido com Oliver Cromwell. Seu avô, pastor protestante, fora membro da congregação dos "dissidentes", depois deísta, por fim ateu praticante. Seu pai, William Godwin (1756-1836), filósofo e político de ideias republicanas, socialistas, radicais e anarquistas, era uma síntese perfeita de Iluminismo e Romantismo. Autor de *Enquiry concerning political justice*, ensaio de teoria política tão apreciado que se tornou um cult junto aos jovens estudiosos, teve como mestre o severíssimo e poderosíssimo dissidente puritano Samuel Newton, que Godwin descreve como pequeno tirano "semelhante a um açougueiro aposentado, mas disposto a percorrer oitenta quilômetros pelo gosto de abater um boi". Sendo não violento, Godwin propunha subverter as instituições políticas, sociais e religiosas então existentes usando simplesmente a arma da persuasão. Sua casa foi um cenáculo de filósofos e artistas, e ele conviveu com os melhores editores e círculos culturais de Londres.

Foi nesse ambiente que Godwin encontrou Mary Wollstonecraft, por quem se apaixonou perdidamente e com a qual teve a filha que se chamará, ela também, Mary. A nossa Mary Shelley. Mary Wollstonecraft, a quem Virginia Woolf dedicará um admirado retrato em *Four figures*, é aos meus olhos uma das mulheres mais fascinantes de todos os tempos. Nascida numa família muito pobre de sete filhos, com um pai fracassado beberrão, curiosa, rebelde, autodidata, culta, livre, propensa a amores tempestuosos, Wollstonecraft representou com suas lutas, com sua vida e com seus numerosos livros, entre os quais o célebre *A vindication of the rights of woman* (1792), a vanguarda mais genuína e coerente do feminismo internacional.

Em Paris ligou-se a um aventureiro de quem teve a filha Fanny, que depois viria se suicidar. Abandonada pelo impudente amante, voltou desesperada para Londres, lançou-se ao Tâmisa, mas foi salva. Superada a depressão, voltou a frequentar o velho círculo de amigos intelectuais no qual encontrou William Godwin, que ficou fascinado por ela. Engravidou-a, e, embora fosse contrário à instituição matrimonial, que lhe parecia um "monopólio repressor", pôs fim às maledicências casando-se com a feminista mãe de duas filhas. Em 20 de agosto, "20 minutes after 11 at night", como anota o próprio Godwin em seu diário, nasceu a pequena Mary, mas Wollstonecraft morreu ao dar à luz.

Órfã de mãe, Mary recebeu uma culta educação laica junto com a meia-irmã Jane, ministrada informalmente pelo pai, que a descreve como "extraordinariamente audaz, um tanto imperiosa e de inteligência ativa. Seu desejo de conhecimento é grande e sua perseverança em tudo o que empreende é quase invencível".

"Gênio nórdico de coração latino"

A casa Godwin era frequentada por estudantes atraídos pelas teorias libertárias de William. Entre eles, o jovenzinho de 22 anos de uma rica e influente família de proprietários de terra, Percy Bysshe Shelley (1792-1822), que à carreira política preferia a aventura e à riqueza a filantropia. Estudante indócil em Eton e Oxford, sujeito a ataques nervosos e alucinações, poeta rebelde e genial, militante libertário, mais panteísta do que ateu, desinibido apóstolo praticante do amor livre, era a antítese viva dos valores e dos comportamentos então típicos da alta sociedade britânica. Era o suficiente para que Mary, inquieta moça de dezessete anos, se apaixonasse por ele. Percy, porém, fugira três anos antes para a Escócia com uma estudante chamada Herriet, casara-se e tivera uma filha.

Em junho de 1814, Percy planejou outra fuga amorosa, mas dessa vez para a França e com Mary, que tinha dezessete anos: voltaram depois de seis semanas, ela grávida e ambos sem dinheiro. Infelizmente o parto foi desastroso e a recém-nascida morreu. Além do mais, Percy, que não renegara sua vocação ao amor livre, justamente nesse período difícil para Mary teve outro filho com a esposa Herriet e empurrou Mary para os braços do amigo e biógrafo Thomas Jefferson Hogg, em vista de um improvável ménage à trois. "Sei o quanto me ama e com que ternura, e me agrada pensar que posso constituir sua felicidade [...]", escreverá Mary a Hogg, "mas nossa ainda maior felicidade será em Shelley, que eu amo tão terna e inteiramente. Minha vida está na luz dos seus olhos e minha alma toda é completamente absorvida por ele."

Em 1816, Herriet, a esposa do poeta, suicidou-se num laguinho do Hyde Park. Percy e Mary casaram-se e dois anos depois, quer para fugir dos credores, quer para encontrar um clima mais favorável à saúde ruim de Percy, partiram para a Itália. Aqui viajaram de Veneza a Livorno, de Lucca a Este, de Roma a Nápoles, de Florença a Pisa e depois Lerici, vivendo comodamente com o dinheiro que Percy recebia de casa. Aqui perderam dois filhos e nasceu um terceiro, Percy Florence, o único que sobreviverá aos vários ir-mãozinhos abortados ou mortos em tenra idade. Aqui Percy continuou a travar relações com outras mulheres e Mary cultivou amizades de diversos gêneros. Aqui Mary e Percy escreveram poemas e romances. E em Nápoles ("Paraíso habitado por demônios", como a definiu Mary) Percy acabou no tribunal por ter registrado no cartório, com seu sobre-nome, uma menina filha de uma de suas amantes, cuja identidade se desconhece até hoje.

Aproximando-se o verão de 1822, Percy e Mary, novamente grávida, estabelece-ram-se em Villa Magni, na baía de Lerici, junto a Edward Williams e sua esposa Jane, de quem eram muito amigos. Em 1º de junho Shelley e Williams zarparam com uma goleta recém-adquirida para Livorno, onde encontrariam Lord Byron. Ficaram até 8 de julho, quando partiram novamente para regressar a Lerici. Mas, atingidos por uma tempestade, morreram no mar. Percy, "gênio nórdico de coração latino", tinha só trinta anos (e Mary 25), mas, repercorrendo a sua própria vida densa, aventurosa e erradia, poderia antecipar o belo título de Neruda: "Confesso que vivi". Amigo de Byron e Keats, apreciado por Marx, Browning, Tennyson, Algernon Swinburne, William Butler Yeats, Virginia Woolf, pelos anarquistas, socialistas, pré-rafaelitas, por Leopardi e Mazzini, por Carducci e D'Annunzio, deixou-nos uma vintena de ensaios filosóficos e cerca de quarenta obras entre poesias, poemas, prosas e tragédias.

Contrário ao trabalho fabril, ao colonialismo, à instituição de uma sociedade mer-cantil; vegetariano como Mary; defensor pacifista da não violência e da desobediência civil, exerceu uma grande influência sobre o pensamento de Gandhi, Bertrand Russell, Tagore, dos psicodélicos e da Beat Generation.

A oficina do mundo

O intervalo de tempo que vai do nascimento de William Godwin (1756) à morte de Percy Bysshe Shelley (1822) e de Mary Godwin Shelley (1851) coincide perfeitamente com a primeira industrialização da Inglaterra, que transformou o país na "oficina do mundo". As ideias iluministas, o efeito cumulativo das três revoluções, a inglesa, a americana e a francesa, as matérias-primas que chegavam abundantes das colônias, a posição geográfica, a hegemonia de sua frota sobre os mares de todo o planeta, a evolução dos transportes e das tarifas alfandegárias, a acumulação primitiva de capitais na economia agrícola, dezenas de macroinvenções na física e na química, milhares de microinvenções com as quais se traziam pequenos aperfeiçoamentos às tecnologias: tudo isso, somando-se e combinando-se, produziu na Inglaterra a maior transformação econômica jamais ocorrida desde a revolução agrícola na época mesopotâmica.

Em seu balanço historiográfico da Revolução Industrial, Joel Mokyr relata que em 1766, segundo um estampador de tecidos suíço, um objeto, para ser perfeito, devia ser inventado na França e reelaborado na Inglaterra. Com efeito, o uso do vapor como fonte de energia e a tecnologia algodoeira foram invenções britânicas, enquanto os teares Jacquard, o alvejamento com cloro, o processo Leblanc para a fabricação de soda, o envase de alimentos em latas, a iluminação a gás, a fiação mecânica do linho, a máquina contínua para a fabricação de papel criada por Robert, foram todas invenções importadas do exterior para a Inglaterra, onde foram aperfeiçoadas.

Já antes da industrialização, na Grã-Bretanha houvera um rico florescimento de técnicos especializados e mecânicos habilidosíssimos nos setores da relojoaria, das construções navais, das minas, das fundições, da imprensa e da fiação de lã. No período de tempo que estamos considerando, numa amostragem de 498 engenheiros ingleses, dois terços haviam se formado fora da universidade, frequentando institutos de mecânica e conferências de palestrantes itinerantes, lendo nas bibliotecas dezenas de revistas e consultando centenas de livros científicos. Por volta de meados do século XIX, existiam na Inglaterra 1020 associações para a divulgação técnica e científica, com cerca de 200 mil inscritos.

Grandes mecânicos e fabricantes de instrumentos como Edward Naim e Joseph Bramah, famosos construtores de relógios como Henry Hindley e Benjamin Huntsman, engenheiros criativos como John Smeaton e Richard Roberts, químicos valorizados como John Roebuck e James Keir concorreram para animar a cena industrial da Grã-Bretanha junto com inventores que ficariam célebres na história do progresso tecnológico. Em 1769, Richard Arkwright, barbeiro semianalfabeto, mas genial autodidata de mecânica, patenteou a primeira fiadeira automática acionada por energia hidráulica. Em 1770, o tecelão e carpinteiro James Hargreaves inventou a fiadeira múltipla, o algodoeiro Thomas Highs inventou a fiadeira mecânica *spinning jenny*, dando-lhe o nome de sua filha Jenny, que utilizava apenas um operário. Em 1775, novamente Arkwright patenteou o tear a água. Em 1779, Samuel Crampton inventou a *spinning mule*, uma fiadeira automática intermitente com trinta fusos. Em 1783, o escocês Thomas Bell inventou os primeiros cilindros giratórios movidos a vapor para a estamparia de tecidos. Em 1784, Edmund Cartwright aperfeiçoou o tear mecânico *power loom* e no mesmo ano Henry Cort patenteou um novo método de produção de ferro, fundido e remisturado nos fornos de revérbero.

Enquanto isso o progresso da química levava à fabricação de soda e amoníaco, à extração do betume e da tinta do carvão, à descoberta do cloro que, de 1799 em diante, passou a ser usado para alvejar tecidos.

O diabo resfolegante

A invenção da máquina a vapor remonta ao século I a.C. Quem a construiu, para produzir um movimento rotatório, foi Héron de Alexandria, que lhe deu o nome de Eulipila. Mas será preciso chegar a 1698 para que o engenheiro militar Thomas Savery patenteie uma bomba a vapor para enxugar a água das minas. Um verdadeiro salto de qualidade será realizado em 1712 por dois empíricos: o artesão Thomas Newcomen e um rapaz de nome sugestivo, Henry Potter. Newcomen introduzirá cilindros, êmbolos, balancins e válvulas; Potter, que precisa acionar manualmente torneiras e válvulas, inventará expedientes para reduzir o trabalho e melhorar todo o processo. Será necessário depois o aporte de alguns engenheiros, sempre ingleses, entre os quais John Smeaton, que aperfeiçoou a caldeira e o queimador do motor, para chegar a 1777, quando Arkwright, tendo se tornado empreendedor riquíssimo e nomeado baronete, construiu o primeiro motor a vapor concebido especificamente para um cotonifício.

"O vapor é o primeiro exemplo de Deus que se submete ao homem", ousará dizer, laicamente blasfemo, James Watt num ímpeto de consciente orgulho pelo alcance das suas invenções. Foi ele, de fato, quem construiu em 1782 o primeiro motor a vapor aplicável a todas as máquinas industriais, do moinho à indústria de papel, das fiações às fundições. Por isso, Watt é considerado o verdadeiro pai da máquina a vapor, e, em sua honra, a unidade de medida de potência do Sistema Internacional recebeu seu nome.

Se o motor a vapor, aplicado à produção, transformará profundamente a natureza, a organização do trabalho humano, aplicada aos transportes, determinará uma transformação ainda mais radical no modo de viajar, combater, explorar, colonizar, povoar, urbanizar, modernizar, trabalhar e se divertir. Em 1801, Richard Trevithick construirá a *puffing devil*, o diabo resfolegante, uma autêntica locomotiva com a qual levará seus amigos a um passeio. É a primeira vez na história humana que uma máquina substitui os cavalos na tração de um veículo. Três anos depois, o mesmo Trevithick, com um motor a vapor que pesava sete toneladas, conseguirá testar a locomotiva Penydarren, que corria sobre trilhos transportando dez toneladas de ferro, setenta passageiros e cinco vagões.

Mas a história das locomotivas e das ferrovias está ligada principalmente ao nome de George Stephenson, com a frequente colaboração de seu filho Robert. George nasceu em Northumberland, epicentro da primeira Revolução Industrial. Em 1814, construiu a primeira locomotiva destinada ao transporte de carvão nas minas. Chamou-a Blucher e era capaz de carregar trinta toneladas de material numa só carga. Aperfeiçoando-a com outros vinte protótipos, George chegou a montar a Locomotion, empregada em 1825 para inaugurar a primeira ferrovia do mundo, por ele mesmo projetada: tinha dezessete quilômetros e ligava uma mina de carvão nos arredores de Darlington ao porto de Stockton-on-Tess. Para a viagem inaugural, George dirigiu pessoalmente o trem, que percorreu o trajeto à velocidade de 39 quilômetros por hora, transportando oitenta toneladas de carvão e de farinha, além de alguns nomes ilustres convidados para experimentar o novo meio de transporte, viajando gratuitamente no vagão de cabeceira, além de alguns passageiros pagantes, que viajaram de pé no vagão de carga. Para uma segunda linha ferroviária, dessa vez entre Liverpool e Manchester, inaugurada em 1830, Stephenson projetou uma locomotiva ainda mais perfeita — a mítica Rocket —, destinada a se tornar a máquina mais famosa do mundo.

Os transportes continuaram a progredir rapidamente tanto com a realização de novas estradas e novas vias por água como com a modernização dos portos fluviais e marítimos. Em 1841, Thomas Cook, intuindo as potencialidades empresariais do tempo livre, fez-se de *tour operator* improvisado, organizando o primeiro passeio em grupo numa ferrovia, com ida e volta de Leicester a Loughblorough ao preço de um xelim, incluindo chá, sanduíches de presunto, danças e jogos. Dez anos depois, em 1851, na Inglaterra, já haviam sido assentados 11 mil quilômetros de trilhos, e 6 milhões de ingleses foram a Londres de trem para assistir à Grande Exposição.

Henry Booth, tesoureiro da ferrovia Liverpool-Manchester, comentou: "O resultado mais surpreendente produzido pelas ferrovias é a repentina e maravilhosa mudança que realizou nas nossas ideias de tempo e de espaço. O que era rápido, hoje é lento; o que era distante, hoje é próximo, e esta mudança de ideias permeia toda a sociedade".

Poderosa e irrefreável, a locomotiva eleva-se logo como símbolo do luminoso progresso humano. O poeta italiano Giosuè Carducci irá assumi-la como positiva manifestação satânica, emblema moderno da rebelião do homem contra Deus. "Um belo e horrível/ monstro se lança,/ corre os oceanos,/ corre a terra:/ coruscante e fúmido,/ como os vulcões,/ os montes transpõe,/ devora as planícies", lê-se em seu "Hino a Satanás" (1863), no qual o demônio é visto como encarnação da força vingadora da razão contra a religião, como princípio, matéria, espírito, sentido do ser, capaz de "revelar os tempos novos" ("Saúde, oh Satanás,/ oh rebelião,/ oh força vingadora/ da razão!").

A outra face do progresso

Se por volta de 1760 realizava-se uma média de doze patentes por ano, trinta anos depois a média subira para 85. Ainda que a diferentes ritmos, conforme se tratasse do setor têxtil, metalúrgico, de construção civil, das construções navais ou dos transportes, teve início um processo global e impetuoso de substituição da força física humana pela mecânica, das fontes de energia biológica pelas minerais, da oficina artesanal pela fábrica industrial. Em todos os setores, reduziu-se o intervalo temporal entre a invenção e a aplicação, que, em muitos casos, ocorriam na mesma oficina.

Mas como, nesse meio-tempo, mudara a condição da classe trabalhadora? Graças a uma petição enviada em 1818 à cidade de Manchester por um trabalhador diarista que fiava algodão, temos uma eloquente descrição daquilo que acontecia a cada vez que uma nova máquina vinha modificar o processo produtivo da fábrica têxtil. "Quando a fiação do algodão estava nos albores", diz a petição, "e antes que fossem utilizados esses terríveis mecanismos para suprimir a necessidade do trabalho humano, chamados de máquina a vapor, havia um grande número daqueles que então se chamavam *mestres*: homens que com um pequeno capital podiam conseguir alguma máquina e contratar até vinte ou trinta adultos ou jovens e produzir tecidos para mandar aos agentes de Manchester. Eles os revendiam aos donos de oficina, para que o mestre-fiador pudesse ficar em casa, trabalhar ele próprio e fiscalizar seus trabalhadores. O algodão então era sempre entregue em domicílio, cru como nos fardos, às esposas dos fiadores, que o aqueciam, limpavam prontamente para a fiação, e podiam ganhar oito, dez ou doze xelins por semana, mesmo cozinhando e cuidando da família. Mas hoje ninguém trabalha desse modo porque o algodão é aberto por uma máquina acionada a vapor, chamada 'o diabo', e as esposas dos fiadores estão desempregadas, a não ser se forem trabalhar o dia inteiro nas fábricas por poucos xelins, quatro ou cinco por semana, como os rapazes. Antigamente, se um homem não conseguia chegar a um acordo com o patrão, deixava-o e podia ser contratado em outro lugar. Mas em poucos anos tudo mudou. Entraram em função as máquinas a vapor; para adquiri-las e para construir edifícios suficientes para contê-las, junto com seiscentos ou setecentos braços, são necessários grandes capitais. A força-vapor produz um artigo mais comerciável (embora não melhor) do que aquele que o pequeno mestre era capaz de produzir ao mesmo preço. Em decorrência disso, veio a ruina deste último, enquanto o capitalista saído do nada se aproveitou da sua queda, porque representava o único obstáculo entre ele e o controle absoluto da mão de obra." Em caso de contestação, era inútil recorrer aos magistrados, que, provindo da mesma classe do empresário, dificilmente o considerariam errado. "Esses problemas para a mão de obra", conclui o fiador, "são fruto do terrível monopólio pelo qual a riqueza e o poder se concentraram nas mãos dos poucos que, no orgulho dos seus corações, se acreditam os donos do universo."

Eis a outra face do progresso. Novas metodologias produtivas, novas organizações fundiárias, novas metodologias na rotação das culturas, novos instrumentos tecnológicos e novos fertilizantes químicos modificaram profundamente a agricultura na Grã--Bretanha e nas suas colônias, libertando uma massa crescente de camponeses que se transferiram para as cidades em busca de trabalho, alterando os equilíbrios e provocando gravíssimos problemas de miséria e degradação, que Engels denunciará em *A situação da classe trabalhadora na Inglaterra*, quando tinha somente 25 anos, e em *Sobre a questão da moradia*, quando já estava com 52 anos.

A cidade de Manchester, que em 1772 tinha 25 mil habitantes, em 1851 havia chegado a 450 mil. Entre o final do século XVIII e o início do XX, Londres passou de 800 mil para 7 milhões de habitantes. Enquanto a oferta de mão de obra aumentava por causa da urbanização, sua demanda diminuía devido ao progresso tecnológico, e a substituição em larga escala dos teares manuais pelos teares mecânicos provocava a demissão de milhares de trabalhadores. No setor têxtil, o progresso tecnológico chegou quase de repente com a introdução da lançadeira volante de Kay em 1730 e com a carda de Paul patenteada em 1748. No final do século XVIII, as grandes *jennies* eram capazes de conter até cem fusos, comportando uma drástica redução dos encarregados da fiação. Em 1812 — como relata Phillis Deane em *The First Industrial Revolution* —, "uma fiadora era capaz de produzir no mesmo tempo a mesma quantidade que poderiam produzir duzentos fiadores antes da invenção da *jenny* de Hargreaves". (Basta pensar que em poucos anos foram ativadas 20 mil fiadoras deste tipo.)

Em 1835, quando os encarregados da fiação eram cerca de 100 mil e os encarregados da tecelagem superavam os 250 mil, nas fábricas de algodão 25% da força de trabalho era composta por homens com mais de dezoito anos, 48%, por mulheres e moças, 13%, por crianças. Mulheres, moças e crianças trabalhavam ente doze e dezesseis horas por dia, com salários em nível de subsistência. Entre 1820 e 1845, enquanto a produtividade quadruplicou e os lucros aumentaram 50%, os salários permaneceram estagnados.

Algo análogo, mesmo que a ritmos diferentes, ocorreu na indústria do ferro. Por volta de 1760, foi aplicada aos altos-fornos a máquina a vapor de Watt e a lenha foi substituída pelo coque; pouco depois, foi introduzido o processo de fusão e remistura inventado por Cort, que, com sua laminadora a vapor, conseguiu multiplicar quinze vezes a quantidade de toneladas de lingotes processados. O resultado geral foi que entre 1760 e 1788 a produção de gusa duplicou, e entre 1788 e 1805 quadruplicou.

Em 1800, a Inglaterra produzia somente 19% de toda a gusa de alto-forno do mundo; em 1840, seriam 52%.

No decorrer do século XIX, o PIB da Inglaterra quadruplicou, mas as condições do proletário e do subproletário tornaram-se intoleráveis. "A vida das classes operárias", escreve Eric Hobsbawm, "era miserável, mesquinha, sórdida, brutal, curta e, sobretudo, insegura." Engels, na introdução de sua pesquisa sobre a situação da classe trabalhadora, escreveu: "Diante do tribunal da opinião mundial, acuso a burguesia inglesa de massacre, de furto continuado e de todos os outros crimes previstos pelo código penal".

A idade mecânica

O progresso obtido com vistas ao lucro faz sempre as suas vítimas. Quem o enaltece tende a negligenciar as vítimas; quem defende as vítimas tende a subestimar o progresso.

Em 1829, Thomas Carlyle publicou na *Edinburgh Review* o ensaio "Signs of the Times". Vale a pena reler algumas passagens, que nos revelam o estado de ânimo de um filósofo calvinista muito cético sobre as vantagens do progresso e muito crítico do materialismo ligado às rápidas transformações que ocorriam sob seus olhos. "Se nos pedissem para caracterizar com uma só palavra esta nossa época, teríamos a tentação de defini-la não como idade heroica, religiosa, filosófica ou moral, mas acima de tudo como a idade mecânica. A nossa é a época da máquina, em toda a abrangência do termo [...]. Em toda parte, expulsou-se o artesão em carne e osso para dar lugar a um operário sem alma, mas mais rápido. A lançadeira foge dos dedos do tecelão e cai entre os dedos de aço que a fazem girar mais rapidamente [...]. Paralelamente a riqueza cresceu e, ao mesmo tempo, acumulou-se, aumentando a distância entre o rico e o pobre [...]. A máquina já condiciona não só a esfera física e exterior, mas também a íntima e espiritual, não só nossos modos de agir, mas também nossos modos de pensar e sentir. Os homens tornaram-se máquinas na cabeça e no coração, assim como nas mãos [...]. Todos os seus esforços, seus afetos, suas opiniões concentram-se na máquina e são de caráter mecânico [...]. Em breve, será corrente a crença de que aquilo que não pode ser estudado e compreendido mecanicamente não pode ser estudado e compreendido de forma alguma [...]. A máquina já aprofundou suas raízes nas mais íntimas, importantes fontes da convicção do homem e dali se espalha por toda a sua vida e suas atividades [...]. O intelecto, a capacidade que o homem tem de conhecer e acreditar, já é quase sinônimo de lógica, ou seja, da simples capacidade de organizar e comunicar [...]. A fé na máquina, na suma importância das coisas físicas, é sempre o refúgio habitual da fraqueza e da cegueira insatisfeita."

Dez anos depois de Carlyle, em 1840, Alexis de Tocqueville volta ao argumento no segundo livro da *Democracia na América*, denunciando as consequências físicas, psicológicas e sociais da divisão do trabalho, que existia já antes da mecanização, mas que se exacerbara com a introdução das máquinas. Falarei mais extensamente sobre isso no capítulo dedicado à mediacracia, mas aqui exponho o cerne. "Descobriu-se", escreve Tocqueville, "que quando um operário se ocupa, todo dia, apenas de uma fase específica da produção, chega-se mais facilmente, mais rapidamente e com maior economia à produção do objeto completo. Chegou-se a reconhecer que, quanto mais uma indústria opera em grande escala, com grandes capitais e grande crédito, mais baratos são os seus produtos". Mas a divisão do trabalho afeta profundamente a saúde física e sobretudo a saúde psíquica do operário, que, sujeito a uma operação fracionada, banal e repetitiva, perde a visão geral do trabalho, avilta a sua inteligência, acaba por não pertencer mais a si mesmo, mas à função à qual está adstrito. E enquanto ele é degradado ao trabalho alienante até se tornar um animal, seu patrão dedica-se diariamente a problemas de maior alcance que requerem perícia e engenho.

A ótica em relação à vida muda radicalmente, conforme o indivíduo se beneficia do bem-estar ou está excluído dele. Ainda recentemente, numa vigorosa reflexão sobre Proust e suas *madeleines*, o escritor Aldo Busi escreveu: "As *madeleines* só ele as comia; eu as capinava, arava, semeava, ceifava, moía, peneirava e, depois de bater até mesmo os ovos, a manteiga e a laranja, colocava-as em fôrmas e servia-as a ele puras, contando com alguma migalha no pratinho de Sèvres, mesmo que fosse apenas para considerar repulsiva essa *madeleine* de alto coturno (amarra demais o paladar e com isso se perde a desenvoltura da língua, obrigada a muitos rituais afetados antes de se desembaraçar); enquanto eu saberia revelar tudo sobre ele e seu círculo, reproduzindo tanto seus pequenos ídolos quanto os cacoetes, como o tédio de quem se ocupa somente de si mesmo, sobre mim ele não saberia o que dizer e o diria mal; a única linguagem verdadeira que possui ou é interior ou é mimética (de si mesmo, que afinal é mimético da alta burguesia/nobreza que não cessa de mirar, sem ver nada mais ao redor nem em retrospectiva)".

Paciência e rebelião

Na já citada petição enviada por um fiador de algodão à cidade de Manchester, lê-se um impetuoso retrato dos empresários da época: "Com raríssimas exceções, são um tipo de homem saído da oficina têxtil, sem nenhuma instrução ou habilidade [...] mas, como que para compensar esta deficiência, eles se dão ares de grandeza até não poder mais, com uma fátua ostentação de palacetes elegantes, carruagens de luxo, librés, jardins, cavalos e cães de caça, que têm o cuidado de mostrar com a maior solenidade ao mercador estrangeiro [...]. Os proprietários de fiações são uma classe de homens diferente de todos os outros patrões do reino: ignorantes, altivos e tirânicos".

Radicalmente diferentes são os traços com que descreve os trabalhadores: "Eles foram, com suas mulheres e famílias, a paciência em carne e osso, escravos e escravas de patrões cruéis [...]. A partir dos seis anos de idade, são treinados para trabalhar das cinco da manhã até as nove ou dez da noite. Muitos pregadores de obediência nos levam a ser dóceis em relação ao patrão. Mas um desses pregadores deveria colocar-se um pouco antes das cinco na rua de acesso a uma fiação para observar o esquálido aspecto das crianças e de seus pais arrancados da cama numa hora tão matutina com todo tipo de clima; deveria examinar a ração miserável de alimento, quase sempre composta de sopa de farinha com pedaços de pão de aveia, uma pitada de sal, às vezes um pouco de leite, alguma batata, um pouco de toucinho ou bacon, ao meio-dia [...]. Estes pobres trabalhadores ficam fechados na fábrica até a noite em lugares mais abafados do que o dia mais quente que houve nestes meses de verão, sem um momento de descanso a não ser os 45 minutos da refeição do meio-dia [...]. Aprisionado em fábricas com oito andares de altura, o fiador inglês não tem paz antes que a máquina poderosa pare, então volta para casa para descansar para o dia seguinte. Todos na família estão cansados e exaustos no mesmo nível".

Quando o nosso fiador cita "pregadores de obediência" provavelmente faz alusão à Igreja metodista, fundada no século XVIII por Charles Wesley, que se dirigia principalmente aos pobres e aos analfabetos prometendo-lhes o paraíso como compensação pelos sofrimentos terrenos que, se pacientemente suportados, constituem uma afortunada ocasião e garantia de salvação. A nascente burguesia inglesa preferia, no entanto, o calvinismo e o puritanismo, segundo os quais o sucesso nos negócios terrenos representa, já aqui e agora, um sinal da eleição e da predileção divinas. Banqueiros e grandes mercadores aderiam principalmente à Igreja presbiteriana, cujas paróquias — como escrevem Laura Salvadori e Claudio Villi em seu ensaio *Luddism: a Revolution that Failed* — "especializavam-se em fornecer, especialmente à manufatura têxtil, as crianças a elas confiadas pela Poor Law. Grupos de cinquenta, oitenta e até cem crianças eram mandados como rebanho de animais às fábricas. Algumas paróquias chegavam a ponto de estipular acordos precisos com o contratante, que devia acolher um deficiente mental a cada vinte crianças recebidas".

Se a miséria fazia dos operários ingleses aquela que Marx chamará "classe em si", isto é, massa amorfa, unida apenas por um mesmo nível de exploração, não se tratava ainda de uma "classe para si", isto é, de um proletariado consciente não só dessa afinidade entre todos os operários explorados, mas também da força que poderiam desencadear se transformassem o aglomerado indistinto em organização antagonista, com objetivos próprios, estratégias definidas, inimigos bem identificados, aliados bem escolhidos, métodos de ação bem planejados e comprovados.

Cada uma das ideologias e das polarizações que se interessavam pelo trabalho e pelos trabalhadores — liberalismo, marxismo, socialismo, cristianismo, anarquia — propunha uma estratégia própria e agregava grupos de adeptos que, em alguns casos, desembocavam em movimentos de protesto também violentos. A colaboração entre os jacobinos franceses, radicais ingleses, nacionalistas irlandeses e separatistas escoceses deu lugar a diversos planos insurrecionais, quase todos destinados a fracassar logo ao nascer. Mas na Inglaterra o impulso dos trabalhadores de agir para seu próprio resgate se fez premente quando Napoleão, em 1806, uniu o bloco continental contra a ilha; nos anos seguintes, as péssimas safras agrícolas e a grave crise que se seguiu agravaram ainda mais a fome entre as massas dos pobres. Os empresários reagiram abaixando os salários e intensificando a exploração do trabalho, através de uma organização mais rígida e a introdução de outras máquinas *labour saving*, com consequente aumento do desemprego.

A máquina foi, portanto, identificada pelo operário como antagonista natural e inimiga concreta, imediata, tangível e, portanto, destrutível; assim, em 1811, os trabalhadores do condado de Nottingham deram vida a um movimento clandestino que fez incursão nas fábricas para destruir as fiadeiras e os teares automáticos. No decorrer de poucos dias, *framework-knitters*, trabalhadores de meias e malhas nos teares, braçais e desempregados, todos prejudicados pela produção industrializada, destruíram mais de duzentos teares aos gritos de "Ned Ludd nos inspira a isso!". Com efeito, a fonte de inspiração foi o jovem Ned Ludd, que talvez nunca tenha existido realmente, de quem se contava que destruíra em 1799 um tear em sinal de protesto, e assim se prestava a símbolo de rebelião contra os efeitos devastadores do progresso tecnológico sobre a condição da classe trabalhadora.

A revolta luddista estendeu-se rapidamente pelos condados do Leicestershire, Derbyshire, Yorkshire e depois na Escócia, tanto que, em janeiro de 1812, o Parlamento inglês decretou a pena de morte para todos "aqueles que destroem ou danificam teares para meias ou bordados ou outros maquinários ou instrumentos usados na manufatura do trabalho em malha em tear ou de qualquer artigo ou mercadoria em tear ou semelhante maquinário". O movimento respondeu ampliando os objetivos do protesto, chegando a propor um projeto de lei "para prevenir as fraudes e os abusos na manufatura de malhas em tear". O movimento conquistou o apoio de Lord Byron, que proferiu na Câmara dos Lordes um célebre discurso em defesa dos revoltosos "talvez pela fome, encovados pelo desespero, indiferentes com suas vidas".

A lei foi aprovada, mas só depois de ter sido esvaziada de toda substância, motivo pelo qual a desilusão alimentou ainda mais o protesto, contagiando os trabalhadores da indústria de lã de Yorkshire e da indústria algodoeira de Lancashire, bem como os alisadores e tosadores.

A revolta atingiu o auge em abril e maio de 1812, quando dois luddistas morreram após choques com a guarda militar organizada pelo proprietário de uma fábrica, e na Câmara dos Comuns o primeiro-ministro Spencer Perceval foi assassinado por um desequilibrado. A repressão levou à prisão de cem luddistas e a um processo que condenou dezessete deles à morte. O movimento continuou com altos e baixos até 1816 quando, em decorrência dos tumultos, um dos líderes mais importantes foi preso e executado.

Hostilizado por uma repressão cada vez mais severa (em 1816, após as desordens, um dos líderes mais importantes foi preso e executado) e enfraquecido pela crescente dificuldade de agregar faixas mais amplas de proletários, o movimento extinguiu-se em 1816. Mas a sua experiência constitui um precedente fecundo para o sucessivo nascimento de ideias, programas, movimentos sindicais e revolucionários. Em 1824, muitos ex-luddistas convergiram para a Trade Union, constituída pouco tempo antes, e em 1836 fizeram a mesma coisa com o movimento cartista. O termo "luddismo" passou a designar toda forma de rejeição do progresso tecnológico.

Um verão chuvoso e inclemente

Mas voltemos à escritora Mary Godwin Shelley, por cuja história havíamos iniciado. No arco temporal que vai de meados do século XVIII, quando nasceu seu pai, a meados do XIX, quando ela morreu, houve uma quantidade surpreendente de descobertas e invenções que modificaram radicalmente o trabalho e a vida dos países em vias de industrialização. Além das inovações produzidas no campo da fiação e da tecelagem, da produção de aço e do transporte sobre trilhos, seguiram-se muitas outras no campo da química e da física: é, de fato, a esse período que remonta a criação do termômetro a mercúrio, do para-raios, dos pneus, do paraquedas, do balão aerostático, dos lampiões a gás, da técnica da revelação fotográfica, da vulcanização da borracha, do cimento. No setor mecânico, houve avanços com o aparecimento da primeira ponte de ferro, da prensa hidráulica e mecânica, do primeiro barco a vapor e do primeiro navio de ferro a vapor, do dínamo, do torno, do transformador, da ceifadeira e da debulhadora mecânica, do revólver, da plaina, da britadeira. Outras invenções, enfim, contribuíram para a maior comodidade do cotidiano, como os fósforos, a vacina, os alimentos em lata, a bicicleta, o selo, o cigarro, a capa de chuva, o binóculo, a água gaseificada, o extintor, a pena de aço, os patins, a borracha para apagar.

Tal era, portanto, o mundo que circundava Mary Shelley, um mundo em tumultuosa transformação em que alguns (cientistas, técnicos, empresários, operários) eram artífices e/ou vítimas da mudança; outros (filósofos como Proudhon, economistas como Smith, sociólogos como Marx) analisavam-no cientificamente, tentando entender suas razões e prever suas consequências, outros ainda (escritores como Dickens ou Elizabeth Gaskell) descreviam em seus romances as condições, os sentimentos e as reações concomitantes, outros mais (principalmente poetas como John Keats, George Byron, Percy Bysshe Shelley) percebiam suas reverberações e sublimavam esse mundo com a imaginação ou fugiam a ele refugiando-se em outros países ou outros mundos.

Mary Shelley ocupará um lugar de grande relevo nesse círculo de pensadores, criando a metáfora mais surpreendente e famosa do advento industrial com o romance *Frankenstein, ou o Prometeu moderno*. É ela própria que nos narra a sua gênese no prefácio da edição de 1831. Em 14 de maio de 1816, Percy Shelley, aos 24 anos, e Mary, com dezenove, chegaram a Genebra para passar o verão com George Byron e seu jovem secretário e médico pessoal John William Polidori, que moravam na Villa Diodati. "Aquele verão foi úmido e inclemente, tanto que a chuva contínua nos obrigou a ficar em casa durante vários dias." Conversavam até tarde da noite, mas, à diferença do alegre grupo florentino que, em circunstâncias análogas, se divertia com as novelas do *Decameron* de Boccaccio, os nossos jovens ingleses liam histórias fantasmagóricas que falavam de pálidos espectros, de sons misteriosos, de jovens fenecendo como flores cortadas. A conversa recaiu também sobre uma passagem da *Allemagne* de Madame de Staël, em que se conjeturavam futuras aplicações do galvanismo para ressuscitar os mortos, levando os quatro amigos a considerar que "talvez fosse possível manipular e unir as partes de uma criatura e lhe instilar um sopro vital".

Uma noite em que um temporal os obrigou a ficar na Villa Diodati, Byron propôs um entretenimento: cada um escreveria uma história de fantasmas e, uma vez terminada, leria para os outros. Dessa brincadeira nasceram dois breves contos que, reelaborados ao longo dos anos, iriam se tornar livros de enorme fama: Mary esboçou *Frankenstein* e Polidori tirou a inspiração para *O vampiro*.

Frankenstein, ou o Prometeu moderno foi publicado em primeira edição em 1818. Relembremos rapidamente o enredo. O explorador Robert Walton, que encalhara com seu navio nos gelos do Ártico, salva, semicongelado e já moribundo, um jovem estudioso de ciências naturais, Victor Frankenstein, que, antes de morrer, lhe confia sua incrível história.

Victor descobriu o segredo da vida e ousou infundi-la num corpo que montara unindo pedaços de cadáveres. O experimento deu certo a tal ponto que aterrorizou o cientista e levou o monstro a escapar ao seu incauto criador, fugindo do laboratório.

Dotado de força e resistência extraordinárias, o monstro desaparece por algum tempo e, depois de ter aprendido a linguagem dos homens, reaparece em Genebra, onde vive a família Frankenstein. Lá, mata o irmãozinho de Victor e faz recair sobre Justine, a empregada jovem e inocente, a condenação pelo homicídio. Após esse duplo crime, criador e criatura reencontram-se, e, no dramático encontro, o monstro revela a Victor a origem de sua fúria homicida. Inteligente e de alma sensível, mas com feições monstruosas, todos se afastam dele com repulsão e aversão. Banido do convívio humano, ele descobriu junto à família Frankenstein a verdade sobre sua origem e foi para vingar-se de Victor que matou seu irmão. O drama da solidão pode ser superado somente se Victor lhe criar uma companheira com a qual possa transcorrer sua existência tão anômala. Num primeiro momento Victor concorda, mas, depois, assustado com a ideia de dar origem a uma progênie de monstros com a qual uma "raça de demônios possa se propagar sobre a Terra", destrói o novo corpo que criou, antes de lhe infundir vida.

A reação do monstro é violentíssima: mata Cleval, o melhor amigo de Victor, e, no dia em que Victor está para se casar, mata sua noiva Elizabeth. Depois escapa para o Ártico. Victor o persegue para destruí-lo e, quando já está exausto, depara-se com o navio encalhado, onde passa suas últimas horas relatando sua triste história ao explorador Walton. E morre.

A esse ponto do relato, o monstro, subindo no navio às escondidas, revela ao explorador Walton sua intenção de se matar para pôr fim aos próprios sofrimentos, assim como aos dos outros. Vai embora e não se saberá mais nada a seu respeito.

Ícone do progresso

A seguir, Mary definiria a estada suíça como "o momento em que passei da adolescência à idade adulta". Na verdade, era o mundo inteiro que naquele período estava passando da infância rural à adolescência industrial. Com seu *Frankenstein*, já considerado o maior mito gótico de todos os tempos e o primeiro romance de ficção científica da literatura mundial, Mary contrapôs ao racionalismo do pai e ao romantismo do marido a ideia de uma reforma radical da sociedade civil, que se realizaria com base não num ilusório poder salvador das máquinas, e sim na cooperação mútua e na compreensão recíproca, de que principalmente as mulheres são capazes.

O livro é um estuário de todas as ideias que estão na base da sociedade industrial, de Locke a Rousseau, e o título com sua evocação de Prometeu cria um nexo inegável entre os acontecimentos narrados e a realidade que andava evoluindo sob os olhos de Mary. Com efeito, o Prometeu encarnado na figura de Frankenstein não é senão o símbolo do gênio de engenharia que guia a humanidade no caminho do progresso. Metáfora palpitante da tendência humana à luz, ao conhecimento, à liberdade, Prometeu é o símbolo mais cortejado pelos novos tempos industriais. Mas sua ascendência é antiga e parte de Hesíodo, que o descreveu como um herói benéfico de dimensões titânicas que tenta libertar os homens doando-lhes o fogo e as artes. Passando por Sófocles, Eurípides, Aristófanes, Platão, Lúcio Ácio e Luciano de Samósata, Prometeu desembarca na Espanha em 1699 com *La estatua de Prometeu*, de Pedro Calderón de la Barca. Quase cem anos depois, em 1773, Goethe concebe *Prometheus*, drama inacabado em que o herói, para conquistar a sua liberdade, se rebela contra os deuses isolando-se dos seus semelhantes, de si mesmo, do universo e do céu. Num poema subsequente do mesmo Goethe, Prometeu anuncia a plena autonomia e potência da estirpe humana, destinada a sofrer, chorar, gozar, regozijar-se sem se importar com os deuses, já inúteis.

De Hoffmannsthal (*Prometheus und Epimetheus*, 1880) a Karl Spitteler (*Prometheus und Epimetheus*, 1881), de Robert Bridges (*Prometheus the Fire-giver*, 1884) a André Gide (totalmente excêntrico o seu *Prométhée mal enchaîné*, 1899), que se dirige a um restaurante moderno e identifica na águia que devora o fígado do herói protagonista a consciência que dilacera a alma do homem com seus remorsos, Prometeu continuou a inspirar obras literárias, até chegar ao século XX (basta pensar no *Prometeo* de Ramón Pérez de Ayala, de 1916, que sonha gerar um super-homem, mas acaba por trazer ao mundo um ser raquítico, ou em *Prometeu, o paciente*, de Karl Spitteler, de 1924).

O próprio Shelley, em 1820, durante a estada em Roma, escreverá uma obra remetendo a Prometeu, o drama lírico em versos *Prometheus Unbound*, em que Júpiter representa o princípio do mal que oprime a humanidade e Prometeu, o princípio do bem que tenta libertá-la dessa opressão por meio da sabedoria. Punido por Júpiter, Prometeu volta a ficar livre somente quando seu perseguidor é destronado. Assim a natureza readquire toda a sua primitiva beleza e inicia sobre a terra o reino do Amor e do Bem.

Mas voltemos a Frankenstein.

É verdade que o enredo do romance utiliza, além das desventuras pessoais de Mary, as obsessões de morte e renascimento que atormentam a humanidade desde as origens, mas o seu protagonista não é um mago, e sim um cientista, e sua operação não é alquímica, e sim químico-biológica. De seu lado, o monstro fica a meio caminho entre homem e máquina, nascido da soma de membros inertes que ganham vida tal como, naqueles anos, pistões, cilindros, êmbolos, parafusos inanimados e mudos tornavam-se máquinas vivas e fragorosas graças à energia infundida pelo sopro poderoso da força-vapor. Mas era justamente essa vitalidade das máquinas, com sua capacidade de substituir o homem, que as tornava ameaçadoras. O pavor que leva Frankenstein a destruir a companheira do monstro, que do contrário poderia gerar uma progênie aterrorizante, não é diferente do pavor com que os luddistas destroem os teares automáticos, potenciais antepassados de máquinas ainda mais onívoras. A profanação das tumbas que permite a Frankenstein apoderar-se de pedaços de cadáveres para montar sua criatura não é muito diferente da assídua presença de Leonardo ou Michelangelo nos necrotérios, onde dissecam os cadáveres para escrever seus tratados de anatomia e poder reproduzir com a maior fidelidade as formas humanas.

O ambiente de Mary, porém, não é o da cultura neoplatônica que nutriu o Renascimento, mas o da cultura inglesa que originou o romance gótico e a propensão baconiana a considerar toda a filosofia clássica "conversa de velhos senis a jovens pobretões". Suas leituras certamente incluem *O castelo de Otranto*, do irlandês Horace Walpole (1764), *O romance da floresta* (1791), *Os mistérios do castelo de Udolfo* (1794), *O italiano, ou o confessionário dos penitentes negros* (1797), da misantropa londrina Ann Radcliffe, *O monge*, de Matthew Lewis (1796), e a rica série de livros em grande moda entre a burguesia inglesa, na qual a literatura de formação se apoiava no *Paraíso perdido* de Milton, com toda sua sulfúrea sarabanda satânica, e a literatura de entretenimento se inclinava para o *noir*, amores despedaçados, eventos sobrenaturais assustadores, angustiantes, misteriosos, que se repetiam como num *serial*, tendo como pano de fundo castelos, conventos, abadias, florestas, ambientes soturnos e tenebrosos. Não por acaso Villa Diodati fora escolhida por Byron também porque, quase um século antes, em 1639, Milton havia morado lá.

A originalidade de Mary Shelley reside justamente em ter imprimido uma guinada ao velho romance gótico, inaugurando um *revival* que sobreviverá, em formas fantasticamente cambiantes, até os dias de hoje. Com *Frankenstein* os tempos da narração se transferem da Idade Média para o presente e o futuro; a cena da ação se desloca para os laboratórios científicos e ambientes tecnológicos; os protagonistas, antes monges, alquimistas, magos, demônios, espectros, agora são cientistas e exploradores; o enredo, antes recorrendo à atração e ao medo pelo oculto, pelo mistério, pelo irracional, pelo sobrenatural, evocado através de fórmulas mágicas, agora se inspira nas evocações científicas e no desejo de dominar, graças a elas, a natureza, a vida e a morte.

Entre o romance gótico setecentista e o romance oitocentista de Mary Shelley tem-se o advento do maquinismo industrial. "O romance", escreve Giorgio Borroni numa recente edição italiana, "foi escrito em plena Revolução Industrial, quando o homem parecia capaz de transformar à vontade o ambiente circunstante, e as tecnologias para fazê-lo pareciam evoluir dia a dia; mesmo a medicina da época estava em grande ebulição, tanto que a demanda por cadáveres para estudos de dissecação superava largamente a oferta, dando origem a furtos nas morgues [...]. Mary Shelley concebeu o seu romance nesse clima, onde a exaltação do progresso mesclava-se com a preocupação com suas possíveis consequências e a eventualidade de perder seu controle. *Frankenstein*, de fato, foi diversas vezes interpretado como uma advertência em relação ao rápido avanço do progresso, ou seja, como uma obra que levava o homem, aspirante ao pedestal da divindade, a tomar consciência de sua própria imperfeição, sujeitando-se à ordem natural das coisas."

Nessa advertência está implícita a condenação da "irresponsabilidade — bem diferente da coragem — com que se administram o progresso e a ciência, uma perigosa mescla de leviandade e egoísmo, destinada a gerar apenas desastres".

Se *Frankenstein* fascinou por dois séculos o imaginário coletivo até se tornar um ícone pop universal é porque soube destilar a cultura da sociedade industrial, traduzindo-a em imaginação pura, e soube antecipar em forma de ficção científica as problemáticas centrais da sociedade pós-industrial, preconizando questões como a epistemologia da descoberta, os limites da ciência, a clonagem, os meristemas, a eutanásia, mas também a relação com aquilo que é diferente de nós, a marginalização, a rebelião do homem contra a natureza e da criatura contra o criador.

TAYLOR & FORD

Martelo simples, martelo pneumático

Quantos tipos de máquinas existem? Em 1958, quando já fazia trinta anos que se falava em automação, mas o microprocessador ainda não fora inventado, J. R. Bright publicou os resultados de uma pesquisa (Automation and Management) realizada com uma dezena de empresas de vanguarda americanas. Os dados reunidos permitiam delinear uma "escala" de dezessete possíveis níveis de mecanização. Partia-se do mais elementar, em que o instrumento era a simples mão do homem, passava-se aos níveis em que se usavam instrumentos desprovidos de força motora e dirigidos à mão (talhadeira, cepilho, foice etc.), utensílios a motor empunhados pelo operador (barbeador elétrico, furadeira etc.), e então se chegava à máquina "inteligente", capaz de prever os desempenhos requeridos e de se comportar conforme o esperado, como fazem os termostatos. À medida que se passava da máquina mais simples e universal, como um martelo, à máquina hiperespecializada, capaz de executar operações de modo autônomo, diminuía a importância das *skills*, ou seja, dos conhecimentos, da experiência, da habilidade, da força física do operador. Em outros termos, como diz Pierre Naville, "de um lado, o operador humano está cada vez menos associado, mão e cérebro, às operações do maquinário, e, de outro, a máquina funciona de modo cada vez mais autônomo, apropriando-se de um número crescente de funções humanas".

Em todo caso, assim como o monstro imaginado por Mary Shelley pensa e fala, desvendando-nos a alma de seu construtor, toda máquina, se analisada com cuidado, nos revela a cultura, a intenção, a posição social e o papel de seu inventor. Imaginemos que, daqui a milhares de anos, um arqueólogo encontre durante suas escavações um martelo simples, objeto já desconhecido por ele e seus contemporâneos. Analisando a estrutura simples e bem balanceada, poderá deduzir que se trata não só de um utensílio universal, isto é, adequado a cumprir infinitas operações diversas, mas também de um instrumento com forma e materiais pensados para torná-lo comodamente manejável.

Um instrumento, portanto, inventado por uma pessoa prática para ser usado diretamente por ela.

Imaginemos agora que o nosso arqueólogo encontre também um martelo pneumático. Analisando-o com atenção, perceberá que se trata não só de um instrumento evoluído e complexo em relação ao martelo simples, mas também de um utensílio especializado, capaz de cumprir apenas um tipo de trabalho, porém, em compensação, dotado de uma potência muito maior. Além do mais, perceberá que sua utilização não é nada cômoda e inflige ao operário destinado a utilizá-lo um penoso estresse muscular e acústico. Decerto, portanto, quem o inventou sabia que jamais o usaria pessoalmente e pertencia a uma classe superior à dos que o usariam.

O que nos dizem, então, as máquinas inventadas entre meados do século XIX e meados do XX? E de que máquinas se trata?

Oito décimos

Se consultarmos qualquer grande enciclopédia da ciência e da técnica com os temas tratados em ordem cronológica, imediatamente veremos que toda a história, desde as origens até o século XVI, ocupa cerca de um décimo dos volumes, e um espaço semelhante é ocupado pela história dos séculos XVII e XVIII. Os séculos XIX, XX e este início do novo milênio ocupam todo o restante: oito décimos do conjunto.

Ciência e técnica desenvolvem-se hoje num ritmo mais do que uniformemente acelerado, e isto também em virtude do fato de que o número de pessoas no planeta aumenta cada vez mais: hoje há 7 bilhões de cérebros vivos pensantes, enquanto no final do século XVIII não chegavam a 1 bilhão, e em meados do XIX eram um pouco acima dessa cifra.

Mas nem sempre foi assim. A experiência milenar demonstra-nos que o progresso científico-técnico alternou fases de grande desenvolvimento com fases em que caiu numa espécie de longa letargia. Depois do grande *exploit* da Mesopotâmia, onde em poucas décadas foram inventados o arado e a roda, a irrigação por sulcos e a astronomia, a matemática e a moeda, a escrita, a escola e a cidade, foi necessário esperar até o século XII para reencontrar um período igualmente fecundo, quando se adensaram invenções como o relógio, os óculos, o moinho a água, os arreios modernos dos cavalos, a bússola, a pólvora, a imprensa e o timão moderno.

As carroças com as quais viajavam nossos bisavós tinham uma velocidade comparável à dos carros assírios e das bigas romanas. Os automóveis, entretanto, quadruplicaram a sua velocidade no decorrer de setenta anos. Quanto aos aviões, a aeronave pilotada por Wilbur Wright em 1905 voou à velocidade de 61 quilômetros por hora; cem anos depois, em 2004, um *scramjet* da Nasa não tripulado voou a 11270 quilômetros por hora. Os microprocessadores, fiéis à lei de Moore, dobram sua potência a cada dezoito meses. As fibras óticas, a cada nove meses.

Até Galileu, as máquinas realizaram prodígios que o homem não conseguia explicar: como era possível que uma alavanca pudesse levantar pesos enormes com um mínimo de esforço? Como era possível que as fontes projetadas por Leonardo para o palácio milanês de Carlos d'Amboise emitissem sons? A partir de Galileu, o homem se propõe descobrir humilde e cientificamente as leis da natureza de modo que, auxiliando-a, possa se servir das suas forças com a ajuda das máquinas. O homem decide o que obter da máquina; a máquina, que persegue racionalmente as finalidades do seu inventor, é capaz de alcançá-las com maior rapidez e eficiência do que conseguiria o próprio inventor.

Também a segunda metade do século XIX é uma época fértil de invenções e de descobertas. Algumas encontram aplicação nas fábricas, como o acumulador, o dínamo, a pilha elétrica, o rolamento, a turbina a vapor, o linotipo, as fibras artificiais. Outras dizem respeito aos transportes e às comunicações: o motor a explosão e diesel, o automóvel, o dirigível, o helicóptero, o submarino, a motocicleta, a eletrificação ferroviária, o telégrafo sem fio, o telefone, o rádio, o cinema. Outras dizem respeito à vida cotidiana: a máquina de escrever e a de costura, o celuloide, o jeans, o fonógrafo, a lâmpada, a seringa hipodérmica, o microfone, a geladeira, a caneta-tinteiro, a aspirina. Todas essas inovações, porém, são fruídas isoladamente, sem constituir sistema. A fábrica, mesmo quando é imponente como a United States Steel, que em 1901 já tinha 104 mil funcionários, continua um agregado de oficinas, cada uma dedicada à fabricação de um produto completo, todas elas encerradas dentro de uma área cercada, pertencente a um só proprietário. Cada estabelecimento é organizado a seu modo, de acordo com o perfil de cada empresário e a experiência prática dos vários chefes de seção, que detêm o poder de contratar, demitir, treinar, dirigir, premiar e punir. Cada empregado leva para casa suas ferramentas de trabalho e frequentemente traz consigo também os filhos como pequenos ajudantes (a palavra "proletário", de fato, deriva de "prole", única máquina gregária de que o pai operário era dono). No decorrer do século XIX foram realizadas diversas tentativas para experimentar e teorizar uma ciência organizacional que permitisse maximizar as vantagens do mix "men-money-machines", capitais, trabalhadores e máquinas no interior da empresa. Mas somente nos primeiros anos do século XX chegou-se a um paradigma em que teoria e prática sustentavam-se mutuamente e a organização se tornava uma ciência para todos os efeitos, capaz não só de alimentar a si mesma sem depender de outras disciplinas, mas também de ser apresentada com as biografias dos empresários, as pesquisas sobre a alienação operária, os filmes sobre a linha de montagem. Se no mundo pré-industrial a organização agrícola e a artesanal centravam-se sobre o homem, se na fábrica protoindustrial a organização do estabelecimento centrava-se na máquina, na fábrica industrial taylorista e fordista a organização irá se centrar sobre si mesma. O sistema organizacional engloba, fagocita, metaboliza e utiliza matérias-primas, homens, capitais e máquinas, transformando os inputs em outputs com resultados superiores à soma dos fatores.

O cenário dessa passagem evolutiva não é mais a Inglaterra e a Europa, mas os Estados Unidos, como ressaltará orgulhosamente Peter Drucker: "A revolução mundial do nosso tempo é *made in USA* [...]. O verdadeiro princípio revolucionário é a ideia da produção em massa". Os protagonistas, no entanto, ainda são os engenheiros, principalmente dois: Frederick Winslow Taylor, que em 1903 teoriza a administração científica experimentada na indústria siderúrgica da Filadélfia, e Henry Ford, que em 1913 é o primeiro a introduzir a linha de montagem numa fábrica automobilística de Detroit. (Sobre ele me deterei no capítulo dedicado ao trabalho.)

Com essas inovações, a marcha triunfal do progresso tecnológico tem uma prodigiosa aceleração. Entre o início e meados do século XX, também graças ao taylorismo e ao fordismo, haverá em todos os campos extraordinárias inovações. Serão, com efeito, desenvolvidos a célula fotoelétrica, as resinas sintéticas, o aço inoxidável, os robôs, o acelerador de partículas atômicas, o microscópio eletrônico, o polietileno, o radar, a fusão nuclear, trens e aviões serão cada vez mais rápidos e seguros, e os reatores incrementarão a potência dos vetores. A comunicação irá se enriquecer com o fax e a televisão, enquanto na medicina serão introduzidos a transfusão de sangue e a quimioterapia, a insulina e os antibióticos. Para a maior comodidade do cotidiano, continuarão a contribuir o neon, o náilon, a seda artificial, a fita adesiva, a espuma, as comidas congeladas, os elepês, o barbeador de segurança, a máquina de lavar, a lavadora de louças, o condicionador de ar, a caneta esferográfica, o cartão de crédito, os videogravadores, o DDT.

A máquina, que na fase protoindustrial era, por assim dizer, herbívora, fagocitando o trabalho dos camponeses nos campos e dos ex-camponeses nas fábricas urbanas, com Taylor e Ford torna-se duplamente carnívora, pois, através da linha de montagem, apropria-se do trabalho operário na fábrica e, através do automóvel, confisca o tempo e o espaço dos cidadãos, invadindo a vida pública e privada das massas conquistadas pelo consumismo.

Se o aparecimento da máquina herbívora inflamava, espantava, assustava os ânimos a ponto de surgirem metáforas fortes como *Frankenstein* para exprimir sua dimensão mítica, transbordante de sua estrutura objetiva, no caso da teoria organizacional e da máquina carnívora de Taylor e Ford, entretanto, não são necessárias metáforas para representá-las: seu símbolo é evidente e seus dois demiurgos assumem tal estatura que transbordam para a dimensão mítica, elevando-se a *testimonial* de uma época. Em *Tempos modernos* (1936), de fato, o protagonista não é tanto o pequeno, pobre, inerme Chaplin fagocitado pelas engrenagens, e sim a linha de montagem, junto com o grande irmão organizacional em que ela está organicamente inserida, com toda a sua intransigente onipotência.

A máquina não se satisfez em ser herbívora e carnívora. Pretendeu ser onívora. E, quando conseguiu, precisou novamente de uma metáfora para falar de si mesma, porque já não era mais dotada apenas de braços e pernas, de bocas e orelhas, mas podia exibir um cérebro e podia aspirar a um coração.

Foi aí que o dr. Frankenstein cedeu ao dr. Fausto o cetro no imaginário coletivo.

FAUSTO

Uma metáfora profética

À diferença de Frankenstein, Fausto é um personagem que realmente existiu, assim como Taylor e Ford. Nascido talvez em Knittlingen, Wüttemberg, por volta de 1480, estudou magia em Cracóvia e, segundo o testemunho do abade Johannes Trithemius, em 1507 estava presente em Gelhausen, onde se apresentava como "magister Georgius Sabellicus, Faustus junior, fons necromanticorum, astrologus, magus secundus, chiromanticus, aeromanticus, pyromanticus, in hydra arte secundus". O teólogo e humanista Philippus Melanchton, amigo devoto e douto colaborador de Lutero, tendo-o conhecido em Wüttemberg por volta de 1530, definiu-o sem meios-termos: "Turpissima bestia et cloaca multorum diabolorum". Contudo, não foram poucos aqueles que, mesmo bem situados, o levaram a sério, pediram-lhe horóscopos e conselhos, confiaram-lhe até a educação das crianças com as quais, como era previsível, ele foi "turpissimum fornicationis genus".

A lenda, alimentada por declarações do próprio dr. Fausto, rezava que ele selara um pacto com o diabo: sobre esse núcleo narrativo inicial estratificou-se progressivamente uma rica série de episódios em que a figura do protagonista, como escreveu Giuseppe Gabelli, "parecia já para os próprios contemporâneos, no bem e no mal, como uma encarnação viva do espírito alemão, rico de forças, mas também de contradições e de caos, bruscamente oscilante entre os entusiasmos de um individualismo intrépido e combativo e os desdobramentos de uma consciência obcecada pelo problema religioso, perenemente disputada entre o sacro e o profano, entre a teologia e a política, entre a avidez em viver e o pavor do além, entre a aparente liberdade crítica e a obsessiva preocupação luterana pela "presença operante do Diabo na vida do homem pecador".

Em 1587, Johann Spies, impressor em Frankfurt, publicou um sintético livreto que narrava a história de Fausto, que logo todos conhecerão sob o título de *Livro de Fausto*, devido à inviabilidade do título original, teutonicamente prolixo: *História do dr. Fausto, o muito famigerado mago e necromante. Como ele penhorou com prazo fixo sua alma ao Diabo e assim singulares aventuras viu e viveu pessoalmente ou provocou, até finalmente receber o merecido prêmio.* A partir dessa primeira edição surgiram outras, mais breves e mais extensas; o teatro se apropriará da trama, em adaptações para o palco e para o povo, nas feiras aparecerão folhetos de divulgação com a história agora transfigurada em mito; no final do século XVI, o poeta inglês Christopher Marlowe extrairá um drama em versos e em prosa; no final do século XVIII, Lessing tentará uma versão modernizada.

Será preciso chegar a Johann Wolfgang Goethe para que Fausto, já muito distante da "turpíssima bestia" do século XVI, se converta no genial e humaníssimo protagonista de uma obra-prima absoluta, fornecendo-nos assim a metáfora mais eloquente da nossa sociedade pós-industrial. Uma sociedade ainda distante nos anos em que Goethe compôs o seu *Fausto*, mas prodigiosa e profeticamente intuída pelo dramaturgo como só a grande poesia permite fazê-lo.

Após a economia

Hoje não estamos mais em presença de transformações quantitativas que incidem sobre as categorias do tempo e do espaço, aumentando a velocidade das operações e reduzindo a dimensão e o custo dos produtos, porém permanecendo numa escala perceptível e administrável por nossa mente. Hoje podemos delegar às máquinas cálculos superiores aos que a mente humana é capaz de manter sob controle porque estamos entrando num mundo totalmente informatizado, onde a exuberância dos recursos em relação às necessidades torna obsoleto o problema econômico, bem como toda a organização tradicional da sociedade.

Já em 1930, com grande visão, Maynard Keynes preconizava que, graças ao progresso tecnológico, "o problema econômico pode ser resolvido, ou pelo menos chegar próximo de uma solução, no prazo de um século". Ou seja, até 2030.

A notícia em si seria excelente sob todos os pontos de vista, mas Keynes nos alertava sobre as barreiras culturais que poderiam transformar essa conquista histórica numa tragédia. Infelizmente os homens estão acostumados há milênios a lutar pela sobrevivência, derrotando a miséria com o esforço. O trabalho se tornou a própria essência da sua natureza e da sua vida, hábito interiorizado do qual será difícil se libertar quando finalmente se tornar supérfluo. Criados na economia da escassez e do esforço, segundo Keynes, ficaríamos deslocados diante da abundância e do tempo livre. "Por demasiado tempo, com efeito, fomos obrigados a labutar em vez de gozar."

Onde e quando o problema econômico fosse resolvido, "a humanidade ficaria desprovida de sua finalidade tradicional", isto é, do trabalho, e seria obrigada a redimensionar seus costumes e seus instintos atávicos num prazo de poucas décadas. "Portanto, pela primeira vez desde sua criação, o homem se encontrará diante de seu verdadeiro e constante problema: como empregar a sua libertação das preocupações econômicas mais prementes, como empregar o tempo livre que a ciência e o juro composto lhe terão assegurado, para viver bem, agradavelmente e com sabedoria. Os incansáveis criadores de riqueza poderão nos levar a todos, em sua esteira, ao centro da abundância econômica. Mas somente os que sabem preservar e aperfeiçoar a arte mesma da vida e que não se vendem em troca dos meios de subsistência poderão gozar da abundância, quando ela chegar."

A tecnologia pós-industrial

Se a fase protoindustrial do mundo moderno foi marcada pelo tear mecânico e pela energia a vapor; se a fase industrial foi marcada pela organização científica do trabalho, pela linha de montagem, pela energia elétrica, pelo automóvel e pelo avião, a fase pós--industrial é inaugurada com a descoberta da energia atômica aplicada a finalidades de paz (reator nuclear, 1942) e a finalidades bélicas (Hiroshima, 1945). No mesmo ano de 1945, foi projetada a primeira calculadora eletrônica na Universidade da Pensilvânia; no ano seguinte, a Ford de Detroit introduz o primeiro sistema de montagem automatizado. A seguir, dois pesquisadores dos Bell Telephone Laboratories de Nova Jersey inventaram o transistor (1947). Desenvolveu-se a bomba de hidrogênio (1952), lançou-se o primeiro satélite artificial (1957), e cerca de vinte anos mais tarde foram postos em órbita os primeiros veículos espaciais (1981). Então vêm o laser (1960), o circuito integrado (1961), as fibras de carbono (1963), o processador de texto (1964), o computador pessoal (1965), o microprocessador e a calculadora eletrônica (1971). A seguir tem-se o início da Microsoft (1975), da Web (1991), do Google (1997), do Facebook (2004), do Twitter (2006). Enquanto isso, foram introduzidos a pílula anticoncepcional (1956), a fecundação artificial (1978), o transplante de coração (1967), a clonagem (1994), o citrato de sildenafila, isto é, o Viagra (1996).

Em seu livro *Abbondanza per tutti*, Nicola Costantino reproduz uma lista de inovações que logo serão de uso comum, extraída do "Technology Quarterly" da *Economist*. Tentarei fazer uma síntese dela. No campo das biotecnologias já estão próximas a utilização de bactérias para a extração de "terras raras", a utilização artificial da bioluminescência, lentes de contato *smart* para o diagnóstico e a terapia de uma série de patologias, a utilização de nanotecnologias para o diagnóstico e a destruição dos coágulos sanguíneos, de robôs médicos *open-source* para cirurgias de alta eficiência, de microcomputadores líquidos a DNA para a terapia celular, de ondas sonoras para veicular fármacos e reagentes, de aparelhos diagnósticos individuais aplicáveis a um número crescente de patologias, de combinações de elementos biológicos e sintéticos na reconstrução de órgãos danificados, de rins artificiais portáteis. Estão em fase de aperfeiçoamento novas tecnologias fotoelétricas, a transmissão de energia por meio de raios laser, exoesqueletos artificiais para a mobilidade dos tetraplégicos, a utilização dos "nanoporos" para o sequenciamento rápido de DNA humano, os microcircuitos flexíveis sobre suportes elásticos, os chips *multicore* para o cálculo paralelo nos computadores pessoais.

A medicina se prepara para usar bombas para corações artificiais alimentadas por indução, laser para o estudo de membranas celulares, nanopartículas para a administração de medicamentos anticâncer. No setor dos novos materiais, estão chegando novidades como as lentes planas a efeito quântico-mecânico, as pinturas *smart* para o diagnóstico e o tratamento de elementos cediços estruturais em obras infraestruturais, os polímeros eletroativos para a criação de músculos artificiais, as substâncias auxéticas, isto é, as fibras que, submetidas a tração, se alargam ao invés de se retrair.

Para a dessalinização e despoluição da água do mar, prevê-se o uso do grafeno, da eletrodiálise e das fibras de lã. Na aeronáutica, prevê-se uma utilização cada vez maior dos drones, dos materiais compósitos, plásticos e cerâmicos, do descongelamento dos aviões através de revestimentos em nanotubos. No setor da engenharia, já está próxima a adoção de concreto magro "autorreparador", de novas fontes luminosas em estado sólido, de tecnologias que permitem o controle de terminais eletrônicos através do pensamento, de termovalorizadores de nova geração com baixo impacto ambiental.

Na química, já se testou a reciclagem das enzimas utilizadas na lavagem de roupas, bem como o uso dos descartes da produção de papel para a fabricação de baterias elétricas de alta capacidade e baixo custo.

Aprendizes de feiticeiros

As perspectivas são extraordinárias mesmo no curtíssimo prazo. Visto que, segundo a lei de Moore, a potência de um microprocessador dobra a cada dezoito meses, hoje um chip é cerca de 70 bilhões de vezes mais potente do que o de 1959, e pode-se prever que, daqui a pouquíssimos anos, em 2030, será centenas de bilhões de vezes superior.

Isso significa que, enquanto cada uma das máquinas industriais (tear automático, geladeira, máquina de costura, lava-louças) era capaz de responder apenas a uma demanda e atender apenas a uma necessidade (tecer, resfriar, costurar, lavar), embora o operador tivesse muitas outras demandas e muitas outras necessidades insatisfeitas, cada máquina pós-industrial (computador, laser, fibra ótica) é capaz de responder a infinitas demandas e satisfazer a infinitas necessidades: somos nós que não estamos cientes delas ou não sabemos colocar as demandas. Usamos o celular ou o laptop para realizar apenas uma parte infinitesimal das operações que esses instrumentos poderiam realizar, se estivéssemos capacitados para solicitá-las.

O século XXI será marcado pela engenharia genética, com a qual venceremos muitas doenças; pela inteligência artificial, com a qual substituiremos muito trabalho intelectual; pelas nanotecnologias, com as quais os objetos irão se relacionar entre si e conosco; pelas impressoras 3D, com as quais construiremos em casa muitos objetos, assim como hoje tratamos muitas informações. Graças à informática afetiva, os robôs serão dotados de empatia. Já hoje, com pouco dinheiro, pode-se dar de presente a uma criança uma pequena criatura supertecnológica, engraçada e carinhosa, chamada Xenó, que vive sob a cama e aparece à noite em busca de cuidados e afeto. A publicidade apresenta-o como "seu amigo interativo" e recomenda que se brinque com ele, dê-lhe atenção e carinho como se fosse um verdadeiro filhotinho. Xenó, por sua escolha ou a pedido da criança que brinca com ele, pode simular onze estados de ânimo ou condições diferentes: pode ficar feliz, lunático, briguento, faminto, brincalhão, doente, pensativo, triste, irritado, entediado e cansado.

Quando crescer, essa criança poderá levar no bolso toda a música, os filmes, os livros, a arte e a cultura do mundo. Poderemos alimentar, a qualquer momento e em qualquer lugar, a nossa curiosidade intelectual, estimulada pela difusão crescente da cultura favorecida pelas mídias e pela escolarização em massa. É evidente que apenas os que souberem transferir tanto conhecimento do bolso para o cérebro se beneficiarão com isso.

Mas estamos somente no início. Após nos libertarmos do trabalho agrícola e extrativo, depois do trabalho manufatureiro, e então do trabalho intelectual executivo e repetitivo, agora a máquina onívora nos liberta também dos trabalhos intelectuais mais sofisticados. Escreve Nicola Costantino: "Até a matemática pura, última fronteira da especulação científica abstrata, começa a se interrogar sobre seu futuro, no momento em que há teoremas cuja demonstração — confiada com sucesso a poderosos computadores — corre o risco de não se mostrar realmente inteligível nem mesmo aos melhores matemáticos".

A ingovernabilidade da máquina que supera o homem no plano intelectual apresenta desdobramentos mefistofélicos, temidos desde o século II por Luciano de Samósata em seu *Filopseudès*, "o amante do falso". Um episódio desse livro de ficção científica *ante litteram* inspirou Wolfgang Goethe em 1797 para a balada "Der Zauberlehrling", sobre um aprendiz de feiticeiro que, imprudente, tenta imitar o mestre servindo-se de encantamentos que não é capaz de controlar e que se voltam contra ele. Mais próximo de nós, Stanley Kubrick evoca algo semelhante no filme *2001: uma odisseia no espaço*, em que o computador Hal 9000 pretende exterminar a tripulação da astronave e assumir seu comando.

Já hoje os sistemas de inteligência artificial são capazes de reconhecer e reproduzir a voz humana, classificar automaticamente as imagens, dirigir veículos, fazer traduções simultâneas, mas anunciam-se perspectivas de desenvolvimento que ultrapassam a imaginação.

Especialistas eminentes — a começar pelo astrofísico Stephen Hawking, autor da teoria sobre o Big Bang e os buracos negros, ou Elon Musk, diretor da Tesla Motors e do projeto SpaceX — não se cansam de nos avisar que a *artificial intelligence* poderia levar ao desaparecimento da espécie humana, sendo "potencialmente mais perigosa do que as armas nucleares". No início de 2015 esses dois cientistas, junto com outros quatrocentos colegas de todo o planeta, publicaram no site do Future of Life Institute uma carta aberta em que alertam a humanidade sobre o fato de que as máquinas já alcançaram o limite extremo entre benefícios e riscos, e sobre o perigo de que elas façam o que quiserem, em vez de fazer o que nós queremos.

"Tudo o que temos hoje é o resultado da inteligência humana. Não podemos prever o que acontecerá quando a inteligência humana for multiplicada à máxima potência pela artificial. Por isso é importante e oportuna uma análise sobre como tornar os sistemas de *artificial intelligence* um elemento positivo para a humanidade." Segue-se uma série de perguntas do tipo: É possível que armamentos automáticos possam provocar uma guerra acidental? Como conseguir que essas armas respeitem as leis sobre os direitos humanos? De que modo o direito à privacidade pode ser salvaguardado pela invasividade dos sistemas modernos de interpretação de dados obtidos por câmaras de vigilância, linhas telefônicas e web? É admissível que um automóvel sem motorista, diante da alternativa entre dois acidentes, escolha automaticamente um deles? Quais normas são necessárias para regulamentar a *artificial intelligence* e quem deve prescrevê-las?

Goethe politécnico e universal

Nestes últimos três séculos, os cientistas e engenheiros ofereceram-nos oportunidades grandiosas, mas os políticos, os economistas, os sociólogos não souberam transformá-las em maior bem-estar para todos. Vamos falar claro: a máquina pós-industrial não tem mais nenhuma relação com as que a precederam nas épocas industrial e rural. Entre um arado, um torno automático e o supercomputador BlueGene/L com seus 131072 processadores não há uma simples evolução da espécie: há uma mudança radical de espécie que exige um olhar e um paradigma interpretativo diametralmente diferentes. Diante de um computador de última geração e máxima potência, diante de um produto revolucionário recente da biotecnologia ou da nanotecnologia é necessário colocarmo-nos perguntas que até agora eram reservadas aos seres vivos. A máquina da era pós-industrial impõe uma reflexão profunda sobre a relação entre a subjetividade exasperada do homem e a harmonia da natureza, sobre a aposta mefistofélica que põe em jogo o papel designado por nós humanos à máquina sempre mais envolvida no nosso modo de saber, poder e gozar; sobre a dosagem ótima entre contemplação interior, ação concreta e indecisão humana; sobre a ambivalência entre sentido do limite e delírio de onipotência; sobre o dilema entre lenta sabedoria reflexiva e rápida modernidade eficiente; sobre o balanceamento entre iniciativa e responsabilidade, ímpeto dinâmico e meditado rigor, expansão criativa e ordem equilibrada.

Para que seja legível como eloquente metáfora desses paradoxos históricos, não basta que uma figura tenha em si o poder de sintetizar e simbolizar sua essência, mas é preciso que essa figura esteja em relação de estrita coerência com seu criador. E nenhum personagem como Fausto e como seu autor Johann Wolfgang von Goethe respondem tão plenamente a esse requisito. Os longos anos de vida de Goethe (1749-1832) coincidem em boa parte com os da vida de Mary Shelley, mas os conteúdos de sua existência são tão mais robustos que assumem um valor universal, e a visão que ilumina sua obra é tão profética que esclarece também o nosso presente e o futuro que nos espera. Não é por acaso que George Eliot define Goethe como "o último homem universal a caminhar sobre a terra".

Homem politécnico no sentido renascentista da palavra, Goethe, ainda muito jovem, já dominava a poesia, a literatura, a teologia, a filosofia, a caligrafia, a pintura, a música, a equitação, a esgrima, a mineralogia, a anatomia, a geologia, a zoologia, a botânica, a ótica. Figura-chave na transição do Iluminismo ao Romantismo, escreveu um número enorme de romances, novelas, obras teatrais, ensaios, poemas, aforismos e coletâneas de poemas. Profundo conhecedor das culturas inglesa, francesa, italiana, grega, persa, hebraica e árabe, além da alemã, elaborou o conceito de *Weltliteratur*, que nós hoje diríamos "literatura mundial", com o qual influenciou pensadores como Hegel, Schelling, Schiller e Nietzsche. De família mais do que abastada, jamais conheceu a pobreza e pôde se permitir uma existência economicamente tranquila, enriquecida por viagens e pelo sucesso. Profundamente interessado na busca espiritual, manteve-se por toda a vida um panteísta anticonfessional, definindo-se "um herege que os cristãos teriam de bom grado enviado à fogueira". Por quem o conheceu quando tinha 23 anos, foi descrito como jovem de talento e caráter, verdadeiro gênio, impetuoso nos afetos, de nobres pensamentos, livre de preconceitos, amante da clareza, desprovido de ceticismo, desinteressado. Sua influência como criador de modelos existenciais foi tão profunda que muitos jovens de boa família, depois de lerem o seu *Werther*, chegaram a suicidar-se.

Entre 1775 e 1786 Goethe viveu em Weimar, onde foi o primeiro preceptor do jovem duque Carlos Augusto, a seguir conselheiro secreto ("o mais alto grau honorífico que um cidadão alemão pode alcançar"), depois ministro do imperador José II, que lhe conferiu o título de nobreza. A amiga Charlotte von Stein ocupou-se de sua formação profissional transformando-o em homem do mundo, respeitoso das regras da corte, treinado no equilíbrio, no comedimento e no autocontrole. Naqueles anos foi também conselheiro ministerial para assuntos militares, transportes, minas e administração pública, além de superintendente dos museus, organizador de eventos culturais e representações teatrais que atraíram a Weimar celebridades como Herder, Schiller, Turguêniev e Madame de Staël.

Em 1786, Goethe abandonou abruptamente os trajes de ídolo literário e brilhante funcionário de carreira para fugir incógnito para o Centro-Sul da Itália, onde ficou por dois anos repletos de emoções vitais e carnais, viajando de uma cidade para outra, visitando monumentos, reunindo exemplares para suas coleções de botânica e mineralogia, enriquecendo sua cultura clássica com a contemplação das obras de arte e de humanidade através do contato com a alma popular da grande mãe mediterrânea. "Ou fui louco até aqui, ou o sou agora", anotou em seu diário quando visitava Nápoles.

Amou e foi amado por inumeráveis Lottes, Friederikes, Charlottes, Lillis e Mariannes, mulheres nobres ou burguesas. Mas, regressando a Weimar, ligou-se estavelmente a uma proletária, a florista Christiane Vulpius, com quem se casou depois de alguns anos de convívio. Transcorreu a maturidade e a velhice num isolamento fecundo de estudos, reflexões e obras-primas, entre as quais a versão definitiva do *Fausto*.

Fausto *ou a plenitude da vida*

Goethe trabalhou no *Fausto* por sessenta anos, de 1772 a 1831, construindo uma obra monumental, publicada integralmente apenas depois da sua morte.

Repercorramos brevemente o enredo. Fausto é um jovem genial, tão desejoso de viver plenamente a própria vida que estipula um pacto com Mefistófeles: se este conseguir obter para Fausto um instante de prazer tão intenso a ponto de induzi-lo a pedir que aquele instante se detenha — "Verweile doch! Du bist so schön!", "Detém-te! És tão belo!" —, Mefistófeles ficará com a posse da sua alma. Segue-se uma longa série de peripécias, entre as quais a paixão de Margarida por Fausto e, por vias arcanas, a incursão dele no mundo clássico com a paixão por Helena ("Quem a reconhece não pode mais viver sem ela").

Chegando à velhice e já cego, Fausto vence a nostalgia, os pesares e o desconforto dedicando-se a uma grande obra filantrópica de natureza ecológica: a drenagem de um pântano onde, levado a cabo o empreendimento, milhões de homens laboriosos e ousados poderão viver seguros e livres em verdes campos férteis, realizando obras extraordinárias e concretizando assim sua própria felicidade. Esse engajamento em prol do bem social, a aspiração ao infinito e a intercessão de Margarida tirarão de Mefistófeles a alma de Fausto, conquistando-lhe a salvação eterna ao lado da mulher amada.

Se essa obra-prima dionisíaca, classicamente apolínea, perfeita em seu conjunto, constitui hoje um guia capaz de orientar-nos numa viagem política, moral e estética nas problemáticas do nosso tempo, é em virtude de uma extraordinária similaridade entre as indagações que formam sua estrutura e os problemas com que nos debatemos atualmente. Dilemas como: até onde é lícito ao homem levar seu próprio conhecimento? Até que ponto lhe é permitido multiplicar sua potência através da ciência? Em que medida a ciência chega a modificar a relação entre natureza e cultura? No estado atualmente alcançado pela ciência e pelas máquinas, predomina a libertação do homem ou sua alienação? Em que medida a contribuição feminina ao governo da sociedade pode salvá-la das contradições a que a levou o domínio multissecular dos homens?

Muito bem, essas perguntas coincidem com muitas das questões que Goethe, dois séculos antes de nós, se colocava no seu *Fausto* a propósito das relações do homem consigo mesmo, com a natureza, com a sociedade, com o tempo, com a história e a propósito da possibilidade de resolver os problemas existenciais por meio de um engajamento ativo, concreto, planejado, duradouro, inclusive porque se dá pela busca de prazeres frugais.

Um espelho e um guia

Detenhamo-nos, portanto, sobre os elementos de contiguidade entre o Fausto e a sociedade da máquina em sua atual fase evolutiva.

Um primeiro aspecto de especularidade é oferecido pela estratégia criada por Fausto ao vender sua alma a Mefistófeles em troca de um momento de felicidade absoluta. A esse ato absoluto, a esse desafio temerário ele é quase obrigado pela sua própria aspiração ao infinito, pelo impulso permanente rumo a uma existência mais elevada, mais intensa, mais vasta. Se Fausto assina seu pacto com o diabo é porque espera dele a plenitude da vida. Como aponta o crítico literário Giuseppe Gabetti, especialista na obra de Goethe, "é a vontade dos sentidos e o barulho do mundo, e a própria vicissitude das coisas contingentes em seu devir vertiginoso, que o atraem em si e para si, como uma embriaguez que o arrasta, como um abismo".

Mas em que consiste a plenitude da vida? Fausto vem a compreendê-la à medida que encontra os prazeres, as provas, as tentações, as ciladas que lhe arma Mefistófeles, as circunstâncias, os inebriamentos, as inquietações que lhe concede. Com o tempo e com a experiência, ele toma consciência da ambivalência da vida, em perene tensão esquizofrênica entre um impulso celeste de salvação buscando "as plagas altas e distantes", onde é possível conquistar a paz interior, e um frenético impulso terrestre buscando o "gozo de bens passageiros", pelo qual "o coração agitado em nenhuma coisa próxima, em nenhuma coisa distante pode encontrar a paz".

Hoje nós também estamos presos nesse impasse que não nos dá paz. Nossa atual pretensão de uma infinita disponibilidade de recursos para realizar um progresso infinito que nos leve a uma infinita felicidade, a consequente invasividade das máquinas e a vida convulsionada que disso deriva obrigam-nos finalmente a decidir se vale a pena viver desse modo ou se não é mais conveniente trocar doses crescentes de consumismo rápido e desequilibrado por doses crescentes de harmonia e serenidade.

Uma segunda especularidade encontra-se na estratégia criada por Mefistófeles, que, para enganar Fausto, reduz astutamente as distâncias com sua presa. Não se apresenta a ele, de fato, com a iconografia oleográfica que o reproduz como demônio sulfúreo e maligno, mas sob as vestes de um sedutor companheiro de aventuras, moderno e terreno como o próprio Fausto.

Mefistófeles moderno, também a máquina se apresenta hoje ao homem com um aspecto bem mais cativante do que no passado. As máquinas eram potentes, ruidosas, perigosas, poluentes; incutiam medo, exigiam distância. Não por acaso as fábricas eram geograficamente separadas dos bairros-dormitório e mais ainda das zonas elegantes das cidades. A máquina pós-industrial, entretanto, é miniaturizada, silenciosa, *friendly*, dócil, fisicamente inócua, esteticamente refinada, capaz de insinuar-se em qualquer lugar onde estejamos e de seguir-nos para qualquer lugar a que vamos. Tornando-as sempre mais humanizadas, o homem de hoje constrói máquinas sempre menos distantes de sua própria corporeidade, inteligência e até afetividade. E essa temerária redução de distância, essa eliminação da tela entre mito e realidade pela qual a máquina se apresenta como mito realizado, ao alcance da mão, cria a ilusão de uma existência inócua, de uma segura governabilidade da criatura por parte do criador. Na verdade torna-se cada vez mais difícil mantê-la sob controle, lembrar-se que se trata de um instrumento gregário, tratá-la como tal sem se deixar escravizar. Para sermos usuários livres da máquina pós-industrial é preciso desencavar e alimentar o Fausto que há dentro de nós, fomentando uma cultura ciosa, uma vitalidade genuína, uma finalidade de vida que coincida não com a satisfação das necessidades quantitativas, mas com o crescimento interior, a beleza, o convívio.

Porém Fausto nos ministra também um precioso ensinamento acerca da relação que é preciso estabelecer não só com a tecnologia, mas principalmente com a ciência. Consciente de não ser um deus, ele sabe que "o homem deve indagar aquilo que é investigável e curvar a cabeça com reverência diante do que é inexplorável". Isso não exclui, porém, pretender que a ciência não seja um fim em si mesma, mas confira à vida uma nova dimensão, um "ampliar dos horizontes humanos até abranger em si o universo".

As analogias entre o *Fausto* e o nosso presente não se resumem a estas. No final da obra, a alma de Fausto sobe ao mais alto dos céus guiada e quase sorvida pela da amada

161

Margarida, que em terra lhe revelou o infinito amor e a infinita piedade pela vida, a "poesia da vida como inocência", e no céu se manifesta como "eterno feminino", como encanto e sugestão, mistério e salvação.

Assim como se manifestou concretamente à humanidade no decorrer de sua história, é produto e instrumento essencialmente masculino. Traz todos os estigmas da alma masculina, prática, agressiva, competitiva, dura. Mas o mundo pós-industrial dirige-se ao feminino: em breve as mulheres estarão no centro do sistema social e os valores até aqui cultivados predominantemente por elas — estética, subjetividade, emotividade, flexibilidade — terão igualmente colonizado os homens. Então o eterno feminino se desfraldará, impondo também ao progresso tecnológico um percurso novo, a ser realizado através de máquinas adequadas a satisfazer esses valores.

Outro aspecto que faz do *Fausto* uma lente através da qual podemos ler o presente liga-se à coincidência de que também há um Frankenstein: é o Homunculus, o pequeno e gracioso "homem científico", puro cérebro, criado artificialmente em laboratório pelo professor Wagner. Mais inteligente do que o próprio Mefistófeles, ele sabe tudo, entende tudo, consegue ver tudo, mesmo no pensamento e nos sonhos dos homens, chega até a pregar peças no cientista, seu pai criador. Mas é incompleto, inconsistente, vazio, porque, fechado em sua proveta, não é capaz de amar e ser amado.

Esses seus limites são os mesmos de Frankenstein. Mas, enquanto Mary Shelley não soube dar solução ao drama da sua abominável criatura artificial, fazendo-a ao fim se arrastar pelas ondas polares "até se perder na distância da escuridão", o gênio de Goethe mobiliza a sua ilimitada cultura clássica para dela destilar uma linfa salvadora. Se quiser tomar corpo e se tornar natureza, se quiser realmente nascer para poder realmente viver, Homunculus precisa adquirir sabedoria, beleza, equilíbrio. É preciso, portanto, que faça "um mergulho na grecidade em que natureza e espírito constituem uma só vida, resolvida em plena harmonia". Por isso, por encanto, é transportado para o passado, até a antiga Grécia, onde tem início um "clássico Sabá" numa mágica noite de lua cheia, repleta de danças e correrias de esfinges e sereias, nereidas e ninfas, grifos e tritões que se perseguem felizes entre baías e rochas, bosques e fontes, praias e ondas, céu e terra, enquanto reinam suave a voluptuosidade de Eros e incontestada a lei de harmonia. E como "tudo da água nasce, tudo pela água se conserva", é no mar que Homunculus pode libertar-se da proveta que o aprisiona e tornar-se natureza "da maneira mais alta, para além da existência individual, dissolvendo-se em luz e chama na unidade do Todo".

Ciência e tecnologia — sugere Goethe — podem criar também máquinas de extraordinária semelhança física com o homem, mas o salto de qualidade necessário para obter a vida verdadeira coincide com a conquista da beleza, da harmonia, da sabedoria que o homem alcança em máximo grau somente na idade clássica.

Goethe vai até além. Seu poema se fecha com a construção de uma poderosa alegoria em que ciência e técnica permitem a Fausto fundar um mítico empreendimento de felicidade coletiva.

Numa de suas *Sentenças* dos anos maduros, Goethe anotou: "Que tempo é este em que é preciso invejar os sepultados?". Portanto, não apreciava os grandes eventos históricos que fervilhavam ao seu redor — da Revolução Francesa à aventura napoleônica, da restauração ao nascimento dos Estados nacionais. Mas durante os anos de sua velhice, em que ia limando o *Fausto*, pareceu-lhe claro que se, de um lado, era possível pedir à poesia para transformar em visões míticas as grandes lutas do ânimo humano fazendo apelo ao humanismo greco-romano e restituindo à vida moderna a ideia originária da beleza clássica, por outro lado, para dar espaço ao ímpeto vital da humanidade em toda a sua plenitude, é necessário um novo modelo utópico-pedagógico concebido na perspectiva de uma forma inédita de solidariedade coletiva.

O homem — conclui Goethe em sua nobre simplicidade e em sua tranquila grandeza — é capaz de superar até as provas satânicas de Mefistófeles se transformar sua vida numa incessante busca e se chegar a um engajamento concreto, capaz de deixar um rastro sobre esta terra. Por isso Fausto, satisfeito com sua existência plena, dedica seus últimos anos a um imponente empreendimento filantrópico e posterga o momento de sua maior felicidade ao dia em que seus descendentes poderão gozar os resultados. Na região pantanosa por ele drenada, um dia se erguerá uma cidade do homem, onde o homem poderá "Auf freiem Grund mit freiem Volke stehn!": ficar numa terra livre com um povo livre.

G. Gênio

A beleza, junto ao amor, à verdade e à justiça, representa uma autêntica promoção espiritual. Os homens, as ideologias, os Estados que esquecerem uma só dessas forças criadoras não poderão indicar a ninguém o caminho da civilização.

ADRIANO OLIVETTI

O que conta não é a arquitetura, mas a vida, os amigos, a família e este mundo injusto que devemos mudar.

OSCAR NIEMEYER

A distribuição quantitativa dos gênios no tempo e no espaço nunca foi homogênea. A Atenas de Péricles contava com cerca de 60 mil cidadãos livres e cerca de 250 mil escravos condenados a papéis sub-humanos. O fato é que uma população tão exígua produziu um número impressionante de gênios em campos díspares como a filosofia e a arquitetura, a historiografia e a dramaturgia. Igualmente surpreendente é o adensamento de gênios — de Leonardo a Michelangelo, de Brunelleschi a Botticelli, de Maquiavel a Poliziano — na Florença dos Medici, que contava com cerca de 20 mil habitantes.

Sendo a natureza tão caprichosa, é possível, portanto, que os 7 bilhões de seres vivos que hoje povoam o planeta não garantam um número correspondente de gênios. Felizmente, porém, no decorrer de nossa história conseguimos muitas vezes prescindir de personalidades extraordinárias, reinventando a criatividade.

Como explico no capítulo dedicado a ela, a criatividade é uma síntese quase mágica de imaginação (com a qual inventamos novas ideias) e concretude (com a qual as realizamos). Só raras vezes estas duas qualidades — imaginação e concretude — estão presentes simultaneamente em alto nível na mesma pessoa, tornando-a genial. Em geral, em cada um de nós predomina ou a imaginação ou a concretude.

A carência de gênios individuais pode, portanto, ser compensada com a criação de gênios coletivos, ou seja, com o trabalho conjunto de personalidades imaginativas e personalidades concretas. Obtêm-se assim equipes capazes de empreendimentos extraordinários, compostas por sujeitos normais. Foi o que fizeram líderes de equipe como Enrico Fermi na física ou como Max Perutz na biologia. Ademais, o controle recíproco exercido pelos membros do grupo criativo dificulta que suas ações sejam dirigidas para o mal.

Sermos 7 bilhões, portanto, por mais que isso possa despertar motivos de alarme, oferece-nos motivos de confiança: se a população cresce, cresce também a inteligência coletiva, e com ela a capacidade de resolver os problemas. Tudo consiste em reconhecer e valorizar os talentos individuais, formar os coletivos, induzir uns e outros a trabalhar para a felicidade de todos.

Depois disso, deveremos expressar em relação a eles a rara virtude do reconhecimento.

Gênios paralelos

Em suas *Vidas paralelas*, Plutarco institui uma comparação entre uma série de gênios gregos e gênios romanos — Alexandre Magno e Júlio César, por exemplo, Demóstenes e Cícero, Péricles e Quinto Fábio Máximo —, fornecendo-nos assim um precioso catálogo das várias tipologias de criatividade. Esse seu jogo poderia vir até nossos dias, comparando entre inúmeras possibilidades as vidas paralelas de Bernini e Aleijadinho, Rommel e De Gaulle, Rocha e Fellini. Mas também de Hitler e Mussolini, visto que a humanidade não produziu somente gênios do bem como Pasteur, Giotto ou Pierluigi da Palestrina, que atuaram em favor do progresso das ciências e das artes, mas também figuras como Torquemada, Rasputin ou Stálin, que colocaram sua indiscutida genialidade a serviço do mal.

Querendo eu também participar desse jogo, resolvi fazer uma comparação entre dois gênios absolutos que, agindo em campos diferentes, mas complementares, deixaram uma marca indelével na criatividade do século XX: o empresário italiano Adriano Olivetti, que foi também presidente da Sociedade Urbanística e que, em toda sua obra múltipla, privilegiou o aporte da arquitetura e do design; e o arquiteto brasileiro Oscar Niemeyer, que mudou a face de sua terra com obras de revolucionária beleza e que, como Olivetti, não cultivou somente a sua disciplina, mas manifestou um amor imenso por toda a comunidade humana.

ADRIANO OLIVETTI

Rigor e dinamismo

Às 22h14 do dia 27 de fevereiro de 1960, o trem que corria de Milão a Lausanne parou inesperadamente na estação de Aigle, na Suíça. Uma hemorragia cerebral matava o engenheiro Adriano Olivetti, que viajava nesse trem. A notícia, difundida ao amanhecer pelo rádio, surpreendeu não só os funcionários da empresa Olivetti espalhados no mundo todo, mas também toda a Itália, que reconhecia na Olivetti a sua empresa mais avançada e em Adriano o seu empresário mais iluminado.

A empresa fora fundada por seu pai Camilo em 1908. Quando Adriano a herdou nos anos 1930, ela contava somente com algumas centenas de funcionários e produzia máquinas de escrever numa pequena fábrica de tijolos vermelhos situada em Ivrea. Em 1960, quando Adriano morreu, a Olivetti havia superado os 45 mil funcionários, dos quais 27 mil no exterior, e ostentava a posição de líder na produção mundial de todas as máquinas de escrever e de calcular, além de ter patenteado e colocado no mercado o primeiro computador eletrônico de mesa: o mítico Elea 9003. No último ano, a produção aumentara 41%; as vendas, 42%; o faturamento na Itália, 25%, e nos Estados Unidos, 65%. Os funcionários recebiam os salários mais altos da Itália, e os acionistas haviam recebido dividendos equivalentes a 9% do valor nominal.

Um semelhante sucesso, como revelou o próprio Adriano num discurso realizado ao operariado logo antes de morrer, "está fundado no rigor científico da pesquisa e do projeto, no dinamismo da organização comercial e no rendimento econômico, no sistema de preços, na modernidade dos maquinários e dos métodos, na participação ativa e consciente de todos nos objetivos da empresa".

Mas a grandeza de Adriano Olivetti não se espelha somente nos resultados econômicos da empresa.

Empresa e vida social

Sua grandeza está ligada à concepção do empreendimento empresarial como síntese de cultura internacional, tecnologia de vanguarda, organização eficiente, cooperação participante; o conjunto a serviço da comunidade. Está ligada à concepção do homem como síntese de produtor, consumidor e cidadão. Está ligada à concepção do Estado como sistema integrado de múltiplas comunidades arraigadas em sua própria tradição, mas abertas à modernização. Está ligada à concepção da estética como valor imprescindível, agregado à perfeição das máquinas, dos edifícios, da organização, do território. Está ligada à concepção da cultura como síntese de ciência e técnica, humanidade e arte. Está ligada sobretudo à determinação revolucionária graças à qual essas concepções não ficaram no papel, mas foram concretamente transformadas em fábricas bonitas e eficientes, em produtos esteticamente surpreendentes e funcionalmente impecáveis, em projetos de desenvolvimento territorial que continuam exemplares; em correntes intelectuais que marcaram a cultura do país inteiro; em movimentos políticos que, mesmo em sua fragilidade, conseguiram, contudo, sacudir a burocrática arrogância da oligarquia partidária.

Em Adriano Olivetti, portanto, o papel do empresário entretecia-se com o do teórico, do escritor, do mecenas, do editor, do político, do urbanista, do esteta. Mil milhas distante da febril voracidade da acumulação, do ignorante aventureirismo do risco, da frenética ostentação do desperdício que frequentemente contagiam os empresários, Olivetti conseguiu transportar a empresa e o management do mundo industrial ao mundo pós-industrial, assim como, nos mesmos meados do século XX, Freud, Picasso, Einstein, Stravinski, Joyce genialmente fizeram em suas próprias disciplinas.

Para realizar seu plano cultural, político, urbanístico, econômico e social ao mesmo tempo, e para responder às transformações pós-bélicas em termos capazes de conjugar o progresso tecnológico com o desenvolvimento espiritual, Olivetti fundou em 1946 a editora Edizioni Comunità e a revista *Comunità*. No ano seguinte criou o Movimento de Comunidade, de início apenas cultural e depois também político, com orientação liberal-democrática, ligado à tradição socialista dos fabianos ingleses e de Robert Owen.

Contrários à oligarquia partidária centralizadora, Olivetti e seu Movimento defendiam a autonomia local e o federalismo, sonhando com comunidades compostas por acionistas, órgãos públicos, universidades, intelectuais e representações dos trabalhadores, comunidades capazes de harmonizar as exigências agrícolas com as industriais, as instâncias culturais com as produtivas até nivelar as diferenças econômicas, ideológicas e políticas. No âmbito local, Olivetti projetava conquistar o governo dos municípios e avançar principalmente no planejamento territorial, através de intervenções urbanísticas modernas; no âmbito político, aspirava à criação de um grupo parlamentar de deputados suficientemente numeroso para constituir o fiel da balança entre direita e esquerda e obter leis inspiradas numa síntese entre as instâncias liberais e as socialistas, como teorizou em diversas obras, de *L'ordine politico delle comunità* (1945) a *Città dell'uomo* (1959).

Para passar da teoria à prática, Olivetti promoveu a criação de um plano urbanístico do Canavese (publicado em 1954) e reorganizou a empresa de modo a permitir aos operários a possibilidade de conciliar o trabalho na fábrica com o dos campos. Em 1956 tornou-se prefeito de Ivrea e em 1958 obteve duas cadeiras no Parlamento, candidatando-se com o Movimento de Comunidade. Enquanto isso, na tentativa de expandir sua ação fora do Piemonte, já em 1949 abrira um centro cultural comunitário em Matera e em 1951 criara centros comunitários em Terracina e Roma. Mas principalmente empenhara-se em duas intervenções de vasto fôlego: a criação, em Pozzuoli, de uma fábrica, belíssima e competitiva, projetada por Luigi Cosenza e concluída com grande sucesso em 1955; a construção, em Matera, da vila La Martella e a recuperação de "Sassi", um grandioso experimento de planejamento urbano e de organização comunitária dos camponeses resgatados de sua condição de extrema miséria.

Cidade do homem

Olivetti confiou a intervenção urbana em Matera ao sociólogo Friedrich Friedmann, ao arquiteto Ludovico Quaroni e a um denso grupo interdisciplinar de jovens profissionais. Nos anos 1950, o interesse pelo Sul da Itália fora revigorado por livros de grande impacto como *Cristo parou em Eboli*, de Carlo Levi, pelo empenho de intelectuais prestigiosos, pela ação de corajosos sindicalistas, pelas lutas dos camponeses sem-terra que ocupavam os latifúndios, eram caçados pela polícia e frequentemente mortos. Esse forte impulso social traduziu-se, por parte do governo, nas intervenções extraordinárias da reforma agrária e da Casa per il Mezzogiorno (Casa para o Sul da Itália). Em poucos anos foram construídas infraestruturas e a renda média per capita dos italianos do Sul quadruplicou. A revolução cultural e empresarial desejada e iniciada por Adriano Olivetti, porém, jamais aconteceria.

Matera logo parecera a Olivetti ser um campo ideal para uma intervenção que levasse trabalho onde havia mão de obra e onde pudesse experimentar a ação conjunta de todas as alavancas de desenvolvimento sobre as quais se fundava o seu movimento: o urbanismo, a arquitetura, a fábrica, a comunidade. Em Matera já agiam alguns intelectuais locais reunidos num círculo sociopolítico. Outros, ao serem chamados por Olivetti, viriam do exterior, como Friedmann, ou de outras regiões da Itália. O projeto olivettiano era gigantesco: esvaziar Sassi dos seus 3 mil habitantes, condenados a uma degradação habitacional considerada irreversível, transferir essas pessoas para uma vila-modelo, La Martella, criada especificamente para eles; reestruturar Sassi, transformando-o num bairro decente e atraente, um vantajoso chamariz turístico.

Para Friedmann e Olivetti, Matera mostrava-se como a "capital simbólica" do mundo camponês, com 40% dos habitantes amontoados nas grutas junto com seus animais e uma mortalidade infantil equivalente à do Terceiro Mundo. O projeto com o qual se pretendia deflagrar o desenvolvimento num semelhante contexto partia de duas pesquisas socioantropológicas, e, para a criação do novo vilarejo destinado a acolher trezentas famílias de camponeses, pretendia utilizar como modelo a cidadezinha de Norristown, edificada nos EUA pelo New Deal rooseveltiano.

Escreve Valerio Ochetto em sua biografia de Adriano Olivetti: "Entre a visão passadista das herdades unifamiliares tendo como centro o rústico, proposta pela entidade de reforma agrária e pelo seu arquiteto Plinio Marconi, que não leva em consideração a realidade do Sul italiano dos centros camponeses e gostaria de exorcizar com o isolamento o espectro do coletivismo, e a visão igualmente maniqueísta das esquerdas que visam aos bairros verticais na periferia da cidade, insere-se a alternativa da refundação com critérios funcionais de uma comunidade viva". O arquiteto Quaroni, na verdade, privilegia tipologias-padrão, mas cada casa tem uma posição e uma cor diferentes para manter uma identidade específica. Os serviços de uso comum são os de um vilarejo camponês, construído no centro dos campos onde os habitantes trabalham. Até o estábulo fica a poucos metros da sala de estar, para evitar a traumática separação dos animais.

As vicissitudes que acompanharam a construção da vila, porém, continuam a ser típicas de um Sul decidido a sufocar as esperanças de seu próprio desenvolvimento com as delongas da burocracia, o bizantinismo das polêmicas, a pressa de uma construção apenas aproximativa, calibrada não pelas exigências da arquitetura, mas pelos prazos eleitorais.

O mundo camponês saiu mais uma vez derrotado; Adriano Olivetti, seus colaboradores e suas ideias saíram mortificados. Mas, no longo prazo, vencedores. E se Sassi de Matera é hoje um local eleito pela Unesco como patrimônio da humanidade, deve-se também à sua contribuição.

Edições de Comunidade

Na vida de Adriano Olivetti, o projeto da vila Sassi foi talvez o empreendimento que melhor representou a sua vontade de transportar a tradição para a inovação, agindo em nível prático depois de ter refletido em nível teórico e planejado em nível de projeto. As fábricas de Ivrea e Pozzuoli, a aquisição de empresas como a americana Underwood, a conquista dos mercados internacionais, a promoção de movimentos inovadores na política e nas relações industriais, a adoção de novas formas do design, de impressão gráfica e da arquitetura não ocorreriam sem o apoio de um pensamento articulado e coerente, que encontrava um espaço expressivo nas Edições de Comunidade e na revista *Comunità*. Sob esse aspecto, as Edições de Comunidade representam um corpo coerente de pensamento modernizador, capaz de unir a prática industrial e urbanística com teorias reformistas e progressivas.

É quase impossível transportar o leitor de hoje para o clima cultural da Itália em que Olivetti se encontrou agindo. O que mais interessava a ele — no plano teórico, a sociologia, a filosofia social, a ética, a estética; no plano prático, a produção moderna, o reformismo, a participação dos trabalhadores, o planejamento territorial, a arquitetura contemporânea, o design — era praticamente desconhecido à quase totalidade dos executivos. Entre patrões e sindicatos persistia uma contraposição irredutível; a política era marcada pela dicotomia entre interclassismo católico e luta de classe comunista; a cultura reproduzia essa dicotomia no cinema e na literatura; a empresa se estruturava em relações paternalistas no melhor dos casos; a estética contemporizava com o mau gosto dos ingênuos estilemas nacional-populares.

Nesse clima geral Adriano Olivetti fez uma irrupção gradual, e as Edições de Comunidade e a revista *Comunità* foram paradigma e espelho dos ventos inovadores que concederiam à indústria italiana uma primazia no plano do avanço tecnológico, do refinamento formal, da convivência civilizada. O formato, a impressão, o conteúdo: tudo rompia com a cultura vigente, abrindo caminhos inéditos. Textos como os de Simone Weil sobre a vida operária, ou de Raymond Aron sobre a relação entre Ocidente e União Soviética, ou de Roethlisberger sobre a coesão de grupo nas fábricas; "clássicos" como os de Weber e Durkheim, Tönnies e Lynd introduziam luminosas visões divergentes no pântano editorial de um país que o fascismo mantivera separado por vinte anos do progresso internacional do espírito. E a cada vez que o carteiro entregava aos assinantes a embalagem de plástico onde vinha acondicionada a revista *Comunità*, renovava-se para o destinatário um comovido ritual de iniciação a um universo sociológico e estético para o qual essa revista abria as portas e fornecia os mapas. Nesses textos, toda uma geração de jovens estudiosos italianos aprendeu tudo o que fora elaborado em outros países sobre as relações industriais modernas, a arquitetura contemporânea, a relação entre trabalho e vida, entre comunidade integrada e sociedade de massa.

Talvez nenhum livro, entre todos os publicados pelas Edições pretendidas por Adriano Olivetti, seja tão paradigmático quanto *Gemeinschaft und Gesellschaft* de Tönnies. Aqui a *comunidade* calorosa, protetora, sanguínea, reconfortante, mas também lenta, carola, desconfiada, opressiva, tradicionalista, era contraposta à *sociedade* fria, impessoal, alienante, mas também dinâmica, tecnológica, prática, inovadora. As Edições de Comunidade forneciam o suporte conceitual ao sonho de Adriano: conciliar comunidade e sociedade, tornando dinâmica a vida camponesa, afetiva a vida operária, sociável a urbana.

OSCAR NIEMEYER

Cara brasileira

Hoje no mundo confrontam-se pelo menos seis modelos de vida: o americano, dominante e contagioso; o europeu, senil e generoso; o chinês, contraditório e voluntarioso; o indiano, meditativo e fascinante; o islâmico, agressivo e religioso; o brasileiro, mestiço e alegre.

Em alguns predominam as castas, em outros, a meritocracia. Em alguns tem-se o fanatismo religioso, em outros, a secularização consumista. Em alguns é a esfera pública que esmaga a privada, em outros é o interesse subjetivo que esvazia o coletivo. Alguns se delongam na contemplação do passado e cultivam a memória, outros são voltados para o futuro e cultivam a inovação.

Esses modelos concorrem entre si, chocam-se, contagiam-se, condicionados pelos interesses econômicos, pelo progresso tecnológico, pela globalização e pelos mass media, que de um lado nos levam a preservar ciosamente nossa própria identidade e de outro induzem-nos à tentação de nos aplainar pelo modelo norte-americano. O *American way of life*, ou, como dizem outros, o *Washington consensus*, representa uma das duas metamorfoses do modelo europeu que, depois da colonização e imigração, determinou no Norte do Novo Mundo o americanismo e no Sul do Novo Mundo a neolatinidade. Ambos têm suas raízes na Grécia de Péricles, na Roma de Augusto, na Florença dos Medici, na Espanha de Cervantes, na França de Voltaire. Mas o modelo latino conserva maiores traços dessas nobres raízes.

No modelo norte-americano, influenciado principalmente pela Inglaterra protestante, prevalece a tendência a separar tudo o que é diferente; destacam-se a livre-iniciativa, a competitividade, o racionalismo, o utilitarismo; a economia e as finanças prevalecem sobre a política; a eficiência, a velocidade, o individualismo sobrepõem-se ao sentido humano da vida e do convívio alegre.

No modelo neolatino, em especial no brasileiro, influenciado por Portugal, Itália e Espanha, dezenas de etnias conseguem conviver pacificamente graças à cultura da tolerância, da acolhida, da cordialidade, da sensualidade, da extroversão, da alegria.

Nos Estados Unidos os grupos se formam principalmente para alcançar uma finalidade comum; no Brasil, pela alegria de ficar juntos. Nos Estados Unidos, as ideias são valorizadas; no Brasil, são desperdiçadas. Nos Estados Unidos a prática vence a estética; no Brasil, a estética das cores, dos sons e dos corpos prevalece sobre todas as outras coisas. Os Estados Unidos sonham vencer as guerras para impor a sua paz; o Brasil sonha jamais fazer guerras para gozar a paz. Os Estados Unidos sentem-se maduros para governar o mundo, indicando aos outros o que é bom e o que é ruim; o Brasil tem a humildade de experimentar o mundo, buscando uma qualidade conciliadora da vida.

Uma feliz anomalia

Essa abordagem da vida é consubstancial à história do Brasil, que aqui resumo sumariamente para os não brasileiros. Enquanto em todos os outros países do Norte e da

América do Sul os reis das nações colonizadoras ficavam em segurança em sua pátria e enviavam vice-reis e generais para submeter e colonizar, votando assim as colônias a uma submissão quase genética, para o Brasil as coisas ocorreram de modo diverso.

Descoberto em 22 de abril de 1500 pelo explorador português Pedro Álvares Cabral, foi subdividido pelo rei de Portugal d. João III em doze territórios — as capitanias — concedidos ao mesmo número de nobres donatários. Cinquenta anos depois da descoberta, o rei enviou ao Brasil o general Tomé de Souza, que fundou a capital São Salvador da Bahia de Todos os Santos. No século seguinte foi iniciado o cultivo de tabaco e cana-de-açúcar, mantido pela chegada de escravos africanos, enquanto na região de Minas Gerais foram descobertas grandes jazidas de ouro.

Obviamente indígenas e escravos revoltaram-se contra os colonizadores, que, por sua vez, iniciaram movimentos como a Inconfidência Mineira e a conjuração baiana para se libertarem da Coroa portuguesa. A intenção era eliminar o domínio de Portugal, abolir a escravidão, criar um Estado livre e republicano inspirado nas ideias iluministas que se difundiam na Europa e que tinham recentemente levado à Guerra de Independência americana e ao nascimento dos Estados Unidos da América. Apesar dos donatários e dos jesuítas, que serão expulsos em 1759, em 1717 o Brasil se torna vice-reino e o poder político-administrativo é concentrado nas mãos do vice-rei.

Até aqui a história do Brasil é parecida com a de muitas outras ex-colônias, inclusive os Estados Unidos. Mas em 1807, quando Napoleão invadiu Portugal, as coisas mudaram radicalmente: o rei d. João VI fugiu para o Brasil, que assim, devido a essa imprevista inversão da história, se tornou pátria-mãe de sua mãe-pátria. E quando d. João VI regressou a Portugal, após a queda de Napoleão, ele deixou no Brasil seu filho Pedro, com o encargo de regente.

Recusando os prementes convites dos liberais portugueses, Pedro decidiu ficar no Brasil e em 7 de setembro de 1822 declarou sua independência, transformando o país numa monarquia constitucional, muitos anos antes que os vários reis da Itália se decidissem a fazer o mesmo. Ainda hoje no país comemora-se o Dia do Fico (9 de janeiro do mesmo ano). O lema da bandeira brasileira — Ordem e Progresso — é de Auguste Comte, pai da sociologia; sociológicas foram a ideia e a realização de Brasília; sociólogo foi Fernando Henrique Cardoso, um dos grandes presidentes da República Federativa.

Hoje os grupos de índios reconhecidos pelo governo são mais de duzentos, mas representam somente 0,3% da população brasileira atual, que consiste num pacífico patchwork formado, além dos índios, também pelos colonos portugueses, pelos escravos africanos, principalmente de Angola, e por vários grupos imigrantes que chegaram a partir de 1820, vindos de Itália, Portugal, Alemanha, Espanha, Japão, China, Coreia,

Síria e Líbano. Segundo o Instituto Brasileiro de Geografia e Estatística, 50% dos brasileiros consideram-se brancos, 43% consideram-se pardos (mulatos, mestiços etc.) e 7%, negros. Ademais, 86% dos brasileiros têm pelo menos um antepassado africano; grande parte da população branca tem antepassados africanos e índios. Os primeiros imigrantes italianos, em grande parte camponeses do Trento e Vêneto, chegaram ao Brasil em 1874; depois, progressivamente, seu afluxo cresceu, e hoje pelo menos 25 milhões de cidadãos, equivalente a 15% de toda a população brasileira, são de origem italiana: a mais numerosa comunidade de oriundos italianos do mundo.

Ladrilhadores e semeadores

Instrumento fundamental para compreender a "cara brasileira", isto é, o rosto e a alma deste país, é o livro *Raízes do Brasil*, do sociólogo Sérgio Buarque de Holanda. Para traçar a diferença entre a cultura lusitana do país, derivada de Portugal e da África, e a cultura catalã dos outros países sul-americanos, derivada da Espanha, Sérgio Buarque recorre a uma bela metáfora que contrapõe o ladrilhador e o semeador.

O ladrilhador prossegue sistematicamente, ladrilho após ladrilho, para recobrir com ordem geométrica o traçado de uma estrada. Assim os espanhóis construíram metrópoles como Buenos Aires ou Cidade do México: planejando-as, circundando-as com limites bem visíveis e bem protegidos, distinguindo desde o início bairros ricos e bairros pobres, regulando-as com leis e proibições. Resultaram cidades com uma planta claramente reconhecível, solidamente fixada em seu baricentro.

O semeador, entretanto, lança ao vento as sementes, que caem ao acaso na vastidão do campo. É com esse critério que o Brasil, com seus espaços infinitos que jamais puseram limites à arquitetura, construiu suas cidades: espalhando ao acaso e a mancheias as suas ideias e suas pedras na vastidão do território, como sementes destinadas a formar uma vegetação luxuriante que se apropria gradualmente do espaço até cobri-lo com uma floresta colorida de edifícios, sons, cores, espécies e raças.

Cidades móveis

O efeito geral são cidades móveis, que avançam para uma colina, uma planície, uma enseada, crescendo em direções que parecem inspiradas mais pelo acaso do que por exigências da racionalidade urbanística ou pela renda fundiária.

Com a exceção de alguns maravilhosos centros menores — Tiradentes, Paraty, Ouro Preto, Florianópolis —, as megalópoles brasileiras jamais aparecem como sistemas unitários, epicêntricos, planejados, mas como agregados crescidos sobre si mesmos com base nas exigências fragmentárias e extemporâneas de cada construtor e cada habitante, e não tanto na base de um projeto prévio, racionalmente concebido. Isso vale tanto para os bairros ricos, que evocam uma improvável Miami, quanto pelas favelas, que evocam uma Positano de papelão.

A arquitetura nascida dessa dialética entre homem e natureza, entre África e Europa, entre brancos e negros, entre ricos e pobres, entre mar e terra, representa o que de mais ousado se possa imaginar: uma polifonia de formas em que dominam o patchwork, a colagem, o efêmero, a surpresa. Em que a vegetação e o cimento se interpenetram até criar um sistema inédito e vivo, uma forma que representa plasticamente as funções que nela se realizam.

Reencontramos essa sugestão no museu-disco voador que Niemeyer inseriu no promontório de Niterói, no meteoro de concreto em que Paulo Mendes da Rocha selou seu Museu Brasileiro de Escultura, nos mais recentes hotéis Unique e Emiliano, que enriquecem São Paulo, unindo a tradição japonesa, a desenvoltura italiana, as exigências aventureiras do Brasil voltado para o futuro. Mas a reencontramos também no design de Fernando e Humberto Campana, bem como na publicidade de Washington Olivetto.

A unidade, nessa infinita diversidade das arquiteturas brasileiras, é garantida pelo paradigma que une e sustenta a todas: assumir o homem como finalidade; o convívio, o espanto e a alegria de viver como parâmetros. A regra brasileira, portanto, é a cidade semeada por semeadores, não ladrilhada por ladrilhadores. As exceções, recentes e poucas, devem-se a administradores com ampla visão: Tarso Genro, que convocou os melhores urbanistas do planeta para discutir o planejamento de Porto Alegre; Jaime Lerner, que transformou Curitiba numa das cidades mais civilizadas do mundo; Luiz Henrique da Silveira, que concebeu um plano geral para todo o estado de Santa Catarina, abrindo-o para um futuro pós-industrial. E, obviamente, Juscelino Kubitschek, visionário idealizador da única cidade no mundo inteiramente projetada depois do advento do automóvel: aquela Brasília onde confluíram a imaginação e a concretude projetística de três gênios — Oscar Niemeyer, Lúcio Costa e Roberto Burle Marx — que são para Kubitschek o que Bramante, Michelangelo e Rafael foram para Lourenço, o Magnífico, ou Júlio II.

Mestiço

Lembro com precisão a primeira vez em que passou pelas minhas mãos uma revista que reproduzia alguns edifícios de Oscar Niemeyer e lembro com a mesma precisão o estado de ânimo que me acompanhou durante a primeira visita a um edifício projetado por ele: a sede da Mondadori de Segrate. Essas obras poderosas e ao mesmo tempo leves, em que o cimento escapa a toda lei estática para se tornar escultura e imprimir-se na paisagem com serena respeitabilidade, revelam a mente de um idealizador em paz consigo mesmo e incuravelmente apaixonado pelos seus semelhantes.

Oscar é o único projetista no mundo que desenhou *ex novo* uma cidade inteira, Brasília, por sua vez o único lugar que, ainda em vida de seu projetista, foi declarado patrimônio da humanidade pela Unesco. Junto com Le Corbusier, assinou o palácio das Nações Unidas em Nova York e o palácio destinado ao Ministério da Cultura no Rio de Janeiro.

Além dos grandes edifícios públicos da capital, Niemeyer projetou no Brasil centenas de obras-primas, como o museu, o auditório e a catedral de Niterói; os complexos do Parque do Ibirapuera e do Memorial da América Latina em São Paulo, o complexo da Pampulha e o palácio do governo em Belo Horizonte. Na França, projetou a Renault e a sede do PCF; na Argélia, a universidade de Constantine e a mesquita de Argel; em Israel, o campus da universidade de Haifa; em Funchal, na região autônoma da Madeira, um cassino; na Malásia, a mesquita de Penang.

Como ocorreu no passado para Michelangelo, Ticiano e Picasso, a fecundidade artística de Niemeyer, já prodigiosa no decorrer de toda a sua longa vida, tornou-se até torrencial na maturidade. O grandioso museu de arte moderna de Curitiba, a Serpentine Gallery do Hyde Park de Londres, o auditório de Ravello, o centro cultural internacional de Avilés nas Astúrias ("Uma praça aberta em todo o mundo, um local de instrução, cultura e paz"), o museu das águas em Fortaleza, um terceiro grande museu na Bahia, o teatro Bolshoi em Joinville bastariam sozinhos para tornar universalmente célebre um arquiteto. Niemeyer projetou-os todos depois do nonagésimo ano de vida.

A idade dos gênios

Se retraçarmos a história da criatividade humana, surpreende a absoluta falta de uma relação constante entre a idade dos criadores e sua produção. Baudelaire, Mozart, Rafael, Rimbaud morreram antes dos quarenta anos. Outros deixaram de compor muito antes da morte: Rimbaud, falecido aos 37 anos, deixou de escrever com aproximadamente vinte anos; Rossini, morto aos 74 anos, escreveu quase toda a sua música até o 39º ano de idade; Joaquín Rodrigo, cego desde a infância, viveu quase um século e aos quarenta anos compôs o *Concierto de Aranjuez*, que se tornou tão célebre que condicionou quase patologicamente toda a sua produção posterior. Outros artistas tiveram ciclos de frenética criatividade alternados com períodos estéreis: Michelangelo executou a *Pietà*, o *Davi* e a capela Sistina antes dos quarenta; depois ficou praticamente inativo por quinze anos; a seguir, até a morte ocorrida aos 89 anos, voltou a ser prodigiosamente fecundo.

Muitos gênios produziram até idade avançada. Se Cervantes, Franck, Freud, Goethe, Hugo, Tintoretto, Voltaire tivessem se aposentado, teríamos perdido o melhor de sua produção. Verdi compôs o *Falstaff* aos oitenta anos, Tolstói escreveu *Ressurreição* aos

72, Ticiano pintou a *Batalha de Lepanto* quase aos noventa anos. Criativamente longevos foram — mais próximos de nós — Picasso, Bertrand Russell e Moravia. Em outros casos, como os de Tommasi di Lampedusa, Gesualdo Bufalino e Andrea Camilleri, a criatividade começou a se manifestar somente na maturidade.

Niemeyer, nascido em 1907 e falecido em 2012, poucos dias antes de completar 105 anos, foi mais longevo do que os dois arquitetos talvez mais longevos de toda a história da arquitetura: Michelangelo Buonarotti e Giovanni Michelucci (1891-1990). Sua fertilidade criativa acompanhou-o por toda a sua longuíssima vida, assim como longuíssima foi a associação com seu engenheiro estrutural José Carlos Sussekind.

Um gênio à parte

Niemeyer demonstrou ser grande não só no âmbito artístico, conseguindo transformar a face do Brasil inteiro e enriquecer com obras-primas o patrimônio estético de toda a humanidade, mas também no campo político, cívico, humano. Testemunhou por toda a vida seu amor combativo pelos pobres, enfrentou corajosamente a ditadura dos militares, sofreu no exílio; continuou inabalável a apoiar as lutas dos sem-terra, dos ambientalistas, dos deserdados, dos perseguidos e dos pobres, com os quais compartilhou a frugalidade ("Eu teria vergonha em ser rico"); manteve-se homem bondoso, simples, disponível, generoso e intransigente.

Hoje não existe cidade — de Barcelona a Dubai, de Bilbao a Roma — que não tenha a ambição de redesenhar a si mesma e seu skyline, confiando grandes obras aos *archistars*, os grandes escritórios de arquitetura contemporânea de Norman Foster a Renzo Piano, de Zaha Hadid a Jean Nouvel, de Massimiliano Fuksas a Santiago Calatrava, de Frank Gehry a Paulo Mendes da Rocha. Niemeyer percorreu por meio século essa onda e — único no mundo — imprimiu uma guinada na arquitetura em nível global. Alguns dos seus edifícios, como o palácio das Nações Unidas em Nova York ou a catedral de Brasília, já são parte imprescindível da iconografia mundial, ao lado da torre Eiffel ou da cúpula de São Pedro.

Com ele, pela primeira vez, o Terceiro Mundo expressou-se através de uma arquitetura profundamente autóctone e todavia capaz de competir, pela ousadia tecnológica e pela pureza original de formas, com a grande arquitetura do Primeiro Mundo, confrontando-se de cabeça erguida com Brunelleschi, Bernini, Hoffmann e Gropius.

Um novo paradigma arquitetônico

Em 1940, aos 33 anos, Niemeyer conheceu o então prefeito de Belo Horizonte, Juscelino Kubitschek, empenhado na realização da Pampulha, um novo bairro ao norte da cidade. Kubitschek encomendou a Niemeyer o projeto dos edifícios mais importantes do bairro distribuídos ao redor de uma represa: a igreja, o cassino, a discoteca, o restaurante, o iate clube, o clube de golfe e um hotel de cem apartamentos.

Completada em 1943, a igreja de São Francisco de Assis, o edifício com que fora iniciada a construção do bairro, foi imediatamente aclamada como obra-prima numa exposição no MoMA de Nova York, mas despertou escândalo na pátria, onde o clero de Minas Gerais recusou-se a consagrá-la até 1959, seja pela forma não ortodoxa, seja pela pintura mural do altar, assinada por Candido Portinari, em que Cristo era representado como salvador dos loucos, pobres e hereges.

Com essas obras-primas que agitavam a monotonia da arquitetura brasileira da época, Niemeyer valorizava as oportunidades plásticas oferecidas pelo concreto, que por toda vida modelará como um escultor modela a cera, e desdobrava sua paixão pelas curvas: "As curvas livres e sensuais propiciadas pelas possibilidades de novas tecnologias e guardadas em veneráveis velhas igrejas barrocas [...]. Estou deliberadamente ignorando a angulação correta da arquitetura racionalista desenhada com régua e esquadro em favor da ousada entrada em campo de curvas e linhas retas oferecidas pelo concreto"; "Não é o ângulo reto que me atrai e tampouco a linha reta, dura, inflexível, criada pelo homem. O que me atrai é a curva livre e sensual, a curva que encontro nas montanhas do meu país, no curso sinuoso dos seus rios, nas nuvens do céu, nas ondas do mar, no corpo da mulher preferida. De curvas é feito todo o universo, o universo curvo de Einstein".

Numa manhã de setembro de 1956, Juscelino Kubitschek propôs a Niemeyer a criação de Brasília. Quatro anos depois, em 1960, a nova capital foi inaugurada. Niemeyer projetara os fabulosos edifícios; Lúcio Costa, seu mestre e amigo, desenhara a planta; Burle Marx idealizara os jardins. Os objetivos a que se propunha esse empreendimento sobre-humano, levado a cabo em tempo recorde por uma gigantesca equipe de técnicos e operários, eram erguer uma metrópole no interior do Brasil para descongestionar as cidades litorâneas, incentivar a indústria nacional, integrar as áreas atrasadas com as desenvolvidas.

O plano-piloto que previa ruas reservadas para os pedestres, separadas das reservadas aos carros, e o espaço partilhado harmonicamente pelas construções e pela natureza, era inspirado na ideologia socialista segundo a qual todos os apartamentos seriam de propriedade pública, alugados nas mesmas condições a todos os cidadãos, de ministros a operários; todas as zonas da cidade gozariam de serviços iguais e idêntico prestígio.

A coerência com a ideologia socialista trouxe a Niemeyer o prêmio Lênin, mas custou-lhe muito caro nos Estados Unidos. Convidado duas vezes — antes como professor na Yale University, depois como diretor da Harvard Graduate School of Design —, duas vezes teve o visto de entrada negado por pertencer ao Partido Comunista.

Com o advento da ditadura militar (1964-85), foi objeto de muitas humilhações, e seu escritório foi repetidamente devastado. No fim foi obrigado a deixar o Brasil e mudar para a França. Lá, onde era proibido para os arquitetos estrangeiros assinarem projetos, De Gaulle emitiu uma autorização exclusiva para o grande mestre exilado. Àquele gesto honorável, hoje a França deve a sorte de hospedar algumas obras-primas de Niemeyer.

Lições de humanidade

Alguns anos atrás a revista *Época* dedicou uma longa matéria de capa aos cem personagens mais importantes do Brasil, cada um dos quais era apresentado por outro personagem ilustre. Oscar Niemeyer fora apresentado pelo presidente da República Luiz Inácio Lula da Silva. Nenhum outro brasileiro, de fato, pareceria mais adequado para descrever um gênio tão inegável e tão universalmente amado.

Lula escrevia: "Meu amigo Oscar Niemeyer costuma dizer que a vida é mais importante do que a arquitetura, sintetizando assim sua filosofia existencial, sua conduta profissional e sua posição política. No momento em que completa cem anos de uma existência rica e produtiva, Niemeyer oferece ao Brasil e ao mundo, além de uma obra arquitetônica de beleza inigualável, uma sincera lição de humanismo, amor e solidariedade em relação ao próximo. Mais ainda do que suas obras [...] ele representa o exemplo monumental do artista que jamais se contaminou com o luxo, o poder e a glória, que se levantou contra todos os tipos de injustiça e desigualdade e que ama, acima de todas as coisas, o povo do seu país". Nenhum presidente, de nenhuma nação no mundo, poderia dizer essas mesmas coisas de um cidadão de seu país.

Oscar foi sempre um homem bom e intransigente. Sua filosofia de vida está contida em alguns princípios inflexíveis: "Tento utilizar minha fama para fazer avançar as ideias"; "Sou aberto às emoções que vêm do exterior, do espetáculo da beleza: o pôr do sol no mar, a floresta tropical úmida e generosa, a luminosidade do céu, as mulheres"; "Lutar por soluções justas e inovadoras". Tudo ao seu redor sempre foi de uma simplicidade que transborda numa pobreza franciscana, calorosa e universal.

Quanto à arquitetura, seus princípios são igualmente claros: "É necessário fazer uma arquitetura simples e diferente"; "É necessário dar aos arquitetos uma formação humanista"; "Eu faço uma arquitetura que gosto, ligada às minhas raças e ao meu país"; "A arquitetura, como a escultura, é um problema de sensibilidade, que exige uma capacidade de evasão"; "A imaginação e a espontaneidade são para mim a fonte da arquitetura"; "Fazer arquitetura é criar beleza"; "Ser um arquiteto é um trabalho como outro qualquer: o que é necessário é estar na vida, não calar, mas falar e fazer".

Amigo generoso

O escritório de Oscar Niemeyer ficava no último andar de um prédio art déco no número 3940 da avenida Atlântica, uma das mais belas do mundo. Por muitos anos os nossos encontros nesse escritório foram um pequeno rito. Assim que eu chegava ao Rio, o amigo comum Roberto d'Ávila telefonava para Oscar ou para sua mulher Vera, que pontualmente nos convidavam para almoçar. Chegávamos por volta do meio-dia; ficávamos conversando numa espécie de cubículo onde Oscar costuma escrever e ler sozinho; por volta da uma da tarde, passávamos para o lado luminosíssimo do apartamento, com vista para o mar de Copacabana, onde preparava a mesa e uma afável senhora, que aparentava trinta anos, mas tinha mais de cinquenta, servia-nos pratos brasileiros muito simples e coloridíssimos. Depois do café, Oscar estendia-me a caixinha de madeira com seus charutos preferidos, e fumando continuávamos a falar: de política, de literatura, de arquitetura, de mulheres, de amigos. Iam chegando os outros convidados e a sala se enchia de rostos e vozes, até o anoitecer, quando o gabinete dilatava-se acolhendo as luzes dulcíssimas de todo o Rio. Naquele gabinete de paredes brancas, com grafites, desenhos e pensamentos, por onde passaram todos os grandes latino-americanos, de Fidel Castro a Villa-Lobos, também nasceram centenas de projetos que agora surpreendem milhões de olhos no mundo todo.

Sou grato a Niemeyer pela alegria infinita que sempre me deram suas obras, pelo seu exemplo de generosidade e de coragem política, pelas horas inesquecíveis que passei com emoções inexprimíveis no círculo mágico da sua amizade. E sou-lhe grato por me ter dado um grande presente: o projeto do auditório de Ravello, uma cidade belíssima da Costa Amalfitana, que vive de música e que, também graças a esse auditório, pôde deixar de ficar restrita à temporada do turismo de verão e oferecer uma alternativa à fuga dos jovens desempregados.

Ao entregar-me o projeto, Oscar reforçou o entusiasmo com essa sua obra e explicou-me detalhadamente as intenções presentes nela: criar um complexo arquitetônico não excessivamente caro, simples e ousado ao mesmo tempo, capaz de inserir no contexto de Ravello uma marca inconfundível, mas não dissonante. Acostumado a pensar edifícios imensos destinados a espaços imensos, não lhe fora fácil projetar essa obra, devido à irregularidade do terreno, com uma inclinação transversal acentuada e cercado por medíocres edifícios preexistentes. Mas o resultado é uma obra-prima digna do projetista: um grande salão aberto à magnificência da paisagem, uma praça que é espaço de encontro, com uma entrada protegida por uma cobertura de forma espetacular capaz de dar ao projeto um aspecto incomum, de criar surpresa.

Em sua infinita modéstia Niemeyer fecha a sua apresentação do projeto escrevendo: "E eu posso imaginar, satisfeito, esta praça construída: digna — talvez — da cidade de Ravello, uma das mais belas da Itália". Neste "talvez" está toda a grandeza do seu gênio.

Aniversário

Em 15 de dezembro de 2007 Oscar Niemeyer completou cem anos, e o Brasil inteiro — das favelas ao palácio presidencial da Alvorada — preparou-se para esse dia com intensa e crescente emoção coletiva. Na Rocinha, a maior entre as 7800 favelas do Rio e a maior do mundo, expôs-se uma imensa faixa que dizia: "Parabéns ao nosso irmão Oscar". O jornal mais importante da cidade publicou na primeira página uma charge em que Oscar olhava as montanhas cariocas do Corcovado e do Pão de Açúcar perguntando-se: "Não me lembro quando as projetei".

Enquanto o Brasil festejava seu maior arquiteto não como uma celebridade, mas como um modelo de vida, no mundo inteiro — de Nápoles a Tóquio, de Paris a Barcelona — inauguravam-se exposições sobre as suas obras e realizavam-se seminários para decifrar sua beleza.

Naquela manhã a encantadora Casa das Canoas, construída na floresta da Tijuca por Niemeyer ainda muito jovem, foi invadida por centenas de amigos célebres e humildes, vindos de todo o Brasil. Depois, na hora do almoço, com o grupo dos íntimos (a esposa Vera, o neto Paulo, o inseparável engenheiro de estruturas José Sussekind, Roberto d'Ávila, minha mulher e eu), fomos ao Terzetto, o restaurante italiano de Ipanema onde havia uma mesa permanentemente reservada para Niemeyer e que ninguém jamais ousaria ocupar, como se fosse sagrada.

Já sabia sobre o que conversaríamos. Como sempre, retornaríamos aos anos em que estávamos em Paris, eu como jovem estudante, ele como exilado já famoso, ambos sem dinheiro. E depois Oscar voltaria, como sempre, aos temas que mais o angustiavam: os pobres do seu país, os condenados da Terra, as ditaduras a derrotar, os abusos a eliminar. Niemeyer, jamais pessimista, manteve por toda a vida a obstinada convicção de que a parcela saudável da humanidade prevalecerá sobre a doentia.

Entrando no restaurante, todos os presentes se levantaram com profundo respeito, num longo e inesperado silêncio. Para festejar um aniversário tão amável e singular, os aplausos teriam sido dissonantes.

H. Hobby

Não é do trabalho que nasce a civilização:
ela nasce do tempo livre e da diversão.
ALEXANDRE KOYRÉ

DIVERSÃO

Regressão e autorrealização

O hobby, que irá se expandir com a expansão do tempo livre, fica a meio caminho entre o trabalho e a diversão, partilhando com o primeiro a seriedade e com o segundo a leveza. Os três conceitos mantêm-se unidos reciprocamente, e não é possível falar de um calando sobre os outros.

No imaginário coletivo, condicionado pelos dois séculos árduos da sociedade industrial (1750-1950), o trabalho é nitidamente contraposto à diversão, assim como a ação é contraposta ao ócio. O ócio é considerado uma preguiçosa inércia aparentada com o vício e a dissipação; a diversão é considerada uma regressão infantil e também tendente ao vício e, em todo caso, ao desperdício de tempo precioso. Na Segunda Epístola aos Tessalonicenses (3, 10), são Paulo, como 2 mil anos depois fará também o hino do Partido Comunista, afirma: "Quem não trabalha não come"; ele jamais teria dito: "Quem não se diverte não come". Segundo esta concepção, um adulto sério, confiável e bem-educado jamais fica no ócio e raramente se permite diversão; mantém sob controle a sua emotividade; ri com moderação. A diversão é apanágio das crianças e, graças à educação escolar, deve progressivamente dar lugar ao trabalho, que representa a própria essência do adulto, o que o torna livre, confiável, sujeito ativo de sua comunidade. Somente se recebeu boa herança ou trabalhou bem, e só então, o adulto poderá se permitir, com base em suas posses, algumas horas no bar, alguma festa de um padroeiro, alguma brincadeira num pau de sebo, alguns dias de férias, algumas caçadas ou algum cruzeiro em seu iate.

Na idade adulta, portanto, a diversão deve ser nitidamente diferenciada do trabalho e circunscrita ao tempo livre, junto com o sono, o descanso, as tarefas domésticas.

Antes da Revolução Industrial, o camponês e o artesão viviam nos mesmos lugares onde trabalhavam, seu tempo de trabalho entrelaçava-se com os afazeres domésticos, com os ritos, as festas, o descanso, a folga. Foi a indústria que separou casa e trabalho, produção e reprodução, vida feminina e vida masculina, cansaço e diversão. Com seu advento, o trabalho se torna categoria dominante da vida humana, à qual todas as outras coisas — família, estudo, tempo livre — ficaram sacrificadas.

Se ainda cinquenta anos atrás a idolatria do trabalho-esforço era indispensável para nos libertar da miséria, hoje, quando as máquinas trabalham para nós, ela representa somente uma inútil escravidão psicológica, um hábito, quase uma doença contraída nas fábricas, extravasada nos escritórios e acompanhada pelas ideologias, mas que, fora das fábricas tradicionais, não tem mais motivo para subsistir. Hoje, o trabalho executivo pode ser redimensionado até se tornar uma categoria residual em relação ao resto da vida. Em compensação, deve-se reavaliar tudo o que nos pode parecer diversão e que alegremente nos diverte, permitindo-nos criar.

Do fato de que uma grande parte do trabalho manual, físico, cansativo, tedioso, banal, repetitivo já pode ser delegada às máquinas derivam duas consequências positivas. Antes de mais nada, é possível produzir cada vez mais bens e serviços com cada vez menos trabalho humano: para fabricar um automóvel ou uma geladeira hoje é necessário um décimo do trabalho que era necessário vinte anos atrás; ainda mais reduzido, graças à informática, é o trabalho necessário para uma operação bancária que, entre outras coisas, pode ser realizada também à distância. Portanto, já aqui e agora, o peso do trabalho poderia ser redimensionado para todos os condenados ao esforço físico e a papéis intelectuais de tipo executivo. Chegou o momento, portanto, em que o trabalho deve descer do trono ao qual foi alçado pelos empresários, economistas, filósofos e teólogos: aquele trono que levou Oscar Wilde a dizer: "Nós vivemos na época do trabalho excessivo, em que as pessoas são tão laboriosas que se tornam tolas".

A segunda consequência positiva do progresso tecnológico é que, uma vez delegadas à máquina as tarefas executivas, ao homem cabe a realização de atividades de tipo predominantemente intelectual, flexível e criativo que, por sua natureza, desembocam no estudo e na diversão. O publicitário que precisa criar um slogan, o jornalista em busca de uma inspiração para escrever um artigo, um roteirista às voltas com o enredo de seu próximo filme, o empresário às voltas com novos produtos, novos processos, novos mercados, o detetive que segue a pista do crime têm mais probabilidade de encontrar as soluções corretas se, depois de terem estudado a fundo o problema, passeiam, vão nadar ou assistir a um filme no cinema, em vez de ficarem fechados nas habituais quatro paredes de seu escritório.

Em outras palavras, se no passado eram o esforço físico e o trabalho que colonizavam o tempo livre, nos anos futuros serão o tempo livre e a diversão a colonizar o trabalho. Infelizmente, porém, todas as instituições encarregadas de formar os jovens — família, escola, igreja, empresa, mídia — ainda são condicionadas pelo paradigma industrial; por isso preocupam-se obsessivamente em preparar para o trabalho, negligenciando a educação para o tempo livre e a diversão.

Trabalho instrumental, trabalho expressivo

A partir do momento em que o conceito de "diversão" foi considerado antitético ou complementar, jamais consubstancial, ao de "trabalho", o significado atribuído a ele pode ser mais bem entendido comparando-o com o atribuído ao outro. O que é a diversão e por que nos divertimos? O que é o trabalho e por que trabalhamos? Antes de responder a essas perguntas é preciso estabelecer uma premissa. No âmbito da categoria "trabalho", os sociólogos costumam distinguir entre trabalho instrumental e trabalho expressivo. Instrumental é aquele realizado para ganhar dinheiro, produzir riqueza, providenciar recursos, estreitar relações sociais, assumir um dever moral ("Ganharás o pão com o suor do teu rosto"), fazer algo complementar ou compensador em relação às outras atividades cotidianas mais tediosas, menos prestigiosas ou lucrativas. O trabalho instrumental predomina nas ocupações dependentes e nas tarefas repetitivas e desgastantes; é de norma organizado cientificamente com base em princípios de eficiência, produtividade, controle, programação, interesse material, praticidade, racionalidade, caráter cíclico, continuidade, relações hierárquicas, regras e procedimentos, predomínio da competitividade sobre a emulação, do dever sobre o prazer, da prática sobre a estética, do masculino sobre o feminino.

Na maioria dos trabalhos incluídos nessa categoria predominam aspectos desagradáveis, como esforço, tédio, estresse, insegurança, cansaço, perigo. A natureza instrumental desse gênero de trabalho consiste no fato de que ele *serve para* providenciar, mesmo que desconfortavelmente, os meios necessários para o sustento da família e para maior conforto nas horas em que não se trabalha. Por isso, está em antítese com os afazeres domésticos, com o descanso, com a distração, relegados ao que chamamos tempo "livre", destinado ao consumo, à recuperação das forças, à reprodução, à autorrealização, ao divertimento, ao hobby. Um trabalho instrumental tende a afastar o trabalhador do seu produto, dos colegas, do processo produtivo; portanto, pode ser realizado por sentido de dever, por necessidade ou por amor de algo, jamais por amor ao próprio trabalho. Se um trabalhador ama o seu trabalho apesar de instrumental, significa que ele já está alienado a ponto de não perceber mais o desconforto psicofísico ao qual está habituado depois de anos de afastamento da sua essência humana, que é criativa, mas está obrigada à repetitividade, da equipe de trabalho, que deveria ser solidária, mas é desagregada pela competitividade, pelo seu processo produtivo, que demandaria participação, mas é programado e controlado a partir do alto. No final das contas, é um explorado que não se dá conta de sê-lo, que não percebe estar alienado de si mesmo.

No entanto, um trabalho é expressivo se, graças a ele, conseguimos exprimir a nossa personalidade, nos autorrealizar, amadurecer intelectualmente, colocarmo-nos à prova, criar, demonstrar as nossas capacidades humanas e profissionais. É o trabalho do empreendedor e do artista, do cientista e do professor, do jornalista e do profissional liberal.

Tende a ser independente e a ter uma dimensão predominantemente intelectual. Implica o risco do erro e os aspectos agradáveis ligados à curiosidade, ao crescimento profissional, ao entusiasmo, à motivação, à paixão, ao planejamento, à alegria. Está ao lado da diversão, frequentemente entra em seu território, e se identifica com ela quando quem o realiza tem a sensação de jogar, sente-se jogador e como tal é percebido por quem está ao seu redor. O trabalho expressivo pode ser até mais estressante, cansativo, complexo, longo do que o instrumental, e no entanto o trabalhador quase não percebe e, para realizar a si mesmo através do trabalho de que gosta, pode se forçar até os limites de sua própria resistência.

Diversão e tempo livre

Estabelecida essa premissa, introduzida a distinção entre trabalho instrumental, antitético à diversão, e trabalho expressivo, aparentado com ela, podemos tentar uma resposta às nossas perguntas começando pelas relativas à diversão.

Johann Huizinga, que dedicou ao tema um de seus livros de maior sucesso (*Homo ludens*, 1938), responderia: para se divertir, para produzir alegria, para emocionar-se, para desembaraçar-se de sua força vital supérflua; para obedecer a um gosto inato de imitação; para satisfazer através da ficção a aspirações insaciáveis; para exprimir sua personalidade; para relaxar; para mostrar suas capacidades; para treinar a laboriosidade, o autocontrole, o esforço, o cansaço; para desafiar a si mesmo e testar seus próprios limites; para aplacar a ânsia de domínio, granjear honra, estima, prêmio, penhor; para se libertar dos instintos nocivos; para compensar a monotonia de outras atividades cotidianas, setorializadas demais.

A atividade lúdica é por sua natureza ligada à ficção, representação, disfarce; mistério, presságio, superstição; desafio a si mesmo, ao acaso, à sorte, ao concorrente, às máquinas; criatividade; evasão, tensão, distensão, exaustão; desinteresse material; estética; passionalidade; liberdade de participação; poucas regras, e compartilhadas; linearidade e completude (uma boa diversão começa e termina); curta duração (um bom jogo dura pouco).

No jogo predominam aspectos agradáveis, como a emulação solidária, a socialização do convívio, a estética, a imaginação, a curiosidade, a exaltação, a experimentação, a criatividade, a destreza, a alegria. Mas, às vezes, o que o torna atraente é justo a presença de aspectos intrinsecamente desagradáveis como o esforço, que implica o risco e a incerteza e demanda resistência física, coragem, decisão.

Taylor, como bom engenheiro, cronometrava tudo, mas, como calvinista impenitente e psicólogo autodidata, não conseguia decifrar sequer as diferenças mais evidentes entre trabalho e tempo livre. Cronometrava também o tempo que seus operários empregavam diariamente para cobrir o percurso entre a casa e a fábrica.

Entre eles estava Peter, um imigrante italiano forte e atarracado, que Taylor definia como "homem-boi", empregando-o como cobaia para experimentar o comportamento operário diante dos trabalhos mais pesados. Muito bem, o pai da administração científica surpreendia-se, sem conseguir explicar, com o fato de que Peter empregava menos tempo à noite, quando voltava cansado da fábrica para casa, do que de manhã, quando ia com as forças restauradas de casa para a fábrica.

Gostamos do tempo livre justamente porque é livre, isto é, não obrigatório. Enquanto livre, pode armar-nos a insídia do tédio, da solidão, da tristeza, da nostalgia, do consumismo, da ostentação, do conformismo, da depressão. Mas tempo livre e diversão significam acima de tudo autonomia, família, meditação, distração, divertimento, companhia, convívio, calor, viagens, cultura, erotismo, estética, hobby, descanso, esporte. Significam desenvolta hibridação de experiências sofisticadas como um concerto da Wienern Philharmoniker e de experiências surpreendentes como um filme de Totò. Significam tentarmos descobrir quantas coisas poderíamos fazer hoje, nas nossas horas de liberdade, sem gastar um centavo: passear sozinhos ou com os amigos, fazer amor com a pessoa amada, perscrutar os rostos das pessoas que saem do cinema, adivinhar o trabalho e a vida de quem está ao nosso lado no metrô, apreciar os retábulos expostos na igreja, assistir a um desenho animado na televisão, ler um livro ou uma história em quadrinhos, percorrer os nomes ao lado dos interfones, comparar as fachadas dos prédios e as vitrines das lojas, seguir com o olhar os pássaros que voam no céu de Paris e as gaivotas que volteiam pelo céu de Roma, discutir com os taxistas e conversar com os mendigos, admirar a sapiente beleza de uma garrafa, de um ovo, de uma carroceria, de uma latinha. Enfim, significam dar sentido às coisas de todos os dias, muitas vezes de grande beleza, às vezes insignificantes à primeira vista, sempre iguais e diferentes, rebaixadas pelo consumo cotidiano, mas recuperáveis pelo nosso interesse, graças à educação do gosto. Sob este aspecto, educar-se significa recuperar a importância da nossa perene imaturidade, como se fôssemos eternas crianças.

A diversão como experiência e como prazer

A demanda de diversão aumenta, mas, por sorte, a oferta também aumenta e melhora, e às velhas diversões acrescentam-se outras sempre novas, mais refinadas intelectualmente, mais surpreendentes tecnologicamente, mais práticas e ubíquas funcionalmente. Cinema, teatro e música nasceram em boa medida como diversão e entretenimento, a serem consumidos fora do trabalho, com a finalidade de enriquecer o tempo livre com estímulos para a imaginação e significados para a vida. A festa não é senão uma grande concepção de diversão coletiva, para onde confluem todos os gêneros capazes de criar alegria, exaltação, transe.

Muitas músicas nasceram por diversão; outras nasceram para que as crianças e os adultos brincassem; outras ainda contêm "brincadeiras", "divertimentos", "rondós", "minuetos": todos os gêneros concebidos para alegrar, para oferecer uma pausa, para fazer sorrir. O rosto sorridente combina com a diversão, assim como o rosto sério combina com o trabalho. Em sua maioria, as danças têm finalidades burlescas. A ópera bufa e o teatro cômico, as atelanas e o estramboto, as canções goliárdicas e os *stornelli* acompanharam desde sempre a vida cultural das coletividades, abrangendo períodos inteiros como o século XVIII, principalmente napolitano, veneziano e vienense.

O mesmo vale para as artes visuais, onde se podem encontrar infinitos testemunhos do lado lúdico da vida e onde produções inteiras — de Bosh a Herling — nada são além de brincadeiras. As *Variações Goldberg* e até composições didáticas como *O cravo bem temperado* de Bach, os teoremas de Gödel e as águas-fortes de Escher podem ser considerados igualmente diversões intelectuais de extrema sofisticação, como nos demonstrou Douglas Hofstader.

O cinema — que por sua vez é uma grande diversão — dedicou infinitas obras à diversão, aos jogos, ao esporte. Toda a produção de Federico Fellini, de Lina Wertmüller, de Emir Kusturica pode ser lida desse modo, e assim também quase todo o cinema para jovens, como, ademais, as fábulas. O cômico e o irônico são centrais na produção cinematográfica de Totò e Tati, de Charlie Chaplin, Buster Keaton e Woody Allen.

De Huizinga em diante, mas já antes em Voltaire e Schopenhauer, a literatura filosófica e psicossociológica sobre a diversão e os jogos rapidamente enriqueceu-se: romances e ensaios — de Dostoiévski a Zweig e a Maurensig — escrutinaram as dinâmicas mentais dos jogadores, as oportunidades e os perigos do jogo, a relação entre jogo e sociedade, o papel do jogo no crescimento da criança e na regressão do adulto. Na categoria de jogo podem ser incluídos muitos suspenses.

Quanto à organização e ao business, as ciências que presidem a estes campos frequentemente recorrem ao *role playing* para formar os executivos, à teoria dos jogos para simular os *trends* socioeconômicos, as estratégias empresariais e bélicas, ao jogo propriamente dito para identificar os conflitos de grupo e para melhorar a dinâmica das equipes. A relação entre trabalho e tempo livre, entre esforço e jogo, entre controle e motivação, é objeto de análise de toda a psicologia e sociologia do trabalho e da cultura.

O jogo mensurável

Matemáticos e economistas, cúmplices como sempre, longamente contemplaram a ideia de traduzir e reduzir também o jogo a números, até que o matemático John von Neumann e o economista Oskar Morgenstern publicaram em 1944 a obra *Theory of Games and Economic Behavior*, em que expunham um método para matematizar como os seres humanos se comportam quando disputam algo em jogo. A nenhum dos dois foi dedicado um filme, enquanto ao genial e atormentado John Forbes Nash Jr., considerado o maior teórico dos jogos não cooperativos, o diretor Ron Howard dedicou *Uma mente brilhante* (2004), destinado a vencer o Oscar e animar os sonhos de todo matemático em início de carreira. A Nash foi também conferido o prêmio Nobel em 1994, e, além dele, outros sete prêmios Nobel foram concedidos a matemáticos ou economistas que tiveram relação com a teoria dos jogos.

O pressuposto de base dessa teoria é que no jogo há uma regra conhecida por todos os jogadores, que cada jogada comporta possíveis consequências igualmente conhecidas por todos e que cada jogador, ao adotar determinada estratégia, acabará por ganhar, perder ou empatar. Alguns jogos são cooperativos, no sentido de que implicam uma comunhão de interesses entre alguns jogadores que se puseram de acordo para aumentar suas possibilidades de vencer. Outros jogos são competitivos, como aqueles em que prevalece a regra do chamado "ótimo paretiano", teorizado pelo sociólogo e economista italiano Vilfredo Pareto. O ótimo paretiano ocorre quando as condições de um jogador podem melhorar somente se as condições de seu adversário piorarem em igual medida. Neste caso, podemos dizer que o jogo competitivo tem "soma zero", como acontece — segundo Ralf Dahrendorf — no conflito de classes, em que, sempre que o poder de uma classe aumenta, o da outra diminui proporcionalmente. Mas há também jogos "com soma não nula" em que ambos os participantes, jogando, podem melhorar sua própria condição.

Quando se fala de jogos matemáticos é obrigatório que o discurso caia no "dilema do prisioneiro", delícia das *business schools* e dos formadores de empresários. Pode até parecer brincadeira de revista de charadas, mas chegou-se inclusive a tentar aplicá-lo na Guerra Fria entre URSS e EUA, para entender qual seria seu desfecho. O dilema propõe que dois prisioneiros acusados do mesmo crime, encerrados em celas diferentes e sem comunicação entre si, podem escolher entre ficar calados ou acusar-se um ao outro. A regra do jogo estabelece que se os dois prisioneiros decidirem se calar cada um será condenado a um ano de cárcere; se se acusarem um ao outro, serão condenados ambos a seis anos; se um confessar ou acusar o outro, enquanto este se cala, quem falou será libertado, ao passo que o outro ficará no cárcere por sete anos. O que é melhor que cada um faça, não sabendo o que fará o outro? Segundo o método sugerido por Nash, é melhor para os dois prisioneiros que se acusem mutuamente, ficando com seis anos de prisão. Se, portanto, a máfia estudasse diligentemente a teoria dos jogos, deixaria de considerar os arrependidos como traidores e o silêncio como o menor dos males ou a melhor das virtudes. Se Huizinga tivesse vivido no Sul da Itália, certamente teria examinado também os aspectos lúdicos do crime organizado, o qual, não sendo capaz de introjetar as razões das vítimas, joga entre sons de dinamite e cartucheira, ao passo que outros grupos, igualmente criminosos, mas mais evoluídos, estipularam regras do jogo que admitem todos os tipos de ofensas, deslealdades e rasteiras, mas salvam a pele dos jogadores.

O jogo intelectual

Depois de ter analisado a natureza e o significado do jogo, acolhido com pleno direito entre os fenômenos culturais ou, melhor, identificado com a própria cultura; depois de ter comparado as palavras com que se expressa o conceito de jogo em várias línguas, do sânscrito ao japonês, do latim ao alemão, das línguas semíticas às românicas, Huizinga aborda o jogo não só como produto, mas também como fértil produtor de cultura. A seguir, ele examina as relações entre jogo e direito, guerra, saber, poesia, analisa as raízes da figuração mítica do jogo, investiga as formas lúdicas da filosofia e da arte, observa *sub specie ludi* as culturas e os períodos da história para chegar à cultura dos anos anteriores à Segunda Guerra Mundial.

Seria suficiente, mas para Umberto Eco não basta. Sua introdução a uma edição italiana de *Homo ludens* publicada em 1973 tenta estabelecer se Huizinga deve ser considerado sociólogo, historiador, filósofo ou antropólogo; censura-o insistentemente por ter ignorado em seu ensaio algumas obras fundamentais como a *Crítica da faculdade do juízo*, de Kant, *Experiência e natureza*, de Dewey, *L'esthétique de la grâce*, de Raymond Bayer; imputa-lhe o defeito de "não fazer uma teoria dos jogos, mas uma teoria do comportamento lúdico"; critica-o por "não ter conseguido ver o jogo como língua e como matriz"; por ter se contentado em descrever os jogadores e seu comportamento (aquilo que os latinos chamavam de *ludus* e os ingleses chamam de *play*) sem analisar e ordenar as regras dos jogos, seus esquemas e suas fórmulas (o que os latinos chamavam de *alea* e os ingleses chamam de *game*). Censura-o por ter levado em consideração a *performance* e não a *competence* dos jogadores. Sobretudo, denuncia a ausência imperdoável de uma "rigorosa consciência metodológica na elaboração de uma morfologia". Simplificando, Umberto Eco critica Huizinga por não ter lido as obras de Umberto Eco com a devida atenção e não ter seguido escrupulosamente suas prescrições. Concede, porém, uma atenuante ao historiador holandês: sua familiaridade com a língua alemã, que o deve ter levado a confundir termos e conceitos, dispondo esta língua de uma só palavra — *Piel* — para designá-los, assim como a língua italiana tem só *gioco* e a francesa tem só *jeux*. Os latinos podiam "*ludere alea*" e os ingleses podem "*to play the game*", enquanto nós italianos, junto com o bom Huizinga, devemos nos contentar com um "jogar o jogo" confuso e gerador de confusão.

Assim insistindo, assim aprofundando seu gume crítico na chaga ensaística do historiador holandês, Eco entabula com seu finado interlocutor e com seu presente leitor o jogo totalmente intelectual de quem conhece melhor o tema. Assim, ele se diverte em brincar com os vocábulos, conceitos e linguagem, passando do morfe ao morfema, dos "universais formais" às "máscaras subjacentes aos rostos", do saber que se apresenta "com tanta frequência sob a forma de enigma justamente porque a enigmística é a consciência lúdica aguda das potências combinatórias gratuitas das linguagens" ao tema em questão, que se confunde "com uma análise de conteúdos poéticos primitivos, com a descoberta de que se trata sempre de um herói empenhado combativamente em resolver uma demanda ou uma tarefa", para concluir que "tem-se a crítica como mascaramento quando a cultura tenta trazer à luz, mesmo usando os instrumentos do jogo cultural, do qual não se escapa, as disfunções da máquina cultural, os jogos *falsos* que escondem os jogos *verdadeiros*. Assim é que a linguagem com os meios de linguagem analisa os meios de linguagem".

Seria interessante analisar mais a fundo morfe e morfema, gramática e sintaxe, palavra e língua, *play* e *game*, *performance* e *competence* quando o jogo é jogado pelos intelectuais. Seria possível assim entender os percursos labirínticos da razão, os esnobismos e as autocomiserações, as punhaladas e as rasteiras, as jogadas solitárias e os jogos em equipe. Seria bom seguir passo a passo o intelectual — por exemplo, o escritor — que joga consigo mesmo quando elabora e coloca ideias no papel; quando joga com os outros negociando com o editor, planejando a saída do seu livro na livraria, empenhando-se em obter uma resenha positiva de um crítico literário e uma entrevista na televisão no início da noite, ou em ganhar um prêmio acompanhado de um cheque.

Ao lado das dinâmicas do indivíduo criativo, seria igualmente interessante analisar as dinâmicas de tipo lúdico intercorrentes em grupos e entre grupos de artistas ou cientistas. Basta pensar, no caso da relação entre equipes científicas, nas relações competitivas, mas ao mesmo tempo amigáveis e frequentemente jocosas, que se deram entre Francis Crick e James Watson do Cavendish Institute e Maurice Wilkins e Rosalind Franklin do King's College, no período em que as duas equipes tentavam isolar a estrutura do DNA. Mas basta pensar também, no caso das relações internas ao grupo, na vida que levavam os cientistas e suas famílias em Los Alamos durante a preparação da bomba atômica. "O próprio exercício da ciência", escreve Huizinga, "é atraído no âmbito do jogo pelo impulso competitivo."

Cultura e jogo

Huizinga fornece uma definição precisa de "jogo", não sem antes avisar prudentemente que a noção por ele adotada é a que nos é mais familiar, "isto é, coincidente com as palavras que correspondem na maioria das línguas europeias modernas a alguma variante de tal função". E eis a definição: "Jogo é uma ação, ou uma ocupação voluntariamente assumida, e que no entanto envolve de maneira absoluta e tem um fim em si mesma; acompanhada por um sentimento de tensão e alegria e pela consciência de *ser diferente* da *vida comum*".

Essa definição é colocada quase no início do livro, no segundo capítulo. Mas Huizinga retorna continuamente, até a última página, à questão definidora, à relação jogo-cultura e à antítese jogo-seriedade para concluir que "não pode existir cultura verdadeira sem certa qualidade lúdica, porque cultura pressupõe autolimitação e autodomínio, certa faculdade de não ver em suas próprias tendências a meta última e mais alta, mas de se ver encerrada dentro dos limites que ela mesma se impôs livremente". O verdadeiro jogo "traz em si sua finalidade".

Umberto Eco sustenta que, diante do homem que aspira a uma vida mais bela e de uma sociedade que aspira a resolver suas contradições de maneira harmoniosa e com satisfação geral, Huizinga poderia ter optado entre uma destas formas de cultura ideal: a do primeiro cristianismo, caracterizada pela renúncia; a do século XVIII, caracterizada pelo aperfeiçoamento que tende a um mundo ideal; e a do século XX, mas já presente *in nuce* no Renascimento, que se desenvolve por meio de uma "cultura literária" baseada na evasão, em que "o jogo cultural é a forma assumida, diante da pressão não resolvida do econômico, pela mistificação *ideológica* das classes hegemônicas que projetam num ideal (que pode ser vivido ludicamente) a perfeição que renunciam a realizar no concreto".

Posto idealmente diante dessas três alternativas, Huizinga não descarta nenhuma delas e acolhe na definição de jogo, além da cultura da renúncia, também a cultura da transformação e do aperfeiçoamento. "Em *Homo ludens*", diz Eco, "o conceito de jogo torna-se coextensivo ao de cultura em todas as suas formas possíveis." De fato, nas últimas páginas de sua obra-prima, Huizinga escrevera: "Gradualmente chegamos à conclusão de que a cultura é fundada na nobreza do jogo, e que, para chegar à sua mais alta qualidade de estilo e dignidade, ela não pode dispensar esse fator lúdico".

O jogo ameaçado pela seriedade

Já na época de Huizinga, a seriedade se infiltrara no jogo, descaracterizando-o e transformando-o em *business*, a ponto de tornar duvidoso que a cultura moderna pudesse continuar a se desenvolver nas formas lúdicas, como haviam feito as anteriores. A partir do último quarto do século XIX na Inglaterra, isto é, a partir do triunfo da sociedade industrial sobre a rural, a organização da empresa e da fábrica se torna modelo de todos os tipos de atividade organizada, incluído o jogo. Enquanto isso o jogo se torna cada vez mais coletivo; as regras são cada vez menos definidas pelos jogadores e cada vez mais impostas pelo mercado; os jogadores se profissionalizam, diferenciando-se cada vez mais dos espectadores e dos diletantes. Em alguns setores, a atividade perde qualquer conotação de espontaneidade e passatempo para se expandir temerariamente numa área cada vez mais vasta, a meio caminho entre o jogo e a seriedade. De início o futebol, depois outros esportes que foram contagiados, a seguir os jogos de mesa, como o xadrez e o bridge, caem progressivamente sob o domínio de organizações nacionais e internacionais que fornecem mestres, treinadores e cursos de formação, organizam torneios e campeonatos, compra e venda de jogadores, acordos com as mídias para os direitos de divulgação, sociedades com ações na Bolsa, associações de torcedores, produção e venda de *gadgets*. Tudo alimentado por uma cuidadosa e planejada propaganda, por uma publicidade insistente, num turbilhão de dinheiro, apostas, cotações, prêmios e contratações.

No meio-tempo, as tecnologias elétricas apossaram-se dos brinquedos mecânicos e dos caça-níqueis. Por fim, a eletrônica e a informática ampliaram o campo de jogo até ocupar o planeta inteiro, já envolvido numa rede de mensagens lúdicas, dirigidas a tudo e a todos por quem quer que seja. Os jogos eletrônicos foram usados como cavalos de Troia para alfabetizar as crianças na informática e, com esse expediente, introduzir a eletrônica nas famílias.

"Para jogar verdadeiramente, o homem deve voltar a ser criança", diz Huizinga, mas a atual involução do jogo em seriedade transforma as crianças em adultos miniaturizados e educa-as para o jogo sisudo da guerra de todos contra todos. Enquanto isso, as empresas, baseando sua dinâmica na competitividade, no "extermínio" do concorrente interno e externo, transformaram o trabalho em pseudojogo regulado por procedimentos, liturgias, ritos, usos, costumes, linguagens, roupas, uniformes, *convention*, comportamentos pueris em sua agressividade camuflada de competência, competições internas fomentadas por prazos de tarefas, prêmios de produtividade, ascensão na carreira, punições, demissões.

Muitas vezes, as empresas mais evoluídas procuraram certas homologias entre os estilemas do trabalho e os do tempo livre; apresentando-se como "grandes famílias", tentaram introduzir no trabalho formas controladas de atividade lúdica. Se no início do século XX grandes empresas paternalistas como Marzotto e Fiat criavam, junto à fábrica, cidades inteiras com teatros, ginásios e creches, reservadas às suas aristocracias operárias e aos seus diretores; se em meados do século XX Olivetti atendia ao plano regulador da região, à alternância entre o trabalho na fábrica e trabalho na agricultura, à aculturação estética, literária e política de seu operariado, com vistas à construção de uma comunidade livre e culta; hoje, Microsoft e Google, enquanto fomentam a máxima competitividade entre os funcionários e com os concorrentes, equipam os escritórios com bebidas, *chaises longues*, mesas de totó e jogos de tabuleiro para relaxar e, um dia por semana, na *casual Friday*, encorajam o uso de roupas comuns que conferem ao zoológico empresarial um aspecto de normalidade humana.

Enquanto milhões de executivos, *professionals*, funcionários e operários jogam dentro das empresas o grande jogo da produção industrial e pós-industrial, milhões de investidores pequenos e grandes, profissionais e diletantes, jogam na Bolsa determinando o paradoxo pelo qual os "ativos financeiros" (isto é, a soma das ações, obrigações, títulos de crédito, de débito e moeda) valem mais do que o quádruplo do PIB efetivo mundial.

Similares ao sistema do *business*, estimulados por ele e a ele entretecidos, são agora os sistemas da arte, da enogastronomia, da formação, do *entertainment*, mas também o de clubes como o Rotary, o Lyons, o Aspen, com toda a sua legião de especialistas, gurus, designers, galeristas, ritos, meetings, críticos, revistas, parcelas e cotações.

É o *business* bilionário induzido pelo grande circo, pela grande Las Vegas do consumismo planetário, mescla de necessidades, desejos, ilusões e enganos, regulado e sustentado por um ciclo diabólico pelo qual as mídias se encarregam de desfraldar os lucros estratosféricos dos grandes empresários e as retribuições bilionárias dos *top managers* criando ápices de referência, pináculos a admirar, mitos a imitar. Abaixo deles estão os executivos que, mesmo recebendo salários menos impressionantes, também conhecem o mercado financeiro como o próprio bolso, a ponto de ganharem valores significativos jogando na Bolsa. Tomem-se todos esses argutos especuladores, assistidos por astutos especialistas, acrescentem-se ministros, políticos, prelados, *grand commis* do Estado; misture-se um punhado de acadêmicos e profissionais do foro, do bisturi, do cimento, do papel impresso; tempere-se salpicando com astros do espetáculo, jornalistas, jogadores de futebol e acompanhantes, e tem-se uma musse na qual todos os ingredientes se diluem um no outro, formando aquela "classe abastada" que Thorstein Veblen e John Maynard Keynes desnudaram com agudeza impiedosa.

Sob essa elite do poder, do dinheiro, do saber e do trabalho há uma imensa massa médio-baixa de empregados e contadores, funcionários e donas de casa, lojistas e secretárias. Enquanto a elite joga na Bolsa, nos salões, nas reuniões empresariais, nas alcovas e nos iates, esse povo variegado de navegadores que não conseguem virar o ano é submetido diariamente ao suplício de Tântalo das telenovelas que narram a vida luxuosa dos ricos, das vitrines repletas do bom e do melhor, da propaganda que mostra iates, carros de grande cilindrada e viagens às ilhas Seychelles. Prensada entre a bigorna da parcimônia e o martelo do consumismo, essa massa média, presa e vítima designada da sociedade afluente, na linha de frente da batalha cotidiana infligida por cada crise econômica, contenta-se com os programas de perguntas e respostas na televisão e as loterias milionárias, sonhando com prêmios siderais que tudo resolverão.

O jogo, como se sabe, é a atividade principal das crianças. Feito de habilidade e risco, de sorte e desafio, ele vibra as cordas infantis dos adultos, estimula a fuga na magia, incentiva a recuperar as perdas apostando sempre mais alto. Para escapar aos caprichos do destino, os mais cultivados entre os consumistas lúdicos recorrem ao cálculo das probabilidades, improvisam-se como matemáticos e estatísticos, elaboram sistemas complexos e custosos, insistem teimosamente, perseguindo as miragens do sucesso, apoiados em muletas paracientíficas ou recorrendo ao vaticínio das quiromantes.

Em poucos anos, sob a pressão do modelo americano, mesmo os povos de cultura católica mais antiga acabam por se comportar como os protestantes, cada vez mais atribuindo à fortuna terrena o significado de uma eleição divina. Por isso eles também desejam alcançar, aqui e agora, sem esperar o paraíso, aquelas vantagens que podem derivar da propensão empresarial ao risco. Mas, à diferença dos protestantes, relutam em adotar a ética weberiana de se submeter aos longos esforços exigidos pelo sucesso merecido e às ponderações necessárias para uma estratégia empresarial de tipo adulto e racional. Para entrar no éden dos bilionários, esses pseudoadultos pequeno-burgueses escolhem o atalho das loterias e do jogo de azar com que se entretêm com infantilidade e teimosia, estimulados pelas mídias e pelo Estado que obtém lucros fraudulentos. Depois de algum tempo, estarão velhos e terão passado da demência precoce à demência senil sem nenhuma solução de continuidade. "De mais a mais", escreve Huizinga, "impõe-se a conclusão de que o elemento lúdico da cultura perdeu seu significado em quase todos os campos nos quais costumava se manifestar no passado. A cultura moderna agora quase não é mais *jogada*, e, quando parece jogar, o jogo é falso."

Há esperança para o jogo?

Na fábrica, imposta como modelo organizacional bissecular ao sistema social como um todo, predominava o trabalho dependente, físico, repetitivo. A linha de montagem constituía o exemplo mais eloquente e a metáfora mais significativa. O trabalho era nitidamente separado do jogo, em termos tanto conceituais quanto cronológicos.

A partir de meados do século XX, tornou-se cada vez mais possível e frequente delegar às máquinas ou transferir para o Terceiro Mundo grande parte das atividades que requerem esforço físico e uma monótona repetitividade. Decorre disso que, hoje, na sociedade pós-industrial do Primeiro Mundo, somente um terço dos trabalhadores realiza atividades físicas e repetitivas; outro terço realiza tarefas intelectuais de tipo flexível e um último terço realiza atividades intelectuais de tipo criativo.

Infelizmente, porém, em muitos países os sociólogos, economistas e jornalistas usam uma mesma palavra para indicar esses três tipos diferentes de atividade: em sua linguagem parcimoniosa, um carregador "trabalha", um mineiro "trabalha", um bancário "trabalha", um jornalista "trabalha", um cientista ou um artista "trabalham". Como vimos, uma única palavra recobre também toda a gama de conceitos ligados ao jogo, provocando confusões análogas. Se, por exemplo, disséssemos que o carregador *labuta*, o bancário *trabalha* e o artista *se exprime*, provavelmente não cairíamos no consequente erro de juntá-los numa norma em que os três se aposentam na mesma idade, como se suas tarefas fossem igualmente desgastantes.

Como explico de maneira mais extensa no capítulo dedicado à "Beleza", uso provocativamente a expressão "ócio criativo" para indicar aquele estado de graça, comum a todas as atividades intelectuais de tipo ideativo, que se determina quando as três dimensões da vida ativa — trabalho para produzir riqueza, estudo para produzir conhecimento e jogo para produzir bem-estar — se hibridam e se mesclam, permitindo o ato e o produto criativo. Arthur Rubinstein, quando lhe aconselhavam que descansasse, respondia: "Descansar? Descansar do quê? Eu, quando quero descansar, viajo e toco piano".

Segundo Alexandre Koyré, "não é do trabalho que nasce a civilização: ela nasce do tempo livre e da diversão". Isso é verdade quando o trabalho, sendo instrumental e executivo, produz apenas embrutecimento e alienação para quem o realiza. Entretanto, nos casos em que é expressivo e ideativo, ele também contribui para o desenvolvimento da civilização, satisfazendo nossas necessidades radicais, entre as quais, não por acaso, Agnes Heller coloca justamente o jogo ou diversão.

Por sorte, aumenta constantemente o número de pessoas por fim conscientes de que o trabalho não é tudo, de que é necessário casá-lo com o jogo, atenuando as fronteiras entre casa e escritório, entre horas de trabalho e horas de lazer, entre dias de trabalho e dias de descanso, entre períodos de trabalho e períodos de férias.

O trabalho tem sido cada vez mais permeado por atividades formativas e ocasiões lúdicas, e nas férias encontram-se ocasiões de aprendizagem, reflexão e interação. O teletrabalho contribui para essa fértil hibridação.

Há, portanto, esperança para o jogo, desde que ele seja libertado da mercantilização. Huizinga, embora na sua época não pudesse imaginar o nível estratosférico a que chegaria a propaganda atual, mesmo assim é drástico ao dizer: "O verdadeiro jogo exclui a propaganda. Tem em si a sua finalidade. O estado de ânimo e a esfera emocional são de alegre exaltação, não de excitação histérica. A propaganda de hoje, que tenta sequestrar todos os campos da vida, usa os meios destinados a obter histéricas reações de massa, e por isso não se pode aceitá-la — nem quando assume formas de jogo — como uma manifestação moderna do espírito lúdico, mas somente como uma falsificação do mesmo".

Na sociedade pós-industrial que, ao contrário do que ocorria a Huizinga, temos sob nossos olhos e cujas consequências podemos entrever, trabalho e descanso, jogo e ócio, reflexão e estudo são os ingredientes imprescindíveis da criatividade, que unifica a todos e brota dessa união. Na sua época, Keynes sustentou que o problema econômico seria resolvido pela tecnologia e que, consequentemente, a atividade cultural e criativa, monopólio do homem, ocuparia um espaço cada vez maior na vida de nossos filhos. Os tempos estão lhe dando razão. A cultura criativa se nutre do jogo, e assim há ótimas probabilidades de que este venha a se tornar protagonista do mundo pós-industrial e de seu nível de civilização, se for finalmente depurado da mercantilização que hoje o contamina. Há, portanto, esperança para o jogo. Quase certeza.

HOBBY

Uma paixão colateral

Como eu disse no início, o hobby ocupa posição intermediária entre o trabalho e o jogo, entre a seriedade do primeiro e a leveza do segundo. As pesquisas a esse respeito nos mostram que em países como Inglaterra, Estados Unidos, China, Japão ou Canadá cerca de 70% dos entrevistados admitem cultivar um hobby. Na Itália, um em três adultos mantém algum tipo de coleção. Pessoalmente, não pratico nenhum hobby, pelo simples fato de que desde sempre transformei a minha vida inteira, inclusive o trabalho, em hobby. Mas a simples observação do mundo circunstante, corroborada por essas porcentagens, legitima a hipótese de que todo ser humano fatalmente acaba jogando, e é muito provável que, jogando, acabe por cultivar pelo menos um hobby.

Há para todos os gostos e todos os bolsos: desde uma coleção de objetos sem valor como cinzeiros, tinteiros e botões à de objetos macabros como caveiras, ataúdes e cilícios; desde a coleção de porcelanas raras, automóveis antigos, livros antigos e textos autografados à de borboletas, coelhos e pássaros mortos, como a que mantém o protagonista de *O colecionador*, de John Fowles, do qual William Wyler extraiu um filme famoso. Algumas coleções se dispersam com o tempo ou com a morte do colecionador, outras se transformam em museus, como as de Peggy Guggenheim, Lillie P. Bliss, Mary Quinn Sullivan ou Abby Aldrich Rockefeller.

Não há atividade que não possa ser transformada em hobby, desde que seja realizada gratuitamente por quem não é obrigado a fazê-la por dever profissional e desde que seja praticada com método, tendendo à completude. Assim como brincamos, quando crianças, de médicos ou cozinheiros, de pais ou padres, de guardas de trânsito ou noivos, da mesma forma brincamos quando adultos de gastrônomos ou enólogos, cultores de numismática ou discografia, de pesca ou jardinagem, colecionando ingredientes e preparando pratos sem termos restaurante, produzindo e reunindo vinhos sem sermos enólogos, pescando peixes e cultivando flores sem sermos pescadores ou jardineiros profissionais, procurando e colecionando moedas ou discos de vinil mesmo não sendo comerciantes.

O hobby, de fato, pressupõe um deslocamento, uma complementaridade, uma compensação. Não por acaso as pessoas vão à caça ou praticam esportes radicais principalmente quando exercem profissões sedentárias em locais fechados, como centros cirúrgicos ou gabinetes ministeriais; colecionam armas e soldadinhos principalmente quando são pacíficas defensoras da não violência.

À diferença do jogo, que pode corresponder a uma paixão passageira e tende a durar pouco, o hobby tende a uma longa duração, muitas vezes prolongando-se por toda a vida e enriquecendo-a de curiosidade, paixão, estudo, persistência, empenho na busca, satisfação. Como todos os hobbies demandam tempo e muitos exigem dinheiro, prolifera em torno deles uma infinidade de atividades comerciais: lojas e revistas especializadas, agências, feiras, leilões, exposições, reuniões, com um montante de negócios ainda mais vertiginoso e global depois do advento da internet.

Jogador solitário

Se todo hobby encobre uma neurose, a ausência de hobby provavelmente esconde neuroses bem mais graves. Portanto, "*il faut cultiver notre jardin*", é preciso cultivar nosso jardim, como diria Voltaire. Um jardim variado não só pelas flores que desabrocham, mas também pelos jardineiros amadores que os cultivam: o apaixonado, o especialista, o maníaco, o compulsivo, o competente, o irredutível, aquele que precisa enobrecer sua própria mania atribuindo sub-repticiamente ao hobby uma finalidade científica ou filantrópica, aquele disposto a confessar com sinceridade a total futilidade de seu querido passatempo, como acontece numa comédia de Eduardo De Filippo, na qual

— se bem me lembro — o filho se obstina em colecionar tampas de garrafa de cerveja e responde ao pai, que lhe pergunta por que manter uma coleção tão sem graça: "Toda vez que chego a quinhentas, jogo-as fora".

A finalidade oculta do hobbista é curar homeopaticamente o mal obscuro de suas próprias neuroses cultivando outras neuroses, menos obscuras, cujos processos são mais fáceis de conhecer e controlar.

A neurose em que o hobby consiste e se acomoda, fazendo regredir o hobbista a fecundos níveis primários, fornece uma nutrição indispensável tanto para quem tem necessidade de compensar no tempo livre a alienação de seu alienante trabalho profissional como para quem, desenvolvendo um trabalho criativo, precisa nutrir a alma com pausas reflexivas, com atividades alternativas agradáveis, com obrigações voluntariamente assumidas, autoprogramadas e autocontroladas, com as quais pode se desviar da rota e dissolver sua tensão.

Além do mais, o hobby pode fornecer a quem o exerce uma identidade substitutiva à oferecida pelo trabalho, um percurso secundário em direção à autorrealização: com efeito, pode-se ser medíocre e desconhecido em sua profissão, mas campeão famoso em determinado hobby e em seu círculo de adeptos; pode-se compensar a depressão causada por uma carreira infeliz com a euforia decorrente de um hobby bem-sucedido.

Há jogos pensados para jogadores solitários, mas a maioria deles supõe dois ou mais jogadores e muitos espectadores que apreciam, admiram, torcem. Mas — como diria Bernard Courtin — quem é o companheiro de jogo de quem joga sozinho? Cultivar um hobby significa jogar principalmente consigo mesmo: o hobbista é um solipsista mais semelhante a um contemplativo do que a um jogador de futebol ou a um corredor automobilístico: privilegia o gozo solitário, a privacidade, a atividade recolhida, as horas noturnas.

A quem quiser uma descrição deliciosa e detalhada de hobby, hobbistas e gêneros correlatos, basta ler *Per hobby e per passione*, o livro que Giulietta Rovera dedicou ao tema, cujo subtítulo não por acaso é: "Dai fanatici di Barbie ai ladri di manoscritti, dai cultori del sesso ai collezionisti di farfalle".

Don Giovanni Leporello

Na infinita galáxia dos hobbies, despontam três grandes famílias: a *bricolagem*, em que fervilham aspirantes a encanadores e marceneiros, serralheiros e pintores, relojoeiros e decoradores, espeleólogos, construtores de pipas e de sites de internet; o *nomadismo*, que reúne cultores de windsurfe e maratonas, de parapente e safáris, de paraquedismo e escaladas; o *colecionismo*, que, como veremos, pode compreender a coleta, a coleção e a classificação de qualquer coisa, mesmo a mais impensável. De fato, nessa última categoria é preciso diferenciar entre o coletor que amontoa sem distinção, apenas pelo gosto de engavetar objetos ao infinito; o verdadeiro colecionador, que tem uma estratégia, um método, um objetivo, um ponto de chegada, e busca escrupulosamente a qualidade, a perfeição e a unicidade; o classificador, que se preocupa em designar a cada elemento colecionado a rigorosa posição que lhe cabe segundo uma escala de valores ou uma tabela ideal de dupla entrada.

Don Giovanni é um coletor; Leporello é classificador. Durante toda a ópera mozartiana, o onívoro Don Giovanni tenta seduzir todas as mulheres que lhe passam pela frente, enquanto Leporello organiza com meticulosa diligência a contabilidade: "Senhorita, o catálogo é este, com as mais belas que meu patrão amou [...]. Na Itália, 640; na Alemanha, 231; cem na França; na Turquia, 91; mas na Espanha são já 1003. Há entre elas camponesas, criadas, citadinas, há condessas, baronesas, marquesinhas, princesas e há mulheres de todo nível, de toda forma, de toda idade".

O colecionador engloba tanto a função de coletor quanto a de classificador, levando ambas à máxima perfeição metodológica de que é capaz. De fato, ele é um voraz acumulador de objetos, mas não amontoa às baldas coisas de qualquer espécie, sem nexo recíproco, pelo simples gosto quantitativo (como fez, por exemplo, o diretor do V&A Museum Henry Cole com sua famosa "câmara dos horrores"), mas seleciona escrupulosamente exemplares imprescindíveis, seguindo pistas rigorosas (como fez, por exemplo, William Thompson Walters com sua imponente coleção de porcelanas chinesas). Se vocês visitarem a Linneam Society em Burlington House, Londres, poderão se perder entre o que resta das 14 mil plantas, dos 3198 insetos e das 1564 conchas que Lineu colecionou no século XVIII. Não menos imponente era a coleção de Darwin no século XIX. Todos os colecionadores, de Sigmund Freud a François Pinault, respondem a "uma necessidade compulsiva de ampliar e melhorar a realidade, de incluir o maior número de elementos possíveis sob um guarda-chuva protetor, para exercer um controle sobre eles, regulamentá-los e ampliá-los", como disse Jacqueline Yallop, que dedicou ao colecionismo de época vitoriana um ensaio não menos caviloso do que as coleções que menciona.

Comparáveis aos colecionadores são os compiladores de dicionários e enciclopédias. Colocar em ordem alfabética milhares de vocábulos, fatos e personagens, listar meticulosamente os significados, os sinônimos, os afins e os antônimos supõe uma predisposição quase maníaca à classificação, à ordem, à completude, que, por sua vez, supõe uma incerteza inquietante, uma necessidade absoluta de balizas e faixas que o autor busca aplacar atestando a si mesmo e aos outros a posse de um conhecimento ordenado, completo, onisciente.

O colecionador, como diz o psicólogo Olivier Coron, quer sempre "constituir uma série". O que, de fato, indica a essência do colecionar não é o tipo de objetos colecionados (que vão de palavras a cadeiras, de facas a ametistas, de plainas a quadros setecentistas napolitanos, de números de bonecos do Pato Donald a preservativos), mas a sistematicidade no planejamento, a paciência na busca, a completude na coleção, o cuidado na restauração e conservação, todas elas coisas que pressupõem o conhecimento científico do campo em que os objetos se inserem, a atualização pontual desse conhecimento, a vastidão da rede tecida pelo colecionador com todos os acometidos de sua mesma doença, que Freud define como fetichismo. E Freud entendia disso, visto que, desde 1890, todas as quartas-feiras, percorria os mercadinhos de Viena em busca de achados de arte primitiva egípcia, turca, grega, etrusca, romana, mas também médio-oriental e chinesa que, somados aos achados reunidos em suas viagens ao Sul e aos livros de arqueologia, vieram a constituir sua coleção com cerca de 2 mil peças, entre as quais — por seu desejo expresso — hoje descansa também a urna com suas cinzas.

A paixão filatélica

Um bom exemplo de colecionismo é o de selos, difundido no mundo desde meados do século XIX: em 1861 surgiu na França o primeiro catálogo, e em 1862 o primeiro álbum de coleção. No mesmo ano, na Inglaterra, surgiu a primeira revista especializada, a *Monthly Advertiser*; quatro anos depois, em 1886, foi fundada nos Estados Unidos a Excelsior Stamp Association. Aos poucos, foram-se afirmando o culto das raridades, o uso dos catálogos, as listas, as cotações, as agências, as lojas, os concursos, os prêmios, as trocas, as exposições, o reembolso postal, até a compra e venda, de 1995 em diante, no eBay de Pierre Omidyar. Quanto às coleções, há as genéricas, *first day cover*, temáticas, macrófilas, específicas, aerófilas, por tema, por época, por território, por modalidade de envio e assim por diante.

O mundo dos filatelistas ostenta campeões míticos como Philippe Renotière von Ferray (1850-1917), considerado até hoje o maior colecionador de todos os tempos. Sua imensa coleção parisiense, que incluía o selo mais raro do mundo — o único exemplar One Cent preto em fundo magenta, emitido em 1856 pela Guiana Inglesa —, foi depois requisitada pelo Estado francês e vendida em leilão pelo valor astronômico de mais de 26 milhões de francos. Superada uma série de vicissitudes, o One Cent foi vendido em leilão em 1985 por 1 milhão de dólares; depois disso, não se soube mais nada. Igualmente raro e famoso, o selo americano Z Grill, que representa Benjamin Franklin e do qual existem somente dois exemplares no mundo, foi arrematado por 3 milhões de dólares num leilão em 2005. Existem apenas três exemplares perfeitamente conservados de um selo azul de 23 centavos emitido em 1851 no Havaí. Um desses três exemplares estava em posse do colecionador Gaston Leroux; dois estavam com um amigo seu, que pediu insistentemente a Leroux para comprá-lo, a fim de completar a série. Leroux recusou, e em junho de 1892 foi assassinado pelo amigo, que assim pôde lhe roubar a triste raridade.

O colecionismo filatélico, como quase todos os colecionismos "nobres", é regulado por normas extremamente rigorosas que os próprios colecionadores se impõem através das suas associações, para definir a raridade, a qualidade, o estado de conservação, enfim, os parâmetros dos quais dependem a cotação do exemplar e, portanto, seu preço de mercado. A raridade de um selo depende, por exemplo, da duração de sua validade postal, da tiragem de sua emissão, da distribuição casual ou voluntária, da data de carimbo. Além da raridade, conta a qualidade de conservação, determinada pelo estado das serrilhas, pela centralização da vinheta, pela condição do papel, da cor, da cola, do carimbo.

Os selos com partes faltantes, rasgados ou cortados, perfurados, com falhas no serrilhado, com abrasões no verso, afinados na frente ou retalhados são tidos como "quebrados" e desprezados. Os selos definidos em péssimo estado de conservação são os estragados pela umidade, com leve afinamento na frente, com dobras, serrilhado curto, amarelecimento da cola.

Há ainda todos os instrumentos indispensáveis a qualquer filatelista que se respeite, da lente de aumento às pinças, do odontômetro ao filigranoscópio, do classificador à lâmpada de Wood.

Hobby e criatividade

Quando o trabalho consiste numa expressão criativa, acaba por assumir muitos aspectos do hobby e, quase se identificando com ele, oferece ao trabalhador as mesmas satisfações que o hobby oferece ao hobbista. Nesse sentido, longe de representar uma atividade subsidiária, quase supérflua, o hobby constitui uma experiência preciosa, oferecendo inclusive um modelo organizacional aplicável a todos os trabalhos em que predomina a criatividade.

O hobby é um jogo agradável decidido pelo jogador, não um dever desagradável imposto por necessidades externas, e o *Homo ludens* de Huizinga, assim como o hobbista, joga por mil motivos, mas, principalmente, por jogar. Por outro lado, o *Homo faber* de Taylor e de Ford trabalha para produzir porcas e ter seu ganha-pão com uma atividade prática que consiste em trabalho físico, dureza, exaustão, repetitividade, procedimentos, controles. Na fábrica entra-se por contrato, sai-se por contrato. No jogo, onde se entra e se sai por decisão pessoal, os aspectos agradáveis como a curiosidade e a habilidade prevalecem sobre os desagradáveis, como a tensão e o xeque, que no entanto podem coexistir. Entra-se no hobby, mas raramente sai-se dele. Seu domínio psicológico é forte e duradouro; o risco que comporta, bem como a imaginação, a sistematicidade, o método, a competência, a tenacidade, a paciência necessária, imprime-lhe uma seriedade e uma liberdade que se assemelham muito às do trabalho criativo. A autoprogramação dos tempos, o autocontrole dos resultados, a febril busca de soluções, a explosão alegre do resultado fazem com que o hobby ofereça uma felicidade consciente que se parece muito com a oferecida pelo jogo.

Se nos trabalhos executivos, isto é, nos dois terços de todos os trabalhos existentes nos países avançados, os aspectos desagradáveis da exaustão física, do tédio mental, da subordinação hierárquica são remunerados com o salário que permite o conforto ao trabalhador e à sua família, no jogo e no hobby é o próprio ato de jogar que gratifica o jogador, fornecendo-lhe um prazer imediato e reforçando sua motivação.

O mesmo acontece com o último e mais prestigioso terço dos trabalhos existentes, isto é, os de natureza criativa. Como observa o fotógrafo Oliviero Toscani, é difícil pensar que Leonardo, Caravaggio ou Fellini cultivassem um hobby: o trabalho já era hobby, e ambos coincidiam com a vida deles. Com efeito, se não há nenhuma afinidade entre o trabalho executivo e o hobby, é quase completa a identidade entre o hobby e o trabalho criativo: ambos divertidos, ambos confiados à motivação do sujeito que se autoprograma, se autocontrola, se auto-organiza.

Esvai-se assim a distância entre a bricolagem de um hobbista e o trabalho de um arquiteto, entre um colecionador de obras de arte e o diretor de um museu, a partir do momento em que praticam uma mescla de trabalho, estudo e jogo, perseguindo finalidades análogas.

Restam, obviamente, diferenças notáveis: o arquiteto e o diretor de museu têm um título acadêmico compatível com suas tarefas, trabalham por encomenda, são pagos, são submetidos a vínculos contratuais e prazos precisos; quem exerce a bricolagem ou quem coleciona arte por hobby é, por sua vez, desprovido do respectivo reconhecimento acadêmico, trabalha por iniciativa e conta próprias, não está vinculado a contratos e não tem prazos.

As afinidades dizem respeito principalmente à esfera organizacional: para organizar um trabalho criativo, para avaliá-lo e gratificá-lo, assim como para organizar, avaliar e gratificar um hobby, não são necessários os métodos da fábrica industrial centrados no controle: são necessários métodos originais, franqueados pela administração científica e centrados na motivação. Quem deve realizar um trabalho criativo ou quem tem a tarefa de organizar uma equipe criativa pode aprender muito mais com aquele que desenvolve atividades análogas sob a forma de hobby do que nos manuais de management, usualmente inspirados pela experiência industrial de tipo manufatureiro.

A organização industrial, visando à eficiência entendida como rapidez, serialidade, subdivisão, impôs aos trabalhadores os ritmos frenéticos da máquina, desprezando seus biorritmos naturais. Por sua vez, a sociedade industrial, adotando esses ritmos ansiogênicos do trabalho compulsório, veio a impô-los à vida urbana sem levar em conta as mil astúcias da mente — hobby incluído — com que os cidadãos tentam reconquistar o luxo da pausa e, no fim das contas, a plenitude da vida.

O hobby requer tempo e, na nossa sociedade pós-industrial, que herdou um conceito paradoxal de tempo, pode representar um exercício eficaz para recuperar sua arte perdida. Os ritmos do hobby são os mesmos do trabalho criativo. Até no mais fútil dos hobbies, esses ritmos exercem uma função libertadora e revigorante, e exorcizam a futilidade da existência aplicando nossa mente ao sublime exercício de conferir sentido às coisas. Quem cultiva um hobby decidindo livremente o início, o ritmo e a duração tem todo o vagar para recuperar e saborear o prazer do tempo, seu fluxo, sua dilatação. Com o cuidado amoroso das nossas paixões e a gestão disciplinada das nossas capacidades criativas, o hobby oferece-nos uma passagem secreta para a consciência de que, no mundo da pressa, a disponibilidade de tempo representa um luxuosíssimo luxo.

I. Interpretação

Não existem fatos, só interpretações.
FRIEDRICH NIETZSCHE

Não dirijo os atores, dirijo os espectadores.
ALFRED HITCHCOCK

Desperta! Deixa a minoridade.
IMMANUEL KANT

TODOS BOUVARD, TODOS PÉCUCHET

Flaubert acalentou longamente a ideia de escrever algo sobre a estupidez humana, e, para nossa sorte, não sendo sociólogo e sim artista, deu a suas reflexões a forma de um romance, *Bouvard e Pécuchet*, cujos protagonistas são dois simplórios, que se aventuram a um improvável aperfeiçoamento cultural. Quando um dos dois velhos escreventes recebe inesperadamente uma grande herança, propõe ao outro que se retirem para o campo e se dediquem à cultura. Despreparados como são, sem nada entender, os dois leem desordenadamente livros de agronomia e jardinagem, de anatomia, arqueologia, história, mnemônica, literatura, hidroterapia, espiritismo, veterinária e tudo o que se possa imaginar.

Borges menciona (ou inventa) que Flaubert, para descrever escrupulosamente as reações dos dois tolos que tudo leem sem nada compreender, devorou em cinco anos

1500 tratados de anatomia, agronomia, pedagogia, física, metafísica e assim por diante. Mas, como observa agudamente Émile Faguet num antigo ensaio sobre essa história, "se alguém se obstina em ler do ponto de vista de alguém que lê sem entender, em pouquíssimo tempo chega a não entender absolutamente nada e a ser obtuso por conta própria!".

Assim Flaubert se deu conta de que, de tanto ler tratados às baldas, sem entendê-los, também estava se tornando obtuso. Em outros termos, não era ele que escrevia *Bouvard e Pécuchet*, mas eram seus dois personagens tolos que o estavam escrevendo. Aliás, aconteceu o mesmo com Goethe quando se apercebeu de que não era ele que construía Fausto, mas era Fausto que o estava transformando. O mesmo aconteceu com Tolstói, quando foi obrigado a reconhecer: "Perdi o controle sobre Ana Kariênina". E também com Picasso: "A pintura é mais forte do que eu; obriga-me a pintar o que ela quer".

Foi por isso que Flaubert, alarmado pelo seu progressivo abobalhamento, ao chegar ao oitavo capítulo de sua obra-prima, deu uma guinada imprevista, conferindo a seus dois anti-heróis uma centelha de inteligência: "Então uma penosa faculdade despertou no espírito deles: a de reconhecer de imediato a tolice e não conseguir mais tolerá-la".

Eis o que somos em relação aos mass media: uns Bouvards e Pécuchets antes da repentina, providencial lucidez reconquistada. Expomo-nos a todos os tipos de programas, mesmo que não nos interessem minimamente; deixamos que nos prendam e nos preencham; submetemo-nos docilmente à sua intrínseca tolice ou à sua melosa desonestidade intelectual; agimos com eles, como eles, para eles e para suas finalidades, em vez de administrá-los conscientemente e para nossos próprios fins.

Ao longo da evolução, nosso corpo veio a perceber que o alimento, acima de certa quantidade, faz mal à saúde, e então tratou de elaborar alguns servomecanismos psicofísicos que o impedem de comer em excesso. Quando passávamos fome, éramos ávidos por qualquer alimento; agora que sofremos de obesidade, apreciamos finalmente as dietas.

Talvez o tempo transcorrido desde o advento dos mass media seja curto demais e a nossa mente ainda não tenha conseguido compreender os perigos de seus excessos nem calibrar os servomecanismos para evitá-los. Por outro lado, os efeitos desinformativos da informação não têm a mesma virulência em todas as sociedades avançadas: a distância entre opinião pública e fatos reais é tão maior quanto mais o sistema informativo é parcial, seleciona as notícias segundo prioridades ardilosas, aborda-as de maneira tendenciosa, não relata os fatos com exatidão e os afoga num mar de opiniões superficiais, acríticas ou trapaceiras.

Um país é tão mais civilizado quanto mais os seus habitantes são informados corretamente dos fenômenos que lhes dizem respeito. Em 2014, o instituto de pesquisas Ipsos Global @dvisor realizou uma pesquisa em catorze países para apurar seus níveis de informação. O índice foi montado comparando a opinião dos entrevistados sobre a situação real. Por exemplo, os italianos acreditam que os muçulmanos correspondem a 20% da população, enquanto na verdade correspondem a 4%. Acreditam que os cidadãos com mais de 65 anos de idade compõem 48% da população, enquanto na verdade compõem apenas 21%. Acreditam que na Itália os desempregados são 49% da população, enquanto são menos de 13%. Acreditam que os votantes nas últimas eleições políticas foram 59%, enquanto na verdade foram 72%. O resultado geral, expresso num "Índice de ignorância", vê a Itália no primeiro lugar na escala dos países mais desinformados, seguida pelos Estados Unidos e a Coreia do Sul. O país mais corretamente informado, por sua vez, é a Suécia, seguida pela Alemanha e pelo Japão.

A nossa ignorância nos leva a crer que ela depende mais da falta de informações do que da nossa capacidade de elaborá-las: basta entupir a mente com noções e eis que ela, como que por milagre, se torna inteligente e culta. Daqui a propensão ao uso desmoderado, automático, acrítico, perene, ubíquo dos mass media.

Até algumas décadas atrás, a tentação de atulhar o cérebro com informações de todo tipo era mitigada pela dificuldade de repeti-las. Mas hoje elas chegam em domicílio, em todas as horas e com todos os meios, escorreitamente insinuam-se em todas as dobras da nossa existência, cientificamente preenchem todos os interstícios, sistematicamente colonizam nosso pensamento, submetendo-o, instrumentalizando-o, domesticando-o.

Hoje, portanto, a tentação de abandonar-se ao fluxo sedutor, incessante, aparentemente gratuito dos mass media é quase irresistível e coloca em segundo plano a necessidade de tabelá-lo e adquirir, paralelamente, a capacidade de uma elaboração crítica indispensável para decodificar, selecionar e metabolizar as mensagens, em vez de ser colonizado por elas.

Como pode ocorrer que justamente a parte mais rica e escolarizada do planeta tenha sido vítima desse sortilégio, que a torna intelectualmente cada vez mais carregada de informações, mas culturalmente cada vez mais vazia de sabedoria e politicamente cada vez mais inerte diante do excessivo poder dos meios de comunicação?

Segundo meu ponto de vista, são pelo menos três os motivos desse estado de coisas, além do excesso de comodidade com que é possível abastecer-se de informações através das mídias.

UM FLUXO URBANO

O primeiro motivo consiste na natureza apuradamente urbana das mídias, caracterizadas por um fluxo que, indo da cidade à periferia, confere a elas uma atraente chancela de indiscutida excelência. John Nasbitt sustentava que "as tendências nascem embaixo e seguem para cima, enquanto as modas se difundem de cima para baixo". Os mass media participam mais da natureza das modas do que da natureza das tendências. Assim como nos dois séculos passados a cidade foi o local privilegiado da produção material, analogamente tornou-se hoje o local privilegiado da produção e dos consumos imateriais.

Jean Gottmann diria que se tornou transacional, isto é, sede de troca e interação entre recursos cada vez mais abstratos, "promotora e consumidora dos velhos e novos ritos com que as massas satisfazem suas necessidades de consumismo, estacionamento para os novos nômades, fluida e interdisciplinar, densa, poderosa e dinâmica".

Nascendo nos centros urbanos, as mídias tendem a transformar o mundo numa única, vasta, envolvente cidade onívora: a Telépolis, o *monstrum* teorizado pelo sociólogo espanhol Javier Echeverría (de quem falo mais amplamente no capítulo intitulado, justamente, "Telépolis"), em que as mídias fornecem informações e interpretações, e na qual a internet provê a interação entre os cidadãos, transformando-os em *audience* e manipulando seu consenso.

Em sua primeira fase rudimentar, a Telépolis consistia em comunicações telefônicas e radiofônicas; depois se acrescentou a televisão não interativa, que permitia a um pequeno número de telepatrões falar para uma infinidade de telescravos; agora que a televisão se tornou interativa, que a internet e o correio eletrônico se difundiram, os telescravos conquistam a palavra e a Telépolis é interiorizada pelos seus cidadãos planetários.

Estamos, portanto, diante de uma cidade ilimitada, capaz de dilatar a cultura do indivíduo e de seu clã confrontando-a e hibridando-a com toda a cultura do planeta. Uma nova entidade que transforma cada indivíduo sedentário num nômade cuja cabeça dá a volta ao mundo, enquanto o corpo fica em casa; que pode prolongar a vida além da morte, permitindo ver e ouvir defuntos imortalizados nos compact discs; que consegue inclusive utilizar suas feições para atuar com efeitos especiais em novas histórias virtuais.

MEDIA BUSINESS

O segundo motivo pelo qual cada cidadão se empanzina de informações, das quais não sabe se defender, é o imenso *business* que está sob os mass media, a partir do momento em que estes têm o poder de transformar o consumo de imagens em geração de riqueza.

Isso ocorre de duas formas. A mais evidente e analisada é a pressão racional, emocional, psicológica, psicanalítica que as mídias exercem para que se consuma de tudo e cada vez mais, além de votar em determinado candidato, abraçar determinada fé religiosa, assumir determinado comportamento social. A segunda forma de mercantilização que pode ser atribuída às mídias, muito menos evidente, consiste em traduzir as escolhas dos indivíduos em valor para as empresas.

Quanto maior o número de espectadores que concedem seu tempo a um canal de televisão, maior o preço que esse canal cobra por seus espaços publicitários. Quanto mais caro o espaço publicitário, mais esse custo é transferido para o preço do produto anunciado. Quanto mais se encarece o preço do produto anunciado, mais os telespectadores que compram esse produto são penalizados, embeiçados pela publicidade. Ao dar *audience*, ele paga duas vezes: quando "concede" sua sintonização na estação emissora e quando corre para comprar os produtos anunciados por essa estação, que incluem também o custo da propaganda em seus preços.

Assim como o operário da linha de montagem produzia as porcas avulsas sem se dar conta do automóvel inteiro que aquelas porcas contribuíam para produzir, da mesma forma o telespectador produz momentos de atenção sem se dar conta da *audience* que assim contribui para formar.

O enorme valor econômico que um telespectador produz, sem que o saiba, pelo simples fato de apontar o controle remoto para determinado programa, levou os gestores da informação a cortejá-lo com todos os meios, até convertê-lo em consumidor incansável dos mass media, empanzinado de informações, um teledependente.

A ASTÚCIA DA RAZÃO

O terceiro motivo que determinou esse nosso empanzinamento acrítico consiste na astúcia da razão subentendida na construção das notícias: o modo como se escolhe dar, enfatizar, atenuar, calar uma notícia; a cientificidade ou a tendenciosidade com que se abordam as fontes; o tratamento e a manipulação das informações; o *editing*, a escolha do *medium*, a taxonomia com que as notícias são distribuídas; o controle com que se mede e se distorce o efeito das notícias sobre o público.

Basta pensar no cuidado com que a notícia é inflada, abandonada, retomada. De início, explora-se durante alguns dias um sequestro ou um degolamento. Depois, após sugar o evento ao máximo, abandona-se o caso e largam-se seus protagonistas a seus destinos. Mais tarde, revitalizada por uma nova notícia análoga, a notícia antiga de repente reconquista a memória do jornalista, do jornal e, portanto, de seu público. Diante da eventual invocação de sigilo na imprensa, o *medium* finge concedê-lo por alguns dias, mas preenche astutamente o vazio com comentários sobre o próprio silêncio. O jogo é tão sutil que só alguns leitores menos despreparados percebem o pequeno ardil, segundo aquele belo ditado napolitano que, traduzido, perde qualquer encanto, mas, em todo caso, diz: "Você me engana e eu percebo. Mas você não percebe que eu percebi que você me engana".

DELÍRIO E PESSIMISMO

Por outro lado, numa sociedade centrada na informação, o jornalista pode facilmente cair num delírio de onipotência: o mesmo que, até algum tempo atrás, caracterizava o burocrata. Esse resíduo espanholesco, que aprendemos a conhecer através dos romances históricos de Manzoni ou Sciascia, e que constituía a alegria secreta dos *grand commis*, que atingiam seu orgasmo burocrático quando podiam ostentar diante das massas inermes o privilégio de seu extremo poder legalizado; esse resíduo espanholesco revitalizado pela modernização tecnológica constitui a doença infantil do jornalista, que sabe que pode destruir com um título ou uma "chamada" a respeitabilidade de um governante ou de um homem de bem.

Há sempre um selo real, um decreto imperial que sanciona, em plena democracia republicana, a exceção concedida ao poder público para que se permitam prevaricações proibidas ao cidadão privado. E é precisamente a persistência desses privilégios que marca o divisor de águas entre as democracias plenas dos países onde até mesmo o próprio rei anda a pé ou toma um táxi e as democracias disformes onde até o último capacho utiliza carro oficial e seguranças. Do mesmo modo, há sempre uma saída legal, uma conivência corporativa que oferece ao jornalista exaltado a possibilidade de forçar os limites da sua ética profissional e desfraldar a onipotência de seu papel.

Uma das distorções mais cortejadas é a do pessimismo. O pessimismo dos conselheiros do príncipe agrada tanto ao príncipe quanto aos súditos. Os padres, os economistas, os ecologistas rivalizam para formar uma triste guirlanda pessimista. Já em sua época, Anaxágoras recomendava a Péricles que não bebesse, porque o vinho o deixava de bom humor e o fazia rir: rindo, não seria levado a sério e seria o fim dos tebanos, isto é, perderia o poder. Muito mais recentemente, os italianos passaram a tomar Amedeo Nazzari por grande ator só porque fazia chorar e a tomar Totó por ator chinfrim só porque fazia rir.

O pessimismo é obrigatório principalmente entre os intelectuais, e jornalistas são intelectuais. Um intelectual autêntico deve ser pessimista, de outra forma não é crível e, principalmente, não é chique. São milhares os livros publicados nos últimos anos profetizando desgraças desde o próprio título. A corda pessimista mais utilizada é a da incerteza, da irracionalidade, da violência crescente: tudo, antigamente, era bom, seguro, preciso, previsível, tranquilizador. Sabemos bem que, inclusive no nosso Ocidente rico, até ontem milhares de crianças morriam antes mesmo de aprender a falar; milhares de pessoas eram ceifadas por epidemias súbitas; milhões de cidadãos viviam na mais esquálida miséria, sem esperança de sobreviver até o dia de amanhã; a alimentação, os direitos civis, o ensino, a higiene eram negados à imensa maioria da população e até os príncipes se viam indefesos perante uma dor de dentes ou uma apendicite. Mas nossos jornalistas-intelectuais continuam a prantear os bons tempos de outrora.

UNIQUENESS

Obviamente, a pior doença do jornalismo é a incompetência, a necessidade autoimposta de falar também de coisas que não se dominam. "Ninguém é tão imperito na arte de governar quanto o perito em algo totalmente diferente", respondia Luigi Einaudi para quem lhe objetava que os ministros deviam ser escolhidos não só pelas capacidades políticas, mas também pelo conhecimento específico dos assuntos pertinentes a suas pastas. Na época em que Einaudi sustentava essa tese, tanto as ciências ditas exatas quanto as ciências humanas estavam empenhadas na busca de princípios universais, válidos para todas as circunstâncias, na convicção positivista de que apenas a descoberta e a adoção desses princípios poderiam tornar determinada disciplina realmente científica.

Nas empresas, esse cientificismo foi introduzido por Taylor, que não por acaso deu a seu livro mais famoso, destinado a se tornar a bíblia dos executivos, o título de *Princípios de organização científica* (1911). Na abertura do texto, Taylor diz que, originalmente, escrevera a obra para engenheiros, técnicos e dirigentes industriais, mas que ficava bem claro que "os mesmos princípios podem ser aplicados com a mesma eficácia a todas as atividades sociais: à direção de nossa casa ou de nossas fazendas, bem como à direção de nossas instituições religiosas ou filantrópicas; à organização de nossos negócios comerciais, grandes e pequenos, bem como ao funcionamento de nossas universidades ou nossos departamentos de Estado".

Contra essa indemonstrada "*uniqueness*", assumida como princípio de todos os princípios, de um lado pesava a teoria da relatividade de Einstein, e, de outro, opunham-se as inflexíveis objeções de Mary Parker Follett, a mais genial das estudiosas de management. A partir de então, a *uniqueness* parecia sepultada para sempre, até ser exumada pelo top management das empresas, pelos políticos mais poderosos e principalmente pelos jornalistas, para os quais o mesmo construtor e divulgador de notícias é capaz de operar indiferenciadamente no setor judiciário ou no político, nas crônicas sentimentais e nas policiais, no esporte e nos espetáculos, na literatura, na música e na Bolsa.

As grandes empresas editoriais americanas e os grandes jornais se entregam de corpo e alma a ditadores absolutos, aos quais são atribuídas qualidades taumatúrgicas compensadas com salários bilionários. Esses executivos e esses jornalistas são especialistas somente em duas coisas: fazer *audience* e ganhar dinheiro. É esta a sua *uniqueness*. Por isso, passam indiscriminadamente, cinicamente, de uma empresa a outra, de um setor a outro, com a única tarefa de maximizar o valor das ações e das informações. Quer produzam ou distribuam notícias, seu mote é sempre o mesmo: "*Make money and information*". Também o poder midiático italiano está nas mãos de uma dezena de pessoas que há anos continuam a exercê-lo com petulante, intrometida, onívora prepotência e perpétua arrogância. Selecionam as informações, censuram-nas, distorcem-nas, compõem astuciosamente os *panels* de seus convidados de modo a conduzi-los pelas rédeas como quadrigas de lebreiros domesticados, criticam os costumes com um moralismo tartufiano, cortejam os vencedores e expelem desenvoltamente os perdedores. Denunciam os conflitos de interesse alheios, mas fazem mútua propaganda com seus lixos impressos, poluindo o mercado cultural com milhões de exemplares de pequenos ensaios e romances subnormais. Abarrotam desde o papel impresso ao rádio e à televisão, ocupando seus menores interstícios para não deixar espaço a alguma *new entry*. São conscientes do seu poder e o exercem com cinismo. Elogiam e espinafram a torto e a direito, dão votos, reprovam e promovem, temidos e cortejados pelos políticos, prelados, magistrados, empresários, intelectuais. E, uma vez conquistado o espaço para seus editoriais, para suas rubricas, para suas transmissões, conservam-no ao infinito, infligindo ao público suas escórias, suas citações, alusões, ideiazinhas de segunda mão, apresentando-se como historiadores, economistas, politólogos sem nada ser e nada saber.

As grandes empresas jornalísticas ou de radiotelevisão não são organismos autônomos: dependem dos poderes fortes, aos quais interessa sobretudo a confiabilidade dos porta-vozes. Se um jornalista é fiel à coalizão "A", automaticamente é considerado capaz de gerenciar todas as informações caras àquela coalizão, prescindindo de sua competência e da natureza das informações. A opinião pública inexperiente em ciências organizacionais toma como verdade científica que um diretor de jornal ou um jornalista possam transitar com desenvoltura entre um setor e outro, pois sua função não se refere a questões especializadas, mas consiste simplesmente em construir e difundir, junto ao *target* mais amplo possível, as notícias que interessam ao editor de referência.

Enquanto hoje, como dizia Ennio Flaiano, até o idiota é especializado, o jornalista e o diretor de um jornal podem, no entanto, permitir-se a mais total e desespecializada intercambialidade. As direções e redações são constitucionalmente generalistas. Quanto mais graves e complexos são seus problemas, mais podem ser confiados a "peritos em algo totalmente diferente".

OS SENHORES DO MUNDO

Demos um passeio pelos vícios congênitos à informação pós-moderna sem entrar em seus pecados mortais cientificamente orquestrados, como no caso de Rupert Murdoch. Australiano, com três esposas e seis filhos, meio século atrás ele herdou do pai um jornal diário e, desde então, cresceu a olhos vistos também no setor televisivo. Como bom conservador reacionário, Murdoch vê na União Europeia "um edifício socialista", portanto decadente, em oposição aos Estados Unidos, civilização vitoriosa porque "Deus está sempre do lado dos grandes batalhões". O *Weekly Standard* forneceu a George W. Bush muitos ghost-writers e é o órgão de referência dos neoconservadores americanos.

O arsenal de Murdoch conta com 175 jornais no mundo, entre os quais *Times*, *Sunday Times*, *Sun* e *News of the World* no Reino Unido; *New York Post* e *Weekly Standard* nos Estados Unidos: todas as semanas, são vendidos 40 milhões de exemplares em todos os continentes. Ao papel impresso devem-se somar as redes de tevê: monopólio na Austrália, Sky TV na Europa, Fox News e Direct TV (11 milhões de assinantes) nos Estados Unidos; Sky Perfect TV (41 milhões de assinantes) na China; na América Latina, Sky México e Sky Brasil, além da Sky Chile, que cobre também a Argentina e a Colômbia; mais de 5 milhões de assinaturas no Japão, Índia, Líbia e Egito; outros 5 milhões na Itália. Feitas as somas, 120 milhões de assinantes espalhados pelo planeta.

A que assistem diariamente esses 120 milhões de destinatários das mensagens com a marca Murdoch? Futebol e esporte acima de tudo, e depois ficção, desenhos animados, noticiários e outras coisas mais.

Um império planetário em contínua expansão até que, no verão de 2011, explodiu na Grã-Bretanha o escândalo do *News of the World*, tabloide dominical, joia de ponta do império Murdoch, adorado pelos ingleses e pelos anunciantes, dirigido pela desabusada Rebekah Brooks, que, com o conhecimento e a complacência de seu patrão, fundava o sucesso do jornal em fofocas, delações, calúnias, escândalos, amores velhos e novos, verdadeiros ou imaginários, de personagens famosos ou em busca de fama. Todo um *gossip* construído na base da utilização fraudulenta de escutas ilegais, transformação de jornalistas em espiões informáticos, emprego sistemático de investigadores particulares e corrupção de agentes da Scotland Yard para obter informações confidenciais.

Como observou na época um jornal católico italiano, o *News of the World* não era um jornal qualquer, era o que de melhor o tabloide sensacionalista anglo-saxão soubera realizar: perfeito, citado, informadíssimo. Uma máquina de guerra da revelação com seu calcanhar de aquiles: um jornal sensacionalista é obrigado pelo seu próprio DNA a passar, mais cedo ou mais tarde, do *gossip* à violação da privacidade.

O mito do jornalismo anglo-saxão baseado numa pretensa objetividade, assegurada por sua vez pela alardeada separação entre fatos e opiniões, é exatamente isso — um mito: a própria Inglaterra que o criou depois destruiu toda a sua credibilidade, degradando o jornalismo a voyeurismo e favorecendo uma degradação análoga da política. Não por acaso, o diretor do *News of the World* foi contratado pelo primeiro-ministro David Cameron como consultor de comunicação.

Mas Murdoch, fiel ao princípio "os negócios em primeiro lugar", não faz nenhuma distinção entre esquerda e direita, aliando-se indiferentemente ao conservador David Cameron ou ao trabalhista Tony Blair.

A evaporação planejada das fronteiras entre direita e esquerda foi a obra-prima perseguida e realizada pelas mídias em todo o Ocidente. Elaborações científicas, ideologias incandescentes, lutas de classe, sacrifícios, altruísmos, miséria, perseguições, exílios, resistências, heroísmos de milhões de explorados foram homologados como exploração, prevaricação, abusos, furtos, desperdícios, autoritarismos, fascismos, cinismos de milhares de exploradores.

Enfim, Woody Allen disse que "na Califórnia não jogam fora o lixo, transformam-no em programa de tevê"; na Inglaterra, transformaram-no no *News of the World*; no resto do planeta, transformaram-no numa densa rede de jornais, periódicos, programas de rádio e tevê estritamente aparentados e interligados, capazes de aplainar as diferenças, corromper os intelectuais, enredar os empreendedores, adormecer os pensantes, manipular as massas, reduzidas a dóceis consumidoras de ideias e objetos pré-fabricados, pré-cozidos e pré-mastigados. No mundo inteiro, os detentores do poder midiático se limitaram a condicionar o poder político. Na Itália, foram além e tomaram diretamente nas próprias mãos a gestão da coisa pública.

PÓS-MODERNIDADE E POPULISMO

Trinta anos atrás, um movimento filosófico pós-moderno, que tinha suas raízes no pensamento de Friedrich Nietzsche (o mundo verdadeiro tornou-se uma fábula), de Michel Foucault (saber e poder coincidem; os conhecimentos não são neutros, mas sempre interessados), de Hans-Georg Gadamer (a linguagem é a nossa mediação com o mundo) e de Jacques Derrida (nada existe fora do texto), difundiu o conceito de "pensamento fraco" e a convicção de que não existem mais dados objetivos porque não há mais autoridades capazes de certificá-los. Consequentemente, como já sustentava Nietzsche, não há fatos, mas apenas interpretações que, à diferença dos fatos, são autenticadas pela assinatura do intérprete.

Os pais fundadores desse movimento intelectual foram, na França, Jean-François Lyotard (Iluminismo, Idealismo e Marxismo são grandes discursos já encerrados; não existem mais ideologias capazes de legitimar o saber) e Jean Baudrillard (as mídias assassinaram a realidade); nos Estados Unidos, Robert Venturi e Denise Scott-Brown (é preciso aprender com Las Vegas), Francis Fukuyama (a história acabou) e Richard Rorty (a objetividade é um mito filosófico que deve ceder lugar à solidariedade); na Itália, Gianni Vattimo e Pier Aldo Rovatti (as ideologias fortes acabaram, existe somente o pensamento fraco; os fatos não são demonstráveis, restam apenas as interpretações).

Vale a pena dedicar mais algumas menções aos conceitos de pós-moderno e pensamento fraco. No Manifesto do novo realismo, Maurizio Ferraris comenta não sem malícia que o filósofo francês Bruno Latour, num artigo publicado em *La Recherche* de março de 1998, se perguntava: "Ramsès II est-il mort de la tuberculose?", e respondia a si mesmo que o faraó não poderia ter morrido dessa doença porque os bacilos da tuberculose só foram descobertos em 1882. "Se realmente o nascimento da doença coincidisse com a descoberta da doença", comentava Ferraris, "deveríamos suspender imediatamente todas as pesquisas médicas." Em 2004, Latour corrigiu suas posições, mas é preciso admitir que sua pergunta, da qual zombou Ferraris, é a versão infantil de uma velha disputa entre os filósofos que há 3 mil anos continuam a batalhar sobre a relação entre fatos e interpretações, entre experiência e ciência, entre epistemologia e ontologia, entre realidade e percepção, entre obstrucionismo e realismo, entre realidade encontrada e realidade representada, entre "grandes narrativas" como as do Iluminismo, do Idealismo, do Marxismo e a simples sucessão de interpretações que não correspondem aos fatos.

"Nós", sintetiza Ferraris, "vivemos num estado de incerteza, que paradoxalmente aumentou, e não diminuiu, com os progressos técnico-científicos." A modernidade, que é a época do maior conhecimento, é também a da maior inquietude. E essa inquietude alcança seu auge na segunda metade do século XX, isto é, com o pós-modernismo. O pós-moderno, inaugurado em 1979 por Jean-François Lyotard com *A condição pós-moderna*, baseia-se, segundo a síntese do próprio Ferraris, em dois dogmas: "Que toda a realidade é socialmente construída e infinitamente manipulável, e que a verdade é uma noção inútil porque a solidariedade é mais importante do que a objetividade".

A projeção desses dogmas não só entre as elites intelectuais, mas também entre as massas inconscientes, é um populismo midiático que tende a destruir os adversários com a ironia e não com a razão, tende a privilegiar de modo reacionário os desejos em vez da moral, brande um obstinado anti-intelectualismo, considera a estética não uma filosofia da percepção, mas uma filosofia da ilusão, difunde uma melancólica "síndrome bipolar que oscila entre o senso de onipotência e o senso de vazio do todo", desorien-

213

ta o pensamento, o juízo, o comportamento tanto dos intelectuais como das massas, atenuando, até eliminá-las, as fronteiras entre externo e interno, essência e aparência, latente e manifesto, autêntico e inautêntico, significante e significado. O pior efeito do populismo midiático consiste em ter validado no nível das massas a convicção de que não existem alternativas a esse sistema.

PENSAMENTO FRACO PARA HABITAR O PARADOXO

A versão italiana do pós-moderno chegou em 1983 com *O pensamento fraco*, um feliz *reading* organizado por Gianni Vattimo e Pier Aldo Rovatti, com intervenções de Umberto Eco, Maurizio Ferraris e outros.

Segundo os defensores do pensamento fraco, "não existem fatos puros e simples que tenham relação com alguma interpretação", como diz Rovatti. É necessário, portanto, debruçar-se sobre as interpretações; o mundo verdadeiro tornou-se uma fábula narrada pelas mídias; estamos finalmente livres da rigidez da sociologia que pretendia partir dos dados, procurando-os cuidadosamente, analisando-os, elaborando-os e — só depois dessas escrupulosas operações — validando-os como certos e concretos. Libertados desses vínculos impositivos, podemos finalmente nos esbaldar numa infinidade de interpretações correspondentes a outros tantos pontos de vista. A redundante quantidade de redes de rádio e televisão é a tradução midiática desse vitorioso triunfo das interpretações sobre os fatos, impingido como pluralismo democrático.

Não existe mais apenas um ponto de vista forte, correspondente a um pensamento forte, a um poder forte, a uma necessidade forte, e sim um conjunto de perspectivas dissonantes e contraditórias, irredutíveis a uma síntese, cada qual correspondendo a um diferente pensamento, a um diferente poder, a uma diferente necessidade fraca.

Hoje é realmente inexplicável o deslumbramento desses filósofos segundo os quais a redução da realidade a *reality* garantiria um avanço da civilização e da democracia.

Vinte anos antes deles, uma densa fileira de críticos da sociedade de massas (Adorno, Horkheimer, Mills, Marcuse etc.) já alertara contra a progressiva perda de autonomia da grande maioria dos cidadãos devido às corjas armadas da mídia, capazes de manipular dissimuladamente as consciências, desejos, necessidades e consumos das massas cada vez mais dóceis e atomizadas.

Os filósofos do pensamento fraco rejeitaram essas análises porque, nesse meio-tempo, a biologia e a informática haviam aberto horizontes tão exaltantes que eles foram levados a crer que o progresso tecnológico poderia se traduzir num salto de civilização; que a pluralidade dos canais de comunicação poderia garantir igual dignidade para todas as interpretações, permitindo que as melhores vencessem; que o rei poderia ficar nu com a discussão pluralista e a livre denúncia de seus malfeitos; que a difusão do saber e da atitude crítica poderia ajudar o indivíduo a se emancipar da minoridade.

Uma espécie de mão invisível faria automaticamente, milagrosamente, com que as melhores interpretações prevalecessem, promovendo-as ao nível de fatos. Não era a primeira vez que o progresso tecnológico produzia semelhante deslumbramento. Na passagem do século XVIII para o XIX, por exemplo, um dos primeiros teóricos do socialismo, o conde Claude-Henri de Saint-Simon, considerava que o progresso em curso nas ciências, o desenvolvimento tecnológico e os novos métodos industriais de produção logo levariam à vitória dos *industriels* (os industriosos, artistas, cientistas, empresários) sobre os *oisifs* (os ociosos, herdeiros, nobres, militares), habituados a consumir sem produzir. Os banqueiros gerenciariam os capitais, os empresários organizariam as indústrias, as classes trabalhadoras forneceriam a mão de obra. Todos juntos criariam uma sociedade pacífica, operosa e solidária, que respeitaria a lei e a justiça social, capaz de garantir felicidade e unidade a si mesma e a todos os povos da terra. Sabemos o que veio a seguir: lutas de classe, dezenas de guerras locais e duas guerras mundiais.

Fatos, infelizmente. Hoje, sob o látego do "novo realismo", os cultores do pensamento fraco reivindicam sua persistente e quase heroica inatualidade, sobretudo por seu apelo à *pietas* entendida como ouvir o diferente, e por seu apelo ao pudor, entendido como capacidade disciplinada de não limitar nossa vida a olhar apenas para baixo, nem produzir monstros olhando apenas para cima, mas *habitar o paradoxo*: isto é, reconhecer as contradições sem pretender resolvê-las apressadamente e aceitar o desafio de um equilíbrio sempre instável.

Esses cultores estão dispostos a jogar fora a água do pós-moderno, mas salvam a criança do pensamento fraco, que "era e continua a ser uma maneira de ler toda a filosofia passada e presente, colocando decididamente a questão do poder no centro". Inatualidade, de fato, não significa inutilidade. Pelo contrário. "O pensamento fraco", sustenta Pier Aldo Rovatti, "libertado de toda interdição, é um pensamento que propõe a prática de uma ética mínima: uma linha de resistência contra qualquer espécie de nova barbárie, como base para não ceder o direito de ser cidadãos [...]. Dia a dia, local por local, família por família, indivíduo por indivíduo, trata-se de travar uma batalha da civilização contra a desenfreada prepotência do egoísmo elevado a valor de verdade, e contra o cinismo da *servidão voluntária* com a qual essa prepotência se reveste, transfigurando a clamorosa anomalia em que agora vivemos na enregelante normalidade do *assim fazem todos*."

COMPLEXIDADE E EVAPORAÇÃO DAS FRONTEIRAS

Nos mesmos anos em que o pós-moderno e o pensamento fraco se firmavam, o desmantelamento dos conceitos de certeza e linearidade aumentou ainda mais com a contribuição da teoria da complexidade, elaborada e divulgada por físicos como Prigogine, biólogos como Maturana e Varela, epistemólogos como Edgar Morin, Gianluca Bocchi e Mauro Ceruti.

A realidade que efetivamente existe, aquela que percebemos por meio dos nossos sentidos, e a realidade que nos é restituída virtualmente pelas mídias coincidem? Trata-se de uma realidade simples ou complexa? Suas transformações são contínuas, lineares e coerentes ou descontínuas, complicadas e incoerentes? Todos nós estamos dispostos a concordar que a(s) realidade(s) é(são) marcada(s) pela complexidade. Mas em que consiste essa complexidade?

Edgar Morin indicou "oito caminhos que conduzem ao desafio da complexidade". Segundo o ilustre epistemólogo, os cientistas — principalmente os das ciências ditas "exatas" — foram finalmente obrigados a reconhecer que a realidade é plural, difícil, incerta, complicada, contraditória, diante da irrupção em seu universo conceitual e empírico das seguintes ideias: a) desordem e acaso, ideia pela qual não é possível encaixar tudo nas prateleiras da sistematicidade e da previsibilidade; b) singularidade, localidade, temporalidade, ideia pela qual cada fenômeno, que ocorre aqui e agora, não é sempre nem inteiramente explicável por leis formuladas por indução; c) complicação, pela qual todo fenômeno se mostra tão entrelaçado por interações e retroações que não é possível analisá-lo ao vivo nem compreendê-lo *in toto*; d) complementaridade, pela qual a ordem, a desordem e a organização não são conceitos contraditórios, e sim complementares entre si; e) paradoxalidade da organização, pela qual todo sistema organizado é, ao mesmo tempo, maior ou menor do que a soma das partes; é ao mesmo tempo dotado de um centro, de vários centros e de nenhum centro; é hologramático, ideia pela qual todo elemento contém as qualidades e as informações do todo; f) recursividade, pela qual a parte é gerada pelo todo e o todo é gerado pela parte; o produto é também o produtor; o efeito é também causa; g) crise da verdade como conjunto de conceitos claros e distintos, e, portanto, crise da possibilidade de estabelecer demarcações claras entre indivíduo e ambiente, entre autonomia e dependência; h) inexistência de um ponto arquimediano acima e fora da realidade estudada, pela qual o cientista, colocando-se conceitualmente naquele ponto, poderia observá-la de modo neutro, sem se contaminar nem contaminá-la, permanecendo "no centro do universo e no topo da razão".

Essas oito tomadas de consciência contribuíram para preencher as distâncias entre ciência e arte, entre ciências "*hard*" e ciências "*soft*", a um grau muito maior do que se conseguira no passado com os esforços de todos os sociólogos, filósofos e psicólogos positivistas, profundamente empenhados por muito tempo em descobrir no comportamento do homem e da sociedade leis igualmente simplificadoras e exatas como as apresentadas pelos físicos, químicos e biólogos. Para Edgar Morin e para os outros teóricos da complexidade, as duas culturas já estão próximas entre si: não porque as ciências do homem tenham finalmente conquistado os códigos da ordem previsível e da simplicidade inteligível a que aspiravam, mas porque as ciências da natureza atingiram a consciência (e até a valorização) dessa desordem, dessa complexidade, até mesmo dessa incerteza que desde sempre abominavam.

O que permitiu a cientistas como Prigogine e Stengers profetizarem uma nova aliança é a inédita situação pela qual — pela primeira vez na história da cultura — são as ciências exatas a adotar métodos e paradigmas das ciências humanas, e não o contrário. Do mesmo modo, é a realidade real que adota a indeterminação da realidade virtual, e não o contrário.

Essas circunstâncias acarretam, pelo menos aparentemente, uma ampliação em lugar de um estreitamento da área da incerteza e da complexidade, apesar e, na verdade, por causa do progresso científico. Nos fatos, criam as premissas para uma nova e grande época de pesquisas num território em que natural e artificial, exato e inexato, científico e humanista se dissolvem mutuamente, despertando no observador as vertigens do inexplorado, mas também a consternação e a desorientação geradas pelo desconhecido e pelo instável.

A REVANCHE DOS FATOS

"Definitivamente", pergunta-se Rovatti, "até que ponto um povo, um indivíduo, uma comunidade são capazes de sustentar a visão abissal aberta pela perspectiva de uma ausência de pontos de referência certos?" Não até o infinito, pode-se responder depois de se ter experimentado os monstros gerados pelo sono da razão. A ausência de um modelo, como tentei demonstrar em *Mappa mundi*, é até pior do que o pior dos modelos. Assim, é chegado o momento de retomar o controle sobre Ana Kariênina, libertando-nos da overdose de informações e interpretações, pretendendo a máxima aderência sociológica aos fatos, a máxima competência em rastreá-los e analisá-los, a máxima ética profissional em narrá-los sem distorcê-los em benefício próprio. Mas como fazer?

O primeiro passo pode consistir na aceitação da complexidade como traço consubstancial e imprescindível do real, como seu estado original. A realidade é sempre complexa, mas por sorte temos instrumentos igualmente complexos para compreendê-la e saberes igualmente complexos para decifrá-la. A epistemologia pós-moderna ajudou-nos a entender que a realidade continua plural, difícil, incerta, complicada e contraditória como sempre. Mas, por mais inquietantes que sejam esses conceitos com que devemos lidar, eles, por sua vez, devem lidar com algumas certezas que desafiam o pós-moderno e o pensamento fraco em seu próprio terreno. Não será talvez certa a morte, e, com ela, o fim de todas as relações com os espertos, os trapaceiros, os impostores, os manipuladores desonestos da informação? Não será talvez certa a crescente longevidade, e, com ela, as boas leituras, a boa cozinha, a introspecção em solidão, a alegria no convívio? Não será talvez certo o amor, e, com ele, a envolvente ambiguidade do fascínio, a emoção do cortejamento, a plenitude do erotismo, a ternura das despedidas? Não será talvez certa a amizade, e, com ela, o prazer dos presentes, o calor da acolhida, a sinceridade das confidências, a inesperada solidariedade? Não será talvez certa a beleza, e, com ela, a emoção das auroras e crepúsculos, a surpresa das paisagens, a profundidade dos olhares, a inesgotável opulência da criatividade? Não será talvez certa a ubiquidade permitida pelas novas tecnologias, e, com ela, a livre aventura do nomadismo moderno, a riqueza das informações, a aldeia global, a cidadania universal? Não serão talvez certas as horas do dia, as estações do ano, a idade da vida, e, com cada uma delas, a variedade dos gostos, o revezamento das paixões, o acúmulo das lembranças?

O segundo passo pode consistir em falar de *complexidade ontológica*, quando predomina a desproporção entre as dificuldades da vida prática e a escassez dos meios concretos disponíveis para superá-las; e de *complexidade epistemológica*, quando predomina a desproporção entre a riqueza de oportunidades práticas e a pobreza de paradigmas teóricos capazes de explicá-las no plano conceitual.

Até Bacon — isto é, até o alvorecer da sociedade industrial — predominou a complexidade ontológica: diante das calamidades naturais, doenças, distâncias geográficas, carestias, o homem percebia toda a impotência cotidiana de quem é esmagado pela desproporção entre a imensidão mitológica das forças naturais e a finitude psicofísica das forças individuais.

Os dois séculos da sociedade industrial preencheram muitas dessas lacunas, e hoje o homem dispõe de conhecimentos científicos e instrumentações tecnológicas que permitem que muitas de suas impotências atávicas em relação à natureza se transformem em domínio. Assim passa a predominar o sentido da *complexidade epistemológica*: diante da inversão de relações entre tempo de trabalho e tempo livre, diante do prolongamento da vida média, diante da possibilidade de reduzir o planeta à proximidade de uma grande aldeia global, diante da passagem do tempo destinado ao tempo escolhido, em vez de sentir-se triunfante, o homem se perde e interpreta a fase ainda rudimentar do seu pensamento metafísico como uma redundância da complexidade do universo físico e do sistema social.

Não por acaso, os cientistas das ciências "*hard*" (físicos, químicos, biólogos, cirurgiões principalmente) vivem com euforia e exaltação os tempos atuais de sua onipotência, ressaltada pela passagem, cada vez mais frequente no seu trabalho, da fase da descoberta à da invenção. Enquanto isso, os cientistas das ciências "*soft*" (sociólogos, filósofos, politólogos principalmente) vivem com depressão e desânimo os tempos de sua crise atual, marcada pela impotência diante da necessidade de passar da fase descritiva à explicativa e preditiva.

Por ironia da sorte, são justamente os cientistas "*hard*" que mais sentem a urgência em sair da crise das ciências "*soft*", e vão assumindo a responsabilidade de fornecer novos paradigmas capazes de livrar o saber dos apuros a que foi arrastado pela complexidade epistemológica. Nesse sentido, hoje a física e a biologia estão suplantando a centralidade da filosofia no próprio terreno desta última, e se responsabilizam pela tarefa de fornecer explicações do mundo, da sociedade e do homem que antes esperaríamos somente dos filósofos.

Por isso, desde Gaston Bachelard, os epistemólogos têm apresentado o problema da complexidade; e por isso a complexidade ontológica determinada pela emergência do acaso, da *alea*, da desordem, da complicação, do novelo, da multiplicação, da proliferação, do polimorfismo, da *métis*, se confunde com a complexidade determinada pela emergência dos cursos e recursos, da pluralidade, da dificuldade, da contradição, da relação circular entre produtor e produto, da relação holística entre parte e todo, da relação retroativa entre causa e efeito, da dificuldade e impossibilidade de tomar decisões.

Em ambos os domínios, tem-se enfrentado a *complexidade* com a tentativa de contorná-la (como fez Bohr na física, quando encerrou a disputa entre concepção corpuscular e concepção ondulatória das partículas, definindo que não há contradição, e sim complementaridade entre ambas; como fez Simon na sociologia, quando encerrou a pretensão da máxima racionalidade nas decisões, definindo a predominância da racionalidade limitada); ou com a tentativa de transmutar as valências de vínculo em oportunidade, de obstáculo à onisciência e à onipotência em precondição para criar o novo.

OVERDOSE E DIETA MIDIÁTICA

O terceiro passo consiste em tomar consciência não só das vantagens que as mídias podem trazer, se utilizadas na medida certa e com as necessárias capacidades críticas (tempestividade, com a perda das características provincianas, planetaridade, confronto etc.), mas também dos danos igualmente graves causados pela overdose acrítica e frustrada de informações (alienação e estresse, exploração e subordinação, embotamento, embrutecimento, desorientação, regressão).

O quarto passo consiste na aquisição da consciência de nosso valor no papel de leitores e telespectadores a cada vez que compramos determinado jornal ou apontamos o controle remoto para determinado canal. Essa nossa escolha gera riqueza para determinado *gate-keeper*, o qual, por isso, tem a obrigação de nos compensar pelo menos com notícias confiáveis e comentários profissionais.

O quinto passo consiste em adotar dietas muito rigorosas em relação às mensagens que as mídias nos apresentam e que, ingeridas em doses excessivas, podem causar aos nossos neurônios danos comparáveis aos que o colesterol ruim causa às nossas coronárias. É preciso aprender a ler pouco, bem, e apenas o estritamente indispensável; a reduzir progressivamente a aquisição de jornais e a exposição aos programas de tevê; a dedicar à reflexão crítica sobre esses jornais e sobre esses programas um tempo pelo menos equivalente ao de sua leitura ou de sua duração; a intercalar a exposição a tais programas e leituras com fases adequadas de total abstinência, de reflexão individual e discussão crítica coletiva. Se não me engano, nas boas regras dos jesuítas há o conselho de alternar 45 minutos de estudo com quinze minutos de atividades de distração.

O sexto passo consiste no uso judicioso da internet e de todas as formas comunicativas ligadas a ela: Facebook, Wikipédia, LinkedIn e todas as outras vias que surgirem graças à informática. Como todas as tecnologias, estas também são constitucionalmente ambíguas: de um lado, podem levar a uma democratização do sistema informativo, independente de custos e lucros, capaz de interligar em tempo real infinitos fatos com infinitas interpretações; de outro, podem levar ao açambarcamento e controle total de qualquer informação por parte de novos monopolistas armados de meios mil vezes mais poderosos do que os utilizados por Murdoch ou Berlusconi.

Em todo caso — e é este o passo principal —, é preciso retomar a confiança na possibilidade humana de chegar a fatos precisos, certos, demonstráveis, como a luz do sol e a escuridão da noite. Enquanto triunfavam a economia e a filosofia, a sociologia não ficou parada e testou instrumentos cada vez mais precisos para a certificação e a mensuração dos fatos sociais. É bom levar isso em conta.

"Sobre o fato de estar chovendo ou não, e também se funcionam os motores do avião em que estou viajando", disse Gianni Vattimo, "posso estar de acordo com Bush; agora, quanto à direção a imprimir às transformações possibilitadas pela pós-modernidade, não estaremos de acordo, e nenhuma constatação dos *fatos* nos dará uma resposta exaustiva." Talvez os filósofos se mantenham imóveis na margem a que aportou Aristóteles, mas os sociólogos não se mantiveram imóveis na margem a que aportou Max Weber.

220

Enfim, é preciso vigiar cuidadosamente nossos processos de abastecimento das informações, o profissionalismo e a honestidade com que são reunidas e interpretadas, imitando Bouvard e Pécuchet no exercício constante daquela virtude incômoda, mas indispensável, que consiste em reconhecer em tempo a mediocridade, a astúcia, a tendenciosidade, a vulgaridade das mídias onde quer que se aninhem, e em exercitar diante delas uma salutar tolerância zero.

J. Jobless

É chegado o tempo em que os homens deixarão de fazer o que as máquinas podem fazer.
KARL MARX

*Continuamos a desperdiçar a mesma energia que era
necessária antes da invenção das máquinas; nisso fomos tolos,
mas não há razão para continuarmos a sê-lo.*
BERTRAND RUSSELL

*O que acontecerá se não houver trabalho numa
sociedade fundada no trabalho?*
HANNAH ARENDT

UM MERCADO EM DESEQUILÍBRIO CRESCENTE

Como um lago

O mercado de trabalho é como um lago em que alguns afluentes despejam água e alguns defluentes a expelem: sai menos do que entra. Em todos os países do mundo, mesmo nos próximos de um sistema socialista, o número de pessoas em busca de trabalho supera cada vez mais o número de vagas disponíveis.

Às vezes esse desequilíbrio ultrapassa em muito as estatísticas oficiais do desemprego, camuflado sob a forma de prestação de serviços extremamente precária ou não remunerada; outras vezes é inferior ao desequilíbrio apresentado nos dados oficiais, porque é ilegalmente compensado pelo trabalho informal ou mesmo pela criminalidade organizada em forma de empresa.

Nos países do Primeiro Mundo, os trabalhadores potenciais aumentam porque a população mundial cresce, a vida média se alonga, chegam imigrantes de outros países, o período de serviço militar obrigatório foi eliminado; muitas empresas reduzem seus efetivos e colocam no mercado desempregados em busca de reemprego; muitos jovens abandonam os centros urbanos menores esperando encontrar trabalho nas cidades grandes; a saúde dos cidadãos melhora e, portanto, há menos doentes afastados do trabalho; mesmo os idosos e os deficientes também querem, e justamente, um emprego, tanto mais que as novas tecnologias lhes fornecem auxílio; o consumismo aumenta e, com ele, a necessidade de maior renda salarial na família; graças aos anticoncepcionais, à redução da mortalidade infantil e à cultura moderna, as mulheres têm menos filhos e, portanto, maior propensão ao trabalho e à carreira.

Há vários motivos pelos quais o aumento do número de pessoas que gostariam de trabalhar não corresponde, nos países do Primeiro Mundo, a um aumento equivalente nas vagas disponíveis. Por exemplo, nos países onde o PIB cresce menos do que nos emergentes ou até mesmo decresce, não são possíveis grandes investimentos *labour intensive*, e assim, quando aumenta a necessidade de colaboradores, os patrões preferem satisfazê-la recorrendo a trabalhadores mecânicos em vez de seres de carne e osso, mais caros. Ou seja, as empresas são induzidas se tornar *capital intensive* substituindo o aporte humano pelo das máquinas cada vez mais rápidas e inteligentes (basta pensar nos caixas eletrônicos que expulsaram os caixas dos bancos ou no iPad que está expulsando os trabalhadores das indústrias de papel, os tipógrafos e os jornaleiros). O desenvolvimento organizacional iniciado por Taylor e Ford, entretecendo-se com o progresso tecnológico, conseguiu maximizar cada vez melhor a produtividade do trabalho. A globalização torna cada vez mais conveniente comprar no exterior muitos bens e serviços que antes se produziam no próprio país.

Antes mesmo que se difundisse a informática, Hyman G. Rickover (*Prospect for the Rest of Century*) calculou que um cavalo substituía a força muscular de vinte homens; que os eletrodomésticos modernos forneciam a cada dona de casa uma ajuda comparável à que se tinha na Grécia com trinta escravos; que a energia elétrica de que dispunha cada operário em seu trabalho na fábrica equivalia à força de 244 escravos; que um automóvel de média cilindrada desenvolvia a força de mil escravos. Serge Latouche, em seu *Pequeno tratado do decrescimento sereno*, observa que "um barril de petróleo contém o equivalente energético de 25 mil horas de trabalho humano [...]. Nosso consumo diário de hidrocarbonetos equivale ao trabalho diário de mais de 300 milhões de seres humanos, como se cada habitante da Terra tivesse à disposição cinquenta escravos". Na França, segundo Olivier Marchand e Claude Thélot, no decorrer de dois séculos a duração do trabalho individual caiu pela metade, o índice de emprego aumentou 1,75 vez, a produção aumentou 26 vezes e a produtividade horária do trabalho aumentou trinta vezes.

Jobless growth

Esse fenômeno, que os economistas chamam de *jobless growth*, encontra-se em maior ou menor grau em todos os países avançados e depende de pelo menos sete fatores concomitantes: o *progresso tecnológico*, que difunde máquinas cada vez mais capazes de substituir o homem tanto no trabalho físico quanto no intelectual; o *desenvolvimento organizacional*, pelo qual, havendo paridade nos fatores produtivos, consegue valorizar esses fatores obtendo maior produção; as *mídias*, com as quais é possível fornecer por toda parte informações em tempo real; a *instrução*, com a qual é possível adquirir os instrumentos intelectuais necessários para extrair as informações e decodificá-las; a *globalização*, que determina a abertura crescente das trocas em escala supranacional, uma oferta cada vez mais integrada, uma interdependência cada vez mais próxima entre as economias e as culturas, uma concorrência planetária, com a consequente equiparação progressiva tanto dos salários quanto do estado social; a *divisão internacional do trabalho*, pela qual uma parte crescente de trabalho é transferida para os locais onde a mão de obra é mais barata, os direitos trabalhistas são menos garantidos e as condições objetivas são mais vantajosas; as *privatizações*, que comportam grandes recuperações de eficiência e, portanto, drásticas reduções de pessoal.

Dois professores da Universidade de Oxford, o historiador econômico Carl Benedikt Frey e o informático Michael A. Osborne, num recente estudo sobre a relação entre informática e trabalho (*The Future of Employment. How Susceptible are Jobs to Computerisation?*), afirmam: "Fomos atingidos por uma nova doença: o desemprego tecnológico. O desemprego devido à descoberta de instrumentos economizadores de mão de obra avança com maior rapidez do que o surgimento de novos empregos para a mesma mão de obra".

Já a propósito do desemprego gerado pelas máquinas mecânicas, o prêmio Nobel Wassily Leontief havia ironizado: "Acreditar que os trabalhadores substituídos pelas máquinas encontrarão inevitavelmente uma ocupação na construção daquelas mesmas máquinas é como pensar que os cavalos substituídos pelos veículos mecânicos possam ser utilizados nos diferentes setores da indústria automobilística". Mas, mesmo perante o desemprego gerado pelas máquinas eletrônicas, a maioria dos economistas continua a não ter dúvidas: assim como a automação, desmentindo todos os luddistas, acabou por criar mais vagas do que destruir, da mesma forma a informática eliminará muitas tarefas executivas, mas, depois de uma fase de assentamento, acabará por incrementar as tarefas criativas e de serviço, de modo que a soma geral das vagas será superior à necessária. Enrico Moretti, por exemplo, professor de economia em Berkeley e autor do ensaio *The New Geography of Jobs*, confia no efeito multiplicador das novas tecnologias principalmente nas áreas de alta intensidade tecnológica, como o Vale do Silício, e calcula que, para cada vaga inovadora, se criam até cinco nos setores tradicionais. Segundo sua opinião, o desemprego tecnológico pode ser mais do que vencido induzindo os excedentes criados por ele a reciclar-se através da formação permanente e transferir-se para as áreas com mais alto emprego porque "as empresas hi-tech têm necessidade de serviços de apoio: transporte, alimentação, escritórios de advocacia. E depois seus empregados são bem pagos, portanto gastam no território: frequentam academias, restaurantes, livrarias. Precisam de trabalhadores tradicionais: taxistas, babás, encanadores. Em 1900, a concorrência se baseava no acúmulo de capital físico; hoje, na capacidade de atrair capital humano".

Em vão os sociólogos — especialmente Gorz, Aznar e Latouche na França, eu na Itália — denunciaram a profunda diferença entre máquinas mecânicas e máquinas eletrônicas em relação ao efeito *labour saving*. Como enquanto isso os economistas pregavam que o progresso informático nos traria uma abundância de vagas pelo menos equivalente às criadas pelo progresso mecânico, e como eles foram os conselheiros mais ouvidos pelo príncipe, as políticas econômicas dos governos alinharam-se com seu *cultural gap*, e a nova situação foi interpretada e gerenciada segundo a velha realidade e as velhas regras, provocando o atual desemprego de massa.

Mais máquinas, menos homens

A certa altura, porém, o aumento sincrônico da informatização e do desemprego, principalmente nos países em crescimento, começou a insinuar algumas dúvidas também entre os economistas. Numa recente pesquisa do instituto Pew Research Center de Washington, finalmente, 48% deles se disseram preocupados com os efeitos da robotização sobre o emprego.

Já há anos estamos acostumados a secretárias eletrônicas que nos guiam pelos labirintos da burocracia empresarial quando precisamos fazer uma reclamação à empresa telefônica ou à prefeitura. Há anos pagamos pedágio nas autoestradas por meio de *telepass*, fazemos via internet as operações bancárias ou as reservas para as nossas viagens. Como prosseguirá a informatização no futuro próximo? Que reflexos ela terá sobre os empregos?

Frey e Osborne, na pesquisa citada, examinaram as tarefas de 702 profissionais descritas na Occupational Information Network dos Estados Unidos e avaliaram para cada uma delas a probabilidade baixa, média ou alta de serem automatizadas com base em três parâmetros: a percepção e a manipulação de objetos; o grau de criatividade necessária; as habilidades sociais requeridas (atender, persuadir, negociar).

Disso resulta que, depois de ter se apropriado por via mecânica das tarefas repetitivas e rotineiras das organizações tradicionais, substituindo cavalos, mulas, jegues, trabalhadores braçais e operários, agora a tecnologia, graças à maior potência de cálculo e disponibilidade de dados, vai se apropriando por via informática das tarefas intelectuais tanto de tipo executivo — como as do bancário, do motorista, do livreiro, do montador eletromecânico, do corretor, do analista de crédito, dos intermediários de todas as espécies — quanto de tipo criativo — como algumas que agora fazem parte da esfera do design, do xadrez, da música. Na parte de baixo ficam os serviços à pessoa, na de cima ficam as tarefas de alta criatividade e o *top management*, enquanto a faixa das tarefas intermediárias e, consequentemente, da média burguesia se esvaziará.

"Até agora", dizem Frey e Osborne, "a automação limitou-se às tarefas de rotina, manuais ou cognitivas: da montagem de objetos ao telemarketing. Mas agora está se ampliando para as tarefas não repetitivas: pensemos nos automóveis que dirigem sozinhos, nas traduções automáticas, nas transações financeiras feitas por meio do computador." Os pesquisadores de Oxford descrevem três etapas sucessivas dessa marcha triunfal da automação: "A primeira subverterá os transportes, a logística, os empregados administrativos, os caixas, os encarregados do marketing. Depois, haverá uma interrupção, necessária para superar outros 'gargalos tecnológicos' no campo da percepção e da manipulação dos objetos. Depois chegará a segunda onda, que atingirá os encarregados da instalação, manutenção e conserto. Por fim, será necessário superar o último gargalo: o dos trabalhos criativos e sociais, como a atividade dos músicos e dos terapeutas".

Em síntese, em dez ou, no máximo, em vinte anos acabarão desaparecendo 47% das tarefas examinadas, principalmente nos transportes, na logística, na administração e nos serviços. Na Europa, segundo os cálculos de outro estudioso, Jeremy Bowels, especialista do Instituto Bruegel de Bruxelas, a porcentagem sobe para 53%. Na Itália, produtora e grande compradora de robôs, aumenta para 56%. Essas previsões são confirmadas por outro estudo, realizado pelo McKinsey Global Institute (*Disruptive Technologies: Advances that will Transform Life, Business and Global Economy*), segundo o qual milhões de vagas serão destruídos pela combinação entre a lei de Moore, a aprendizagem automática, o reconhecimento de voz e as nanotecnologias.

Mas, à diferença do que ocorreu antes com as ferrovias e os automóveis, que tornaram obsoletos os cavalos e cocheiros, porém empregaram muito mais trabalhadores para construir e gerenciar as estradas de ferro, estações, locomotivas, vagões e viajantes, hoje os computadores e robôs destroem muito mais trabalho do que criam. E justamente aqui está o salto de civilização que eles beneficamente nos propiciariam, libertando-nos do trabalho, se ao menos tivéssemos a inteligência de remodelar a nossa vida, centrando-a mais na distribuição do que na produção, mais no tempo livre do que no tempo de trabalho.

Maior faturamento, menos empregados

Quanto mais evoluído e informatizado for o processo produtivo, mais alto será o faturamento: 812 mil dólares por funcionário na Ford, 943 mil no Facebook, 1,865 milhão na Apple. Na indústria eletrônica a produtividade é ainda mais alta do que na automobilística: a Apple tem faturamento maior do que a Ford com metade dos funcionários. As novas tecnologias permitem reduzir não só a demanda de trabalhadores, mas também o deslocamento até o trabalho, controlando-o à distância e abatendo os custos de transporte. Na Austrália, a partir dos computadores do aeroporto de Perth, os encarregados comandam caminhões robotizados, explosões e escavadoras automáticas na mina de ferro de Pilbara, a 1500 quilômetros de distância.

As máquinas mais onívoras de trabalho humano são os robôs, porque, como Vito Tartamella escreveu em "Focus", eles "não adoecem, não pedem aumentos salariais, não chegam atrasados, não têm oscilações de humor nem distrações". Por sorte, "os homens sabem mover-se num ambiente desordenado, sabem entrar em empatia com um cliente, encontram soluções originais para os imprevistos".

Todo ano vendem-se no mundo quase 200 mil robôs industriais, principalmente na China, no Japão e na Coreia do Sul. Também graças a eles, enquanto vinte anos atrás eram necessárias trinta horas/homem para construir um carro, hoje bastam oito, e bastam 20 mil para produzir num ano 1 milhão de carros, enquanto vinte anos atrás eram necessárias 60 mil. Mas onde foram parar as outras 40 mil? Em alguns casos, os excedentes são reempregados nos setores em expansão. Erik Brynjolfsson e Andrew McAfee, docentes do MIT e autores de *The Second Machine Age*, garantem que a Amazon, mesmo tendo introduzido os robôs Kiva para gerenciar maior número de pedidos em seus depósitos, apesar disso não demitiu ninguém. Outras empresas recorrem aos robôs somente onde o custo do trabalho é muito alto: a Nissan, por exemplo, usa-os no Japão, enquanto na Índia, para as mesmas tarefas, continua a empregar operários. Por ora, contudo, a reação mais difusa e cínica ao *jobless growth*, ou seja, a libertação do trabalho banal, perigoso, cansativo, alienante, foi a escolha de demitir temerariamente os excedentes, prolongar a jornada de trabalho dos pais e deixar os filhos totalmente desempregados, engrossando ano a ano o exército dos Neet (*Not engaged in education, employment or training*).

O desemprego exorcizado

Desenvolvimento econômico cada vez maior com trabalho humano cada vez menor: este, em síntese, é o *jobless growth*, que, se pensarmos bem, aproxima a humanidade da realização de seu sonho atávico de derrotar a labuta e a miséria. Já em sua época Aristóteles havia escrito: "Ó, se um dia todo instrumento pudesse executar sob comando, ou melhor, sozinho, sua função, como sozinhos se movem os artifícios de Dédalo, ou como espontaneamente os tripés de Hefesto se põem ao seu sacro trabalho; se, por exemplo, as lançadeiras dos tecelões pudessem correr por conta própria na urdidura, se o arco, dada a ordem, pudesse tocar sozinho a cítara, então sim os patrões poderiam dispensar os operários e os patrões poderiam não precisar dos escravos".

Graças ao Dédalo da criatividade e ao Hefesto da tecnologia, no decorrer dos anos a mão de obra exuberante na agricultura foi transferida para a indústria (na Itália, despareceram 80% dos camponeses no decorrer de um século); a mão de obra exuberante na indústria foi transferida para os serviços (na Itália, desapareceram 20% dos operários fabris no decorrer de três décadas); a mão de obra exuberante nos serviços foi transferida para o setor ICT (que, nos países avançados, agora emprega direta ou indiretamente cerca de 40% da população ativa).

Quando as vagas começam a escassear também nos setores novos, cada vez mais automatizados e terceirizados, os economistas eliminam e exorcizam o problema recorrendo a vários subterfúgios. Um desses truques consiste em excluir da população ativa (sobre a qual se calcula o índice de desemprego) algumas categorias sociais como donas de casa, estudantes, deficientes, militares, religiosos.

O segundo truque consiste em atribuir o desemprego a uma crise conjuntural que há de passar mais cedo ou mais tarde, graças à retomada dos investimentos e o consequente crescimento. Mas pode acontecer também o contrário: passada a crise, dispondo de maiores capitais para investir, os empresários preferem comprar robôs no lugar de trabalhadores ou investir no estrangeiro, e assim o desemprego, ao invés de diminuir, aumenta. Na verdade, se antes eram as empresas em crise que demitiam, agora são justamente aquelas com maior sucesso que podem substituir a mão de obra investindo em novas tecnologias, com a tripla vantagem de aumentar a produtividade, economizar com salários e valorizar suas cotações na Bolsa, na medida em que o valor das ações sobe quando a empresa demite.

Um terceiro truque consiste em elevar ano a ano o índice de desemprego "fisiológico", assim amortecendo o drama até retornar à normalidade econométrica. Se tivessem perguntado a Keynes, nos anos 1930, qual a porcentagem de desempregados que devia ser considerada "fisiológica", ele recomendaria que não superasse 2%. Nos anos 1950, os economistas americanos elevaram essa porcentagem a 3%; nos anos 1960, a equipe econômica de Kennedy e Johnson elevou-a mais um ponto, a 4%. Nos anos 1980, como relembra W. C. Peterson, os economistas ortodoxos a elevaram a 5%. Agora, na Europa, ministros e economistas considerariam 8% um sucesso, mas se contentariam também com 10%. Nos países do Mediterrâneo, o desemprego entre os jovens está em torno de 50%.

Tal confusão e o consequente recurso aos subterfúgios estatísticos dependem em grande parte da obstinação com que a maioria dos *policy makers* e dos economistas previu e enfrentou os efeitos da informática no emprego intelectual, usando os mesmos critérios com que, cem anos antes, haviam medido os efeitos da energia elétrica e da termodinâmica sobre o trabalho operário.

LONGA VIAGEM ATÉ A LIBERTAÇÃO

Gado humano

A questão do *jobless growth* é relativamente recente. Os gregos e romanos descarregavam nos escravos todas as tarefas diárias. Uma casa especialmente rica chegava a empregar até mil escravos; um ateniense possuía uma dezena. Da infância à morte, gregos e romanos livres eram atendidos pelo trabalho escravo. Na casa, os escravos realizavam todas as tarefas domésticas, desde a zeladoria, a cozinha, a moenda do trigo, os serviços sexuais, a amamentação, o atendimento e cuidado das crianças, até a limpeza e a tecelagem. Na cidade, atendiam ao saneamento e à ordem pública, às oficinas, aos transportes, às tarefas públicas, à administração, à cunhagem de moedas. Fora da cidade, cuidavam da agricultura, da pecuária, das minas, da caça, da pesca, dos transportes.

Somente por volta do século X foi que a escassez de "gado humano" e de gado animal obrigou a empregar a poderosa força inorgânica do moinho a água para a moenda, o curtimento, o pisoamento e as serras hidráulicas; inventaram-se os malhos de oficina, a ferradura dos animais de carga, o ajoujamento dos animais de tração, os arreios modernos para os cavalos, o estribo, a rotação trienal das culturas: todas elas invenções que, num primeiro momento, supriram a carência de mão de obra e, num segundo momento, difundidas mais do que o previsto, determinaram sua proliferação.

Foram justamente as "trevas" da Idade Média que lançaram uma primeira luz sobre a condição humana do trabalho e criaram os primeiros suportes mecânicos para aliviá-la. Com efeito, é delas que surge aquele impulso à inovação tecnológica que encontrará no Iluminismo a conceitualização sistemática e na Revolução Industrial a realização concreta de longo alcance.

Marx e Lafargue

Assim como no fim da Idade Média a escassez de escravos e a exigência de trabalhadores motivados levaram à adoção de novas tecnologias e ao nascimento do modo de produção protoindustrial, da mesma forma, no final do século XVIII, principalmente na Inglaterra, a escassez de proletários e a exigência de funcionários mais motivados levaram à mecanização da fiação e tecelagem, com o nascimento do modo de produção industrial. A mecanização forneceu seus membros, a centralização representou seu coração, a organização científica constituiu sua mente. Na base de tudo continuava o perene desejo humano de melhorar a qualidade da vida, reduzindo o castigo bíblico do trabalho pesado. "É chegada a época", escreveu Marx "em que os homens não farão mais o que as máquinas podem fazer." Mas os empresários fingiam não entender e preferiam espremer por quinze horas diárias trabalhadores de todas as idades.

Contudo, o progresso tecnológico foi tão irrefreável que obrigou o mundo industrial a dar passos decisivos rumo ao sonho de Aristóteles, permitindo produzir uma quantidade crescente de bens com uma quantidade decrescente de trabalho humano.

Em 1857, dedicando à ciência e à tecnologia algumas páginas dos *Grundrisse*, Marx descreveu as máquinas com o frescor de quem acaba de sair de uma visita à Microsoft ou à Apple: "Com a grande indústria", disse ele, "a criação da riqueza real passa a depender menos do tempo e da quantidade de trabalho empregado do que da potência dos agentes postos em movimento". Tudo isso, "por sua vez, depende do estado geral da ciência e do progresso". Simplificando: para produzir bens não é preciso mais o trabalho humano, bastam as máquinas. Quanto mais um país é cientificamente avançado, mais é capaz de substituir os homens por robôs.

Um pouco depois, em 1880, foi o genro de Marx, Paul Lafargue, que retomou esse tema no livro *O direito à preguiça*, porém invertendo o sinal: a substituição dos trabalhadores pelas máquinas por fim permitirá ao proletariado o privilégio totalmente aristocrático do direito à preguiça, por meio da redução das horas de trabalho — que Owen, já em 1805, havia introduzido na fiação escocesa de New Lanark.

Eficiência produtiva

Antes do advento da indústria, os recursos energéticos de que dispunha a humanidade jamais haviam superado o bilhão de megawatts; entre meados do século XIX e meados do XX, graças ao impulso industrial, eles aumentaram mais de cinquenta vezes.

O próprio conceito de horário de trabalho nasceu com a sociedade industrial, centrada na produção em série de bens materiais, e triunfou com a introdução da linha de montagem no processo manufatureiro. É com o "tempo do mercador", nas palavras de Le Goff, que os minutos e segundos adquirem valor; é com o advento da indústria que em x minutos se fabricam y parafusos; é com a linha de montagem que o trabalho só pode começar simultaneamente, quando todos estão em seus lugares, e deve acabar simultaneamente, quando a correia transportadora se detém para todos. A preocupação dominante na fábrica industrial são a eficiência e a produtividade: elevar ao máximo a quantidade de produção, reduzindo ao mínimo o tempo necessário para realizá-la.

Esse objetivo foi perseguido não só através do progresso tecnológico, mas também através do desenvolvimento organizacional: nos trinta anos em que aplicou seus princípios, Frederick W. Taylor obteve a duplicação do rendimento de pelo menos 50 mil trabalhadores. Em 1914, também Henry Ford reduziu a jornada de trabalho para oito horas, duplicando o salário em relação à média da indústria. Em 1926, reduziu também a semana de trabalho, diminuindo-a de seis para cinco dias e mantendo o mesmo salário. Mas, se excetuarmos esses casos de excepcional visão, a sociedade industrial viveu os dons da tecnologia e da organização não tanto como conquistas libertadoras para todos, mas sim como ameaça ao emprego, à segurança, à sobrevivência de muitos. Assim, devemos nos perguntar por que, depois de Taylor e Ford, a jornada de trabalho se manteve praticamente igual, e as empresas, em vez de reduzi-la, preferiram demitir uma parte do pessoal, impondo um excesso de trabalho aos contratados e o desespero aos demitidos, assim fazendo com que o *Homo faber* prevaricasse sistematicamente sobre o *Homo cogitans* e principalmente sobre o *Homo ludens*.

Maynard Keynes

Exatamente quando o taylorismo estava em seu auge, John Maynard Keynes lançou uma pedra no lago. Ainda hoje os jovens liberais reforçam suas políticas econômicas com as teorias keynesianas, segundo as quais o desemprego deve ser combatido reduzindo os impostos, aumentando os investimentos e privatizando. Esquecem, porém, que foi o próprio Keynes a superar os limites do seu paradigma assinalando o fenômeno do *jobless growth* para apontar seus aspectos libertadores.

Diz um provérbio popular espanhol: "*Hombre que trabaja perde tempo precioso*". Não sei se Keynes conhecia esse provérbio, mas escolheu a libertação do trabalho como tema para uma conferência proferida em Madri em junho de 1930, agora disponível no nono volume dos seus *Collected Writings*, intitulado *Essays in Persuasion*.

Naquela época não havia computador, os cientistas ainda não conheciam a composição do átomo nem a estrutura do DNA e o universo cotidiano não dispunha de grande parte dos objetos que hoje povoam nosso mundo, da televisão ao iPad. Contudo, graças à sua agudeza, mais humanista e sociológica do que econômica, o refinado economista de Oxford pôde avançar além das fronteiras da economia.

"Minha finalidade", diz ele, é "me desembaraçar das perspectivas a curto prazo e me entregar ao futuro. Que nível de vida econômica podemos razoavelmente esperar daqui a uma centena de anos? Quais são as perspectivas econômicas para os nossos netos?"

Keynes previu que logo seríamos capazes de satisfazer nossas necessidades absolutas e, portanto, poderíamos por fim dedicar nossas energias a finalidades não econômicas.

Para isso, será necessário substituir a "perícia no trabalho" pela "perícia na vida", e isso acontecerá em três etapas. Na primeira, o trabalho diminuirá de modo drástico sem desaparecer totalmente e será preciso redistribuir seu resíduo de modo que cada um possa estar ocupado mesmo que por um tempo mínimo: "O desemprego devido à descoberta de instrumentos economizadores de mão de obra avança com maior rapidez do que o surgimento de novos empregos para a mesma mão de obra. Mas esta é só uma fase transitória de desequilíbrio. Visto em perspectiva, de fato, isso significa que a humanidade está avançando na solução do seu problema econômico".

Não será fácil libertar-se do atávico hábito de trabalhar para viver: "Nossa evolução natural, com todos os nossos impulsos e instintos mais profundos, ocorreu a fim de resolver o problema econômico. Onde este fosse resolvido, a humanidade ficaria desprovida de sua finalidade tradicional".

Para desfazer-se do hábito do trabalho, contraído no decorrer de toda a história humana, o homem corre o risco de um colapso nervoso. Passou demasiado tempo na obrigação de labutar em vez de gozar e agora não sabe fazer nada de melhor. Quando conseguir obter a prosperidade sem necessidade de trabalhar, não saberá o que fazer com todo o tempo livre à sua disposição. Na época de Keynes, a maior parte dos ricos arrastava seus dias de modo insosso e deprimente; hoje, levam uma vida frenética, com frequência mais obsessiva do que a da classe média. Não é, portanto, com os ricos, não é com os trabalhadores incansáveis, não é com aqueles que sabem criar a riqueza, porém não sabem gozá-la, que poderemos aprender a converter a grande quantidade de tempo livre em grande quantidade de felicidade. Quem gozará a abundância quando ela chegar, quem nos ensinará seu segredo, não serão os sobreviventes workaholics insatisfeitos, que continuarão como loucos a abrir caminho à força, tentando arrastar todos os outros no frenesi de um trabalho cada vez mais insensato, mas sim as pessoas portadoras de sabedoria, de cultura e beleza, capazes de transformar a vida em arte e o tempo livre em ócio criativo.

A segunda etapa consistirá, portanto, em nos desacostumarmos do trabalho graças a um plano de vida completamente diferente daquele a que estamos acostumados desde sempre. Se continuar a persistir em todos o desejo de ainda ter alguma tarefa rotineira a cumprir, "devemos nos empenhar para repartir cuidadosamente esse 'pão', para que o pouco trabalho restante seja distribuído entre o maior número de pessoas possível.

Turnos de três horas e semana de trabalho de quinze horas podem afastar o problema por um bom período de tempo. Três horas de trabalho por dia, com efeito, são mais do que suficientes para satisfazer o velho Adão que reside em cada um de nós".

Durante essa etapa de transição, deveríamos nos acostumar também a mudar nosso código moral: o desejo por dinheiro, por exemplo, deverá ser "reconhecido por aquilo que é: uma paixão mórbida, um pouco repugnante, uma daquelas propensões meio criminosas, meio patológicas que normalmente são entregues com um arrepio ao especialista de doenças mentais". Assim também, deveríamos "abandonar todos aqueles hábitos sociais e as práticas econômicas relativas à distribuição da riqueza, às recompensas e às penalidades".

Obviamente essa etapa será mais ou menos longa e dependerá de quatro fatores: nossa capacidade de controle demográfico; nossa determinação em evitar guerras e conflitos civis; nossa vontade de confiar à ciência a condução das questões que são de sua estrita pertinência; a taxa de acumulação, enquanto determinada pela margem entre produção e consumo. Uma vez atendidos os três primeiros pontos, o quarto virá por si só. Nesse meio-tempo, seria desejável proceder a alguns modestos preparativos para aquele que é o nosso destino, encorajando e experimentando as artes da vida tanto quanto as atividades que hoje consideramos engajadas.

Na terceira etapa, a transformação do código moral se somará à transformação organizacional e cultural. Ajudaremos uns aos outros mesmo quando isso não reverter em nossa vantagem direta. Recuperaremos alguns princípios tradicionais: "Que a avareza é um vício, a prática da usura é culpável, o amor pelo dinheiro é desprezível, e quem menos se aflige com o amanhã caminha realmente no sendeiro da virtude e da profunda sabedoria. Voltaremos a valorizar mais os fins do que os meios e preferiremos o bem ao útil. Honraremos quem souber nos ensinar a aproveitar a hora e o dia com virtude, as pessoas maravilhosas capazes de extrair um prazer direto das coisas, os lírios do campo que não semeiam e não fiam".

O empresário e o economista

Nos mesmos anos, sob o impacto do progresso tecnológico, da grande crise econômica que, nascida nos Estados Unidos, depois se estendeu para a Europa, mas talvez também por influência das ideias de Keynes, a necessidade de reduzir a jornada de trabalho e de legitimar o ócio foi acolhida também por um empresário genial e de ampla visão como Giovanni Agnelli, fundador e presidente da Fiat.

Em 1932, quando havia 25 milhões de desempregados no mundo, Agnelli, então com 66 anos, concedeu uma entrevista à United Press em que abordava a questão da crise econômica e da jornada de trabalho em relação ao progresso tecnológico.

Dessa entrevista surgiu uma troca de cartas entre o fundador da Fiat e o economista Luigi Einaudi, futuro presidente da República. Agnelli previa uma drástica redução do horário para evitar o desemprego tecnológico, Einaudi aconselhava prudência, preferindo confiar nos automatismos do mercado e no bom senso dos homens. O tempo iria demonstrar a ineficiência dos mecanismos do mercado e o escasso bom senso dos homens.

A primeira carta de Agnelli a Einaudi, datada de 5 de janeiro de 1933, merece ser reproduzida na íntegra:

Exmo. senador: O senhor me pediu, no dia em que tivemos ocasião de conversar sobre a entrevista que concedi à United Press a respeito da crise, que eu retomasse minhas considerações referentes ao que se costuma chamar de desemprego "técnico".

Partamos da premissa de que num dado momento, num dado país, por hipótese situado na parte industrializada deste mundo, existam 100 milhões de operários empregados. Que tenham como salário médio um dólar por dia. Na base de um dólar, todo dia surge uma demanda de 100 milhões de dólares de bens e serviços, e todo dia industriais e agricultores produzem e colocam no mercado 100 milhões de dólares em mercadorias e serviços. Produção, comércio, consumo integram-se perfeitamente um com o outro. Não existem desempregados.

Não se fala em crise. Nós industriais dizemos, em nossa linguagem simples, que os negócios vão indo. O carro da economia não precisa de lubrificantes. De repente — na verdade as coisas se desenvolvem através de experimentos sucessivos, mas devo simplificar —, um ou diversos homens de gênio inventam algo; e nós industriais competimos para ver quem é o primeiro a aplicar a invenção ou as invenções que permitem economia de trabalho e maior lucro. Quando as novas aplicações se generalizam, tem-se que com 75 milhões realiza-se o trabalho que antes demandava 100 milhões de trabalhadores. Tem-se então 25 milhões de desempregados. Grosso modo, hoje há, precisamente, 25 milhões de desempregados no mundo. Qual é a causa? A incapacidade do ordenamento do trabalho de se transformar na mesma velocidade de transformação do ordenamento técnico.

Antes da invenção eram necessários 100 milhões de dias de trabalho de oito horas cada, ou seja, 800 milhões de horas de trabalho ao dia, para produzir determinado volume de mercadorias e serviços. Depois da invenção bastam, para produzir o mesmo volume de mercadorias e serviços, 600 milhões de horas ao dia. Com oito horas diárias, é suficiente o trabalho de 75 milhões de operários. Os outros consomem muito menos. A demanda se reduz abaixo do nível anterior. A seguir, bastarão 70 e depois 60 milhões de operários para produzir o que o mercado demanda. É uma corrente pavorosa que para nós práticos parece desenrolar-se sem fim, embora vocês economistas nos tenham acostumado a crer que em determinado ponto se deve restabelecer o equilíbrio.

234

O dano, a meu ver, deriva da desagregação existente entre duas velocidades: a velocidade do progresso técnico, o qual desde o primeiro segundo reduziu em um quarto o esforço necessário para produzir, e a falta de progresso na organização do trabalho, pela qual o operário continua a labutar as mesmas oito horas diárias de antes. Tornemos iguais as velocidades dos dois movimentos progressivos, o técnico e o, digamos assim, humano. Como para produzir um volume igual de bens e serviços são necessários 600 milhões, em vez de 800 milhões de horas de trabalho, todos os 100 milhões de operários ocupados no primeiro momento por oito horas ao dia permanecerão ocupados no segundo momento por seis horas ao dia, e o salário permanecerá inalterado em um dólar ao dia. A demanda operária de bens e serviços continua a ser de 100 milhões de dólares. Nada mudou no mecanismo econômico, que segue muito bem azeitado. Não há desemprego, não há crise. Depois que criei na imaginação um mundo econômico onde, mesmo surgindo novas invenções, não há desemprego técnico, persegue-me a dúvida de ter talvez negligenciado algum daqueles fatores invisíveis com os quais os economistas parecem especialmente se deleitar. Minha dúvida tem fundamento?

Einaudi responde a Agnelli em 10 de janeiro de 1933. Reconhece que "o progresso técnico não teria sentido se servisse apenas para criar desemprego, crise e insatisfação social". Cita a conferência de Keynes e admite que "se os homens quiserem se contentar, daqui a um século poderão obter com três ou quatro horas de trabalho diário um volume de bens bastante superior ao que hoje obtêm com oito ou dez horas [...]. As máquinas não são inventadas pelo gosto de fabricar grande quantidade de bens e nem sequer para dar maior lucro aos fabricantes; mas para que os homens possam labutar menos e produzir as coisas de que necessitam e tenham tempo livre para dedicar ao ócio ou obter novos bens [...]. Se hoje se trabalham oito horas por dia a um salário de um dólar, um século atrás trabalhavam-se doze, quinze e às vezes mais horas a um salário de vinte, trinta, cinquenta centavos de dólar". Mas, segundo Einaudi, não só são necessários novos trabalhadores para fabricar as máquinas, mas também novos trabalhadores para produzir novos bens e novos serviços, visto que as necessidades humanas crescem e se transformam com o tempo. Em vez de reduzir o horário de trabalho, é melhor demitir os excedentes e pagar-lhes um subsídio. "Os desempregados devem procurar eles mesmos uma nova ocupação permanente. No passado, foi sempre assim que se superaram as crises de desemprego técnico. [...]. É preciso nunca desacreditar da capacidade dos homens de se virar. O apetite é um grande estimulante do espírito inventivo."

No passado, tanto na agricultura quanto na indústria têxtil e mecânica, lançou-se mão da diminuição da jornada de trabalho, mas os resultados foram frustrantes. Se existem 25 milhões de desempregados, isso depende apenas em parte mínima do progresso tecnológico: deve-se atribuir a responsabilidade antes à loucura humana que gera desordens militares e políticas, ao isolamento da Rússia, ao nacionalismo, às barreiras alfandegárias, às desordens monetárias, aos desequilíbrios entre preços, salários e lucros, entre interesses fixos e dividendos, entre impostos crescentes e rendas decrescentes. Einaudi conclui escrevendo: "Entre os tantos desempregos, o desemprego técnico criado pela máquina, ou seja, causado pelo progresso industrial, parece-me realmente o menos relevante entre todos [...]. O desemprego técnico não é uma doença: é uma febre de crescimento, um fruto de vigor e saúde. É uma doença sobre a qual os médicos não precisam se preocupar, pois ela se cura sozinha. Graves são outras espécies de desemprego; graves, pois nascidas da loucura humana. Contra elas não adianta o remédio da redução da jornada, porque o remédio técnico não é adequado para curar as doenças mentais". Contra o atual desemprego é preciso recorrer não aos industriais e economistas, mas "aos verdadeiros responsáveis, os sacerdotes de Deus, os arautos de ideias e os dirigentes dos povos".

Em 20 de janeiro de 1933, Giovanni Agnelli responde a Luigi Einaudi. Segundo seu ponto de vista, o desemprego no mundo não depende "daqueles fatores invisíveis com os quais os economistas parecem especialmente se deleitar", mas é causado em medida determinante pelo progresso técnico. Agora as máquinas produzem mais do que o mercado consegue consumir. Para que a produção e o consumo caminhem na mesma velocidade, é preciso ampliar o poder aquisitivo eliminando o desemprego, e é preciso mais tempo livre, visto que é no tempo livre que se consome. O desemprego tecnológico deve ser eliminado "com uma redução notável das horas de trabalho, com a conquista de mais ócio em favor dos homens, ócio que os homens saberão utilizar para sua elevação física, intelectual e moral".

Portanto, Keynes, Agnelli e Einaudi estão substancialmente de acordo com o fato de que o desemprego tecnológico só pode ser derrotado com a redução da jornada de trabalho e a ampliação do tempo livre. Porém, Einaudi aconselha que essa redução ocorra "lentamente", segundo uma tendência que "se tornou moda entre os economistas, que não gostam de se prejudicar afirmando soluções precisas para os problemas de hoje". Agnelli, entretanto, não acredita que se possa entregá-la à mão invisível do mercado, convencido de que "os ajustes e reequilíbrios não se operam exclusivamente por si sós"; ele vê claramente que, para resolver o problema econômico causado pelo desemprego, "é preciso conceder aos desempregados uma maneira de continuar a ter uma demanda de bens"; considera a redução da jornada ao mesmo salário como solução "inevitável e benéfica"; julga necessário implantá-la "a todo custo, o quanto antes".

Não sei a razão, mas aqui se interrompe a correspondência. É provável que, morando ambos em Turim, os dois tenham prosseguido o diálogo em conversa direta, privando-

-nos de seus raciocínios. É certo que Agnelli, ainda que tenha apontado o problema com a mesma lucidez de Keynes, acabou por se acomodar à opacidade de Einaudi.

Trabalhar menos para todos trabalharem

Em 1977, o grupo Adret, num livro significativamente intitulado *Travailler deux heures par jour*, denunciou: "A verdadeira dificuldade para a nossa sociedade não é reduzir o tempo dedicado ao trabalho, mas não o reduzir: para alcançar esse resultado, é necessário pagar (o menos possível) um exército de desempregados; manter nas empresas um considerável excedente de mão de obra [...]; criar vagas, qualquer que seja sua real utilidade; realizar pesquisas importantes para aumentar a fragilidade dos bens de consumo que, no entanto, são plenamente capazes de durar muito; lançar caras campanhas publicitárias para convencer as pessoas a adquirir coisas das quais não têm nenhuma necessidade; empenhar-se o máximo possível para manter os jovens, mulheres, velhos fora da vida profissional, e assim por diante".

Em fevereiro de 1979, André Gorz publicou em *Le Nouvel Observateur* uma matéria com o título provocador de "Desempregado será bonito", em que o desemprego era entendido como uma grande oportunidade para entrar no caminho e um paraíso pós-capitalista. "Pela indiferença que provoca em relação a uma vida de trabalho cada vez mais precária e vazia de sentido", dizia Gorz, "o desemprego se torna, ao fim e ao cabo, uma fonte de risco para a ordem estabelecida. Veem-se, então, os defensores dessa ordem (a qualquer alinhamento que pertençam) a reivindicar em alta voz a criação de vagas de trabalho como um fim em si, independentemente dos objetivos reais: quer sejam armas, aparelhos de extremo luxo, pequenos artigos insignificantes ou aparelhos para o tratamento de resíduos radioativos, tudo serve, desde que se destine a criar emprego. [...] Não se trata mais de trabalhar para produzir, mas de produzir para trabalhar." Como "na era da automação o crescimento deixa de ser gerador de emprego, aliás, frequentemente o destrói", Gorz pergunta-se: "A terceira Revolução Industrial levará à sociedade do desemprego ou à sociedade do tempo livre? Libertará os homens dos trabalhos alienantes ou os alienará ainda mais com a inatividade forçada? Levará a uma nova era dourada em que se trabalhará cada vez menos, mesmo dispondo de uma massa crescente de riquezas, ou acabará por condenar alguns ao desemprego e outros à improdutividade? [...]. Uma coisa é certa: a partir de agora somos todos, potencialmente, excedentes".

Na Itália, nesses mesmos anos, o secretário da Confederazione Italiana Sindacati Lavoratori (CISL) Pierre Carniti lançou o slogan "Trabalhar menos para todos trabalharem". Assim voltavam a se confrontar as duas visões sobre a redução da jornada de trabalho recorrentes desde o século XIX: de um lado, entendida como solução contra o desemprego; de outro, entendida como oportunidade para mudar radicalmente nosso modo de vida, melhorando sua qualidade graças a uma maior disponibilidade de tempo para cuidar do próprio corpo, da própria mente e do próprio contexto social.

Em 1980, o estudo promovido por Jacques Delors, *La révolution du temps choisi*, oferecia uma análise extremamente lúcida do desenvolvimento sem trabalho e uma rica gama de propostas concretas. No ensaio *Para além da crise*, publicado na Itália em 1984, Ralf Dahrendorf colocava problemas análogos: "A sociedade do crescimento foi também uma sociedade do trabalho. A vida dos homens era construída ao redor do trabalho. A educação era orientada como preparação ao mundo do trabalho, o tempo livre como descanso para um novo trabalho, a aposentadoria como compensação por uma vida de trabalho. O trabalho, além do mais, era considerado não só necessário para ganhar a subsistência, mas também como valor em si. Havia orgulho pelo próprio trabalho e pelas realizações profissionais. A preguiça era severamente estigmatizada. Pode-se dizer até que a figura do homem trabalhador representou o ideal dessa sociedade. Cabe, porém, perguntarmos: o que acontece quando — para dizê-lo como Hannah Arendt — o próprio trabalho vem a faltar à sociedade do trabalho?".

Em 1985, organizei um livro coletivo — *A sociedade pós-industrial* — que em poucos meses teve treze reedições, demonstrando que, mesmo na Itália, os tempos estavam maduros para abrir uma brecha na transbordante literatura industrialista, e um ano depois Carla Ravaioli publicou *Tempo da vendere, tempo da usare: lavoro produttivo e lavoro riproduttivo nella società microelettronica*, em que dava uma segunda explicação (além do atávico hábito de trabalhar, contraído ao longo dos séculos) para as razões de se contestar por toda parte a redução da jornada de trabalho. O núcleo central da produção — dizia Ravaioli — é confiado predominantemente aos homens. Ele exige profissionalismo, agressividade, competitividade, autoritarismo; nele predominam tarefas especializadas, responsabilidades pela tomada de decisões, experiência acumulada, apego à carreira. Graças a ele, tem-se maior gratificação, melhor pagamento e mais segurança. Quem se encontra inserido nesse núcleo "forte" está acostumado a dedicar todas as suas energias ao trabalho, aceitando uma invasão completa do próprio tempo mental, psicológico e existencial, considerando secundário tudo o que se refere à família e ao tempo livre, rejeitando com todo o ser a possibilidade de transformar o mundo inteiro do trabalho por meio de sua contaminação com valores nitidamente femininos, capazes de humanizar e melhorar a organização produtiva, pois foram destilados ao longo dos milênios "por meio de uma atividade voltada para a produção de pessoas, e não de mercadorias, de valores de uso, e não de troca, que utiliza em conjunto a mão e a mente, a razão e os afetos".

A solução, segundo Ravaioli, consiste em "estabelecer uma ligação direta entre as duas funções sociais historicamente atribuídas aos dois sexos, abraçar num único olhar

o masculino da produção e o feminino da reprodução, lê-los juntos e juntos decodificá-
-los no complexo entrelaçamento de determinações recíprocas que os une no interior
de uma realidade antropológica dada; aceitá-los, enfim, como partes integrantes de um
'humano' que a história separou em dois papéis e duas identidades simétricas inversas;
tentar a recuperação do indivíduo em sua plena inteireza".

Reaganomics

Toda essa bibliografia seguia uma nítida tendência contrária às políticas econômicas
e aos modelos produtivos então triunfantes no Ocidente. Ao longo de toda a década
de 1980, nos dois lados do Atlântico, a economia foi comandada pelo neoliberalismo
implacável de Ronald Reagan e Margaret Thatcher. Nos Estados Unidos, Reagan impôs
a *supply-side economics*, que levou ao corte dos impostos, ao aumento das despesas militares, à redução do welfare, ao eufórico aumento dos bens de consumo. Na Inglaterra,
Thatcher acrescentou as privatizações.

Enquanto isso, a onda hipertaylorista do Japão abafava qualquer voz favorável ao
conceito de *libertação do trabalho*: o neostakanovismo nipônico ficou fascinado com os
executivos ocidentais e deixou de lado o problema do tempo livre, lançando os países
industriais numa disputa sem quartel pelo maior grau de eficiência. Sob o espantalho
da concorrência internacional, a eficiência nipônica passou a ser apresentada aos trabalhadores do resto do mundo como meta a ser perseguida e limite a ser superado.

Enquanto as empresas continuavam a elevar a produtividade informatizando as instalações, revolucionando a organização do trabalho, terceirizando as atividades periféricas
ao *core business*, levando ao máximo o despudor do jogo financeiro e transferindo muitas
fábricas para o Terceiro Mundo, a produção e o desemprego continuavam a crescer
paralelamente. Os viciados no hipertrabalho, no *overtime*, na concorrência impiedosa — os incansáveis insatisfeitos, como os chamaria Keynes — continuavam a forçar
caminho como nunca, arrastando milhões de trabalhadores na corrida alucinada pela
produtividade e milhões de desempregados na tragédia da precariedade sem esperança.

Em poucos anos o modelo japonês naufragou, mas a esbórnia neoliberal de Reagan
e Thatcher prosseguiria nos EUA com Bush, na Alemanha com Merkel, na Itália com
Berlusconi, na França com Sarkozy, na Inglaterra com Cameron. Experimentaram-se
todas as soluções tradicionais contra o desemprego: retardou-se o ingresso no mercado
de trabalho com o prolongamento da escolarização; antecipou-se a saída do mercado
de trabalho com a pré-aposentadoria; tentaram-se formas mais flexíveis de horário;
diminuíram-se as taxas de contratação; excogitaram-se incentivos, *stages*, seguro-
-desemprego, vários tipos de formação e incentivo à *job creation*; garantiram-se rendas
mínimas de inserção, e assim por diante.

Tudo inútil: as soluções ilusórias caíram uma a uma, e a multiplicação dos trabalhadores precários determinou no plano psicossocial desastres maiores do que os benefícios no plano econômico. Assim, nos anos 1990, mesmo a grande imprensa foi obrigada a reconhecê-lo; nos EUA, a importância central do problema do emprego alcançou a opinião pública com duas matérias de capa que ficaram famosas: a da *Newsweek* (14 de junho de 1993) e a da *Fortune* (19 de setembro de 1994).

Hamburger-flipping jobs

Na capa da *Newsweek* destacava-se a palavra JOBS, seguida por frases significativas como "Trabalhadores do mundo, fiquem atentos! O futuro terá menos empregos de classe média a oferecer. Serão raras as carreiras de toda uma vida. A requalificação será constante. Quem vencerá e quem perderá?". Nos EUA, avisava a revista, 6% dos desempregados não conseguiam encontrar um novo emprego fazia mais de um ano; esse número subia para 45% na Europa. Era preciso, portanto, se resignar: tanto nos escritórios quanto nas fábricas, "a maioria das vagas fechadas na última década e que se estão fechando hoje em dia jamais voltará", porque o trabalho que antes era realizado por aquele atual desempregado já era inútil: alguns ex-empregados, de fato, produziam coisas que serviam cada vez menos (por exemplo, o aço); outros eram encarregados de tarefas que depois seriam realizadas muito melhor pelas máquinas (como a montagem ou pintura de automóveis, o atendimento bancário aos saques no caixa, as análises clínicas, a distribuição de passagens de trem); outros ainda faziam para terceiros coisas que cada qual poderia fazer por conta própria (por exemplo, o teste de gravidez ou o abastecimento de gasolina). A partir do advento da eletrônica, as vagas ocupadas pelas máquinas não eram mais compensadas por novos investimentos e novos empregos.

No nível da opinião pública, considerava-se que "o problema econômico, político e moral dos anos 1990 é o trabalho" e que "a redundância de pessoal nos escritórios é igual à existente nas fábricas", com efeitos catastróficos em termos de frequente *retraining*, de carreiras muito mais curtas, de menos estabilidade.

Os governos, alarmados, buscaram a solução lançando campanhas de *job creation*, e, em vinte anos, EUA, Japão e Europa conseguiram criar mais de 50 milhões de novas vagas. Na maioria dos casos, porém, tratava-se de *hamburger-flipping jobs*: pequenos serviços precários, de baixa qualidade e baixa remuneração, executados predominantemente por imigrantes e *part-timers*.

Na Itália, na trilha da *Newsweek*, o jornal *L'Espresso* falou em *jobless prosperity* com uma matéria intitulada "Estamos indo tão bem que vou demiti-lo". Na França, *Le Monde Diplomatique* comentou que "a recuperação do emprego somente pelo crescimento é uma miragem".

240

Em 1995, Jeremy Rifkin publicou *O fim dos empregos*, e no mesmo período procurei, de minha parte, contribuir para o debate reeditando o opúsculo de Paul Lafargue, *O direito à preguiça*, e o de Bertrand Russell, *Elogio ao ócio*; apresentei a tradução italiana do ensaio de André Gorz, *Les chemins du paradis*; publiquei meu livreto *Desenvolvimento sem trabalho* (1997), depois o livro *O futuro do trabalho* (1999), o livro-entrevista *O ócio criativo* (2000) e o longo ensaio *Fantasia e concretude* (2003).

Em 1999, Guy Aznar relançou o problema na França com o ensaio *Trabalhar menos para trabalharem todos*. Ali vinha ilustrada uma complexa estratégia de luta contra o desemprego baseada, por um lado, na redução da jornada de trabalho principalmente por meio do *part-time*, do ano sabático, do tempo integral autogerido em dois e, por outro lado, na promoção de um "terceiro setor" parcialmente subtraído ao mercado e constituído por atividades autônomas, como a autoprodução, as trocas mútuas, a economia informal legalizada.

TERCEIRO MILÊNIO

Os netos de Keynes

Assim chegamos ao terceiro milênio. Desde as origens de sua história até a Idade Média, o homem conseguiu realizar sua *libertação da escravidão*; da Idade Média até a primeira metade do século XX, ele realizou sua *libertação do esforço*; da Segunda Guerra Mundial até hoje, talvez sem querer, ele criou as condições para a *libertação do trabalho tout court*. O homem de Neandertal (quando a população total do planeta não ultrapassava 120 milhões) tinha uma vida média de 29 anos e dispunha de cerca de 4 mil calorias ao dia; em 1750 (quando a população total do planeta já alcançara 600 milhões), o homem pré-industrial dos países mais ricos tinha uma vida média de 35 anos e dispunha de 24 mil calorias ao dia; hoje, quando a população mundial supera os 7 bilhões, o habitante dos países ricos vive em média 75 anos e dispõe de cerca de 300 mil calorias ao dia.

Este início do terceiro milênio viu agravar-se seriamente o problema do emprego, que conquistou o primeiro lugar nas agendas dos governos sem, porém, chegar a soluções. Pelo mundo inteiro multiplicam-se os estudiosos, os grupos e movimentos que pregam a necessidade de uma completa revolução dos modelos produtivos em favor do tempo livre, do consumo consciente, do respeito ao ecossistema, do crescimento intelectual. Esses "netos de Keynes" continuam a sustentar com entusiasmo que, se no passado o desemprego era necessariamente enfrentado com a dor da miséria e da marginalização, a *libertação do trabalho*, agora possível, hoje promete conforto geral, crescimento intelectual, qualidade de vida, realização individual e coletiva.

241

Os policy makers

As políticas econômicas dos governos liberais, contudo, ignoram essas propostas e visam à retomada dos investimentos, isto é, ao crescimento, que está sempre ali perto, mas nunca chega, mesmo porque os empresários, quando recebem incentivos, preferem investi-los na compra de máquinas, e não em novas contratações. Mesmo um país como a China, com mão de obra abundante, perante a escolha entre alta tecnologia e alto nível de emprego, está optando pelo *jobless growth*. A Foxconn de Shenzhen, que produz componentes eletrônicos para a Sony e a HP e congrega todos os produtos da Apple, acabou de anunciar que no próximo triênio implantará 300 mil robôs, em vez de contratar 300 mil operários.

Na Itália e na Alemanha, a jornada semanal foi estabelecida em 48 horas em 1950 e em 1955 foi reduzida a menos de 39 horas com o mesmo salário. Em 1973, na Inglaterra, Edward Health enfrentou a crise do trabalho nas minas com uma drástica redução da jornada. Em 1994, o sindicato alemão dos metalúrgicos assinou um contrato que reduzia a semana de trabalho a trinta horas com redução proporcional do salário. Em 1998, o governo francês de Jospin lançou a semana de 35 horas, com resultados positivos segundo alguns observadores, negativos segundo outros.

Nos EUA, não fora o Partido Democrático, e sim o Republicano, que desde 1956 prometia, por meio de Nixon, a semana de 32 horas. Mas nada foi feito. Em todos os lugares em que se tentou a redução da jornada, trabalhadores e sindicalistas concorriam com empresários e executivos no sentido de boicotá-la. Na Itália, chegou a cair um governo por causa da questão das 35 horas semanais. Na França e na Alemanha, um fogo cerrado de críticas patronais, em conjunto com a desinformação midiática, contra as poucas experiências de semana reduzida (como a tentativa na Volkswagen) só cessou quando tais experiências foram abandonadas.

Desde então, os governos têm preferido diminuir os impostos das companhias, dar incentivos, permitir contratos mais flexíveis, aumentar os benefícios das empresas e os sacrifícios dos trabalhadores, atrair investidores estrangeiros e reviver formas larvais de protecionismo. Enquanto uma legião de economistas adeptos do liberalismo competia em fornecer suportes teóricos para essa política, as estatísticas oficiais anunciavam milagrosos aumentos no nível de emprego. Na verdade — como já haviam denunciado *Fortune* e *Newsweek* —, o que aumentava era sobretudo o emprego precário. E se antes os Estados Unidos eram a locomotiva do mundo, arrastando o Ocidente a cada salto de sua economia, hoje a globalização unifica os mercados de modo que, se os EUA vão bem, pela lei dos vasos comunicantes todos os outros países vão mal.

Cul de sac

Hoje, qualquer cidadão dos países ricos tem uma expectativa de vida de 82 anos, equivalente a 718 mil horas. Apenas 11% de todas essas horas serão ocupadas pelo trabalho, e é muito provável que, até 2030, essa porcentagem se reduza sensivelmente. O planeta incrementa sua riqueza em 3% ao ano, mas esse crescimento depende cada vez menos do trabalho humano do Primeiro Mundo e cada vez mais dos robôs e dos trabalhadores sub-remunerados do Terceiro Mundo. O número de pessoas em busca de emprego aumenta a olhos vistos, mas as vagas crescem muito mais lentamente, pelo efeito conjunto do progresso tecnológico e organizacional, da globalização, das monoculturas latifundiárias modernas, da desmilitarização, das privatizações, das fusões. Os cidadãos do Primeiro Mundo rejeitam a ideia de que o trabalho não seja mais a essência da vida e que, portanto, ela deva ser remodelada, concentrando-se no tempo livre e nas atividades híbridas que não se encaixam no conceito tradicional de "trabalho".

Assim se delineia um mercado de trabalho aterrador, construído em círculos concêntricos: no centro um núcleo de criativos (cientistas, artistas e profissionais) com estabilidade e remuneração adequadas, encarregados de projetar o futuro; ao redor desse centro, uma coroa de trabalhadores executivos (empregados de escritório e operários), que garantem aos criativos e suas famílias os suportes necessários; ao redor dessa coroa, outro círculo composto pelos trabalhadores precários, prontos para substituir os trabalhadores executivos sempre que for necessário. Aqui se fecha a fortaleza dos privilegiados admitidos às funções de concepção e produção. Fora dele, estende-se um mar de excluídos aos quais é permitido consumir, mas é proibido produzir. Já hoje na Europa esse mar conta com 45 milhões de desempregados, aos quais se devem acrescentar 15 milhões de Neet com idade entre quinze e 29 anos. Em alguns países, como a Espanha, um entre três cidadãos e um entre dois jovens estão excluídos da fortaleza do mercado de trabalho. O que acontecerá quando esse mar de pessoas sem renda superar numericamente os trabalhadores encerrados dentro da fortaleza? Até agora, são bilhões de habitantes nas regiões pobres da Ásia, África, América do Sul que vivem e morrem na condição em que se encontram os excluídos do trabalho nos países ricos. Mas entre o Primeiro e o Terceiro Mundo há uma enorme distância geográfica e cultural, que impedia a reação dos excluídos, confinados na inanição e no fatalismo da miséria endêmica. A exclusão que hoje ocorre nos países ricos e é agudizada pela crise diz respeito a cidadãos que vivem lado a lado com os privilegiados, que muitas vezes são seus próprios pais. Trata-se de escolarizados que, sustentados pela família e pelo welfare, conseguirão sobreviver. Mas o que será de seus filhos, admitindo que possam se permitir o luxo de colocá-los no mundo? Para sair desse *cul de sac* em que a humanidade está se metendo, é preciso tomar consciência da sua dimensão internacional (não só local) e cultural (não apenas econômica).

Em abril de 1991, publiquei na revista *Pluriverso* um artigo intitulado "Quatro problemas para uma inversão da organização socioeconômica ocidental". Ali eu expunha quatro questões que nos colocavam diante do problema, então pouco explorado, do *jobless growth*, questões que, para ser enfrentadas, exigiriam uma resoluta troca de marcha na macro-organização socioeconômica. Retomo aqui os três primeiros problemas; o quarto será tratado com maior fôlego no capítulo intitulado "Yin e Yang".

Primeiro problema
Como distribuir a riqueza, que aumenta, prescindindo do parâmetro do "trabalho", que diminui?

Já hoje o planeta produz mais do que o necessário para garantir o bem-estar de toda a humanidade. Se 3,5 bilhões de pessoas morrem de fome, não é porque não sabem produzir alimentos em quantidade suficiente, mas porque não sabem distribuí-los. Na sociedade industrial, a riqueza era distribuída principalmente com base na quantidade e na qualidade do trabalho produtivo realizado por cada um. Se você não trabalha, você não come, assim como seus filhos, que dependem de seu trabalho. E nem seu patrão e os filhos dele comerão. Para consumir, é preciso antes produzir. Você poderá dispor somente de uma parte da riqueza que produz. Mas, se não produzir, nem isso terá.

Uma vez acostumados a distribuir a riqueza com base no trabalho produtivo e uma vez organizada toda a complexa máquina da economia de mercado em torno desse critério, uma variante desse mesmo critério também foi estendida aos trabalhadores improdutivos: empregados de escritório, executivos, profissionais liberais e dirigentes, todos pagos por hora ou por resultado.

Depois disso, satisfeitos com o parâmetro "trabalho", chegamos a dizer: você receberá uma retribuição desde que trabalhe, mesmo que esse seu trabalho não produza nada e não sirva para nada, e até seja nocivo para você e para a sociedade. O importante é que você faça algo que as estatísticas oficiais possam classificar como "trabalho" e que a economia corrente possa considerar digno de remuneração. Com base nessas convenções, uma mulher que educa os filhos em casa não é remunerada, ao passo que uma mulher que educa os filhos alheios numa creche merece um salário. Se duas mulheres cuidam cada qual do próprio filho, são consideradas donas de casa e não são pagas; se uma cuidar do filho da outra, é considerada babá e deve ser remunerada. Em muitos países, como por exemplo o Brasil, os grandes hotéis e repartições públicas empregam jovens como *lift-boys*, obrigando-os a passar o dia subindo e descendo dentro de elevadores. Esses rapazes, escolhidos entre milhões, são tirados não só das ruas mas também da escola, e recebem um salário em troca de um serviço ridículo, sem futuro, e que não gera nenhuma riqueza.

No próprio âmbito do trabalho, as remunerações são distribuídas de modo arbitrário. Há trabalhos úteis e agradáveis, como o do empresário ou do professor; há trabalhos úteis, mas desagradáveis, como o do mineiro ou do coveiro; há trabalhos inúteis, mas agradáveis, como o de uma dançarina de tevê; há trabalhos inúteis e desagradáveis, como justamente o de *lift-boy*. Segundo a justiça, um coveiro deveria receber muito mais do que uma dançarina de tevê, mas a justiça distributiva não tem nenhuma relação com o mundo do trabalho. Um jovem de vinte anos que trabalha oito horas por dia no banco recebe um salário. Um coetâneo que estuda oito horas por dia na universidade não só não recebe nada como até precisa pagar a matrícula.

Num mundo onde a riqueza cresce, mas é cada vez menos produzida pelo homem, é impossível redistribuí-la somente com base no critério do trabalho humano, como propunha Adam Smith em *A riqueza das nações*. É preciso encontrar novos critérios, capazes de conjugar os méritos e as necessidades.

Segundo problema
Como reeducar milhões de cidadãos do Primeiro Mundo, habituados a centrar toda a sua vida no trabalho, de modo que aprendam a reprojetá-la centrando-a também no não trabalho?

Minha tese de fundo é que o problema injusto e terrível do desemprego pode ser vencido somente se adotarmos o *conjunto de todas* as soluções disponíveis: criando novas vagas *apenas se forem realmente* úteis, reduzindo drasticamente a jornada de trabalho *quando se trata de tarefas executivas* e desestruturando-a em todos os casos em que sua natureza assim o permitir. Mas o problema do desemprego não pode nos fazer esquecer o problema do tempo livre do trabalho que, nas perspectivas de um jovem de vinte anos, representa seis sétimos da vida que o espera. O que fará no tempo de trabalho será decidido por seus pais, chefes, ele próprio e sua sorte. Mas o que fará no tempo livre? Quem decidirá? Hollywood? A cnn? A Globo? O padre? A Sega dos video games? Fará coisas úteis ou inúteis? Irá se divertir ou se entediará? Será solidário, competitivo, agressivo, violento?

Antes da industrialização, mesclava-se muito trabalho ao tempo livre e a socialização ocorria em casa, na praça, na oficina, nos campos, na paróquia, no bar, na escola. Pretender hoje que o trabalho seja a fonte principal de socialização e de identidade significa negar socialização e identidade a cinco sextos da população mundial: às crianças, estudantes, donas de casa, idosos, desempregados, a todos aqueles que, no Terceiro Mundo, não têm nenhuma familiaridade com a categoria do trabalho tal como é entendido no Primeiro Mundo. E significa negar que, muito frequentemente, o que se encontra no trabalho não é a identidade nem uma socialização, mas embrutecimento, marginalização,

245

conflito, isolamento. Como prova disso, basta reler as dezenas de pesquisas realizadas sobre a alienação da fábrica e a anomia dos escritórios.

Hoje, a maioria dos trabalhadores investe todas as suas energias na carreira, passa boa parte do dia no escritório, perde o gosto pela vida familiar e pelo entretenimento; nos dias de folga, terá enxaqueca se não tiver levado algum serviço para fazer em casa, de modo a manter a mesma tensão dos dias de trabalho.

É preciso, portanto, empreender uma grande obra de educação dos jovens e reeducação dos adultos workaholics, para que aprendam como conferir sentido e valor ao tempo livre enriquecendo-o de introspecção, criatividade e convívio.

Terceiro problema
Como reeducar bilhões de cidadãos do Terceiro Mundo, acostumados a centrar toda a sua vida no não trabalho, de modo que aprendam a centrá-la também no trabalho?

Na Índia, na China, na África, na América Latina, bilhões de pessoas jamais trabalharam e jamais elevaram suas exigências acima do nível da subsistência. Essas populações têm o direito de cultivar necessidades mais propriamente humanas, como a segurança, a longevidade, a libertação da dor física, o conhecimento racional, o bem-estar, a realização pessoal.

Uma vez despertos os impulsos dessas novas necessidades, é preciso satisfazê-las criando riqueza. Isso exige a educação para o trabalho racional e tecnologicamente otimizado, a construção de fábricas eficientes, o fornecimento de serviços modernos. Assim se estenderão também aos países pobres as vantagens da industrialização já experimentada nos países ricos, sem, porém, repetir seus erros. Quando estiver cumprida essa grandiosa revolução cultural, quando mesmo no Terceiro Mundo as necessidades tiverem evoluído e a população tiver aprendido a arte de criar a riqueza necessária para satisfazê-las, nosso problema de redistribuir o trabalho e o dinheiro, o saber e o poder será recolocado em escala planetária.

Em síntese
Em linha de princípio, toda vez que a inovação tecnológica e organizacional permitiu transferir o esforço humano para as máquinas, geraram-se duas diferentes reações: num primeiro momento, o fenômeno foi visto como precursor de desemprego e ameaça ao equilíbrio social; num segundo momento, foi valorizado como alforria da escravidão do trabalho.

O advento das máquinas automáticas permitiu reduzir a jornada de trabalho e empregar um número maior de pessoas tanto para construir essas máquinas quanto para satisfazer as novas necessidades que o progresso ia criando. Ao que parece, a afirmação das máquinas eletrônicas não está produzindo os mesmos efeitos: pelo menos até agora, elas mais eliminaram do que criaram vagas. É válido supor, porém, que isso prenuncia um tempo não muito distante em que, com uma quantidade cada vez mais restrita de trabalho humano, poderemos satisfazer as necessidades de bens e serviços de toda a humanidade.

Para que essa perspectiva possa se traduzir em realidade, os *policy makers* deverão necessariamente se compenetrar de que o desemprego precisa ser enfrentado radicalmente, ao invés de abafado com expedientes falaciosos para manter uma parte de população ativa na situação de aparente emprego através de formas precárias e inúteis de trabalho.

É preciso reconceber politicamente uma nova repartição do trabalho, do poder, do saber, da riqueza, das oportunidades e das leis para construir um sistema radicalmente novo, no qual os criativos estejam desvinculados de toda restrição burocrática, os executivos tenham o direito garantido de trabalhar em proporção inversa à produtividade de seu trabalho, e a uns e outros — integrando à formação profissional a formação existencial para o ócio criativo — seja garantido o crescimento intelectual necessário para compreender e valorizar a vida pós-industrial.

K. Kelvin

O homem é a medida de todas as coisas, das que são enquanto
são e das que não são enquanto não são.
PROTÁGORAS

DO APROXIMADO AO PRECISO

Longa marcha acidentada

Assim é a marcha da humanidade em direção à precisão. Suas pausas coincidem com a reflexão espiritual; suas acelerações coincidem com o progresso científico. O mundo clássico grego e romano, desinteressado em mensurar com precisão o tempo e o espaço, não fez progressos científicos e técnicos semelhantes aos avanços insuperados que soube realizar na literatura, na filosofia, na arte. Esses dois povos, que souberam revolucionar a visão de mundo e do papel do homem no planeta, deixaram, porém, um modestíssimo saldo de invenções tecnológicas: "A engrenagem e o parafuso", escreveu Moses Finley em seu estudo "Inovação técnica e progresso econômico no mundo antigo", "a moenda giratória e o moinho a água, a prensa com parafuso, os veios longitudinais, o vidro soprado, a escultura em bronze com o uso de metal fundido, o aglomerado de cimento, a dioptria para a medição topográfica, a catapulta por torção, o relógio e o órgão a água, os brinquedos mecânicos acionados por água, vento e vapor: com essa breve lista diz-se quase tudo, e não é muito, para uma grande civilização que durou quinze séculos".

Mas como explicar um desinteresse tão grande pela precisão por parte dos gregos? Como tentei esclarecer em mais detalhes em minhas obras *Fantasia e concretude* e *O futuro do trabalho*, os gregos não tinham interesse pela precisão porque estavam convencidos — como atestam Platão e Aristóteles — de que tudo o que era necessário descobrir para melhorar a condição prática e a vida material dos homens livres já fora descoberto. Para os serviços desagradáveis, tediosos e degradantes, não havia necessidade de máquinas: bastavam os escravos. Havia 250 mil deles à disposição dos 40 mil cidadãos livres e dos 20 mil metecos: uma média de quatro para cada um. E, como explica Émile Meyerson, na medida em que os escravos representavam máquinas perfeitas e decididamente econômicas, por um lado desincentivavam as descobertas e por outro tornavam o trabalho produtivo desprezível exatamente porque era "servil".

Liberados de qualquer encargo prático, os habitantes de Atenas podiam assim dedicar-se ao progresso do espírito, ao convívio democrático e à defesa da pátria. Além da disponibilidade de escravos, Pierre-Maxime Schuhl aponta outros dois fatores que, segundo ele, são determinantes para levar os gregos a uma repulsa tão acentuada pela tecnologia, que no entanto reduziria e aliviaria o trabalho humano: a carência de matérias-primas e o desprezo aristocrático pelas atividades práticas, enquanto impediam o desenvolvimento harmonioso do corpo e desviavam a alma da vida espiritual, induzindo-a a satisfazer o desejo mais degradante para o homem, o de riquezas.

Daí a posição dos artesãos, camponeses, comerciantes e técnicos na base da pirâmide social, cujos vértices hierárquicos eram ocupados pelo filósofo, pelo matemático, pelo poeta, pelo guerreiro, pelo político, por todos os que cultivavam as artes liberais. E daí a multiplicação de ginásios, academias e teatros na Grécia.

Em 1950, o historiador da ciência Alexandre Koyré publicou seus *Études sur l'histoire de la pensée philosophique em Russie*, em que se ocupava, entre outras coisas, do grande marco que foi a passagem do mundo do aproximado ao universo da precisão. É em seu texto que se encontra a explicação mais convincente da repugnância grega pela precisão tecnológica.

Os gregos, explica Koyré, aproximavam-se dos fenômenos físicos de modo diferente, conforme fossem celestes ou terrenos. Em relação à astronomia, adotavam uma extrema precisão porque consideravam que os fenômenos celestes respondiam a leis de absoluto rigor. Antes ainda de ser observado com os olhos, de fato, o movimento dos astros podia ser calculado geométrica e cronologicamente no papel.

À dimensão superior onde reinavam a perfeição e a regra, contrapunha-se o mundo sublunar, volúvel e imperfeito, que escapava a qualquer lei e a qualquer possibilidade de mensuração rigorosa. A precisão existia, mas era prerrogativa do céu, atributo dos astros e dos deuses. Era, portanto, insensatez do homem — constitucionalmente lento e aproximativo — pretender a mesma precisão dos deuses, e espreitar os segredos desses seus apanágios equivalia a cometer um sacrilégio. É por esse motivo que na mitologia clássica, que representava o instrumento pedagógico mais eficaz para a educação e a orientação profissional dos jovens, os heróis que lidavam com atividades de engenharia e tecnologia eram punidos de maneira exemplar: engenheiros navais como Ulisses, engenheiros aeronáuticos como Ícaro, engenheiros metalúrgicos como Prometeu, cultores de ciência como Sísifo, todos têm um fim terrível.

Para não incorrer na tentação blasfema da precisão e na consequente punição irada dos deuses, os gregos se abstiveram ao máximo de adotar o zero na matemática, de inventar instrumentos de medição como o relógio, o metro ou o termômetro, de unificar os vocábulos inerentes aos comprimentos, pesos, tempos, volumes, temperaturas, resultando uma babel linguística que dificultava as comparações e negociações. Com base nessas premissas, uma astronomia matemática era possível, mas uma física matemática seria absurda. Aliás, 25 séculos mais tarde, o próprio Einstein escreverá em *Geometria e experiência*: "Na medida em que as leis da matemática se referem à realidade, não estão certas. E na medida em que estão certas, não se referem à realidade".

Na Grécia e em Roma, o fabricante de lentes não usava noções de física, e por isso não era um ótico, e sim um artesão; o aplicador de sanguessugas não usava noções médicas, e por isso não era um cirurgião, e sim um curandeiro; o ourives não usava balança nem termômetro, e por isso não era um químico, e sim um alquimista. Renunciar à mensuração rigorosa do movimento, do tempo, do espaço, do movimento, do calor, isto é, das dimensões sobre as quais se funda a física moderna, significou renunciar *tout court* ao progresso tecnológico. Embora, segundo Pitágoras, o número fosse a essência de todas as coisas, na Grécia não poderia haver uma linguagem matemática cômoda e sistemática, quando menos porque não dispunham dos algarismos arábicos, que começarão a se difundir muito lentamente apenas depois do século XII. As poucas máquinas gregas, visto que eram construídas "de modo aproximado", não eram capazes de executar operações precisas, que acabavam por ser confiadas à mão do homem, ela também imprecisa. Antes de Galileu, escreve Koyré, "ninguém jamais tentou superar o uso prático do número, do peso, da medida, na imprecisão da vida cotidiana — contar os meses e os animais, medir as distâncias e os campos, pesar o óleo e o trigo — para fazer disso um elemento do saber preciso".

A exceção das artes

Quanto à regra geral de que o mundo terreno não podia ser tratado matematicamente, a única exceção era o setor da arte, que impunha à natureza o desenho impecável de um capitel, o corte preciso de uma coluna, a calculada distância entre os elementos estruturais de um templo. Mas a arte não era senão uma abstração, uma *mimésis*. E, contudo, a atenção em evitar a blasfêmia da precisão permeava também a arquitetura, caso seja verdade — como afirma Rhys Carpenter no ensaio *The Architects of the Parthenon* — que os projetistas do grande templo, depois de terem calculado escrupulosamente os intervalos entre as colunas, fizeram um desajuste intencional para demonstrar sua devoção aos deuses e a ausência de qualquer intenção, mesmo a mais remota, de rivalizar com a perfeição do mundo celeste.

Se tivessem superado seu bloqueio psicológico em relação à precisão, os gregos poderiam ter antecipado o salto realizado dez séculos depois pelos cientistas do século XVII. Eles possuíam todos os seus pressupostos teóricos. Os engenheiros de Atenas e Roma, no entanto, mesmo os sublimes como Ictino, Fídias ou Vitrúvio, não entenderam ou não quiseram entender a importância de potencializar e enobrecer a experiência e a destreza (*téchne*) com a ciência (*epistéme*), para sublimá-la em tecnologia. Por isso a tradição não se tornará inovação, a cópia não se tornará invenção, as fórmulas não se tornarão leis, as experiências não se tornarão hipóteses. Sua ação permanecerá pré-científica.

Arquimedes envergonhava-se quando distraía a atenção dos estudos matemáticos para se dedicar temporariamente à engenharia. Entretanto, Leonardo e Galileu se orgulhavam disso: "A ciência da mecânica", escreverá Leonardo, "é a mais nobre e mais útil de todas [...]. A mecânica é o paraíso das ciências matemáticas".

Se, a partir do Renascimento, a ciência assume o comando da ação, guia a técnica e, incorporando-se a ela, transforma-a em tecnologia é porque se realizou o grande salto do mundo do aproximado para o universo da precisão. A partir de então, a precisão será tudo.

Thésis e métis

Contudo, os gregos eram conscientes da coexistência — na vital exuberância dos acontecimentos e dos comportamentos humanos — de uma dimensão racional, precisa, unidirecional, programável, calculável, que eles chamaram de *thésis*, com uma dimensão irracional, fugidia, tortuosa, flexível, elástica, dobrável, pluridimensional, que se subtrai ao planejamento, ao controle, ao cálculo exato, e que eles chamaram de *métis*.

Nesse quadro, a *thésis* comportava sempre uma reflexão segura, uma previsão clara, uma preparação escrupulosa, o desenho de um caminho bem pensado e bem traçado, a programação de uma ação nos mínimos detalhes e sua escrupulosa execução. Com a filosofia, com a historiografia, com as ciências naturais, com a arquitetura, a *thésis* conseguiu alcançar no mundo clássico os mesmos ápices de racionalidade que os filósofos, historiadores, naturalistas, arquitetos conseguiram em suas respectivas disciplinas graças a um método rigoroso, elaborado com inteligência aguda e bem formada.

Se o que simbolizava a *thésis* era a imagem da flecha que, disparada do arco, alcança sua meta percorrendo a trajetória mais curta em linha reta, a *métis*, por seu lado, se encarnava no arguto Ulisses e na serpente, ambos capazes de se esquivar sinuosamente dos obstáculos. O homem dotado de *métis*, segundo Platão e Aristóteles, possuía agudeza, vivacidade mental, fineza de espírito, rapidez na ação e na decisão, golpe de vista e mira precisa, capacidade de aplicar os recursos no objetivo escolhido.

Marcel Detienne e Jean-Pierre Vernant escrevem no ensaio *Métis: as astúcias da inteligência*: "Quer se trate da inteligência astuciosa, cujo modelo original nos é oferecido pela caça e pela pesca, ou dos estratagemas do guerreiro quando age de surpresa; do engano ou da emboscada; da arte do piloto que dirige a embarcação contra ventos e marés; ou das astúcias verbais do sofista que distorce e devolve ao adversário seu próprio argumento demasiado forte; ou ainda da engenhosidade do banqueiro e do comerciante que, como prestidigitadores, extraem do nada grandes montantes; ou da prudência cautelosa do político cujo faro consegue pressentir antecipadamente o curso incerto dos acontecimentos; ou da habilidade manual, segredo da profissão que confere aos artesãos o poder sobre uma matéria sempre rebelde, em maior ou menor grau, aos seus esforços industriosos, a *métis* preside a todas as atividades em que o homem deve aprender a manobrar forças hostis, poderosas demais para ser controladas diretamente, mas que podem ser realizadas a despeito delas, sem jamais enfrentá-las diretamente, para levar a cabo, num golpe súbito, o projeto pretendido".

Se rejeitavam a precisão como uma disposição blasfema de enfrentar os deuses, os gregos adotaram, porém, uma síntese de *thésis* e *métis*, com resultados de inigualável refinamento: com efeito, o raciocínio implacável de Sócrates e a perfeição suprema da arte de Fídias conviviam com a vulgaridade zombeteira de Hefesto e as histerias carnais de Afrodite.

Estranha ao universo mecânico da sociedade industrial, a cultura grega nos oferece um raro modelo para refletirmos sobre a busca de uma nova relação fecunda entre o aproximado e a precisão.

Tempo e tempos

Estritamente ligada às noções de precisão e de medida é a noção de tempo. Hoje, concebemos a história como uma trajetória linear e irreversível, uma sequência de milênios, séculos e anos que parte das origens do mundo (deslocadas continuamente pelos teólogos e físicos), chega ao nosso presente e tende para o futuro, passando por dinastias, guerras, pazes, cataclismos. Linear e infelizmente irreversível é também o tempo da nossa vida pessoal, cujo decurso, delimitado pelo nascimento e pela morte, se desenvolve em infância, juventude, maturidade, velhice, por sua vez marcadas por matrimônios, doenças, festas, lutos, fracassos e sucessos.

Entrelaçado ao tempo linear, percebemos o tempo cíclico: a repetição rítmica das fases lunares, dos dias desde o amanhecer ao anoitecer, das estações desde a primavera ao inverno. A esses ciclos naturais, que constituem a ordem de referência dominante nos 5 mil anos de sociedade rural, sobrepõem-se outros ciclos de tipo social, ligados a cada profissão e às várias organizações: a repetição das atividades rurais, da semeadura à colheita, para os camponeses; a renovação cotidiana, desde o despertar matinal ao boa-noite, das tarefas domésticas para as donas de casa; a reprodução dos trajetos dos caravaneiros no deserto, dos navios no mar e, hoje, dos aviões no céu e dos bits nas redes informáticas. E, também, nas empresas modernas, o ciclo do ano financeiro, com seus rituais de previsão e fechamento; o ciclo de industrialização dos produtos e de cada componente seu; até o ciclo implacavelmente rápido e curto das operações medidas em termos de segundos pela linha de montagem. Na transição dos trabalhos rurais para os executados pelas máquinas industriais e, agora, pelos computadores, os ciclos, que duravam meses, reduziram-se gradualmente a horas, minutos, segundos, milésimos de segundo, milionésimos de segundo e nanossegundos. Para medir essas grandezas, construíram-se cronômetros cada vez mais precisos: os osciladores dos relógios mecânicos usados pelos nossos bisavós oscilavam quatro ou cinco vezes por segundo; hoje, os osciladores a quartzo oscilam 2 bilhões de vezes por segundo e os osciladores de césio, 9 bilhões de vezes. Um relógio de preço normal erra um milionésimo de segundo a cada cem anos.

Ao lado dos ciclos ligados ao trabalho, vão emergindo no campo social ciclos — cada vez mais importantes e prolongados — ligados ao tempo livre: os fins de semana na casa de campo ou de praia, os ritos recorrentes das férias, de festas públicas e privadas, dos divertimentos, do turismo, todos marcados pelo horário do rush, já mais congestionado pelos embalos de sábado à noite do que pelo trabalho da segunda-feira de manhã.

O TRABALHO REABILITADO

O ócio inimigo da alma

A marcação do tempo ligada aos ciclos naturais e sociais de natureza laica convivia na Idade Média com a divisão ditada pela dimensão religiosa. Nesta, a concepção do desenvolvimento temporal (que moldava a sequência dos seis dias da Criação, a visão da história do mundo como processo que ia da criação até o fim dos tempos, ou a narração evangélica da vida de Cristo da natividade à ascensão) associava-se à concepção cíclica (reforçada pela repetição do ano litúrgico do Natal à Páscoa ou pela divisão do dia monástico, segmentado pelas orações litúrgicas, as Laudes, as Terças, as Sextas, as Nonas, as Vésperas e as Completas).

Além de marcar a concepção de tempo, o cristianismo resgata o trabalho manual desprezado na Grécia como ocupação servil degradante e sofrido pelos judeus enquanto fruto do pecado original, ao par do sofrimento e da morte. Dessa perspectiva, o ócio assume uma conotação negativa, pecaminosa, reprovável; inimigo da alma — *"Otiositas est inimica animae"* —, tem efeitos nocivos, e o único antídoto para se proteger desses efeitos é o trabalho. Os monges, escreve textualmente são Bento, "são verdadeiros monges quando vivem do trabalho de suas mãos", que tem o triplo objetivo de purificar o pecado original, suprir à subsistência e preservar das tentações. Assim, ao lado do estudo bíblico, teológico e musical, o monge exerce um ofício, derruba a mata, lavra, ara, semeia, ceifa, capina e drena a terra, cria gado, transcreve incunábulos, medita, transformando progressivamente os mosteiros em centros produtivos e em propulsores do trabalho.

Da clepsidra ao relógio

Depois da abadia, o mercado e a universidade são o palco de outro grande salto histórico. Ambos pressupõem, de fato, um novo conceito de tempo e de espaço. Se para o camponês bastava a marcação temporal com base nas luas e nas estações, feita de modo aproximado a partir da vaga demarcação entre calor e frio, sol e chuva, dia e noite; se para o monge era suficiente ordenar as horas nos seis termos da liturgia cotidiana, indicados de modo aproximado pelos relógios de sol e clepsidras; para o mercador — cujos negócios dependem rigorosamente do tempo intercorrente entre compra e venda, pagamento e recebimento, transferência de mercadorias e composição dos juros — é necessária uma medida bem mais precisa das horas e dos dias. Ainda mais precisa é a medida do tempo que será necessária para químicos, físicos e filósofos que conduzem seus experimentos nas universidades. O mercador internacional, que opera da Itália à China, da Holanda à Grã-Bretanha, entretecendo tempo e espaço de maneira inédita, exige sistemas de medida pontuais tanto para sua atividade comercial e financeira quanto para sua atividade como patrão.

Essa exigência será atendida no século XII com a invenção do relógio mecânico, que laicizará o tempo e, a partir do século XIV, triunfará sobre as torres municipais, em concorrência com as clepsidras das casas e os sinos das igrejas. A partir desse momento, os eventos se situarão no decurso do tempo profano obedecendo a uma sequência precisa que marcará os compromissos, os lucros e os prejuízos. Os negócios estão ligados ao tempo: a sorte de um mercador ou de um banqueiro pode mudar no decorrer de algumas semanas, assim como hoje a sorte de quem joga na Bolsa pode se decidir numa fração de segundos. Antes da introdução do relógio citadino, a jornada de trabalho ia *"des heures de soleil levant jusqu'à l'heure de soleil couchant"*, do nascer ao pôr do sol, como prescrevia o regulamento emitido em 1395 pelo preboste de Paris. Em 1354, porém, foi construído o primeiro relógio público de Florença; em 1370, o da Conciergerie de

Paris; em 1410, será finalizado o relógio astronômico de Praga, e em 1493 o da Torre dos Mouros em Veneza. Esses primeiros relógios citadinos servirão para marcar as horas nas oficinas e nas vinhas, para medir o trabalho diurno e o noturno, para indicar o "meio dia" de trabalho, que antes não existia. Assim, o horário de trabalho começa a aprisionar a vida do trabalhador, mas apenas no que se refere ao início e ao fim, porque, no interior da oficina, os ritmos ainda continuam a ser os do mundo rural.

Na bodega artesanal, a morada da família e a oficina convivem sob o mesmo teto; os serviços domésticos e as tarefas profissionais se entretecem e se confundem no plano temporal e no plano espacial; o mercado é restrito, e por isso o artesão e o cliente se conhecem, encontram-se e colaboram; os bairros constituem um conjunto coordenado de estruturas contíguas destinadas à vida doméstica, ao trabalho, ao comércio, ao tempo livre e à oração.

A precisão desce sobre a Terra

Com Galileu na Itália, Descartes na França, Bacon e Newton na Inglaterra, a mensuração e a precisão instalam-se na Terra. Galileu usa a física ótica para calcular teoricamente a espessura das lentes e a distância que deve haver entre elas; *só depois*, a partir desse cálculo teórico, ele constrói seus *"perspicilli"* [lentes]. A luneta, portanto, deixa de ser um prolongamento dos sentidos, pois é uma construção do intelecto. O mesmo se aplica ao pêndulo. Escreve Koyré: "Não foi olhando a oscilação do longo incensório na catedral de Pisa que Galileu descobriu o isocronismo do pêndulo, quando menos porque o incensório só foi ali instalado após sua partida da cidade [...], mas graças ao estudo matemático, a partir das leis da aceleração do movimento que ele havia estabelecido por dedução racional, da queda dos corpos pesados ao longo das cordas de um círculo posicionado na vertical".

A disponibilidade de instrumentos precisos permitiu aos cientistas alcançar maiores graus de perfeição, transformando a técnica em tecnologia (isto é, ciência incorporada na técnica). O conjunto desses instrumentos, com a ciência por trás deles, contribuiu para transformar profundamente o clima geral da sociedade, imprimindo aceleração e confiança aos seus processos evolutivos, e revolucionou o treinamento profissional, que passou do aprendizado nas oficinas para uma especialização nas academias, nas quais as novas regras científicas eram inculcadas antes da própria prática, assim transformando os mestres em engenheiros, os curandeiros em médicos.

É nessas bases que se funda aquele progresso que, logo mais, fará aflorar toda a potência da sociedade industrial, que então passa a usar instrumentos com a dimensão de oficinas e oficinas com a precisão de instrumentos.

A tirania da medida

Se a humanidade vivera durante milênios, até o final do século XVIII, sob a égide do aproximado, do misterioso, do mágico, quase indefesa diante das pestes, dos raios, das invasões, confiando-se à esfera emocional para suprir de alguma forma os vazios deixados pela esfera racional e sobreviver em meio a tanta incerteza, o Iluminismo e a industrialização conquistam para a razão um trono no qual ela reinará de início com otimismo e sabedoria, e depois, progressivamente, com pessimismo e tirania: a tirania da medida, da precisão, do "tudo programado", do "tudo sob controle". Alfred Krupp escreverá em seu diário: "O que tentarei conseguir é que não ocorra nada de importante sem o conhecimento da direção; que o passado e o futuro previsível da vida da empresa se possam conhecer pela mera consulta aos planos diretores sem se precisar fazer qualquer pergunta a nenhum mortal".

A ciência vem ao encontro desse sonho com a invenção do cálculo infinitesimal, com o aperfeiçoamento das leis da mecânica celeste, com a solução de problemas ligados às perturbações recíprocas dos fenômenos gravitacionais, com as mensurações geodésicas, com as novas técnicas matemáticas, com a invenção da geometria não euclidiana, com a absoluta fidelidade a um método rigoroso e positivo feito de demonstrações racionais e experimentos, com as reflexões sobre a hereditariedade, a morfologia e a anatomia comparada, com a embriologia e a fisiologia, com as novas abordagens para a explicação dos fenômenos químicos e físicos. A aplicação à vida psíquica de métodos empíricos análogos aos introduzidos na física, na fisiologia e na astronomia permite notáveis progressos também no conhecimento das interações entre alma e corpo, indivíduo e ambiente, natureza e cultura.

No campo do direito surgem os conceitos de jusnaturalismo, inalienabilidade, igualdade, soberania popular, poder burguês, consenso dos governados como legitimação dos governantes, contrato social, autonomia, ética, liberdade. No século XVIII, John Harrison constrói o primeiro cronômetro, e, a partir dos primeiros anos do século XX, Taylor irá utilizá-lo para padronizar os tempos e os métodos do trabalho metalúrgico subdividido.

Racionalização do trabalho

Em *A riqueza das nações* (1776), o economista escocês Adam Smith identifica o valor da mercadoria na quantidade de trabalho incorporado nela e aponta a visão sistemática do trabalho como um dos dois motores, ao lado do maquinário, do triunfal avanço industrial. Mas se "o trabalho é a única medida universal e exata do valor", torna-se necessário agora poder mensurá-lo da maneira mais exata possível. Realizam-se muitas tentativas, mas esse objetivo é alcançado, no outro lado do Atlântico, por dois engenheiros que já citamos nos capítulos anteriores: Frederick W. Taylor na Filadélfia e Henry Ford em Detroit.

O trabalho de Taylor cobre um período de cerca de quinze anos, marcados por três publicações fundamentais: *A Piece Rate System: A Step Toward Partial Solution of Labor Problem*, em 1895; *Shop Management*, em 1903, e *Princípios de administração científica*, em 1911.

Relidas atualmente, as novidades que Taylor introduziu em sua época são aparentemente simples, mas seu efeito foi revolucionário e planetário. Eis uma lista sintética. Todo problema referente ao trabalho, embora de natureza pessoal e social, pode ser resolvido com a racionalidade, a organização e a tecnologia; o local de trabalho (a fábrica) deve ser claramente separado do local de vida; a melhoria tecnológica deve caminhar no mesmo ritmo da melhoria organizacional.

Isso demanda um rígido sistema de programação e controle da produção, uma subdivisão do trabalho em fases elementares, um estudo preliminar dos métodos e tempos para a execução de cada fase, efetuado com a utilização de cronômetros no lugar do bom senso e dos relógios, um salário de incentivo sob a forma de tarefa diferencial, chefes funcionais treinados para estabelecer minuciosamente as tarefas, as cargas de trabalho, as ferramentas, os tempos e os procedimentos de execução.

A aplicação dessas regras nas empresas que se valeram da consultoria de Taylor rendeu imediatamente ótimos resultados. Numa fábrica, graças à aplicação da administração científica, 35 operárias conseguiram desempenhar o trabalho antes realizado por 120, com notável redução da jornada diária, aumento de salário e melhor qualidade dos produtos. O próprio Taylor relata com orgulho nos *Princípios*: "Nos Estados Unidos, pelo menos 50 mil trabalhadores operam agora com este sistema; recebem salários diários 30% a 100% maiores do que os pagos a indivíduos da mesma capacidade nas zonas contíguas, enquanto as empresas das quais dependem nunca prosperaram tanto. Nessas empresas, a produção por operário e por máquina, em média, dobrou".

Como já sabemos, as teorias de Taylor foram levadas às suas extremas consequências pelo engenheiro Henry Ford, que, em 1913, ainda em vida de Taylor, as colocou em prática com a linha de montagem na sua fábrica automobilística de Detroit, quadruplicando a produtividade.

Racionalização da vida

Os sucessos obtidos por Taylor e Ford foram encorajando outros organizadores empresariais a substituir o aproximado do bom senso pela precisão da administração científica, as decisões baseadas na simples experiência por técnicas de tomada de decisão cada vez mais sofisticadas, o trabalho individual do artesão pelo fluxo sistemático da linha de montagem. Muitas outras disciplinas — da medicina à psicologia, da pesquisa operacional à sociologia — foram chamadas em apoio à ciência organizacional, que se enriqueceu de estudos, pesquisas, análises, estatísticas, profissionais e escolas.

Assim, essa "racionalização" adotada nas fábricas, sob os auspícios do próprio Taylor, foi estendida primeiramente aos escritórios e depois a todos os outros campos da atividade humana. Enquanto Taylor ainda estava vivo, Christine Frederick chegou a demonstrar, em seu livro não por acaso intitulado *New Housekeeping*, que a administração científica era realmente muito boa também para a economia doméstica.

A seguir, uma parte do mundo viria a se tornar comunista e outra continuaria capitalista, uma parte enriqueceria e outra empobreceria, uma parte se secularizaria e outra continuaria religiosa. Mas todos, todos mesmo, inclusive sem se dar conta, introjetaram os princípios do taylorismo e do fordismo. Parafraseando Benedetto Croce, não podemos não nos dizer taylor-fordistas.

A par das consequências psicológicas do seu método, Ford reconhece que o trabalho repetitivo é aterrador, mas sustenta que a maioria dos trabalhadores assim o prefere porque não gosta de pensar. Taylor, porém, tem uma visão mais ampla e, relido hoje, parece até profético. De fato, ele está convicto de que, também graças ao seu método, quase todo o trabalho físico, bem como grande parte do intelectual, poderá ser gradualmente racionalizado, automatizado, tornando-se mais produtivo, com menor quantidade e maior produtividade, até desaparecer não como atividade, mas como "problema", como fator de sofrimento individual e conflito social. A tarefa do engenheiro organizacional, nesse sentido, é reduzir sistematicamente o tempo e o esforço humano necessários à produção para diminuir o esforço das atividades do homem e transferi-lo para as máquinas automáticas projetadas para esse fim. Quando todo o trabalho executivo for transferido para as máquinas e para a organização, ao homem restarão apenas os hobbies e a atividade intelectual de tipo criativo: "O estudo", escreve ele em 1910, "bem como a invenção, é uma distração mental [...] um enorme prazer, e não um trabalho."

Se pensarmos bem, progresso e sociedade seguiram na direção intuída por Taylor (e, cinquenta anos antes, por Marx nos *Grundrisse*). Nos anos que nos separam desses gigantes do pensamento, a padronização, a especialização, a sincronização dos ritmos, a economia de escala, a maximização dos fatores produtivos obrigaram a tal ponto o homem a trabalhar como uma máquina e obrigaram tanto o trabalho humano a se exprimir de maneira mecânica que agora uma grande parte dele pode ser realizada diretamente pelas próprias máquinas. No mesmo intervalo de tempo, as máquinas, por sua vez, tornaram-se mais flexíveis, mais dúcteis, mais inteligentes, até quase se humanizar. Com o avanço da sociedade pós-industrial e o prolongamento da expectativa de vida, o trabalho executivo acabou por ocupar um espaço cada vez menor em nossos anos e em nossa mente, os locais e tempos da vida e do trabalho se desestruturaram; atividades, lógicas e culturas diferentes se entreteceram e se hibridaram cada vez mais. Mas falaremos disso mais à frente.

A PRECISÃO PRECISA

Sete medidas

Se o mundo rural se dedicara a "descrever o vago com extrema exatidão", como diria Longanesi, na virada do século XIX para o XX, cresceu e consolidou-se o interesse industrial pela verdadeira precisão e pela ciência da mensuração. As arrojadas construções em ferro e concreto, a produção em série de automóveis e de mil outros novos produtos do engenho, a organização científica do trabalho, os progressos da química e da física demandavam cálculos cada vez mais perfeitos. Nós sociólogos, quase como os poetas e os artistas, permanecemos tão aproximativos que marchamos com mensurações grosseiras como as horas, dias, minutos, segundos, hectares, toneladas. Mas as "ciências exatas", enquanto exatas, pretendem medidas não só precisas milimétrica, milionésima, bilionesimamente, mas também universalmente compartilhadas. Assim, não basta medir capilarmente todo o mensurável: é preciso medi-lo segundo critérios e parâmetros aceitos, se possível, por todos os seres vivos que povoam o planeta.

Para satisfazer a essa exigência de universalismo, em 1832 o matemático alemão Carl Friedrich Gauss propôs o sistema CGS, isto é, centímetro-grama-segundo, ao qual, em 1874, os físicos ingleses James Clerk Maxwell e lorde Kelvin acrescentaram as unidades eletromagnéticas. Como a aplicação prática do sistema CGS não deu bons frutos, ele foi progressivamente abandonado, e em 1889 algumas nações chegaram a um acordo sobre um novo sistema, o MKS, que definia as unidades de medida fundamentais no que se refere a comprimento (metro), massa (quilogramas) e tempo (segundos).

Em 1935, por proposta do físico italiano Giovanni Giorgi, acrescentou-se o ohm, unidade de medida da resistência elétrica, e em 1946, também por proposta de Giorgi, acrescentou-se o ampère como unidade de medida de corrente elétrica. Oito anos depois da inclusão do ampère, o sistema MKS iria acolher o kelvin como unidade de medida de temperatura e, em 1975, o mol, que mede a unidade de substância. Enquanto isso, em 1961 nascia o Sistema Internacional de Unidades (SI), vigente hoje em 193 das 196 nações, excluídos os Estados Unidos, a Libéria e a Birmânia.

Sete, portanto, não é só um número mágico, mas também um número (quase) certo. As notas musicais, por exemplo, que são sete para Beethoven, tornam-se doze na escala cromática temperada de Schönberg. E sete (pelo menos por enquanto) são as medidas métrico-decimais segundo o Sistema Internacional de Unidades.

Giorgi

Mas quem era Giorgi? Giovanni Giorgi (1871-1950) era um físico matemático e engenheiro italiano que lecionou física matemática e mecânica racional na Universidade de Roma e nessa mesma cidade dirigiu o departamento tecnológico do município, onde obteve numerosas patentes. Atormentado a vida toda pela mania de precisão, da qual deriva inevitavelmente a de mensuração, aos trinta anos, em 1901, Giorgi propôs um novo sistema de unidade de medida no eletromagnetismo, isto é, naquele ramo da física em que a interação entre eletricidade e magnetismo gera campos eletromagnéticos que se propagam no espaço sob forma ondulatória, que no vazio viajam à velocidade da luz.

Em 1912, Giorgi escreveu uma carta a Albert Einstein em que lhe expunha a possibilidade de que o campo gravitacional influenciasse os raios luminosos e levantava a hipótese do fenômeno que Einstein iria teorizar dois anos mais tarde. Em 1934, Giorgi elaborou com sucesso uma nova teoria que atendia ao princípio de relatividade geral do movimento e ao princípio de equivalência, reduzindo as forças eletromagnéticas também a forças métricas.

Graças ao seu prestígio, ele conseguiu exercer uma decisiva influência na Conférence Génerale des Poids et Mesures, organismo vinculado ao Bureau International des Poids et Mesures, ambos criados em 1875 por ocasião da Convenção do Metro. Quando, por proposta sua, o ampère foi adotado oficialmente como unidade de medida, em 1946, o sistema foi chamado de sistema Giorgi em sua honra.

Kelvin

Oito anos depois da inclusão do ampère, o sistema MKS acolheria o kelvin como unidade de medida de temperatura. Quem o implantou foi lorde William Thomson (1824-1907), físico e engenheiro irlandês, nomeado primeiro barão de Kelvin em virtude de suas descobertas (Kelvin era o nome do rio que passa ao lado da Universidade de Glasgow, onde Thomson havia lecionado).

Tendo ficado órfão de mãe aos seis anos, Thomson tornou-se pupilo do pai, professor de matemática na Royal Belfast Academical Institution, que o iniciou numa brilhante carreira de engenheiro. Encorajado a estudar línguas, educado no cosmopolitismo, apaixonado por literatura e música tanto quanto pela ciência, viajou para França, Alemanha e Países Baixos. De saúde delicada, mas inteligência precoce, aos dezenove anos já publicava ótimos artigos de matemática e física, e aos 22 foi nomeado professor de filosofia natural naquela mesma universidade de Glasgow onde estudara poucos anos antes. A partir daquele momento, participou dos debates científicos mais complexos, publicou muitos artigos científicos e obteve mais de setenta patentes. Tendo adquirido alguma notoriedade por ter ilustrado publicamente as vantagens da instalação de um cabo telegráfico atravessando o Atlântico, ele despertou o interesse da Telegraph Company, que lhe ofereceu um assento em seu conselho de administração e lhe designou o papel de conselheiro científico.

Em agosto de 1857, quando se iniciaram as operações de colocação do cabo telegráfico, o engenheiro-chefe adoeceu e Kelvin teve de substituí-lo, passando de físico teórico a engenheiro prático. Mas a aventura atlântica se encerrou rapidamente devido ao rompimento do cabo. Kelvin não esmoreceu: voltando à física teórica, refez todos os cálculos, elaborou uma proposta de continuidade dos trabalhos, patenteou alguns detalhes do processo operacional e, um ano depois, partiu novamente.

Dessa vez, não foi o cabo que se rompeu, mas uma assustadora tempestade no mar que obrigou à interrupção do empreendimento e ao regresso ao porto. Kelvin, porém, extraiu do fracasso uma série de intuições e precauções práticas com as quais conseguiu convencer os já desanimados acionistas a financiar uma terceira tentativa, que foi coroada pela instalação definitiva do cabo, em 5 de agosto de 1858.

Infelizmente, o cabo não suportou os 2 mil volts que foi obrigado a suportar e se rompeu. Foram necessários mais dez anos e outras duas expedições oceânicas para garantir ao empreendimento um sucesso finalmente definitivo, mérito sobretudo da tenacidade e da inteligência de Kelvin. Ele ficou na história como o cientista que, mais do que qualquer outro, cultivou quase obsessivamente a miragem da precisão absoluta e da mensuração perfeita, uma propensão que se traduziu em primeiro lugar na ambição de definir uma escala de mensuração da temperatura. A temperatura em si não é propriamente uma grandeza física e, por conseguinte, não pode ser medida a partir de uma unidade de medida precisa, mas apenas recorrendo a uma escala. Em 1742, o astrônomo sueco Anders Celsius propusera uma escala baseada no ponto triplo da água, mas que, por variar conforme a situação e a concentração, não garante a necessária constância. Em 1868, Kelvin propôs uma escala bem mais rigorosa, baseada na consideração termodinâmica de que existe uma temperatura mínima absoluta, o zero absoluto, que serve de ponto de partida. É essa escala que, adotada oitenta anos depois da si, e ainda hoje insuperada, traz o nome de seu idealizador e presta um serviço precioso aos físicos e engenheiros do mundo inteiro.

Mas Kelvin dedicou toda a sua vida à mensuração, a ponto de se tornar o próprio símbolo do homem pós-clássico que procura trazer ao mundo sublunar a precisão das esferas celestes. Empenhou-se, de fato, na introdução de métodos e aparatos para a medição da eletricidade, descreveu um novo eletrômetro em anel dividido; para cobrir o campo todo das mensurações eletrostáticas introduziu uma série de instrumentos, entre eles o eletrômetro em quadrantes. Inventou a balança de correntes, conhecida como "balança de Kelvin", para a especificação precisa do ampère, desenvolveu o método de "medida em quatro terminais", obra-prima da metrologia elétrica, até hoje usado em todo o mundo para medir com precisão as tensões e resistências, usando pontais específicos, chamados justamente "pontais de Kelvin".

Kelvin levou sua mania de medição desde o mundo do infinitamente pequeno até o mundo do infinitamente grande. Religioso e devoto praticante (frequentou diariamente a igreja, convencido de que sua fecundidade científica dependia de seu fervor religioso), tentou, em franco desacordo com Darwin e seus adeptos, conciliar ciência e fé calculando a idade da Terra a partir do instante da sua criação, e estimou-a num período de tempo entre 20 milhões e 40 milhões de anos.

Hoje, quem passeia pelas avenidas dos Botanic Gardens de Belfast ou pelo parque da Universidade de Glasgow e se depara com a estátua de um austero senhor de barba esvoaçante não imagina que foi aquele senhor que deu seu nome ao modelo Kelvin, à onda Kelvin, à instabilidade, ao mecanismo e à luminosidade de Kelvin-Helmholtz, ao teorema de Kelvin, à ponte de Kelvin, à medida de Kelvin, à equação de Kelvin, ao gerador de Kelvin, ao problema de Kelvin. Não imagina que aquele senhor marque um dos limites extremos ao qual é levado o homem moderno na tentativa de imitar a precisão dos deuses.

Sua obsessiva atenção com as medidas empíricas não o impediu de cometer alguns deslizes gigantescos. Em 1902, ou seja, apenas um ano antes do voo dos irmãos Wright, Kelvin declarou a um jornal: "Nenhum balão e nenhum aeroplano jamais terão sucesso na prática". Em 1900, ele havia feito uma previsão igualmente infundada, imaginando que apenas sua adorada mensuração marcaria os anos vindouros: "Já não há nada de novo a ser descoberto na física. Tudo o que resta são medidas cada vez mais precisas".

Na verdade, a conquista da precisão teve avanços enormes: em 1999, começou a funcionar o relógio atômico Nisft-F1, que tem uma probabilidade de erro de um segundo a cada 70 milhões de anos. Os celulares, os navegadores, os agrimensores subtraíram-nos progressivamente ao mundo do aproximado, tornando-nos impossível ignorar, esquecer, perder-nos, entediar-nos, isolar-nos, esconder-nos. O progresso da precisão colaborou significativamente para o progresso da ciência. Também graças a ela, hoje nove fármacos — éter, cortisona, penicilina, aspirina, clorpromazina, vacina contra a pólio, morfina, pílula anticoncepcional, mecloretamina — permitem-nos controlar os nascimentos, procrastinar a morte, derrotar pelo menos parcialmente a dor, prolongar a lucidez mental, a destreza corporal e a capacidade profissional. Enquanto isso, os microprocessadores e a rede permitem obter, elaborar e trocar informações em qualquer lugar e com quem quer que seja, em tempo real.

A VINGANÇA DO APROXIMADO

O que resta depois da racionalidade

Do início do século XX até o presente, não só as ciências exatas e a tecnologia desmentiram a previsão de Kelvin, mas também as ciências sociais fizeram grandes progressos. Em relação a Taylor e Ford, por exemplo, a ciência organizacional tomou de empréstimo contribuições especializadas de várias disciplinas, principalmente física e biologia, que convergiram, potencializadas, para um fecundo paradigma unificador, capaz de fornecer ao management um modelo geral da realidade submetida à sua gestão. Segundo esse paradigma, "as organizações sociais", como escreveram Daniel Katz e Robert Kahn, "são manifestamente sistemas abertos em que a entrada de energias e a transformação dos resultados em ulterior entrada energética são constituídas por interações entre a organização e seu entorno". Assim como o taylorismo se servia do cronômetro, dos tempos e métodos, da psicotécnica, da mesma forma a abordagem sistêmica se servirá dos métodos quantitativos, da sociologia, da psicologia, da informática, além de todas as outras instrumentações já desenvolvidas nas etapas anteriores da ciência organizacional. Essa abordagem interdisciplinar poderia oferecer uma oportunidade preciosa para se esboçar um novo código comportamental que nos ajudasse a reduzir a profunda ambivalência que marca o nosso presente. Somos herdeiros de uma cultura industrial que se desenvolveu com as ciências modernas no século XVII, com o Iluminismo no século XVIII, com o mecanicismo no século XIX e com a administração científica no século XX: uma cultura positivista baseada na racionalidade, na mensuração, na precisão, em tudo o que os gregos chamavam de *thésis*. Mas vivemos agora numa sociedade pós-industrial em que as máquinas absorvem grande parte das atividades compreendidas no universo da precisão, deixando ao homem as atividades criativas, em que prevalecem a intuição, a emoção, os sentimentos, tudo o que os gregos chamavam de *métis* e que faz parte do mundo do aproximado.

E isso nos desarvora. A estrutura da nossa personalidade, assim como a das nossas comunidades nacionais e internacionais, de fato se forjou sobre regras e valores de cunho industrial, os mesmos em que se inspiraram a formação familiar e escolar, a organização das empresas e burocracias, a vida econômica e a afetiva, gerando uma desorientação que se traduz em crise, e uma crise que se traduz em incapacidade de projetar o futuro. Isso requer um esforço urgente e conjunto para adequar as leis, as cidades, as empresas, a política a exigências novas de um mundo novo, e um sensível remodelamento dos sistemas de valores.

Em relação aos valores industriais, todos centrados na precisão e nas necessidades quantitativas de posse, poder e dinheiro, na sociedade pós-industrial tornaram-se progressivamente mais fortes, e difundiram-se as necessidades qualitativas de introspecção, amizade, amor, diversão, beleza e convívio. Emergem, além do mais, valores como criatividade, estética, subjetividade, afetividade, a desestruturação do tempo e do espaço, a qualidade de vida. São valores e necessidades que escapam ao sistema métrico decimal em que prevalecem a exatidão, o tempo rigidamente designado, tudo previsto e sob controle, e implicam intuição, golpe de vista, flexibilidade. A nova sociedade pós-industrial tenta projetar seu futuro do modo menos impreciso possível, confia a máquinas cada vez mais precisas o cálculo dos fatores quantitativos e administrativos, mas é obrigada a recorrer cada vez mais à sua *métis* para resolver problemas afetivos, políticos, estéticos, morais, que não admitem soluções matemáticas e requerem, pelo contrário, imaginação, paixão, emoção, opinião, sentimento, arte, fé.

Método e desregramento

Por volta de meados do século XIX a população ativa das cidades industriais inglesas era composta por cerca de 90% de trabalhadores que realizavam tarefas físicas de tipo operário e somente 10% de trabalhadores que realizavam tarefas intelectuais, porém executivas, de tipo terciário. Hoje, nos países pós-industriais como os Estados Unidos, Japão ou Itália, um terço da força de trabalho é composto por operários, outro terço, por empregados de escritório e um último terço, por criativos. Delegando cada vez mais às máquinas o trabalho quantitativo e executivo, tanto físico quanto intelectual, é muito provável que nos próximos anos, com o progresso do desenvolvimento tecnológico e organizacional, a porcentagem dos criativos (cujo trabalho não é executável pelas máquinas) sobre os executivos cresça notavelmente.

Toda atividade criativa parte de dados quantitativos. Antigamente esses dados, extraídos do bom senso, da intuição, da ideologia, das mensurações imprecisas, eram muito aproximativos; hoje, como vimos, são garantidos por máquinas cada vez mais precisas e confiáveis. Um diagnóstico médico, por exemplo, não é mais confiado à intuição e à experiência do velho médico de família munido de um estetoscópio, mas é formulado por um especialista que, antes de arriscar a sua sentença, recorre a análises clínicas cada vez mais escrupulosas, executadas por instrumentos sofisticadíssimos. A tarefa que resta para o criativo é justamente o ato criativo, que parte dos conhecimentos exatos, mas se desenvolve com base em estímulos, motivações, impulsos, relações, intuições, imaginação, genialidade. Como consequência disso, os criativos realizam full time uma atividade híbrida em que trabalho, estudo e diversão se mesclam continuamente, dando lugar a uma ação que não pode ser refreada por tempos, modos e locais precisos, como acontece com a linha de montagem de uma fábrica metalúrgica. Mais do que um trabalho, sua atividade é um "ócio criativo", que se realiza de dia, mas prossegue de modo latente também durante o sono, sem solução de continuidade, em sintonia com os biorritmos do indivíduo criativo; que favorece modalidades estabelecidas pelas suas preferências pessoais; que modula a intensidade pela motivação e subordina os resultados à genialidade.

O principal inimigo do criativo não é o imprevisto, como para o trabalhador executivo, mas a burocracia, que tenta teimosamente aprisioná-lo no compartimento de um organograma regulado por descrições minuciosas e inescapáveis e torná-lo intercambiável como um parafuso. Os criativos, à diferença dos executivos, não são intercambiáveis. Quem realiza uma atividade criativa deve respeitar o rigor metodológico necessário à parte racional e concreta da própria atividade, mas, quanto ao restante, deve gozar de amplos espaços de autonomia indispensáveis para desdobrar plenamente a sua genialidade.

"A racionalidade meramente finalizada, sem o apoio de fenômenos como a arte, a religião, o sonho e coisas semelhantes, é necessariamente patógena e destruidora da vida", explica Gregory Bateson, o psicólogo e sociólogo inspirador da Escola de Palo Alto. Essas palavras contêm uma chave de leitura bastante precisa, que nos permite entender por que, atualmente, tantos filhos de empresários, executivos, engenheiros desviam suas escolhas para profissões artísticas e humanistas, acentuando progressivamente a distância de gerações entre pais "analógicos" e filhos "digitais", entre adultos ligados aos valores quantitativos e jovens que, nascidos em contextos dedicados ao lucro, atraídos pelos valores qualitativos, migram para contextos dedicados ao belo, para não morrerem de aridez.

A racionalidade, além do mais, certamente não é incompatível com a criatividade. Se alguns criativos sentem a necessidade de se libertar dos vínculos para dar vazão a toda a sua carga emocional (Juan Gris dizia: "J'aime l'émotion qui corrige la règle", amo a emoção que corrige a regra), outros, pelo contrário, sentem as vertigens de uma mente excessivamente desabrida (Georges Braque dizia: "J'aime la règle qui corrige l'émotion", amo a regra que corrige a emoção).

Ciência e tempo de não trabalho

A humanidade espera da ciência e de sua precisão novas fontes energéticas, novas máquinas às quais possa confiar o esforço físico e intelectual, novos medicamentos para eliminar a dor e as emoções desagradáveis, novos alimentos para acabar com a fome, novas técnicas para prolongar a vida e melhorar sua qualidade, novos sistemas para absorver a poluição, eliminar escórias radioativas ou transformá-las em substâncias inócuas. Graças à ciência e à sua precisão, nunca uma parcela tão grande da humanidade esteve tão próxima como hoje de realizar o sonho de vencer a escravidão do esforço, da escassez, da tradição do autoritarismo e da violência.

Todavia, será cada vez maior o espaço de vida humana a se mostrar incompatível com a aplicação de métodos científicos tradicionais. Não só o trabalho, à medida que passarmos das tarefas padronizadas e repetitivas para tarefas criativas, será cada vez menos mensurável e planejável com precisão, como também, com o aumento do trabalho entregue às máquinas, aumentará o tempo livre. E com ele o espaço dedicado a atividades que, por mais regulares e costumeiras que possam ser, mesmo assim apresentam uma alta probabilidade de imprevistos e um alto grau de variedade, tanto no que se refere aos conteúdos quanto no que se refere aos tempos e métodos, correspondendo, por isso, muito mais às modalidades do aproximado do que às da precisão.

Em média, o camponês ou operário inglês do século XVIII trabalhava 94 mil horas em sua vida, e restavam 256 mil horas de não trabalho. Hoje, o trabalhador executivo europeu, se tiver um contrato de tempo integral, trabalha cerca de 79 mil horas na vida e lhe restam 640 mil horas de não trabalho. Em 2030, serão cerca de 50 mil horas de trabalho e 703 mil horas de não trabalho. A pequena probabilidade de programar e medir minuciosamente as atividades dos criativos durante 24 horas por dia se somará, portanto, à possibilidade igualmente reduzida de programar e medir minuciosamente a atividade que todos os trabalhadores realizarão no tempo de não trabalho.

Sísifo libertado

A *thésis* entendida como reflexão clara, cálculo equilibrado, preparação escrupulosa, itinerário bem pensado e bem traçado, junto com a *métis* como desafio corajoso ao existente e olhar insolente além do horizonte, produziu aquela prodigiosa obra-prima que foi a civilização grega. Hoje, quando ambas as culturas — a científica e a humanista — avançaram passos gigantescos, cabe à primeira completar a libertação da humanidade do esforço, da dor, da fome; à outra, cabe completar a libertação da sociedade da ignorância, da alienação, da solidão; a ambas cabe rivalizarem entre si para nos levar rumo a um futuro melhor.

O aproximado da sociedade rural e a precisão da sociedade industrial podem ser considerados tese e antítese de um processo histórico finalmente capaz de chegar, com a sociedade pós-industrial, a uma síntese equilibrada. Consumada a experiência da racionalização até as últimas consequências, hoje o homem poderia finalmente apreciar, pela primeira vez em sua longa história, a sorte de ser saudável, culto, longevo e, ao mesmo tempo, sereno, contemplativo, solidário. Sem explorar animais nem escravos nem proletários, poderia obter das máquinas e das trocas globais todos os bens materiais que lhe são necessários, dedicando-se à produção de ideias, à introspecção, à amizade, à diversão, à criatividade, ao convívio.

O homem não é a máquina à qual o reduzira o fordismo; não está predisposto por natureza a ser rápido, repetitivo e preciso. Por suas exigências de velocidade, repetitividade e precisão, soube criar maquinários muito mais eficientes do que ele próprio. Se o computador e a inteligência distribuída ainda não possuem uma alma, mesmo assim permitem que o homem enriqueça a sua.

Na mitologia grega, Sísifo, que ousou competir com os deuses em inteligência, é condenado a empurrar uma enorme pedra pela encosta de uma montanha. Chegando ao alto, a pedra rola para baixo e Sísifo é obrigado a descer e repetir o esforço ao infinito.

Segundo Homero e Dante, Sísifo sofre principalmente no percurso de subida, quando precisa se submeter — ele, um intelectual — a um esforço físico brutal. Segundo Albert Camus, no entanto, Sísifo sofre principalmente no percurso de descida, quando, livre da tortura muscular, fica com a mente razoavelmente livre para refletir sobre a tragédia que lhe foi infligida pelos deuses: ser condenado por toda a eternidade a "um trabalho inútil e sem esperança".

Hoje o computador, o robô, a inteligência distribuída encarregam-se de subir e descer com a pedra de Sísifo pela montanha. E Sísifo, libertado desse esforço inútil e sem esperança, pode finalmente dedicar-se à nutrição de sua alma através do ócio criativo.

L. Lugares

Amamos o belo na simplicidade, amamos a cultura do espírito mas sem lascívia [...]. Numa palavra, digo que a nossa cidade, em seu conjunto, constitui um ensinamento vivo para toda a Grécia e que todo ateniense crescido nesta escola pode desenvolver uma personalidade autônoma sob muitos aspectos, com destreza e refinado decoro.

PÉRICLES

A CIDADE

Tangível, virtual, financeira

"A cidade é o nosso retrato de família", diz Jaime Lerner. Mais enfaticamente, em 1924, Le Corbusier escrevera: "Das grandes cidades, células e lares do mundo, vêm a paz e a guerra, a riqueza e a miséria, a glória, o triunfo do espírito e da beleza. A grande cidade espelha a potência do homem [...]. A grande cidade dita a lei, na paz e na guerra, em matéria de trabalho. As grandes cidades são as fábricas ideais onde se elabora o operar do mundo inteiro. As soluções alcançadas nas grandes cidades difundem-se nas províncias: questões de modas, estilos, técnicas, movimentos de ideias".

Em 1982, John Nasbitt explicou que, nos EUA, as novas ideias vêm não das grandes cidades famosas, mas de pequenos centros do interior: "Os EUA", escreveu em *Megatrends*, "são uma sociedade que se move de baixo para cima, em que as novas ideias começam em cidades e municípios menores, por exemplo Tampa, Hartford, San Diego, Seattle e Denver, não em Nova York ou Washington."

Pequena ou grande, a concentração de pessoas e coisas no mesmo território foi uma das grandes invenções da humanidade, que lhe permitiu reduzir os custos reunindo as atividades, poupando os deslocamentos físicos, multiplicando serviços e informações. Trata-se agora de entender como essa concentração se transformou ao longo do tempo e quais outras evoluções podemos esperar.

Até o advento da sociedade industrial, a cidade era o local protegido onde as pessoas se encerravam para se defender da rusticidade e da violência do campo. Durante a sociedade industrial, a relação foi se invertendo e no imaginário coletivo a cidade tornou-se local de vícios e violência, onde os cidadãos sonham com a serena tranquilidade e a quietude de sua casa campestre, refúgio para onde correm nos finais de semana.

Enquanto isso, a vida relacional foi se articulando em três níveis: o *tangível*, em que domina a copresença física das pessoas e onde a necessidade de convívio, que se satisfaz melhor com o envolvimento de todos os nossos sentidos, prevalece sobre a necessidade de introspecção; o *virtual*, em que as relações, depuradas da corporeidade física, dão-se apenas pelo intercâmbio à distância de informações, dados e sons, renunciando ao tato e ao olfato; o *financeiro*, em que as relações são ainda mais rarefeitas e ocorrem pelo simples intercâmbio de informações e dados relativos ao mercado de valores e ações.

A cidade, nascida quando a vida relacional só podia se expressar em nível tangível, depois de ter se acertado com a ferrovia que derrubou seus muros e com o automóvel que congestionou seu trânsito, agora deve acertar suas contas com as forças centrífugas que caracterizam as relações virtuais e financeiras. A cidade tangível, inventada pelo homem convivial, tende a juntar; a cidade virtual, inventada pelo homem informático, e a cidade financeira, inventada pelo homem econômico, tendem a distanciar. Pelo menos nessa fase da evolução urbana (que ainda poderia durar algumas décadas), quanto mais se ampliam as novas relações abstratas, à distância, desprovidas de tangibilidade, mais os seres humanos desejam compensar essa rarefação com maior proximidade física.

Isso explica por que, em nível macro, a população urbana cresceu mesmo depois do advento da informática e por que, em nível micro, o teletrabalho custa a se afirmar ou por que o consumo de filmes e de esportes pela televisão não suplantou o consumo de filmes nas salas de cinema e o futebol nos estádios.

Racionalização do trabalho e da vida

Repercorramos por um momento a recente evolução histórica da cidade. Depois de milênios de progressos frágeis e descontínuos, no final do século XVIII o Ocidente realiza um grande salto à frente, que abarca todas as disciplinas e todos os setores da vida prática em nome da razão, do bem-estar terreno e do consenso.

Das esferas áulicas da política e do direito, a indústria levará esse impulso racionalizador para as oficinas, escritórios, mercados. Quando a nova organização e o espírito subjacente a ela ganharem força graças a seus extraordinários resultados produtivos e econômicos e transbordarem dos locais de trabalho para os locais de vida, para as cidades, escolas, hospitais, repartições públicas, igrejas, então não se falará apenas em indústrias, mas em "sociedade industrial". Ralf Dahrendorf sugere que o primeiro a usar o conceito e o nome de "sociedade industrial" foi Lorenz von Stein, na segunda metade do século XIX, isto é, um século depois do advento das primeiras indústrias.

Onde a tecnologia e a organização avançaram, a produtividade aumentou desmedidamente. No ensaio *Prometeu desacorrentado*, de 1969, David S. Landes notava que, para barbear um homem, era necessário mais ou menos o mesmo tempo demandado no século XIX, enquanto na tecelagem, na fundição do ferro, na indústria de calçados a produtividade aumentara várias centenas de vezes, e nos meios de transporte e na fiação chegara a aumentar mil vezes.

Se considerarmos o aumento exponencial de bens e transações comerciais, o intercâmbio de homens e produtos, o urbanismo, a queda da taxa de mortalidade, o aumento da escolarização, a difusão de estruturas e culturas novas e em contínua renovação — isto é, aquele conjunto de fenômenos que tem o nome de *modernização* —, então percebemos o quanto a Revolução Industrial, como conclui Landes, "modificou o modo de vida do homem mais do que qualquer outra coisa desde a descoberta do fogo: nas coisas materiais, o inglês de 1750 estava mais próximo dos legionários de César do que de seus próprios bisnetos".

As dimensões tecnológica, política, econômica e cultural dessa revolução são importantíssimas, mas aqui interessa-nos isolar a urbana. Com o advento da indústria, a organização do trabalho e da vida é refundada sobre bases científicas até alcançar níveis vertiginosos de produtividade. Nos duzentos anos entre os meados do século XVIII e os meados do XX, as palavras "racionalismo", "racionalização", "racionalizar" serão as mais repetidas pelos encarregados da produção e da administração. O efeito resultante consiste numa progressiva cisão entre a casa e a fábrica e o escritório, entre a vida e o trabalho, entre o universo feminino e o masculino, entre o mundo dos afetos e o das regras, entre a prática e a estética, até mesmo entre a prática e a ética ("negócios são negócios").

Precisão e urbanismo

Como já vimos, a humanidade viveu durante milênios, até o final do século XVIII, sob o signo do aproximado, do misterioso, do mágico, indefesa perante as pestes, os raios, as invasões. A esfera emocional nos ajudou a sobreviver entre tantas desgraças, preenchendo de alguma maneira os vazios persistentes na esfera racional.

O mundo clássico não sentiu necessidade de desenvolver a tecnologia nem a precisão que a torna possível. Somente no século XVII, com Galileu na Itália, Descartes na França e Bacon na Inglaterra, o cálculo, o método, a precisão instalaram-se na terra e liberaram toda a sua potência tecnológica.

Será Galileu a introduzir a matemática em seus estudos de física e a luneta em suas observações celestes. Igual perfeição fora imposta na vida cotidiana pelo relógio, introduzindo marcações precisas (horas, minutos e segundos) no mundo camponês habituado a medir a olho o transcorrer do dia, das estações, dos anos. Não sentir a necessidade da precisão significava não sentir a necessidade de aperfeiçoar instrumentos como o metro, os óculos, o microscópio, o termômetro, o relógio, com o resultado de uma babel entre as pessoas. Significava não sentir a necessidade de unificar os vocábulos inerentes a comprimentos, pesos, tempos, volumes e temperaturas, com o resultado de uma babel entre as cidades. Sobre a base da racionalidade, da mensurabilidade, da universalidade, funda-se aquele progresso que, dali a pouco, desdobrará toda a potência da sociedade industrial e, com ela, o desenvolvimento da cidade moderna, dominada pela obsessão da pressa e da pontualidade.

A descoberta da precisão determina o advento da máquina; o advento da máquina determina a Revolução Industrial; a Revolução Industrial vem acompanhada pelo urbanismo. Até o século XIX, a população do planeta jamais alcançou o bilhão. Em 100 d.C., somente Roma tinha 1 milhão de habitantes; no ano 1000 a maior cidade do mundo era provavelmente Córdoba, na Espanha, com 450 mil habitantes; em 1500, Pequim estava no topo da classificação, com 750 mil habitantes. "Os valores", escreveu Le Corbusier, "demonstram que a grande cidade é um fenômeno de data recente. De 1780 a 1910, em 130 anos, Paris passou de 600 mil a 3 milhões de habitantes; Londres, de 800 mil a 7 milhões; Berlim, de 180 mil a 3,5 milhões; Nova York, de 60 mil a 5,5 milhões." Em 1950, no fim da era industrial, a maior cidade do mundo era Nova York, com 12 milhões de habitantes.

Nas poucas décadas da transição da agricultura à indústria, passou-se de uma nítida predominância de camponeses espalhados nos campos a uma concentração de operários e empregados nas cidades. Nas cidades concentraram-se as indústrias manufatureiras, os serviços para o trabalho, saúde, família, o tempo livre. À cidade afluíam os trabalhadores e os produtos dos campos, da cidade partiam para o interior os produtos das grandes fábricas; na cidade implantaram-se os palácios do poder e da informação. Foi na cidade industrial que pulsou vida dinâmica da modernidade; foi aqui, nos grandes magazines e nas butiques, que nasceu o consumismo; foi aqui, nas exposições universais, nas galerias e nos laboratórios, que se puderam colher os primeiros frutos da criatividade tecnológica e artística.

A cidade industrial, que vive de interações permanentes com o *hinterland* e com as outras cidades, dilata-se segundo suas oportunidades topográficas e suas capacidades empresariais, transformando-se progressivamente em metrópole, em região metropolitana, em megalópole, como a planície padana na Itália, como a Região Metropolitana da Grande São Paulo no Brasil ou como Nova Jersey nos Estados Unidos. E, enquanto Taylor, Ford, Krupp visam a uma fábrica racional, precisa e previsível como um relógio, os urbanistas, com Le Corbusier na liderança, sonham com uma cidade em que a vida possa passar de forma harmoniosa, geométrica, rápida, com uma rígida especialização das diversas áreas, cada uma dedicada à realização de determinadas atividades e não de outras.

Cidade do jumento, cidade do homem

Segundo Le Corbusier, a cidade não foi projetada pelo homem, mas pelo jumento. É, portanto, chegada a hora de o homem se reapropriar dela. "O homem", escreve o grande arquiteto suíço em *Urbanistica*, "avança em linha reta pela estrada porque tem uma meta; sabe para onde vai, decidiu alcançar e determinado lugar e para lá se encaminha pelo caminho mais reto. O jumento anda em zigue-zague, de vez em quando se perde atrás de alguma coisa; com aquela natureza tranquila que tem, segue em zigue-zague para evitar as pedras maiores, para evitar os trechos íngremes, para procurar sombra [...]. Foi o jumento que traçou as plantas de todas as cidades da Europa, também a de Paris, infelizmente. Nos primeiros vilarejos, as carroças passavam onde conseguiam se enfiar entre anfractuosidades e despenhadeiros, entre montes de pedras e restos de turfa; um riacho representava um obstáculo não insignificante. Assim começaram a se formar as trilhas e estradas. No cruzamento entre elas, ao longo dos cursos de água, surgiram as primeiras cabanas, as primeiras casas, os primeiros povoados; as casas alinharam-se ao longo das estradas traçadas pela passagem dos jumentos [...]. Paris, Roma, Istambul surgiram no percurso dos jumentos [...]. Agora, a vida de uma cidade moderna é toda estabelecida em linha praticamente reta: da construção dos edifícios à dos esgotos, das tubulações, dos leitos carroçáveis, das calçadas etc. A reta é a diretriz ideal do tráfego; é o santo remédio, digamos, de uma cidade dinâmica e animada. A curva é cansativa, perigosa, funesta, tem um verdadeiro efeito paralisante. A reta figura em toda a história da humanidade, figura em todos os projetos, em todas as realizações do homem [...]. A estrada do jumento é tortuosa, a do homem é reta. A estrada em curvas é um resultado arbitrário, fruto do acaso, da negligência, de um fazer puramente instintivo. A estrada retilínea é uma resposta a uma solicitação, é fruto de uma intervenção precisa, de um ato de vontade, um resultado alcançado com plena consciência. É uma coisa útil e bela."

Le Corbusier prossegue afirmando categoricamente que "o agir humano é um *colocar em ordem*. Visto do céu, o resultado desse agir aparece na terra em forma de figuras geométricas". Assim, se ele, que tanto amava a linha reta e o ângulo reto ("sinal tangível de perfeição, sistema perfeito, único, constante, puro"), visse do alto as nossas recentes periferias urbanas, diria que são fruto de jumentos, mais do que de homens.

A racionalização dos processos e fluxos, a praticidade dos objetos, a decoração urbana, dos locais de trabalho e de vida foram desde sempre a grande obsessão dos designers, dos engenheiros, arquitetos e urbanistas que, depois de Le Corbusier, se esforçaram em favorecer a nítida separação entre o trabalho e os outros diversos segmentos de vida. A cidade medieval e renascentista, interfuncional e interclassista, foi substituída assim pela moderna cidade "funcional" onde cada categoria, cada classe e cada função têm seus próprios locais designados: bairros residenciais feitos apenas para dormir e reproduzir-se, centros de negócios feitos apenas para tratar de problemas burocráticos, zonas industriais feitas apenas para fabricar produtos em série, centros comerciais feitos apenas para vender e comprar, parques de diversão, áreas hospitalares, campi universitários.

Se antes a vida de cada habitante ficava inteiramente circunscrita a seu próprio bairro e ali se esgotava, agora cada cidadão, segundo as funções a realizar a cada vez, é obrigado a se deslocar diariamente de uma zona a outra da área urbana, mantendo-se psicologicamente estranho a cada uma delas. Jean Gottmann escreveu: "Na City de Londres (2,6 quilômetros quadrados) calcula-se que a presença durante o dia é quarenta vezes superior à da noite; no centro de Tóquio, muito maior, essa relação deve ser, no mínimo, de trinta vezes".

Nasce assim a figura do indivíduo que vai para a área de trabalho e depois retorna para a área residencial, do *city user*, de modo que uma parte da cidade fica vazia nos dias úteis e outra parte se esvazia nos dias de folga; os bairros residenciais ficam vazios durante o dia, enquanto os bairros industriais e empresariais ficam vazios à noite; há uma zona para produzir e outra para se reproduzir, uma para vender e comprar e outra para se divertir. Essa duplicação das estruturas infla o preço dos terrenos e incentiva a especulação imobiliária.

Para o homem ativo, a mobilidade se torna um valor. À diferença do que ocorria na sociedade rural, é cada vez mais raro que alguém nasça e morra no mesmo lugar. Ao longo da vida, um americano muda de casa quinze vezes em média; um europeu, dez vezes.

Estradas, autoestradas, anéis viários, metrôs, bondes e automóveis particulares encarregam-se de subdividir massas apressadas de cidadãos para atender à sincronização exigida pela "linha de montagem", que quer a presença de todos no trabalho à mesma hora, todos de férias no mesmo dia, e assim por diante. O automóvel, mais do que o trem, o metrô e o avião, é o verdadeiro ícone da vida urbano-industrial. Por volta de meados do século XVI, ao que parece, em Paris circulavam somente duas carruagens: a da rainha e a da duquesa Diana de Poitiers. Nos Estados Unidos, entraram 800 mil carros em circulação em 1912 e 10,5 milhões em 1921.

Para montar as várias peças de seu mosaico cotidiano, todo estudante é obrigado a correr entre casa e escola, todo empregado, entre casa e escritório, toda dona de casa, entre cozinha e mercado. À noite, para encontrar os amigos, ir aos cinemas, teatros, discotecas, é preciso deslocar-se mais uma vez de um bairro a outro, de carro, ônibus, táxi, scooter. Para cada compromisso é preciso calcular antecipadamente os tempos de percurso e os imprevistos, mas, no final, sempre se chega atrasado e estressado. O tempo necessário para encontrar uma vaga para estacionar não é menor do que o de espera por um ônibus. E assim por diante.

A invenção do tempo livre

Em toda sociedade que existiu até o momento, os modos de fruição do tempo livre acabaram por modelar-se pelos modos de organização do tempo de trabalho. Quando o trabalho artesanal e camponês dispersava os trabalhadores numa infinidade de pequenas células produtivas, sem interação em nível de organização global, mesmo o escasso tempo livre era consumido nas famílias individuais, nas salas de estar individuais, nas oficinas próximas com formas de *loisirs* muito personalizadas e tecnicamente rudimentares.

As procissões e os cortejos, os grandes tribunais civis, as funções religiosas, os espetáculos circenses, as festas populares, os torneios, as cocanhas constituíam momentos excepcionais, frequentemente reservados às plebes urbanas. Quando o trabalho industrial aglomerou nas fábricas enormes quantidades de operários e empregados, os *loisirs* também assumiram formas massificadas, passivas e anômicas ao mesmo tempo, e encontraram lugar em espaços amplos — das grandes salas de cinema aos estádios — onde o olhar, o assistir prevalecem sobre o agir.

Escreveu Alain Corbin: "No alvorecer do século XIX, o tempo do camponês, o do artesão e o do operário eram descontínuos, repletos de imprevistos, casuais, sujeitos a interrupções fortuitas ou recreativas. Esse tempo relativamente lento, flexível, maleável, ocupado por atividades frequentemente indeterminadas, foi aos poucos substituído pelo tempo calculado, previsto, ordenado, apressado pela eficiência e produtividade; tempo linear, rigorosamente medido, que pode ser perdido, desperdiçado, recuperado, ganho. Foi o que despertou a reivindicação de um tempo para si, que tem seu símbolo em ficar na cama até mais tarde ou pescar de anzol. Mas o desejo desse tempo vazio, insidiosamente ameaçado pelo tédio, paradoxalmente produziu outro tempo de trégua e distração, por sua vez previsto, organizado, preenchido, agitado, fundado em novos valores; tempo-mercadoria dos primeiros clubes de férias, que se diferencia do tempo inicial da modernidade somente pela ausência de trabalho".

O automóvel, o trem, o barco, o navio, e só mais tarde o avião, em conjunto com as estradas asfaltadas, os hotéis, portos e aeroportos, servirão de suporte ao tempo livre dedicado à viagem. Os livros, os discos, o álcool, a bricolagem servirão de suporte ao tempo livre sedentário, mas individual. O cinema, a dança, o teatro, a festa servirão de suporte ao tempo livre sedentário, mas coletivo.

Agora que o teletrabalho pós-industrial volta a dispersar os operadores como na época rural, mas mantendo-os interligados através das redes informáticas, mesmo o tempo livre é consumido sobretudo em *loisirs* ubíquos, difundidos até o nível doméstico; o que lhe dá mobilidade são o rádio, a televisão e a internet, que possibilitam interações à distância entre emissor e usuário, além dos usuários entre si, com uma combinação multimedial e simultânea dos diversos meios de comunicação.

A rarefação de relações tangíveis gerada pela difusão de relações virtuais, após uma embriaguez inicial de virtualidade, determina, porém, uma reação contrária, em favor do convívio.

Depois da sensível queda do número de espectadores registrada em muitos países que entraram na fase pós-industrial, o cinema, por exemplo, após uns vinte anos, voltou a atrair frequentadores nas salas de projeção, transformadas em empórios globais, onde assistir a um filme tornou-se pretexto para os encontros físicos. Os estádios também continuam a lotar, mesmo sendo possível assistir às partidas em casa. Pelo menos nessa fase da evolução urbana, que ainda poderia durar algumas décadas, quanto mais se ampliam as novas relações abstratas, à distância, desprovidas de tangibilidade, mais os seres humanos desejam compensar essa rarefação com maior proximidade física.

Nos próximos anos, prescindindo das formas de fruição do tempo livre, um número crescente de pessoas do Terceiro Mundo terá mais compromissos de trabalho, enquanto um número crescente de pessoas do Primeiro Mundo terá maior interpenetração das atividades de trabalho, intelectuais e lúdicas, produtivas e reprodutivas, por meio do teletrabalho, trabalho doméstico, autoconsumo, *self-help* etc., favorecidos por uma instrumentação técnica cada vez mais miniaturizada, simplificada, aperfeiçoada e economicamente conveniente.

Aprendendo com Las Vegas

Em 1966, o arquiteto Robert Venturi publicou *Complexidade e contradição em arquitetura*, imediatamente considerado um texto fundamental, como *Por uma arquitetura*, de Le Corbusier. Em seu trabalho, Venturi teorizava que a arquitetura contemporânea, longe de poder aspirar à síntese, à completude e ao *"less is more"* a que aspirava o Movimento Moderno, estava condenada à complexidade e à contraditoriedade. Em 1972, junto com a esposa Denise Scott Brown e Steven Izenour, Venturi publicou *Aprendendo com Las Vegas*, um texto que se tornaria a bíblia dos cultores do estilo arquitetônico pós-moderno.

O livro resgata todas as formas, até então irrelevantes ou rejeitadas, do trash, do cotidiano, do usual; a estética pop, a arte de fazer cartazes publicitários, o uso maciço do néon e do automóvel, os não lugares consumistas como os shopping centers, os fast-foods ou os drive-ins. Rejeita as dicotomias entre externo e interno, autêntico e inautêntico. Estabelece que a arte é também representação do não belo, que a beleza não é um atributo permanente das coisas, que uma coisa, bela e útil em determinado contexto ou em determinado período, em outro período ou em outro contexto pode ser menos útil ou menos bela, somente útil ou somente bela, ou nem um, nem outro. Confere a Las Vegas, meca do tempo livre americano, a mesma importância em geral atribuída ao locais de culto ou de governo.

Venturi é um arquiteto e um teórico da arquitetura que aplicou sua visão estética tradicional e sua cultura clássica a um contexto pop, consciente do nível de complexidade, ambiguidade, hibridação, contorção, compromisso, corrupção, redundância, incoerência, equívoco, desordem, vitalidade hoje implícito na arquitetura do edifício, bem como no urbanismo da cidade.

Se em Las Vegas a loja de patas em forma de pata causa impressão, em Nápoles ou em Salvador o que causa impressão é o não lugar da confusão em forma de confusão. E nada é mais pós-moderno do que a com-fusão, a colagem, o patchwork, o *mélange*.

Geralmente os arquitetos estão habituados a olhar para trás (clássico, gótico, neoclássico, barroco) a fim de seguir avante. Venturi & Cia. nos convidam a olhar para baixo (folk, trash, pop) a fim de nos empurrar para cima. Le Corbusier aspira à ordem, à linha reta e ao ângulo reto, ao limpo, ao racional, ao imediatamente compreensível e orientável, à oportunidade de virar para a direita quando se quiser ir à direita e de virar à esquerda quando se quiser ir à esquerda. Venturi & Cia. nos convidam a refletir sobre o trevo rodoviário, onde é necessário virar à direita se se quiser ir para a esquerda e vice-versa.

Se Le Corbusier reflete sobre a cidade partindo do pressuposto de que ela é um instrumento de trabalho, Venturi nos leva a refletir sobre Las Vegas partindo do pressuposto de que ela é um instrumento do tempo livre, que obedece às exigências da publicidade, do comércio, das apostas; onde é difícil distinguir entre aberto e fechado, público e privado, lícito e ilícito; onde a parte mais visível — as fachadas e as insígnias — é também a mais obsolescente e mutável; onde os estilos se ladeiam e se acumulam, evocando pórticos orientais e gessos barrocos, colunas clássicas e paredes racionalistas, coliseus romanos e gôndolas venezianas; onde a Disneylândia convive com Marienbad,

Atenas com Miami, o chalé dolomítico com o tucul africano; onde a infinita combinação de coisas feias, ordinárias, anônimas, indignas, vulgares, de cartazes ao estilo da Broadway e símbolos pompeianos, de intenções imediatamente utilitaristas que conspurcam qualquer tentativa de beleza e estabilidade, acaba por criar um vórtice que escapa ao juízo predominantemente estético e se entrega ao juízo predominantemente socioantropológico.

Sendo agora impossível eliminar a desordem com um excesso de ordem como desejava Le Corbusier, Venturi nos levaria a valorizar a vitalidade da Pompeia vesuviana, sua exuberância de formigueiro em gesto de desafio contra a eterna e ameaçadora silhueta do Vesúvio exterminador, que espera com paciência o momento de reentrar grandiosamente em cena, de voltar a fazer tábula rasa de toda essa agitação insensata, de restituir a Le Corbusier o novo deserto para ali triunfar com sua ordem racionalizadora.

A armadilha do urbanismo

O modo de produção industrial obrigou a organizar a vida, principalmente nas *company towns*, sincronizando-a com os ritmos das grandes empresas: os trabalhadores saem de casa de manhã mais ou menos à mesma hora, voltam à noite mais ou menos à mesma hora; todos saem de férias no verão e todos retornam depois de algumas semanas fora. Indefectivelmente, os jornais enumeram os mortos nas autoestradas, recomendam partir prudente e inteligentemente, lamentam o caos determinado pelo regresso à cidade.

São surpreendentes a persistência desses problemas no tempo e a impotência demonstrada pela organização urbana para resolvê-los. Já em 1924 Le Corbusier escrevia em *Urbanismo*: "No ano passado, eu estava trabalhando neste livro durante o grande vazio do verão parisiense. Aquela parada momentânea da vida da grande cidade, aquele estado de calma induziram-me a deixar-me arrastar pela sugestão do tema para além da realidade dos fatos. Chega 1º de outubro. Às seis da tarde, nos Champs-Élysées, foi como uma revelação repentina. Depois do vazio, a retomada da circulação que se tornava a cada dia mais desordenada. Sai-se de casa e, assim que se atravessa a soleira, eis-nos indefesos à mercê da morte: desfilando diante dos carros, retorno com o pensamento a vinte anos atrás, à minha juventude de estudante. A rua então nos pertencia: passávamos cantando por ela, entretínhamos em discorrer [...]. O ônibus puxado a cavalo corria docemente sobre as rodas. Aqui, em 1º de outubro de 1924, nos Champs-Élysées, assistia--se ao prodigioso fenômeno de renascimento de algo cujo impulso fora interrompido por três meses de férias: a circulação [...]. Sua força é semelhante à de uma correnteza na enchente: é uma fúria devastadora. A cidade se desagrega completamente, não pode durar assim. É velha demais. A correnteza não tem mais um leito capaz de contê-la. Agora ocorre uma espécie da cataclismo. É uma situação absolutamente anormal; e o desequilíbrio se agrava dia a dia [...]. No decorrer de poucos anos perdeu-se completamente a alegria de viver [...]. Sentimo-nos no estado de um animal acossado".

Quem sabe o que escreveria hoje Le Corbusier observando o rio de carros que todas as manhãs se lança do interior para as cidades, enquanto um rio em sentido oposto transborda dos centros urbanos em direção às periferias. A questão do tráfego não se resolveu e a qualidade da vida urbana não melhorou, embora as cidades, obedecendo às ideias urbanísticas de Le Corbusier, que queria que fossem "funcionais", tenham se diferenciado cada vez mais internamente em zonas especializadas, separadas por intransponíveis cercas invisíveis. Os automóveis circulantes no mundo chegaram a 250 milhões em 1970; a 500 milhões em 1986; a 1 bilhão em 2010.

Na Itália, os deslocamentos urbanos aumentam cerca de 3,5% ao ano; em média, cada habitante de Milão se desloca diariamente quatro, cinco quilômetros; em Roma, sete, oito. Em toda parte aumenta a porcentagem de cidadãos que preferem o automóvel aos meios de transporte público, embora a velocidade média com que se circula não supere os vinte quilômetros por hora e todo automobilista sacrifique todos os dias pelo menos umas duas horas para seus deslocamentos urbanos. Nas megalópoles de muitos milhões de habitantes, como Déli, Cairo, Cidade do México, Istambul, o tráfego transformou a vida num inferno.

Em cidades como São Paulo, todo encontro, público ou privado, começa com o ritual de desculpas pelo atraso devido ao trânsito. Mas também em centros urbanos menores, como Madri ou Nápoles, a circulação representa uma variável enlouquecida, que torna imprevisível qualquer ocorrência da vida cotidiana.

Com a passagem da sociedade industrial à pós-industrial, a população urbana continuou a crescer. Os habitantes dos centros urbanos eram 224 milhões no início do século XX (equivalente a 14% da população mundial); no final do século XX, tinham se tornado 2,5 bilhões (equivalente a 45%); hoje beiram os 4 bilhões (52%); em 2050 alcançarão 6 bilhões (60%). Na China, 400 milhões de pessoas irão se deslocar do campo para a cidade; na Índia, 300 milhões.

Em 1950, somente 83 metrópoles superavam 1 milhão de habitantes; hoje são mais de quinhentas, e 26 megalópoles (das quais dezesseis na Ásia) têm mais de 10 milhões de habitantes. Essas 26 megalópoles ocupam 2% da superfície terrestre, mas utilizam 60% da água potável e são responsáveis por quase 80% de todas as emissões de carbono produzidas pelo homem. Londres sozinha, para suprir suas necessidades alimentares, necessita de uma área territorial equivalente a 125 vezes sua superfície; para Los Angeles, é preciso uma área de apoio trezentas vezes maior do que a própria cidade. Uma centena de cidades serve de fulcro para 30% da economia mundial e produz quase todas as suas inovações. Em Nova York, produz-se 10% do PIB dos Estados Unidos,

278

uma porcentagem superior a todo o PIB do Brasil. Londres e Paris juntas igualam o PIB da Índia. Até 2025, a China terá quinze megalópoles com uma média de 25 milhões de habitantes cada uma. Até 2050, a Grande Xangai e a Grande Mumbai poderão ter cada uma mais de 50 milhões de habitantes.

Enquanto o urbanismo e o trânsito avançavam rapidamente, a forma e organização das cidades evoluíam em ritmo demasiado lento. E hoje a crise urbana que já se começava a perceber nos anos 1920 alcançou seu auge. Entre os mais lentos animais da criação, o homem sempre sonhou em conquistar velocidade e realizou parte do seu sonho com a invenção do automóvel e do avião; tudo isso para depois restringir-se à lentidão causada por uma gestão irracional dos meios e do espaço.

Esse estado de coisas evidenciou que o crescimento das cidades não comporta automaticamente uma melhoria da qualidade de vida: com o aumento dos imigrantes do campo para a cidade, aumentam os habitantes dos *slums*, a poluição química, fotoquímica e acústica, o engarrafamento da circulação, a carência de água e de higiene. E tudo isso concorre para estressar os habitantes e o território.

A *viagem para Telépolis*

Habituados por dois séculos a ir de um lado a outro da cidade como fagulhas ensandecidas, nem sequer nos perguntamos se esses deslocamentos ainda são necessários, e tampouco tentamos reorganizar nossas vidas com base nas novas tecnologias, que nos permitiriam adoçá-la com a elegância de ritmos mais humanos. A sociedade industrial acabou faz mais de meio século, mas nosso modo de pensar e de nos comportar ainda está condicionado. Contudo, a intelectualização do trabalho e a flexível potência das máquinas fazem com que a produção de ideias e bens materiais esteja cada vez menos ligada a um local e a um tempo precisos: o telefone, o fax, a navegação eletrônica já permitem anular as distâncias e transformar o trabalho em teletrabalho, realizando (já aqui e agora) o antigo sonho da ubiquidade. Com efeito, a matéria-prima do trabalho intelectualizado — a informação — é, por sua própria natureza, passível de maior descentralização em tempo real e as impressoras 3-D permitem-nos produzir objetos onde quer que estejamos.

Em outros termos, para um número crescente de trabalhos, sobretudo intelectuais, o local e o horário não constituem mais uma variável independente do teorema organizacional. A organização por objetivos e a autonomia profissional permitem aos trabalhadores vender resultados, e não tempo, e permitem a seus chefes controlar à distância os resultados, em vez de controlar de perto seus processos.

Cada vez mais intolerantes à irracionalidade dos deslocamentos cotidianos que corroem o tempo livre, a poupança, o equilíbrio psíquico, e cada vez mais refratários a se comprimirem na unidade de tempo e de lugar do grande escritório centralizado, os trabalhadores aspiram cada vez mais a uma gestão autônoma, flexível, subjetiva e descentralizada de seu trabalho. Telépolis perfila-se no nosso horizonte.

A CASA

Segurança e estética, mobilidade e convívio

"A cidade, objeto deste livro, é aqui entendida como arquitetura. Ao falar de arquitetura, não pretendo referir-me apenas à imagem visível da cidade e ao conjunto das suas arquiteturas; mas principalmente de arquitetura como construção [...]. Entendo a arquitetura em sentido positivo, como uma criação inseparável da vida civil e da sociedade em que se manifesta; ela é por sua natureza coletiva." Desse modo começava o arquiteto italiano Aldo Rossi em seu livro *A arquitetura da cidade*, de 1966. E prosseguia: "Assim como os primeiros homens construíram habitações e na sua primeira construção tendiam a realizar um ambiente mais favorável à sua vida, a construir um clima artificial, da mesma forma construíram segundo uma intencionalidade estética [...]. Criação de um ambiente mais propício à vida e intencionalidade estética são as características estáveis da arquitetura [...]. Com o tempo a cidade cresce sobre si mesma; ela adquire consciência e memória de si mesma. Em sua construção permanecem os motivos originários, mas ao mesmo tempo a cidade especifica e modifica os motivos de seu desenvolvimento".

Assim, segundo Aldo Rossi, na origem e no posterior desenvolvimento de uma cidade encontram-se duas pulsões que atuam no nível do inconsciente coletivo e do condicionamento operacional: a necessidade de um ambiente mais propício à vida e a intenção estética. Em outros termos, a intenção de vencer a natureza por meio da cultura obtendo segurança e beleza. E convívio, acrescentaria eu.

A balsa do privado

Nossa ordem urbana é fruto de uma concepção definida da vida coletiva e de sua qualidade. Essa concepção fez-se verbo cristalizando-se numa rede de textos legislativos, e o verbo depois se encarnou num mosaico de casas, ruas, autoestradas, espaços públicos, decorações urbanas, tal como nós agora as gozamos e sofremos. Um mosaico que tem suas peças fundamentais nas habitações, elementos arquitetônicos e ao mesmo tempo representações plásticas das funções sociais que ali se desenrolam.

Nos períodos históricos em que a cisão entre a esfera pública e a privada não havia ainda alcançado o nível de esquizofrenia da sociedade industrial, a casa era o espaço em que ocorriam o nascimento e a morte, a reprodução e a sobrevivência; era o espaço dedicado ao trabalho e ao tempo livre, espaço da defesa e da justiça, da socialização e da exclusão. Enquanto tal, elevava-se como sede primária da vida geral da família, ou seja, da única instituição plenamente admitida como subsistema no sistema estatal ou religioso.

Nascida como suporte arquitetônico desse conjunto de funções, a casa-recinto contribuía, por sua vez, para perpetuá-las, impondo-se como local ideal, também em nível simbólico, da conservação, do patriarcado, do individualismo e da acumulação econômica, valores que continuaria parcialmente a preservar quando veio a se transformar de unidade rural em célula urbana.

Na época industrial, a casa se torna local de consumo e símbolo de status. Não mais guardiã das tradições, mas depósito de homens e de coisas transitórias, é ela própria pensada e realizada como manufaturado perecível, como toca funcional em relação à sede precípua do trabalho. Não mais local de nascimento e morte, de produção e distração, de educação e isolamento. Invadida pelas mensagens, pelos barulhos e pelos olhares da sociedade de massa, cada vez mais privada sob o perfil da propriedade e cada vez menos privada sob o perfil das funções, a casa, porém, continua a ser o entroncamento das informações mais reservadas, o ponto de confluência das tensões acumuladas em outros lugares, o perímetro que delimita a esfera das amizades estáveis, a área em que se tenta descansar e conceber.

Não mais encarregada de traduzir o individualismo e o poder do "senhor" em formas únicas e irrepetíveis, ela se limita a massificar o "cidadão" massificado estruturando-se em módulos replicáveis ao infinito, sempre iguais a si mesmos, tal como iguais a si mesmos são os usuários unidimensionais aos quais ela se destina.

A próxima fase da evolução capitalista e a previsível exasperação do dilema intenções-resultados e valores-estruturas verão talvez implodir o conflito entre as exigências econômicas da produção (que impulsiona para formas de habitação cada vez mais anônimas e seriais) e as exigências dos usuários (que cada vez mais identificarão a casa como a balsa em que podem pôr a salvo a esfera privada, a área residual onde será menos impossível realizar atividades livres, pessoais, voltadas para a introspecção e a estética).

Esboça-se assim um campo de pesquisa sociológica, urbanística e arquitetônica que, após tentativas e experimentalismos iluministas, possa reconduzir a formas de habitação capazes de superar a parábola descrita pela casa na longa história que se estende das palafitas às tecnópolis, isto é, a formas que atendam às renovadas exigências de uma humanidade finalmente liberta das ilusões tecnológicas e das nostalgias pré-industriais.

O primeiro problema que se colocaria a uma pesquisa dessas é redefinir a categoria de fruidor da casa, seja proprietário ou usuário, reconduzindo-o do papel de *meio* ao de *sujeito* e de *fim* da atividade projetual. Essa operação deveria partir, antes de mais nada, da crítica ao tipo ideal de usuário, entendido tanto como indivíduo quanto como núcleo familiar e como homem-massa; e depois levar à construção *ex novo*, mas não artificial, do tipo ideal de usuário concebido finalmente como portador de necessidades radicais.

Para renovar uma sociologia da casa que não se esgote na repetição do passado, mas tampouco se desvincule totalmente dele, não se pode prescindir do debate travado por políticos e sociólogos durante todo o século XIX a esse respeito, do qual temos um resumo muito preciso, que nos foi legado por Engels.

A questão da moradia

Em 1872 Engels publica *Sobre a questão da moradia*, que reúne três intervenções publicadas no *Volksstaat* de Leipzig, em polêmica com seis artigos e uma réplica de Mulberger, e com um escrito de Emilio Sax. Obviamente, a cidade a que se referia Engels na sua época estava em vias de industrialização, ao passo que muitas das atuais metrópoles do Primeiro Mundo estão em vias de desindustrialização. Contudo, a situação objetiva descrita em *Sobre a questão da moradia* remete a muitos aspectos da situação atualmente vivida pelas cidades pós-industriais. Por isso, vale a pena determo-nos brevemente nas análises e propostas de solução que Engels expôs em seus textos.

Enfrentar a questão da moradia implica, para Engels, partir da constatação de que sua carência patológica acompanha em todas as épocas a exploração da maioria por uma minoria; trata-se de um fenômeno que frequentemente afeta também a pequena e a média burguesia, que somente então mostram interesse em resolvê-lo. O Estado capitalista jamais oferecerá providências sérias para essa carência, porque ele se identifica com o balcão de negócios dos próprios especuladores, e, para Engels, comitês, cooperativas, grupos de opinião, *building societies* e similares são totalmente inúteis: confiar na eficácia de suas iniciativas e dos inúmeros debates assim surgidos significa perseverar no erro de crer que — parafraseando suas palavras — a algazarra das galinhas mantém relação direta com o tamanho dos ovos colocados.

Por mais que seja uma derivação automática de qualquer sociedade burguesa, a falta de moradia, segundo Engels, alcança pontos especialmente agudos nos períodos em que a industrialização engrossa os fluxos migratórios dos campos para as cidades, como acontecia na Inglaterra de sua época e como acontece hoje também em todos os países onde a reestruturação das indústrias e o aumento da produtividade lançaram à sarjeta massas de trabalhadores desempregados; onde as flutuações econômicas engrossaram sensivelmente o exército de reserva dos *subproletários*; onde o urbanismo segregou progressivamente a maioria da população em espaços exíguos; aonde chegam massas de estrangeiros fugindo da guerra, da ditadura, da miséria; onde o regime de propriedade particular dos solos, unindo-se à criminosa falta de planejamento urbano, aumentou as rendas parasitárias; onde a ausência de educação urbanística e de vontade política permitiu a proliferação de habitações aberrantes do ponto de vista arquitetônico e criminosas do ponto de vista sanitário. Hoje, como na época de Engels, o fenômeno parece especialmente agudo apenas porque o urbanismo e a especulação imobiliária permitiram a superlotação, a promiscuidade e a franca delinquência também nas cidades mais opulentas.

A descrição que Engels nos oferece dos bairros suburbanos e sub-humanos da Manchester do século XIX poderia igualmente se aplicar, em nossos dias, aos *slums* de Moscou, Nova York, São Paulo, Shenzhen ou Bangalore.

Habitações e classes sociais

As teses sobre desenvolvimento, subdesenvolvimento, centro e periferia com que se tenta hoje interpretar a convivência de bairros miseráveis e degradados e zonas residenciais e empresariais glorificantes do luxo e do desperdício dentro do mesmo perímetro urbano já se encontram anunciadas no texto de Engels. De fato, ele insere as zonas urbanas e desenvolvidas e as subdesenvolvidas num mesmo sistema sociotécnico, considerando-as as duas faces de uma mesma moeda, cuja essência consiste na desigualdade institucionalizada graças à qual uma parte explora o todo.

A progressiva marginalização das massas e seu deslocamento do centro para as periferias mais distantes respondem a três motivos precisos: a intenção de explorar mais intensamente o alto valor dos terrenos no centro da cidade; a necessidade de manter a ordem pública deslocando espaços amplos e controláveis para os subúrbios que se prestam à guerrilha urbana; a mania burguesa de revestir de decoro as sedes do capital e dos capitalistas, afastando-as do opróbrio da miséria.

A especulação imobiliária, porém, tanto hoje quanto no passado, pode prejudicar não só o subproletário, mas também a classe média. Quando isso ocorre, o problema habitacional alcança o nível de alarme dos capitalistas, escapa do rol dos problemas encobertos pelo silêncio oficial e entra nos circuitos principais da informação e do poder. Nesse momento, o Estado e os especuladores se movimentam para encontrar um remédio, mas a solução apenas refará de forma mais sofisticada o círculo vicioso da exploração.

São três as prioridades que orientam a abordagem da burguesia ao problema: melhorar as condições sanitárias da moradia para evitar que seja arrastada aos desastres epidêmicos que ela mesma provoca; melhorar as habitações dos trabalhadores para torná-los capazes de produzir mais, tanto na fábrica quanto no lar; construir e vender casas não demasiado confortáveis para não encarecê-las, mas nem tão precárias para barateá-las demais. Na hora de fechar as contas, o físico e o sanitário se unem, portanto, aquele ligado à mais-valia da produção e este ligado ao valor dos aluguéis. Mais tarde, quando os proprietários das fábricas tornam-se também proprietários das casas de seus funcionários, dobra seu poder de extorsão e pressão sobre estes últimos. O Estado, por seu lado, não tem nenhum motivo estrutural para se opor a essa solução parcial e oportunista do problema.

Podemos comprovar como são exatas as observações de Engels, a ponto de se converterem em constante sociológica, constatando, no plano macrossocial, o trajeto legislativo sempre interminável e acidentado de qualquer lei urbanista em qualquer país capitalista, e, no plano microssocial, a astúcia com que as *human relations* das indústrias "esclarecidas" sempre procuram construir os bairros operários perto das fábricas.

Uso e propriedade

Se Mulberger e Sax, na esteira das obras de Proudhon, apontavam a solução do problema habitacional na ampliação progressiva do número dos proprietários particulares de casas até abranger o quanto antes toda a massa dos trabalhadores, Engels rejeita incisivamente a ideia de tornar cada trabalhador dono de uma casa própria e, com uma franqueza que beira o cinismo, afirma preferir o desenraizamento do operário sem residência fixa ao imobilismo do agricultor preso à terra e ao casebre.

Os argumentos que apresenta em defesa de sua tese, porém, não são plenamente convincentes. A propriedade da casa, afirma Engels, restringiria a liberdade de movimento dos trabalhadores, trazendo dificuldades para aqueles que se transferem de uma região a outra; fracionaria a classe operária, contrapondo, numa guerra entre pobres, os trabalhadores já donos de casa própria aos ainda sem casa; iria obrigá-los a se pôr nas mãos dos agiotas para obter o dinheiro necessário para pagar as prestações do imóvel. Por fim, emburguesaria a classe operária, enfraquecendo sua carga revolucionária.

À casa própria de cada trabalhador Engels contrapõe a propriedade social do conjunto dos terrenos e habitações pela comunidade constituída por toda a classe trabalhadora. Já conhecemos os resultados da concretização dessa ideia, tanto na Rússia soviética quanto nos *kibutzim* israelenses.

O livro de Engels, obviamente ligado à sua época, e, portanto, nem sempre aplicável, em suas análises e propostas de solução, aos problemas que afligem as nossas cidades, mesmo assim tem oferecido sugestões preciosas para a elaboração de novas diretrizes de pesquisa com vistas a: explicar a atração dos centros industriais exercida sobre as massas; medir o índice de desvalorização do patrimônio imobiliário, decorrente do esforço que a superpopulação impõe às estruturas arquitetônicas; aprofundar o estudo e a elaboração de um projeto interdisciplinar para desenvolver soluções capazes de utilizar estruturas imobiliárias abandonadas nas zonas despovoadas pela desindustrialização; identificar até que ponto os interesses da burguesia, do proletariado e do subproletariado coincidem ou divergem na gestão das habitações, tal como se apresentam hoje em dia; fazer um levantamento das iniciativas e experiências destinadas a fornecer casas aos trabalhadores, conforme suas intenções e seus efeitos sejam manipuladores ou participativos; indagar até que ponto os operários e empregados já estão tomados pela ideologia tecida em torno do conceito de casa própria e até que ponto essa ideologia conseguiu se instilar na carga conflitual.

Mas a análise do pensamento de Engels serve principalmente para mostrar que o problema da moradia e da cidade é apenas um entre os inúmeros subproblemas cuja solução só pode ser buscada e encontrada dentro de todo o sistema socioeconômico em que se inscreve. A atual divisão do trabalho, do poder, do saber e da riqueza comporta uma diferenciação entre as casas sob os aspectos da estética, da amplidão, do conforto, diferenciação esta que reproduz a distinção bem mais profunda entre classes dirigentes e classes subordinadas, entre trabalhadores intelectuais e executores materiais.

A maior contribuição de Engels à sociologia da moradia consiste em ter incorporado a questão habitacional na questão mais ampla da divisão social em classes. Numa sociedade classista existem tantas questões das habitações quantas são as classes. Disso deriva que a moradia é interpretada a cada vez como representação plástica das funções sociais que são desempenhadas por aquele segmento específico de classe que historicamente a ocupa.

Reexaminados nessa chave sociológica, os pletóricos centros urbanos das nossas cidades modernas, os bairros miseráveis das periferias proletárias e os *slums* subproletários adquirem um novo significado, resultando escandalosamente funcionais entre si e revelando os mecanismos ocultos nos quais se baseiam as formas mais sofisticadas de especulação, ocultas por trás do biombo do Estado democrático.

PRAÇA

Ágora, foro, termas

A praça, mais do que a rua, a igreja e a casa, sofreu no decorrer dos séculos uma metamorfose profunda, até sua desestruturação total realizada pela indústria e sua palingênese, em novas dimensões, imposta pela internet.

O conceito de ágora remete à sociedade grega e reevoca um sentimento nostálgico, vivo no inconsciente coletivo de todo o Ocidente. Os gregos, Aristóteles em primeiro lugar, estavam convencidos de que, com o grande *exploit* criativo da Mesopotâmia, já se descobrira tudo o que se podia inventar para melhorar o bem-estar material do homem. Portanto, restava apenas dedicar-se ao progresso do espírito e ao aperfeiçoamento da democracia.

Os gregos ligavam a felicidade não à posse crescente de bens (como tolamente fazia Creso), mas à doação de sentido (como sabiamente faziam Sólon e Sócrates). Os gregos, enfim, atribuíam mais importância à atividade criativa (Platão), ao tempo livre (Sócrates) e à festa do que ao trabalho, imposto aos escravos e aos metecos como marca de inferioridade.

A ágora era a representação plástica de tudo isso: o local que permitia a uma comunidade inteira conjugar precisão e flexibilidade, prestígio e decoro; conferir senso civil à *pólis*; conter, como numa concha incandescente, as festas, os ritos, mitos, memórias e esperanças de um povo; facilitar a osmose entre classes, raças e gerações. Na Grécia de Péricles, a ágora é a praça em que convivem público e privado, dia útil e dia festivo, laico e religioso, emocional e racional, *gossip* e denúncia, prestígio e inveja, prática e estética, gáudio e luto, formal e informal, identidade e universalidade, porque na praça todo cidadão expõe a sua personalidade, exerce o seu status de homem livre, vê e é visto, controla e é controlado, contribui para a formação da coletividade ao mesmo tempo mantendo a individualidade, participa da história conjunta da cidade e contribui para criá-la.

Tudo isso pressupõe um conceito preciso de liberdade individual e de felicidade coletiva, ligadas mais à coesão social e ao poder político do que à riqueza econômica, mais ao orgulho da beleza pública do que à ostentação do luxo privado, mais à flexibilidade do aproximado do que à mania de precisão, mais à criatividade da produção de ideias do que à eficiência da produção de bens materiais.

Para compreender do que é capaz a ágora, leiamos o que escreveram Hocker e Schneider sobre a construção da acrópole: "O andamento da construção estava ligado em todos os níveis à sociedade ateniense da época. O comitente não era um monarca ou um tirano, mas a população ateniense, que, após uma discussão aprofundada — provavelmente até controversa —, em ato coletivo concebeu ideias gerais sobre o projeto, o qual foi então elaborado por um arquiteto, dentro de um orçamento preestabelecido, por meio de esboços e talvez até de maquetes, depois novamente submetidos à aprovação da assembleia. Essas premissas foram transformadas num verdadeiro projeto não apenas a cargo de um arquiteto, mas com a intensa colaboração entre a assembleia do povo, o Conselho dos Quinhentos como seu representante e uma comissão encarregada da execução da construção, que fornecia ao arquiteto novas diretrizes obrigatórias até nos detalhes. O projeto de construção não era, portanto, uma densa trama de números, mas expressava a partir de uma medida de base todas as proporções da obra, os traços e dimensões de cada elemento, de modo tão simples que permitia uma fácil preparação nas pedreiras, um rápido deslocamento para o canteiro de obras e também uma rápida e precisa organização de cada setor da construção".

A ágora dos romanos é o foro, em que a função comercial e política predomina sobre a social e de convívio. Mas os romanos acrescentaram ao foro e ao teatro os circos e as termas. Estas últimas eram locais destinados simultaneamente ao cuidado com o corpo (natação, massagens, ginástica, consultas médicas), aos encontros mundanos, aos lobbies, às negociações econômicas, aos acordos políticos, ao *gossip* de salão, ao ócio criativo entendido como síntese entre trabalho, estudo e diversão, à ostentação estética de si próprio num local transbordante de estética, onde a arquitetura rivalizava com as esculturas, os mosaicos, pinturas, músicas, danças. Reproduzidas, junto com os teatros, em todas as colônias do império, as termas funcionarão como homogeneizadoras culturais, tal como, mais tarde, os missionários e as catedrais para o cristianismo e, ainda depois, o cinema, o jazz e o rock para os EUA.

Palácios, catedrais, oficinas

Na vida social da Idade Média, a ágora se duplica, disputada por dois polos de atração: o palácio feudal e a catedral, cada um com sua praça, ou fisicamente contrapostos na mesma praça. Quando a autoridade religiosa e a autoridade política não coincidem, o palácio é sede civil, a catedral é sede religiosa; mas o povo é o mesmo, ainda que atravessado por divisões internas entre guelfos e gibelinos.

Além de acolher os ritos litúrgicos, a catedral é símbolo e afirmação de identidade religiosa e cultural, realização coletiva, investimento psicológico e financeiro de toda uma comunidade no decorrer de muitas gerações, ato de orgulho com que a cidade se representa a si mesma e aos outros, canteiro perpétuo, centro comercial e festival permanente, local de festa coletiva e luto geral, sede animada de reuniões, ocasião de comparação entre artesãos, artistas, músicos. Espaços polivalentes protegidos das intempéries, esses "arranha-céus de Deus", como os chamará Le Corbusier, oferecem refúgio em tempo de guerra, e festejos, ocasiões para discutir, negociar gado e se entregar a divertimentos em tempo de paz. É permitido o ingresso de cavalos e outros animais, podem-se montar bancas, cozinhar e vender alimentos. "Para fazer uma comparação moderna", escreve Roland Bechmann, "é como se o centro Beaubourg, o Cnit e o Grand Palais, bem como a catedral, estivessem reunidos num só edifício em Paris." Os vitrais (em Chartres há 45) eram autênticos cartazes publicitários.

A vida urbana continuava, em todo caso, centrada na praça, articulação e prolongamento de todas as atividades públicas e privadas, bancada de testes da opulência e da arte locais.

Quando passamos da cidade medieval para a Florença renascentista dos Medici, constatamos que as praças já são duas, igualmente impressionantes em sua magnificência ornamental: a praça do palácio municipal com sua potestade, e a praça da catedral com seu bispo. Em ambas, a cidade ostenta seu poder e sua beleza.

Por trás de tantos milagres estão as 55 oficinas artesanais da cidade, cada uma delas, ao mesmo tempo, uma incubadora criativa, uma grife, um instituto de formação que exige treinamentos árduos e personalizados, mas onde — descendo o crepúsculo e impedindo a escuridão o prosseguimento do trabalho —, além dos "belíssimos discursos", frequentemente declamam-se poesias, toca-se música, encenam-se representações teatrais, janta-se e faz-se algazarra: em suma, um subsistema do grande sistema socioeconômico florentino, reino do desafio, do imprevisto, da inovação, da flexibilidade, da recusa sistemática da banalidade.

Salões

Regressemos a Paris seis séculos após a construção da Catedral de Notre-Dame. Agora a ágora serve como praça de armas para simular as manobras militares ou para executar as penas capitais em público, como admoestação exemplar.

Já na Idade Média, os ex-alunos da Sorbonne declaravam que haviam se tornado doutores graças ao círculo cultural e ao tinteiro: "Circolus et calamus fecerunt me doctorem". No século XVIII, os círculos, os *pamphelet* e os salões deram origem às novas ideias do Iluminismo: a grande *Encyclopédie* de Diderot e D'Alembert, o racionalismo, o impulso às ciências e à tecnologia, as pulsões revolucionárias da burguesia, a sociedade industrial.

O salão é agora a nova ágora, reservada, exclusiva, aristocrática, intelectual, elitista, onde ouve-se música, leem-se livros em voz alta, elaboram-se e trocam-se ideias destinadas a se transformar em ação política e em empreendimentos econômicos. Mas também ideias que, nascidas na "praça" atapetada dos salões, se transformarão em revolta cruenta nas praças verdadeiras de Paris, aonde as multidões enfurecidas acorrem para devastar os palácios dos nobres e aclamar as decapitações dos capetianos.

A praça assume assim o papel de incubadora da república e da democracia, mas também do populismo e da demagogia, torna-se local de justiça, instrumento para a renovação social e ascensão da classe emergente, espaço de informação e de manipulação, sistema de recrutamento, seleção e confirmação de novos líderes.

O desaparecimento da praça

Como vimos, com o advento da sociedade industrial as dimensões das cidades aumentaram em ritmos vertiginosos. Nesses imensos aglomerados que se agigantam de qualquer jeito, o valor dos terrenos aumenta e há cada vez menos espaço para a ágora, que, pela ótica da especulação imobiliária, não passa de um desperdício de terreno. O trem e o automóvel fazem o resto: Detroit, Filadélfia, Los Angeles, Chicago, Nova York são cidades de ruas sem praças.

Nas cidades de origem medieval, renascentista, barroca, as antigas praças ainda gozam de boa saúde, quando menos graças aos turistas, mas a metrópole moderna tende a dispensá-las, não inclui sua presença nos planos reguladores, e, quando ainda resta alguma herdada do passado, tende a transformá-la em estacionamento ou área de construção. Algumas de suas antigas funções são supridas por estruturas de organização de eventos onde se realizam assembleias sindicais, reuniões de acionistas, convenções de funcionários; são supridas também pelos cinemas, teatros, auditórios, pelos espaços utilizados para shows de rock e encontros religiosos, inclusive igrejas. Tudo isso na tentativa ilusória de recompor entre os cidadãos o sentido comunitário esfacelado pela modernização; entre os devotos, o sentido de *ecclesia* desfigurado pela secularização; entre os trabalhadores, a atmosfera solidária expulsa pela competitividade e pelo medo, e a solidariedade de classe esmigalhada pelo reformismo consumista.

No final dos anos 1920, a General Electric confiou uma série de pesquisas ao professor Elton Mayo, que constatou a importância dos acertos em conversas e das relações informais para os fins da produtividade empresarial. O espírito de equipe, observou Mayo, não nasce por acaso, mas requer locais adequados e uma ação coerente por parte da direção. Adotando os critérios, antes das *human relations* e depois das *human resources*, a empresa assim procurou humanizar os locais de trabalho, encorajar as relações informais entre funcionários, conferir o calor comunitário à frieza da organização produtiva, com a finalidade de torná-la ainda mais produtiva. Em suma, tentou levar para a fábrica o espírito que reinava na ágora ateniense.

Os resultados do trabalho de Mayo encontraram sintonia nos estudos conduzidos por Kurt Lewin e Rensis Likert, de onde surgiu a conveniência prática de um estilo de *leadership* democrático e participativo, em lugar do estilo de *leadership* autoritário, permissivo e paternalista.

Depois de décadas de tentativas e pesquisas, foram introduzidas nas empresas muitas inovações voltadas para o convívio comunitário. Mas o clima empresarial continua marcado pela competitividade e conflitualidade, às quais, em anos mais recentes, acrescentaram-se problemas novos que, gerados pelo progresso tecnológico, pela globalização, pelas fusões e pelo *outsourcing*, se abateram sobre a empresa e sobre a sociedade, paralisando-as com o espectro do desemprego. Além do mais, para opor-se à tentação centrífuga do teletrabalho, que afastaria os *knowledge workers* de seus escritórios, chefes e colegas, em prédios de vidro e concreto onde estão encerrados, há toda uma multiplicação de máquinas de café, self-service, reuniões para reproduzir nas empresas o espírito de convívio que era próprio da praça pré-industrial.

Enquanto os especialistas de *human relations* tentavam reproduzir esse espírito dentro das empresas, entre paredes onde é proibido o ingresso de pessoas não autorizadas, fora da empresa multiplicaram-se antes as grandes lojas de departamentos — La Rinascente em Milão, La Fayette em Paris, Harrods em Londres, Macy's em Nova York — e depois os shopping centers, que representam para o consumo o que a grande fábrica é para a produção.

A megalópole transnacional

Em 1961, Jean Gottmann publicou um livro (*Megalopolis: The Urbanized Northeastern Seaboard of the United States*) que descreve muito bem a etapa que, em sua longa metamorfose de *pólis* rural a Telépolis pós-industrial, a cidade vive atualmente. *Megalópole* é justamente o nome que Gottmann deu a essa etapa.

A cidade pré-industrial era a sede do poder político, burocrático e religioso, além de centro de consumo dos produtos agrícolas e centro de produção e consumo dos produtos artesanais. A metrópole industrial tornou-se sobretudo centro para o financiamento, organização, direção e a produção de empresas manufatureiras, empório dos produtos do campo e da fábrica, incubadora das novas ideias e novas tecnologias, fornecedora de serviços. Em sua fase inicial, a sociedade pós-industrial dissociou produção industrial e metrópole expulsando as fábricas, e transformou os centros urbanos compactos em megalópoles difusas onde prevalecem as atividades imateriais (management, pesquisa, instrução, consultoria, marketing, informação, *loisir*, produção e consumo cultural) que dão lugar a um sistema transacional "de tipo abstrato", escreve Gottmann, "cujo conjunto naturalmente dirige, orienta, administra, guia a produção e a distribuição de produtos concretos, mas o trabalho essencial consiste agora em conceber, controlar, organizar, modificar todos os circuitos. E todas essas tarefas empregam um grande número de pessoas".

A megalópole torna-se local designado para a integração entre o mercado da informação e o mercado do pessoal qualificado. Enquanto esvazia suas estruturas industriais, ela multiplica as estruturas dirigidas à crescente interação entre homens e coisas e à transmissão cada vez mais rápida de informações, transformando velhos barracões industriais, velhos hotéis, velhos cinemas em infraestruturas para encontros, convenções, conferências, seminários, transações, contratações, novos rituais para o entretenimento, a cultura, o prestígio, a política.

Libertando-se das chaminés e da poluição, as metrópoles renunciaram à produção de bens materiais em fábricas que poluem muito e rendem pouco e passaram a privilegiar o fornecimento de serviços e redes de transações, onde os viadutos servem de malha viária e os centros comerciais funcionam como nós, assumindo a cada vez a forma não local de uma estação, um aeroporto, um super ou um hipermercado. É aqui que as pessoas se encontram, tratam de seus negócios, compram, vendem, divertem-se, estudam, se reproduzem, se matam.

A vida das "megalópoles transacionais" tem sua metáfora e sua síntese justamente nos shopping centers: estuários de rios de mercadorias e pessoas, patchworks multicoloridos de sons, cores, sinais e linguagens, *sukhs* orientais clonados por todos os cantos do planeta, bazares e catedrais do comércio chamadas a concorrer com as catedrais de Deus na venda do paraíso.

O sucesso desses centros comerciais que iluminam as periferias urbanas deriva da sua plena coerência com a alma pós-moderna do nosso tempo. Alma que a todos permeia, e que é síntese de um *mélange* de estilos, de um vitalismo artificioso, da tendência de "juntar" coisas e pessoas desiguais, que trazem proveito e alegria precisamente por causa dessa aproximação fugaz da sua diversidade.

Num shopping center, nunca sabemos se estamos "dentro" ou "fora" de algum lugar: percorremos ruas cobertas, entre vitrines e lojas encerradas por sua vez numa imensa e única loja. Os significados patentes das mercadorias, das placas luminosas, das indicações, das mensagens acústicas escondem significados latentes de opulência, internacionalismo, jovialidade, vitalidade. Consumismo principalmente. O calor no inverno e o frescor no verão atestam a vitória do artificial sobre o natural, do perene sobre o sazonal. O populismo estético exporta o estilo de Las Vegas para todos os lugares, unificando numa gelatina global, de marca americana, as culturas locais representadas por mercadorias provenientes de todas as partes do mundo.

Nessa gelatina, a contrapartida dos preços que pagamos não se resume às mercadorias que levamos para casa, mas inclui sobretudo as emoções que interiorizamos. "Aqui vocês estão no centro das suas emoções", vi em letras de destaque num cartaz enorme num supermercado de Brasília. Podem ser efêmeras e falsas o quanto se quiser, mas são sempre emoções que nos fazem sentir como indivíduos fluindo na imensa corrente dos nossos semelhantes, cultores arrependidos do racionalismo industrial, sequiosos de emotividade.

Se as estações, aeroportos, supermercados não conseguem criar a identidade, a sinergia, a dialética, o orgulho da antiga praça, outros aglomerados reproduzem melhor, de forma anômala, sua atmosfera e funções: as "praças" nômades constituídas pelos circos equestres, equipes de cinema e televisão, equipes de paleontólogos ou arqueólogos, que, em qualquer lugar a que cheguem, criam uma ágora transitória, mas intensa, onde trabalho e vida coincidem.

Existem também as ágoras constituídas por algumas organizações-bunker isoladas, protegidas, autossuficientes, como foi a Los Alamos dos cientistas atômicos ou como ainda hoje é a Apple de Cupertino ou o Cern de Genebra. Aqui reina uma íntima união entre local de trabalho e local de vida, que frequentemente acolhem também as famílias dos integrantes das equipes; os espaços são pensados em função dos indivíduos, mas também das equipes; o cabeamento é total e as conexões são wireless; nos espaços sociais, como nos outros locais de trabalho, reina a mesma informalidade.

Mas mesmo no interior de organizações tradicionais, como os bancos ou centros empresariais, em que a flexibilidade requer motivação e a motivação requer partilha, encontram-se formas específicas de ágora. Nos edifícios, sedes dessas instituições, apesar da fria rigidez dos regulamentos, recortam-se espaços e momentos que tentam evocar o *mood*, a amplitude, o decoro e a liberdade da praça. Ainda mais voltados para a tipologia da ágora são os campi universitários e as faculdades de administração que, com frequência situados em espaços sedutores e apartados, dão vida a autênticas praças pedagógicas.

Não lugares

O antropólogo francês Marc Augé publicou *Não lugares*, uma breve e intensa reflexão que, nas décadas seguintes, iria introduzir esse neologismo na linguagem corrente. Com seu ensaio, Augé incorporava à soberania da antropologia (que estuda o distante, o diverso, o algures) territórios até então ocupados pela sociologia (que privilegia o estudo do aqui e agora), a ponto de poder dizer que "o século XXI será antropológico".

Se numa época o alhures era distante, nos vilarejos, nas tribos do mundo colonial e subdesenvolvido, hoje o alhures está entre nós, em enclaves, em povoados periféricos, em tribos profissionais, mas também em aeroportos, estações, centros comerciais. É aqui que "se cruzam, ignorando-se, milhares de itinerários individuais". É aqui que "subsiste hoje algo do fascínio incerto dos terrenos incultos, dos descampados e dos cais, das plataformas de estação e das salas de espera onde os passos se perdem, de todos os lugares de encontros fortuitos onde se pode experimentar fugazmente a residual possibilidade de aventura, a sensação de que basta *ver o que vai acontecer*".

Segundo Augé, não foi a antropologia que deixou os territórios exóticos para se dirigir a horizontes mais familiares; foi a sociedade atual que criou no seu interior lugares anômalos, "alhures" que exigem um olhar antropológico, e que o etnólogo é chamado a estudar com os métodos e técnicas de um "geômetra social".

Se os historiadores têm a vantagem de conhecer o desfecho da sequência daquilo que estudam, os antropólogos têm a vantagem de conhecer o diferente daquilo que analisam: de conhecer a pré-história dos acontecimentos atuais, rastreável nos comportamentos primitivos das populações indígenas. Isso lhes permite falar aos seus contemporâneos sobre o que eles são, mostrando-lhes o que deixaram de ser ou nunca foram, mas poderiam ter sido.

O excesso de eventos que congestionam o nosso tempo, o excesso de objetos que congestionam o nosso espaço, o excesso de solicitações que assediam o nosso ego, essa constante perseguição e acuamento pela história e pela geografia, pelo tempo que foge e pelo espaço que falta, encolheu o nosso planeta, modificou a escala com a qual o medimos, conferiu à imagem uma força que excede em muito a informação da qual é portadora, criou em nós uma falsa familiaridade com lugares que reconhecemos, embora não os conheçamos. Tudo isso — o excesso dos acontecimentos, a ocupação do espaço e a individualização das referências — expõe a sociedade ao banal, à separação entre uma elite que sabe tomar a si mesma como objeto de um percurso reflexivo e uma massa desinteressada de sua própria identidade, e entre suas relações recíprocas.

Olhar a nossa sociedade com o olhar do antropólogo significa privilegiar a análise dos seus lugares, porque a deformação profissional do antropólogo deriva de sua familiaridade com os indígenas, que fazem do *lugar* a sua principal razão de vida: "ali vivem, ali trabalham, defendem-no, marcam seus pontos importantes, vigiam suas fronteiras, localizando ao mesmo tempo os traços das potências tectônicas ou celestes, dos antepassados ou dos espíritos que o povoam e animam sua geografia íntima, [...] como se não houvesse humanidade digna deste nome a não ser no próprio lugar de culto que lhes é consagrado". É o *lugar*, o seu lugar, que os indígenas devem defender dos ataques externos e internos para preservar sua identidade, que é ameaçada quando os tratores destroem o território, quando os jovens partem para a cidade, quando os forasteiros chegam e se instalam. Em sentido antropológico, o lugar, marcado pelos cruzamentos e monumentos, é uma categoria identitária, relacional, espacial, social e histórica: "É simultaneamente princípio de sentido para aqueles que nele habitam e princípio de inteligibilidade para aquele que o observa".

Daí, por contraste, a definição que Augé cunha para os não lugares entendidos como espaços que não preveem o nascimento nem a morte, desprovidos de identidade, de relações, de história e de memória. Pontos de trânsito e sedes de ocupações provisórias como as redes hoteleiras, as ocupações ilegais, os clubes de férias, os campos de refugiados, os cortiços, as lojas de departamentos, os distribuidores automáticos — "Um mundo prometido à individualidade solitária, à passagem, ao provisório, ao efêmero" — aos quais se somam as vias aéreas, ferroviárias, rodoviárias, e os habitáculos móveis chamados "meios de transporte" (aviões, trens, automóveis), os aeroportos, as estações ferroviárias, as grandes redes de hotéis, as estruturas de lazer, os grandes espaços comerciais, a complexa realidade das redes cabeadas ou sem fios.

Mas, se pensarmos bem, mesmo os enormes arranha-céus dos centros empresariais, seus elevadores, corredores, seus *open spaces* são agora reduzidos a não lugares onde as ligações recíprocas entre usuários — diferentes entre si em idade, finalidade, profissão, tarefa, nacionalidade, religião — são praticamente inexistentes. Os dezenove terroristas mortos nos atentados do Onze de Setembro ao World Trade Center e ao Pentágono tinham uma finalidade comum e o mesmo fanatismo. Mas os 2973 mortos pertenciam a 93 países diferentes e, mesmo que diariamente tomassem os mesmos elevadores e comessem nos mesmos refeitórios, ainda assim eram estranhos ao lugar e uns aos outros.

Quando Augé fala de não lugares, entende o espaço não só como categoria geométrica, mas como prática dos lugares, como percursos que ali são efetuados, discursos que se entretecem, linguagens que o caracterizam, em função do trânsito, do transporte, do comércio e do tempo livre. Espaço como lugar que produz não identidade, e sim desambientação. Espaço onde o espectador constitui a parte essencial do espetáculo.

Os não lugares acolhem os indivíduos num imenso parêntese, onde é preciso declinar da própria identidade, fazer-se reconhecer apenas na entrada e na saída; no meio não há nenhuma cooperação orgânica: somente poucas ordens e proibições a observar. Os lugares e os não lugares se encaixam e se interpenetram. As várias entidades dos não lugares, como por exemplo os hotéis e as companhias aéreas, fazem publicidade recíproca, criando uma espécie de grande família prestigiosa. Estamos apenas no início: conforme os não lugares se multiplicam, uma parte crescente da humanidade acaba por neles viver durante uma parcela crescente do seu tempo, adquire familiaridade, identifica-se com eles. Habituamo-nos assim a retornar aos não lugares também por curiosidade, conhecimento, convívio, com a finalidade recôndita de perdermo-nos intencionalmente na multidão, de agirmos como agem os outros, não para ficarmos homogêneos, mas para sermos nós mesmos, finalmente a sós com a nossa autonomia, protegidos pelo anonimato, convidados ao narcisismo, postos à vontade por um contexto que fala no vocabulário universal do *basic English*. Augé, de um lado, declara que "o espaço do não lugar não cria uma identidade individual, nem uma relação, mas solidão e semelhança"; de outro lado, deve admitir que "é o não lugar que cria a identidade compartilhada pelos passageiros, pela clientela ou pelos motoristas de domingo". De algum modo, é justamente nos não lugares que vai amadurecendo o renascimento da praça e de seu espírito de convívio.

A cidade revalorizada

Em todos os *non-lieux*, parece-me que só uma vez Augé cita a rede. Mesmo no novo prefácio, acrescentado dezessete anos depois, em 2009, surpreende a pouca ênfase que ele reserva ao papel da informática e da internet na criação daqueles não lugares por excelência que são as redes sociais. Em sua mentalidade de antropólogo, os não lugares são uma negação da praça física e da aldeia indígena, não uma antecipação do universo informático.

Entre 1993 e 2009, a urbanização avançou a galope, as cidades continuaram a importar e exportar seres humanos, produtos, imagens e mensagens. Televisão e computador conquistaram a maioria das casas, e, graças à convergência das tecnologias e à sua ubiquidade, o indivíduo pode viver isolado num ambiente intelectual, visual e auditivo totalmente independente do ambiente físico imediato.

Augé constata que os não lugares se estenderam como espaços de circulação, consumo e comunicação. Além do mais, denuncia que a globalização ("extensão sobre toda a superfície do globo do chamado mercado liberal e das redes tecnológicas de comunicação e informação") determina uma consciência infeliz, assim como infelizes são a consciência planetária ("todos nós compartilhamos um espaço reduzido que tratamos mal"), a consciência social ("estamos conscientes da ampliação cotidiana da cisão entre os mais ricos dos ricos e os mais pobres dos pobres"), a consciência cultural (estamos conscientes da "separação entre aqueles que não têm sequer acesso à alfabetização e aqueles que, entretanto, têm acesso às grandes hipóteses sobre o nascimento do universo ou sobre o surgimento da vida"), a consciência filosófica (entre uma parte considerável da humanidade, "a orientação muitas vezes voltada a formas religiosas mais ou menos surradas e intolerantes" vai assumindo o papel de pensamento).

A esse ponto, Augé revaloriza a cidade como lugar e como nó de uma rede mundial de lugares interconectados. Não se tem dignidade política nem prosperidade econômica se não se participa dessa rede planetária. E quanto mais se participa, mais difícil se torna "distinguir entre externo e interno, lá e aqui".

Enquanto o crescimento quantitativo das megalópoles, a extensão dos "filamentos urbanos" de que fala Le Bras, a interconexão dos centros de decisão, que forma a "metacidade virtual" de que fala Paul Virilio, determinam a urbanização do planeta, por outro lado, toda cidade resume em si, por conta própria, a totalidade do mundo com todas as suas variedades étnicas, religiosas, linguísticas, culturais e com todas as suas desigualdades raciais, jurídicas e econômicas. Enquanto isso os *archistars*, os grandes astros da arquitetura, acorreram desenfreados para devolver ímpeto à arquitetura urbana, remetendo com suas obras à vertigem do futuro, assim como o Partenon ou o Coliseu remetem às vertigens do passado. Alguns amam a cidade e não conseguiriam se imaginar em outro lugar; outros a odeiam, mas não conseguem se separar dela; outros ainda fogem da cidade como o diabo da cruz e refugiam-se em outro lugar, em matas e desertos, como modernos anacoretas. Antes que a nossa periferia se amplie até abranger a Lua e Marte, não nos resta senão viver aqui e agora a cidade em sua inteireza porque, conclui Augé: "Agora só resta a cidade, neste planeta a que os homens deram a volta". Mas ainda falta saber de que cidade se trata.

TELÉPOLIS

Cidade de pedra, cidade de bits

Se for verdade que o mundo pós-industrial é uma "aldeia global", ele não poderá dispensar as "praças globais", fundamentais para garantir o espírito corporativo a corpos cada vez mais desestruturados, para fornecer identidade a organizações cada vez mais homogeneizadas, mas necessitadas de distinção, para trazer calor humano e solidariedade comunitária a um sistema cada vez mais frio e despersonalizado, corroído pela competitividade.

A televisão, que acompanhou a passagem da sociedade industrial para a pós-industrial, é uma mídia de mão única, ótima para informar e manipular, mas pouco propícia a facilitar interações sociais e criativogênicas. A internet e as mídias sociais se mostraram especialmente propícias a incentivar tais interações, garantindo nova vida à praça e à cidade ao reproduzirem em escala planetária as redes relacionais que elas permitiam apenas em nível estritamente local.

Essas redes informáticas foram, num primeiro momento, utilizadas pelas empresas para criar sistemas fechados de teletrabalhadores pertencentes a uma mesma empresa, fisicamente localizados em sedes ou países diferentes, ocupados no escritório, em casa ou em viagem, mas sempre conectados via intranet com o chefe e os colegas, com os quais se encontravam ao vivo apenas esporadicamente, nos *club offices* com salas para reuniões, bibliotecas, bar, restaurantes e academias. Depois as teleconferências, os arquivos eletrônicos centralizados, os laptops e as outras tecnologias móveis, as convenções, os hotéis high-tech forneceram as estruturas arquitetônicas e urbanísticas invisíveis dessa praça pós-moderna, onde mesmo a atividade de formação se dá através de e-learning e onde os trabalhadores mantêm uma intensa interação telemática também para questões não diretamente relacionadas com o serviço, como jogos, *gossips*, trocas de serviços, bancos de horas e assim por diante.

A ação conjunta entre redes informáticas e sistemas de comunicação tradicionais, como o telefone, o rádio e a televisão, por fim lançou os alicerces de uma nova cidade, Telépolis, não só transacional como a megalópole de Gottmann, mas predominantemente virtual: ela se sobrepõe e interage com a cidade tradicional, até agora "promotora e consumidora dos ritos velhos e novos com que as massas satisfazem suas necessidades consumistas, estacionamento para os novos nômades, fluida e interdisciplinar, densa, poderosa e dinâmica", como escreve o próprio Gottmann.

Os jovens "digitais" nascidos em Los Angeles ou Dubai, onde não existem praças como em Florença ou Praga, conhecem somente o convívio da universidade e do Facebook, enquanto seus coetâneos de Roma ou Paris, filhos de "analógicos" nascidos e crescidos em cidades e praças feitas de pedra, acumulam a dupla experiência das estruturas urbanas e das estruturas virtuais, entre as quais circulam desenvoltamente através da rede.

"Durante a Antiguidade", explica Gottmann, "os gregos criaram no Mediterrâneo um mundo 'helênico' fundado nas redes de relações que interligavam as *pólis*. Mas foi um mundo inquieto, instável, lacerado por rivalidades entre cidades ou entre ligas de cidades [...]. Outras redes e federações de cidades comerciais apareceram mais tarde: a Liga Hanseática ao redor do Báltico e do mar do Norte na Idade Média, ou os sistemas de assentamentos dos financistas lombardos ou dos mercadores venezianos e genoveses, que se espalharam através da Europa e da Ásia.

"Portanto, as redes de relações interurbanas não são de forma alguma uma novidade, mas em nossos dias difundiram-se universalmente com tal intensidade, densidade e variedade que dominam a vida da maioria das regiões. É esse tecido de relações industriais, comerciais, culturais e, enfim, políticas que permite ver como, apesar das resistências regionais e nacionais, estão se delineando tendências à globalização e está nascendo uma comunidade internacional."

Telépolis é um fluxo

Assim, depois da *pólis*, da metrópole, chegamos à Telépolis. O visionário sociólogo que foi o primeiro a vislumbrar seu mapa e suas dinâmicas, além de ter lhe dado o nome, foi Javier Echeverría, professor de lógica e filosofia da ciência na Universidad del País Vasco de San Sebastian. O seu ensaio, intitulado *Telépolis*, foi publicado em 1993, apenas um ano depois do *Não lugares* de Augé. Sua força profética é extraída das datas: *Telépolis* aparece dois anos depois da invenção da web, mas dois anos antes do eBay, cinco anos antes do Google, onze anos antes do Facebook e treze anos antes do Twitter. Portanto, trata-se de um ensaio precursor, como já mostrei há alguns anos no livro *O futuro do trabalho*, com uma síntese que retomo a seguir.

Segundo Echeverría, a infraestrutura da Telépolis é constituída pela televisão e pelos outros meios de comunicação, enquanto os capitais e as novas mercadorias são produzidos principalmente nas residências: não só porque é lá que se realizará o teletrabalho, mas porque o *telepolismo*, a nova forma do capitalismo, utilizará a casa como local ideal para a extração das novas matérias-primas: a *audience* e o consenso, aos quais eu acrescentaria a atenção e as ideias.

Se as cidades clássicas como Esparta, Atenas, Roma ou Florença eram nitidamente identificáveis dentro de seu perímetro murado; se as cidades industriais como Londres, Nova York ou Tóquio são imensas teias de edifícios e ruas passíveis de representação numa planimetria bidimensional, a Telépolis não pode ser vista nem representada: é pluridimensional, esférica, suas estruturas são feitas de redes telecomunicativas que se podem expandir e interconectar ao infinito. Ela não tem limites: nem Rômulo poderia traçar sua fronteira com um sulco nem Remo poderia saltá-lo incorrendo na ira fraterna: "A Telépolis não é localizável, não se caracteriza pelo fato de estar. Sua essência é o fluxo, a circulação em velocidade sempre maior, em mais bairros e na mente do maior número de pessoas".

Em sua primeira fase rudimentar, a Telépolis era feita de comunicações telefônicas e radiofônicas; depois se acrescentou a televisão não interativa, que permite a alguns telepatrões falarem a uma multidão de telescravos; depois a televisão tentou algumas formas de interatividade e finalmente veio a difusão da internet e do correio eletrônico. Assim os telescravos conquistaram o direito da palavra, e a Telépolis foi progressivamente interiorizada pelos seus cidadãos planetários.

Se, a propósito da Telépolis, evocamos lugares como a praça (telemática) e a autoestrada (telemática), é apenas para utilizar as velhas estruturas urbanas como metáforas. Na verdade, a Guerra do Golfo combatida e vivida através da CNN, a bênção papal que nos chega pelo monitor, o jogo de futebol transmitido ao vivo, as atrocidades do Estado Islâmico filmadas e depois divulgadas pelo YouTube são coisas totalmente diferentes das guerras, das bênçãos, das atrocidades e dos jogos de futebol vividos pessoalmente: e não só por uma separação emocional, mas porque transformam a própria essência do fenômeno, sua epistemologia, sua semiologia, sua antropologia, sua ética e sua estética.

Podemos também comparar um site da web com uma praça, a internet com uma rede de estradas, o zapping com um passeio, as televendas e a Amazon com um shopping, os *talk shows* com Hyde Park, mas a Telépolis é uma ruptura total, fundamental, com nossa velha experiência de cidade. É uma nova prática virtual em que a identidade consiste não mais no nome para designar o indivíduo e no sobrenome para indicar a família, e sim em números: números para identificar pessoas e serviços (número da carteira do plano de saúde, celular, caixa postal, cadastro de pessoa física); números para identificar o patrimônio (código fiscal, conta-corrente etc.).

É uma cidade sem território e sem fronteiras, que dilata o âmbito doméstico até torná-lo um recipiente do mundo; que estende a cultura do indivíduo e de seu clã comparando-a e hibridando-a com toda a cultura do planeta; que faz de cada indivíduo sedentário um nômade que percorre o mundo mentalmente, enquanto o corpo fica em casa; que substitui as circunscrições municipais pelos *targets* e amostras estatísticas de pertença; que prolonga a vida além da morte, permitindo ver e ouvir os defuntos imortalizados nos CDs ou utilizar suas feições para que apareçam com efeitos especiais em novas histórias virtuais.

Edificada sobre o princípio universal da existência à distância, a Telépolis é tão mais ativa e operante quanto mais os seus habitantes ficam em casa entregues ao teletrabalho e ao teleconsumo, mesclando a atividade laboral, a vida doméstica, a vida social, a produção, a diversão.

Por sua natureza intrínseca, a Telépolis é multirracial, multicultural, multilinguística e se sobrepõe, sem substituí-la, à vida anterior coletiva das metrópoles e à experiência direta anterior dos indivíduos. Cada cidadão da Telépolis é livre para escolher entre realidade e virtualidade: se gosta de futebol, pode ir ao estádio ou assistir ao jogo pela tevê; se gosta de cinema, pode ir a uma sala de exibição, pode ver um filme na tevê ou pode baixá-lo em seu tablet; se gosta da natureza, pode passear à beira-mar, participar de um safári, ver um programa do National Geographic ou comprar um CD na banca de jornal; se gosta de conversar com os outros, pode ir ao bar, telefonar aos amigos ou entrar num chat com interlocutores desconhecidos do mundo todo.

Do capitalismo ao telepolismo

A metrópole industrial, com sua vida anômica, tendia a eliminar a solidão sem oferecer companhia; a Telépolis pós-industrial tende a transformar em mercadoria a esfera privada dos cidadãos.

Rompendo a fronteira entre público e privado, a Telépolis mira a invasão da *privacy* e a mercantilização da intimidade. Os cidadãos sabem tudo sobre as ações, decisões, deslocamentos, aventuras, até as mínimas preferências de seus governantes; os governantes tendem a saber tudo sobre as necessidades, expectativas, reações de seus cidadãos: não tanto dos indivíduos, mas de suas amostras representativas, do público processado pelos *big data* e minuciosamente segmentado segundo idade, sexo, profissão e assim por diante.

Na fase de passagem da sociedade industrial para a pós-industrial, as casas foram locais de fruição predominantemente passiva de mensagens provenientes do telefone, fax, televisão e rádio. Conforme ingressamos na era pós-industrial, o papel das casas tornou-se cada vez mais ativo: muitos trabalhadores que antes se deslocavam cotidianamente para escritórios distantes agora teletrabalham em casa; muitos enfermos que iam ao hospital para consultas médicas e análises clínicas agora desfrutam em domicílio da telemedicina; muitos bens e serviços que antes se adquiriam nas lojas, nos bancos, nas agências agora são adquiridos através do computador. Graças ao YouTube, Facebook, Twitter, LinkedIn, muitas habitações tornaram-se locais ativos em que se elaboram e se põem em circulação ideias, textos, sons, imagens.

Mas há mais. A economia da Telépolis consegue transformar até o descanso em produção e o tempo livre em trabalho através de um sistema que Echeverría chama não mais de capitalismo, e sim de *telepolismo*. Um cidadão sentado na poltrona diante da televisão não só descansa e consome transmissões, mas "faz *audience*": junto com os outros milhões de telespectadores sintonizados no mesmo canal, determina seu sucesso de público e, portanto, seu valor comercial. Descansando, produz valor sem sequer se dar conta. Não produz valor para si, mas para aqueles *gate-keepers*, para aqueles "porteiros" da informação (proprietários de networks, *anchormen*, locutores de televisão) que extraem poder e dinheiro do índice de audiência.

A sintonização dos telespectadores em determinado canal ou o "curti" concedido por um internauta a determinada mensagem do Facebook são a matéria-prima que os "porteiros" transformam em mercadoria sofisticada a ser vendida aos publicitários, políticos, operadores comerciais que irão adquirir o uso daquele canal pagando justamente com base na *audience* que ele é capaz de obter.

Em troca do entretenimento ou do diálogo, os teleusuários e os internautas oferecem sua própria atenção, produzindo sem cessar aquela massa de atenção coletiva constituída pela *audience* de determinada transmissão ou pelo consenso dos *followers* que acompanham determinado *following*. Consumindo, produzem. Aliás, ocorre algo análogo com a publicidade quando as empresas produtoras imprimem a sua marca em letras garrafais nas camisetas, roupas, sapatos, transformando os consumidores em homens-sanduíche e em testemunhos inconscientes. "A Telépólis", escreve Echeverría, "descobriu uma fonte de riqueza desconhecida das outras culturas, tradicionalmente baseadas na distinção entre tempo de trabalho e tempo de descanso [...]. Se quisermos entender como ela funciona, temos de nos acostumar a considerar os grupos de férias como equipes de trabalhadores por empreitada, sem horário, sem remuneração, sem sindicatos nem impostos."

Da Manchester de Engels à Telépolis de Echeverría, passou muita água debaixo da ponte! Resta entender se o telepolismo nos reserva surpresas melhores ou piores do que o capitalismo.

A cidade perene

Por maior que seja o número de metamorfoses que a cidade e a praça possam sofrer, o imaginário coletivo continuará, de todo modo, a relacionar seu espírito e função com a cidade e a praça por excelência: a Atenas de Péricles e sua ágora, onde viveram, discutiram, pensaram os gênios insuperados da humanidade.

Se a Telépolis é a cidade universal e a praça perene em que livremente crescerão e dialogarão no futuro 10 bilhões de cidadãos finalmente libertados dos grilhões do tempo e do espaço, os valores em que ela deverá se inspirar, porém, não poderão ser diferentes daqueles alimentados pelos atenienses do século V a.C.

Péricles subiu ao poder em 461 a.C., quando contava 34 anos, e foi anualmente reeleito *estratega* até 429 a.C, quando morreu, aos 66 anos. Nesse mesmo período viveram ao seu redor Ésquilo, Sófocles, Eurípides, Aristófanes, Fídias, Heródoto e Protágoras, além de Tucídides. Nos mesmos anos foram realizados o Partenon, os Propileu, o Templo de Hefesto e o Odéon; Míron esculpiu o *Discóbolo* e Fídias esculpiu a estátua crisoelefantina de Atenas Parténos; o general Cimão venceu os persas em Salamina e o próprio Péricles enfrentou a rebelião de Tebas, de Megara e de toda a Eubeia.

Em 432 a.C., quando sua maior concorrente comercial era Corinto, Atenas intimou Potideia, colônia de Corinto, a rebelar-se contra a cidade-mãe, mas Esparta veio em socorro de Potideia e, assim, em 431 a.C., explodiu a guerra entre as duas potências. Os espartanos, mais fortes nos combates de terra, invadiram a Ática, mas os atenienses, donos do mar, desembarcaram no Peloponeso com cem trirremes, devastaram o território controlado pelos espartanos e conquistaram Cefalônia e Potideia. Depois, como é sabido, essa guerra do Peloponeso prosseguiu longamente, alternando-se as vicissitudes: espartanos que invadiam a Ática e atenienses que ocupavam cidades aliadas de Esparta, com tréguas e hostilidades que se alternaram até aquele ano de 404 a.C., em que Atenas, sitiada por longo cerco, capitulou definitivamente.

Quando a guerra explodiu, o grande historiador Tucídides (460-395 a.C.) intuiu imediatamente sua importância e por todos os anos do conflito participou em primeira pessoa dos eventos citadinos. Valendo-se de sua riqueza econômica, dedicou-se totalmente à coleta da documentação necessária para escrever aquela obra-prima de historiografia que foi, precisamente, *A guerra do Peloponeso*.

No segundo livro desse extraordinário relato, Tucídides narra quase estenograficamente um discurso de Péricles do qual já citaremos um fragmento no capítulo *Slow* que permanecerá na história da arte oratória e que, pelo que aqui nos interessa, representa mais um modelo ao qual a Telépolis deverá se ater, se quiser se tornar a futurista cidade do homem, universal e feliz.

Estamos em 430 a.C. e Atenas está no auge de seu poder. Dez mil hoplitas e uma multidão de soldados com armas leves colocaram a ferro e fogo o território de Megara controlado pelos espartanos. Mas há também os primeiros mortos: jovens heróis abatidos no campo de batalha na plenitude do seu vigor.

Para as exéquias públicas, segundo a tradição pátria, os esquifes são expostos na praça da cidade, ao lado as mães em lágrimas e ao redor todo o povo de Atenas.

"Para exaltar esses primeiros caídos", relata Tucídides, "foi escolhido Péricles. Quando chegou o momento, ele subiu numa tribuna erigida a grande altura para que sua voz fosse ouvida o mais distante possível pela multidão circunstante, e falou." Comove e surpreende que Péricles aproveite justo essa ocasião solene e lutuosa para definir o modelo de Atenas e de qualquer cidade futura que queira inspirar sua organização na sabedoria. "Nós", diz o grande líder, "temos um sistema que não copia as leis dos outros. Mais do que imitar, somos modelo para outrem. Esse sistema se chama democracia [...]. Nas controvérsias privadas, todos têm os mesmos direitos diante da lei; a autoridade se conquista na base do prestígio; para os cargos públicos, é-se escolhido não pelo partido a que se pertence, mas pelo mérito; se alguém pode ser útil à cidade, não é descartado pela pobreza nem pela obscuridade do nascimento [...]. Somos obedientes àqueles que se sucedem no governo e respeitamos as leis, mesmo as não escritas, cuja transgressão, por consenso universal, desonra quem não as respeita [...]. A nossa cidade está sempre aberta para todos, sem esconder nada a ninguém, e não confiamos em subterfúgios, mas na coragem inata que se manifesta nas nossas ações. Usamos a riqueza para as oportunidades práticas que ela permite, não para nos vangloriar com palavras, e não é vergonha para ninguém admitir ser pobre, mas é vergonha não tentar com as ações fugir à pobreza [...]. Julgamos quem se desinteressa completamente pela política não como pessoa pacífica, mas como pessoa inútil [...]. Procuramos amigos não para obter vantagens, mas para granjear-lhes. E somos os únicos que ajudamos os outros francamente, não por um cálculo interessado, mas por confiante liberalidade."

Com esse discurso, que é um manifesto e um viático, Péricles traça o modelo da cidade do homem, onde quer que seja edificada e qualquer que seja a tecnologia de que disponha.

M. Mídia

As minhas ideias são as minhas putas.
DENIS DIDEROT

A sociedade do consenso é a sociedade do consenso
dos gigantes e através dos gigantes.
WRIGHT MILLS

Durante vinte anos a Itália representou um *unicum* político: foi o primeiro país do mundo em que se experimentou uma forma de despotismo coerente com a sociedade pós-industrial, uma sociedade não mais centrada na agricultura ou na indústria, mas no trabalho intelectual e na produção de bens imateriais. Para decifrar as peculiaridades desse despotismo — que chamarei de "brando", para diferenciá-lo do despotismo cruento praticado na Europa pelo fascismo e o nazismo —, podemos partir das teorias sobre a sociedade de massa elaboradas no pós-guerra ou recuar ainda mais, abeberando-nos nos textos clássicos da sociologia política francesa como *O espírito das leis*, publicado por Montesquieu em meados do século XVIII, ou *A democracia na América*, publicado por Tocqueville quase noventa anos depois.

A LIÇÃO DE TOCQUEVILLE

No decorrer da história, o despotismo apresentou-se de formas sempre diferentes. Júlio César é diferente de Calígula, que é diferente de César Bórgia, que é diferente de Luís XVI, que é diferente de Mussolini e de Hitler, embora todos os cinco tenham tido um final terrível.

Já depois da Revolução Francesa, com o advento da sociedade industrial, delinearam-se formas inéditas de autoritarismo, subjacentes à nova divisão do trabalho inaugurada pela fábrica manufatureira. Encontrando-se elas em estado nascente, e ocultando-se sob práticas organizacionais aparentemente apolíticas, somente uma perspicácia sociológica como a do jovem Tocqueville ou dos ainda mais jovens Engels e Marx podia desvendá-las e denunciá-las em toda a sua incalculável virulência potencial.

Alexis-Henri-Charles Clérel, conde de Tocqueville (1805-59), um dos pais fundadores do pensamento sociológico liberal, nasceu de uma família aristocrática que ostentava grandes juristas, como o defensor de Luís XVI, e grandes literatos, como Chateaubriand. Entre todos os seus parentes, somente os pais de Alexis tiveram a sorte de escapar à guilhotina. Essas vicissitudes familiares e as leituras juvenis das obras de Montesquieu, Voltaire e Rousseau no castelo de Verneuil-sur-Seine incutiram-lhe a aversão pela violência e acompanharam seu itinerário intelectual, passando da declinante aristocracia à nascente democracia liberal. Depois de se formar em direito e entrar na magistratura, em 1831, Tocqueville foi enviado aos Estados Unidos para um benchmarking, diríamos hoje, sobre o sistema carcerário americano. Mas, partindo deste tema específico, ele iria se estender numa análise geral do sistema igualitário desencadeado pela Revolução Americana, comparando-o ao sistema autoritário desencadeado pela Revolução Francesa. Percorreu os Estados Unidos durante onze meses, observando minuciosamente seus usos e costumes, dos quais ofereceu um afresco surpreendente no primeiro livro de A democracia na América, publicado em 1835. Eleito deputado, dedicou seu mandato parlamentar à reforma carcerária, à abolição da escravidão nas colônias e ao papel da França na Argélia. Foi acolhido na Academia das Ciências Morais e Políticas, publicou o segundo livro de A democracia na América em 1840 e, no ano seguinte, também graças ao sucesso dessa obra-prima sociológica, ingressou na Académie Française. Nos anos seguintes — morreria de tuberculose aos 54 anos —, opôs-se à deriva autoritária de Napoleão III, foi preso e, concluída a pena, recolheu-se à vida privada.

Quando Tocqueville chegou aos Estados Unidos, uma república onde o presidente era eleito pelo povo, a França era uma monarquia hereditária a meio caminho entre o autoritarismo de Napoleão I e o de Napoleão III ("O corvo tenta imitar a águia", ironizará ele). Quanto ao sistema republicano americano, Tocqueville apreciou e descreveu a participação de todos os cidadãos na gestão da coisa pública, sem exigência mínima de patrimônio, com garantia das mesmas oportunidades de partida para todos, o papel positivo dos corpos institucionais intermediários, a meritocracia, a igualdade de direitos, a mobilidade social. Mas, mesmo admirando a superioridade sociopolítica da república americana em comparação à monarquia francesa, sua agudeza não o impediu de denunciar os perigos latentes naquela democracia: o individualismo, a marginalização dos dissidentes, a massificação, a atomização, o conformismo, "o império moral da maioria" em que a quantidade pode prevalecer sobre a qualidade.

Contudo, Tocqueville está convencido de que somente o sistema democrático é capaz de garantir a felicidade ao maior número de cidadãos e reconhece que a busca pela felicidade, quando se torna imperativo categórico do Estado tal como é na América, acaba por incentivar também o desenvolvimento econômico: "Um país tão empenhado em alcançar a felicidade é no geral mais rico e mais próspero do que o país que parece se contentar com aquilo que tem. E, comparando-os, é difícil entender como um descobre a cada dia tantas novas necessidades, enquanto o outro parece conhecer tão poucas".

Ateu mas laico, e certamente não anticlerical, Tocqueville rejeita a mescla entre fé e política e sustenta que a religião pode ajudar o governo do Estado desde que se mantenha nitidamente separada dele (o mote "Livre Igreja em Estado livre", depois adotado por Cavour, ao estabelecer as relações entre a Itália unida e a Igreja de Roma, foi cunhado por Tocqueville). Junto com a descentralização administrativa e o associacionismo, de fato, a religião pode frear a degeneração massificadora da democracia desde que praticada como na América, onde exerce um papel equilibrador das dinâmicas sociopolíticas estimulando a moralidade das massas, habituando o cidadão a ter uma visão plural e preparando-o para o confronto democrático com os outros.

Entretanto, como iluminista coerente, Tocqueville rejeita decididamente o islamismo, considerando-o um perigo para a humanidade inteira: "Depois de ter estudado a fundo o Corão", escreveu ele, "cheguei à convicção de que existiram no mundo poucas religiões tão letais para o homem quanto a de Maomé. Pelo que vejo, o Islã representa a causa principal da decadência hoje tão evidente no mundo muçulmano, e apesar de ser menos absurdo do que o politeísmo dos antigos, todavia as suas tendências sociais e políticas são, penso, mais perigosas. Por isso, em relação ao paganismo, considero o Islã uma forma de decadência em vez de uma forma de progresso".

O despotismo na fábrica industrial

Tocqueville nos ajuda a entender quais são as novas formas dissimuladas de autoritarismo que se ocultam sob a nascente organização industrial e nos ajuda a prever como elas evoluirão, expandindo-se da fábrica à sociedade industrial inteira e até mesmo à nossa atual sociedade pós-industrial.

No segundo livro de *A democracia na América*, a divisão do trabalho é rotulada em termos muito semelhantes aos que foram usados poucos anos depois pelo jovem Marx, que nos *Manuscritos econômico-filosóficos* de 1844 indica a organização capitalista da fábrica como a principal causa da alienação proletária. Quando Tocqueville afirma que o trabalhador encarregado de tarefas repetitivas "não pertence mais a si mesmo, mas ao ofício que escolheu", introduz um conceito que Marx ratifica ao pé da letra. Ambos — Tocqueville e Marx — acrescentam aos estragos provocados pela divisão do trabalho no plano psicológico as consequências ainda mais devastadoras que ela produz no plano sociopolítico.

Durante os onze meses que passa nos Estados Unidos, Tocqueville visita algumas oficinas onde se pratica aquele tipo de divisão do trabalho que já Smith citara em *A riqueza das nações* (1776) a propósito da fabricação em série dos alfinetes na Inglaterra. Em relação ao economista escocês, porém, o sociólogo francês leva bem além a previsão das consequências que podem derivar da segmentação do trabalho e, com intuição genial, não se detém na dimensão psicológica e econômica, mas entra na política.

Quando o segundo livro de *A democracia na América* foi publicado, estavam todos convencidos de que a industrialização determinava a passagem de uma sociedade aristocrática e autoritária para uma sociedade burguesa e democrática, e que, por sua vez, a democracia favorecia o desenvolvimento da indústria multiplicando seus encarregados. Entretanto, Tocqueville intitula um dos capítulos de seu trabalho com um pensamento que segue na contracorrente — "Como a aristocracia pode nascer da indústria" — e sustenta que "é a isso que os amigos da democracia devem atentar, e é disso que devem desconfiar constantemente, pois se a desigualdade permanente das condições e a aristocracia vierem a reingressar no mundo, pode-se prever que é por essa porta que entrarão".

Eis como demonstra esta tese: "Descobriu-se que quando um operário se ocupa diariamente apenas de uma fase determinada da produção, chega-se com maior facilidade, maior rapidez e maior economia à produção do artigo completo. Também se reconheceu que, quanto mais a indústria opera em grande escala, com grandes capitais e grande crédito, tanto mais baixos serão os preços de seus produtos". Todos teriam aí um motivo de satisfação, mas Tocqueville percebe também um motivo de inquietação: "Parece-me que, no mundo político, o que mais deve preocupar o legislador são esses dois novos axiomas da ciência industrial".

E explica a razão: "Quando um operário dedica-se contínua e exclusivamente à fabricação de um só objeto, acaba por realizar essa tarefa com especial destreza; mas, ao mesmo tempo, perde a faculdade geral de aplicar seu espírito ao trabalho. Ele se torna cada dia mais hábil e menos industrioso, e pode-se dizer que nele o homem se degrada à medida que o operário se aperfeiçoa. O que se poderá esperar de um homem que empregou vinte anos de sua vida a fazer cabeças de alfinetes? E ao que agora se pode aplicar dentro de si aquela poderosa inteligência humana, que frequentemente subverteu o mundo, se não a procurar o melhor meio de fazer cabeças de alfinete?

"Quando um operário consumiu assim uma parte considerável da sua existência, seu pensamento se imobilizou para sempre no objeto cotidiano de seu trabalho; seu corpo contraiu alguns hábitos fixos, dos quais não lhe é mais permitido separar-se. Numa palavra, ele não pertence mais a si mesmo, mas à profissão que escolheu. Em vão as leis e os costumes tentam romper todas as barreiras a seu redor e abrir-lhe por todos os lados mil caminhos diferentes em direção à fortuna; uma teoria industrial mais forte do que as leis e costumes imobilizou-o num ofício, e com frequência num local, que ele nunca mais poderá deixar. Destinou-lhe um lugar determinado na sociedade do qual não poderá sair e imobilizou-o em meio ao movimento universal. À medida que se aplica o princípio da divisão do trabalho de maneira mais completa, o operário se torna mais fraco, mais limitado, mais dependente; a indústria avança, mas o operário retrocede."

O despotismo na sociedade industrial

Até aqui Adam Smith estaria de acordo, tendo denunciado mais ou menos os mesmos danos físicos e psíquicos causados pela divisão do trabalho. Mas Tocqueville dá um salto de qualidade em sua crítica, deslocando-a da divisão do trabalho para a divisão da sociedade, do plano psicológico para o plano político. Bem antes de aparecerem em cena as grandes figuras de empresários e as suas dinastias — os Dupont, Singer, Krupp, Ford, Agnelli —, Tocqueville percebeu que, se no comando da pequena oficina havia um simples artesão que muitas vezes era também o chefe de família, no comando das grandes fábricas estarão os poderosos capitães de indústria que, no plano do poder, chegarão a competir com os líderes políticos e a condicioná-los. Por outro lado, escreve ele: "Conforme se descobre mais claramente que os produtos de uma indústria são tanto melhores e menos caros quanto maior for a produção e mais intensivo o capital, apresentam-se homens ricos e hábeis para explorar as indústrias, que até então estavam entregues aos artesãos ignorantes ou sem recursos. O volume dos esforços necessários e a amplitude dos resultados os atraem. Por isso, a ciência industrial, ao mesmo tempo que rebaixa a classe operária, eleva a patronal. Enquanto o operário é obrigado cada vez mais a se limitar ao estudo de um só detalhe, o patrão estende seu olhar a cada dia sobre um horizonte mais largo; seu espírito se amplia enquanto o do outro se restringe.

Logo, ao operário bastará somente a força física sem inteligência, enquanto o patrão terá necessidade da ciência e quase do gênio para ter sucesso. Um se assemelha cada vez mais ao administrador de um grande império, o outro, a um bruto".

Passa-se assim do interclassismo corporativo do sistema artesanal à separação crescente entre as duas classes, premissa da luta entre burguesia e proletariado. Tocqueville intui a ruptura irredutível que a indústria está criando no seio da sociedade, destrincha suas causas, mas, à diferença de Marx, não chega a apontar as possíveis consequências conflituosas. Sua reflexão se detém na soleira de "o que fazer", ali onde se iniciará a ação revolucionária de Engels, de Marx e depois de Lênin.

Segundo seu ponto de vista, o que muda é a relação entre aristocracia e súditos. Se entre os nobres e os plebeus de antes havia certa familiaridade, entre os patrões e os operários há um afastamento crescente: "Patrão e operário não guardam mais nenhuma semelhança e todo dia a diferença aumenta; estão um para o outro como os elos nos extremos de uma longa corrente. Cada um ocupa um lugar feito para si, do qual nunca sai. Um está na dependência contínua, estrita e necessária do outro e parece nascido para obedecer, tal como o outro parece nascido para mandar. O que é isso, senão a aristocracia?".

Segundo Tocqueville, essa nova aristocracia destinada a um poder duradouro nasce não só do novo sistema de produção, mas também do novo sistema de consumo. Isto é, deriva do consumismo: "À medida que as condições se tornam iguais no corpo da nação, a necessidade dos objetos manufaturados aumenta e se generaliza, e o baixo preço que põe esses objetos ao alcance de riquezas medíocres torna-se um elemento de sucesso adicional.

"Assim, diariamente, homens riquíssimos e cultos consagram suas riquezas e conhecimentos à indústria e procuram, abrindo novas oficinas e dividindo rigidamente o trabalho, satisfazer as novas demandas que se manifestam por toda parte.

"Por isso, à medida que a massa das nações ruma para a democracia, a classe particular que se ocupa da indústria torna-se mais aristocrática. Os homens mostram-se cada vez mais semelhantes naquela e cada vez mais diferentes nessa outra, e a desigualdade aumenta na pequena sociedade na mesma proporção em que decresce na grande.

"Desse modo, se remontarmos à fonte, parece-nos ver a aristocracia brotar naturalmente do seio da democracia."

A esse ponto, Tocqueville nos oferece outras preciosas reflexões sobre a diferença entre a velha aristocracia dos nobres, que a Revolução Francesa passou pela guilhotina, e a nova aristocracia empresarial que floresce sob seus olhos. A primeira reflexão é que os nobres da velha aristocracia continuam sempre nobres, mesmo quando decaem, ao passo que os empresários da nova aristocracia podem falir, afundando-se no proletariado.

Daí decorre a segunda reflexão: "Embora existam ricos, não existe uma classe de ricos, pois estes não têm espírito, nem finalidade, nem tradição, nem esperanças comuns. Há membros, mas não um corpo". Como nós "pósteros" sabemos, graças ao socialismo e ao comunismo os proletários conseguiram criar uma organização antagonista, tornar-se classe e lutar enquanto tal, conquistando direitos e poder. Mas depois, em reação às conquistas operárias, os ricos organizaram-se por sua vez e em nível planetário, pondo em ação uma luta de classe surda e polimorfa contra o proletariado em nome de um neoliberalismo triunfante. A meritocracia é justamente uma de suas formas.

A terceira reflexão diz respeito à diferença entre a velha sociedade aristocrática, em que se criava alguma ligação entre o nobre, seus cortesãos e sua plebe, e a nova sociedade industrial, na qual "não só os ricos não estão unidos solidamente entre si, mas pode-se dizer que não há nenhuma ligação entre o pobre e o rico. Eles não guardam mais uma ligação constante entre si; a cada instante o interesse os aproxima e separa. O operário depende em geral dos patrões, mas não de um determinado patrão. Esses dois homens veem-se na fábrica e não se encontram em outros lugares, e, enquanto se tocam num ponto, permanecem distantes em todos os outros. O industrial pede ao operário somente o trabalho, o operário espera dele somente o salário. Um não se empenha em proteger, nem o outro em defender, e não estão ligados de modo permanente nem pelo hábito nem pelo dever. A aristocracia nascida da indústria jamais vive em meio à população industrial que dirige: sua finalidade não é governá-la, mas servir-se dela [...]. Depois de ter empobrecido e embrutecido os homens de que se serve, abandona-os em tempo de crise à caridade pública".

Também sob esse aspecto, a sociedade pós-industrial globalizada comportará diferenças: hoje o proletário continua contraposto ao seu patrão no que diz respeito à distribuição do faturamento e do exercício do poder na empresa, mas une-se a ele na defesa de sua empresa contra os concorrentes, principalmente estrangeiros.

A aristocracia industrial é inócua?

A passagem de A democracia na América que estou comentando termina assim: "Penso que em seu conjunto a aristocracia industrial, que vemos surgir sob nossos olhos, é uma das mais duras jamais aparecidas na Terra, mas ao mesmo tempo uma das mais restritas e menos perigosas".

Detive-me tão longamente nesse capítulo de Tocqueville porque ele nos ajuda a entender as profundas diferenças entre os efeitos da nascente aristocracia industrial, tal como apareciam em 1840 ao sociólogo francês, e os efeitos que a história posterior nos revelou e impôs. Longe de ser uma das aristocracias menos perigosas entre todas as existentes no mundo, foi ela a desencadear inumeráveis guerras locais, duas guerras mundiais e muitas crises econômicas calamitosas. Foi ela que fez prevalecer a economia sobre a política e as finanças sobre a economia, aumentando desmedidamente as distâncias entre uma pequena minoria de ricos e uma imensa maioria de pobres. Foi ela que transformou o mundo inteiro numa grande aldeia, onde ela pode decidir sozinha a produção, as necessidades, o consumo e a cultura das massas.

Apesar da diferença de graus, maneiras e resultados, líderes autoritários como Mussolini, Hitler, Franco e Pinochet, Stálin e Ceaușescu, Mobutu e Amin Dada, Perón e Charles de Gaulle sem exceção se valeram, para conquistar e exercer o poder, de instrumentos intrinsecamente coerentes com o paradigma da sociedade industrial, inspirado na competitividade agressiva, na eficiência, na segmentação das tarefas, na hierarquia piramidal, no machismo, na economia de escala, no fanatismo, no colonialismo, no imperialismo. O mesmo sistema, os mesmos valores que determinaram a produção de massa, o consumismo e o conflito de classe, levados às extremas consequências, provocaram guerras, revoluções, fanatismos nacionalistas e religiosos, os gulags, racismos e ditaduras do século XX, influenciando suas formas e consequências. Com Mussolini e Hitler a propaganda através do rádio e do cinema adquire uma relevância própria, mas o consenso ainda fica a cargo basicamente dos meios tradicionais de persuasão através da coerção. O autoritarismo na sociedade pós-industrial adotará um método radicalmente diverso.

O despotismo na sociedade de massa

No exato momento em que a sociedade industrial celebrava seu auge, os sociólogos marxistas do Instituto de Frankfurt de um lado e os críticos idealistas de outro denunciavam os perigos da massificação e do autoritarismo, deslizando sob a pele das democracias opulentas dos países industrializados.

A questão, que se fez inelutável diante do consenso de massa obtido pelo nazismo e pelo fascismo, foi imediatamente recolocada após a Segunda Guerra Mundial e no período da Guerra Fria, inclusive em reação ao entusiasmo incondicional pelo *American way of life* manifestado por alguns sociólogos norte-americanos como Edward Shils (*Daydreams and Nightmares: Reflections on the Criticism of Mass Culture*, de 1957), Daniel Bell (*America as a Mass Society: a Critique*, de 1960) e Leon Bramson (*O conteúdo político da sociologia*, de 1961).

Para esses liberal-democratas, o sistema vigente em seus países, mas também no Japão e em boa parte da Europa, era "de massas" no sentido de que, pela primeira vez na história moderna, permitia à maioria dos cidadãos participar democraticamente na gestão da coisa pública. Na sociedade de massas, segundo esses defensores radicais do modelo americano, o cidadão é mais solidário com a coletividade e sente maior afinidade com seus compatriotas; a autoridade perdeu qualquer caráter carismático; a tradição exerce sua influência de formas mais abertas a interpretações divergentes; os indivíduos gozam de maior dignidade; as minorias, os jovens, as mulheres adquirem mais relevo no contexto social; a "civilização" encontra-se realizada de modo mais completo graças às formas de igualitarismo moral avançado; a cidadania efetiva coincide com toda a população adulta; a tecnologia liberta o homem do esforço físico fornecendo-lhe recursos que possibilitam novas experiências sensoriais, de convívio e introspecção; as capacidades cognitivas, estéticas e morais dos indivíduos têm plena possibilidade de se realizar, agora libertadas do jugo da tradição, da escassez e da autoridade; a participação no poder é garantida graças à necessidade de consenso nas decisões.

Segundo Bell, a excelência desse sistema (ou seja, em última análise, do sistema americano) é demonstrada pelo fato de que, nele, o fascismo e o comunismo nunca vingaram, enquanto milhares de associações voluntárias floresciam em plena liberdade e todos — de cantores a beatniks e tecnocratas — se permitiam manifestações de anticonformismo e excentricidade. Para Bell, nada está tão distante da barbárie quanto os Estados Unidos, onde se encontra a maior concentração de museus, bibliotecas, salas de concerto; onde, principalmente, não tendo conhecido o feudalismo, produz-se uma transformação contínua, que justifica o otimismo tecnocrático e meritocrático.

A sociedade de massas, defendida por Shils e Bell, foi criticada por muitos comentadores, tanto de direita quanto de esquerda. Já alguns anos antes, e pela direita, os "apocalípticos aristocráticos" — especialmente José Ortega y Gasset, mas também Thomas Stearns Eliot e Benedetto Croce — haviam alertado contra as massas que pressionam para ser admitidas à mesa das decisões. Para esses críticos, a sociedade de massas comporta um excesso de igualitarismo, uma ampla disposição de aceitar formas antiaristocráticas de governo, o predomínio das massas, a deterioração da qualidade em favor da quantidade, o advento do autoritarismo facilitado pela superorganização e pela desintegração do tecido social, a impotência diante da infiltração comunista, a impossibilidade de controlar a intervenção das massas na vida política, a excessiva democracia.

Pela esquerda, entretanto, uma densa fileira de "apocalípticos democráticos", como Max Horkheimer e Theodor Adorno (*Soziologische Exkurse*, de 1956), C. Wright Mills (*A imaginação sociológica*, de 1959) e Umberto Eco (*Apocalípticos e integrados*, de 1964), vislumbrava na sociedade de massas o risco de uma progressiva perda de autonomia por parte da imensa maioria dos cidadãos. Isso surgiria como consequência da afirmação progressiva de uma elite cada vez mais restrita, mas cada vez mais dotada de meios poderosíssimos e de auxílios tecnológicos com os quais manipularia e mobilizaria as massas até o ponto de transformar as sociedades em "Estados-guarnição".

Conforme esses críticos — que no entanto ainda não conheciam os efeitos da internet e das mídias sociais —, a manipulação vai se estendendo a zonas antes reservadas à privacidade do indivíduo ou do grupo; o isolamento e o caráter amorfo das relações sociais ameaçam constantemente a liberdade individual; as comunicações entre indivíduos são obrigadas a passar com frequência crescente pelo monopólio da elite; a sociedade atomística e alienada está cada vez mais sensível a novas ideologias e cada vez mais vulnerável a novas formas de totalitarismo; a vontade dos indivíduos pode inserir-se no circuito das ideias dominantes somente se se encaixar no sistema ou se limitar a exercer seu poder com críticas inócuas; o dissenso das minorias encontra crédito somente na medida em que não compromete o êxito da maioria e, com a sua presença, garante uma proteção democrática contra a ditadura das elites.

Tocqueville já nos alertara sobre alguns desses aspectos, genialmente deduzidos com uma simples viagem à América ainda rural. Eis o que ele escreve em sua profética reportagem: "Não conheço um país onde haja tão pouca independência mental e verdadeira liberdade de discussão como na América [...]. Na América, a maioria ergue barreiras enormes em torno da liberdade de opinião: dentro dessas barreiras, um autor pode escrever aquilo que quiser, mas ai dele se as ultrapassar [...]. Os troncos e os carrascos eram os rudes instrumentos que a tirania empregava antigamente; mas a civilização do nosso tempo aperfeiçoou o próprio despotismo, embora parecesse que ele não tinha nada a aprender [...]. O patrão não diz mais: 'Pensem como eu ou morrerão', mas: 'Você é livre para pensar de modo diferente de mim, e poderá conservar a vida, a propriedade e tudo o que possui, mas será um estrangeiro na sua terra'".

A consequência mais grave de tudo isso está na perda da utopia e da aspiração a uma sociedade melhor, na indiferença e até na satisfação diante de cidades feias, de economias fundadas no desperdício, de líderes incompetentes, de riscos de destruição total.

Quanto ao futuro de semelhante sociedade de massas, as previsões dos "apocalípticos democráticos" não podiam ser senão negras. Para Clark Kerr, reitor da rebelde Universidade de Berkeley, "uma benévola burocracia política e uma benévola oligarquia econômica irão se unir com as massas tolerantes; administradores profissionais guiarão todas as manifestações da vida organizada com os métodos empresariais da indústria [...]. A grande massa deve ser alfabetizada para poder receber as instruções, seguir as indicações e conservar a documentação".

Empresário e comunicador

Em que medida a Itália de Berlusconi correu o risco de coincidir com a sociedade de massas descrita no século XIX por Tocqueville e no século XX pelos sociólogos que a adoravam e temiam? O modelo implantado nas duas décadas berlusconianas pouco lembra o vislumbrado por Shils ou por Bell. Na Itália do berlusconismo, não reinaram a solidariedade, o pluralismo, o igualitarismo que eles atribuíam aos Estados Unidos.

Na Itália do berlusconismo, a Constituição, as instituições e associações intermediárias não gozaram de boa saúde. Na Itália do berlusconismo, a cultura não constava entre os itens prioritários do orçamento nacional.

E se não havia aquelas qualidades que os admiradores creditavam à sociedade de massas, por outro lado não faltavam os defeitos que os críticos lhe atribuíam. O governo aproveitou o consenso das urnas para construir sobre ele sua hegemonia populista; a qualidade das decisões foi inversamente proporcional à quantidade de cidadãos que as sofreram; o tecido social se esgarçou sob os golpes da demagogia; os meios para manipular a opinião pública se concentraram cada vez mais nas mãos de um só; dia a dia modificou-se a linha de demarcação entre lícito e ilícito, liberando os comportamentos mais trapaceiros e vulgares.

Filho da pequena burguesia milanesa, de pai bancário e mãe secretária e dona de casa, Silvio Berlusconi fez o curso clássico no colegial numa escola de padres salesianos, formou-se em direito na Università Statale de Milão com um trabalho de conclusão de curso sobre o *Contrato de publicidade por inserção*. Ateu, clerical, praticante, maçom, anticomunista; duas esposas, dois divórcios, um cheque mensal de 3 milhões de euros para a segunda esposa, uma namorada nova, cinco filhos, uma atividade erótica febril, grande capacidade de fazer negócios (conseguiu comprar por 750 milhões uma casa avaliada em 7 bilhões de liras).

Antes cantor e animador em navios de cruzeiro, depois caixeiro-viajante e corretor de imóveis, tornou-se empresário fundando a construtora Cantieri e depois a Edilnord. Nos anos 1960, construiu em Brugherio uma cidade-modelo para 4 mil habitantes. Nos anos 1970, construiu em Segrate o bairro residencial Milano Due. Depois, sua atividade imobiliária continuou com a criação de várias outras empresas, como Milano 2, Immobiliare San Martino, Servizio Italia Fiduciaria e Società Azionaria Fiduciaria.

Do setor de construção, Berlusconi passou para o da comunicação: em 1978, fundou a holding Fininvest e assumiu a televisão a cabo Telemilano, que dois anos mais tarde se tornou a rede de televisão nacional Canale 5. A partir de 1985, utilizou sua rede de retransmissoras locais como se fossem uma única transmissora nacional. Em 1982, comprou a Italia 1 e a Rete 4. Em 1984, comprou parte do grupo editorial Mondadori. Em 1986, fundou na França La Cinq; em 1987, fundou na Alemanha a Tele 5; em 1990, fundou na Espanha a Telecinco. Nesse meio-tempo, adquiriu o controle da Medusa Film e comprou a Blockbuster Italia, revistas como *Sorrisi e canzoni*, editoras como Einaudi, Sperling & Kupfer, Le Monnier e Electa.

Em 1986, Berlusconi tornou-se proprietário e depois presidente do time de futebol Milan. Sob sua gestão, o Milan conquistou 28 troféus oficiais em 28 anos, tornando-se oito vezes campeão da Itália, cinco vezes campeão da Europa e três vezes campeão

313

do mundo. Nos anos 1990, transformado num poliesportivo Athletic Club, o Milan comprou títulos esportivos de sociedades de beisebol, rúgbi, hóquei no gelo e vôlei.

Todo esse volume de negócios precisa de cash flow e cobertura financeira, e por isso, em 1988, Berlusconi entra no setor das grandes redes de distribuição, adquirindo o grupo Standa e os Supermercati Brianzoli. Depois o grupo Fininvest conquista espaço no setor de seguros e de produtos financeiros através do banco Mediolanum e do Programma Italia.

Segundo a revista *Forbes*, hoje Berlusconi está no 141º lugar na classificação mundial dos bilionários, com um patrimônio estimado em 9 bilhões de dólares. Na Fininvest, ganha anualmente um valor 11490 vezes maior do que um operário. Possui dezenas de casas e apartamentos, três embarcações, um terreno em Antigua e Barbuda.

Conflito de interesses

Na mesma classificação da *Forbes*, Berlusconi vem logo depois dos três herdeiros do mítico pioneiro televisivo brasileiro, Roberto Irineu, José Roberto e João Roberto Marinho. Mas aqui está a diferença: por lei do Estado e por convenção de família, nenhum dos três Marinho poderia se tornar chefe do governo de seu país. A mesma proibição vale para Rupert Murdoch tanto na Austrália, onde nasceu, quanto nos Estados Unidos, onde se naturalizou. Entretanto, no período 1990-4, quando o grupo Fininvest estava comprometido com os bancos em trilhões de liras, Berlusconi ingressou na política.

O flerte com a política começara já em meados dos anos 1970, graças à ligação com Bettino Craxi, que se tornara secretário do Partido Socialista em 1976 e presidente do Conselho em 1983, bem a tempo de aprovar o chamado "decreto Berlusconi" em outubro de 1984, o "Berlusconi bis" dois meses depois e o "Berlusconi ter" seis meses depois. Com essa saraivada de intervenções, o governo Craxi autorizava os canais de televisão do grupo Fininvest a infringir o monopólio da RAI e transmitir em todo o território nacional. O jornalista Vittorio Feltri, então hostil a Berlusconi, mas depois convidado a dirigir o seu jornal, escreveu no *L'Europeo* que o decreto "elaborado a toda pressa por obra do próprio Bettino Craxi em pessoa [...] até numa república de bananas provocaria um escândalo e seria anulado pela magistratura, numa reação de dignidade". Com a cumplicidade de Craxi, Berlusconi conseguiu expulsar a única concorrente privada possível: o canal de televisão Telemontecarlo, criado na Itália por Roberto Irineu Marinho.

Em troca desses favores, as redes de televisão de Berlusconi apoiaram Craxi nas campanhas eleitorais, e, para selar a dobradinha, Craxi foi padrinho de batismo de uma filha de Berlusconi e depois padrinho de casamento do próprio Berlusconi.

Desde 1957, um decreto do presidente da República sancionara a "inelegibilidade de quem estiver pessoalmente ou na qualidade de representante legal de sociedade ou empresa privada vinculado ao Estado por contrato de obras ou de fornecimento ou por concessões ou autorizações administrativas de notável entidade econômica". Mas Berlusconi, mesmo gozando das preciosas concessões governamentais de frequências televisivas, aproveita o vazio determinado pela marginalização de todos os líderes políticos — Craxi incluído — após o escândalo de Tangentopoli e vem a campo em 26 de janeiro de 1994 com uma declaração gravada que começa: "A Itália é o país que amo. Aqui tenho minhas raízes, minhas esperanças, meus horizontes. Aqui aprendi com meu pai e com a vida meu ofício de empresário. Aqui também aprendi a paixão pela liberdade. Escolhi vir a campo e me dedicar à coisa pública, pois não quero viver num país iliberal governado por forças imaturas, e por homens ligados com duplo fio a um passado política e economicamente falimentar".

Nas eleições de 27 de maio de 1994, Berlusconi e seu movimento Forza Italia vencem com o apoio maciço das televisões Fininvest, e assim se inicia um longo período em que ele é alternadamente o protagonista da vida política italiana e quatro vezes presidente do Conselho de Ministros.

Tem-se o auge da meritocracia e sua mais eloquente metáfora durante a campanha eleitoral de 2001, quando Berlusconi sela um "pacto com os italianos" durante o programa *Porta a Porta*. Com esse pacto, ele se compromete com os eleitores, em caso de vitória, a implantar grandes desonerações fiscais, reduzir pela metade o desemprego, realizar centenas de obras públicas, aumentar o salário dos aposentados e reduzir a criminalidade. Se pelo menos quatro dos cinco compromissos principais não fossem cumpridos, Berlusconi não concorreria novamente nas eleições seguintes.

Em dezembro de 2007 o movimento Forza Italia se transforma no partido Popolo delle Libertà, que, segundo as palavras do próprio Berlusconi, "pretende inverter a pirâmide do poder", e por isso a escolha do nome, dos valores, dos programas, dos representantes e do líder cabe aos cidadãos, e não às secretarias dos partidos. Agora o populismo midiático tem uma estrutura, um nome, um deus ex machina e um objetivo. O desprezo pelo Parlamento é demonstrado também pelo fato de que durante a xv legislatura o deputado Berlusconi se ausentou de 4623 das 4693 votações parlamentares.

Mas nem tudo corre como deveria. Em 12 de novembro de 2011, Berlusconi, que não tem mais a maioria no Parlamento, apresenta sua demissão como premiê. Depois de outras derrotas eleitorais, em 6 de dezembro de 2012 o partido Popolo delle Libertà volta a ser o movimento Forza Italia. A trajetória de Silvio entra em declínio.

Em 1º de agosto de 2013, depois de um processo que durou oito anos, Berlusconi é condenado definitivamente em terceira instância por fraude fiscal, falsificação de balanços contábeis, apropriação indébita, criação de fundos ocultos, crimes estes agravados

315

pela posição pública do réu. A pena, depois cumprida na forma ridícula e reduzida de "prestação de serviços sociais", é, em todo caso, de quatro anos, com dois de inelegibilidade e perda imediata do mandato de senador.

São inúmeros os aspectos controversos dessa longa e não inevitável ascensão, seguida por um lento e inexorável declínio. Silvio Berlusconi sempre se definiu como "homem que se fez sozinho", dotado de grandes capacidades empresariais e grande dedicação ao trabalho. Mas o início de sua carreira se deu graças a empréstimos do mesmo banco usado pelos chefões mafiosos para a lavagem de dinheiro sujo, e continuam obscuros os aumentos de capital de algumas das 22 holdings que podem ser atribuídas a ele. Inscrito na loja maçônica PK2 de Licio Gelli, obteve financiamentos dos bancos que tinham nas cúpulas outros filiados à mesma loja.

Igualmente controversa é a escalada midiática de Berlusconi, contestada pela magistratura com base nas leis e na Constituição, mas diretamente facilitada por Bettino Craxi. Nos arquivos deste último, encontrou-se uma carta escrita por Berlusconi que diz: "Caro Bettino, obrigado de coração pelo que fez. Sei que não foi fácil e que você precisou lançar mão da sua credibilidade e autoridade. Espero ter como retribuir [...]. Juntos, encontraremos o mais depressa possível o modo de fazer algo melhor. Obrigado novamente, do fundo do coração". O favor prestado por Craxi será depois renovado em 1990 com a Lei Mammì, e em 2004 com a Lei Gaspari e com a Lei Frattini.

Mas o que nos interessa aqui é o conflito de interesses desencadeado pelo fato — denunciado pela revista *The Economist* — de que em 2001, Berlusconi, como proprietário da Mediaset e presidente do Conselho de Ministros, detinha o controle de cerca de 90% do panorama televisivo italiano.

Por seu lado, o estudo anual *Freedom of the Press*, da Freedom House, em 2009 rebaixou a Itália do período 2004-6 de "*free*" para "*partly free*", devido à concentração de poder midiático nas mãos da família Berlusconi e ao crescente abuso de poder por parte do governo no controle da televisão pública.

Em tudo isso, a esquerda socialista foi cúmplice com suas ações; a esquerda ex-comunista foi cúmplice com suas omissões. Em 28 de fevereiro de 2002, o então líder dos democratas de esquerda na Câmara declarou no tribunal que dois anos antes seu partido dera "garantia plena" a Berlusconi e Gianni Letta de que, com a mudança de governo, "não tocariam suas televisões". Além do mais, lembrou que o próprio PDS havia aprovado a elegibilidade de Berlusconi "apesar das concessões" e do fato de que o faturamento da Mediaset aumentara 25 vezes durante os governos de centro-esquerda.

De resto, com base em algumas pesquisas jornalísticas realizadas pelo diário *La Repubblica* em 2009, houve pelo menos dezenove leis "que beneficiaram Berlusconi e suas empresas". Enquanto isso, com sua desenvoltura pública e privada, Berlusconi colecionava processos de todas as espécies, alguns financeiros, outros sexuais. Há um processo ainda em curso, dois já têm sentenças, mas ainda não transitadas em julgado, e nove foram arquivados. Pelo menos trinta já estão conclusos com suas sentenças: uma, já citada, com condenação definitiva em terceira instância, seis por crimes que prescreveram, dois por crimes anistiados, dois com absolvições por intervenção modificadora da lei, seis por outros tipos de absolvição.

Berlusconismo

Giovanni Valentini, que em 2009 dedicou um ensaio — *La sindrome di Arcore* — à transformação cultural introduzida por Berlusconi nos anos de sua hegemonia política e midiática, define o berlusconismo como um amálgama de individualismo exasperado, hedonismo e hiperconsumismo. Essa síndrome, como a de Estocolmo, "induz o povo dos teledependentes, prisioneiro do tirano midiático, a se apaixonar pelo seu carcereiro e se propaga diariamente através dos canais de tevê, influenciando os bons e os maus humores dos italianos, os temores e as esperanças, as ilusões e as desilusões". À diferença da autocracia, da plutocracia e da oligarquia tradicionais, a midiacracia pós-industrial "é uma central oculta, um reino invisível: um sortilégio ou uma maldição que pesa diariamente sobre nossas cabeças, nossas pulsões e nossas reações. Uma dependência da qual somos vítimas mais ou menos inconscientes. Uma escravidão da qual não conseguimos nos libertar". Já em 1968, os estudantes parisienses escreviam em seus cartazes: "*L'intox vient* à *domicilie*", a intoxicação vem em domicílio.

Mas por que metade dos italianos ficou enfeitiçada por Berlusconi e prisioneira da bolha do berlusconismo? O jornalista Curzio Maltese (*La bolla*, 2009) escreveu: "Quem vive dentro da bolha sente-se leve, envolvido, protegido como uma criança, num mundo repleto de cores, de onde desapareceram os problemas maçantes e complicados. É otimista, para ele nenhum problema escapa à mais fácil das soluções. Observa os de baixo e ri: *keep it simple, stupid*".

Mas nem todos caíram por infantilismo. Em 2005, a Santa Sé, que obteve de Berlusconi incentivos para suas escolas, desonerações tributárias para seus imóveis e aumentos salariais para seus párocos, concedeu-lhe a prestigiosa condecoração da Ordem Pia, também chamada de Ordem de Pio IX, concedida sempre com parcimônia e em virtude de serviços de alta relevância prestados ao papa ou ao Vaticano. Tratando-se de uma condecoração oficial de primeira classe, segundo os manuais diplomáticos internacionais, o documento de outorga, assinado pelo cardeal de Estado, é redigido na forma solene da bula pontifical, em pergaminho, com selo da Sé apostólica, as chaves cruzadas e a tiara papal.

Um lugar na história

Hoje Berlusconi ainda é uma potência econômica e já uma larva política. Mas, tendo se limitado a evocar e reforçar com métodos novos as antigas fraquezas congênitas do povo italiano, e talvez do mundo inteiro, o berlusconismo sobreviverá a ele. Escreve Curzio Maltese: "Quem se ilude que tudo se resolverá com o fim de Berlusconi, talvez acelerado pelos escândalos, demonstra não entender como e quanto o berlusconismo agiu nesses anos sobre a sociedade. Não foi fascismo, mas esvaziou a democracia. De maneira sistemática e difusa, nos edifícios das instituições e nas cabeças dos cidadãos. Enfraqueceu o Parlamento, a magistratura, a livre informação, a escola. Produziu uma perda coletiva de sentido e memória. Transformamo-nos no país de Macondo, que um dia terá de renomear os objetos".

E se o berlusconismo lhe sobreviver, Berlusconi ficará à sua maneira na história, sobretudo por seu primado num aspecto: soube realizar plenamente um íntimo entrelaçamento de hegemonia política, oligarquia econômica e onipotência midiática. Trama que, para poder se concretizar, demandava, porém, um contexto pós-industrial. Antes seria impossível aplicar com tanta desenvoltura os métodos administrativos empresariais a todas as manifestações da vida organizada, da política à economia, do esporte ao entretenimento. Antes seria impossível conciliar com tanta leveza tal aparência de democracia com tamanho conteúdo de autocracia.

Mas Berlusconi também ficará na história porque soube inaugurar e experimentar uma forma nova, mais completa e talvez mais contagiosa de autoritarismo coerente com o que defino como *lifting society*: um sistema pós-industrial em que o emocional prevalece sobre o racional, o intangível sobre o tangível, o econômico sobre o político, o financeiro sobre o econômico e o midiático sobre tudo.

A política nunca é redutível a um puro cálculo de interesses nem a uma ação genialmente individual, dependendo de "um encadeamento de causas infinitas que se multiplicam e se combinam de século em século", até plasmar o caráter comum de uma sociedade e dos seus líderes, como diz Montesquieu. Foram necessários os Maquiavéis, os Bórgias e os Andreottis para se obter o amálgama cerebral que faz de Berlusconi esse estuário de astúcia e risco, descaramento e sedução em que consiste a *leadership* autoritária e branda da *lifting society*.

A *política* marketing-oriented

Privilegiando o naturalismo, Montesquieu derivava as leis positivas das leis da natureza, em cujo domínio se encontravam a exigência de paz, a necessidade de alimento, a atração sexual, o desejo de viver em sociedade e a busca de um criador. Com Berlusconi, as leis visam à homogeneização monitorada dos gostos, à acumulação de riqueza, poder e bens, ao vitalismo entendido como multiplicação de estímulos e de oportunidades contingentes, à religião entendida como instrumento de consenso e ocasião de acordos.

Segundo Montesquieu, a sintonia entre o espírito das leis e o espírito do povo realiza--se em vários níveis: as leis políticas e civis, de fato, "precisam guardar relação com o caráter físico do país, com seu clima gelado, tórrido ou temperado, com a qualidade do terreno, com sua situação, com sua extensão, com o gênero de vida dos povos que ali habitam, sejam eles agricultores, caçadores ou pastores: elas devem estar em harmonia com o grau de liberdade que a Constituição é capaz de suportar, com a religião dos habitantes, suas disposições, sua riqueza, seu número, seus comércios, usos e costumes". Tudo isso se apresenta em Berlusconi numa dissimulada e oportunista pluralidade de abordagens: a relação com a Irlanda deve ser diferente da relação com a Sicília; a relação com a Amazônia deve ser diferente da relação com o Pantanal, a instrumentalização do terremoto no Abruzzo ou no Japão deve ser diferente da instrumentalização do lixo de Nápoles ou Palermo; a familiaridade com a Cúria vaticana deve ser diferente da relação com o oratório salesiano; a agressividade perante os magistrados deve ser diferente do desprezo perante os sindicatos; a manipulação licenciosa através da Mediaset deve ser diferente da manipulação mais austera através da RAI, da Globo ou da CNN.

Berlusconi, talvez sem a conhecer, aplicou ao pé da letra a passagem de Montesquieu segundo a qual "o governo mais conforme à natureza é aquele cuja disposição particular se encontra em maior harmonia com a disposição do povo pelo qual ele foi instaurado". Portanto, o índice de aprovação de Berlusconi que as pesquisas mostraram durante duas décadas inteiras é também um índice da sintonia entre o que ele disse e fez e aquilo que o seu povo queria ouvir e ver fazer. Em outros termos, a aprovação conquistada por Berlusconi foi proporcional ao grau de berlusconismo congênito nos italianos. Escreve Giovanni Valentini em *La sindrome di Arcore*: "Bem ou mal, Silvio Berlusconi somos todos nós, com nossos méritos e nossos defeitos, nossas virtudes e nossos vícios, nossas qualidades e nossas fraquezas. É o italiano médio e também o arqui-italiano. O ídolo ou o fetiche de um povo, ao mesmo tempo nobre e miserável, laborioso e inepto, honesto e desonesto, que cultiva as suas contradições como um código genético, desprovido de uma ética pública ou de uma religião civilizada. Um povo nascido de uma sequência secular de cruzamentos e de invasões; dividido em seu interior por antigas rivalidades; radicado num país que, por razões geográficas, históricas, culturais e até climáticas, é, na verdade, um minicontinente [...]. Sobre um patrimônio genético de oportunismo, servilismo e transformismo, transplantou-se assim uma falsa modernização, concebida como a busca do lucro e do sucesso a qualquer custo; o predomínio darwiniano do mais forte sobre o mais fraco, a imposição egoísta do mais rico sobre o mais pobre".

Tudo isso é verdade. Mas, em relação aos governos do passado, aqui a novidade reside no poder midiático. Enquanto para os Cavour, Giolitti, Mussolini, De Gasperi, a cultura dos italianos era um *prius* em relação à sua ascensão ao poder, e eles obtinham consenso na medida em que sua personalidade correspondia à da cultura italiana, com Berlusconi o processo se inverteu: o *prius* é representado pelas mídias com que ele plasmou a cultura da maioria dos italianos de modo que ela pudesse combinar com o perfil do próprio Berlusconi.

"Antes ainda do que nos campos de batalha, eu venço as minhas guerras nos sonhos dos meus soldados", dizia Napoleão. Antes ainda do que nas urnas, Berlusconi venceu suas eleições nos sonhos que ele mesmo inculcara no inconsciente coletivo e individual de 60% dos italianos. Não por acaso, ele entrou na arena política dez anos depois que suas televisões haviam começado a arar, adubar e semear os cérebros do futuro eleitorado.

Assim se exportou para a esfera política o procedimento já experimentado das empresas *marketing-oriented*, que lançam no mercado somente os produtos capazes de satisfazer àqueles desejos que essas mesmas empresas induziram previamente nos consumidores à força de anúncios de propaganda. Toda vez que Berlusconi invocou como justificativa de seus atos a legitimação que derivava dos milhões de votos obtidos, comportou-se como o jovem que antes mata os pais e depois pede clemência ao juiz porque é órfão.

Três etapas rumo ao despotismo

Quando saiu a campo, Berlusconi era totalmente estranho às regras do jogo político. Mas bastaram-lhe poucos anos como genial autodidata para se tornar dono absoluto, driblando e escarnecendo tanto dos adversários que por anos haviam treinado sua inteligência nas escolas de partidos políticos quanto daqueles que haviam estudado em seminários religiosos ainda mais maliciosos do que os laicos. Segundo as antigas regras da tourada, o toureiro, se quiser sobreviver, pode tourear arrogantemente por apenas uns vinte minutos, o tempo necessário para que o touro aprenda as táticas do antagonista e leve a melhor sobre ele. Os adversários políticos de Berlusconi se demoraram mais de vinte minutos, Berlusconi aprendeu suas táticas escolares e chifrou-os com duas estocadas fora de regra, que se aprendem muito melhor durante as alegres noites de cabaré nos navios de cruzeiro do que nas tristes horas de doutrinação nas escolas dos partidos.

As leis que Berlusconi excogitou para chifrar os toureiros doutrinados correspondem perfeitamente aos preceitos de Montesquieu, segundo o qual "existem três espécies de governo: o republicano, o monárquico, o despótico [...]. O governo republicano é aquele em que o povo todo, ou pelo menos uma parte dele, detém o poder supremo; o monárquico é aquele em que um só governa, mas segundo leis fixas e estabelecidas; no governo despótico, entretanto, um só, sem leis nem freios, arrasta tudo e todos atrás de sua vontade e seus caprichos".

Numa primeira fase, Berlusconi teve de se submeter às leis e praxes republicanas, porém iniciando sua marcha triunfal rumo ao despotismo brando e avaliando as reações da opinião pública com saídas extemporâneas; numa segunda fase, concentrou progressivamente os poderes em suas próprias mãos, confiando-os formalmente a ministros e gestores fantoches; numa terceira fase, empreendeu a demolição sistemática da Constituição e dos poderes irredutíveis para depois governar, finalmente, "sem leis nem freios". De resto, a Constituição é aquela norma que os povos se dão quando estão sóbrios, para impedir a si mesmos de cometerem despautérios quando estiverem embriagados. Berlusconi, para agir de forma danosa e se manter na impunidade, golpeou a Constituição depois de ter embriagado as massas. "O homem", diria Montesquieu, "é uma criatura que obedece a uma criatura que quer."

Mercantilização

"Os políticos gregos", dizia ainda Montesquieu, "que viviam num governo popular reconheciam na virtude a única força capaz de sustentá-lo. Os políticos de hoje nos falam de manufaturas, de comércio, de finanças, de riquezas, até de luxo. Quando vem a cessar essa virtude, entram a ambição nos corações prontos a recebê-la e a avidez em todos."

No nosso caso, a "manufatura", isto é, a empresa, ergue-se como modelo de organização política, e a modernização do Estado é contrabandeada como desculpa para submeter a justiça, escapar ao fisco, ajudar na especulação imobiliária, postergar as obras indispensáveis mas desprovidas de *appeal*, lançar-se a obras inúteis mas deslumbrantes para as massas.

Aos poucos, reduzindo tudo à economia e aos negócios, o povo "torna-se mais frio, afeiçoa-se ao dinheiro, mas não mais aos negócios públicos. Desinteressado do governo e do que lhe é proposto, espera com calma o seu salário".

Nesse vazio pneumático que se pode gerar no Estado republicano, se um poder exorbitante se concentra nas mãos de um único cidadão, cria-se uma situação pior do que a monarquia, porque a verdadeira monarquia é, em todo caso, regulada por uma série de leis que freiam o soberano, enquanto nenhuma lei prevê e regula o caso anômalo de uma pessoa dotada de poderes informais e exorbitantes em regime republicano. E assim essa pessoa pode permitir-se abusos maiores.

As mídias são dinheiro e poder

Na sociedade industrial, o poder derivava da propriedade dos meios de produção; na sociedade pós-industrial, o poder deriva da propriedade dos meios de informação.

Berlusconi é o homem mais rico da Itália e um dos mais ricos do mundo. Enquanto proprietário, controla redes de televisão privadas, três jornais e inúmeras máquinas gráficas; enquanto presidente do Conselho, controlou três redes de televisão, três redes de rádio e alguns canais de internet de propriedade pública.

Essa concentração encontra alguma semelhança apenas em dois países do mundo, entre os 196 que compõem o tabuleiro planetário: o Cazaquistão, onde a televisão pública foi privatizada pelo presidente Nursultan Nazarbayev e registrada para sua filha; e a Tailândia, onde o primeiro-ministro Thaksin Shinawatra, antes de ser deposto, em 2006, era empresário e proprietário das televisões nacionais.

Como vimos, uma anomalia dessas, que de fato garante à Itália a primogenitura da ditadura pós-industrial sobre as mídias, convertendo-as no primeiro laboratório experimental de autoritarismo brando, começou dez anos antes de Berlusconi ingressar oficialmente na política. Foram anos que lhe serviram para concentrar o poder midiático em suas mãos e para convencer os italianos de que ele era o político certo ao qual deviam confiar o governo do país, transformando-os assim numa massa de telespectadores que se tornavam dúcteis e furibundos graças a uma cuidadosa dosagem de cerradas transmissões candentes. "É o arrebatamento", diria Montesquieu, "e não os conselhos, que faz agir o povo."

Para a dupla operação, foram mobilizadas organizações como a maçonaria; personalidades da tevê como Maurizio Costanzo; homens políticos como Bettino Craxi, Giuliano Amato, Giulio Andreotti, Arnaldo Forlani, Oscar Mammì; empresários como Giuseppe Ciarrapico; magistrados como Giuseppe Santaniello. Todos culpados por ação ou por omissão, cada um auxiliado, pressionado, refreado por uma matilha de advogados, peritos, cúmplices, capachos e jornalistas. Tudo observado com atitude alternadamente permissiva, remissiva, míope, astigmática, por políticos condescendentes como Veltroni e Volante ou por políticos pseudoargutos como D'Alema.

Em 2004, depois de conquistar o governo pela segunda vez, o caminho acidentado de Berlusconi rumo ao monopólio midiático transformou-se em marcha triunfal, facilitada por duas leis ad hoc: a Lei Gasparri, aprovada em abril de 2004 depois de 130 sessões e 14 mil pedidos de emendas; e a Lei Frattini, aprovada em julho do mesmo ano, graças à qual Berlusconi escolheu o presidente da Authority — que depois iria controlar a Mediaset — e os principais dirigentes da RAI, isto é, da concorrente da sua Mediaset. A essa altura, aquele mesmo governo e aquele mesmo governante que se diziam restauradores do liberalismo contra o comunismo deixaram tranquilamente de lado qualquer aparência de democracia. "Antes o bem dos indivíduos formava o patrimônio público, agora o tesouro público torna-se patrimônio dos indivíduos", diria Montesquieu.

Quando Berlusconi estava no auge do seu poder, a RAI e a Mediaset reuniam 84% da publicidade e 82% do índice geral de audiência. Nesse conglomerado público-privado, a Mediaset, que registrava audiência inferior à da RAI, mesmo assim transmitia o dobro de comerciais publicitários, abarcando sozinha uma quantidade de anúncios superior à de toda a imprensa italiana somada. Pagava anualmente ao Estado somente 24 milhões de euros pelas concessões de tevê, que lhe rendiam 2,4 bilhões. Com 1% do faturamento, faturava a maior parte de todo o poder midiático, econômico e político.

Os três poderes

Segundo Montesquieu, "existem, em todo Estado, três espécies de poder: o Poder Legislativo, o Poder Executivo das coisas que dependem do direito das gentes, e o Poder Executivo daquelas que dependem do direito civil". Com base no primeiro poder, quem governa faz e desfaz as leis; com base no segundo, faz a paz e a guerra; com base no terceiro, julga os conflitos e pune os delitos.

Para que um Estado continue democrático, é preciso manter uma nítida distinção entre legislador, juiz e administrador: "Assim, em Veneza, o Grande Conselho detém o Poder Legislativo; o conselho dos *pregadi* [senadores], o Executivo; o dos quarenta, o Judiciário". Se dois ou mesmo os três poderes se encontram nas mesmas mãos, o Estado se afunda na ditadura: "Tudo estaria perdido se a mesma pessoa, ou o mesmo corpo de grandes, ou de nobres, ou de povo, exercesse estes três poderes: o de fazer as leis, o de executar as resoluções públicas e o de julgar os delitos ou disputas dos privados [...]. Os príncipes que quiseram tornar-se tiranos sempre começaram reunindo na sua pessoa todas as magistraturas, e muitos reis da Europa, até todos os cargos do Estado".

Quais poderes seriam contemplados por Montesquieu, se ele vivesse nos nossos dias? Não há dúvida de que ele reforçaria a importância do Poder Legislativo, do Judiciário e do Executivo, mas certamente acrescentaria o poder econômico e o midiático.

Durante vinte anos, o poder político, o poder econômico e o poder midiático na Itália estiveram nas mãos de Berlusconi, que empreendeu uma ação constante, cuidadosa e capilar para escravizar o Poder Judiciário e domesticar o administrativo. Essa unificação demandou antes de mais nada que se deslegitimassem as instituições e se desmantelasse o Estado de direito, reforçando entre chefe e povo aquela relação direta que foi variadamente chamada de populismo, peronismo, demagogia, bonapartismo, democracia plebiscitária, cesarismo.

"Assim como na república é necessária a virtude e na monarquia, a honra, da mesma forma no governo despótico é necessário o medo." Isso valia em meados do século XVIII, quando Montesquieu escreveu *O espírito das leis*. "Nos Estados despóticos", acrescentou ele, "o governo, por sua natureza, exige uma obediência extrema", e os cidadãos se degradam ao nível de cortesãos que unem "a ambição no ócio, a baixeza no orgulho, o desejo de enriquecer sem trabalho, o ódio pela verdade, a adulação, a traição, a perfídia, o abandono das promessas, o desprezo pelos deveres de cidadão, o temor da virtude do príncipe, a esperança em suas fraquezas e, principalmente, o perpétuo ridículo lançado sobre a virtude."

Muitos desses traços — ambição, adulação, propensão a falsear a verdade, desprezo pela virtude — caracterizam principalmente os cortesãos admitidos no círculo mais íntimo que cerca zelosamente o príncipe: ministros, conselheiros, financistas, advogados, ghost-writers, porta-vozes, fâmulos, todos extremamente atentos em dosar a fidelidade servil necessária para obter e conservar os privilégios.

Os oito pilares da pedagogia despótica

O despotismo brando imposto por Berlusconi atém-se a um paradigma que se sustenta em oito pilares pedagógicos:

1) Os cânones da organização empresarial devem ser aplicados a qualquer sistema, inclusive o estatal. Sob esse aspecto, Berlusconi é mais taylorista do que Taylor, que estava convencido de que os princípios da administração científica podiam ser aplicados com a mesma eficácia a qualquer atividade social. Berlusconi aplicou-os na organização das suas empresas, do seu futebol, de suas casas, de suas televisões, do seu Estado.

2) As mídias são o petróleo do século XXI: a partir do momento em que tudo pode ser comprado e vendido, com as mídias é possível comprar e fazer comprar, vender e fazer vender serviços, relações, cultura, votos, amigos, inimigos, ideias. Somente com as mídias é possível informar e desinformar, fazer e desfazer alianças, deslocar consensos, criar e destruir fortunas, gratificar amigos e arrasar inimigos. Entre as mídias, a mais poderosa é a televisão: segundo uma pesquisa de outubro de 2009, quando Berlusconi estava em seu quarto mandato presidencial, 33% dos italianos liam o jornal todos os dias e 87% assistiam à tevê; 64% assistiam por mais de duas horas ao dia. Nas consultas políticas de 2001, 3 milhões de eleitores ainda indecisos no dia das eleições declararam que, no último momento, votaram sob influência da televisão.

3) A transformação cultural de um povo não se dá pelo trabalho, que também deve ser exaltado, mas pelo tempo livre; não se obtém através da escola, da religião, da política, mas através do entretenimento, do erotismo e da esperança de sucesso: o futebol, os programas de perguntas e respostas de Mike Bongiorno, os decotes do *Drive In* [programa de variedades da televisão italiana]. A pedagogia do despotismo brando passa não tanto pelos noticiários e programas sérios, e sim pelos programas frívolos como *Amici* e *Striscia la Notizia*; tende a criar não um conhecimento científico, mas atmosferas, atitudes, emoções e sentimentos; não expõe projetos, mas desperta temores e esperanças.

4) Os valores importantes não são aqueles profundos da introspecção, da amizade, do amor, da beleza, do convívio, mas aqueles alienantes da riqueza, do poder, da posse e, especialmente, do vitalismo sedutor acompanhado da afabilidade, da simpatia e do otimismo a qualquer custo. Qualquer um que seja portador de valores diferentes deve ser demonizado como "comunista". Qualquer dado deve ser transformado em discussão e domesticado para seus próprios fins.

5) As instituições — do Parlamento aos partidos, dos ministérios aos sindicatos — não passam de entraves a decisões rápidas e unilaterais do chefe. Elas devem ser antes usadas, corrompidas, manipuladas, depois submetidas e por fim esvaziadas. As mídias permitem dispensá-las, fornecendo ao déspota uma correia de transmissão que o põe em ligação direta com o povo para sondar seus humores e manobrar o consenso. Transmissões culturalmente ambiciosas como *Maurizio Costanzo Show* e *Porta a Porta* devem ser usadas como ramos do Parlamento. Para os fins do consenso, contam muito mais do que o Senado e a Câmara, mas muito menos do que programas idiotas como o *Big Brother*.

6) A coerência não é uma virtude: tudo pode ser afirmado e retirado, inclusive o código semântico com que se apresenta sua própria mercadoria política. Pode-se ser ao mesmo tempo ateu, maçom e clerical; inovador e conservador. O importante é "rotular", para poder trocar o rótulo quando necessário. Podemos ser perfeccionistas na empresa e aproximativos no gabinete da presidência. Até mesmo a definição que Berlusconi ofereceu em março de 2009 sobre sua nova criatura política, o Popolo delle Libertà, é uma obra-prima de contradições e tautologias: "Revolução liberal, burguesa, popular, moderada e interclassista".

7) O horizonte temporal a ser impresso no inconsciente coletivo do povo, demasiado ligado ao passado, não é o futuro, mas o presente, onde quem domina não é o duradouro, e sim o efêmero, não é a reflexão, e sim o vitalismo, não é a carência de coisas, e sim seu excesso, não é a imortalidade das realizações, e sim a imortalidade do déspota.

8) "A sociedade moderna", diz Hannah Arendt, "em sua desesperada incapacidade de formular juízos, está destinada a tomar cada indivíduo por aquilo que ele próprio se considera e se professa e a julgá-lo sobre essas bases." Por isso o déspota prestará igual atenção à sua imagem física e à sua imagem intelectual, fará implante de cabelos, reconstituirá e maquiará o rosto, aumentará sua altura usando saltos disfarçados, tornará brilhante seu discurso recheando-o de piadas, mudará suas ideias de acordo com seu look, suas amantes, suas casas e barcos (leia-se, a propósito, a inquietante reportagem de Marco Belpoliti, "O corpo do chefe", de 2009).

Como diria Italo Calvino, "uma vez imposta a ideia de que um chefe deve ser dotado de uma imagem marcante e inconfundível, fica subentendido que quem não tem essa imagem não pode ser um chefe".

A brandura do despotismo pós-industrial

Ouçam como Tocqueville, com 160 anos de antecipação, descreve a "ditabranda" de Berlusconi: "Se o despotismo viesse a se estabelecer nos países democráticos de hoje, seria mais extenso, menos violento e degradaria os homens sem torturá-los. A violência ocorrerá, mas somente em períodos de crise, que serão raros e passageiros".

O despotismo midiático é tão vasto e capilar que alcança diariamente, através do éter, a totalidade dos adultos. Assim a droga é servida em domicílio, 24 horas por dia. O óleo de rícino e o cassetete que eram usados pelas milícias de Mussolini são instrumentos obsoletos. Não é mais preciso bater em Benedetto Croce, encarcerar Gramsci, matar Matteotti, admitindo que ainda existam "inimigos" desse calibre. Não é mais necessário exilar Ovídio na Trácia: basta excluir das telas ou das redações um jornalista, como aconteceu na Itália com Enzo Biagi e tantos outros.

"Se tento imaginar o despotismo moderno", prossegue Tocqueville, "vejo uma imensa multidão de seres semelhantes e iguais que rodopiam sobre si mesmos para conseguir pequenos prazeres mesquinhos com que alimentam a alma. Cada um deles, pondo-se de lado, é como um estrangeiro para todos os outros; seus filhos e seus poucos amigos constituem para ele toda a humanidade; o resto dos cidadãos está ali, ao seu lado, mas ele não os vê; vive só e para si só, e, se ainda existe família, já não há mais pátria."

Hoje, junto com a pátria, desapareceram o oratório, a célula do partido, o sindicato, as saídas em grupo após o trabalho e todas as outras organizações intermediárias. Nada mais filtra criticamente as informações, guia os jovens, agrega os velhos, forma grupos educativos e protetores. Cada um, pondo-se de lado, é reduzido a imbecil solitário e passivo, diante de imbecis organizados e ativos que lhe falam pela tela da tevê. É obrigatório se mostrar ativo, mas é proibido ser efetivo.

O crepúsculo das ideologias fortes e a falta de engajamento devido ao acúmulo de necessidades fracas e induzidas provocaram uma anomia que nos isola uns dos outros, uma sensação de crise que, oprimindo, nos impede de valorizar o passado e projetar o futuro. Daí a extrema vulnerabilidade dos indivíduos diante das seduções cuidadosamente orquestradas pelo despotismo brando.

"Acima dessa multidão vejo elevar-se um imenso poder tutelar, que se ocupa apenas de garantir aos súditos o bem-estar e de velar sobre sua sorte. É absoluto, minucioso, metódico, previdente e até afável. Seria semelhante à autoridade paterna se tivesse, como ela, a finalidade de preparar os homens para a idade adulta. Mas, ao contrário, não busca senão mantê-los numa infância perpétua. Trabalha de bom grado para a felicidade dos cidadãos, mas quer ser o único agente, o único árbitro. Provê à sua segurança, às suas necessidades, facilita seus prazeres, dirige os negócios, as indústrias, regula as sucessões, divide as heranças: não lhes tiraria talvez também o esforço de viver e pensar?"

Aos empresários que o aplaudiam, Berlusconi disse: "Vocês pensem em trabalhar. Da democracia cuido eu". É ele que pensa em reformar as escolas, sanar as instituições, combater os comunistas, manter quietos os sindicatos, tornar seguras as cidades, superar as crises, entreter as crianças, assistir os velhos, divertir os adultos. Diz Tocqueville: "Assim, a cada dia torna-se menos útil e mais raro o uso do livre-arbítrio, mais limitada a ação da vontade. Depois de ter plasmado segundo sua vontade todos os indivíduos, o soberano estende a mão sobre a sociedade toda, cobrindo-a com uma densa rede de minuciosas regras, uniformes e complexas, através das quais nenhum espírito, nem mesmo o mais original e vigoroso, jamais conseguiria enxergar. O poder não esfacela, mas amolece, dobra e dirige a vontade; não destrói, não tiraniza, mas impede, comprime, extenua, apaga, embota todos os homens, reduzindo-os a um rebanho de animais tímidos e laboriosos, cujo pastor é o Estado".

Essa é a melhor definição que se pode dar do despotismo brando pós-moderno encarnado por Berlusconi: um autoritarismo amalgamado com piadas e futebol, com desonerações imobiliárias e blindagens fiscais, com *escorts* e *chansonniers*, com mansões para o déspota e casebres para as vítimas dos terremotos.

Tocqueville prossegue: "Sempre acreditei que esse gênero de servidão, pacífica e regulada, podia combinar-se, mais do que se possa crer, com certas formas de liberdade e até mesmo com a soberania popular".

Soberania popular que, aliás, se torna álibi para esvaziar as instituições e para criar uma identificação patológica do chefe com seu povo e do povo com seu chefe ("Ainda bem que há Silvio", diz um hino dos berlusconianos, contratado pelo próprio Berlusconi ou por seus *press agents*). O constitucionalista democrático Gustavo Zagrebelsky assim comentou esse fenômeno: "A política como identificação ou 'identitária' não precisa de instituições; elas são um entrave, aliás, são suas inimigas. Só podem arrefecer uma relação que, pelo contrário, quer ser calorosa, entre cabeça e corpo, líder e seguidores. Nascem movimentos, símbolos, ídolos, lemas e frases-feitas, eventos e obras, festividades, espetáculos, exemplos que celebram e reforçam essa relação e essa proximidade, fazendo apelo indiferenciadamente, segundo a necessidade, a nobres ímpetos altruístas ou a mesquinhos sentimentos egoístas; ora adulando supostas virtudes patrióticas, ora atiçando impulsos vulgares".

E ainda Tocqueville: "Os nossos contemporâneos se debatem continuamente entre duas paixões contrárias, isto é, a vontade de ser livres e a necessidade de ser dirigidos. E, não podendo eliminar uma ou outra, procuram satisfazer a ambas, imaginando um poder único, tutelar, onipotente, mas eleito pelos cidadãos. Ligam o centralismo e a soberania popular e sentem-se assim mais tranquilos, consolam-se por estar sob tutela porque foram eles que a escolheram. Ou seja, com isso os cidadãos saem por um instante da submissão e retornam a ela tão logo indicam os novos senhores [...]. Mantendo-se a participação individual nos assuntos mais importantes, ela seria suprimida nos menores, esquecendo que é exatamente aí que reside o perigo. De minha parte, acredito que a liberdade é mais necessária nas coisas pequenas do que nas grandes, porque é no detalhe que reside o perigo de escravizar o homem. Escravizar, em particular, significa contrariar a todo momento o indivíduo, extenuá-lo e relembrar-lhe continuamente sua condição. É inútil pedir a esse mesmo indivíduo que de vez em quando escolha os seus representantes: o uso tão importante, mas tão breve e raro do seu livre-arbítrio, não será suficiente para conservar a faculdade de pensar, de sentir, de agir sozinho. Fatalmente, os cidadãos cairão abaixo do nível humano, incapazes de exercer aquele único e grande direito que lhes sobrou [...]. Estou convencido de que é mais fácil instituir um governo absoluto e despótico numa sociedade com condições igualitárias do que em outra. Por isso o despotismo me parece especialmente temível nas democracias. Penso que amaria a liberdade a qualquer tempo, mas sinto-me propenso até a adorá-la neste momento. Agora não se trata mais de reconstruir uma sociedade aristocrática, mas de criar a liberdade no sentido da sociedade democrática em que Deus nos faz viver. É absolutamente necessário e desejável que o poder central que dirige um povo democrático seja ativo e forte. Não é de forma alguma uma questão de torná-lo fraco e indolente, mas é preciso impedi-lo de abusar da sua agilidade e da sua força".

A intoxicação midiática é o que melhor consegue condicionar as massas nas grandes e nas pequenas coisas, distorcendo os valores, incutindo desejos, criando necessidades artificiais, induzindo medos e paixões, condicionando as escolhas políticas, econômicas, financeiras, estéticas.

Berlusconi, com o uso sistemático dos meios de comunicação pós-industriais, e sem tocar sequer num fio de cabelo dos seus súditos, conseguiu acumular mais consenso do que os ditadores tradicionais conseguiam extorquir com torturas. Uma cuidadosa dosagem de argumentações lógicas e apelos emocionais, que vertem dia e noite pelas mídias, é capaz de modificar os conhecimentos e habilidades, as opiniões e os sentimentos, as emoções e as atitudes das massas indefesas sem desferir um golpe.

Tocqueville receava nas democracias a mais perigosa exposição ao vírus de um despotismo dissimulado e brando quando os déspotas não tinham à disposição a informática, o rádio, a televisão, a internet e os celulares. O que diria hoje, quando um déspota pode entrar quando bem entende nas casas e nas mentes de seus súditos, evocado com um simples controle remoto por telespectadores cada vez mais crédulos, obedientes e afiliados?

Quanto dura o berlusconismo?

"Até o mar morre", diz García Lorca. Até o poder de Berlusconi é mortal. Hoje, outros governantes tentam tomar o seu lugar no coração dos súditos. O que restará dele, além dos milhares de discursos, entrevistas, fotografias, filmes, declarações entregues aos arquivos e à história? O que nos aguarda depois da experiência do primeiro despotismo midiático da história humana? Os dois profetas até aqui invocados — Tocqueville e Montesquieu — iluminam-nos também sobre as possíveis perspectivas que se desenham em nosso horizonte.

Montesquieu não deixa esperanças. Nem em relação à classe dos governantes ("Todo homem que tem nas mãos o poder é levado a abusar dele, prosseguindo enquanto não encontra limites"), nem em relação à dos governados. "Quando Sila", adverte ele, "quis restituir a liberdade, Roma não foi capaz de recebê-la; não lhe restava mais do que um frágil resíduo de virtude, e, como esta só diminuiu, Roma, em vez de redespertar após César, Tibério, Caio, Cláudio, Nero, Domiciano, encontrou-se cada vez mais escrava: todos os golpes caíram sobre os tiranos, jamais sobre a tirania."

Tocqueville, no entanto, oferece-nos a esperança de uma alternativa: "Uma Constituição que seja republicana no cérebro e ultramonárquica em todas as outras partes sempre me pareceu um monstro efêmero. Os vícios dos governantes e a imbecilidade dos governados não tardariam a conduzi-la à ruína: e o povo, cansado dos seus representantes e de si mesmo, criaria instituições mais livres ou se estenderia aos pés de um só senhor".

Como na Itália fomos os primeiros a experimentar um despotismo brando, seremos, portanto, os primeiros a nos estender aos pés de outro senhor ou a sair vacinados do despotismo pós-moderno: depois de compreendermos na própria pele os mecanismos dissimulados da ditadura midiática, nós italianos poderemos nos conceder regras capazes de preservar o nosso país do berlusconismo depois de Berlusconi, assim como a Constituição republicana, pelo menos por algum tempo, preservou-o do fascismo depois de Mussolini.

Mas o autoritarismo é um legado atávico, selvagem, o lado sombrio da nossa história humana, é um vírus que jamais morre, sempre pronto a se insinuar entre as dobras da democracia sob formas inéditas contra as quais ainda não fomos alertados nem vacinados.

Hoje, à certeza de que o despotismo nunca morre, acrescentou-se a experiência de que ele também pode despontar das telas de tevê e da rede, adoçando a escravidão, mas retardando a libertação.

N. Nápoles

Subdesenvolvimento não se improvisa. É obra de séculos.
NELSON RODRIGUES

Encontro neste pequeno povo o trabalho mais álacre e engenhoso,
não para enriquecer, mas para viver sem pensamentos.
GOETHE

Em 22 de agosto de 2008, a revista *Newsweek* dedicou capa inteira a uma rua de Nápoles coberta de lixo. O título, em letras garrafais, recitava: "Desordem na Itália: como um adorável país se transformou na zona de desastre político e econômico da Europa". Assim, a seu modo, Nápoles conquistou o Guinness de primeira cidade do mundo literalmente invadida pelo lixo. E, à força de conviver com ele, os napolitanos se acostumaram tanto com sua presença ubíqua que quase nem o percebem mais. Como cidade e lixo são os dois maiores símbolos da sociedade consumista, a primazia de Nápoles a eleva a metáfora planetária da parábola urbana, como profética precursora de todas as megalópoles do mundo. Analisar a sua história e a sua cultura pode ajudar-nos a entender não só as imensas conturbações das regiões pobres, de Nairóbi a Calcutá, mas também as ameaças subjacentes à opulência manifesta das cidades hipercapitalistas, de Tóquio a Nova York.

A história

Como Atenas ou como o Cairo, Nápoles é uma cidade que se extingue tão lentamente que ninguém percebe. Entre os séculos XVI e XVIII, viveu um radioso florescimento cultural com a excelência alcançada nas artes figurativas (Massimo Stanzione, Aniello Falcone, Luca Giordano, Mattia Preti, Francesco Solimena) e arquitetônicas (Domenico Vaccaro e Ferdinando Sanfelice), com seus quatro conservatórios e as obras-primas musicais de Pergolesi e dos dois Scarlatti, com as escavações arqueológicas promovidas por Carlos de Bourbon. Ao longo de quase todo o século XIX a cidade respirou ar europeu: a Espanha esteve presente, antes com os vice-reis e depois com os Bourbon; Viena esteve presente, antes com os vice-reis e depois com a mulher de Ferdinando, Maria Carolina, filha de Maria Teresa da Áustria e irmã de Maria Antonieta da França; a Inglaterra esteve presente com Acton, com Nelson, com o refinado Hamilton. Carlos chamara à sua capital arquitetos como Vanvitelli, Fuga e Medrano; a presença de Maria Carolina atraíra numerosos artistas alemães: aos poucos, chegaram a Nápoles Gluck e Metastasio, Goethe e Georg Christoph Bach.

Em 1860, Garibaldi retirou Nápoles e o Sul da Itália dos Bourbon para anexá-los ao resto da Itália. Ocorrida a unificação, posta diante da encruzilhada "industrializar-se ou decair", Nápoles decaiu.

Decaiu porque — como diz Francesco Saverio Nitti, o mais sociológico de todos os meridionalistas — "a fuga dos capitais, determinada pela política de Estado, a carência de educação e de tradição, a ignorância das classes populares, a composição da burguesia, formada por advogados e por médicos, e não por produtores; a distância da fronteira; e principalmente a política financeira do Estado, especialmente desvantajosa para o Sul, impediram qualquer transformação".

O novo governo central dobrou subitamente os impostos, e a pressão fiscal tornou-se muito mais dura no Sul do que no Norte da Itália. Grande parte da riqueza do Sul foi desviada para o Norte, as taxas de juros foram triplicadas, os capitais foram deslocados para financiar a nascente indústria do Norte.

No primeiro recenseamento pós-unificação, em 1861, Nápoles mostrou uma população equivalente à soma de Milão e Turim. Quarenta anos depois, em 1901, as duas capitais do Norte haviam dobrado de população. Hoje, têm muito mais do que o dobro.

A miséria

Para conhecer a situação socioeconômica que veio a se determinar, dispomos de uma preciosa reportagem: "A miséria em Nápoles", escrita pela inglesa e mazziniana Jessie White Mario em 1877. A combativa socióloga, que lera Engels, Spencer e Dickens, e viria a escrever as biografias de Garibaldi e de Mazzini, estivera no séquito das tropas garibaldinas como enfermeira, e conhecera a miséria de Nápoles em 1860, do Agro romano em 1867, do Vale padano durante a inundação de 1872. Visitou o manicômio feminino de San Clemente em Veneza, as sulfureiras sicilianas, as zonas pobres de muitas outras regiões e, por fim, voltou a se dedicar sistematicamente à condição dos pobres em Nápoles.

Permeado de indignação mazziniana, de furor antibourbônico, de espírito laico e anticlerical, de ardente engajamento, o livro resultante reflete toda a desilusão em relação aos governos pós-unitários, que haviam frustrado as expectativas de justiça e bem-estar do povo napolitano, e denuncia a miopia dos grupos dirigentes que preferem ignorar as contradições da cidade em vez de enfrentá-las.

Convencida de que "em nenhuma cidade da Itália e dos países transalpinos a miséria humana atinge o grau que se vê em Nápoles", White descreve suas manifestações com grande meticulosidade metodológica e vivacidade de estilo. Leia-se, por exemplo, esta descrição de um "cortiço": "Tinha seis andares, uma média de sete cômodos por andar, e a média de habitantes de várias famílias era de oito pessoas [...]. Os forros caíam, muitos dos quartos eram totalmente escuros, um recebendo luz do outro, e este da porta ou de buracos chamados de janelas, mas sem vidros. Essa hospedaria específica (diferente das outras visitadas, que não têm sequer uma privada) tinha em quase todos os quartos um buraco no chão. E todos esses buracos correm para a cloaca, que, bem entendido, se junta ao poço. Levando em conta que muitos dos quartos são ocupados por duas ou até três famílias, compreende-se facilmente toda a imundície".

As descrições de White são sempre acompanhadas por comentários vibrantes de laica consternação: "Em todas as voltas que dei em Nápoles, jamais encontrei padre ou frade nesses tugúrios: mas vi centenas deles na festa de Portici, nas corridas de cavalos fora da cidade, nos jardins públicos, onde quer que o dolce far niente fosse também alegrado pelo sol e pela beleza da natureza".

Todas as chagas sociais são enumeradas: "As prostitutas registradas não superam 3 mil; as clandestinas somam mais que o dobro disso [...]. No teatro anatômico, onde se seccionam os cadáveres dos pobres que não pagaram o funeral, entre as jovens de doze anos em diante não havia nenhuma virgem". Nesse quadro desolador, nem as instituições de caridade se salvam: as 349 obras pias existentes na cidade não se eximem de cometer fraudes às expensas dos pobres e em benefício dos inumeráveis religiosos e das 1688 oblatas. No asilo dos pobres estão hospedadas 2545 pessoas, e para cada três pobres há um empregado. Na Real Casa da Anunciada, a mortalidade infantil chega a 90%, e em três meses foram entregues 463 órfãos. No hospital dos incuráveis reinam "a sujeira, o ar mefítico, o pó nauseabundo que sobe do chão, os buracos sem escoamento que servem como privadas, miséria e imundície por toda parte".

A única forma de agregação social existente em Nápoles, vê-se White obrigada a constatar, é o crime organizado: "Os populares napolitanos maldosos sabem se associar para o mal; a Camorra tem origem entre eles". As prisões, ao contrário do que se esperaria, parecem até confortáveis demais em comparação aos "baixos", tanto que 50% dos presos são reincidentes que preferem a cela à miséria dos cortiços.

Marginalização planejada

O plano governamental implantado após a unificação, claramente voltado para Turim e Milão, permitiu a industrialização do Norte e sancionou a marginalidade do Sul da Itália.

Poucos capitais, pouca burguesia empresarial, pouca formação industrial, pouca proteção alfandegária, poucos incentivos estatais, analfabetismo generalizado: que empresas poderiam nascer em semelhantes condições? E, de fato — se excluirmos a central hidrelétrica de Volturno e a fundição de Bagnoli, devidas à visão de Nitti e de Giolitt —, nasceram somente algumas indústrias metalúrgicas estatais, algumas vidrarias e alguns curtumes particulares. Nenhuma fábrica com maquinário atualizado; apenas algumas fábricas mecânicas com uma centena de operários; todas as empresas baseadas mais na exploração intensiva dos trabalhadores do que na inovação tecnológica; condições higiênicas assustadoras em quase todo setor. Enquanto as velhas indústrias bourbônicas decaíam, nenhuma indústria privada surgia, e as estatais, grandes mas subsidiadas, eram decididamente inadequadas para transformar a plebe urbana, acostumada a ter de se virar no dia a dia para sobreviver, em proletariado industrial capaz de defender seus direitos combativamente. Sob uma camada delgada de operários fervilhava a imensa massa informe dos subproletários (a "plebe", como ainda hoje os humanistas napolitanos gostam de dizer), esquecidos por Deus e pelos homens.

Em síntese, ao lado de uma aristocracia em decadência, de um significativo número de proprietários imobiliários que viviam de renda parasitária, de uma massa de médicos e advogados, na Nápoles do início do século XX eram poucos os empresários industriais, muitas vezes do Norte, às vezes estrangeiros, e muitos os varejistas e fornecedores de serviços tradicionais. Não havia mais nada que pudesse contribuir para a formação de uma burguesia moderna e inovadora. A injeção de dinheiro e modernidade, que Nitti obteve para o "ressurgimento industrial de Nápoles", não conseguiu compensar o rebaixamento da cidade de capital do reino para capital da província.

Cólera e lutas urbanas

Vieram a Primeira e a Segunda Guerras Mundiais, e a cidade continuou a decair junto com todo o resto do Sul.

Entre 1960 e 1970, o emprego no Sul, em vez de aumentar graças aos maciços investimentos na industrialização efetuados pelas participações estatais e pela Cassa per il Mezzogiorno, diminuiu. Assim, um menor número de pessoas empregadas tinha de arcar com todos os outros membros desempregados de suas famílias.

No papel, para cada napolitano que trabalhava, havia pelo menos três que não faziam nada. Na verdade, Nápoles era uma espécie de imensa fábrica difusa onde qualquer subproletário conseguia sobreviver somente com um trabalho informal que o obrigava a formas de exploração muito mais intensas do que as infligidas aos poucos privilegiados operários da verdadeira indústria.

Na corrida do progresso, infelizmente Nápoles perdera: se não para sempre, com certeza por um grande número de anos.

A situação tornou-se cada vez mais tensa, até explodir o estopim. No imaginário coletivo, as epidemias são males endêmicos do Terceiro Mundo, e, por isso, quando uma delas irrompeu em Nápoles em 1973, de repente a cidade se descobriu menos europeia e mais africana, menos proletária e mais subproletária. Assim, sob o choque da epidemia e do desemprego, os anos seguintes foram uma sucessão de violentas lutas urbanas. Quanto mais intensa fora a exploração do território napolitano realizada por uma classe dominante míope e rapace através da especulação imobiliária, do consumismo induzido, da expulsão do centro urbano de vastas camadas subproletárias, da privação dos serviços mais elementares, tão mais aguda e persistente foi a onda de lutas por moradia, trabalho, serviços, consumo, saúde. Dessa forma, Nápoles ocupou nas lutas urbanas dos anos 1970 a mesma posição de ponta que Milão e Turim haviam ocupado nas lutas fabris dos anos 1960.

Mitologia da pizza

Como nos ensinou Lévi-Strauss, o cru e o cozido são categorias reveladoras do sistema antropológico que se pretende examinar. Cada alimento característico de uma região revela sua alma popular ou aristocrática e interclassista, e se torna mito. Seria difícil entender os Estados Unidos sem o hambúrguer, a França sem os *escargots* à *la bourguignone*, a China sem o pato laqueado à Pequim, a região de Minas Gerais sem o pão de queijo. E Nápoles sem a pizza.

Nascida como alimento dos pedreiros, que desciam dos andaimes para o intervalo do almoço e encontravam aquela massa quente e saborosa, a pizza foi aos poucos se alastrando para todos os continentes até se aventurar nas arriscadas regiões do franchising e do fast-food.

Mas essa marcha triunfal rumo à globalização não apagou os cinco pecados originais, os cinco enganos que a pizza traz dentro de si.

Por trás de uma aparência exuberante e genuína, a pizza oculta o engano da falsa saciedade: uma mixórdia de massa, mozarela, azeite, sal e tomate, misturada com cerveja e com a tendência de esfriar antes de ser totalmente consumida, ela engana a fome com uma gororoba pesada, que estufa e satura rapidamente o estômago sem o alimentar, assim iludindo os proletários, famílias e estudantes sem dinheiro que creem ter feito uma refeição e entretanto só "comeram uma pizza".

O segundo engano está no nome da mais gloriosa das pizzas, seu carro-chefe, a pizza Marguerita. Por que Marguerita? Porque algum pizzaiolo súdito da dinastia Bourbon, por descarado servilismo, quis à traição homenagear Margarida [Margherita] de Saboia dedicando-lhe o mais bourbônico dos alimentos napolitanos. Não é o único caso de servilismo local: também a canção "Torna a Surriento", que muitos creem ser a invoca-ção amorosa de alguma namoradinha arrasada pela partida do seu amado imigrante, é, na verdade, uma sórdida bajulação de um diretor-geral dos Correios, que fora embora após uma visita oficial a Sorrento.

O terceiro engano reside no suposto interclassismo que une na pizzaria ricos e po-bres — uns por hábito, os outros por necessidade — e alimenta aquele napolitanismo do "Todos nos queremos bem" que há séculos apara todos os conflitos, impede todas as reações de indignada intolerância e degrada as revoluções em revoltas, permitindo que os salafrários prossigam sem ser incomodados em suas trapaças.

O quarto engano está nas vantagens econômicas que a invenção e a produção da pizza poderiam ter trazido a Nápoles, mas não trouxeram. Absolutamente ineptos para qualquer empreendimento racional e eficiente, os pizzaiolos napolitanos presumiram que eles e só eles saberiam preparar para todo o sempre um alimento simplicíssimo por sua própria natureza e, portanto, facílimo de ser reproduzido. Por isso, jamais patentea-ram e industrializaram a sua invenção e agora são pobres nanicos entre concorrentes gigantes, que vendem "pizzas napolitanas" no mundo todo.

O quinto engano está no fato de que a pizza, com toda a sua corte de canções elo-giosas, filmes e estereótipos, contribuiu para criar no napolitano a convicção de que os napolitanos são criativos. Enquanto o resto do mundo inventava o plástico e os mi-croprocessadores, a pilha atômica e os satélites artificiais, as biotecnologias e os raios laser, em Nápoles insistiam com essa bendita pizza e suas surradas variantes. A imagi-nação, para se tornar criatividade, deve se casar com a concretude, mas, infelizmente, em Nápoles ela ficou solteira.

Antropologia do interclassismo

Até a Segunda Guerra Mundial, Nápoles era uma cidade interclassista: em Spacca-napoli, nos Quartieri Spagnoli, em Santa Lucia, conviviam ricos e pobres: proletariado nas partes baixas, aristocratas e alta burguesia no plano nobre, pequena e média burguesias nas partes altas. Hoje, porém, os ricos ficam na praça Martiri e em via Orazio; os pobres ficam nos bairros periféricos (a "coroa de espinhos", como dizia Francesco Saverio Nitti); a pequena e a média burguesia ocuparam o resto do território.

O caráter dos napolitanos — os intelectuais a chamam de "*napoletanità*" — deriva em grande parte daquela geleia de quatro classes sociais (muita aristocracia, pouca burguesia, pouco proletariado, muito subproletariado) que, por séculos, viveram juntas nos mesmos bairros, ajudando-se ou subjugando-se mutuamente na luta feroz pela sobrevivência: vistosamente a aristocracia, parcimoniosamente a burguesia, miseravelmente o proletariado, desesperadamente o subproletariado. Mas todas com astúcia dissimulada, alegria aparente, infantilismo de essência.

Se se quiser entender a "*napoletanità*", deve-se acrescentar a essa geleia de classes a ação milenar do sol e do mar Mediterrâneo.

O país do sol

Reduzido por séculos à fome endêmica, o povo desnutrido perdeu todas as suas energias e se refugiou numa sonolência semelhante à letargia, em que o ócio fantasioso e individualista prevalecia sobre a reação vital e a operosidade organizada. "Esta é uma terra que inspira o desleixo e a indolência", escreveu Goethe, quando esteve em Nápoles em 1787. Mas, além da miséria e da consequente letargia, há outro fator importante que teve um papel ambíguo na formação do caráter napolitano: o sol.

A ele devemos o caráter solar — isto é, a simplicidade impudente, a alegria exuberante, a propensão ao bom humor despreocupado — que sempre impressionou os forasteiros. Ainda Goethe anotou em seu diário: "Nápoles por si anuncia-se jocosamente, cheia de movimento e de vida, uma multidão imensa encontra-se pelas ruas; o rei está caçando, a rainha grávida, e não se poderia desejar nada melhor [...]. Todos estão pelas ruas, todos sentam-se ao sol até que cesse de brilhar. O napolitano acredita realmente estar em posse do paraíso [...]. Jamais será inteiramente infeliz aquele que puder voltar em pensamento a Nápoles [...]. Quanto à posição da cidade e de suas singulares belezas tão descritas e decantadas, não tenho nada a acrescentar. 'Ver Nápoles e depois morrer!', dizem aqui [...]. Nápoles é um paraíso; todos vivem numa espécie de embriaguez e de esquecimento de si mesmos. A mim acontece o mesmo; quase não me reconheço, sinto-me outro homem. Ontem eu dizia a mim mesmo: ou você foi louco até agora ou agora está sendo [...]. Em Nápoles só se quer viver; a pessoa esquece-se de si mesma e do universo [...]. Vivendo entre o povo sempre nos divertimos do modo mais original [...]. É interessante e faz tão bem passear numa multidão inumerável e irrequieta como esta. Todos se mesclam como as ondas de uma torrente

[...]. Em Nápoles vivi à napolitana; fiz de tudo, menos trabalhar [...]. Aqui ficamos sempre mais indolentes".

Mas, sob o sol-eros do céu, que torna a cidade solar, há o sol-tânatos da terra, que torna a cidade infernal: aquele Vesúvio sempre pronto a acabar com as casas e sepultar os habitantes, aprisionando os napolitanos entre Deus e Satanás.

Não só a Camorra mas também a violência cotidiana que fervilha sob a aparente benevolência frequentemente recorrem a formas de ferocidade tão primitivas, tribais, extremas que fazem pensar em sobrevivências inconscientes de antiquíssimas turbas coletivas, sedimentadas no decorrer da história, que de algum modo misterioso ligam a Nápoles dos operários, das donas de casa, dos pescadores, dos artistas, dos cientistas, dos empresários, à Nápoles dos politiqueiros, dos especuladores, dos camorristas, dos traficantes de drogas, dos extorsionários, dos malfeitores, dos assassinos. A Nápoles descrita por Roberto Saviano em *Gomorra*.

Como se explicaria, de outra forma, que na mesma cidade em que nasceu a branda doçura de poetas delicadíssimos e músicos encantadores, onde a massa dos cidadãos adotou uma gestão democrática, alguns possam violar sistematicamente a lei, extorquir bairros inteiros, matar adultos e crianças, destruir corpos a ponto de arrancar o coração, degolar a cabeça, desfigurar o rosto, como aconteceu frequentemente, inclusive em anos recentes?

Esse cotidiano furor que ensanguenta a cidade, esse impiedoso encarniçamento dos assassinos sobre os corpos dos assassinados que pertencem à história de Nápoles, abeberam-se nas suas raízes, são um câncer que se alimenta apenas em suas vísceras ou vem de longe e se insinua como um corpo estranho em suas pacíficas fileiras? O melhor e o pior de Nápoles são dois sistemas separados, embora infelizmente convivam juntos, ou lançam suas artérias numa mesma nascente de onde jorram a alegria solar da vida e a dilaceração noturna da violência homicida?

O país do mar

Por milhares de anos, esse mar em forma de lago diante do qual se ergue Nápoles foi o umbigo do mundo, a meio caminho entre Norte e Sul, entre Oriente e Ocidente. Em suas costas nasceram o urbanismo, os templos e os museus; as bibliotecas, os anfiteatros, as termas e as arenas; as festas e as universidades; a gramática e a retórica, o monoteísmo e o monarquismo; a reflexão sobre a vida, sobre a morte e sobre a felicidade humana. "Tudo isso", escreveu o historiador francês Fernand Braudel, "porque o Mediterrâneo é um ponto de convergência antiquíssimo. Há milênios tudo conflui para ele, complicando e enriquecendo sua história."

A variedade das paisagens, das cores, das civilizações, das raças, das religiões, das estéticas, dos símbolos, dos valores; a coexistência de pirâmides e arranha-céus; de água e deserto; de sedentarismo e nomadismo; de uva, trigo, palmeiras, carvalhos e oliveiras; de lugares apertados e de espaços infinitos; de arcaicas oficinas e de futuristas hipermercados: tudo contribui para fazer do Mediterrâneo um cadinho onde dialeticamente se fecundam a tradição da montanha e a aventura do mar, o passado e o presente, o local e o global, o emocional e o racional, a essência e a aparência, o interno e o externo, o latente e o manifesto, o autêntico e o mítico, o transitório e o permanente, o fragmentário e o coerente, o semelhante e o diferente. Em suma, tudo o que há de mais antigo e de mais pós-moderno.

O mar e o clima do Mediterrâneo foram capazes de reconduzir tudo isso a uma unidade, servindo alternadamente de obstáculo e de ligação entre os povos, de semente da discórdia e de esperança da harmonia.

Nos anos mais recentes, conforme as outras áreas do mundo ofuscavam a sua antiga centralidade, mesmo assim o Mediterrâneo conservou uma satisfeita equidistância tanto do fundamentalismo consumista dos EUA quanto do fundamentalismo religioso do Islã, permanecendo fiel à sua própria antiga cultura, feita de acolhida, solidariedade e alegria, ainda solidamente radicada na Grécia de Péricles, na Cartago de Aníbal, na Roma de Adriano, na Florença dos Médicis, na Espanha de Cervantes, na França de Voltaire. E na Nápoles de Giambattista Vico, Gaetano Filangeri, Benedetto Croce.

Pessoas antigas

Nos anos 1970, a praça fervilhava de greves, manifestações e protestos; a fábrica e a cidade aliavam-se para conduzir lutas sinérgicas por salário, emprego, casa; operários e estudantes marchavam juntos contra um inimigo improvável, fugidio e ubíquo, por um objetivo igualmente vago e todavia candente; o terrorismo diariamente ceifava as suas vítimas; todas as noites apareciam nos muros da cidade ameaçadoras siglas inéditas como NAP e BR.

Enquanto os intelectuais se azafamavam em torno da análise de classe, das denúncias circunstanciadas, das previsões econômicas, das reformas inadiáveis, da inevitável revolução, da cultura e da beleza que salvariam o mundo, um engenheiro napolitano, Luciano De Crescenzo, prosseguia inabalável numa produção literária e cinematográfica que reivindicava a descendência helênica do modelo de vida napolitano e tecia uma epopeia das "pessoas antigas": um universo ancestral povoado por porteiros, carregadores, barbeiros, torcedores, filósofos e poetas extemporâneos, pais, avós, tios, mascates, vendedores ambulantes, fofocas caseiras e brigas domésticas. Um mundo em eterna, incompleta extinção, aparentemente frágil diante da maré montante da globalização, do progresso tecnológico, da sociedade afluente. Um mundo do qual os intelectuais, os políticos e os revolucionários profissionais se envergonham e ao qual, no entanto, De Crescenzo dava voz, afetuosamente.

Enquanto descia à praça um número crescente de ex-camponeses, camelôs, pequenos mascates, padeiros, metalúrgicos, violonistas, torneiros, luveiros, pescadores, porteiros, trabalhadores braçais, jardineiros, siderúrgicos, ferreiros, e toda a ampla gama de ofícios e subofícios que o círculo vicioso da miséria impusera por séculos às populações do Sul; enquanto, em suma, ocorria o fim do mundo industrial, Luciano De Crescenzo ironicamente recuava os ponteiros da história napolitana, até os dias em que Goethe vira nos napolitanos a capacidade invejável de contentar-se diariamente com uma justa dose de "satisfação momentânea, gozo limitado, o alegre suportar de males passageiros".

Diante dessa representação antropológica, os intelectuais e os críticos profissionais reagiam contestando ou torcendo o nariz. Não queriam ver esse povo decrépito, condenado pelo Mediterrâneo, pela história, pelo sol e principalmente por si mesmo, ostentando a sua infantil fragilidade sem nunca fazê-la evoluir para uma força madura: política, moral, estética, econômica. Um povo que confia suas economias não aos bancos e à Bolsa, mas à loteria e às rifas. Um povo que não perscruta o futuro com as pesquisas de mercado, mas exorciza-o com esconjuros. Um povo em que as mulheres representam o elemento de ligação, reprodutor e nutriente: a memória, a força, a comunicação, a tradição, o código ético e o genético. Um povo que não interessa aos partidos de direita, que o consideram pouco rentável, nem aos partidos de esquerda, que o consideram lúmpen, trapos ao vento, agregação de inconfiáveis vira-casacas.

Da revolução à coalizão

Mas, se olharmos bem, existirá ainda uma esquerda capaz de defender Nápoles do populismo laurino que, sob múltiplos nomes, polui a administração da coisa pública napolitana desde a época bourbônica? Num artigo no jornal *La Repubblica*, o filósofo Massimo Cacciari tentou dar uma resposta a essa pergunta referindo-se a toda a Itália, Campânia e Nápoles incluídas: a esquerda inteira, segundo ele, está tão extinta que até mesmo o vocábulo deveria ser apagado do dicionário político. A mim também ocorreram algumas suspeitas sobre essa extinção em 12 de novembro de 2012, quando um canal de televisão transmitiu ao vivo o confronto entre os cinco finalistas das primárias organizadas pelo Partido Democrático, aquele que mais do que os outros concentra o suposto pessoal de esquerda. Como última pergunta da roda, o entrevistador perguntou a cada participante qual era a sua figura ideal de referência. Luigi Bersani, secretário do partido, indicou João XXIII; Laura Puppato, cota feminina do quinteto, indicou Tina Anselmi; Bruno Tabacci, velho liberal, indicou De Gasperi; Nichi Vendola — o mais à esquerda da formação — indicou monsenhor Martini; e Matteo Renzi, o futuro *dominus* do partido, num arroubo de laicismo iconoclasta, indicou Mandela.

O estado de confusão dos cinco finalistas, síntese de esperteza de moleques e de ignorância abissal, revelava uma ausência total de bases teóricas para interpretar a realidade, de modelos conceituais para elaborar uma estratégia, de métodos científicos para superar as contradições. Por trás da crise dos representantes políticos, portanto, há uma inadimplência dos intelectuais, desprovidos de ideias, mas prontos para agarrar as vantagens da esquerda e igualmente prontos para dissociar-se dela quando não mais lhes convier.

Agora o Partido Democrático napolitano é um estuário lamacento de dejetos oriundos de todas as descargas ideológicas. Há católicos que fazem cambalachos e laicos que posam de santarrões, progressistas que defendem o status quo e conservadores que simulam avanços. Cada qual é um ex-alguma coisa: ex-militante de 1968, ex-padre operário, ex-monarquista. Como diria Leo Longanesi, os poucos marxistas o são porque cultuam Groucho Marx. Não servem para nada, mas são capazes de tudo, escrevem-se cartas anônimas para aplacar sua má consciência e, quando o carteiro toca duas vezes, fingem não estar em casa.

A partir do final do século XIX, de Bakunin a Bordiga, a esquerda napolitana foi o ponto de confluência de todas as forças alinhadas ao lado dos explorados, o mínimo denominador comum de todos os movimentos, das forças e dos homens indignados com as injustiças do mundo e decididos a repará-las: alguns visando à revolução, outros às reformas, todos pagando na primeira pessoa. Depois começou a deriva, e em lugar da revolução preferiu-se a coalizão.

Se no mundo, na Itália, na Campânia, não existissem mais injustiças e não existissem mais explorados, então a esquerda não teria razão de existir e seria plenamente possível apagar a palavra do vocabulário. Mas desconfio que alguma pequena injustiça, algum último explorado ainda se escondam nas dobras da nossa história. Na Itália, por exemplo, 11% das famílias estão em condição de pobreza relativa, 5% em condição de pobreza absoluta. No Sul, um em cinco trabalhadores não tem contrato regular. A Campânia, segunda região da Itália em número de habitantes, tem o menor PIB per capita de todo o Sul italiano e de todo o país: 16 601 euros, equivalente à metade do da Lombardia (33 483 euros). Há, portanto, algo que não funciona na sua classe dirigente, a começar pelos políticos e intelectuais. E há algo de patológico na falta de indignação que refreia milhares de jovens em situação precária numa paralisia psicótica, enquanto a poucas centenas de quilômetros, na outra margem do Mediterrâneo, seus coetâneos africanos arriscam a vida para ganhar um fiapo de liberdade.

O fato é que os explorados, por si, não são nada, e, fragmentados dessa maneira, não causam medo a ninguém, especialmente na Campânia e em Nápoles, onde tudo se compra porque tudo se vende. Seria, portanto, necessário que os "trapos ao vento" deixassem de ser átomos individuais e se transformassem em classe solidária. Seria necessário que tomassem consciência de serem explorados, se organizassem para resgatar sua condição, soubessem enxergar quem são seus verdadeiros inimigos e quem poderiam ser seus potenciais aliados. Mas tal amadurecimento não acontece automaticamente e por acaso: é necessária a ação paciente dos líderes mais cultos, mais honestos, da chamada "base". Antigamente chamavam-se "vanguardas", que eram cuidadosamente escolhidas pela inteligência e pela paixão; eram formadas em escolas de partido e de sindicato adequadas, onde os cursos eram muito rigorosos e duravam vários meses; ganhavam as posições de comando graças aos resultados alcançados, e não à pertença clientelar.

Em síntese, é difícil dizer se em Nápoles e na Campânia ainda existe uma esquerda e, em caso afirmativo, se ainda é capaz de representar os explorados, visto o estado de confusão no qual esse alinhamento-estuário desemboca em nível tanto nacional quanto local. Mas estamos em plena sociedade pós-industrial, fundada no progresso tecnológico: está demonstrado que todo progresso faz suas vítimas, e é indispensável que, onde houver vítimas, haja uma esquerda culta, organizada, intransigente. Antes de mais nada, consigo mesma.

Cidade pós-moderna

Um motivo dessa ausência talvez se encontre precisamente no povo representado com benevolência e cumplicidade por Luciano De Crescenzo e que, se olharmos bem, não está distante dos personagens ambíguos mostrados por Eduardo De Filippo ou dos monstros em degeneração que encontramos nos filmes de Martone, Sorrentino e Garrone. É um povo fervilhante, desengonçado no corpo e na mente, capaz de surpreender com ímpetos de inesperada genialidade miúda, mas incapaz de conceber e realizar grandes ações coletivas, grandes empreendimentos organizados, grandes projetos. É, em todo caso, desse povo que depende seu próprio destino.

Nas velhas reportagens fotográficas de mestres como Henri Cartier-Bresson predominavam crianças, moleques. Nas matérias fotográficas dos repórteres mais recentes predominam os velhos. Aqueles velhos cuja extinção trará também, talvez, a "napoletanità" outrora descrita por Goethe.

Passaram-se mais de dois séculos desde sua viagem à Itália, e hoje hordas coléricas de napolitanos se despejam todas as manhãs nas ruas da cidade, e seu rancor recíproco cresce e se obstina com o atraso dos transportes, com o congestionamento do trânsito, com as buzinas enlouquecedoras, com a perda da hora dos compromissos, com o acúmulo do trabalho, com o atraso nas entregas, com tudo que funciona mal: um teatro fervilhante e grotesco como um quadro de Hieronymus Bosch.

Se pararmos para observar os pedestres numa esquina de via Roma ou de via Chiaia, perceberemos logo que a maioria deles está visivelmente enfurecida, vários falam sozinhos, e se por acaso alguém leva um esbarrão involuntário reage com um grau de histeria desproporcional, muito acima de qualquer coisa que se poderia esperar legitimamente.

Se depois essas centenas de milhares de exasperados são canalizadas para um número exíguo de cubículos, muito deles no andar térreo, sem sol e sem saneamento básico, ou em grandes prédios periféricos já deteriorados desde o dia da inauguração; se lhes for incutido o pavor da ameaça perpétua dos terremotos, dos movimentos tectônicos, dos desmoronamentos, das epidemias, dos furtos, dos assaltos, das demissões, tem-se a Nápoles tal como ela é: um quebra-cabeça, uma colcha de retalhos, uma colagem pós-moderna, um novelo sem fio da meada e sem esperança, que em vez de determinar seu próprio destino com uma ação consciente e coletiva prefere confiá-lo à caprichosa generosidade de são Januário, santo que, submetido à reflexão antropológica, oferece uma enésima prova do estágio infantil em que Nápoles se deleita e se delonga. Todos os anos, esse napolitaníssimo santo dissipador liquefaz pontualmente seu sangue, desperdiçando sua potência taumatúrgica num milagre totalmente inútil, quando, com efeito semelhante e maior sabedoria, poderia resolver a cada ano um dos tantos graves problemas da cidade.

Poetas, cantores, ideólogos e intelectuais desde sempre exaltaram essa amada-odiada cidade, falaram em tom submisso e cauteloso dos seus muitos defeitos, repetiram com ênfase admirativa suas poucas qualidades: exatamente como se faz com os doentes, com as crianças, com os moribundos. Com isso, contribuíram para perpetuar a patológica infância desse povo que se obstina em não crescer, fingindo-se eterna criança para enganar o pavor da morte com a astúcia da razão.

Inimigo interno

Todos, em Nápoles, subiram pelo menos uma vez a San Martino, onde o castelo, o museu, o panorama da cidade inteira concorrem para oferecer uma síntese da sua natureza e da sua cultura. Entrando no castelo, pode-se ler com emoção a lápide que o município colocou em 1871 e que diz: "Ao povo de Nápoles/ que nas três honestas jornadas de julho MDXLVII/ macerados, mal armados e únicos da Itália/ francamente pelejando nas ruas das casas contra os melhores bandos da Europa/ mantiveram distante de si o opróbrio/ da Inquisição espanhola/ imposta por um imperador flamengo e por um papa italiano/ e provaram uma vez também/ que a servidão é mal voluntário do povo/ e é culpa dos servos, mais do que dos senhores".

Isso os napolitanos fizeram ontem, expulsando o inimigo que vinha do exterior. O que poderiam fazer hoje, diante da esmagadora supremacia do "inimigo interno", que prevalece com a violência dos seus dejetos e da sua Camorra? E da esmagadora supremacia do inimigo, ainda mais interno, que cresce dentro deles: o sentido de impotência, de culpa e de amargura, o *scuorno*, o vírus corrosivo e mortificante que os persegue com implacável contagem dos seus erros, das suas cumplicidades, das suas injustificáveis preguiças? Um sistema está podre quando dispõe de recursos abundantes, mas não consegue metabolizá-los. Ontem Nápoles não conseguiu metabolizar o protoindustrialismo de Ferdinando II e o industrialismo de Francesco Saverio Nitti; hoje não consegue metabolizar a genialidade estética dos seus artistas e a potencialidade turística das suas belezas. Não consegue produzir aquilo que saberia vender e não consegue vender aquilo que saberia produzir. Até suas músicas, que no início do século XX se tornavam imediatos best-sellers internacionais, hoje não conseguem ultrapassar as fronteiras regionais.

O mesmo ocorre em Teerã, Salvador ou em Caracas, porque Nápoles não é só uma cidade específica, mas também um modelo de subdesenvolvimento, um dos tantos casos mundiais de decrescimento não planejado, mas sofrido.

Os napolitanos não conseguiram sequer explicar a si mesmos quem são, aonde e como devem ir. Para decifrar sua extravagância não lhe foram de ajuda a linha da palma teorizada por Leonardo Sciascia na Sicília nem o pensamento meridiano teorizado por Franco Cassano na Apúlia. Assim que abraçam uma ideia, apressam-se em deixá-la com a desculpa de que não produzirá filhos: foi o que fizeram com o catolicismo e o marxismo, com a imoralidade do prefeito Achille Lauro (laurismo) e com o estilo decisionista do prefeito Antonio Bassolino (bassolinismo), sem conseguir explicar a sua anomalia, sem impedir que suas ideologias degenerassem em estereótipos e sua fé em superstições. As mídias locais ignoram as ideias válidas elaboradas pelos melhores artistas, intelectuais, empresários, e exultam diante dos pequenos expedientes com que o submundo das trapaças, acreditando-se inteligente, à inteligência antepõe a esperteza. De imaginação febril, os napolitanos não conseguem dar corpo às ideias com uma sólida concretude. Desmantelaram siderúrgicas, portos e refinarias empregando mais tempo do que fora necessário para construí-los e sem saber com o que substituí-los.

Tanto no campo dos bens materiais como no das ideias, Nápoles consome mais do que produz. Tudo vem de fora, do resto do mundo: não só as matérias-primas que as fábricas napolitanas processam, mas também as tecnologias que usam, os alimentos que os cidadãos comem, os medicamentos com que se curam, os espetáculos a que assistem. Se desempregados, procuram um trabalho; se profissionais, aspiram a uma especialização; se confiantes em sua inteligência, querem aplicá-la; se conscientes dos seus méritos, querem fazer carreira; se atingidos por uma doença, precisam de tratamento; se querendo tranquilidade, procuram segurança para si, para seus filhos, para os seus negócios: tudo são obrigados a mendigar em outro lugar, como cidadãos do Terceiro

Mundo, como extracomunitários da modernidade. Sua balança comercial, econômica, social, moral, cultural é escandalosamente passiva.

Na Campânia, centenas de milhares de estudantes, professores e profissionais convivem desenvoltamente com as massas semianalfabetas. Uma multidão ilimitada de intelectuais — a eterna pequena burguesia intelectual de que falava Salvemini já em 1911 — continua a se eximir espertamente da história, delegando a revolução e a mudança a quem está acima ou abaixo dela: à classe política, algoz e vítima do atual colapso; ou à classe que esses intelectuais chamam de "plebe" e que jamais contribuíram para transformar em proletariado.

Infantilismo perpétuo

Em 1914, 86 personalidades napolitanas — intelectuais, empresários, políticos — assinaram um "manifesto" em que defendiam o resgate econômico, ético e estético da cidade para libertá-la dos seus atávicos defeitos, minuciosa e corajosamente enumerados: superficialidade, infantilismo, incompetência, arrogância, nepotismo, clientelismo, tosquidão estética, transformismo, provincianismo, derrotismo, suspeita recíproca, mania de buscar causas ocultas, falta de reconhecimento, individualismo, resignação.

Num povo que acumula tantos defeitos, quem se descobre adulto escapa. Assim ocorreu em Nápoles desde a unificação de 1860. Todo ano, quem estudou mais do que os outros, quem cresceu intelectualmente mais do que os outros, quem tem mais coragem do que os outros pega um trem e vai tentar a sorte em outro lugar, no Norte ou no exterior, alimentando aquele darwinismo invertido que leva à seleção negativa da espécie, à moeda ruim que expulsa a boa.

Enquanto o sistema econômico do Sul, centrado na improvisação, tende para o fracasso, o sistema psíquico dos habitantes, em particular dos napolitanos, sujeito à emotividade, tende para o infantilismo. Pensam e decidem tudo sob o caprichoso impulso da desforra, da camarilha, do desaforo, da aliança efêmera, do imediatismo, sem projeto nem estratégia compartilhada, com base numa filosofia da esmola que descaradamente pretende defender como inépcias venais ou até como virtudes os pecados mortais da superficialidade, da imperfeição, do incompleto, do provisório, do conformismo.

Esse infantilismo prolongado se manifesta na contínua busca de um bode expiatório, no paternalismo e no clientelismo, numa teimosa resistência às mudanças. Imobilizados, depois da unificação, na economia pré-industrial, chegaram recentemente à sociedade pós-industrial sem passar por uma experiência industrial feita de rigorosa disciplina, de rígida racionalidade, de culto à eficiência, de respeito à hierarquia e às competências. Amputados da modernidade, tentam governar o pós-moderno aplicando os cânones do pré-moderno. O resultado é um crescente *gap* cultural que os afasta da Itália, da Europa, do mundo.

A falta de uma experiência industrial é causa e efeito da incapacidade organizacional. Na teoria, os napolitanos escolhem metas excelentes e estratégias originais; na prática, não conseguem organizar os recursos para transformar os desejos em projetos e os projetos em obras concretas. Assim, Nápoles e a Campânia tornaram-se um grande repertório, uma súmula e um estuário de todas as patologias pós-industriais: a superpopulação, o consumismo insustentável, o desastre ambiental, a impotência diante da complexidade, a rendição diante da criminalidade. Muitas inteligências são lúcidas e cultas: portanto, plenamente conscientes desse fracasso total, que as lança num estado de intolerável prostração, numa sensação de crise irreversível. O senso de crise, por sua vez, tem um efeito paralisante que impede projetar o futuro da cidade a não ser em termos de veleidades.

E quando uma sociedade não consegue projetar seu futuro, alguma outra, do exterior, impõe-lhe um futuro estranho e hostil.

As ruas invadidas pelo lixo são a representação plástica dessa obra-prima da desorganização em que a inextricável circularidade das culpas impede que se encontre o fio da meada.

A seu modo, na Campânia, a única organização profissional e meritocrática — portanto, eficiente — é a Camorra, de que falava Jessie White Mario, formada, sim, de "brutamontes antigos, de puro estupor e ferocidade", como diria Vico, mas brutamontes capazes de unir uma trivial produtividade a uma globalização tentacular, organizados militarmente em bandos implacáveis tanto no interior quanto no exterior, fiéis a pouquíssimas regras instintivas, que incluem o homicídio.

Fora do mundo criminoso, é muito mais fácil impedir do que realizar, principalmente pelo derrotismo de uma burocracia lenta e capciosa, de forma que qualquer empreendimento exige esforços tão sobre-humanos que levam à desistência, antes mesmo de se completar. A organização de um empreendimento, de um canteiro de obras, de uma escola, de um evento na Campânia demanda um esforço dez vezes maior do que no Norte. Por isso são dez vezes maiores as probabilidades de desistência ou de fracasso.

O resultado é que Nápoles e a Campânia, apesar de seu patrimônio histórico e natural, apesar de sua posição no Mediterrâneo, se oferecem ao mundo inteiro como um agregado desarmônico, uma espiral aparafusada sobre si mesma, um corpo social dominado pelas células cancerígenas da criminalidade e da desorganização.

O que no Brasil se diz a respeito dos baianos pode-se igualmente aplicar aos napolitanos: quando nascem, debutam, sobem ao palco e recitam o seu papel. No entanto, mais cedo ou mais tarde, terão de enfrentar o teste da realidade, porque o seu esforço para transformar a miséria em recurso e a vida em teatro não surtiu os agradáveis efeitos descritos por Goethe.

Nápoles é amável como a Bahia e, como todas as grandes cidades do mundo onde a sociedade pré-industrial não cedeu passagem à industrial, agora corre o risco de perder também as ocasiões da pós-industrial. O subdesenvolvimento não é um empreendimento simples, mas, quando sai à perfeição como está acontecendo em Nápoles, permanece sempre à espreita entre as dobras da aparente e distorcida modernização. Anualmente, o jornal econômico *Il Sole 24 Ore* realiza uma cuidadosa pesquisa sobre a qualidade de vida nas 107 províncias italianas, empregando cerca de quarenta parâmetros, do PIB per capita ao emprego, das atividades financeiras aos serviços públicos, do ensino ao lazer. Muito bem, na classificação geral do ano de 2013, Nápoles e sua província ficaram em último lugar, tendo recuado nada menos que 27 posições em dez anos (em 2014, a primazia passou para Agrigento). No setor das trapaças e das fraudes, recuaram nada menos que 52 posições.

Mas, qualquer que seja o parâmetro que se adote, os resultados acabam por dar razão ao diagnóstico de Pasolini, ao mesmo tempo impiedoso e afetuoso, com que me parece adequado concluir este capítulo: "Os napolitanos são hoje uma grande tribo que, em vez de viver no deserto ou na savana, como os tuaregues ou os bejas, vive no ventre de uma grande cidade costeira. Essa tribo decidiu se extinguir enquanto tal, sem responder às próprias possíveis mutações impostas, recusando o novo poder, ou seja, aquilo que chamamos de história ou também de modernidade. É o mesmo que fazem os tuaregues no deserto ou os bejas na savana (ou também, há séculos, os ciganos): é uma recusa, nascida do coração da coletividade (tem-se notícia também de suicídios coletivos de manadas de animais); uma negação fatal contra a qual não há nada a fazer. Gera uma profunda melancolia, como todas as tragédias que se cumprem lentamente; mas também um profundo consolo, porque essa recusa, essa negação da história, é certa, é sacrossanta. A velha tribo dos napolitanos, em seus becos, em suas pracinhas negras ou cor-de-rosa, continua, como se nada tivesse acontecido, a gesticular, a exclamar, a se encolerizar, a mostrar suas insolentes prepotências, a servir, a mandar, a se lamentar, a rir, a gritar, a zombar [...]. Os napolitanos decidiram extinguir a si mesmos, continuando até o final como napolitanos, isto é, irrepetíveis, irredutíveis e incorruptíveis".

346

O. Ócio

A vida é o que acontece enquanto pensamos em outras coisas.
OSCAR WILDE

Homem que trabalha perde tempo precioso.
PROVÉRBIO ESPANHOL

A FORÇA TRANQUILA DO ÓCIO

O capítulo dedicado à letra "O" não podia ser destinado senão à palavra "ócio". Meu flerte com este termo e com este conceito começou muito anos atrás, quando a refinada empresária da área cultural Federica Olivares propôs-me idealizar e dirigir para sua editora uma coleção de livros em formato de bolso. Dei-lhe o nome de "O Luxo da Pausa", e, como convém a uma pausa, a coleção gerou somente uma dezena de títulos intrigantes, como, por exemplo, *O conto policial do presidente*, de Franklin Delano Roosevelt, *Estética do feio*, de Karl Rosenkranz, *O banquete*, de Platão, *Guia da mulher inteligente*, de George Bernard Shaw, *As estrelas*, de Edgar Morin. Cada livro trazia na contracapa um breve texto expondo os objetivos e destinatários do empreendimento, e começava assim: "Dizem que, quando o pintor Davi lhe perguntou como preferia seu retrato, Napoleão respondeu: 'Sereno sobre um cavalo ensandecido'. Dessa resposta, um destilado de sabedoria existencial, nasceu o quadro que alimentou a fantasia de todos nós nos bancos da escola primária. Mas parecem-nos ensandecidos sobre cavalos serenos muitos homens políticos e de negócios, muitos profissionais, muitos intelectuais de profissão, muitos estudantes afligidos pela pressa de aprender, muitos modernos capitães da indústria com as legiões de executivos que — punks de jaquetão — praticam hoje as virtudes marciais e contagiosas da concorrência global". Era, antes de mais nada, para esses "guerreiros em tempo de paz, picados pelo demônio do ativismo", que se dirigiam os livros da coleção, pensada para "lhes despertar a tentação sem remorsos do descanso e da meditação", mas também para reunir num círculo ideal "todos aqueles que sentem o desejo cada vez mais agudo de repensar a estratégia de sua própria vida em termos de introspecção, amizade, diversão, amor e convívio".

Coerente com essa *mission*, a coleção reúne num mesmo volume dois "clássicos" da literatura sobre o ócio que não se encontravam mais no mercado: *O direito à preguiça*, publicado por Paul Lafargue em 1883, e *Elogio do ócio*, publicado por Bertrand Russell em 1935. Incluí uma introdução cujos nós temáticos são retomados neste capítulo, modificados e integrados à luz das experiências intelectuais que amadureci nesse meio-tempo.

A primeira dessas experiências foi a investigação do papel exercido pelo ócio na cultura da Roma antiga não só através dos *otia* das elites, mas principalmente através do duradouro fenômeno de massa que foram as termas.

A segunda experiência, nascida depois da publicação do livro-entrevista intitulado *Ócio criativo*, foi minha investigação sobre o tema do ócio examinando as raízes na história do Brasil, o país que, depois da Grécia clássica, foi o que melhor soube fazer do ócio ocidental uma arte refinada e coletiva.

Essa pesquisa levou-me a identificar a fonte antropológica da vocação brasileira para o ócio criativo em sua matriz indígena. Darcy Ribeiro, o maior estudioso da civilização indígena, à qual dedicou os cinco insuperáveis *Estudos de antropologia da civilização*, define os indígenas como pessoas profundas, irredutivelmente humanas, tranquilas, alegres, limpas, que exercem sua criatividade como ato espontâneo cotidiano, que dedicam a maior atenção, sentem o maior prazer em tudo o que fazem e usam, "gente muito mais capaz do que nós para compor existências livres e solidárias". Tudo isso para quê? Para gerar beleza! "A verdadeira função que os indígenas esperam de tudo o que fazem é a beleza. Incidentalmente suas belas flechas, sua preciosa cerâmica têm um valor utilitário. Mas sua função real, isto é, seu modo de contribuir para a harmonia da vida coletiva e para a expressão da sua cultura, é criar beleza [...]. Não tendo passado pela mó da estratificação social e não tendo jamais sabido de patrões e operários, de elites e massas, cada índio desabrocha como ser humano em toda a sua plenitude e individualidade." Graças à sua vida espontaneamente ociosa, os índios adequaram seu modelo de vida ao contexto natural, vivendo serenamente, evitando a competitividade mútua e a acumulação insensata. Milhões deles preferiram morrer a aceitar a desumana rudeza do trabalho nas minas e nas fazendas.

OCIOSOS E LABORIOSOS

Como se sabe, são principalmente as pessoas muito laboriosas que gostam de falar de ócio. Moreau-Christophe, que em 1846 publicou *O direito à preguiça*, era um trabalhador tão fanaticamente obstinado que ostentava o lema *"Vitam impedere labori"*, consagrar a vida ao trabalho. Marx, que glosara seu livro, confessou: "Bato-me pela lei das oito horas para os operários, mas, pelo que me diz respeito, sou partidário das longas jornadas de trabalho". O genro de Marx, Paul Lafargue, que, por sua vez, extraiu inspiração de Moureau-Christophe para o seu próprio *O direito à preguiça*, trabalhou duro até os setenta anos. Já Maurice Dommanget, que organizou uma edição cavilosa de Lafargue para o editor Maspero, confessa numa nota que, com mais de oitenta anos, trabalhava ainda "como um forçado". Hermann Hesse, que em 1904 publicou um artigo sobre a arte do ócio, "Die Kunst des Mussiggangs", mais tarde reconheceu: "Se no fundo não fosse um homem extremamente operoso, não sei como poderia ter-me ocorrido a ideia de conceber louvores e teorias em favor do ócio. Os ociosos por natureza, os ociosos geniais, jamais realizam nada semelhante". Em 1932, Bertrand Russell publicou na *Harper's Magazine* seu "Elogio do ócio", que começa com estas palavras: "Como muitos homens da minha geração, fui criado segundo os preceitos do provérbio que diz: 'O ócio é o pai de todos os vícios'. Como eu era um rapazinho muito virtuoso, acreditava em tudo o que me diziam e foi assim que minha consciência tomou o hábito de obrigar-me a trabalhar com afinco até hoje".

Poderíamos continuar por muito tempo com citações de tão menoscabada contradição entre o louvor ao ócio e a atividade incessante contra o mesmo. De minha parte, confesso que gosto desse tema com certo masoquismo e ouso arriscar a hipótese de que o mesmo leitor concentrado em ler este capítulo foi atraído pelo seu título precisamente porque sofre do vício absurdo de uma laboriosidade hiperativa e está em perene busca de algum remédio para essa sua incurável neurose.

Os laboriosos, além do mais, são de pelo menos dois tipos: de um lado, aqueles que amam a hiperatividade, que a praticam acriticamente, mantendo o maior desprezo por todos os ociosos e todas as artes da ociosidade; de outro lado, aqueles que são hiperativos porque não sabem ser de outro modo, mas em seu coração compreendem toda a importância do ócio, trazendo dentro de si uma espécie de surda nostalgia, cultivando uma secreta admiração pelos "ociosos de natureza", adiando continuamente a intenção de seguir seu exemplo. Poderíamos definir os primeiros como operosos, laboriosos ou hiperativos "alienados", os segundos, como operosos, laboriosos ou hiperativos "amargurados" e, em certos casos, "arrependidos".

Por sorte, a necessidade de sublimar essa contradição entre palavras e fatos gera em quem nela tropeça a propensão a usar o paradoxo e a ironia: à exceção de Hermann

Hesse, que fala do ócio com tal seriedade que chega a ser quase tedioso, todos os outros tratam o argumento com agradável perspicácia. Igualmente perspicaz e autocrítico deve ser o meu diligente leitor que, extenuado pelo esforço, vai procurar conforto justamente numa leitura que desnuda todo o absurdo do seu satisfeito e racionalizado ativismo.

Se quisermos entender alguma coisa desse absurdo, que nos afaga e nos angustia diariamente, devemos partir dos dados estatísticos. O homem de Neandertal vivia em média 250 mil horas e ocupava o dia inteiro em obter alimento, defender-se das feras e enxotar os insetos. Nossos bisavós viviam em média 350 mil horas, dedicavam quase 100 mil ao trabalho nos campos, nas oficinas ou nas fábricas e, se não fossem analfabetos, outras 7 mil à instrução escolar; nós vivemos mais de 700 mil horas e gastamos quase 80 mil no que chamamos de "trabalho". Se acrescentarmos cerca de 27 mil horas que um pós-graduado com título de mestrado dedicou à formação escolar, damo-nos conta de que em três ou quatro gerações o tempo de vida passado fora dos compromissos de estudo e trabalho mais do que duplicou, passando de cerca de 243 mil horas a 593 mil.

O TRABALHO COMO DEVER E COMO NEUROSE

Esse aumento objetivo de tempo disponível, que aterroriza todo trabalhador hiperativo e alienado, picado pela mosca da laboriosidade exagerada, deve-se tanto à ciência, que permitiu a longevidade através da higiene e da medicina, quanto à tecnologia, que permitiu a produção em massa com máquinas antes automáticas e depois eletrônicas.

Se hoje Aristóteles, que sonhava com lançadeiras que corressem sozinhas no tear e com arcos que tocassem sozinhos a cítara, pudesse visitar um departamento da Volkswagen ou da BMW, veria como agora estamos próximos do seu sonho. Esse sonho corresponde à eterna aspiração humana de alcançar paraísos identificados com o País da Cocanha e do dolce far niente, mas contradiz séculos de miséria e labuta suportados graças à ideologia do trabalho como obrigação e salvação. Com aquela desinibição que a alta burguesia anglo-saxã permite não só a um prêmio Nobel de Cambridge, Bertrand Russell pôde-se permitir comentar que "o conceito de dever, historicamente falando, foi um meio inventado pelos homens no poder para induzir outros homens a viver para o interesse dos seus senhores, e não para o seu próprio".

O dever de trabalhar, essa neurose que, segundo Lafargue, estava então entranhado nas classes operárias dos países capitalistas, agora obceca principalmente os empregados do setor terciário, os executivos, os profissionais liberais, os dirigentes das classes burguesas e até os bilionários, onde quer que vivam. Assim, toda manhã, enquanto o subproletariado do Terceiro Mundo (que constitui metade da humanidade), em Kinshasa como em Maputo, em Nova Délhi como no Cairo, acorda e se põe em busca de expedientes para matar o tempo até à noite; enquanto o proletariado cada vez mais exíguo do Primeiro Mundo se dirige às fábricas onde cumprirá as oito horas do seu contrato coletivo; a classe média (3 bilhões de pessoas) se aflige para levar os filhos para a creche ou para a casa da sogra, enfrenta congestionamentos no trânsito ou percorre quilômetros de metrô, atira-se a um computador igual ao que deixou em casa duas horas antes e começa a excogitar os expedientes aparentemente mais racionais para prolongar ao infinito o *overtime* de seu trabalho, criando assim as condições para a maior saturação própria e para o maior desemprego dos outros.

SETE ARTIMANHAS DO SADOMASOQUISMO LABORIOSO

Por que isso ocorre, por que milhões de pessoas, privando a si mesmas e aos outros da alegria do trabalho, fazem de tudo para garantir aquele esforço do qual se lamentam e em razão do qual admitem levar uma vida infeliz é para mim um mistério. Entendo mais facilmente algumas astúcias da razão organizacional graças às quais as classes média e alta — na maioria, trabalhadores intelectuais —, que monopolizam quase todo o trabalho do mundo, conseguem manter e até aumentar esse seu monopólio com uma espécie de laborioso haraquiri sadomasoquista.

A primeira astúcia organizacional consiste no mau uso do tempo (períodos sobrecarregados de compromissos e períodos incompreensivelmente vazios), na má distribuição das cargas de trabalho (pessoas obrigadas a se matar de esforço, ao lado de colegas que se entediam pela falta do que fazer), no hábito de muitos chefes que, desprovidos de poder na família e impotentes nos locais de trabalho, têm pavor do final do expediente e fazem de tudo para prolongar o dia de trabalho ao infinito, pretendendo manter, com várias desculpas, a companhia de seus empregados.

A segunda astúcia organizacional está em trazer para dentro dos locais de trabalho aqueles serviços que se poderiam frequentar muito melhor no tempo livre: bares, lojas, creches, bancos, bibliotecas, bancas de jornal e tudo o que poderia atrair os trabalhadores fora do seu falanstério empresarial, levando-os a querer uma redução da jornada.

A terceira astúcia organizacional consiste em criar uma defasagem entre os serviços, o trabalho e as vidas familiares: mães obrigadas a sair de casa justamente quando os pais regressam (reler um dos deliciosos *Amores difíceis* de Italo Calvino), lojas que fecham bem no horário em que os trabalhadores saem do trabalho, estudantes de férias enquanto os pais precisam trabalhar.

A quarta astúcia organizacional — igual e contrária à terceira — consiste em sincronizar e combinar todos os horários, como se toda atividade fosse comparável a uma linha de montagem. Desse modo pode-se obrigar, sem nenhuma necessidade técnica real, que milhões de trabalhadores sigam para o escritório na mesma hora, saiam de férias todos no mesmo dia, regressem ao trabalho todos na mesma data: com superlotação dos aeroportos, caos nas estações, engarrafamentos nas estradas e incontroláveis consequências em cadeia sobre o eros e o tânatos de milhões de pessoas.

A quinta astúcia organizacional consiste em fazer no escritório aquilo que se poderia muito bem fazer em casa: trabalhos de tradução, *data entry*, projetos, elaboração de documentos e assim por diante, com a consequência de que, em nome da poupança e da eficiência, metade da cidade fica vazia durante o dia e metade da cidade fica vazia durante a noite, enquanto toda a população é obrigada a se deslocar neuroticamente, gastando tempo, dinheiro e tranquilidade, dos bairros habitacionais para os industriais, dos bairros comerciais para os destinados ao entretenimento, à oração, à sepultura.

A sexta astúcia consiste em iludir-se que todas as ocasiões de gozo e crescimento pessoal sacrificadas em nome da carreira durante os anos dedicados ao trabalho poderão ser recuperadas naqueles de aposentadoria. Por isso grande parte dos trabalhadores acumula massas enormes de livros, discos e filmes, na esperança de podê-los ler, ouvir, ver, degustar quando já será semissurda, semicega ou embotada.

A sétima e mais sutil dessas astúcias organizacionais é de natureza religiosa e consiste na difusa convicção de que o trabalho é um imperativo divino sobre o qual não se admite discussão. O peremptório "Quem não quer trabalhar não come" de são Paulo encontra eco em Leão XIII, que na sua tonificante *Rerum novarum* reforça a dose: "Pelo que diz respeito ao trabalho em particular, o homem, mesmo no estado de inocência, não era destinado a viver na ociosidade, mas, ao que a vontade teria abraçado livremente como exercício agradável, a necessidade lhe acrescentou, depois do pecado, o sentimento da dor e o impôs como uma expiação: 'A terra será maldita por tua causa; é pelo trabalho que tirarás com que alimentar-te todos os dias da vida' (Gn., 3,17). O mesmo se dá com todas as outras calamidades que caíram sobre o homem: neste mundo essas calamidades não terão fim nem tréguas, porque os funestos frutos do pecado são amargos, acres, acerbos e acompanham necessariamente o homem até ao derradeiro suspiro".

De modo não menos contumaz, o mandamento do trabalho é celebrado também pelas religiões laicas. Já em 1887, Lafargue, num panfleto intitulado justamente *A religião do capital*, imagina um hilariante catecismo compilado pelos representantes internacionais da burguesia reunidos em Londres num congresso. À pergunta sobre os deveres fundamentais, o assalariado deve responder: "A minha religião obriga-me a trabalhar da infância até a morte, a trabalhar à luz do sol e à do gás, a trabalhar dia e noite, a trabalhar sobre a superfície da terra, debaixo da terra e no mar, a trabalhar sempre e em toda parte [...]. A inculcar nos meus filhos os sagrados princípios do trabalho".

Graças a essa combinação de astutas sandices, inventadas em nome da eficiência e da produtividade, um número restrito e decrescente de trabalhadores pode apropriar-se de quase todo o trabalho disponível na face da terra. Depois, tornando-o cada vez mais tortuoso e burocratizado, pode até aumentá-lo, apesar da ação corrosiva das máquinas.

Enfim, pode-se acrescentar ao esforço um zelo triunfante.

As vozes na contracorrente são ignoradas ou aparecem como extravagâncias irrelevantes. Em 1980, os estudiosos franceses do grupo Échange et Projets, presidido por Jacques Delors, publicaram um livro de extraordinário interesse — *La révolution du temps choisi* —, em que todo esse assunto era examinado a fundo e se sugeriam soluções preciosas. Convenci Franco Angeli, meu editor italiano de então (acometido tanto quanto eu pela neurose do ativismo), a traduzir e publicar o texto que escreveu para o livro, certo de que suscitaria um debate aceso e fecundo dos dois lados dos Alpes. Nada disso aconteceu: creio que a maioria dos exemplares ainda está nos depósitos milaneses do editor, como nos parisienses da Albin Michel.

QUATRO ACUSAÇÕES CONTRA UM RÉU INOCENTE

Mas quais são as acusações contra o ócio? Os estudiosos do Échange et Projets apontaram quatro. A primeira consiste na possível sensação de tédio e de vazio gerada pela disponibilidade de tempo livre. Assim como a aposentadoria provoca frequentemente uma profunda depressão que, em casos extremos, acaba até por se somatizar em câncer, da mesma forma a possibilidade de se entregar ao ócio, decorrente do aumento do tempo livre, poderia levar a formas de anomia autodestrutiva ou de dissociação descontrolada: o ocioso, mantendo-se separado do laborioso, poderia se entregar ao álcool ou à droga, poderia explodir em atos de violência, estupros, vandalismos e sabe Deus quantas outras coisas terríveis.

A segunda acusação consiste na temida atitude do ócio de esfacelar as comunidades com a difusão de um individualismo anarcoide e narcisista pelo qual cada um acabaria por cuidar apenas do próprio interesse, pouco se importando com as exigências sociais e os princípios sagrados da solidariedade humana. Além do mais, os penalizados seriam os mais fracos.

A terceira acusação atribui aos ociosos as crises econômicas e as quedas da Bolsa: se a balança de pagamentos está no negativo, se as empresas vão à falência, se os serviços públicos desandam, é por culpa exclusiva dos vagabundos tomados individualmente e mais ainda dos sindicatos, que, traduzindo em reivindicações coletivas a ociosidade de cada associado, impedem que os operadores econômicos realizem os planos úteis a eles e à sociedade.

A quarta acusação aponta na difusão do ócio um impulso contrário à maior capitalização do tempo de trabalho, mercantilizando-o ainda mais e criando as condições de uma guerra entre desocupados e laboriosos, com consequente possível instauração de regimes autoritários.

Como se vê, por mais cavilosa, ansiosa e ansiogênica que possa ser a busca de consequências negativas deriváveis de uma eventual difusão do ócio, não se consegue lhe imputar nada de catastrófico que já não tenha sido causado com grande frequência e abundância pela laboriosidade.

Contra os detratores do ócio há apenas as armas da sabedoria e da ironia. Norman Douglas, que não carecia nem de uma nem de outra, apresenta a hipótese de que o mau uso do ócio pode provocar os danos mais disparatados: da dor de dente à calvície, da vingança aos códigos de honra dos estudantes, dos oficiais e de outras associações ainda não perfeitamente civilizadas. Nós sabemos que, nos infelizes hiperativos e nos hipócritas bem-pensantes, nada cria um rancor tão vingativo quanto a simples visão dos ociosos, de sua sábia vitalidade, de sua instintiva predisposição à existência feliz. "A ideia de que o pobre possa se dedicar ao ócio sempre agastou os ricos", diz Bertrand Russell. A operosa formiga imaginada por Esopo e La Fontaine nada mais é do que um núcleo de inveja à espera do inverno justiceiro, que finalmente castigará a ociosa cigarra.

Resta o fato de que a palavra "ócio", por si só, já evoca significados predominantemente negativos. Façam comigo um jogo ocioso: abram um dicionário de sinônimos em qualquer língua (eu tenho à mão o de Aldo Gabrielli editado pela Cide) e marquem todos os sinônimos da palavra "ócio". Na língua italiana encontrei catorze, dos quais somente dois (descanso e recreação) de acepção positiva; quatro de teor neutro (inércia, inatividade, inação, ociosidade); nada menos que oito de significado decididamente negativo (fraqueza, inoperosidade, mandriice, inércia, acídia, preguiça, indolência, apatia). A preguiça, cabe lembrar, é até um dos sete pecados mortais.

Se depois vocês tiverem a ociosa paciência de procurar os sinônimos dos sinônimos, irão se acrescentar outros sessenta termos, dos quais 21 de significado positivo (de distração a alívio, de festa a restauração, de paz a equilíbrio), nove dotados de significado neutro (de trégua a mornidão e a passatempo), trinta dotados de significado decididamente negativo (de indolência a vadiagem, de negligência a desemprego, de desleixo a incúria). No nosso universo linguístico, portanto, à palavra "ócio" estão associadas predominantemente omissões (desinteresse, apatia, indolência, inércia) ou ações reprováveis (comezaina, vagabundagem, dissipação, devassidão).

O ÓCIO ELEVADO A ARTE

Em homenagem à assonância e ao conformismo, continua-se a repetir que o ócio é o pai de todos os vícios. Na realidade, a miragem do descanso ocioso constitui para a humanidade o maior estímulo para avançar nas atividades produtivas. Nem pode se tratar de um estímulo insano a partir do momento em que foi justamente a classe ociosa que determinou em todos os tempos aquilo que hoje chamamos de civilização: "Foi esta classe", escreveu Bertrand Russell, "que cultivou as artes e descobriu as ciências, que escreveu livros, inventou sistemas filosóficos e refinou as relações sociais. Até a campanha pela libertação dos oprimidos partiu geralmente do alto. Sem uma classe ociosa, a humanidade jamais teria se erguido da barbárie".

Vinte anos antes de Russell, Norman Douglas escrevera: "No fundo, o que realmente diferencia o homem dos animais é o fruto do ócio [...]. Os primeiros *stamina* da arte e da religião, devemos ao ócio [...]. Ao ócio devemos a fisionomia, que nos faz semelhantes aos deuses e que é o resultado da capacidade de reflexão, das transformações cerebrais e das consequentes adaptações cranianas. Como poderíamos nos tornar tão cosmopolitas se não tivéssemos tido o ócio, que nos permitiu observar, deduzir e aprender a matemática, a astronomia e a arte da navegação?

"Nós, à diferença dos animais, caminhamos em posição ereta, porque o ócio estimulou a nossa curiosidade, provocou a diferenciação do uso das mãos e as consequentes modificações do esqueleto. Os nossos dentes e o nosso sistema digestivo são diferentes daqueles dos macacos pela nossa capacidade de ter ócio, prever, semear, respeitar os hábitos, a regularidade das refeições, e pelas transformações que assim derivaram para o estômago e os dentes.

"Somente o ócio atribuiu ao homem o seu poder formidável sobre a natureza, e se as nossas capacidades são diferentes das dos animais, nós o devemos exclusivamente ao ócio. O que é a virtude? Nada senão o canal que conduz ao bem-estar, a linha de menor resistência, ao longo da qual o sábio sabe correr enquanto o tolo é arrastado ou impelido a chutes. Uma pulga, nesse sentido, parece virtuosa como um homem, mas a diferença surge quando o homem começa a discutir um fato. Pode haver discussão se não houver o ócio?".

Prescindindo dessas considerações nem sempre demonstráveis (mas que abrem a interessante questão sobre o uso do ócio, tão inútil e infrutífero para os animais quanto essencial e fecundo para o homem criativo), sequer o crítico mais moralista poderia negar a excelência da civilização ateniense. Muito bem. Na Atenas de Péricles os dias festivos eram quase mais numerosos do que os de trabalho. Como nos relata Robert Flacelière em seu ensaio *A vida quotidiana dos gregos no século de Péricles*, o ano começava em julho com as Saturnais, às quais se seguiam as Sinècie e as Panateneias. Em setembro celebravam-se os Mistérios eleusinos e as festas em honra de Apolo. Outubro era o mês de festejos mais numerosos: os ritos da semeadura e as procissões em honra de Dioniso, depois três dias de Tesmofórias em honra a Deméter e outros três dias de festas cívicas das Fraterias em honra de Zeus e Atena. À Atena operária eram dedicados os festejos com que se fechava o mês. Em dezembro havia a festa dos Haloa e durante todo o inverno se realizavam as Falofórias em honra de Dioniso. Janeiro era o mês dos casamentos e se festejavam as Gamélias e as Lêneas. Grandes festas em fevereiro: as Antestarias em honra do deus do vinho, as Cloeas em honra de Deméter, e as Diasias em honra de Zeus. Em março retornava a primavera celebrada nos ritos propiciatórios em honra de Atena e nas Grandes Dionisíacas, que duravam cinco dias consecutivos com representações de ditirambos, comédias e trilogias. Em abril havia as Muniquias em honra de Ártemis e em maio se celebravam as Targélias em honra de Apolo. Em junho, último mês do ano ateniense, festejavam-se as Quirofórias, as Dipolias e as Arretofórias. Nos meses que não citamos, havia festas menores, mas não menos numerosas e ociosas.

A maioria das celebrações compreendia competições de ginástica, concursos líricos, musicais, dramáticos e de beleza. Só nas Grandes Dionisíacas, os atenienses assistiam em massa a representações de ditirambos e pelo menos a quinze obras teatrais, ouvindo, em quatro dias, cerca de 20 mil versos recitados e cantados. Não se tratava, portanto, da improdutividade ocupada à qual são obrigados hoje em dia os funcionários dos ministérios e os executivos dos centros empresariais: tratava-se de uma reflexão alegre e conjunta de cujo húmus nasceu uma das maiores civilizações de todos os tempos. Tratava-se de ócio elevado a arte.

Antes que Saint-Simon estendesse, em 1808, a noção de trabalho também às pesquisas dos cientistas, as atividades intelectuais eram consideradas em bloco como *otia* e constituíam as artes nobres de todos aqueles que não trabalhavam com as mãos e não transpiravam: isto é, de todos os que, alimentados por escravos e por proletários, pagaram essa alimentação elaborando o saber e a tecnologia que hoje permitem entrever como possível a nossa libertação das três atávicas escravidões da tradição, da indigência e do autoritarismo.

As épocas de grande ativismo — principalmente industrial — provocaram guerras e horrores de todo tipo. Esse dado de fato legitima a hipótese, à qual Bertrand Russell fornece sustento com sua imbatível ironia, de que uma civilização do ócio pode gerar uma solidariedade mais gentil, uma introspecção mais serena e um convívio mais alegre.

MÚSCULOS E CÉREBRO

Mas a utilidade do ócio pode ser plenamente captada somente em conexão com a criatividade, isto é, com a atividade central na sociedade pós-industrial. Nos tempos em que Marx e depois Taylor escreviam sobre as indústrias, as empresas ocupavam em média menos de dez empregados de escritório para cada cem operários, as tarefas eram quase todas manuais e o cérebro dos empregados executivos era chamado a resolver somente problemas simples e repetitivos. O indivíduo que trabalhava nas "jaulas desumanas" descritas pelo sociólogo Max Weber, de forma alguma inclinado ao sentimentalismo, consumia suas dez horas de trabalho cotidiano à espera do som da sirene que finalmente o devolvia à família e ao tempo livre.

O jovem Marx, que tinha menos pejo do que Weber, descrevia assim a situação nos *Manuscritos econômico-filosóficos* de 1844: "O trabalho é *externo* ao operário, isto é, não pertence ao seu ser e, portanto, ele em seu trabalho não se afirma, mas se nega, sente-se não satisfeito, mas infeliz, não desenvolve uma livre energia física e espiritual, mas esgota seu corpo e destrói seu espírito. Por isso o operário somente fora do trabalho se sente junto de si; e se sente fora de si no trabalho. Se não trabalha, está em casa; e se trabalha, não está em casa [...]. Sua alienação se revela claramente no fato de que, tão logo se dispensa a coação física ou qualquer outra coação, foge-se do trabalho como da peste".

No trabalho ou no tempo livre, em casa ou na empresa, a imensa maioria dos trabalhadores realizava atividades predominantemente físicas: levantar pesos, montar peças, apertar parafusos, embalar produtos na fábrica; realizar atividades domésticas, correr, caçar, competir no tempo livre. Por séculos, portanto, o cérebro humano foi subutilizado: as atividades de trabalho empregavam sobretudo os músculos, que ficavam extenuados; as atividades lúdicas demandavam de novo os músculos, que voltavam regenerados. Entregar-se ao ócio, para os trabalhadores, significava principalmente descansar para recuperar as forças, ficar com o corpo parado e inutilizado, isto é, a instalação mais custosa de que dispunham os patrões. Consequentemente, entregar-se ao ócio fora dos tempos e locais permitidos, isto é, na empresa, durante as horas destinadas ao trabalho, representava um atentado ao capital: ou seja, à sociedade e à religião.

Como o trabalho era de natureza física, para os fins da produção bastava que o trabalhador se apresentasse no seu lugar na fábrica: depois a linha de montagem lhe impunha o ritmo de um desempenho que, sendo banal e repetitivo, não demandava inteligência nem atenção. Era, aliás, preferível que o trabalhador, enquanto executava mecanicamente e ao infinito os habituais gestos obrigatórios, pensasse em outra coisa: evitava assim refletir sobre a desgraça de "ter sido condenado por toda eternidade a um trabalho inútil e sem esperança", como o Sísifo descrito por Camus e que citei no capítulo intitulado "Kelvin".

REGENERAR A MENTE

Hoje, porém, no trabalho e no tempo livre, a tecnologia e a informática absorveram quase todo o esforço físico e boa parte do intelectual, quando repetitivo. Tanto o trabalho (na indústria, nos serviços, nas profissões liberais) quanto o tempo livre (enquanto for dedicado ao cinema, à televisão, a leituras, viagens, jogos eletrônicos) implicam agora um envolvimento de natureza sobretudo intelectual, solicitam o cérebro, requerem flexibilidade e inventividade. O patrão não compra mais a força bruta, mas exige pensamento e criatividade.

Consequentemente, como esclareço melhor no capítulo "Trabalho", não basta que o trabalhador se afaste do local de trabalho para deixar de trabalhar nem basta a sua presença física no escritório para garantir que esteja trabalhando. A quantidade e a qualidade do trabalho não dependem mais do controle externo dos chefes, e sim da motivação pessoal do trabalhador. Em qualquer lugar que esteja, em casa ou na empresa, a cabeça de um trabalhador pode se dedicar ao trabalho ou pensar em outra coisa. Enquanto as diretorias de recursos humanos, obsoletas na velha lógica das linhas de montagem, continuam teimosamente a regatear os minutos de licença e a controlar eletronicamente, segundo por segundo, os cartões de ponto, milhões de trabalhadores encarregados de tarefas de natureza mental podem ser improdutivos com a cabeça, embora pontualmente presentes na empresa com o corpo. Para combater o absenteísmo psíquico nas organizações em que operam os trabalhadores intelectuais, os controles e as punições disciplinares são totalmente inúteis: o que serve são o ócio e a motivação. Eis, portanto, que reaparece o ócio como fator central da economia moderna: num mercado pós-industrial que consome ideias com a mesma velocidade com que o mercado industrial ingurgitava produtos, e que requer uma criatividade inexaurível, a capacidade ideativa pode ser incrementada apenas através de uma revalorização do ócio, que permite regenerar a mente, tal como a inatividade regenerava os músculos.

INDOLÊNCIA ORIENTAL

Na atividade criativa, que não tem limites de tempo e de espaço, que engaja o "trabalhador" 24 horas por dia, o ócio representa aquela espécie de semivigília do espírito, durante a qual as intuições brotam do inconsciente e vão se condensar em ideias novas. É o ócio, portanto, que permite a separação necessária dos problemas que nos afligem e permite a imersão naquela espécie de limbo mental onde flutua o plâncton da nossa criatividade.

Quem acentuou mais vigorosamente esse mérito do ócio, que eu saiba, foi Hermann Hesse, que em seu artigo sobre a arte do ócio denuncia como a atividade industrial, imprimindo desde a infância o ideal de um esforço obrigatório e ansioso, veio a desacreditar e a destruir a arte de se entregar ao ócio, isto é, o pressuposto indispensável para o trabalho intelectual.

Hesse contrapõe a pressa da nossa imaginação sobrecarregada ao fascínio poderoso da indolência oriental, "vale dizer, o ócio desenvolvido, dominado e saboreado até se tornar arte. Basta saber abandonar-se ao fascínio das *Mil e uma noites* para sucumbir ao poder do encantamento exercido pela divindade do ócio e sentir nostalgia e inveja de uma civilização oriental composta de pessoas que 'têm tempo! Muito tempo!'. E enquanto nós pobres ocidentais reduzimos o tempo a minúsculos e mínimos farrapos, e deles conservamos apenas um mínimo, lá ele continua a fluir indiviso, numa perene corrente de ondas suficiente para saciar a sede de um mundo inteiro, inesgotável como o sal do mar e a luz dos astros".

Talvez, continua Hesse, a indústria e a ciência (de 1904) não necessitem de personalidades individuais, mas para "todos aqueles que necessitam da sensação de viver e crescer, da consciência dos fundamentos de suas próprias energias e de construir a si mesmos segundo leis congênitas"; para todos aqueles que em 1904 podiam ser identificados somente com os "artistas", mas que nos anos 2000 são simplesmente *trabalhadores da mente*, isto é, *trabalhadores atuais*, "a personalidade não é um luxo, mas condição existencial, ar vital, capital irrenunciável". Para esses trabalhadores, a pausa não é um desperdício de tempo, mas a condição essencial para saborearem a si mesmos no ato de construir, compor e criar.

Os trabalhadores braçais e os operários da indústria, assim como os camponeses, os artesãos e mesmo a maioria dos empregados de escritório, podiam produzir continuamente, com o único limite da própria resistência física, mas os trabalhadores que realizam atividades intelectuais de tipo criativo e que formam o principal núcleo produtivo da sociedade pós-industrial precisam de pausas de ócio como de pão ou de ar. As pausas constituem todo o seu luxo e a sua necessidade.

Certamente, estamos a mil milhas de distância do ideal dos executivos ou dos profissionais liberais até hoje cultivado nas *business schools*. Contudo, é essa a fronteira que delimita as organizações e suas vestais: a formação e a valorização dos trabalhadores criativos devem corajosamente inaugurar modos inéditos de legitimar essas pausas, para refinar a arte do ócio ideativo, para salvar o criativo dos perigos apresentados por "um trabalho prematuro e apático" ou por "um vazio sorumbático e desestimulante".

Hesse identifica na mãe Ásia a reserva cultural de onde se pode extrair a arte da pausa, sendo este o lugar "onde um exercício secular conseguiu conferir à condição aparentemente informe da existência e do ócio vegetativos certa ordem e um ritmo enobrecedor". Acredito, porém, que os ocidentais devem encontrar a via do ócio também na selva dos seus próprios percursos culturais, sem renegar nenhuma de suas raízes históricas, inclusive da experiência industrial. *Zen e a arte da manutenção de motocicletas* pode encontrar uma paráfrase proveitosa em *Motocicletas e a arte da manutenção do zen*.

De resto, mesmo no Ocidente existem regiões apropriadas para conciliar o ócio e fecundar as potencialidades criadoras: basta saber encontrá-las.

GEOGRAFIA OCIDENTAL

Na mesma época em que o alemão Hermann Hesse procurava na Ásia os segredos do ócio elevado a arte, o escocês Norman Douglas encontrava-os no Sul da Itália.

Erudito errante extremamente ocioso, Douglas tinha a maior consideração pelo papel desempenhado pelos lugares — pelo *genius loci* — na arte de se entregar ao ócio. A introspecção criativa não é igualmente possível numa rua de Manhattan, num fiorde da Noruega, numa biblioteca de Oxford, num estádio de futebol ou no sambódromo do Rio. A terra das sereias, isto é, aquela área esplêndida e misteriosa feita de água e de verde estendida entre Sorrento e Capri, com seu epicentro no arquipélago das Sirenuse, deve ter se afigurado a Douglas como o lugar absolutamente compatível com a sabedoria da pausa. Seu livro *La terra delle sirene* (1911) é também uma síntese de sua relação amorosa com essa paisagem natural e interior.

Para Douglas, "o ócio é a maldição dos pobres de espírito". Os animais e os selvagens não sabem extrair benefício do ócio de que gozam, enquanto o homem alimenta no ócio a sua criatividade. Para que essa condição da mente e do corpo produza os seus frutos, é necessário fecundá-la dionisiacamente em locais adequados, até torná-la um hábito senhorial e cheio de estilo. Tome-se o caso dos monges italianos, que edificaram abadias e igrejas: "Uma visão moderníssima levava-os a se instalar em colinas isoladas, onde podiam plantar vinhas e meditar. E era certamente por isso que tinham inspirações que as pessoas comuns não percebem: o desejo do poeta, que anseia pela solidão, por rochas e nuvens; o êxtase do gourmet diante da sobriedade exterior e de um saboroso alimento para o corpo; a alegria criativa do artista, que cobre a tela nua com cenas palpitantes de vida, da divindade que faz nascer água no deserto [...]. Em Cassino, os beneditinos construíam edifícios de formas nobilíssimas; mas, entre as ocupações intelectuais e a sombra fresca dos bosques, esses acadêmicos de toga banqueteavam e recebiam príncipes, sem se preocupar de maneira alguma com o juízo do mundo".

O ócio, portanto, pode ser elevado a arte somente nos lugares certos, no correto isolamento, na correta relação entre prazeres do espírito e prazeres do corpo, no mais indiferente distanciamento em relação aos juízos do mundo, sob a fascinação das sereias capazes de induzir os navegantes a abandonar os remos: aquelas encantadoras sereias "que tentavam impedir os homens de cumprir seu dever, enquanto nossas mães e irmãs eram, pelo contrário, defensoras destemidas da necessidade de que os homens labutassem". (Às sereias, sendo um frequentador da mesma região tão intimamente apropriada ao ócio criativo, eu acrescentaria as nove musas e o silvestre Pã, a quem, nesses mesmos locais, Edward Morgan Forster dedicou um delicado conto.)

O resultado desse equilíbrio sábio entre homens, coisas e deuses é o refinamento dos indivíduos e da sua sociedade. "Verdadeiro senhor é aquele que consegue utilizar, com juízo, todo o ócio que o destino coloca à sua disposição. Qualquer outra definição parece-me falha em comparação a esta que, no fundo, foi já expressa, ou pelo menos intuída, por Aristóteles quando quis estabelecer uma correlação entre o senhorial e o ócio refinado [...]. Qual é a prova inequívoca do requinte de uma sociedade? Segundo a minha opinião, essa prova é constituída pela presença de uma classe dominante de cidadãos inteligentes e honestos, não envolvidos diretamente na busca ou na defesa da riqueza. Este é o ócio que merece respeito, a flor da evolução humana."

TRABALHAR DUAS HORAS POR DIA?

Já muito antes que o grupo Adret escandalizasse o mundo do trabalho com um panfleto intitulado *Travailler deux heures par jour*, Edward Bellamy (1850-98) imaginara uma jornada de trabalho de apenas dez minutos para atividades extremamente difíceis. Thomas More, na sua *Utopia* (1516), fixa em seis horas por dia a duração do trabalho atraente, e Campanella, na *Cidade do sol* (1611), estabelece quatro horas de trabalho a homens e mulheres. Claude Gilbert, em 1770, defende uma jornada de cinco horas. Num artigo de 1914, Lênin conjectura que, quando o proletário tiver tomado nas mãos a produção social, graças ao taylorismo será possível adotar uma jornada de trabalho de somente três horas. A mesma duração pretende Paul Lafargue em seu "manifesto", enquanto Bertrand Russell considera lógica e possível uma jornada de trabalho de quatro horas. John Maynard Keynes propunha para seus netos uma semana de trabalho de quinze horas.

No século XVIII, ainda demasiado ligado aos hábitos rurais, e no século XIX, já demasiado pronto para os industriais, aventava-se a redução drástica da jornada na onda do entusiasmo pelo paisagismo romântico de um lado e pelos "magníficos destinos de progresso" de outro, projetados pelo maquinismo e exaltados pela inclinação utopista.

Um exemplo ariostiano de utopia nos é oferecido por Charles Fourier, entre os socialistas pré-científicos o mais prolífico criador de imagens utópicas, que entre 1822 e 1829 publicou um *Traité de l'association doméstique-agricole* e um livro sobre *Le nouveau monde industriel et societaire*. Em sua *Théorie des quatre movements*, Fourier descreve minuciosamente a jornada típico-ideal desse novo mundo: "Sendo curtíssimos os turnos de trabalho, de uma hora e meia, duas horas no máximo, cada um pode exercer no decorrer do dia de sete a oito gêneros de trabalhos atraentes, variar de um dia para o outro, frequentar grupos diferentes do dia anterior; esse método segue na direção da undécima paixão, chamada *Borboleteante*, que tende a voar de prazer em prazer e evitar os excessos em que caem continuamente os civilizados [...]. Esses prazeres civilizados frequentemente não são senão funções improdutivas, enquanto o Estado societário aplica a variedade de prazeres aos trabalhos tornados atraentes [...]. A atividade industrial acelera-se e se reserva um tempo de descanso: o trabalho dos arminianos ferverá apaixonado, eles farão numa hora aquilo que não fazem em três os nossos assalariados lentos, desajeitados, entediados, indolentes, que param e se apoiam na enxada assim que veem uma ave a voar".

Quando Paul Lafargue escreveu *O direito* à *preguiça*, não existiam ainda os automóveis, as bicicletas estavam apenas começando, a automação dava seus primeiros passos e a energia a vapor custava a se afirmar. De resto, fazia apenas um século que os padres de Boston haviam atribuído a causa dos terremotos de Massachusetts à ímpia instalação dos para-raios, como nos relata Bertrand Russell. Isso não impediu que Lafargue apontasse a máquina como instrumento de libertação do castigo bíblico do esforço: "Dócil, incansável, inesgotável e de maravilhosa fecundidade [...] ela trabalha para o resgate da humanidade", enquanto o ócio, "pai das artes e das nobres virtudes", torna-se "o bálsamo das angústias humanas". A máquina, portanto, "é o redentor da humanidade, o Deus que resgatará os homens das *sordidae artes* e do trabalho assalariado, o Deus que lhes concederá a dádiva do ócio e da liberdade".

Cinquenta anos mais tarde — quando a energia a vapor e a eletricidade estão plenamente afirmadas (Ford já lotou os Estados Unidos de veículos Modelo T; o avião e o cinema já são usuais; Taylor, Fayol e Elton Mayo já conduziram suas pesquisas sobre a organização) — Bertrand Russell volta a depor as mesmas esperanças no desenvolvimento tecnológico, mas acrescenta a contribuição do desenvolvimento organizacional: "A guerra demonstrou de modo incontroverso que, graças à organização científica da produção, é possível garantir à população do mundo moderno um razoável nível de vida explorando somente uma pequena parte das capacidades gerais de trabalho. Se ao término do conflito essa organização científica, criada para permitir aos homens combater e produzir munições, tivesse continuado a funcionar, reduzindo a jornada de trabalho a quatro horas por dia, tudo teria caminhado melhor. Entretanto, reinstaurou-se o velho caos".

Com um salto de outro meio século, chegamos aos nossos dias. Como nos lembraram os estudiosos do grupo Échange et Projets em seu estudo sobre *La révolution du temps choisi*, em poucos anos foram inventadas máquinas para gerenciar o tempo (relógios de quartzo, agendas e calendários eletrônicos, sistemas de pré-aviso e de autorregulação dos aparelhos), máquinas para poupar tempo (automóveis e aviões rapidíssimos, telefones, celulares, internet, eletrodomésticos e robôs), máquinas para estocar e transferir o tempo (disquetes, secretárias eletrônicas, gravadores, videogravadores), máquinas para enriquecer o tempo e compensar os tempos vazios (audição de rádio e música durante o trabalho doméstico e profissional, filodifusão nas salas de espera, autorrádios, aparelhos miniaturizados e portáteis de todo tipo). "O papalagui", já notara Tuiavii em sua *réportage*, "emprega todas as suas energias e consome todos os seus pensamentos para preencher incessantemente seu tempo. Utiliza a água e o fogo, a tempestade, os raios do céu, tudo para entreter o tempo. Coloca rodas de ferro sob os pés e dá asas às suas palavras, sempre para ter mais tempo. E por que todo esse grande esforço?"

Assim como a maior parte dos elogios ao ócio é obra de escritores muito trabalhadores, da mesma forma a maior parte das máquinas prodigiosas para poupar tempo foi concebida pelos japoneses, ou seja, pelo povo que, ao lado do americano, persevera mais obstinadamente na neurose do zelo eficientista, insiste nos horários de trabalho sem igual no mundo, renuncia graciosamente às férias e às greves e, mais do que qualquer outro povo do mundo, é vítima do demônio da laboriosidade. Um povo rico de bens e de dinheiro, mas muito pobre de espaço e de tempo (isto é, dos dois recursos imprescindíveis para a criatividade e para a autorrealização), que não por acaso se tornou a miragem vislumbrada e imitada pelos "laboriosos alienados" do mundo todo.

O DIREITO AO ÓCIO

Que propostas apresentariam hoje Paul Lafargue e Bertrand Russell, que ácidas observações reservariam às organizações que obtusamente se obstinam em subutilizar as extraordinárias oportunidades oferecidas pelas novas tecnologias para desfrutar finalmente os locais de trabalho, redistribuindo-o também entre as áreas subdesenvolvidas de endêmico desemprego, e para libertar milhões de executivos, profissionais, operários da neurose do hiperativismo, da obsessão pela concorrência global, pelo frenesi da guerra de todos contra todos?

Proclamando o direito ao ócio como única forma de equilíbrio existencial, Lafargue não é contrário ao trabalho em si (que, aliás, considera "um agradável tempero para o ócio"), mas o contrapõe a outros direitos na época prenunciados aos proletários: o direito ao trabalho, reivindicado pelos revolucionários em 1848; o direito à ociosidade (*droit à l'oisiveté*), defendido por Moreau-Christophe; o direito ao lazer (*droit au loisir*), de que já então se falava em várias partes; o direito ao prazer (*droit au plaisir*), que será teorizado mais tarde por Henri Rochefort.

Tanta atenção ao problema ligava-se provavelmente a alguns acontecimentos biográficos.

Nascido em 1842 em Santiago de Cuba de uma família em parte francesa, em parte crioula e em parte judia, aos nove anos Lafargue foi levado à França, onde obteve o bacharelado, inscrevendo-se depois na faculdade de medicina. Entre os estudantes do Quartier Latin, é quem absorve o positivismo, o materialismo, o socialismo antes proudhoniano e depois marxista. Em 1865, encontra Marx em Londres e Blanqui em Liège. Em Londres, o "belo jovem, inteligente, enérgico e fisicamente bem desenvolvido", como o descreve o próprio Marx, encontra sua filha Laura, por sua vez bonita, inteligente, fascinante no esplendor dos seus dezoito anos. Um ano depois, os dois jovens estavam "quase noivos" (é sempre Marx que fala); três anos depois estavam casados. O primeiro padrinho nas núpcias foi Engels.

Três filhos nasceram e morreram ainda pequenos. Lafargue ficou desgostoso com a medicina, que abandonou em favor da fotolitogravura e da gravura, mas, principalmente, da política revolucionária exercida como profissão. Ativíssimo na Internacional tanto na França quanto na Espanha, foi preso diversas vezes: o panfleto *O direito à preguiça* foi concluído enquanto estava encarcerado na prisão de Sainte-Pélagie.

Na tarde de 26 de novembro de 1911, Paul Lafargue e Laura, que agora moravam em Draveil, dirigiram-se a Paris, onde foram ao cinema e passearam. À noite, regressando a Draveil, ficaram conversando alegremente com a família do jardineiro e depois se retiraram para seus aposentos. Na manhã seguinte, foram encontrados ambos serenamente mortos. Sobre a mesa, uma carta de Paul dizia: "Sadio de corpo e de mente, eu me mato antes que a velhice impiedosa, que me tira um a um os prazeres e as alegrias da existência e que me despiu dos recursos físicos e intelectuais, paralise a minha energia e alquebre a minha vontade, tornando-me um peso para mim mesmo e para os outros". Ele tinha setenta anos; ela, 66.

Discutiu-se muito sobre a natureza desse gesto, que, entretanto, me parece que ficou claríssimo na carta de despedida: diante da necessidade de renunciar ao ócio (prazeres + alegrias + forças físicas + recursos intelectuais + energia + vontade), diante da perspectiva de se tornar um peso para os outros, privando-os por sua vez do seu ócio, Lafargue escolhe a estrada ociosa de partir discretamente, junto com a companheira belíssima que sempre amara.

Muito bem. Se Lafargue, já na sua época, considerava o ócio um direito, hoje, em plena sociedade pós-industrial, ele o indicaria como um dever.

ELOGIO DO ÓCIO

Também Bertrand Russell, ao falar do ócio, escolheu a veia irônica: mas, assim como a do revolucionário francês era mordaz e sarcástica, a do liberal inglês é sutil, culta e refinada. O primeiro quer ser lido pelos operários do século XIX para despertar a sua indignação; o segundo quer ser lido pelos intelectuais do século XX para estimular a reflexão.

Russell, como os leitores bem sabem, foi um grande filósofo, um grande lógico, um grande matemático, um grande divulgador, um grande polemista. O Nobel que lhe foi atribuído em 1950 era um reconhecimento da desenvoltura com que se movia em todos esses campos. Em sua longa vida (1872-1970) teve a capacidade de influenciar os homens e os grupos mais diversamente intrigantes: de Wittgenstein a Keynes, do círculo de Bloomsbury às escolas filosóficas de Cambridge, dos manifestantes ingleses contra a bomba atômica aos sicilianos guiados por Danilo Dolci contra a máfia.

O *Elogio ao ócio* reunia em quinze capítulos os quinze artigos já publicados em diversos jornais na Inglaterra e nos Estados Unidos. Apenas um deles fora explicitamente dedicado ao ócio, mas, se foi precisamente ele que deu título à coletânea integral, é muito provável que Russell pretendesse levar o leitor a descobrir, como numa espécie de caça ao tesouro, o fio vermelho que liga todas as páginas do livro ao ócio.

Creio ter conseguido descobrir esse fio vermelho somente em sete dos quinze capítulos: os outros oito parecem-me distantes demais do tema ou ligados demais a questões de atualidades da época. Aliás, o próprio Russell, numa breve introdução à coletânea, explicita em termos muito gerais o propósito geral por trás da decisão de unificar artigos tão díspares entre si: "A tese geral que une os diversos ensaios é esta: o mundo sofre por culpa da intolerância e da hipocrisia, e pela errônea convicção de que toda ação enérgica é louvável mesmo que mal orientada; enquanto a nossa sociedade moderna, tão complexa, precisa refletir com calma, colocar em discussão os dogmas e examinar os mais díspares pontos de vista com grande amplidão de ideias".

ECONOMIA DO ÓCIO

O ócio sempre foi considerado e apresentado como desperdício de preciosas energias humanas, incapacidade de empenhar-se para o próprio bem e para o dos outros, atentado contra a economia.

Penso, porém, que existem bons motivos para reavaliar a dimensão econômica do ócio. Revalorização que poderia torná-lo cativante mesmo aos olhos dos hiperlaboriosos alienados que não atendem a outros chamados a não ser os do *business*, levando-os, talvez, a se redimir.

O objetivo natural da economia é o de conceber e aplicar os métodos mais eficazes para alcançar, em qualquer campo, o máximo resultado com o mínimo de esforço. Muito bem. Esse objetivo coincide plenamente com a *mission* do ocioso, que jamais proporia visar ao mínimo resultado submetendo-se ao máximo de esforço. Infelizmente, um uso distorcido da áurea ciência econômica conseguiu reduzi-la ao papel de improvisadora politiqueira, de cortejada e cortejadora conselheira de príncipes, de arguta especialista na arte da exploração, empregada não para diminuir os tempos de trabalho mantendo os mesmos resultados, mas para maximizar os resultados mantendo os mesmos tempos. Enfim, uma ciência traiçoeiramente utilizada para conseguir que a maioria dos cidadãos fique na impossibilidade prática de se entregar ao ócio. Diante dos desastres realizados por essa economia desnaturada, é hora de restaurá-la para transformá-la em método áureo da arte de se entregar ao ócio: um método compatível conosco para conquistar um pouco daquela indolência oriental que Hermann Hesse indicava como pressuposto imprescindível do pensamento criativo. Se a criatividade é o recurso principal da economia pós-industrial, e se o ócio é o combustível da criatividade, o ócio é, portanto, o combustível da economia. "*Qui conveniunt uni tertio conveniunt inter se*" — as coisas pertinentes em relação a uma terceira coisa são reciprocamente pertinentes, diria Aristóteles.

O ócio é um recurso escasso por definição. Portanto, deve-se maximizar seu efeito com grande atenção e cuidado: não para reduzi-lo quantitativamente, mas para aumentar sua qualidade e produtividade, tornando-o uma arte cada vez mais refinada, cada vez mais capaz de elevar o espírito e produzir ideias. Se a fórmula da produtividade industrial era P/H, isto é, quantidade de produto em relação à quantidade de horas empregadas para produzi-lo, a fórmula da produtividade pós-industrial deve ser I/O, isto é, a qualidade de cada ideia produzida em relação à quantidade de ócio necessária para intuí-la e elaborá-la.

Hoje devemos dedicar à otimização constante dessa relação a mesma obstinada economia científica outrora usada por Taylor para maximizar a eficiência das indústrias metalúrgicas da Filadélfia.

A ciência econômica da era industrial era baseada na produção e no consumo de bens materiais, em sua serialidade, em sua utilidade marginal. Ela trazia uma espécie de marca de nascença a partir desses fatores, um *imprinting* que a tornava adequada para compreender principalmente os fenômenos de natureza métrico-decimal. Mostrava-se inepta tão logo se deparava com recursos intangíveis como as ideias, a estética, os valores, e era imediatamente tentada a lhes aplicar, com canhestros resultados, os mesmos parâmetros e os mesmos métodos pensados em função dos bens tangíveis. As tentativas de fundar uma teoria econômica da arte autônoma, como a de Ruskin em sua época, ainda continuam muito incipientes. Daí a necessidade de fundar uma economia pós-industrial da criatividade e do ócio, indissociavelmente ligados entre si.

ALIENAÇÃO QUE ESVAZIA, ALIENAÇÃO QUE PREENCHE

Entre os vários termos alternadamente usados para designar a indiferença pelo trabalho (preguiça, indolência, apatia, desocupação, inércia, negligência), somente *otium* gozou de uma acepção positiva, pelo menos junto ao classicismo.

Hoje esse termo deve ser revalorizado, pois, se foi com o *direito ao trabalho* que o homem conquistou a condição industrial, será com o *direito ao ócio* que ele realizará a condição pós-industrial. Portanto, é necessário ascender do humanismo do trabalho ao humanismo do ócio. Isso nos é permitido, agora, pelos níveis de tecnologia e escolaridade geral. Esse direito ao *ócio*, que era utópico para os operários das atividades industriais, é finalmente realista para os executivos, para os dirigentes, para os profissionais das atividades pós-industriais, desde que formados na cultura e arte do não trabalho. É necessário que tomem consciência, que se convençam a lutar alegremente contra os burocratas e contra os hiperativos alienados, que percebam que a contraposição entre trabalho e ócio, entre trabalho e tempo livre, só tem razão de existir perante as velhas tarefas executivas.

A atividade criativa é sempre "em tempo integral": quem é atormentado por um problema que demanda soluções ideativas (um artista, um publicitário, um empresário, um artesão, um profissional) não pode interromper o fio do pensamento, ao contrário do operário que, ao apito da sirene, interrompe o trabalho na linha de montagem. O cérebro criativo, uma vez envolvido com um problema, trabalha sempre (no escritório, em casa, em vigília, no sono e na semivigília, em nível consciente e em nível inconsciente) até chegar ao *insight* da solução.

O trabalho criativo também aliena, o criativo tampouco vive em si, mas sim nas suas ideias, que são a sua obra de arte. Mas entre a obra de arte e o seu criador existe uma simbiose bem mais sólida do que a fugaz ligação de operários e empregados com seu produto feito em série. Enquanto a alienação do trabalhador executivo esvazia, a alienação do trabalhador criativo preenche, cumula, transborda. A obra executiva pertence ao empregador do trabalhador; a obra criativa, mesmo quando é vendida ao empregador ou a terceiros, pertence para sempre ao seu autor. A assinatura, a grife representam bem essa paternidade.

O trabalhador executivo marca a peça para que lhe possam ser imputados eventuais defeitos; o trabalhador criativo assina a obra para que lhe possam ser sempre tributados os méritos.

Em vida, Lafargue era mais apreciado pelos libertários do que pelos socialistas, apesar de sua militância revolucionária e do parentesco com Marx. Por sua vez, Bertrand Russell era mais amado pelos anticonformistas do que pelos conservadores, apesar do seu aristocrático elitismo. Ambos podem ser amados tanto pelos ociosos quanto pelos laboriosos, desde que engajados na difícil conquista do tempo, do seu significado, do seu gozo.

Ter tempo para si, sozinho, não basta. Como concluiria Russell, "uma população que trabalha pouco, para ser feliz, deve ser instruída, e a instrução deve levar em conta as alegrias do espírito, além da utilidade direta do saber científico".

P. Partidos

Há bandos em que governam os mais inteligentes: é o caso dos babuínos.
KONRAD LORENZ

COMUNIDADE E SOCIEDADE

Mérito e pertença

Se é verdade que a Itália constitui um caso exemplar de crise da partidocracia, também é verdade que a mesma crise aflige muitos países democráticos do planeta, como o Brasil e a França. Assim, a análise do caso italiano também pode se mostrar útil para eles.

Os últimos anos da chamada Primeira República (1948-94) e o inteiro ciclo da chamada Segunda República (1994-2015) foram afetados por episódios de inaudita e persistente corrupção: o caso Mose e o caso Expo na Itália não são menos graves do que o caso Petrobras no Brasil. A esses episódios corresponde uma aversão cada vez mais difundida em relação à partidocracia, entendida como sistema de distribuição do poder efetuada com base na pertença, independente do mérito. A partir dessa aversão, gerou-se a forte expectativa de uma mudança que se concentrasse na adoção do mérito como único critério para a promoção social, política e profissional. Na Itália, a Segunda República, que tomou como *mission* essa transformação do sistema, fracassou em seus propósitos desde seus primeiros atos: a lista dos ministérios dos governos presididos por Berlusconi, se comparada com a composição dos governos anteriores de centro-esquerda, revelava imperdoáveis quedas de competência, num brutal contraste com as garantias de profissionalismo que os italianos esperavam. A situação não se apresenta muito diferente com o governo Renzi, em que muitos ministros e subsecretários possuem competências nítida e visivelmente inferiores às necessárias para seu papel institucional.

Contudo, a partir da República dos filósofos, imaginada por Platão, até os nossos dias, a elaboração de teorias políticas e morais que privilegiam o poder meritocrático das elites sobre o poder confiado aos filiados foi rica e variegada. Por que, todavia, a partidocracia revive em formas sempre mais descaradas, destronando os outros critérios de seleção? Por que isso ocorre em numerosos países, dos dois lados do Atlântico? Se a sociedade industrial comportou maior transparência nos mecanismos de poder do que a sociedade rural, a sociedade pós-industrial, que em comparação com a sociedade industrial pode se valer de instrumentos constitucionais mais válidos, de uma escolarização generalizada e de sofisticadíssimas tecnologias, deveria finalmente fornecer as condições ideais para se avançar na via meritocrática. Por que, no entanto, o vírus da partidocracia volta constantemente a poluir, não só na Itália e no Brasil, a vida republicana com suas patologias comportamentais? O partido não é senão um dos vários grupos em que a sociedade moderna e pós-moderna tende a se articular. Filiar-se a um partido significa adotá-lo como *grupo de referência*: garantir a aprovação do programa e o apoio à luta pela sua realização, recebendo a formação, a gratificação e a proteção previstas por esse programa.

A pertença a grupos de referência simplifica enormemente os processos decisórios, e esta é uma das causas principais da frequência com que todos nós, sempre que vamos expressar um juízo, decidir uma ação, reduzir nossa ânsia decisória, acabamos nos referindo a um grupo.

Em sua fase revolucionária e carismática, os partidos constituem grupos de referência para a luta política e para o triunfo das ideias de que são portadores; em sua fase "burocrática", que — segundo Roberto Michels — fatalmente os conduz à lei férrea da burocratização, eles se tornam grupos de referência para obter proteção e promoção.

Quando a classe dirigente é sistematicamente formada não com base nos méritos específicos, e sim na filiação partidária, então a ação dirigente local decai e os esforços criativos são poluídos pela busca de garantias formais e atalhos operacionais.

Dois tipos ideais

Resta entender por que essa decadência e essa poluição, por meio das quais a partidocracia fagocita a meritocracia, representam ameaças constantes e universais, que, depois das fases de explícita intolerância em relação aos não merecedores e seus clãs, retornam com mais insolência do que antes.

Para explicar o fenômeno e permitir-nos gerenciá-lo, podemos recorrer a uma série de modelos. O mais simples pode ser, segundo meu ponto de vista, construído a partir da conhecida dicotomia *Gemeinschaft-Gesellschaft*, comunidade-sociedade, que Ferdinand Tönnies esboçou desde 1887 e que eu mesmo adotei para explicar algumas incongruências do desenvolvimento desigual na Itália.

A *Gemeinschaft*, ou seja, a comunidade, constitui, segundo Tönnies, um sistema associativo elementar próprio da fase rural, baseado na força de coesão dada pela consanguinidade, pela etnia e pela territorialidade, e exprime um tipo de poder fundado na pessoa do chefe do clã (seja aristocrático ou popular), o qual exerce um domínio pessoal. A *Gesellschaft*, ou seja, a sociedade, constitui um sistema mais evoluído, próprio das sociedades industriais e pós-industriais, baseado no interesse, na utilidade, no contrato, e exprime um tipo de poder fundado nos grupos de interesse e nos partidos de massa, "expressões organizadas de classes sociais e de categorias profissionais". Se a comunidade privilegia as relações de amizade e confiança, calorosas e personalizadas, nas quais se premia a fidelidade, a sociedade privilegia, por seu lado, as relações contratuais, profissionais, frias e despersonalizadas, nas quais se premiam a competência e o mérito.

A meio caminho entre a comunidade e a sociedade há uma situação em que existem já os partidos de massa, mas neles se infiltram e dominam os chefões da política com seus aparatos organizacionais, que privilegiam a pertença em detrimento do mérito. Não há mais o feudatário, mas não há ainda o grupo organizado para a defesa de interesses legítimos: há a partidocracia, em que os chefões agem como barões prontos para organizar seus agregados, considerados terminais maleáveis do próprio poder central. Escreve Allum: "Como se trata de uma massa de indivíduos incapazes de se organizar, é o chefe que os organiza num aparato ou máquina política. Não podendo contar com ligações políticas tradicionais para garantir a fidelidade dessas pessoas, o 'chefão' precisa ser capaz de lhes conceder favores e vantagens. Nessas sociedades, dominadas pela escassez de recursos econômicos, a principal fonte de riqueza é o erário do Estado, ao qual o 'chefão' precisa ter acesso [...]. A política parlamentar de uma nação de 'chefões' políticos, cada qual com seu aparato, consiste inteiramente numa sucessão de manobras e acertos de contas entre panelinhas e conluios". Quando tais acertos não se dão na base da cartucheira, as armas consistem em extorsões processuais e em escândalos publicos.

Mas abordemos os dois modelos teorizados por Tönnies, os quais, para ser compreendidos conceitualmente, precisam ser analisados em paralelo enquanto formas especulares da realidade, caracterizáveis justamente pela contraposição dos seus elementos constitutivos. Segundo as palavras do próprio Tönnies, "a relação em si, e, portanto, a associação, é concebida como vida real e orgânica — e esta é a essência da *comunidade* — ou como formação ideal e mecânica — e este é o conceito de *sociedade*". Em seguida ele explica: "Toda convivência na base da confiança, íntima, exclusiva (assim descobrimos) é entendida como vida em comunidade, enquanto a sociedade é o público, é o mundo.

Em comunidade com os seus, uma pessoa encontra-se, desde o nascimento, ligada a eles no bem e no mal, enquanto ingressa-se na sociedade como numa terra estrangeira [...]. A comunidade é a convivência duradoura e genuína, a sociedade é apenas uma convivência passageira e aparente. É, portanto, coerente que a comunidade deva ser entendida como um organismo vivo, e a sociedade, inversamente, como um agregado e produto mecânico".

Como se vê, a simpatia do sociólogo alemão pende de imediato para a comunidade, que lhe parece coerente com a natureza do homem e de seus agregados sociais, enquanto a sociedade lhe aparece como um artefato quase inatural, que nasce dos restos da convivência à medida de homem. Segundo meu ponto de vista, no entanto, a sociedade descrita por Tönnies é apenas *uma* das formas que o homem é capaz de dar às múltiplas convivências. Inadequada para satisfazer as exigências subjetivas de calor e convívio (para os quais é muito mais adequada a comunidade), é porém especialmente funcional para a satisfação de outras necessidades, de natureza coletiva, como a eficiência, o progresso, a democracia. Dito isto, prossigamos na análise dos dois conceitos, que Max Weber preferiria chamar de "tipos ideais".

Comunidade

O eixo da comunidade são os grupos primários, os clãs, o parentesco: agregados de natureza totalizante, aos quais cada membro pertence integralmente. Tome-se, por exemplo, o Sul da Itália descrito por Edward Banfield em seu *The Moral Basis of a Backward Society* (1958), em que a família constituía a forma onívora de espaço social e convívio mútuo. Nesse contexto, quem não é membro da família nuclear é "estranho", isto é, está fora do consórcio biológico do parentesco: "Pode-se dizer que os adultos não têm individualidade própria a não ser considerados dentro da família: o adulto não existe como 'ego', mas como 'genitor' [...]. A única atitude razoável em relação a quem não faz parte da família é a suspeita. O chefe da família sabe que os outros invejam e temem a sorte dos seus e que provavelmente tentam destruí-la. Portanto, deve temê--los e estar pronto para atingi-los, de modo que fiquem menos fortes e não atinjam a ele e a sua família".

Apesar de se referir a um pequeno vilarejo da Lucânia dos anos 1950, essa passagem oferece uma boa metáfora da partidocracia, na qual cada filiado não tem uma individualidade própria, a não ser considerado dentro do seu partido, o qual, por sua vez, nutre principalmente suspeitas em relação aos outros partidos, que combate lutando com todos os golpes e dos quais defende seus filiados. A família, segundo Tönnies (e o partido na partidocracia, na minha opinião), atribuindo-se tarefas nutricionais, defensivas, punitivas e culturais, absorve o Estado e, como organismo autônomo, se defende das células estranhas, vigia as fronteiras de sua estrutura interna e as abre apenas diante da figura ambígua do padrinho e do compadrio, ao qual recorre como a um sucedâneo de sangue que compense a falta de ligação biológica com o carisma dos sacramentos religiosos.

Prossegue Tönnies: "A comunidade de sangue, enquanto unidade de essência, se desenvolve e diferencia na comunidade do local, que tem sua expressão imediata na coabitação: e esta, por sua vez, na comunidade de espírito, como simples cooperação e orientação na mesma direção, no mesmo sentido [...]. Podem se considerar paralelamente como denominações plenamente compreensíveis destas suas formas originais: 1) o parentesco; 2) a vizinhança; 3) a amizade".

As relações "calorosas" trazem a dinâmica centrípeta da sua origem visceral e se dispõem segundo um impulso filial em relação à mãe-ventre, à mãe-terra, à mãe-espaço. Mas seu espaço é restrito e seu limite é constituído pelas dimensões do grupo primário em que o indivíduo está seguro, protegido e nutrido como num útero ou num casulo que lhe garante a posse e o gozo. Fora do grupo, o indivíduo se sente estranho e isolado, sofre a inferioridade da solidão e vive a frustração do desenraizamento. Diante dos problemas da economia aberta, a comunidade é incapaz de fornecer uma solução vital, mas, diante das exigências da integração dos membros do núcleo comunitário, oferece uma sólida solidariedade e uma forte carga de sentimento. A estrutura do pequeno grupo não pode sustentar o peso de milhões de indivíduos em luta para a conquista de recursos limitados, impelidos pelo desenvolvimento demográfico e pelo incremento das necessidades. Mas pode servir de célula primária em que o indivíduo consome a sua existência protegida, recebendo segurança em troca do consenso.

Papéis e status

O sistema comunitário apresenta-se de formas extremamente simples. Os papéis, diferenciados somente em grandes linhas gerais, são intercambiáveis e se dissolvem um no outro. O camponês também conhece carpintaria e pintura, sabe servir a missa e tratar da venda dos seus produtos: cada tarefa é realizada com os mesmos estilemas de um encontro amigável, em que o indivíduo não tem problemas de passar de um ao outro, levando por toda parte sua preferência natural pelos companheiros e sua cautelosa desconfiança em relação aos estranhos. Se é porventura contratado na fábrica, julgará justo e plausível o comportamento paternalista do chefe e esperará da direção da empresa ou dos líderes sindicais uma intervenção nutritiva protetora. Do mesmo modo, o chefão político sabe ser mediador econômico, intermediador financeiro, protetor, empresário, organizador cultural, conselheiro pessoal, interpretando cada um desses papéis com a mesma branda flexibilidade.

Contudo, avisa Tönnies, "não se deve crer que a unidade do grupo primário seja uma unidade de simples harmonia e amor. Ela é uma unidade sempre diferenciada e geralmente competitiva, que permite a autoafirmação e as diversas paixões tendentes à posse". Do mesmo modo, não se deve crer que no sistema partidocrático reine a paz no interior de cada formação e entre as várias formações: quanto mais tranquila é a superfície, mais surdos e implacáveis são os rancores latentes.

À fraca diferenciação de papéis na comunidade corresponde uma rígida hierarquia dos status. A comunidade é hierárquica por sua constituição, enquanto repete a ordem organizacional de toda árvore genealógica: as relações são sempre assimétricas, de superior a inferior, de nutriente a nutrido.

"Pode-se chamar dignidade ou autoridade uma força superior que é exercida para o bem do inferior ou segundo a sua vontade e é, por isso, afirmada por ela. Assim é possível distinguir três espécies: a *dignidade da idade*, a *dignidade da força* e a *dignidade da sabedoria ou do espírito*. Todas as três encontram-se unidas na dignidade que compete ao pai, que está acima dos seus em posição de tutela, de assistência, de guia. O lado perigoso dessa potestade gera temor nos mais fracos, e isso por si significaria praticamente apenas negação e recusa (a menos que esse temor venha mesclado de admiração); mas seu lado benéfico e a benevolência impelem à honra, e, enquanto ela predomina, dessa associação nasce o senso de reverência. Assim, a ternura e a reverência, ou (em graus mais fracos) a benevolência e o respeito, contrapõem-se como as duas determinações- -limite (no caso de uma nítida diferença de poder) do sentimento que está na base da comunidade. Assim, em virtude desses motivos, torna-se possível e provável uma forma de relação comunitária entre senhor e servo."

A *autoridade baseada na idade* pressupõe uma parca eficiência das instituições de ensino, em razão da qual, sendo impossível assimilar na escola as noções indispensáveis para conquistar a liderança, recorre-se à experiência, supondo que assim será possível evitar os erros já cometidos outras vezes e que, portanto, quem mais viveu e errou no passado tem menos possibilidade de errar no futuro. Segundo o antropólogo malinês Amadou Hampâté Bâ (1900-91), na África um velho que morre "equivale a uma biblioteca que queima". A *autoridade baseada na força* coincide em grande parte com a posição assimétrica dos sexos na escala social. A *autoridade baseada na dignidade da sabedoria ou do espírito* constitui a terceira fonte de relações assimétricas na comunidade, na qual, além da hierarquia feudal entre as classes sociais, vigora também, no seio de cada classe, outra distinção capilar entre as profissões, entre os ofícios, entre as artes. O trabalho, pelos diversos graus de prestígio que pode conferir, leva todo clã a se fechar em si mesmo para evitar a poluição com outros clãs de nível inferior ou pela impossibilidade de ter acesso ao maior decoro dos clãs de nível superior. Há em tudo um minucioso organograma em seus procedimentos, seus ritos, suas neuroses, seu paternalismo e sua filiação, em que a fidelidade e a pertença ao clã são títulos preferenciais em relação à cultura, à inteligência, à honestidade, ao saber, à competência, ao profissionalismo.

Se o conceito de classes e subclasses for substituído pelo de partidos e correntes, a descrição que Tönnies nos oferece dos sistemas comunitários coincide plenamente com a descrição dos partidos em regime partidocrático que hoje podemos fazer.

A comunidade, como se viu, é caracterizada pelo predomínio dos grupos e das relações primárias, do campo social limitado ao clã e à corporação, da frágil diferenciação dos papéis aos quais corresponde uma minuciosa demarcação dos status, da coesão decorrente da solidariedade que Durkheim chamaria de "mecânica" e contraporia à solidariedade "orgânica", baseada na interdependência de funções especializadas. Mas existe uma alternativa a essa estrutura comunitária?

Sociedade

A alternativa apontada por Tönnies é o modelo societário. "A teoria da sociedade", diz ele, "parte da construção de um círculo de homens que, como na comunidade, vivem e habitam pacificamente um ao lado do outro, mas que já não estão essencialmente ligados, e sim essencialmente separados, permanecendo separados apesar de todas as ligações, enquanto no outro caso permanecem ligados apesar de todas as separações."

Nesse âmbito, cada um fica por conta própria e num estado de tensão em relação a todos os outros. Os milhares de operários, empregados, quadros, *professionals*, executivos, dirigentes, que toda manhã entram na empresa e ficam por oito horas trabalhando juntos e juntos perseguindo o mesmo fim produtivo, são um clássico exemplo de sociedade. Vivem um ao lado do outro, mas permanecem substancialmente separados apesar de todas as ligações contratuais e das oportunidades de integração técnica. A sua proximidade de vida é mais um agregado de atividades paralelas do que uma integração de todos os sujeitos num mesmo tecido comunitário. É o mundo da estraneidade recíproca, das tarefas definidas, da organização urbano-industrial, dos colarinhos-brancos, da multidão solitária.

Assim como antes tentamos enumerar as características da comunidade (e da partidocracia), agora tentaremos analisar, por contraposição, os componentes de uma estrutura societária (e da meritocracia), recorrendo também a algumas observações que os sociólogos posteriores a Tönnies formularam sobre as sociedades industrial e pós-industrial.

Enquanto na comunidade predominam os grupos primários, na sociedade predominam os grupos secundários, cujas características são contrapostas ou complementares às do grupo primário. As relações entre os membros são frias, impessoais, racionais, contratuais e formais. Os indivíduos não participam com toda a sua personalidade, mas somente em caráter específico e limitado; o grupo não é um fim em si mesmo, mas instrumento para outros fins. Os grupos secundários tendem a ser numerosos e seus membros têm contatos apenas intermitentes, com frequência indiretos, de preferência sob forma escrita ou, em todo caso, comprovável. Os exemplos desse grupo vão desde a associação de profissionais à grande corporação burocrática e até ao Estado. Um membro do grupo secundário é um "número" do grande "colegiado", um ponto de referência de certas funções, um polo de direitos e deveres enumerados num documento contratual, um "cidadão" ou um "funcionário" que tem relações com outros cidadãos e com outros colegas num número proporcional à área do mercado societário.

Os membros da sociedade, ao desenvolver suas funções, esquecem o grupo primário do qual são parte e mantêm uma atitude distanciada sem nenhum elemento em comum com as relações calorosas da vida amigável. No trabalho, o funcionário interrompe as ligações com a família e com a vizinhança; todos os que entram em contato com ele ficam na posição neutra de estranhos, clientes, contrapartes. Fora do trabalho, ele volta a ser pai ou amigo ou filho, e as relações com os outros carregam-se novamente de paixões. Assim, num sistema meritocrático, as ligações familiares, confessionais, ideológicas perdem importância para dar lugar às considerações de caráter profissional: das competências à criatividade, da diligência à imagem, do profissionalismo à imparcialidade.

Contrato

A comunidade impõe ao indivíduo um maior número de papéis sociais aos quais precisa adequar o seu comportamento a cada vez: no vilarejo, o artesão compra e vende, constrói objetos, dirige a casa, ama e odeia segundo uma linha de conduta própria que se mantém substancialmente constante, mesmo quando se desfaz a cada vez para aderir melhor à tarefa ou às exigências do grupo.

Na sociedade, por outro lado, o cidadão é chefe em casa, funcionário na empresa, condômino no prédio, líder ou membro no sindicato. "Os campos de atividade e de poder", diz Tönnies, "são nitidamente delimitados entre si, de forma que cada um recusa ao outro contatos e admissões, que são considerados quase como atos de hostilidade [...] ninguém fará algo para o outro, ninguém vai querer conceder algo ao outro, a não ser em troca de um préstimo ou de uma doação recíproca que ele considere pelo menos equivalente à sua. É, aliás, necessário que ela lhe seja mais agradável do que aquilo que poderia ter mantido para si, porque somente a obtenção de um objeto que parece melhor o levará a se privar de um bem."

É a sociedade das prestações e das contraprestações baseada no utilitarismo; a sociedade do valor-mercadoria, na qual, segundo a expressão de Smith, cada um é um comerciante; a sociedade da técnica e da especialização, do trabalho dependente e da empresa.

Tal descrição pode parecer materialista e alienada se transposta para a esfera política, mas a alternativa na ordem social é a partidocracia, com toda a sua carga de privilégios, favoritismos e nepotismos.

Se os elementos de ligação na comunidade são o sangue, a amizade, o território, na sociedade é o contrato com o qual o indivíduo, usufruindo da faculdade que lhe foi conferida pela ordenação jurídica, assume voluntariamente deveres e obrigações em troca de direitos e recompensas. O contrato pressupõe uma igualdade de todos os sujeitos diante da lei. Uma interação simétrica entre os membros do grupo elimina ou reduz as possibilidades de arbítrio e equilibra as injustas disparidades de força ou de gênero, apelando-se à dignidade humana presente em todo indivíduo enquanto membro da sociedade. O mérito suplanta a pertença.

Na comunidade, os membros do clã permanecem ligados apesar das separações: os irmãos continuam a se sentir unidos mesmo quando fixam residência em povoados diferentes, os conterrâneos continuam conterrâneos mesmo depois de anos de ausência de seu povoado, os estranhos se mantêm estranhos mesmo depois de anos de presença na mesma comunidade. Da mesma forma, no contexto partidocrático, os líderes de uma corrente política continuam ligados entre si quando se trata de cerrar fileiras diante de um inimigo externo.

Na sociedade, por sua vez, os sujeitos se encontram unidos não pela origem, mas pelo fim, não porque derivam de uma mesma matriz, mas porque convergem na direção de um objetivo comum. E como um indivíduo pode dirigir as suas energias e suas preferências para diversos objetivos ao mesmo tempo, a sociedade, à diferença da comunidade, é extremamente rica de associações, cada uma delas marcada por uma vocação própria e capaz de selecionar seus próprios líderes segundo a escala hierárquica e os valores profissionais específicos que ela cultiva.

Elite

O advento da sociedade pós-industrial, com suas exigências de confiabilidade e transparência, com suas tecnologias onipotentes, suas interações planetárias, sua globalização da economia e da cultura, sua necessidade incessante de ideias e criatividade, não permite outro governo — seria a degeneração — senão o de elites independentes do condicionamento das camarilhas particularistas.

Durante os séculos rurais, o poder era geralmente atribuído por direito de berço ou de fortuna, com consequências desastrosas sobre o ritmo do progresso. Durante os duzentos anos da era industrial, mesmo nos países democráticos, determinou-se uma condição massificada em que os homens foram continuamente esmagados e plasmados até obter uma monstruosa combinação de docilidade e fanatismo.

Hoje, quando a ordem pós-industrial permite perspectivas mais amenas, a liderança dos sistemas, sejam simples ou complexos, não pode ser confiada senão a uma elite cultural e profissional capaz de demonstrar, dia após dia, a sua capacidade de resolver de maneira brilhante as tarefas que lhe são confiadas. Porém, como escreve Michael S. Olmsted, visto que "os homens não vivem mais no jardim do Éden e não constroem casas nem pescam por instinto, a habilidade, a disciplina e a organização são necessárias para sobreviver. Além do mais, como o poder, as comodidades e o alimento tendem geralmente a ser escassos, torna-se muito provável o surgimento de conflitos. E se não se quiser que esses conflitos de interesse conduzam à 'guerra de todos contra todos' prevista por Hobbes, é preciso que existam cânones, regras e leis com os quais se possam aplainar os conflitos. O difícil encargo de aplicar essas regras costuma ser deixado em grande parte à consciência individual, mas, a julgar pela experiência, não parece muito provável que isso baste. Certas regras, às vezes, requerem uma autoridade que as aplique, e essa autoridade, seja ela o juiz do distrito ou o pajé, deverá agir de modo objetivo e impessoal, na medida em que não poderia se limitar a decidir em favor de amigos ou parentes e ainda assim continuar a desempenhar as suas funções de juiz. A necessidade de uma autoridade imparcial e de critérios objetivos de eficiência na realização das tarefas comporta, por sua vez, a necessidade inevitável de controlar os impulsos e vínculos sociais de natureza emocional, afetiva ou expressiva que constituem a essência das relações do grupo primário".

Para que isso ocorra e se tenha a necessária paz social, a meritocracia deve prevalecer sobre qualquer outro critério de seleção das elites. Caso contrário, regride-se àquelas formas de agressividade infantil e de degradação confusional sobre a qual me detive no capítulo dedicado ao caso urbano de Nápoles.

O CASO ITALIANO

O J'accuse *de Pasolini*

Nos anos 1960, enfrentavam-se na Itália duas grandes forças políticas: o Partido Comunista Italiano, o mais forte de todo o Ocidente, aliado crítico da União Soviética, e a Democracia Cristã, aliada acrítica dos Estados Unidos e respaldada pelo Vaticano, ambos guiados por dirigentes de sólido preparo político. Naqueles anos, a luta de classes garantiu ao proletariado italiano a conquista dos direitos fundamentais que os trabalhadores ingleses haviam obtido muitas décadas antes. O *Estatuto dos trabalhadores* (maio de 1970) assinala o ponto alto desse avanço. A partir de então, a luta de classes dos operários e estudantes contra a burguesia rica reverte para a luta de classes dos patrões contra os trabalhadores, como bem demonstra Luciano Gallino no livro-entrevista *La lotta di classe dopo la lotta di classe*. Nos anos 1980, o neoliberalismo de Ronald Reagan e de Margareth Thatcher levará às extremas consequências essa inversão da luta e se tornará um modelo para todos os países do mundo, inclusive os ainda comunistas.

Em meados dos anos 1970, Pier Paolo Pasolini (intelectual comunista) propôs em sua coluna no *Corriere della Sera* (jornal conservador) instaurar um processo público contra os notáveis da Democracia Cristã, culpados pela degeneração nacional provocada pelos seus quarenta anos de partidocracia. Eis o que Pasolini escreveu em 28 de agosto de 1975, num artigo que despertou grande celeuma: "Andreotti, Fanfani, Rumor e pelo menos uma dúzia de outros poderosos democratas cristãos deveriam ser arrastados para o banco dos réus. E, a seguir, acusados de uma imensa quantidade de crimes: indignidade, desprezo pelos cidadãos, manipulação do dinheiro público, conluio com os petroleiros, com os empresários, com os banqueiros, colaboração com a CIA, uso ilegal de órgãos como o SID (Serviço de Informação e Defesa), responsabilidade nas chacinas de Milão, Brescia e Bolonha (pelo menos enquanto culpados pela incapacidade de alcançar seus executores), destruição paisagística da Itália, responsabilidade pela degradação antropológica dos italianos, responsabilidade pela explosão 'selvagem' da cultura de massas e das mídias, corresponsabilidade pela estupidez delituosa da televisão. Sem tal processo penal, é inútil esperar que haja algo a ser feito pelo nosso país. Está claro, de fato, que a respeitabilidade de alguns democratas cristãos (Moro, Zaccagnini) ou a moralidade dos comunistas não serve para nada".

Se penetrarmos nas dobras dessa moralidade assim como foi se configurando depois da morte de Pasolini (1975) e do líder comunista Enrico Berlinguer (1984), revela-se que a esquerda se demonstrou amplamente permeável à partidocracia, que praticou de formas não menos escandalosas do que os democratas cristãos: é, portanto, legítimo que um processo moral análogo ao intentado contra os líderes da Democracia Cristã seja intentado também contra os líderes pós-comunistas e socialistas. Segundo o parecer do escritor Paolo Volponi, Pasolini "acusava a nossa classe dirigente de ter promovido certo modelo de desenvolvimento, de ter organizado de certo modo a nossa vida, de ter poluído nossos campos e nossas cidades. E ao mesmo tempo via o desaparecimento de tantos outros fatos sociais, populares: certas culturas, certas possibilidades de intervenção democrática, a vida dos vilarejos e das províncias brutalmente violentada pelos modelos do centro".

Assim, é possível acusar os líderes da esquerda italiana posteriores a Berlinguer de terem traído a confiança de milhões de jovens, operários, empregados, mulheres, marginalizados, imigrantes, desempregados; de terem desvalorizado a carga ideológica e moral; de terem enfraquecido a raiva, lançando-os nos braços da depressão, do consumismo, da autocondescendência, da abulia, da indiferença, do agnosticismo, da inércia, da opacidade, da transversalidade; de não terem traçado nenhum itinerário teórico e prático para o resgate dos explorados; de terem anteposto seus pequenos dissídios internos à derrota unitária do inimigo externo; de terem até se alinhado com ele em diversas ocasiões, tornando-se cúmplices.

O palácio e a tribo

Vinte e cinco anos depois do *J'accuse* de Pasolini contra os democratas cristãos, eu propus, por meu lado, através da revista *Micromega* (n. 3 de 2000), um novo processo contra os poderosos da esquerda, unidos nas mesmas culpas: cada um deles, indistintamente, herdara um "protetorado" de consenso em prósperas condições e o reduzira à derrocada; cada um deles carregava, sem atenuantes, a responsabilidade por essa derrocada, tendo governado com plenos poderes e tendo escolhido com total autonomia as estratégias e as táticas, além dos súditos e vassalos para implementá-las; a derrocada de cada protetorado confluíra para o desastre único e indissociável de toda a esquerda italiana, fornecendo um pernicioso exemplo para todas as esquerdas ocidentais.

Os pecados de ação e de omissão da esquerda, que presenteara a Itália a Berlusconi, não dependiam dos papéis encenados vez a vez por cada protagonista com frequentes figurinos e trocas de papéis, e deviam ser atribuídos em bloco a todo o grupo dirigente.

O direito — aliás, o dever — de conduzir o processo contra todos esses responsáveis, argumentava eu, para milhões de explorados, derivava do fato de terem militado na esquerda; de terem sofrido discriminações por causa dessa militância; de lhe terem dedicado energias, estudos, entusiasmo, experiências, ideais, esperanças; de terem presenteado um patrimônio tão imenso a líderes que o dilapidaram no jogo de apostas da partidocracia.

Nesse jogo incluía-se a traição dos intelectuais "orgânicos", clérigos dispostos a oficiar qualquer rito, que passaram desenvoltamente do papel de revolucionários para o de cortesãos.

A minha ideia era simétrica e devedora à de Pasolini. Por isso, para justificá-la, tomei em empréstimo, sem sequer colocar aspas, as frases usadas por ele contra os líderes democratas cristãos, na medida em que também se aplicavam com igual perfeição aos líderes da esquerda. A acusação geral era a de distanciamento intencional e, portanto, doloso, desses "homens do Palácio" em relação às "novas e velhas tribos", isto é, o que, em jargão militante, se chamava de "as bases".

Para tais personagens, sustentava eu, assim como para os seus jornais de referência, somente o que ocorria dentro do Palácio parecia digno de atenção e interesse: todo o resto era ninharia, alvoroço, ruído de fundo, coisa amorfa, de segunda classe. Nesse

380

sentido, era emblemática a primeira visita oficial do então premiê D'Alema à cidade de Milão (isto é, à cidade operária e empregatícia por excelência), com apenas três etapas nos três templos do capitalismo: a universidade Bocconi, a Bolsa e a sede cardinalícia.

Para esses líderes partidocráticos, ter seriedade, ter compreensão dos rumos do mundo, significava ocupar-se exclusivamente do Palácio e das elites que nele vivem: de suas intrigas, suas alianças, suas conspirações, suas sortes; em suma, da sua forma de interpretar a realidade exterior ao Palácio.

Todas as categorias políticas e sociológicas que a esquerda elaborara no decorrer de dois séculos — proletariado, classes e luta de classes, solidariedade, lucro, alienação, exploração, estado social, marginalização, redistribuição etc. — foram liquidadas e substituídas pelas categorias caras à classe hegemônica: competitividade, globalização, mercado, flexibilidade, produção de valor, excedentes etc. Agora a esquerda não possuía mais uma linguagem própria, uma terminologia própria, uma concepção e descrição próprias do mundo. Até as suas bandeiras mudavam de cor a cada temporada eleitoral, gradualmente abandonando o vermelho.

Depois de ser levada a crer que toda a imensa construção filosófica, econômica e ideológica edificada no decorrer de dois séculos pelos melhores cérebros progressistas era errada; depois de se entregar indefesa à insistência doutrinária dos meios de persuasão administrados pela direita; depois de ter sido reduzida de partido a "coisa", a esquerda fora também privada dos seus símbolos, dos seus ritos, da sua estética, dos seus locais históricos, da sua tradição. Substituir Sraffa por Modigliani; Gramsci por Giddens; Che Guevara por Kennedy; "Proletários do mundo todo, uni-vos" por *I care* era uma operação de esperto provincianismo suficiente para perder os votos da esquerda, mas não ajudava a conquistar os da direita. Exatamente como o veleiro ostentado por Massimo D'Alema, que, com seus treze metros de comprimento, despertava a raiva dos pobres e a chacota dos ricos.

Para os líderes democratas cristãos de cinquenta anos antes, o afastamento do povo era uma culpa grave porque traía a sua ideologia católica, profundamente popular. Para os líderes da esquerda, o afastamento das bases era um crime gravíssimo, porque traía a sua história e a sua ideologia, fundada no dever de abraçar as causas e os projetos de todos os explorados, marginalizados, dependentes, alienados, vítimas do progresso, inocentes rendidos ao consumismo e à manipulação midiática: isto é, os portadores de interesses universais, cujo resgate significa resgatar toda a humanidade.

O que imputavam à partidocracia socialista e ex-comunista era um imperdoável erro de interpretação política e sociológica, que tivera consequências desastrosas para a esquerda, condenada a perder uma série de ocasiões históricas, deixando milhões de marginalizados à mercê de uma direita rapace, cínica e vingativa como a berlusconiana.

Cada uma das acusações

Estas são algumas das acusações que lancei contra os líderes da esquerda do início do milênio. Mas a lista poderia ser muito maior. Poderíamos comentar como esses sujeitos partilharam as cadeiras do Parlamento e dos órgãos econômicos, e a incompetência de seus ocupantes; como as empresas públicas foram liquidadas, uma a uma, favorecendo consórcios de monopolistas privados. Poderíamos falar da inconsciência com que a educação sociopolítica dos jovens foi atrelada a falsos profetas e delegada a corjas de formadores ignorantes e reacionários, ou com que o voluntariado ficou à mercê da Compagnia delle Opere ou de uma Igreja sem consideração pelo direito dos laicos diante de sua própria cultura.

Quanto à necessidade de descobrir e punir os executores das grandes chacinas, os ministros do Interior e os chanceleres de esquerda não foram mais capazes de descobrir e punir do que os de centro e de direita. Nem sequer suas políticas de saneamento e ensino foram mais eficazes. Não faltaram casos em que os governos de esquerda frearam a ação moralizadora dos juízes ou tentaram acordos com o crime organizado. Quanto às mídias, desapareceram os órgãos históricos — *L'Unità, Rinascità, Avanti* — para dar espaço à imprensa radical chique sensível ao apelo neoliberal e à progressiva eliminação do welfare, considerado um obstáculo no caminho da livre concorrência.

A péssima professora televisão ficou em liberdade para ser o mais péssima possível. Confiada às mãos ávidas da Fininvest e à esperteza empresarial de Berlusconi, exerceu todo o seu dissimulado poder para deseducar as massas, fomentar o consumismo, tornar-se instrumento privilegiado da primeira ditadura midiática experimentada pela humanidade. Para submeter-se a essa missão perversa, a RAI, da mesma forma que as redes privadas, incentivou consumos supérfluos com publicidades explícitas e subliminares, apoiou o poder dos bancos e dos sonegadores fiscais, instigou a vaidade dos consumidores lançando modas insensatas, entorpeceu a inteligência dos cidadãos com programas idiotas que tiraram espaço às transmissões capazes de favorecer o seu crescimento cultural. O resultado final é uma transformação anormal dos recursos em dejetos, da liberdade em desperdício, da ética em rapacidade.

Em virtude desse ciclo infernal, os dez maiores contribuintes italianos acumularam uma riqueza equivalente à de milhões de pobres, uma riqueza que cresceu despudoradamente nos próprios anos da crise, e o preço de tal opulência recaiu sobre a natureza, sobre as gerações futuras, sobre a saúde dos consumidores, sobre as condições dos trabalhadores e sobre o Terceiro Mundo.

Numa autêntica obra-prima midiática, a nossa televisão conseguiu fornecer aos algozes o máximo consenso de suas vítimas através de uma obra sistemática de desorientação. Finda a operação, somos agora incapazes de distinguir entre o falso e o verdadeiro.

No mercado das mídias, é a oferta que cria a demanda, mas um programa tolo degrada quem o concebe e quem o vê, ao passo que um programa inteligente doaria sentido a ambos. Infelizmente, por uma espécie de lei de Gresham, a moeda ruim expulsa a boa. A desorientação a que foi lançado o público, sistematicamente induzido por esses donos das mídias por sua vez desorientados, gera o estado de crise em que todos nós estamos mergulhados. E a sensação de crise, friso eu, impede-nos de projetar o nosso futuro.

Quanto à distribuição bourbônica de cargos públicos aos aduladores e aos fidelíssimos, a presença até hoje maciça de incapazes caídos de paraquedas em cargos de grande responsabilidade faria pensar que a prática denunciada por Pasolini no governo dos democratas cristãos realmente não caiu em desuso nessas décadas, e que os governos de centro-esquerda também recorreram generosamente a ela.

A prova da sua má consciência é dada pelas relações ásperas que eles gostavam de manter e ostentar com os sindicatos mais intransigentes, apresentando falsamente o desaparecimento de direitos adquiridos pelos trabalhadores como ato de esclarecida modernização. Basta pensar na luta surda, tenaz e insana contra o artigo 18 do Estatuto dos Trabalhadores, que sancionava a reintegração dos trabalhadores "pela demissão de comprovada ineficácia ou invalidade". Na Itália, há mais de 22 milhões de empregados. Os casos anuais que se remetem ao artigo 18 são cerca de 40 mil, dos quais 80% sempre se resolveram com um acordo. Dos 8 mil casos restantes, em 3500 vezes o magistrado deu razão ao patrão e somente em 3 mil casos o trabalhador obteve a reintegração. Por que os empregadores travaram uma guerra tão longa e intransigente por uma questão tão marginal? Porque, com o apoio das mídias, essa questão muito marginal foi transformada numa bandeira da classe subalterna, a ser abatida para mortificar o proletariado também no terreno simbólico. Mantendo hasteada essa bandeira, os trabalhadores que permaneceram fiéis à esquerda combateram e perderam, enquanto seus líderes, aconselhados por intelectuais conservadores acolhidos nas fileiras progressistas, aclamaram essa derrota como sinal de progresso.

Hoje a esquerda italiana está dando corpo a uma Terceira República em que o ex-Partido Comunista da classe operária, que agora se chama Partido Democrático, se torna interclassista, ocupa o lugar que foi ocupado pela Democracia Cristã durante quarenta anos e renova seus faustos. O presidente da República e o presidente do Conselho são católicos praticantes; a aliança com a direita representa para eles um ato de admirável flexibilidade política; as rendas financeiras ficam ao abrigo do fisco; a massa crescente dos pobres continua desprovida de representação; as privatizações prosseguem em ritmo neoliberal; enquanto o welfare se reduz, o desemprego e o custo de vida aumentam. Não existe estratégia política a não ser a imposta pela globalização, e, no seu âmbito, os governantes não têm a estatura intelectual para se apresentar como modelo comportamental autônomo e robusto. A degradação da cultura, de fato, exerce um efeito bumerangue também na degradação cultural das elites. A composição do governo Renzi é o resultado natural de uma colagem de ideias díspares e de pouco fôlego, sem nenhuma relação com as poderosas construções sociopolíticas de um Montesquieu, de um Tocqueville ou de um Marx, que guiavam Bismarck ou Cavour ou Lênin. Mas, pelo menos nisso, Renzi não representa uma exceção em relação aos outros chefes de Estado. Encontramos a mesma confusão no mapa mental de Dilma, de Putin ou de Obama.

UM NOVO PARADIGMA

Uma ocasião perdida

Grande parte dos crimes pelos quais seria necessário processar os líderes da esquerda e grande parte da culpada desorientação que está na base derivam da fracassada troca de paradigma que se deveria operar com a passagem fundamental da sociedade industrial para a pós-industrial.

Os líderes da esquerda negaram por muito tempo essa passagem, antes se refugiando numa velha visão obreirista, depois se agarrando a uma pretensa extinção da classe operária, a seguir aplastrando-se numa interpretação do sistema social em chave capitalista e liberal. Porém essa carência fatal não deve ser atribuída exatamente aos políticos de esquerda, mas sim aos intelectuais que se empenharam freneticamente em confundi-los.

Do advento pós-industrial — que a esquerda deveria ter sido a primeira a descobrir e interpretar — derivaram consequências revolucionárias: aprendemos a produzir cada vez mais bens e serviços empregando cada vez menos trabalho humano e determinando desequilíbrios crescentes no mercado de trabalho; aumentaram as distâncias econômicas e sociais entre os privilegiados e todos os outros; muitos proletários se emburguesaram enquanto as classes médias começaram a perder o poder aquisitivo; os conflitos se terceirizaram; o tempo livre superou em muito o tempo de trabalho; surgiram novos sujeitos sociais caracterizados por uma relação inédita com as tecnologias e com a virtualidade; a economia e as finanças colonizaram a política; à mercantilização da terra, das matérias-primas e dos bens materiais acrescentou-se gradativamente a mercantilização dos serviços, das relações humanas, da cultura como um todo; a valorização das inteligências marginais, operada pela sociedade industrial graças à divisão do trabalho, que permitia não precisar dos gênios e empregar na fábrica mesmo os analfabetos, está sendo substituída por uma valorização somente das inteligências excepcionais e bem cultivadas, com a consequente marginalização de massas cada vez maiores, obrigadas a consumir sem produzir; a globalização está anulando as identidades locais e étnicas enquanto modifica as regras da concorrência, dos conflitos, das alianças e das questões em jogo.

À luz desses efeitos, seria indispensável uma reformulação do papel a se atribuir às pessoas e às comunidades na relação entre homem e tecnologia, identidade e globalização, competitividade e solidariedade. Seria indispensável projetar métodos para redistribuir (entre pessoas, grupos, povos, gêneros e gerações) de maneira pacífica, mas decidida, o trabalho, a riqueza, o saber, o poder, as oportunidades e as tutelas. Seria necessário reestruturar os partidos de esquerda, relançar os movimentos, reinventar as formas de participação e de consenso.

A ocasião para fazê-lo era preciosa, mas foi desperdiçada. A esquerda, de fato, aceitou em bloco e acriticamente a elaboração teórica e o modelo prático propostos pelos Estados Unidos e divulgados pelas *business schools*. Aliás, como que para fazer--se perdoar por ser de esquerda, passou a brandir uma fé anticomunista, antimarxista e neoliberal ainda mais intransigente do que a professada pela direita.

Portanto, é precisamente nessa incompreensão da mudança que consiste o verdadeiro crime pelo qual os líderes da esquerda devem responder. Eles não entenderam pelo simples fato de terem se recusado sistematicamente a entender, porque privilegiaram os conselheiros que os impediam de entender e porque preferiram apropriar-se dos paradigmas já prontos da direita, em vez de elaborar ciosamente os paradigmas necessários para uma nova esquerda.

O progresso e suas vítimas

O comunismo demonstrou saber distribuir a riqueza, mas não produzi-la; o capitalismo está demonstrando saber produzir riqueza, mas não distribuí-la.

Em vez de ajudar o povo de esquerda a analisar essa simétrica incapacidade dos dois sistemas; em vez de fazê-lo compreender que, depois de ter se libertado do modelo stalinista, agora deve se libertar do sistema neocapitalista; em vez de demonstrar-lhe que este sistema também é intrinsecamente corruptor porque destrói selvagemente os valores ocidentais da igualdade, da solidariedade, da liberdade e porque provoca uma sistemática deterioração antropológica e civil; em vez de aproveitar a grande ocasião dessa mudança fundamental para promover uma mobilização geral dos intelectuais e levá-los a elaborar um novo modelo, finalmente depurado dos vícios dos outros dois; em vez de tudo isso, os líderes da nossa esquerda privilegiaram o Washington Consenso de como único modelo possível, procrastinando os eventuais retoques para quando a americanização estivesse concluída.

Ainda hoje, apesar dos desastres político-militares no Oriente Médio, apesar dos crimes financeiros dos bancos americanos, que levaram à ruína milhões de trabalhadores no mundo todo, jamais um economista ou um politólogo orgânico à esquerda do governo ousaria apresentar as críticas radicais contra o modelo neocapitalista publicamente movidas nos EUA por Robert Reich, Lester Thurow, Noam Chomsky ou Gore Vidal. Jamais um diretor italiano encontraria financiamento público para filmes como *Felicidade* ou *Beleza americana*.

A sucessão dos líderes de esquerda (Amato, D'Alema, Prodi, Renzi) aos líderes democratas cristãos e a Berlusconi permitiu que a direita pleiteasse e obtivesse todas aquelas intervenções impopulares que ela mesma jamais teria a força para impor. As esquerdas são admitidas no governo somente quando, frágeis ou chantageáveis, confusas ou cúmplices, estão dispostas a se encarregar do trabalho sujo de aumentar os impostos, reduzir a dívida pública, cortar as despesas públicas, redimensionar o welfare.

Mas a esquerda teria outras tarefas. Antes de mais nada, deveria abraçar e defender as razões das vítimas que, com a passagem da sociedade industrial para a pós-industrial, longe de diminuírem numericamente, se multiplicaram de maneira cínica e assustadora. Até mesmo um "bem-pensante" como Edward Luttwak escreve em *Turbocapitalismo* (1999): "Os trabalhadores dispostos a aceitar a mobilidade descendente ocuparam todos os postos de trabalho tradicionalmente destinados ao subproletariado, cujos desempregados constituem, por sua vez, a maioria da população carcerária norte-americana". Se isso ocorre no país mais rico do mundo, com as maiores empresas, os maiores laboratórios científicos e o maior exército, o que pode acontecer na Europa ou na América do Sul, onde um entre dois ou três jovens não tem esperança de encontrar emprego, onde as fusões selvagens entre grandes empresas aceleram a expulsão dos trabalhadores, onde está em curso nas empresas uma verdadeira limpeza étnica contra quem tem cinquenta anos?

O progresso sempre fez vítimas. Quanto mais rápido, maior o número delas. Nunca houve como hoje um número tão alto de vítimas desprovidas de qualquer representação política, esperando da esquerda aquele rumo que, de outra maneira, será buscado em novos populismos e novos fascismos. Cabe à esquerda encarregar-se dessa ameaça que ronda o planeta, elaborando e concretizando modelos de desenvolvimento que promovam o progresso sem vítimas.

Q. Quixote

Todos llevamos dentro un grano de locura, sin el cual es imprudente vivir.
FEDERICO GARCÍA LORCA

Não faço nada sem alegria.
MICHEL DE MONTAIGNE

CERVANTES EM NÁPOLES

"Nem tudo o que se ama se deseja; nem tudo o que se deseja se ama", escreveu Miguel de Cervantes. Existem coisas e lugares que desejamos menos do que amamos. Nápoles, que para mim é um desses lugares, no meu pensamento não é o Vesúvio nem Forcella nem via Caracciolo nem Posillipo: o coração e o ventre, o alto e o baixo da cidade estão nos bairros espanhóis; nos "bairros", como concisamente basta chamá-los entre napolitanos. Lugares amados, mas não desejados.

Subam ao Castel Sant'Elmo e olhem o panorama de uma das tantas seteiras agora desprovidas de arcabuzes: perceberão que grande parte delas não aponta para o mar, de onde é plausível pensar que pudessem chegar os inimigos externos, mas contra o formigueiro dos bairros que assediavam o bastião mais de perto. Isto é, contra aquele povo que, em seus repentinos tumultos, se transformava no mais terrível inimigo dos vice-reis.

Esse formigueiro amado e não desejado se estende da via Toledo ao corso Vittorio Emanuele por quase 800 mil metros quadrados ocupados por 140 quadras de diferentes tamanhos. Há nesse espaço 28 mil pessoas-formigas trabalhadeiras e barulhentas:

10 mil a menos do que quinze anos atrás, devido primeiro ao golpe brutal do terremoto, depois à infiltração constante do desemprego.

Em Nápoles, como gostam de escrever os correspondentes dos grandes jornais europeus, todos os termos estão invertidos. Talvez precisamente para contentá-los, aqui o paraíso está embaixo, ao longo do mar; e o inferno está no alto, nos bairros: portanto, o único inferno no mundo ao qual se chega subindo em vez de descer.

Quem não conhece o inferno dos bairros não conhece Nápoles e talvez não conheça o mundo. A Nápoles espanhola com seus ouropéis barrocos e suas superstições medievais, as putas e os "michês", os bingos e as trapaças, a delinquência miúda e o crime organizado, a riqueza e a vaidade.

Na base do trapézio de ruas, prédios, quartéis e conventos fica a via Toledo, aberta em 1536 por d. Pedro de Toledo, justamente. Muitas coisas e muitos nomes (subida Magnocavallo, Trinità degli Spagnoli, Palácio de Simone Vaaz, conde de Mola) lembram aqueles tempos. E o que mais os relembra é o traçado quadriculado, com sua pretensão de fausto, traída pela decadência dos edifícios, pela exiguidade das praças, pela sombria presença dos 650 "baixos", isto é, os alojamentos onde se amontoa e vive a plebe. À noite, hoje como nos tempos do padre Rocco, a iluminação provém principalmente da presença de 93 edículas votivas.

Não se sobe ao inferno dos bairros para visitar monumentos ou igrejas, mas para ver operar 24 horas por dia a mais complicada máquina urbana existente na Europa. Para decifrar seus mecanismos, o visitante precisa percorrer 230 oficinas artesanais: as oficinas de reparos e manutenção (pintores, encanadores, eletricistas, vidraceiros, tapeceiros e carpinteiros); oficinas onde se exercem artes mais refinadas (tosadores e chapeleiros, ourives em ouro e em prata, relojoeiros); oficinas onde se faz de tudo (barbeiros e cabeleireiros, calistas e pizzaiolos, padeiros, confeiteiros e bordadeiras, sapateiros e consertadores de guarda-chuvas, carroceiros e funileiros). O ciclo dessa imensa máquina urbana é integral: se há 47 barbeiros e cabeleireiros, é também porque há 150 prostitutas e travestis que precisam diariamente ser penteados e produzidos como se deve.

Se quiser comprar peixe ou carne, frutas ou objetos kitsch, o visitante pode escolher entre as 383 lojas. Mas se quiser empregar bem o seu tempo, deve aguçar os olhos e observar os baixos e os saguões, e verá florescerem todos os ofícios das setenta "divisões" semiclandestinas operadas por uma centena de operários e por uma multidão de rapazes com menos de dezoito anos que, em troca de um subsalário miserável, produzem um faturamento de dezenas de bilhões. É essa a "fábrica difusa" mais vasta de Nápoles, e certamente uma das maiores da Itália e da Europa.

Se, além disso, o visitante entrar nas nove casas lotéricas, nas trinta associações políticas e culturais, nos dez bancos de penhores, nos seis "bingos só para mulheres", nos dois teatros e nas seis confrarias, terá completado a sua terrestre "subida ao inferno" — onde, como escreveu Carlo Celano, "os homens honrados evitavam morar" —, terá concluído a sua viagem em sentido contrário para os espanholescos séculos XVI e XVII, onde, como nas terras de Carlos V, o sol jamais se põe sobre o trânsito dos "ricottari", isto é, dos rufiões e dos gigolôs.

Mas os bairros espanhóis me são caros também porque nessas ruas, entre esses mesmos prédios, sob esse mesmo céu, em 1575 Miguel de Cervantes passeou, investigou, indagou, ouvindo as mesmas vozes, frequentando as mesmas oficinas, olhando os mesmos rostos, lançando os mesmos olhares, adquirindo as mesmas mercadorias, contratando as mesmas putas, zombando dos mesmos *feminielli* que hoje quem quer que passeie, investigue, indague nos bairros espanhóis também ouve, frequenta, olha, lança, adquire, contrata e desdenha.

"Glória da Itália e ainda do mundo lustro, mãe de nobreza e de abundância, benigna na paz e dura na guerra", escreveu Cervantes a propósito de Nápoles, onde viveu exatamente trinta anos antes daquele admirável 1605 que viu nascer *Rei Lear* e *Macbeth* na Inglaterra e *Dom Quixote* na Espanha.

POLÍGRAFO ERRANTE

Em seu ensaio "Cervantes ou a crítica da leitura", Carlos Fuentes endossa a hipótese de que Cervantes e Shakespeare, Homero e Proust, Kafka, Borges e Joyce são na verdade um único escritor, um único polígrafo errante e multilíngue capaz de compor o *Dom Quixote* em espanhol, o *Hamlet* em inglês, a *Recherche* em francês.

Algo análogo sugeria o próprio Borges quando, referindo-se às obras e não aos autores, conjecturava que todos os romances do mundo se reduzem a quatro histórias, sempre narradas no passado, sempre destinadas a ser novamente narradas no futuro: a história de uma viagem, a história de uma procura, a história de uma cidade assediada, a história do sacrifício de um deus.

Forçando Borges, poderíamos reduzi-las a duas, tomando de empréstimo a Le Corbusier a linha reta (dura e inflexível como um tiro de cartucheira), que encontramos nos romances essenciais, lúcidos, implacáveis como lâminas de espada; e tomando de empréstimo a Oscar Niemeyer a linha curva (livre e sensual como o corpo da mulher amada ou como o universo curvo de Einstein), que encontramos nos romances volumosos, envolventes, generosos como cidades barrocas.

Mas, se pensarmos bem, mesmo os lugares onde os narradores ambientam suas histórias podem ser reduzidos a quatro: o vasto mar encimado por céus estrelados, revolto por tempestades ameaçadoras e povoado por orcas assassinas; os campos antigos, com suas paisagens ventosas ou ensolaradas e suas festivas carnalidades; a cidade alienante que acaba com a solidão sem nos trazer companhia; o recluso quarto com suas dilatações imaginárias e seus mistérios tumulares.

A prescindir dos autores, das histórias e dos locais, uma obra eleva-se a obra-prima principalmente quando concebida no limiar entre o fim de uma época e o nascimento de outra, entre uma ordem consolidada, mas em crise terminal, e uma refundação radical do sistema. Assim foi com a *Comédia* de Dante, na passagem da Idade Média para o Renascimento, e assim foi com o *Fausto* de Goethe, na passagem da sociedade rural para a industrial.

No plano histórico, não se poderia explicar o *Dom Quixote* sem a passagem da Idade Média para a Contrarreforma, do Renascimento para o Barroco, assim como, no plano geográfico, não se poderia explicar Cervantes sem a Mancha, Aragão e Catalunha, os palcos onde o nosso *fidalgo* realiza suas tragicômicas investidas.

Hoje também estamos no limiar entre uma sociedade industrial que morre e uma sociedade pós-industrial que nasce. Hoje também estamos no centro de uma revolução fundamental que vê as transformações das sedes do poder, das fontes energéticas, dos paradigmas da cultura, dos instrumentos para a sua formação e divulgação.

Mas o mundo literário não está preparado para captar e decifrar o sentido dessa revolução com personagens imortais comparáveis a dom Quixote e Sancho Pança. Se no século XVII cervantino ainda eram as artes que detinham a alternada primazia que desde sempre disputam com as disciplinas científicas, dali em diante, graças a Galileu na Itália, a Descartes na França e a Bacon na Inglaterra, o universo científico da precisão iria sobrepujar o mundo literário do aproximado. A duração desse estado de coisas nos explica por que, mesmo em presença de uma revolução que marcou época, nenhum literato foi, até agora, capaz de nos revelar seus mistérios com genialidade poética e, menos ainda, com distanciamento irônico.

Em compensação, do século XVII até hoje, foram inúmeras as incursões pela obra-prima de Cervantes, cujas implicações foram investigadas criticamente (como fizeram Menéndez Pelayo, Miguel de Unamuno, Ortega y Gasset, Madariaga, Nabokov, Ruffinatto, Carlos Fuentes e outros mil), ou cujas vicissitudes foram representadas visualmente (como fizeram os figurativos Rodríguez de Miranda, Gustave Doré e Honoré Daumier, o cubista Pablo Picasso, o surrealista Salvador Dalí). Nos anos mais recentes, o último grande artista italiano tentado por dom Quixote e o seu escudeiro foi Mimmo Paladino, que lhes dedicou uma mescla de pintura, escultura e vídeo tendo como pano de fundo o Sânio, a região onde os sanitas infligiram ao exército romano, em 321 a.C., a ignomínia das forcas caudinas.

ROMANCES E ROMANCES

Com seu *Quixote*, Mimmo Paladino responde à altura ao *Dom Quixote* de Cervantes, que, por sua vez, respondia à altura tanto aos romances de cavalaria que fantasiavam personagens e lugares inventados quanto aos romances cavalheirescos que — depurados, à exceção do primado do heroísmo e do amor, de qualquer aspecto mágico e fabuloso — descreviam com refinada ironia, mas fiel realismo, os usos, os costumes e os ambientes onde os cavaleiros amadureciam o seu caráter e viviam as suas aventuras.

Cinco séculos antes de *Dom Quixote*, esses antepassados das telenovelas haviam surgido, rudes e incipientes, na França medieval, com os *romans* em versos de Chrétien de Troyes, apinhados como a suntuosa corte do rei Artur, de Lancelote e Guinevere, Percival em busca do Graal, cavaleiros da Távola Redonda intrépidos no duelo e ternos no amor. Já elegantes e rebuscados, esses romances triunfavam na Espanha renascentista que iria servir de pano de fundo à redação de *Dom Quixote*.

E foram exatamente eles que Cervantes imaginou empanzinarem o protagonista da sua obra-prima, o cavaleiro quinquagenário Alonso Quijano, que passava dia e noite devorando histórias de cavalaria com tal voracidade e uma capacidade tão maníaca de identificação que considerava verdadeiros os encantamentos, os amores, as contendas, as batalhas, os desafios, as feridas, as tempestades, os Orlandos, os Morgantes, os Rinaldos de Montalbán, os Ganes de Magonza e toda a pletora de personagens fabulosos e infinitos absurdos que recheiam esses livros. Assim, Alonso de Quijano, de tanto lê-los e levá-los a sério, acaba por enlouquecer e, xerife *ante litteram*, decide tornar-se cavaleiro errante para combater as injustiças do mundo e conquistar a glória.

A biblioteca de Alonso, passada em minuciosa revista no capítulo sexto de *Dom Quixote*, contém mais de cem romances de cavalaria, para cuja aquisição ele não hesitou em vender uma parte de suas propriedades. Na vasta coleção há muitos best-sellers publicados em meados do século XVI, como a *História do invencível cavaleiro Olivante de Laura, príncipe da Macedônia*, composta por Antonio de Torquemada, ou *Felixmarte de Hircânia*, escrito por Melchor Ortega, ou *Lepolemo, cavaleiro da Cruz*, que Alonso de Salazar diz ter traduzido de um original árabe. Mas o lugar de honra é ocupado pelo *long-seller* em prosa *Amadis de Gaula*, impresso e reimpresso infinitas vezes até se tornar um arquétipo literário, um modelo linguístico e um manual de etiqueta comportamental: mais ou menos como acontecia na Itália, naqueles anos, com o *Decameron* de Boccaccio, ponto de referência para a nascente língua vulgar e para a sensual despreocupação toscana, tal como o *Amadis* será ponto de referência para o estilo mais redundante e para os costumes mais controlados da Espanha contrarreformada.

O percurso estético de uma língua é quase mais surpreendente do que o percurso concreto dos objetos e dos eventos que ela descreve. Se tivessem empreendido uma viagem a Milão e Florença, Boccaccio e Manzoni, a cinco séculos de distância, teriam ambos de cobrir o trajeto a carroça, empregando o mesmo infinito número de horas; no entanto, o italiano de Boccaccio está para o de Manzoni como o italiano de Manzoni está para um SMS hoje em dia. Eis como começa o *Decameron* (1350): "Humana coisa é ter compaixão pelos aflitos; e assim como a cada pessoa ela cai bem, requer-se-á maximamente àqueles que [...]". E eis como começa *Os noivos* (1840): "Aquele trecho do lago de Como, que vira para o Sul, entre duas cadeias contínuas de montanhas, todo ele com curvas e golfos [...]".

Análoga distância abissal encontramos entre a língua quinhentista séria e convicta do *Amadis*, que nela crê, e a língua irônica e alusiva do *Quixote*, que a imita. Segundo Quevedo, dom Quixote é "o novo Amadis envolto em ridículo", e sabemos — pois Giambattista Vico nos ensinou — que, para olhar com ironia os fatos da história, é preciso um longo tempo de sedimentação que faça esquecer a crueza daqueles fatos e os relatos dramáticos das testemunhas diretas. O *Orlando furioso* ou *O cântaro roubado* não poderia ter sido escrito senão muitos anos depois da *Canção de gesta*.

A trama de *Amadis de Gaula* passava-se na Espanha já em meados do século XIV, não sabemos se em português ou em castelhano. Quem deu a redação definitiva ao texto que viria a se tornar o mais famoso, mais amado e difundido de todos os romances de cavalaria foi Garci Rodríguez de Montalvo, governador de Medina del Campo, que publicou sua obra em Saragoça em 1508. O palco das aventuras narradas é Gales, base inspiradora do ciclo bretão.

A série, composta de cinco livros, narra as aventuras de Amadis, cavaleiro perfeito, combatente indômito, amante fiel, que opera num mundo misterioso, guiado por forças mágicas, alternando efusões amorosas com a amada e bravos duelos com monstros e sortilégios. Ali encontramos a bela princesa Oriana, precursora de Dulcineia del Toboso; ali encontramos os gigantes, precursores dos moinhos de vento; ali encontramos o herói, injustamente rejeitado pela amada, que se retira como "*beltenebròs*" no voluntário exílio de Peña Pobre, e que oferece inspiração para a paródia cervantina, confinando dom Quixote louco de amor na Sierra Morena.

Quando Cervantes empreendeu o esforço de *Dom Quixote* decerto não imaginava que o seu romance iria igualar e superar a fama de *Amadis de Gaula*, lido e amado por três séculos por imperadores e burgueses, laicos e religiosos, literatos e filósofos, tal como depois serão lidas e amadas as aventuras do *ingenioso hidalgo de la Mancha*. E assim como o romance de Rodríguez de Montalvo há de inspirar Händel, Bach, Massenet, o de Cervantes há de inspirar, entre outros, Purcell, Telemann, Paisiello, Piccinni, Salieri, Mercadante, Richard Strauss.

A popularidade das longas composições cavalheirescas e cavaleirescas viria a diminuir com o passar do tempo, com a ação de romancinhos escritos pelos filhos e epígonos de Garci Rodríguez de Montalvo, empolgados pelo sucesso de *Amadis*, mas incapazes de igualar sua envergadura, entregando-se à abstrusidade e ao maneirismo. Mesma sorte caberá a *Dom Quixote* com as desajeitadas imitações ou continuações a que se atreveram Avellaneda, Guillén de Castro, Juan Mario Fragoso, Cándido María Trigueros, Juan Montalvo e, na Sicília, Giovanni Meli.

O VÍRUS DA EVASÃO

Em épocas pré-mass media, as aventuras narradas por esses romances intermináveis, lidos na solidão ou em companhia, ocupavam na imaginação coletiva o mesmo espaço hoje ocupado pelas histórias ilustradas da *fiction*, pelos *reality shows* ou pelas novelas. O leitor se identificava com os protagonistas, chorava, alegrava-se, amava, duelava, sofria, morria com eles. E com eles enlouquecia. Tal como enlouquece Alonso Quijano, o personagem bom e imortal inventado por Cervantes, que, de tanto mergulhar nas histórias de cavalaria, corre o risco de se atolar para sempre nelas. Eis como, em menos de uma página, Cervantes nos descreve sua queda na loucura: "Enfim, ele se embrenhou tanto na leitura que passava as noites lendo até clarear e os dias até escurecer; e assim, por dormir pouco e ler muito, secou-lhe o cérebro de maneira que veio a perder o juízo. [...] Enfim, acabado seu juízo, foi dar no mais estranho pensamento em que jamais caiu louco algum: pareceu-lhe conveniente e necessário, tanto para o engrandecimento de sua honra como para o proveito de sua pátria, se fazer cavaleiro andante". Assim decide transformar-se no engenhoso, visionário *caballero* dom Quixote, que roda o mundo para restabelecer a justiça, que confunde os moinhos de vento com gigantes e vê numa pobre camponesa a aristocrática dama Dulcineia del Toboso.

Devendo atribuir-lhe um grau de nobreza, Cervantes decide que o seu louco errante será um *hidalgo*. Naquela época, a nobreza espanhola era estratificada em quatro faixas: no alto da pirâmide ficavam os *Grandes de España*; seguiam-se os titulados; depois os cavaleiros; e, por fim, um exército de *hidalgos*, isto é, 90% de todos os nobres que podiam ostentar *linaje*, *honra*, *fama*, *limpieza de sangre* — linhagem, honra, fama pública e sangue isento de qualquer contaminação moura ou judaica. Também entre os *hidalgos* havia uma hierarquia: no topo, os de mais antiga linhagem, chamados *notórios* ou *de casa solariega*; depois, os *hidalgos de ejecutoria*, isto é, aqueles que haviam conseguido demonstrar no tribunal a legitimidade do seu título; e, enfim, os *hidalgos de privilegio*, aos quais o título de nobreza fora concedido ou com mais frequência vendido pela Coroa. Os *hidalgos* mais afortunados faziam carreira no clero ou na administração pública; aos outros não restava senão a arriscada profissão das armas.

Era precisamente este o caso do nosso dom Quixote.

Assim como o personagem imaginário, Cervantes fora um leitor loucamente voraz dessas epopeias populares. O esforço sobre-humano necessário para escrever as mil lúcidas e alucinadas páginas de *Dom Quixote* serve-lhe como terapêutica catarse para refletir até o fim sobre a tragédia da alienação e tomar impiedosa consciência dos perigos que correm todos os que cometam a tolice de se entregar às histórias profanas da cavalaria errante. O percurso de cura, que leva Cervantes a recobrar o juízo com a recuperação do juízo do seu personagem dom Quixote, abre-se no início do romance com a declaração programática de que tudo nele é "uma invectiva contra os livros de cavalaria" e se encerra com a confissão de que a única finalidade de tanto esforço literário é a de "execrar para os homens as falsas e disparatadas histórias dos livros de cavalaria".

Dom Quixote é louco porque acredita que a justiça pode triunfar com a restauração dos valores cavalheirescos. Cervantes é sábio porque pensa que a alienação pode ser exorcizada e curada com o uso da arma da ironia. Para ter êxito na empreitada, ele convoca o que resta de melhor, sepulto no passado da cultura espanhola: a sensualidade árabe, a inteligência judaica, a astúcia cristã. Em forma moderna, *Dom Quixote* nos restitui aquela fecunda mestiçagem cultural de que a Espanha gozara na Idade Média, antes que os árabes fossem derrotados e os judeus expulsos.

E a empreitada felizmente dá certo. Com *Dom Quixote*, Cervantes coloca uma pedra tumular sobre os livros de cavalaria que infestam a sociedade de sua época, sepultando-os sob a gargalhada mais longa, mais inteligente e libertadora já concebida em toda a literatura.

A mesma pedra tumular, três séculos depois, Karl Popper tentou colocar — com genialidade e, portanto, com sucesso muito mais modesto do que o alcançado por Cervantes — sobre a má professora televisão, que, no entanto, saiu ilesa dessa tentativa meritória, porém malsucedida, e hoje continua a produzir, impassível, com seus programas manipuladores, efeitos não menos devastadores do que aqueles obtidos no século XVII pelos livros de cavalaria. O romancista espanhol usou a ironia e apelou aos sentimentos, às emoções, aos instintos para selar esses romances desviantes e para anular seus efeitos nocivos; o filósofo austríaco usa a epistemologia e apela à racionalidade para condenar os programas televisivos e denunciar os seus efeitos escandalosamente alienantes. Um combateu o vírus surgido num distante passado medieval, mas que ainda no século XVII continuava a exercer sua nefasta virulência; o outro combate um vírus que lhe é contemporâneo e cujos efeitos estão se tornando cada vez mais devastadores.

Vittorio Bodini, um dos tradutores mais competentes de Dom Quixote em língua italiana, nota com justeza que "Cervantes não podia ignorar que as condições históricas e sociais alteradas haviam retirado qualquer fundamento e qualquer sentido à instituição cavalheiresca; a sua luta não é contra o passado, mas contra um monstro atual, o veneno em que aquela memória de uma época transcorrida se transformou na alma dos seus contemporâneos, tornando-se uma função negativa do presente. Aliás, não foi a lembrança da cavalaria que criou esse veneno, mas é este que se vale dela. Esse veneno é a fuga da realidade, a desvalorização da verdade da vida, para comprar com aquelas falsas economias a droga da fuga".

DOIS HOMENS E UM CAVALO

Hoje, para tratar um drogado, nós o internamos numa instituição terapêutica. Para tratar o drogado Alonso Quijano, que em suas alucinações se crê um cavaleiro errante, que se diz chamar dom Quixote de la Mancha e está sempre com a cabeça nas nuvens, Cervantes usa um expediente psicanalítico *avant la lettre*: coloca ao seu lado, como teste de realidade, Sancho Pança, um camponês simplório, sempre com os pés no chão. Há um terceiro personagem, testemunha muda, mas não inerte, de todas as peripécias ocorridas com os dois heróis tragicômicos, e é Rocinante, igualmente indispensável para o prodigioso equilíbrio estrutural do romance.

"Desconfia do boi à frente, da mula atrás, do monge de ambos os lados", diz argutamente Cervantes. Muito bem. O cavalo de dom Quixote é muito mais inconfiável do que o boi e a mula, porque seus descartes, seus tombos, seus coices, suas fugas inesperadas são fruto imprevisível de sua loucura animal, reflexo especular da loucura humana de seu dono.

Para meu grande desapontamento, entre os protagonistas da literatura mencionados no *Dizionario Bompiani delle opere e dei personaggi di tutti i tempi e di tutte le letterature*, encontrei o personagem Moby Dick, sem o qual o romance de Melville não poderia existir, mas não encontrei o personagem Rocinante, sem o qual o *Dom Quixote* de Cervantes não teria existido, e tampouco encontrei o personagem Platero, sem o qual não existiria *Platero e eu*, de Ramón Jiménez. Ao que parece, os organizadores da obra monumental em doze volumes odeiam os burricos e os cavalos espanhóis, enquanto reservam um tratamento privilegiado para as baleias que vivem nas profundezas marinhas.

Contudo, o cavalo Rocinante é personagem tão imortal quanto seu cavaleiro. Quando Alonso Quijano, transtornado pelo excesso de romances de cavalaria, prepara-se para se transformar no louco cavaleiro dom Quixote, exuma e limpa velhas armas já enferrujadas, restaura a viseira do elmo mofado e depois se dedica à cavalgadura: "Em seguida foi ver o pangaré, e, embora tivesse os cascos mais rachados que os calcanhares de um camponês e mais defeitos que o cavalo de Gonela, que *tantum pellis et ossa fuit*, achou que nem o Bucéfalo de Alexandre nem o Babieca do Cid se igualavam a ele. Passou quatro dias imaginando que nome lhe daria, porque — conforme dizia a si mesmo — não havia motivo para que cavalo tão bom e de cavaleiro tão famoso ficasse sem nome [...]. Assim, depois de muitos nomes que criou, apagou e trocou, sobrepôs, desfez e tornou a fazer em sua memória e imaginação, finalmente veio a chamá-lo 'Rocinante', nome, em sua opinião, superior, sonoro e significativo do que tinha sido quando não passava de um rocim e o que era agora, o primeiro entre todos os rocins do mundo".

LIVRARIA E TAVERNA, TELEVISÃO E SUPERMERCADO

Mas voltemos aos homens. Todo o *Dom Quixote* é uma suave dialética entre a pura e digna loucura, o contínuo sonhar, a abstração, a cultura, a complexidade, a ilusão idealista de Quixote de um lado; e, de outro, o frescor, a malícia infantil, a alegria festeira, a rústica simplicidade, a materialista concretude de Sancho. Esse contraste e as infindáveis cabriolas intelectuais que Cervantes é capaz de criar são um expediente genial para ressaltar ainda mais os absurdos e as mentiras dos livros de cavalaria, que levam o leitor a se alienar nas fábulas, acreditando que são verdadeiras. "O mal", observa Bodini, "não está na preferência que o coração concede ou pode conceder à fábula, mas na desesperada desvalorização da realidade a que essa preferência é levada."

Quando os contemporâneos de Cervantes, lendo *Amadis*, se abandonavam aos sonhos de uma mítica idade do ouro na qual a honestidade era sempre premiada, a coragem jamais vencida, os reinantes sempre generosos, as donzelas sempre virtuosíssimas, as disputas sempre leais e corajosas, não era tanto o passado medieval que avultava e se impunha, mas era o presente seiscentista que se refugiava e se abandonava nele, confundindo o bem e o mal, o verdadeiro e o sonho, o mito e a história, assim como hoje a cultura pós-moderna tende a ignorar os conflitos entre interno e externo, essência e aparência, latente e manifesto, autêntico e inautêntico, significante e significado, sincrônico e diacrônico, nômade e sedentário, real e virtual.

Na Espanha seiscentista, a alienação exercia sua maior influência nas livrarias e nas oficinas; no Ocidente dos anos 2000, a alienação celebra seu maior triunfo no mundo da televisão e no dos supermercados. Ontem, o ópio da cavalaria; hoje, o ópio midiático e consumista. Se nos romances de cavalaria sempre prevaleciam, inocentemente, o louco puro, o guerreiro leal, o amante fiel, com os quais o leitor sequioso acabava por identificar-se, nas ficções e nos *reality shows*, assim como nos programas de entrevista e nas reportagens televisivas atuais, sempre triunfam, astuciosamente, o vigarista aculturado, o vaidoso prepotente, o pedófilo, o matricida, o bandido e a desabusada, aos quais o telespectador acaba por aplaudir. Se nos romances de cavalaria predominavam a generosidade, a parcimônia, o desinteresse, a solidariedade, no supermercado triunfam a voracidade, o exibicionismo, a concorrência, a tacanhice, o mau gosto. No universo televisivo, a caixa de supermercado pretensiosa quer programas em que seja a diva, a estrela, a heroína ou a ganhadora de fortunas inesperadas; no universo comercial, o bancário pobretão acaba por se sentir um marajá, armado com um cartão de crédito que lhe permite gastar dez vezes mais do que tem na sua mísera conta bancária.

Difícil imaginar o que teria inventado a fértil imaginação de Cervantes se vivesse hoje e quisesse traduzir a caixa e o bancário em personagens romanescos, antes alienados pelas mídias e pelo consumismo, depois com o juízo restaurado como dom Quixote. Talvez Illich e Latouche sejam os nossos Cervantes modernos: igualmente visionários, mas — para nosso azar — muito menos poéticos.

NÍVEIS DE REALIDADE

A Espanha em que Cervantes nasce (1547) e morre (1616) está suspensa entre a Idade Média e a Modernidade. Graças a *Dom Quixote*, ela entrará triunfalmente pelo menos na modernidade literária e arrastará com força irresistível toda a literatura europeia e latino-americana.

Nem Orlando nem Beatriz nem Hamlet, por mais imaginativos que fossem, tiveram a ventura de visitar a tipografia onde se imprimia sua história apócrifa. Já dom Quixote entra numa gráfica de Barcelona e faz essa embaraçante descoberta.

Estamos no 62º capítulo da segunda parte e Cervantes conta: "Aconteceu que, andando por uma rua, dom Quixote levantou os olhos e viu escrito sobre uma porta, com letras muito grandes: 'Aqui se imprimem livros', o que o alegrou bastante, porque até aí nunca tinha visto uma gráfica e desejava saber como era". Entrando na oficina, dom Quixote passeia entre as bancadas e pede explicações aos operários encarregados das traduções e das impressões:

"Seguiu adiante e viu que em outro compartimento também corrigiam um livro, e, perguntando seu título, lhe responderam que se chamava *Segunda parte do engenhoso fidalgo dom Quixote de la Mancha*, escrita por um fulano morador de Tordesilhas.

"— Já me falaram deste livro — disse dom Quixote. — Na verdade, eu acreditava piamente que já tinha sido queimado e suas cinzas espalhadas, por ser descabido. [...]

"E dizendo isso, com mostras de algum despeito, saiu da gráfica."

De que livro se tratava? Ao que se referia dom Quixote e por que ficou irritado? Cervantes iniciara a composição de sua obra-prima em 1597, quando estava preso em Sevilha. A primeira parte do seu romance aparecera depois em Madri em 1605, logo alcançando enorme sucesso.

Para apropriar-se indevidamente das vantagens desse sucesso, um certo Alonso Fernández de Avellaneda, nascido em Tordesilhas, publicou em 1614 um falso *Segundo tomo del ingenioso hidalgo Don Quijote de la Mancha* em que, entre outras coisas, ofendia e caluniava Cervantes.

Nem Bloom nem Dedalus, os dois protagonistas do *Ulisses* de Joyce, chegam a entrar numa gráfica e descobrir que estão imprimindo uma versão apócrifa do *Ulisses*. Contudo, trata-se do romance mais inovador do século XX, publicado em 1922, três séculos depois de *Dom Quixote*, por um autor não menos imaginativo do que Cervantes e que, além do mais, leu Freud e inventou o monólogo interior.

Joyce também reúne dois protagonistas: um maduro agente comercial semita como Bloom, todo ele experiência prática e curiosidade imediata, e um jovem intelectual inquieto como Dedalus, todo ele tomado por elucubrações mentais. Joyce também constrói uma infinita sequência de aventuras, sombrias tal como as de Cervantes eram solares (Virginia Woolf dirá que se trata de "uma memorável catástrofe, imensa no seu desenho, terrível na sua realização"). Joyce também ultrapassa qualquer temerário patchwork estilístico e disciplinar, saltando do poético ao filosófico, do dramático ao grotesco. Joyce também fragmenta qualquer unidade de tempo e de lugar e supera qualquer experimentalismo literário (basta pensar no longo e onírico monólogo final em que desaparecem até os períodos e a pontuação). Mas é Cervantes quem antecipa a passagem de Alice pelo espelho; é Cervantes quem rompe a ordem medieval da literatura, tal como, três séculos depois, Joyce romperá a ordem moderna da escrita. Cervantes e Joyce, portanto, marcam o alfa e o ômega do mundo e do romance moderno.

A ideia inédita de atravessar o espelho, introduzindo no livro ainda incompleto uma tipografia onde já ocorre a impressão de uma versão apócrifa, deve ter agradado tanto a Cervantes que, no final da obra, o imaginário dom Quixote, já tendo voltado a ser o real e agonizante Alonso Quijano, salta de novo para fora do texto e diz aos seus executores testamentários que, "se a boa sorte os levar a conhecer o autor que dizem que escreveu uma história que anda por aí com o título de *Segunda parte das façanhas de dom Quixote de la Mancha*, peçam a ele, de minha parte, o mais encarecidamente que se possa, que me perdoe a oportunidade que sem pensar eu lhe dei de ter escrito tantos e tamanhos disparates como nela descreve, pois parto desta vida com o escrúpulo de lhe ter dado motivo para escrevê-los".

Logo a seguir, eis outra cabriola. Na primeira parte do *Quixote*, Cervantes, como era usual em quase todos os poemas cavalheirescos, e como fará mais tarde Manzoni em *Os noivos*, finge que seu livro não passa da tradução de um original árabe composto pelo historiador Cide Hamete Benengeli. Muito bem. No final da obra-prima, quando já Alonso Quijano, não mais dom Quixote, entrega a alma a Deus, o seu amigo pároco pede ao tabelião um atestado de óbito por morte natural para evitar que "algum outro autor que não fosse Cide Hamete Benengeli lhe ressuscitasse falsamente e escrevesse intermináveis histórias de suas façanhas".

"*La vida es mi prisión, y no lo creo*", disse Francisco de Quevedo. Cervantes tampouco se resigna com a prisão da vida e usa sua imaginação desabrida para romper a sintaxe do romance e as grades do cotidiano, assim como, em sua biografia real, usou de mil expedientes para escapar à longa prisão que passou em Argel. Por isso finge que *Dom Quixote* é a tradução do árabe de um romance de Benengeli, que narra como Alonso Quijano enlouquece e julga ser o cavaleiro dom Quixote, o qual, depois de mil páginas e mil peripécias, recobra o juízo e volta a ser Alonso Quijano: "*La vida es mi prisión, y no lo creo*".

Num belo ensaio de 1978, Italo Calvino ensina-nos a perceber os vários níveis de realidade muitas vezes presentes simultaneamente num romance ou num texto teatral: níveis de realidade que "podem se encontrar mesmo se mantendo distintos e separados, ou podem se fundir, soldar-se, mesclar-se, encontrando uma harmonia entre as suas contradições ou formando uma mistura explosiva". Em *Sonho de uma noite de verão*, por exemplo, "os nós da trama são constituídos pelas interseções de três níveis de realidade que, porém, se mantêm claramente distintos: 1) os personagens de nível elevado da corte de Teseu e Hipólita; 2) os personagens sobrenaturais, Titânia, Oberon, Puck; 3) os personagens cômicos plebeus, Bottom e companheiros.

"Esse terceiro nível faz fronteira com o reino animal, que pode ser considerado um quarto nível em que Bottom ingressa durante a sua metamorfose asinina. Ainda há outro nível a ser considerado, o da representação teatral do drama de Príamo e Tisbe, isto é, o teatro no teatro." Entretanto, em *Hamlet* os planos de realidade são sugados por uma espécie de curto-circuito ou de vórtice: "Há o fantasma do pai de Hamlet com sua exigência de justiça, isto é, o nível dos valores arcaicos, das virtudes cavalheirescas com seu código moral e suas crenças sobrenaturais; há o nível que poderíamos dizer 'realista', entre aspas, do 'algo de podre na Dinamarca', isto é, a corte de Elsinore; há o nível da interioridade de Hamlet, isto é, da consciência psicológica e intelectual moderna que é a grande novidade do drama. Para manter esses três níveis em conjunto, Hamlet se mascara atrás de um biombo, de uma barreira linguística que é a loucura simulada. Mas a loucura simulada provoca, como por atração, a loucura verdadeira, e o nível da loucura absorve e elimina um dos raros elementos positivos que restaram em campo, isto é, a graça de Ofélia. Também nesse drama encontra-se adiante o teatro no teatro, a representação dos atores, que constitui um nível de realidade em si, separado dos outros, mas que também interage sobre os outros". A esses dois casos Calvino acrescenta muitos outros, de *Antônio e Cleópatra*, de Shakespeare, às *Mil e uma noites*, de *A ilusão cômica*, de Corneille, a *Seis personagens em busca de autor*, de Pirandello, de *Madame Bovary*, de Flaubert, ao nosso *Dom Quixote*, em que convivem o cavaleiresco e o picaresco, o cômico e o dramático, o cotidiano real com as suas confusões alucinadas, a existência efetiva de Alonso Quijano e a psiquiátrica de dom Quixote, com quem Alonso, enlouquecido, se identifica. Mas ali convivem também infinitos personagens, coisas e animais críveis na incrível versão em que Quixote os enxerga na sua loucura: moinhos confundidos com gigantes, tabernas confundidas com castelos, ovelhas confundidas com leões, frades confundidos com feiticeiros, camponesas confundidas com princesas, num turbilhão de figuras e aventuras que nascem uma da outra por cariocinese, por gemação, por enxertia.

Em seu ensaio, Calvino disseca uma proposição como "Eu escrevo que Homero conta que Ulisses diz: Ouvi o canto das sereias que cantavam a Odisseia". Sem dúvida, em tal proposição há apenas o Eu que escreve, há apenas Calvino. Da mesma forma, nos vários níveis de realidade que Cervantes nos convida a visitar, certamente há apenas Cervantes, cuja imaginação desabrida cria a mente febril de Alonso Quijano, que inventa a mente enlouquecida de Quixote. E dessa feliz matriosca jorram irrefreáveis — uma evocada, despertada, nascida da outra — infinitas histórias narradas sem solução de continuidade, tal como ocorre nas frases musicais das *Variações Goldberg* de Johann Sebastian Bach.

"Tudo é possível. Nada pode ser excluído", diria Marsilio Ficino.

Na literatura, não é a única vez em que a narração transborda sobre o narrador. Também Goethe dirá que, a certo ponto, não é mais ele que está escrevendo o *Fausto*, mas é o Fausto que escreve nele; e Tolstói confessa: "Anna Kariênina tomou-me pela mão".

Vez por outra, Cervantes é tomado pela suspeita de que dom Quixote, transbordando, esteja tomando-o pela mão. Por isso delega a Sancho Pança a tarefa de restabelecer o princípio de realidade. Mas a loucura é mais forte e o impede de reconhecer as coisas como são. Quando dom Quixote vê nos moinhos de vento gigantes a combater, Sancho chama-o de volta à realidade, mas o cavaleiro corta rente: "*Yo penso y es así*". E quando, na estrada de Sevilha, Quixote confunde dois frades inofensivos caminhando ao lado de uma dama biscaia com raptores de uma princesa, Sancho tenta trazê-lo de volta à realidade e o cavaleiro responde sem rodeios: "*Deben ser y son*". Gilbert K. Chesterton comentaria que "louco é aquele que perdeu tudo, menos a razão".

DESOCUPADO LECTOR

Sir Harold Acton afirma que, segundo o escritor inglês Cyril Vernon Connolly, seu amigo pessoal, além de companheiro de escola de George Orwell e de Cecil Beaton, "três coisas tornam a vida digna de ser vivida: escrever um livro, jantar em seis, ir à Itália com a pessoa amada".

Não me lembro bem se foi em 1987 ou 1988 que passei a Semana Santa na Andaluzia, honrando de algum modo as três condições estabelecidas por Connolly para tornar digna aquela viagem. Estávamos em três casais bem entrosados (minha mulher e eu, Lina Wertmüller e seu marido Enrico Job, Leonardo Sciascia e sua mulher Maria). Naquele período eu estava escrevendo um dos meus livros de sociologia e Leonardo fazia anotações para o que depois seria *Horas de Espanha*. Almoçávamos e jantávamos em seis, felizmente. Cada qual viajava com a pessoa amada. Embora nossa viagem não fosse pela Itália, como exigia Connolly, transcorria, porém, naquela parte da Espanha mais parecida com a Sicília, ambas trazendo as marcas ainda vivas da dominação árabe.

Leonardo era um indivíduo suave, tão esquivo em público quanto agradavelmente, argutamente loquaz em privado. Estimulados pela vida andaluza que fervilhava ao nosso redor e por aquela admirável trama de eros e tânatos que são as procissões da Quaresma em Sevilha ("Procissões que partem de todos os bairros, giram pela cidade do início da tarde até noite avançada, tocam-se, entrecruzam-se, parecem criar um ponto de convergência simultânea e depois se espalham", escreverá Sciascia em *Horas de Espanha*), entregamo-nos livremente a uma disputa de citações de trocadilhos, definições de palavras, esclarecimento de conceitos. Como sempre, Sciascia era brilhante nas suas observações. Fez-nos refletir sobre a diferença entre um romance (ptolemaico porque nele o mundo gira ao redor do homem) e um ensaio de sociologia (copernicano porque nele é o homem que gira ao redor do mundo). Fez-nos notar como o letreiro "*paninoteca*" [sanduicheria], frequente tanto na Espanha como na Itália, estraga dois conceitos numa só palavra. Convenceu-nos de que a melhor maneira de comparar duas épocas históricas é analisar as transformações ocorridas no significado das palavras (daí a origem da ideia para o meu livro *As palavras no tempo*, em que comparo o significado de cerca de quarenta termos, tal como eram definidos na *Encyclopédie* setecentista e como são entendidos hoje em dia). Temerariamente guiados por Enrico Job, até nos concedemos uma rápida incursão por Palmar de Troya, nos lados de Utrera, para assistir à missa pascal do cego vidente antipapa Gregório XVII, cujo nome era Clemente Domínguez y Gómez, o qual, fortalecendo-se com as profecias de são Malaquias e santa Anna Catarina Emmerich, conseguiu reunir em torno de si cerca de oitenta cardeais,

401

uma dezena de padres, algumas freiras e milhares de fiéis, unânimes no ódio pela Igreja de Roma e na convicção da vinda iminente do reino messiânico.

Obviamente, como convém a intelectuais estrangeiros passeando pela Espanha, a conversa recaiu várias vezes sobre Cervantes e *Dom Quixote*, que todos concordavam em considerar o mais belo romance de todos os tempos. Mas em algumas coisas eu discordava de Leonardo, e das discordâncias nasciam discussões infinitas, agradáveis, vivazes, mas insolúveis. Por exemplo, como interpretar a primeira palavra com que Cervantes abre sua obra-prima? *Dom Quixote* começa assim: "*Desocupado lector: sin juramento me podrás creer que quisiera que este libro, como hijo del entendimiento, fuera el más hermoso, el más gallardo y más discreto que pudiera imaginarse*" [Desocupado leitor: podes crer, sem juramento, que eu gostaria que este livro, como filho da inteligência, fosse o mais formoso, o mais galhardo e o mais arguto que se pudesse imaginar]. O que significa aquele "*desocupado lector*"? A quais termos é preciso recorrer para traduzir essa locução para a nossa língua? Para a edição italiana, Ferdinando Carlesi usou oito palavras: "Ditoso leitor, que não tem nada para fazer". Para Vittorio Badini foram necessárias dez: "Leitor meu que não tem nada de melhor para fazer". Entretanto, segundo Sciascia, sicilianamente lacônico, duas palavras eram mais do que suficientes: "Desocupado leitor" ou "Mandriante leitor". A mim, nenhuma dessas duas traduções, que Sciascia depois retomaria e defenderia também em seu *Horas de Espanha*, parecia e parece correta. "Desocupado leitor", de fato, dá a impressão de uma pessoa que, tendo perdido o emprego, é como que obrigada a contentar-se com a leitura, para matar o tempo. Quanto a "Mandriante leitor", creio que essa expressão se aproxima mais da intenção de Cervantes, mas o próprio Sciascia se via obrigado a reconhecer que era "um pouquinho" preciosa.

Traduzir "*desocupado lector*" por "folgado leitor", como fazem muitos, remete a uma falsa modéstia de Cervantes, que daria de ombros, aparentando ser o primeiro a saber que seu livro seria lido apenas por quem não tivesse nada melhor para fazer.

Prefiro acreditar que Cervantes, com o adjetivo "*desocupado*", pretendia indicar o estado de ânimo necessário para apreciar plenamente o livro: um estado de ânimo em que a mente do leitor, de maneira nenhuma por folga ou desocupação, decide abandonar qualquer preocupação, escolhe uma posição confortável e se concede a alegria de uma leitura despreocupada, dedicando-lhe todo o tempo e a atenção necessários. Talvez a melhor tradução seja "despreocupado leitor". Ao escolher esse incipit, provavelmente Cervantes tinha em mente um provérbio ouvido em Nápoles, no qual o povo diz que o sexo "não quer pensamentos", não pode ser gozado senão com a mente desocupada.

Além disso, na Espanha seiscentista, mais do que ter um caráter ocioso, era preciso ter um nível aristocrático, e, salvo raríssimas exceções, somente os eclesiásticos e alguns nobres eram ao mesmo tempo alfabetizados e desocupados, pois gozavam do privilégio de consumir sem produzir.

Introduzindo a figura do seu *hidalgo*, Cervantes escreve: "Deve-se saber, então, que o aludido fidalgo, nos momentos em que estava ocioso — que constituíam a maior parte do ano —, deu para ler livros de cavalaria com tanta paixão e prazer que esqueceu quase por completo o exercício da caça, e até mesmo a administração de seus bens".

Em outros termos, na Mancha de dom Quixote, quem sabia ler era aristocrata, e só quem era aristocrata podia permitir-se ser um "*desocupado lector*".

ALEGRIA E MISTÉRIO

Com o seu incipit tão seguro, Cervantes também diz a nós, burgueses pós-modernos, que só devemos nos acercar da sua obra-prima se estivermos na condição psicológica própria para gozar toda a sua essência, para nos entregar plenamente à arte da leitura que, no caso de *Dom Quixote*, é portadora de alegria e de mistério. "De um mistério que aumenta a alegria", como diz Sciascia. Mas essa mesma afirmação o leva a lamentar que hoje, infelizmente, o *desocupado lector* tenha se tornado raro: "Poucos são agora os capazes de ler com alegria: lê-se por imposição das ideologias ou da moda, para cumprir uma obrigação, para poder falar do livro que se comenta ou apenas para poder dizer: 'Eu o li'. Lê-se sofrendo: assim como agora vai-se ao teatro, ao cinema, aos encontros culturais para sofrer. Hoje em dia, uma espécie de masoquismo preside a essas coisas".

Eis um segundo ponto de divergência entre mim e Leonardo: eu sociólogo, ele literato. Se assim fosse — argumentava eu —, se realmente hoje se lesse sofrendo, teríamos de reconhecer que o masoquismo de quem lê encontra correspondência no sadismo de quem, como nós, escreve. Mas prefiro dar razão a Cyril Vernon Connolly: escrever um livro é uma das grandes alegrias da vida, talvez tão mais alegre quanto mais sofrida. Assim como a leitura também pode ser sofrida e alegre. Se, além do mais, o livro lido é uma obra-prima como *Dom Quixote*, então a alegria é permanente. Caso contrário, por que nos obstinaríamos em ler? Por que milhões de leitores lotariam as bibliotecas do mundo? Por que outros milhões comprariam livros pela internet? Por que centenas de milhares de pessoas frequentariam festivais literários como os de Mântua ou Paraty?

Os que leem por modismo e por exibicionismo são apenas os privilegiados que se podem permiti-lo. A alfabetização de massas, por sua vez, é uma conquista recente mesmo nos países avançados, e a possibilidade de ler representa o primeiro grande luxo que a sociedade moderna conseguiu conquistar para a alegria e o orgulho de quem escreve e de quem lê. Excluídos os literatos de profissão, os esnobes e os acadêmicos, que recebem livros e ingressos de graça, todos os outros se sentem muito felizes quando podem comprar e ler um livro, quando podem comprar um ingresso para o cinema ou para o teatro.

No passado, o luxo consistia na ostentação de coisas raras e vistosas; hoje, consiste no gozo de coisas menos raras e mais discretas. Segundo Hans Magnus Enzensberg, hoje as coisas realmente raras, e portanto luxuosas, seriam seis: o tempo, o espaço, a autonomia, o silêncio, o ambiente saudável e a segurança. De minha parte, eu acrescentaria a honestidade intelectual, o convívio, a contemplação da beleza e o gosto pela leitura. Em alguma medida, o luxo da leitura pressupõe e abrange todas as outras formas de luxo. Ademais, permite ao leitor conquistar a atitude suprema que Flaubert atribuiu a Bouvard e a Pécuchet: a atitude de reconhecer a mediocridade à primeira vista e não conseguir tolerá-la.

A leitura permite a compreensão, o juízo, o rigor e o diálogo. Na leitura, os sentidos silenciam. A audição, o tato, o olfato, o gosto cedem lugar à visão, que, concentrando-se na página, cria uma relação direta entre autor, livro e mente do leitor, sem outra intermediação além da imaginação deste último. Ainda maior é essa concentração quando nos abandonamos à alegria incomparável de ler um texto teatral em que a história narrada pelo autor e a imaginada pelo leitor se unem sem a incômoda intermediação de atores, cenas, direção e público circunstante. Dessa vez não é o diretor quem decide os tempos e os modos da representação, nem o cenógrafo quem decide as cores, os figurinos e as decorações.

Dessa vez é o leitor que se apropria de todos os papéis, que pode retardar o ritmo ou acelerar a ação, que pode levantar ou descer o pano, as luzes e as cores sem os condicionamentos do palco, dos interlocutores, das músicas, dos técnicos, dos eletricistas. Dessa vez, acima de tudo, é o leitor que, sem os tediosos tempos técnicos impostos pela mudança de cena, pode passar desenvoltamente de um nível a outro da realidade descrita no roteiro que tem sob os olhos.

Só quem lê pode vagar entre páginas e níveis; pode acelerar e diminuir os ritmos da narração; pode parar e retomar a leitura a seu gosto porque é o único a partilhar com o autor o prazer absoluto do texto transformado em imaginação em estado puro.

ÓCIO PARA LER, ÓCIO PARA ESCREVER

A alegria de ler é simétrica à alegria de escrever. Se é preciso estar despreocupado, ter tempo e disponibilidade para apreciar plenamente *Dom Quixote*, o que foi necessário a Cervantes para escrevê-lo? Com certeza foi necessária a genialidade criativa, mas igualmente necessária deve ter sido a propensão a um feliz ócio criativo.

Nos tempos de Cervantes, muitos aristocratas não trabalhavam e todos os outros trabalhavam muito menos do que hoje, porque eram habituados a consumir tão pouco que não tinham necessidade de produzir a não ser o mínimo vital: não havia eletricidade nem água corrente, comia-se o que produzia a horta, aquecia-se com a lenha do bosque, uma roupa e um par de sapatos eram suficientes por anos.

A vida era mais curta, mas o tempo disponível para pensar era mais longo. Mesmo um *hidalgo* como dom Quixote levava uma vida frugal. Eis como Cervantes descreve o balanço familiar de Alonso Quijano, que também é um cavaleiro abastado: "Um cozido com mais carne de vaca que de carneiro, salpicão na maioria das noites, ovos fritos com torresmo aos sábados, lentilhas às sextas, algum pombinho de quebra aos domingos, consumiam três partes de sua renda. O resto dela gastava com um saio de lã cardada, calções de veludo para as festas e chinelos do mesmo tecido, e nos dias de semana se honrava com a melhor das burelinas".

Na Espanha seiscentista, um *hidalgo* trabalhava não mais do que três ou quatro horas por dia; na Inglaterra setecentista, os nobres formavam uma multidão de desocupados, pululavam servos e valetes, os trabalhos mais pesados eram descentralizados nas oficinas citadinas e nas fazendas coloniais. Depois, no final do século XVIII, veio a indústria e começaram os problemas. Nas fábricas, a jornada de trabalho dos proletários logo superou as quinze horas, os ritmos tornaram-se infernais, o controle tornou-se militarista. O governo inglês teve de intervir com uma lei "humanitária" para proibir que as crianças trabalhassem mais de dez horas por dia. Na Londres descrita por Dickens e na Paris descrita por Zola, a vida média de um operário mal superava as 300 mil horas, um terço das quais era entregue ao esforço físico.

Numa situação dessas, em que o ócio não podia ser senão o pai dos vícios, havia pouquíssimo espaço tanto para um desocupado escritor quanto para um *desocupado lector*. Depois, em apenas quatro ou cinco gerações, a duração média da vida duplicou. Ao mesmo tempo, graças ao que chamamos de progresso, aprendemos a produzir uma quantidade crescente de bens e serviços com uma quantidade decrescente de trabalho humano. Em menos de um século, nos países industrializados, as horas que o cidadão médio dedicava anualmente ao trabalho caíram pela metade, e por isso o seu papel social, seu destino, sua qualidade de vida dependem do tempo livre e da capacidade de valorizá-lo não menos do que a atividade profissional.

Hoje a grande maioria da população, se quiser, tem todo o tempo necessário para as ocupações intelectuais que os romanos chamavam de *otia*. Não é necessário ser herdeiro para escrever e não é preciso ter renda para ler. Para todos aqueles que desenvolvem tarefas intelectuais — isto é, para dois terços da população ativa —, ler e se cultivar já não é apenas trabalho nem apenas tempo livre: é ócio criativo, isto é, um conjunto indissociável de estudo, trabalho e passatempo que se fecunda mutuamente.

405

UM MANUAL PARA OS BORDERLINES

Um sério obstáculo a esse estado de graça finalmente generalizado deriva dos hábitos contraídos nos dois séculos da sociedade industrial, durante os quais a organização do trabalho e da vida se concentrou na segmentação e na separação entre estudo e trabalho e entre trabalho e diversão. É preciso, portanto, desintoxicar tanto as massas quanto as elites dessa overdose esquizofrênica geral de trabalho, que se tornou insensato devido à concorrência e ao tempo livre colonizado pelo consumo.

A exposição cotidiana a esses paradoxos provoca formas de desequilíbrio que vão da simples ostentação à loucura verdadeira, passando pelo estresse, pela fúria, pela aflição, pela obsessão, pela monomania. A maioria dos cidadãos vive num estado borderline de perpétua hiperagitação, sempre excitada e nervosa, frenética muito além da inquietação e da impaciência, incapaz de apreciar o luxo da pausa. Nessa turba ensandecida, o frenesi pode degringolar de um momento para o outro em explosão, a impaciência em imprudência ou insolência, a temeridade em soberba, a insegurança em arrogância, a audácia em intrepidez, a raiva em furor. A mitificação da competitividade, da agressividade, da violência exaltou esse tipo ideal, convertendo-o em tipo idealizado.

Ao lado dos hiperativos, encontra-se com frequência outro tipo de borderline: a bela alma, o original, o bizarro, o caprichoso, o excêntrico, o esquisito, o estranho, o infantil, o puro louco que esvoaça pela vida com amável leveza. O personagem sem personalidade que sobrevive às tempestades sociais por ser inofensivo na sua extravagância, tolerado e utilizado pelos poderosos para demonstrar que a sociedade dominada é liberal e pluralista.

Todas essas formas mais ou menos brandas de loucura trazem a marca do "campo" em que o louco se encontra. O mesmo executivo, por exemplo, pode transportar o estresse, o perfeccionismo patológico, a insolência operacional, o autoritarismo exagerado, o servilismo covarde do ambiente de trabalho para fora do trabalho, na pretensão de transformar a família, o clube, o oratório, o voluntariado numa espécie de repartição fora da fábrica. Ou pode adotar formas esquizofrênicas de desdobramento, alternando uma vulgar prepotência nos locais de trabalho com um senhorial refinamento no tempo livre.

Enfim, há a loucura positiva: aquela que nos induz a enfrentar os obstáculos com a necessária dose de inconsciência; aquela que nos leva a mobilizar os nossos recursos mesmo na ausência de remuneração; aquela que nos permite ir ao encontro de uma derrota provável apenas para demonstrar um compromisso moral. A pitada de loucura sem a qual é imprudente viver.

Hoje, quando bem formados e cuidadosamente organizados, milhões de pessoas têm a possibilidade — antigamente privilégio aristocrático — de transformar o trabalho em deleite cultivado, finalmente livre das restrições de tempo e espaço, capaz de garantir a tranquilidade econômica sem exigir a renúncia à serenidade do espírito, à alegria, à diversão, ao convívio, à cultura.

"Num tal sistema social", escreve Bertrand Russell, "é essencial que a instrução seja mais completa do que é agora e que vise em parte a educar e refinar o gosto de modo que um homem possa desfrutar com inteligência do seu tempo livre." Russell também observa que as famílias aristocráticas e ricas conhecem bem a sua importância e guardam cuidadosamente seu segredo. Por isso construíram para si palácios e teatros; por isso encomendaram músicas e obras de arte; por isso sempre se preocuparam em confiar os filhos a preceptores e pajens poliglotas, a colégios renomados onde a formação em boas maneiras, em convívio social, em vivacidade de espírito, comedimento, escolha conscienciosa dos hobbies e dos clubes recebe uma atenção pelo menos equivalente à formação profissional.

Uma distribuição equitativa da riqueza e da formação permitiria já aqui e agora estender semelhantes benefícios a todos.

E foi isso que Cervantes tentou quatro séculos atrás, quando, com seu romance não por acaso copioso, presenteou-nos a possibilidade de transformar o nosso tempo vazio em ócio criativo. Ele, como autor, escrevendo *Dom Quixote*, trabalhou, estudou, divertiu-se. Agora, com a obra realizada, oferece a nós, despreocupados leitores, a possibilidade de fazer o mesmo: aprender, cultivar-nos e divertir-nos lendo *Dom Quixote*, interrompendo, assim, com a pausa alegre e misteriosa da leitura, a sequência estressante das obrigações cotidianas. O ócio criativo é uma arte que exige formação, e *Dom Quixote* é o perfeito manual de iniciação a essa arte.

LOUCURA E SABEDORIA

As mil páginas de *Dom Quixote* são um repertório inexaurível de loucuras que convergem para a sabedoria. Já se disse que os verdadeiros romancistas da Idade Média foram os teólogos e os construtores de catedrais, capazes de povoar o paraíso, inventar o purgatório, decorar o inferno com sua rutilante imaginação. Também já se disse que os verdadeiros romancistas dos séculos XVI e XVII foram os astrônomos e os chefes militares, com suas explorações celestes e suas conquistas terrestres. Como nota Carlos Fuentes, com *Dom Quixote* Cervantes nos presenteia o primeiro verdadeiro romance, reescrita herética das histórias de cavalaria. A heresia reside na sua infinita criatividade, e a criatividade é sempre um excesso em relação à cotidianidade. Contudo, esse excesso nasce de um equilíbrio em alto nível entre fantasia e concretude, entre a emoção que corrige a regra e a regra que corrige a emoção.

Cervantes confia a dom Quixote o território da imaginação e a Sancho Pança o território da concretude. Quando a imaginação em dom Quixote prevalece até transbordar em alucinação, Sancho Pança lhe serve de contraparte, com seus pés firmemente plantados no solo da rústica simplicidade. E quando finalmente dom Quixote, no leito de morte, reconquista a lucidez e a concretude, é então Sancho Pança quem se obstina em lhe contar mentiras e lhe impingir fábulas como se fossem realidade.

Na trajetória que se estende entre o polo da imaginação e o polo da concretude, o fantasioso Quixote, feito de dignidade e loucura, conquista avanços graduais rumo à concretude, enquanto o concreto Sancho Pança, feito de rasteira praticidade, conquista graduais avanços rumo à imaginação. No final, ambos convergirão numa síntese criativa das mais fulgurantes já concebidas por um gênio humano: "O herói intelectual que foge para a ação, a criatura rústica que desemboca nos campos do pensamento", dirá Vittorio Bodini.

Ao longo de todas as mil páginas do romance, entre a imaginação de dom Quixote e a concretude de Sancho Pança articula-se uma dialética suave, que jamais degenera em rancor ou em conflito, até que o louco *hidalgo* se vê obrigado a reconhecer ao seu escudeiro: "Sancho, dia a dia você está se tornando menos tolo".

Por sua vez, curado da loucura e voltando a ser Alonso Quijano, o nosso cavaleiro em fim de vida admite a si mesmo que retornou à razão e abençoa a divina misericórdia por tê-lo libertado da alienação das mentiras e absurdas histórias de cavalaria: "Já tenho o juízo livre e claro, sem as sombras tenebrosas da ignorância que sobre ele pôs minha amarga e contínua leitura dos detestáveis livros de cavalaria. Já reconheço seus disparates e seus logros". Louco por toda a vida, finalmente sábio na hora da morte. Tão sábio a ponto de compreender que a sabedoria não é tudo. Tanto em espanhol quanto em português, loucura e leitura — *locura e lectura* — compartilham o mesmo étimo. Apenas em *Dom Quixote* verdade e vida, sabedoria e loucura convivem tão serenamente, tão irônica e perfeitamente que constituem um modelo também para nós, viandantes do século XXI.

Carlos Fuentes, que me serviu de frequente inspiração nessas reflexões, constata que "o *Siglo de Oro* — Cervantes, Lope de Vega, Quevedo, Góngora, Calderón — floresce exatamente na mesma época em que declina o poder da Espanha". Será assim também para o Ocidente atual? Poderemos encontrar no nosso declínio a força para nos curar da ilusão e enveredar pela realidade de um novo século de ouro? Se isso ocorrer, mais uma vez o tempo estaria se comportando como um menino brincalhão.

R. Roma

Nunca um esforço, nunca um pouco de energia:
nada que vá com pressa.
STENDHAL

TUDO É DECADÊNCIA, TUDO É LEMBRANÇA

O diário de viagem *Roma, Nápoles e Florença em 1817* é o primeiro livro em que Henry Beyle, para não correr riscos por causa de suas ideias filonapoleônicas, assina com o pseudônimo de Stendhal, adaptação do nome da cidadezinha prussiana Stendal e que depois suplantará definitivamente o seu nome. Nesse diário de viagem, Stendhal diz que chegou a Roma em 10 de dezembro de 1816. "Entro em Roma pela Porta del Popolo: resido no Corso, Palazzo Ruspoli. Mas que desilusão! Não se compara à entrada de quase todas as grandes cidades que eu conheço [...]. Os pedantes que encontram na Roma moderna uma ocasião para exibir seu latim convenceram-nos de que era bonita."

Stendhal descreve seus itinerários nas cidades italianas como etapas sucessivas de uma busca da felicidade através do pleno gozo musical. "Em Roma", escreve ele, "além dos dois teatros principais, o Valle e o Argentina, há quatro teatros menores." Hoje, há 49 funcionando, aos quais se devem acrescentar 24 salões de igrejas onde se realizam concertos, 21 clubes noturnos de cabaré ou de jazz, 306 salas cinematográficas e dezoito cineclubes.

Em 12 de dezembro, Stendhal tenta comprar um ingresso para o teatro Argentina, mas os lugares estão esgotados. No dia seguinte, quando finalmente consegue garantir um camarote, fica escandalizado: "Faz muito tempo que Paris não conhece tugúrios comparáveis a esses famosos teatros Argentina e Valle, eternizados pelos Pergolesis e pelos Cimarosas. Imaginem uns miseráveis teatros de madeira de abeto e de uma madeira que, no Valle, nem sequer é revestida por papel de parede. As nossas subprefeituras de província são mais bem-dotadas. A cortina, o forro, tudo o que é pintura, alcançam um grau de feiura e desmazelo que não vi igual nem na Alemanha".

Ainda pior é o dia 15, quando assiste à missa cantada na Capela Sistina: "A minha impressão sobre esses concertos de capões sem fôlego se manteve a mesma [...]. Nunca se vaiará o suficiente. Nenhuma piedade pela mediocridade". Mesmo nos dias de hoje, às vezes se ouvem missas cantadas por capões igualmente sem fôlego, talvez transmitidas até pela televisão, intercaladas pelos comentários mistificadores dos locutores de tevê. Que, para sua imensa sorte, não existiam na época de Stendhal.

Finalmente, no dia 23, nosso ilustre turista consegue ouvir uma ótima música e encontrar pessoas interessantes: não nos palácios principescos, mas na casa de um advogado, onde conversa agradavelmente com um alfaiate enriquecido e cultíssimo.

No dia de Natal, as coisas vão um pouco melhor. "Assisto à grandiosa cerimônia em São Pedro: tudo sublime, exceto a música. Esse venerando pontífice que, vestido de seda branca e transportado numa cadeira doada pelos genoveses, distribui bênçãos nesse templo augusto é um dos espetáculos mais belos que já vi na vida [...]. No resto da igreja, salvo uma centena de camponeses de aspecto horrível, nem uma alma."

Se hoje retornasse a São Pedro para o Natal, Stendhal encontraria o triplo de cardeais, uma multidão imensa e cosmopolita, um papa argentino atormentado pela incerteza. Agora, tal como naquela época, tudo é sublime, exceto a música.

Em 31 de dezembro, Stendhal é levado à igreja del Gesù. "A igreja regurgita da pior canalha [...]. Aqui nestas bandas tem-se uma ideia tão clara da canalha que há em torno que toda capela dispõe da guarda de uma sentinela com baioneta montada, e, como se não bastasse, outras sentinelas fazem a ronda entre a multidão ajoelhada [...]. Este canto popular é excelente."

Hoje, por sorte, as igrejas de Roma não precisam mais garantir a ordem pública recorrendo a sentinelas com baioneta montada. Em compensação, em 1981, João Paulo II sofreu um atentado quase mortal na Piazza San Pietro. Quanto à música popular, seria interessante observar Stendhal ouvindo indignado as músicas de rock e os cantos caribenhos que acompanham as missas nas paróquias romanas, transformadas, agora, em supermercados da fé. Decerto ficaria extasiado ao ouvir a Wiener Philharmoniker tocando música sacra na basílica de San Paolo, talvez patrocinada por empresas automobilísticas ou petroquímicas.

Em 1º de janeiro de 1817, Stendhal vai se deleitar com mais música na igreja dos Jesuítas e depois consegue um camarote no Argentina. "Realmente não valia a pena

410

ter tido tanto trabalho [...]. Em Brescia ou em Bolonha, o espetáculo não chegaria ao final. A orquestra é pior do que os cantores [...]. Aqui, cada um enfeita seu palco como bem quer. Há cortininhas em baldaquim como as que se usam em Paris nas janelas, e peitoris em tecidos de seda, veludo, musselina: há alguns muito ridículos [...]. Tudo respira a decadência, aqui; tudo é lembrança, tudo é morto [...]. Esta temporada tende a enfraquecer o espírito, a lançá-lo numa espécie de torpor. Nunca um esforço, nunca um pouco de energia: nada que vá com pressa."

Em 2 de janeiro, o contumaz retorna ao Valle, onde fica curioso com o regulamento policial. "O governo conhece os seus súditos: são leis atrozes. Cem golpes de bastão, ministrados rapidamente sobre o palco erigido em caráter permanente na Piazza Navona, com tocha e sentinela, para o espectador que ocupa o lugar de outro; cinco anos de cadeia para quem ergue a voz para o porteiro do teatro que designa os lugares [...]. Total falta de cortesia, de honra, de respeito." Na prática, aconteciam nos teatros oitocentistas de Roma coisas semelhantes às que hoje fazem as torcidas organizadas no estádio Olímpico. Falta só o bastão, substituído pelo cassetete e usado com tolerante parcimônia.

Em 4 de janeiro, Stendhal anota: "Passei 25 dias a admirar e me indignar. Que deliciosa temporada seria a Roma antiga se, cúmulo do escárnio, uma má estrela não tivesse desejado que sobre seus alicerces surgisse a Roma dos padres!".

"Percorro os teatros menores de Roma", registra no dia seguinte, "que muitas vezes são os últimos refúgios da boa música."

Em 7 de janeiro, retorna ao teatro Argentina, onde assiste à ópera *Quinto Fabio*, e anota no diário: "É aqui que a vaidade romana explode em todo o seu desatino. Esses selvagens embrutecidos se apropriam sem muita cerimônia de tudo o que se diz sobre os antigos romanos". Hoje, o que justifica nos romanos o seu complexo de superioridade é a rudeza, a vulgaridade dos antirromanos que gritam contra "Roma ladra" ou contra "Máfia capital" e que têm todos os defeitos dos romanos, sem a atenuante de uma aura imperial. Em 8 de janeiro, Stendhal anota: "Finalmente deixo Roma". Estava na hora!

FESTAS

Hoje em Roma existem três tipos de festa. As religiosas coincidem com o Natal, a Páscoa, as celebrações de alguns santos, com as beatificações, a coroação dos papas, os jubileus. Têm como epicentro o Vaticano e as quatro grandes basílicas; como oficiante, o papa; como estilo de referência, o altamente solene que dá forma ao império celeste. Tudo é previsto, calculado, codificado, ensaiado e reensaiado nos mínimos detalhes, numa rigorosa liturgia de palavras, sons, cores e gestos que se repetem ao longo de séculos. O público é interclassista, mas os protagonistas são eclesiásticos de alta posição: muitos de origem camponesa; todos reeducados e formados nos longos anos de seminário, na severa divisão meritocrática da atilada carreira religiosa.

Depois há as festas nacionais: desfiles militares, visitas de chefes de Estado, celebrações e aniversários. Têm como epicentro o Quirinale, o Parlamento, o Campidoglio; como oficiantes, o presidente da República, o do Conselho, o prefeito; como coadjuvantes, os *grand commis* e os boiardos; como estilo de referência, a rigidez militarista ou a burocracia ministerial: insensata a primeira, embolorada a segunda. Aqui também tudo é previsto e segue procedimentos fixos, os locais são *old style*, a decoração é barroca. Mas, comparadas às celebrações vaticanas, essas liturgias estatais revelam falhas que beiram o desmazelo, lembram-nos que estamos em Roma, cidade decrépita e nunca impecável.

Entre o público predomina o novo-rico romano, a pequena burguesia voyeur, atraída não tanto pelo evento em si, pelo aniversário que se festeja, pelo chefe de Estado estrangeiro que se recebe, nem sequer pelo bufê sobre o qual se arremessa ao término dos discursos oficiais, mas pela oportunidade, mesmo que remota, de se aproximar do poderoso e de se apresentar a ele. Nesse nível, de fato, o poder apresenta a maior capacidade de atender às demandas dos postulantes sem ferir as leis, pois pode intervir na nascente, quando as normas ainda estão em gestação e podem ser moldadas em função do proveito específico.

Em Roma, há sempre uma bula cardinalícia, um decreto de lei, um código normativo que sanciona, em plena democracia republicana, a exceção concedida aos poderosos para que se permitam prevaricações proibidas ao cidadão normal. Paradoxalmente, esse excessivo poder contemporâneo é mais penetrante do que o medieval. Um camponês do ano 1000, fisicamente longe do seu senhor feudal, raras vezes sofria seu poder direto; hoje, pelo contrário, os poderes públicos se impõem de modo capilar em todos os menores aspectos da vida pública e privada, condicionando-os a cada momento. Alexis de Tocqueville entendeu muito bem isso desde 1840, quando denunciou a diabólica capacidade da democracia americana de manter os cidadãos numa perpétua infância, gradualmente enfraquecendo e dobrando a sua dignidade.

Mas voltemos às festas. Roma festiva dá o melhor de si nas ocasiões transversais, como quando um de seus dois times de futebol ganha o campeonato. Então as belíssimas praças se tornam uma imensa fogueira de vermelho, azul ou amarelo, de cantorias, corpos, olhos, rostos, risadas, que unem mulheres e homens, velhos e crianças, ricos e pobres, laicos e eclesiásticos. Uma festa interclassista, intergeracional, pagã e sensualíssima, celebrada por um só corpo com milhares de cabeças, todas sorridentes, todas canoras, todas alusivas. Uma festa que une direita e esquerda, suburbanos e burguesinhos, vulgares e refinados, reverberando, mesmo que em tom menor, o carnaval de rua da Bahia, quando a brasilidade triunfa com toda a sua natureza una e trina, feita de sensualidade, loquacidade e alegria.

Quando o Roma ou o Lazio ganham o campeonato, aqui como em Salvador ou no Rio desaparece qualquer separação entre protagonistas e espectadores; a auto-organização do baixo prevalece sobre a organização do alto; a imaginação e a concretude casam-se, gerando uma criatividade alegre e miúda; o caos brinca com a ordem; a burocracia se cala diante da improvisação; o eros derrota o tânatos. A música, o ritmo, as cores, tudo concorre para uma grande tomada de posição: entramos na era do tempo livre; não há mais religião ou política que possam conter uma benévola explosão dionisíaca. Abastado, indistinto e quase feliz, mesmo um povo como esse, alimentado à base de *porchetta* e procissões, pode superar a sua trivialidade para antecipar um futuro pós-industrial feito mais de diversão e convívio do que de trabalho.

JUBILEU

O jubileu é a festa das festas, o ano da remissão dos pecados, da reconciliação, da conversão e da penitência sacramental. Um evento de importância extraordinária para os fiéis, mas que, mesmo para nós não fiéis, representa um caso extremo quanto à duração e à organização.

Preparar milhares de manifestações, cada uma com seus específicos participantes, suas próprias intenções, seus oficiantes, suas ritualidades, suas músicas, suas liturgias, suas chegadas e suas partidas, seus compromissos rigorosos e suas prudentes flexibilidades, tudo se prolongando por um ano inteiro, representa um empreendimento que nenhum Estado ou nenhuma multinacional seria capaz de enfrentar. Um empreendimento que pressupõe alto e amplo profissionalismo, intensa motivação, delegações precisas, rápidos processos decisórios, velocíssimos processos informativos.

Mas o que mais chama a atenção do não fiel é a originalidade da ideia, digamos, "empresarial" que, sete séculos atrás, deu vida a essa celebração que se repete a cada 25 anos e que ainda hoje consegue alimentá-la com sucesso. O segredo é desvendado no livro O *nascimento do purgatório*, de Jacques Le Goff.

Todas as religiões ocidentais defendem que a alma, depois da morte, ingressa numa vida supraterrena que pode ser sofredora como o inferno dos cristãos, neutra como o averno dos pagãos ou alegre como o paraíso dos maometanos. Em todo caso, trata-se de um estado definitivo e eterno porque, com a morte, as apostas já foram feitas de uma vez por todas. *Rien ne vas plus!*

Para a Igreja de Roma, no entanto, existe uma terceira condição supraterrena — o purgatório —, intermediária entre o inferno e o paraíso, que se foi desenhando desde o século II, sucessivamente favorecida pelo papa Gregório Magno (540-604) e depois definida pelo Concílio de Lyon em 1274. Segundo a doutrina da Igreja, quem morre na graça de Deus, mas não está completamente purificado, antes de entrar na glória dos céus deve passar pelas mesmas penas do inferno, porém por tempo determinado e com a certeza do paraíso vindouro.

A duração da purga pode ser encurtada ou até zerada se os vivos acorrerem em auxílio dos mortos, providenciando para eles indulgências parciais ou plenárias, isto é, descontos da pena que se obtêm rezando, fazendo doações em dinheiro ou legando heranças à Igreja, praticando obras de caridade, participando nas cruzadas, peregrinações e pias devoções. Desse modo, o purgatório não é apenas um suplício temível, embora temporário, não é apenas uma condição equidistante entre o inferno e o paraíso, mas é também um espaço de negociação entre céu e terra, uma ponte entre as almas purgantes dos mortos e os vivos que podem lhes levar socorro. É aqui que se insere a ideia genial do jubileu, concebida por Celestino V e definitivamente sancionada por Bonifácio VIII com a bula *Antiquorum habet fidem* (22 de fevereiro de 1300), que proclamava o primeiro ano santo da história. Quem visitasse as basílicas de São Pedro e de São Paulo durante esse ano de graça ganharia a indulgência para si e para as almas no purgatório que lhe fossem caras. Esse achado teve tanto sucesso e o afluxo dos peregrinos de todo o mundo cristão foi tão superior ao previsto que exigiu uma regulamentação do tráfego pedestre na ponte de Castel Sant'Angelo, como relata Dante no canto XVIII do *Inferno*:

Em Roma, assim, às turbas, que se apinham
Do jubileu no tempo, sobre a ponte
Se abriu aos que iam trânsito e aos que vinham:

De um lado andavam os que tendo em fronte
O castelo, a S. Pedro se endereçam,
E do outro lado os que iam para o monte.*

Graças ao purgatório, graças aos favores espirituais dos vivos prestados aos mortos, os santuários receberam imensas fortunas, gerando aquilo que os economistas chamariam de "acumulação primitiva". Assim nasceram os bancos e, com eles, o capitalismo moderno.

---

* Na tradução de José Pedro Xavier Pinheiro. (N. T.)

Não haveria jubileu se não houvesse purgatório ou, melhor, se não persistisse o medo generalizado dos seus suplícios, evocados com eficaz eloquência pela angustiante iconografia das igrejas. Graças ao jubileu, a cada 25 anos e às vezes também em anos imprevistos, esse fluxo de capitais se concentra em Roma, oferecendo revigorantes haustos de oxigênio não só para a economia da Igreja, mas para toda a cidade de Roma. Os romanos, por mais céticos e descrentes que sejam, vivem prodigamente com essa multinacional do medo do além, fingindo ignorá-lo.

CITY USERS

À diferença do que ocorre nas cidades ainda industriais, onde as pessoas deitam-se cedo para comparecer revigoradas e pontuais ao local de trabalho, em Roma o tempo urbano é segmentado em três faixas horárias: os religiosos e os militares levantam cedo e vão dormir cedo; os jornalistas, os artistas e os jovens levantam tarde e vão dormir tardíssimo; os burocratas e os idosos cobrem as horas intermediárias.

Numa megalópole como Roma, mora-se, trabalha-se, transita-se, consomem-se bens e serviços. Portanto, existem pelo menos quatro tipos de usuários: os *moradores*, que ali residem, quase sempre ali trabalham, sempre usam seus serviços; os *pendolari*, que moram em municípios vizinhos, mas trabalham e usam a cidade; os chamados *city users*, que não moram nem trabalham nela, mas vêm como turistas e consumidores para ver, comprar, aprender, divertir-se, tratar da saúde; e os chamados *metro business*, que vêm para tratar de negócios terrenos ou práticas religiosas. Em certas horas e em certos dias predominam os *pendolari*, em outros, os *city users*, em outros ainda, os *metro business*, cada qual com exigências próprias.

Conheço bastante bem dezoito cidades: Nápoles, Roma, Milão, Palermo, Brasília, Paris, São Paulo, Viena, Berlim, Moscou, Rio de Janeiro, Londres, Salvador, Praga, Nova York, Kinshasa, Marrakech e Pequim. À exceção de Brasília, que foi projetada por Oscar Niemeyer e Lúcio Costa depois do advento dos automóveis e, portanto, vale-se de soluções adequadas para gerir sua circulação, todas as outras têm graves problemas de tráfego interno e de locomoção relacionados ao movimento pendular.

As cidades são lagos para os quais afluem e dos quais defluem cursos de água caprichosos, que se avolumam em certas horas, diminuem em outras, concentram-se em súbitos redemoinhos e sorvedouros.

A maioria dos que afluem diariamente à cidade vem para realizar atividades de tipo intelectual: tratar de documentação, obter certificados, ensinar, estudar, escrever. São empregados de escritório, profissionais liberais, executivos, artistas, jornalistas que, na maioria das vezes, poderiam realizar essas atividades através da internet, ficando em casa. Isto é, teletrabalhando. Não existem soluções mais simples, rápidas e baratas do que o teletrabalho, a telemedicina, a teleformação, as telecompras. Se apenas um décimo de todos os trabalhadores urbanos e *pendolari* teletrabalhasse, o tráfego urbano de Roma voltaria a ser calmo como o que vemos em *Ladrões de bicicletas*, filme de 1948. Haveria enormes vantagens para a vida dos trabalhadores (autonomia, tempo livre, poupança, socialização, qualidade de vida) e para a vida da cidade (menos poluição, menos consertos de rua, menos horas de congestionamento, menos confusão).

Mas Roma tem uma inescrutável sabedoria própria e confia também ao tráfego — fazendo disso um álibi — a tarefa de diminuir o ritmo urbano, permitindo a ociosidade e os impropérios: as duas funções mais inerentes a um romano. O único defeito que os romanos atribuem ao horário do rush, como dizia Flaiano, é que dificulta cada vez mais o adultério.

ACUPUNTURA URBANA

Como vimos no capítulo dedicado aos lugares, antes que as ferrovias rompessem seus muros defensivos, a cidade era um lugar fechado e protegido onde se consumiam os alimentos produzidos na zona rural. A partir do século XIX, a cidade se abriu às estradas de ferro e depois às autoestradas, passou a abrigar as fábricas para produzir bens materiais, consumidos depois no *hinterland*. Hoje, a cidade é o local onde vive mais da metade de toda a população mundial, de onde desapareceram as fábricas (e, com elas, a poluição), descentralizadas para outra parte, onde se produzem principalmente bens imateriais como as informações, os serviços, as diversões, os certificados, os símbolos, os valores, as modas, a estética. Jean Gottmann a chama de "cidade transacional": local de encontro e de negócios por motivos profissionais, religiosos e lúdicos.

Roma tornou-se "transacional" antes e melhor do que Tóquio ou Nova York porque, como capital do Império Romano e depois como centro da cristandade, sempre produziu e vendeu bens imateriais nas igrejas, nos teatros, nas termas, nas reuniões, nas celebrações, nas funções, nas festas, nos jubileus, nos congressos, nos conclaves.

Se a cidade pré-industrial enxameava de miseráveis como a Paris descrita por Victor Hugo, se a cidade industrial fervia com conflitos entre burguesia e proletariado como a Manchester de Engels, a cidade pós-industrial corre o risco da alienação e da trivialidade. Contra essa tendência, Jaime Lerner, ex-governador e ex-prefeito de Curitiba, escreveu *Acupuntura urbana*, um livro em que incentiva os cidadãos a praticarem pequenos gestos de mútua gentileza, capazes de tornar a vida de sua cidade agradável, quente, humana, solidária.

A Roma pós-industrial não escapa à trivialidade que já se arraigava nos tempos de Trimalquião, mas de vez em quando se permite pequenos gestos de acupuntura urbana. Eis dois exemplos. Em toda cidade, as relações entre condôminos são frequentemente baseadas numa agressividade recíproca e desconfiada.

Entretanto, num edifício do Esquilino, todos os sábados os condôminos pedem emprestado um quadro de um artista famoso e o expõem no elevador. Quem quiser pode admirar o quadro durante a subida do andar térreo ao último andar. Depois desce a pé, e, a qualquer porta em que tocar a campainha, oferecem-lhe um café, explicam o quadro e descrevem seu autor.

Segundo exemplo. Em Centocelle, a clínica Guarnieri organiza periodicamente um domingo aberto ao público, quando todos os moradores do bairro podem medir gratuitamente a pressão também sob esforço, podem receber todos os conselhos necessários do médico, podem tomar um aperitivo e socializar com os concidadãos sob a égide da boa saúde.

Talvez essa atitude voltada para o convívio comunitário dependa do fato de que Roma nunca foi uma cidade industrial, seus ritmos nunca foram como os de Frankfurt ou São Paulo. Em Roma, o sentido da história impregnou o cotidiano com uma espécie de superioridade antropológica, e o catolicismo impediu o contágio da eficiência calvinista: uma cidade pagã como Roma jamais desperdiçará a ocasião de aproveitar a vida, porque imagina que só se vive uma vez; uma cidade católica como Roma não se deixará jamais arrastar pelo turbilhão de uma existência espasmódica, porque espera que exista a eternidade.

BARULHO

"Em Roma, à noite, ouvem-se rugir os leões." Assim começa o romance de Carlo Levi, *O relógio*. Moro a poucos metros da praça onde o romance é ambientado, e muitas vezes, durante as noites de verão, aguço o ouvido para escutar os leões. Mas o que se ouve são automóveis em disparada pelo Corso Vittorio Emanuele, forçando o motor com o pé na tábua; ouve-se o perpétuo vozerio que sobe da pizzaria Montecarlo, que fica logo abaixo; ouve-se o burburinho de fundo que sobe da Piazza Navona; ouve-se o tumulto dos jovens que se instalam no Campo dei Fiori, um fragor que cresce com o avançar da noite, chega ao auge por volta das duas da madrugada e depois, às primeiras luzes do alvorecer, finalmente se extingue.

Até o século XVIII, o panorama sonoro de Roma era marcado, durante o dia, pelos gritos dos vendedores ambulantes, pelo vaivém das carroças, pelo socar do trigo nos pilões para extrair a farinha. Durante a noite, silenciando os vendedores, as carroças e os pilões, entravam em cena os latidos dos cães e os miados das gatas no cio.

No decorrer dos séculos, a população de Roma passou de mais de 3 milhões de habitantes durante o período augustano para menos de 100 mil nos anos tenebrosos das invasões bárbaras. Depois voltou a crescer progressivamente até a unificação da Itália. Mas, durante todo esse tempo, as fontes do barulho permaneceram as mesmas: aglomerações, cavalos, carroças, canteiros, gatos e cachorros.

Depois chegou o automóvel, e o panorama sonoro congestionou-se de barulhos industriais que, somados aos artesanais, criaram um fragor permanente, uma geleia acústica em que até hoje estamos submergidos noite e dia, ininterruptamente. A divisão do trabalho e a separação entre vida profissional e vida doméstica determinaram que alguns bairros ficassem vazios durante o dia, outros durante a noite; alguns nos dias úteis, outros nos feriados.

Por último, o advento pós-industrial redesenhou o mapa de Roma, seus locais e suas funções: bairros proletários tornaram-se burgueses; zonas industriais tornaram-se comerciais; praças outrora tranquilas fervilham agora de jovens que fazem barulho até o amanhecer. Outro elemento que contribui para perturbar ainda mais a ordem urbana com sua geografia de barulhos é a crescente difusão da internet, que torna muito mais fugaz a fronteira entre local de trabalho e bairro-dormitório, entre tempo de trabalho e tempo livre: por toda parte, em todas as horas, há pessoas que gostariam de trabalhar em santa paz, pessoas que gostariam de se divertir com toda a liberdade, pessoas que gostariam de dormir com o auxílio de janelas com isolamento acústico. Quem comprou uma casa numa zona cara porque era tranquila de repente encontra-se numa orgia de multidões fervilhantes, atraídas por uma discoteca ou por um *pub* que entrou na moda.

O mapa dos barulhos, continuamente redesenhado pelos deslocamentos dos novos santuários do tempo livre, está sujeito a uma espécie de lei de Gresham: o habitante "mau", porque transumante, expulsa o "bom", porque sedentário. O habitante "mau" nem conhece o bairro em que se diverte e com o qual mantém relações despersonalizadas do tipo "aproveite e largue", predominantemente noturnas; é nômade, invasor e volátil; adora os decibéis; sente-se à vontade somente no tropel, na massa, no barulho, na confusão e no trash; é fascinado pelos fast-foods e pelas *megastores*, onde consome vorazmente os produtos descartáveis para "usar e jogar fora". Montado em sua moto, sobrevoa bairros, praças e bares na máxima velocidade e ao menor preço, sem nunca entrar neles, compreendê-los, fruí-los: eles estão ali, mas ele quase nem percebe e já corre para outro lugar, estranho aos outros como a si mesmo.

O habitante "bom" conhece a fundo o bairro onde mora e que considera um prolongamento de sua própria casa; é cioso da sua privacidade; quer ter relações personalizadas; gosta de silêncio, ordem e limpeza; está consciente das muitas oportunidades da vida polifônica, mas não ensurdecedora, que Roma vivia antigamente.

Logo que se abate a massa dos nômades transumantes sobre um bairro tranquilo, deflagra-se a incompatibilidade com a população local. Quem reside estavelmente numa zona silenciosa quer preservar sua paz. Quem, por outro lado, flana por poucas horas naquele espaço quer obter o máximo de sensações superficiais. Essa turba de *day-trippers* não tem o menor interesse por aquela preciosa mescla de monumentalidade, belezas naturais e etnicidade que constitui a rara matéria-prima das comunidades romanas.

Se a falta de manutenção e o barulho são dois indicadores confiáveis do subdesenvolvimento, não há dúvidas: Roma é subdesenvolvida.

SILÊNCIO

Contudo, essa Las Vegas que avança, esse patchwork pós-moderno, tem algo de inelutável, como se fosse um sinal dos tempos. Esse "povo da noite" fascina, me fascina, porque o considero um posto avançado da cidade futura.

Nas décadas passadas, conforme se afirmava a sociedade industrial, a topografia urbana de Roma se reestruturava em sentido moderno. Nasceram assim os novos bairros burgueses e de luxo, pretensiosamente distantes dos bairros operários; as zonas comerciais foram se diferenciando das produtivas; o centro urbano monopolizou as funções burocráticas, jurídicas e lúdicas. Para o tempo livre, que era luxo de poucos abastados, reservavam-se edifícios austeros como teatros e salas de dança, aos quais o público alto-burguês chegava em silêncio e dos quais em silêncio saía.

Foi seguindo essa rígida divisão classista que as metrópoles mundiais cresceram, na época em que as horas dedicadas ao trabalho superavam as dedicadas ao tempo livre. Um livro famoso de Le Corbusier — *Urbanismo*, publicado em 1925 — começa assim: "A cidade é um instrumento de trabalho". Mas uma cidade como Roma ainda pode ser definida como instrumento de trabalho? Os dados demonstram que ela é principalmente um instrumento de tempo livre e deve ser redesenhada nos mapas e nos nossos cérebros segundo essa função. Hoje, de fato, seis sétimos da vida de um romano se passam fora do trabalho e dez décimos das horas que um turista permanece em Roma são dedicados a atividades lúdicas ou culturais. Acrescentem-se os peregrinos, os homens de negócio, os políticos *pendolari*, os estudantes universitários, o mundo do espetáculo, os atores e os aspirantes, e teremos a nova e verdadeira consistência das atividades romanas, agora centradas no tempo livre. E esse *trend* é destinado a crescer, porque tudo legitima a hipótese de que os filhos e netos dos romanos atuais viverão ainda mais tempo, trabalharão ainda menos, dedicarão um tempo bem maior ao ócio ativo, ao gozo estético, ao enriquecimento cultural, à diversão e ao entretenimento.

Enquanto era conveniente para as fábricas se concentrarem numa zona circunscrita, criando as áreas industriais, as estruturas do tempo livre tendem, inversamente, a se espalhar por todo o território, alcançando o público na área onde reside e utilizando qualquer estrutura à disposição: casas, pátios, praças e edifícios. Disso decorre que não é fácil separar nitidamente, como ocorria na era industrial, as áreas-dormitório, vazias durante o dia e silenciosas durante a noite, e as áreas industriais, vazias durante a noite e barulhentas durante o dia.

Na nova era, centrada no tempo livre, é necessário um pacto social totalmente inédito, a recriação de um manual de boas maneiras que regule a convivência entre os que querem silêncio e os que querem agitação.

O silêncio, como afirma Enzensberger, representa agora a forma de luxo mais cara e desejada: para conquistá-la, não bastam um ático na Piazza Farnese, hoje ocupada por concertos de rock, e tampouco um palacete na Appia Antica, profanada pelos aviões que vão e vêm do aeroporto de Ciampino. O silêncio em Roma não existe mais.

ROMA MÍNIMA

No imaginário coletivo, Roma é grande. Grande pelo seu antigo império pagão, grande pelo seu atual império cristão, grande pelas suas cúpulas e seus foros, seus palácios, suas praças, suas igrejas, suas fontes. Como todas as antigas metrópoles, Roma é "abrangente", no sentido de que seu nome evoca um conjunto único, um sistema coerente de edifícios, igrejas, ruas, habitantes, que se conferem mutuamente uma identidade, até formar uma mescla inextricável, que se aceita ou se rejeita como um todo. Os sistemas vivos e homogêneos como Roma são também sistemas "holográficos".

Em 1948, Dennis Gabor conseguiu memorizar o conjunto de uma imagem em cada parte de uma chapa fotográfica. Deu o nome de "holograma" a esse fenômeno e à chapa que o incorporava.

Por sua vez, o neurologista Karl Pribram descobriu que o cérebro funciona exatamente como um holograma, e assim cada uma de suas partes contém a memória do todo. O psicólogo Karl Lashley forneceu uma prova experimental desse princípio: os camundongos usados nos seus experimentos, mesmo que se reduzisse grande parte do seu cérebro, continuavam a se orientar nos labirintos em que foram treinados. Em outros termos, uma parte dos seus neurônios continha o todo.

Toda cidade é um holograma. A imagem da Torre Eiffel encerra em si Paris inteira; a imagem do Coliseu encerra em si Roma inteira; a imagem do Cristo encerra em si o Rio inteiro. Trata-se de uma imagem-símbolo, de um logo. Se quisermos fazer uma aposta, uma corrida ao minimalismo, poderíamos chegar a imagens cada vez menores, mas sempre capazes de restituir a ideia global dessas cidades. Para conter toda a ideia de Paris, poderíamos recorrer a uma simples banquinha da Rive Gauche; para conter todas as favelas do Rio, bastariam os olhos inteligentíssimos de um menino de rua; para nos restituir o clima e a cultura urbana de Nova York, seria suficientemente eloquente um mendigo dormindo à noite diante de um banco em Wall Street. E para Roma? Até que ponto poderíamos levar o nosso minimalismo? Até que miudeza extrema poderia chegar a imagem de um detalhe arquitetônico, urbanístico, humano, sem perder a capacidade de representar a cidade inteira? Existe um signo mínimo, uma fugaz alusão visual, um pequeno gesto estético capaz de resumir em si, como num holograma, e de nos permitir captar num único relance o ar, o clima, a cultura, as estratificações históricas, as pulsações atuais de Roma inteira? E onde o encontraríamos? Na rachadura de um reboco, na rugosidade de uma pedra, na madeira retorcida de um velho portão?

Para descobrir um signo mínimo de Roma é necessário ter sangue latino e olhar planetário, equilíbrio antigo e desequilíbrio pós-moderno. É necessário ser sensual, acolhedor, expansivo, interativo como a própria Roma. É necessário ver em Roma aquelas coisas que outros não veriam. É preciso se deter encantado diante de uma grade de janela que nunca havíamos notado, de uma maçaneta de bronze que nunca nos atraíra, de uma pedra miliar à qual não tínhamos dado a menor importância. É preciso conferir significados novos, surpreendentes e profundos, às mil pequenas coisas que acompanham o viandante em seu perambular pelas ruas e praças, às mil pequenas peças que compõem o mosaico policromático e sublime dessa cidade perene.

Dois mil anos atrás, Virgílio escreveu na *Eneida*: "Tu, romano, lembra-te disto: outros povos te superarão na arte de esculpir estátuas que parecem vivas; outros ainda terão a capacidade de calcular melhor que ti a precisa trajetória dos astros. Mas serás capaz mais do que qualquer outro de governar os povos, difundir a civilização com a paz, perdoar os humildes e debelar os soberbos".

Essa missão, descontinuamente cumprida no decorrer dos séculos, está condensada em cada pedra de Roma, nos mínimos detalhes daquele conjunto que os antropólogos chamam de "cultura material". A "Roma máxima" é inteiramente representada pela "Roma mínima", até naquele cubinho negro de travertino que calceta a cidade e que os romanos chamam de "*sampietrino*".

MALGRÉ LA MERDE

Anos atrás, convidei Pier Paolo Pasolini para apresentar um seminário aos meus alunos universitários. Ele falou com horror sobre a violência que via se apoderar das periferias romanas. Nela, apontava a razão do afastamento entre jovens e idosos, da cisão causada pela modernização, interrompendo a transmissão dos valores da geração madura para a dos jovens. Para reativar esse fluxo vital, disse Pasolini, era necessário que os pais se esforçassem em entender os filhos. Alberto Moravia, que participava do seminário, objetou: "Mas se um pai, depois de compreender o filho, perceber que ele é um idiota, o que deve fazer?".

Naquela época, bem ou mal, a universidade era ainda um local de congregação juvenil. As paróquias e os partidos também se apresentavam como locais de socialização. As famílias ainda não haviam se deteriorado completamente. A sociologia oferecia algumas análises precisas e algumas propostas razoáveis.

Depois, nas décadas seguintes, escolas, partidos e famílias se reduziram a larvas, a meros ruídos de fundo capazes, na melhor das hipóteses, de oferecer aos filhos *argent de poche* e reclamações. A Igreja, por sua vez, arrastada ao grande circo midiático pela vaidade dos seus papas, oferece aos jovens as mesmas reuniões oceânicas dos concertos na ilha de Wight.

Campo dei Fiori, no coração de Roma, tem duas pulsações dissonantes: durante o dia, é apanágio dos verdureiros e donas de casa; à noite, oferece o último destino interclassista aos jovens burgueses e suburbanos, uns e outros atraídos pelos bares reduzidos a um bando indiferenciado. Ao amanhecer, passada a bebedeira de cerveja e de promiscuidade, cada qual volta para sua toca familiar: uns em Parioli, outros em Garbatella, outros em Tor Tre Teste.

Como que respondendo a um apelo subliminar, após estações de transumâncias noturnas permeadas de rancores latentes e de movimentos puramente vegetativos, em toda a Europa os jovens recomeçaram a dar sinais crescentes de inquietação. A insatisfação juvenil — que em Paris incendeia as periferias com confrontos violentos com a polícia, símbolo de um Estado incapaz de integrar raças e classes; que em Wall Street escolhe como alvo os bancos, símbolo e motor de um mundo globalizado onde a economia matou a política e as finanças a economia — em Roma se manifesta, por sua vez, no próprio centro da cidade, estuário noturno de uma multidão de jovens ricos e pobres, empregados e desempregados, nativos e imigrantes, desestruturados mais do que indignados. Em todo caso, desiludidos com um bem-estar incerto e não merecido.

E os adultos? Em Paris, reagem alinhando-se nos lados opostos da habitual cisão entre os falcões, que removem essa *racaille*, essa gentalha, com os jatos d'água da polícia, e as pombas, que invocam a integração e o welfare.

Mesma coisa em Roma: de um lado, os que querem o pulso firme das forças da ordem; de outro, os que sugerem animar o Campo dei Fiori com iniciativas culturais e repartir a multidão juvenil em várias correntes a serem canalizadas para outras praças, também periféricas, tornando-se atrativas com diversões cuidadosamente organizadas por assessores e patrocinadores de eventos.

Diante da eventualidade, ainda que remota, de que mesmo essa mistura de negligência e indolência juvenil possa renovar num último impulso a rebelião dos jovens na faixa dos vinte anos — Gofredo Mameli à frente — que deram seu sangue pela República romana em 1849, pode-se também transmitir a confiança inabalável de que deu prova Maurice Béjart quando me confessou, depois de um de seus espetáculos revolucionários: "*Malgré la merde, je crois*".

ÍNTIMA E ESPALHAFATOSA

Ao longo da vida, tive ocasião de morar em cidades frias e nubladas como Milão, onde a única salvação consistia em se embriagar de trabalho, e em cidades como Nápoles ou Roma, onde não há dia sem sol, onde basta abrir a janela para saber em que estação estamos, onde o ano é composto de quatro maneiras diferentes de se relacionar com a natureza e onde a maravilhosa combinação de clima e arte nos lembra a cada instante que o trabalho não é tudo na vida.

Em Nápoles persiste um mito, carinhosamente evocado pelo escritor Raffaele La Capria. É o mito do dia bonito. "Que dia bonito!", diz o marido à esposa, o porteiro ao inquilino, o aluno à professora, o empregado ao chefe de seção, o passageiro ao motorneiro, sempre que o céu está azul, o sol se ergue alegre e o dia se prenuncia límpido, sem uma nuvem, tecido por tempos, sons, cores e vozes dulcíssimas, que gostaríamos que nunca terminassem, pois redespertam em nós o íntimo vínculo com a nossa terra.

O frenesi de uma vida inteiramente voltada para o açambarcamento veloz de bens tangíveis reduziu a nossa sensibilidade às qualidades intangíveis de um bom clima, da cordialidade das pessoas que nos cercam, da cortesia das boas maneiras recíprocas para aplainar as mútuas arestas. A *New Economy* descobriu o valor dos recursos intangíveis. Por que recursos como o clima psicológico, a cultura antropológica, o sentido de pertença, utilizados para aumentar o valor acionário de uma empresa, não deveriam aumentar também o valor existencial de uma cidade?

De vez em quando aparecem classificações de metrópoles formuladas conforme a suposta qualidade de vida que ali se tem. Frequentemente são cidades como Zurique ou como Vancouver que vencem a competição, e no entanto não são destinos escolhidos para viagens de lua de mel ou de fluxos turísticos em busca de uma felicidade descompromissada. Por que Roma, considerada por tais classificações como muito menos vivível, atrai um número tão maior de pessoas do mundo inteiro? Por que quem chega aqui sente pena de ir embora? Muito provavelmente porque a qualidade de vida não é composta somente de caixas de banco, leitos de hospitais, vagas de estacionamento. Porque não é a mesma coisa passear entre casas e praças limpas e organizadas, mas anônimas, ou andar em barros desleixados e barulhentos, porém enriquecidos com igrejas de Borromini, palácios de Michelangelo e fontes de Bernini. Karl Kraus dizia que Zurique é menor do que o cemitério de Viena, mas, em compensação, é muito mais triste. Nem mesmo um dessacralizador como ele jamais ousaria arriscar juízos tão cáusticos sobre Roma.

Contudo, o clima e a arte não bastam para resgatar uma cidade onde grande parte da classe dirigente é uma síntese ambulante de ignorância e esperteza trapaceira. Musil diz que na sua Viena seria possível confundir um gênio com um papalvo. Em Roma, isso acontece o tempo todo: toda relíquia do passado é tratada como antiqualha; toda ideia brilhante é depreciada como obviedade, toda mente excepcional é esnobada, diminuída, posta de lado. Até a Ara Pacis, o monumento mais alto da religiosidade pagã e da romanidade eterna, onde Augusto sancionou a grandeza de Roma, onde Horácio cantou o *Carmen saeculare*, da qual só se deveria se aproximar de joelhos, fica exposta numa vitrine como uma prostituta em Amsterdã. Musil diz também que na sua Viena seria impossível confundir um papalvo com um gênio. Em Roma, entretanto, isso ocorre todos os dias, graças ao efeito alucinante da cultura jornalística, que obriga a si mesma a transformar o cotidiano em notícia, o politiqueiro em estadista, o diletante em especialista. Dois mil e quinhentos anos de familiaridade com a história tornaram os romanos impermeáveis ao espanto. Não por acaso Pasolini dizia que a única rara circunstância em que um romano volta a se tornar humano é quando, diante de algo ou alguém, exclama: "Veja só!".

Como conclusão de seu pungente romance ambientado entre Piazza Farnese, Campo dei Fiori e Piazza Navona, isto é, no centro do mundo, Aldo Palazzeschi sintetiza todo possível discurso, todo possível amor e todo possível desconforto em palavras que soam quase como uma imprecação: "Roma, Roma, Roma, Roma: jovem e decrépita, pobre e milionária, íntima e espalhafatosa, estreita e infinita".

S. *Slow*

Agora o alimento come os camponeses,
come o ambiente, come todos.
CARLO PETRINI

Ter sede significa ter sede de Coca-Cola.
IVAN ILLICH

DOTAÇÃO DE SENTIDO

O sentido das coisas

O novo modelo, do qual a desorientada sociedade pós-industrial tem absoluta necessidade, vai se compondo progressivamente através de peças de mosaico cujo desenho geral ainda é muito cedo para compreender. O movimento *slow*, contraposto à galáxia *fast* do sistema industrial que predominou por duzentos anos, representa uma das peças. Nessa acepção, *slow* não significa preguiça, mas reflexão, e, quando se refere ao ócio, não significa ócio dissipador, mas ócio criativo. *Slow* é educação do gosto para enriquecer de significado o alimento, a cidade, o *management*, o sexo, o turismo, o design, a arquitetura, os livros, as mídias, a ciência, a estética, a música, a moda. Em suma, a existência. *Slow* significa sorver a vida com competência em vez de emborcá-la com superficialidade. *Slow* é arte e profissão, emoção e regra, imaginação e concretude. *Slow* é dotação de sentido.

Pequenas coisas simples e sublimes

No *Fedro*, Platão conta como Sócrates, ao encontrar um jovem que acabou de ouvir um discurso de Lísias sobre o amor e está com seu texto, fica curioso e pede-lhe para lê-lo. Passeando, os dois saem dos muros de Atenas para o encantador vale do Ilisso, à procura de um canto tranquilo para se sentarem. Encontram-no, e Sócrates comenta: "Por Hera, realmente um belo lugar para descansarmos! Este plátano é frondoso e alto. Belíssimo, também, pela altura e sombra, é o anhocasto que, no auge de sua floração, deixa o lugar mais perfumado que nunca. E o que dizer do fascínio sem igual dessa fonte que jorra sob o plátano com suas frescas águas: basta tocá-la com o pé para constatá-lo [...]. Enfim, por prazer, sinta como é amável e suave a aragem do lugar: com seu sopro estival e melodioso, faz eco ao coro das cigarras. Mas a coisa mais graciosa de todas é a grama desse prado que, com seu leve declive, parece feita de propósito para nos deitarmos nela e apoiarmos comodamente a cabeça".

Poucos anos antes, em 425 a.C., Aristófanes pusera na boca de um personagem dos *Acarneses*: "Olho à distância para meu campo, amante como sou da paz; sinto horror pela cidade e pranteio meu vilarejo que jamais me dizia: 'Compre o carvão, o vinagre, o azeite', que ignorava a palavra 'compra', mas me provia de tudo sem essa ladainha: 'Compra'".

Como aponta Koyré, a sabedoria antiga tenta nos ensinar a renunciar, a moderar os desejos em vez de multiplicá-los e depois atormentarmo-nos para encontrar uma forma de satisfazê-los. Em Atenas, a vida cotidiana era feita de pequenas coisas, simples e sublimes ao mesmo tempo. Em vez de aumentar a quantidade ou melhorar a funcionalidade dos objetos de uso cotidiano, os gregos exercitavam-se na arte de se contentar com poucos objetos essenciais, porém indo com o espírito para além dos apertos materiais. Homens capazes de criar obras-primas artísticas até hoje insuperadas, ou de elaborar sistemas filosóficos que continuam ainda hoje na base da nossa cultura, colocaram em segundo plano a riqueza, a abundância de objetos e o progresso tecnológico, limitando-se à alavanca e ao parafuso inventados por Arquimedes, à elevação das águas que disso derivou, a algumas melhorias no cultivo agrícola e à moagem de cereais, à construção de estradas e aquedutos, e pouco mais. Contudo, falando ao seu povo em 430 a.C., Péricles exibe as vantagens da vida ateniense dizendo: "Para o alívio do esforço cansativo, providenciamos ao nosso espírito muitíssimas distrações, celebrando jogos e festas durante o ano todo e habitando casas com todos os confortos, que trazem alegria e afastam a tristeza".

Até para gênios insuperados como Sócrates bastavam o frescor de sua fonte, a sombra de um plátano, o suave declive de um prado, para que se alcançasse um estado de graça muito mais elevado do que aquele que hoje é fornecido pelos mil joguetes do consumismo aos bilionários da lista da *Forbes*. O gozo estético em estado puro era na época tão apreciado que — narra Plutarco — alguns atenienses tomados como prisioneiros na Sicília foram libertados "por terem ensinado a seus senhores o que lembravam dos poemas de Eurípides". A verdadeira riqueza dos gregos, portanto, não se identificava com a posse vistosa de objetos, mas com a capacidade, elevada a um grau incrível, de captar e apreciar por completo as sensações e os significados — o sentido — latentes nas coisas, nos eventos, nas palavras de todos os dias. O progressivo refinamento dessa sensibilidade era confiado à educação do gosto, cultivado nos jovens de Atenas como em 2 mil anos depois, na Florença dos Medici, ou 2500 anos depois, na Áustria da Wiener Werkstätte.

Em seu discurso aos concidadãos, Péricles apresenta como grandes méritos dos atenienses justamente aqueles que se referem à sabedoria do seu estilo de vida: "Nós, que tratamos serenamente dos nossos negócios privados, quando se trata da vida pública temos uma forte repulsa pela ilegalidade [...]. Também no sistema educacional, enquanto os adversários, desde pequenos, são educados para o heroísmo com um treinamento duríssimo, nós, de nosso lado, enfrentamos os perigos com igual força, mesmo vivendo uma vida relaxada, e gostamos de enfrentar os perigos com senhorial intrepidez, mais do que com cansativo exercício, e com uma coragem que não é fruto de normas, mas do nosso deliberado modo de viver".

A obsessão pelo tempo

Para que o relógio se transforme em cronômetro e a obsessão pelo tempo invada minuciosamente todo o processo de trabalho, é preciso passar do mundo do aproximado, moldado pelo domínio da fé religiosa, para o universo da precisão, onde se resgata a razão laica: é essa passagem que impulsiona a grande era das inovações científicas, filosóficas e sociais que têm em Bacon, Galileu, Newton e Descartes seus gênios empíricos; em Smith, Montesquieu, Rousseau, Hobbes e Tocqueville seus principais ideólogos; na *Encyclopédie* de Diderot e d'Alembert sua organização orgânica; nas revoluções inglesa, americana e francesa sua implantação social; na industrialização, o triunfo em grande escala, possibilitado pela acumulação primitiva, pela economia colonial, pela exploração energética do vapor e da eletricidade, pela vitalidade da nascente burguesia com suas conquistas de liberdades parlamentares e sua confiança iluminista na razão.

Toda essa efervescência de ideias e de experimentações confluirá na grande Revolução Industrial que verá deslocar-se o eixo da economia do campo e da produção agrícola-artesanal para a cidade, a fábrica, a produção em grande série de bens materiais.

Será o desafio à eficiência que impelirá os sistemas produtivos — tormento perene dos seres humanos em sua luta milenar contra a miséria e o esforço — e se confiará a administração científica e ao cronômetro de Taylor: todo trabalho será subdividido em seus movimentos elementares, calculados por segundos e então acelerados e padronizados.

A eficiência, a velocidade, a produtividade, a corrida ao sucesso e aos seus símbolos irão se tornar a própria essência da sociedade industrial.

O mito da velocidade

A eficiência, isto é, a pressa, alastrou-se progressivamente da fábrica para a cidade, estendendo aos cidadãos, às suas famílias, às suas instituições os tempos e os ritmos impostos pela linha de montagem. É assim que nascem o mito e o paradigma do *fast*. Todas as coisas devem ser feitas com a máxima rapidez; terminada uma coisa, é preciso imediatamente começar outra; nos limites do possível é preciso fazer duas, três, muitas coisas ao mesmo tempo, adaptando-se ao *multitasking* caro às empresas.

A pressa tornou-se o símbolo da sociedade industrial. Em nome da eficiência aceleraram-se os processos, eliminaram-se as pausas, programaram-se minuciosamente os métodos de trabalho, reduziram-se os tempos de descanso, das férias, das festas, das cerimônias, dos funerais. Nas *business schools* americanas nasceram as escrituras sagradas da pressa programada, e seu evangelho se difundiu pelo mundo através dos *managers* missionários. No teatrinho empresarial todos fazem o papel do atarefado, do sobrecarregado, do pressionado, de forma que os dias se passam na voragem de um aparente moto-perpétuo que esconde o vazio pneumático da resistência às mudanças.

Wright Mills disse que, "no curso de uma só geração, um sexto da humanidade passou de um estado feudal e atrasado à mais avançada e temível das modernidades". Perante essa modernidade, ergueu-se um hino ao prodígio. "Eis que um terrível monstro se põe à solta. Corre os oceanos, corre a Terra", exaltava Carducci diante da locomotiva. "Afirmamos que a magnificência do mundo enriqueceu-se de uma beleza nova; a beleza da velocidade", afirmava em 1909 Filippo Tommaso Marinetti no *Manifesto do Futurismo*. E prosseguia: "Um automóvel de corrida com seu capô adornado com grossos tubos semelhantes a serpentes de hálito explosivo [...] um automóvel rugidor, que parece correr incessante, é mais belo do que a Vitória de Samotrácia. Queremos exaltar o homem que segura o volante, cujo eixo ideal atravessa a Terra, correndo, ele também, no circuito da sua órbita [...]. não há mais beleza a não ser na luta. Nenhuma obra que não tenha um caráter agressivo pode ser uma obra-prima [...]. O Tempo e o Espaço morreram ontem. Já vivemos no absoluto, pois já criamos a eterna velocidade onipresente [...]. Cantaremos as grandes multidões agitadas pelo trabalho, pelo prazer e pela sublevação: cantaremos as marés multicores e polifônicas das revoluções nas capitais modernas; cantaremos o vibrante fervor noturno dos arsenais e dos canteiros, incendiados por violentas luas elétricas; as estações gulosas, devoradoras de serpentes que soltam fumaça, as oficinas suspensas nas nuvens pelas sinuosas volutas de suas fumaças; as pontes semelhantes a malabaristas gigantes que saltam sobre rios, faiscantes ao sol com uma cintilação de lâmina; os navios a vapor aventurosos que farejam o horizonte, e as locomotivas de peito largo, que pateiam sobre os trilhos, como enormes cavalos de aço embridados por tubos, e o voo deslizante dos aeroplanos, cuja hélice se desfralda ao vento como uma bandeira e parece aplaudir como uma multidão entusiasta".

A criatividade dos engenheiros sustentou a industrialização, multiplicando e aumentando a potência dos motores: a vapor (1712), a gás (1801), de combustão interna (1856), elétrico (1870), a diesel (1893). Do trem ao automóvel, do navio ao tanque de guerra, do trator ao submarino, dos limpa-vidros aos eletrodomésticos, tudo moveu-se cada vez mais depressa. Em 1903, o *Flyer I*, dirigido por Orville Wright, voou poucos segundos e poucos metros; 24 anos depois, Lindbergh foi de Nova York a Paris em 33 horas; 58 anos depois, Iúri Gagárin orbitou ao redor da Terra durante 108 minutos; 66 anos depois, Neil Armstrong pisou na Lua.

Quantidade, padronização, separação

O mundo industrial, que atinge seu ápice com a linha de montagem, é obcecado pela quantidade. Não importa tanto que um produto seja bonito, perfeito, duradouro: importa que esteja ao alcance do maior número de compradores, que seja prático de usar, que envelheça rápido e seja tão barato que conquiste a maior fatia do mercado. Entre a prática e a estética, entre o operário e o artista, cava-se um abismo por obra da administração científica e da padronização. Todos os automóveis com a mesma cor, todas as roupas com o mesmo corte, todos os alimentos com o mesmo sabor: o importante é que se possam produzir depressa e consumir depressa, segundo a lógica do maior lucro e da produção em série.

Padronização, subdivisão, economia de escala, tudo concorre para a pressa e o estresse. O local de trabalho se separa do local da vida fora do trabalho, e entre os dois espaços com frequência se interpõe uma enorme distância que demanda horas para ser percorrida diariamente. Todos os dias, cada cidadão gasta o seu tempo deslocando-se apressado de uma zona para outra e se mantendo estranho a todas elas. Neste mundo da quantidade, da racionalidade, da separação, da velocidade, não há tempo para a qualidade, para os sentimentos, para a motivação, para o gosto, para a reflexão, para o convívio, para a pausa. Os novos bairros têm um shopping center, mas não uma praça. As necessidades quantitativas de dinheiro e bens superam as necessidades qualitativas de introspecção, diversão e beleza.

O tempo maltratado

Nos mesmos anos em que Marinetti e o Futurismo exaltavam a velocidade, o chefe indígena samoano Tuiavii de Tiavea, como recordo no capítulo Criatividade, em seu brilhante relatório sobre a viagem que empreendeu pela Europa, apontava a obsessão pelo tempo como uma das questões cruciais do mundo industrial europeu.

Depois de observar que o homem branco, o papalagui, vive reclamando da falta de tempo e dizendo que gostaria de ter muito mais do que tem, Tuiavii escreve: "Nunca entendi muito bem essa coisa e penso justamente que se trata de uma grave doença. 'O tempo foge de mim!' 'O tempo corre como um potro ensandecido!' 'Dê-me um pouco de tempo!' Estas são as reclamações mais habituais que se ouvem do homem branco. Digo que deve ser uma estranha espécie de doença; porque, mesmo supondo que o homem branco tenha vontade de fazer uma coisa, que seu coração o deseje realmente, por exemplo, ir ao sol ou ao rio com uma canoa ou amar a sua menina, assim estraga toda a alegria, atormentando-se com o pensamento: 'Não tenho tempo de ser contente'. O tempo está ali, com toda a boa vontade, ele não o vê. Nomeia mil coisas que lhe roubam o tempo, fica emburrado e lamuriento no seu trabalho que não tem a menor vontade de fazer, que não lhe traz alegria e ao qual ninguém o obriga a não ser ele mesmo [...]. O que, afinal, o papalagui faz com seu tempo? [...]. Creio que o tempo lhe foge como uma cobra foge de uma mão molhada, justamente porque ele tenta segurá-lo com tanta força. Não lhe permite se desprender. Fica em seu encalço e literalmente o caça com as mãos estendidas, não lhe concede nenhuma pausa para que possa estender-se ao sol. O tempo deve estar sempre ao seu lado, deve dizer-lhe e cantar-lhe algo. Mas o tempo é silencioso e ama a paz e a calma, bem como ficar deitado numa esteira. O papalagui não entendeu o tempo, não o reconhece por aquilo que ele é e por isso maltrata-o com suas maneiras rudes [...]. Devemos libertar o pobre, o perdido papalagui da sua loucura, devemos devolver-lhe o seu tempo. Devemos destruir a sua pequena máquina do tempo (o relógio) e anunciar-lhe que do nascer ao pôr do sol há muito mais tempo do que pode precisar um homem".

Quinze horas

O que parecia evidente para um chefe indígena escapava aos "civilizados". Em vez de destruir sua "pequena máquina do tempo", o papalagui inventaria outras mil, sempre mais rápidas e vorazes. Ao automóvel (1883), ao avião (1903), aos veículos com lagartas (1904), ao rádio (1906), ao plástico (1914), à televisão (1926), ao motor a reação (1937), à fissão nuclear (1939) iriam se acrescentar o reator nuclear (1942), o computador (1945), o transístor (1947), o laser (1960), e depois o computador pessoal, os telefones celulares, as biotecnologias, as nanotecnologias, a internet e os seus aplicativos: todos eles, inovações que se uniriam gradualmente num poderoso progresso, engajado na dupla batalha de prolongar o tempo de vida e intensificar a exploração do tempo disponível.

Os responsáveis pela organização global, cegados pela euforia mercantil, em vez de explorar as inovações tecnológicas para reduzir o tempo de trabalho em proporção à crescente produtividade das máquinas, preferiram manter os horários inalterados, e, em alguns casos, até os prolongaram.

Enquanto isso, em fiel obediência aos cânones do liberalismo econômico, alimentou- -se obstinadamente a espiral dos bens de consumo, com frequência supérfluos, desti- nada, em todo caso, a se romper, mais cedo ou mais tarde, diante do esgotamento dos recursos, da saturação do mercado e do desemprego.

Todos nós, ainda mais na prática do que na teoria, somos consumistas: compramos um telefone novo embora o velho ainda resolva bem os nossos problemas de comunicação, jogamos fora um pulôver rasgado em vez de remendá-lo. Esse tipo de procedimento gera dejetos, tanto na fase de produção quanto na de consumo, e os dejetos, poluindo, provocam efeitos devastadores. No ponto em que estamos, se a temperatura média do planeta aumentasse apenas dois graus, 1 bilhão de pessoas seriam obrigadas a imigrar das zonas costeiras e dos países quentes.

Nápoles, que há 150 anos é um posto avançado do declínio ocidental, convive agora estavelmente com o problema do lixo, visto antes como traço pitoresco, depois como pesadelo, agora como presença familiar. Todos os contêineres no mundo não bastariam para remover os computadores em desuso nos Estados Unidos. Desse país partem mensalmente oitocentos navios cheios de aparelhos eletrônicos em desuso, barbaramente descarregados na Nigéria, em Gana ou em outras nações pobres, que assim veem voltar sob a forma de subproduto ou de dejeto as matérias-primas ven- didas aos países ricos para produzir objetos de consumo. Um circuito análogo ocor- re na Itália com os resíduos tóxicos das fábricas do Norte, ocultados pela Camorra nos aterros de lixo do Sul. Enquanto isso, tal como Penélope desfazia à noite o que tecera de dia, as indústrias despoluentes que limpam concorrem com as indústrias poluentes que sujam.

O encanto silencioso do Canadá, o mítico da Grécia, o misterioso da Croácia, o festivo de Paraty se devem em boa medida à transparência do mar, ao céu sereno, aos campos limpos e ordenados. Ordem e limpeza — dizia santo Agostinho — são o em- blema de Deus. Até quando?

AS RAÍZES DO MOVIMENTO *SLOW*

Contra o unidimensional man

Em 1964, os estudantes da Universidade da Califórnia em Berkeley saíram a campo para remover o velho sistema da alienação, do desconforto, do autoritarismo, do maquinismo, do militarismo, do carreirismo, do racismo, do conformismo, da sexofobia e dos outros males da sociedade industrial, em nome da liberdade sexual, do igualitarismo, das necessidades radicais pregadas por Agnes Heller e Herbert Marcuse. Depois o movimento alastrou-se nos Estados Unidos e na Europa, tendo como alvo, nas universidades, o autoritarismo; nas fábricas, a organização capitalista do trabalho, a linha de montagem, a alienação; no sistema social, o racismo, a guerra, a manipulação midiática, os valores da acumulação desmedida de bens e dinheiro, do sucesso a qualquer custo, da pressa, da eficiência como fim em si mesmo.

Contra o *unidimensional man* produzido pelo capitalismo, 1968 mobilizou estudantes de meio mundo. Fazia anos que à anomia da sociedade industrial ia se contrapondo em formas inéditas o encanto do convívio das comunidades hippies; às discriminações de raça e de sexo ia se contrapondo um vasto movimento para a conquista dos direitos civis; ao medo de um conflito nuclear, à escalada da corrida armamentista, à Guerra do Vietnã iam se contrapondo o pacifismo e a não violência (*Make love, not war*); à devastação do ambiente cinicamente conduzida pelas multinacionais e pela especulação imobiliária ia se contrapondo o respeito filial pela mãe-terra; à neurose do consumismo, ao estresse do sucesso, à solidão do egoísmo iam se contrapondo a sinergia universal da New Age e a vitalidade coletiva dos grandes concertos de rock. Todo um mundo composto de estudantes, intelectuais, operários, *drop-outs*, imigrantes, portadores de deficiências, feministas, gays, lésbicas, *homeless*, pacifistas, movia-se, dando vida a uma onda crescente e variegada de *sit-ins*, campanhas, passeatas, mobilizações.

Por trás dos protestos de Berkeley estavam a Beat Generation, os hippies, a New Left inspirada por Wright Mill, *Os condenados da terra* de Frantz Fanon, as teorias linguísticas de Noam Chomsky, a pedagogia de Benjamin Spock, a *Declaração de Port Huron* escrita por Tom Hayden. Por trás do 1968 francês havia o existencialismo de Camus e Sartre, o estruturalismo de Lévi-Strauss, a sociologia de Foucault, o marxismo de Althusser. Em ambos os movimentos prevaleciam o vitalismo juvenil, a vontade de experimentar, de colocar a imaginação no poder aqui e agora, o afastamento do neoliberalismo e dos seus dogmas de competitividade, eficiência, velocidade.

No início dos anos 1970, autores como Schumacher e Illich, ligados a grupos de base, a universidades e revistas como *Resurgence*, *The Ecologist*, *Mother Earth News*, bateram-se contra a invasão tecnológica, por um "mundo na medida do homem", pelo convívio, pela descentralização das decisões, por uma justiça participativa. Denunciaram o esgotamento dos recursos, a devastação do meio ambiente, a ruptura do equilíbrio global de que depende a sobrevivência da humanidade. Temendo o colapso, recusaram o materialismo consumista, o gigantismo, a economia de escala, o PIB como parâmetro de bem-estar. Sempre atentos aos problemas do Terceiro Mundo e das minorias, não confiaram nos técnicos e nos tecnocratas. Céticos em relação às grandes obras, sustentaram a necessidade de tecnologias simples, amigáveis, apropriadas para cada problema, econômicas, utilizáveis em nível pessoal e coletivo pelo maior número possível de pessoas. Adotaram como objetivo o retorno à vida agrícola, a difusão do autoconsumo, da autogestão e da frugalidade. Portanto, uma sociedade pós-industrial simplificada, parcimoniosa, de convívio, austera, descentralizada e pacífica.

Graças à sua ação, a partir dos anos 1970 entrou na ordem do dia o tema do crescimento e do equilíbrio ecológico; pôs-se em questão o modelo energético baseado em reatores nucleares; a economia familiar ganhou terreno em relação à economia de mercado; cresceu a atenção pelo destino do planeta e das gerações futuras. De muitos lados, enfim, houve o empenho em construir um novo modelo de vida e de sociedade, que respondesse à necessidade de conferir o sentido correto às nossas ações e ao excesso de coisas que nos cercam.

É surpreendente o número de grandes idealizadores e experimentadores que, a partir do pós-guerra, se dedicou a projetar novos traços de futuro. Penso em tudo o que Gandhi e Mandela iniciaram em seus respectivos países; penso no empenho de Paulo Freire, de Darcy Ribeiro, de Cristovam Buarque para debelar a fome e o analfabetismo em todo o Brasil; penso nas oitocentas orquestras e nos 350 mil jovens músicos do sistema implementado na Venezuela por José Antonio Abreu; penso no sistema de microcrédito e no Grameen Bank com que o prêmio Nobel Muhammad Yunus promoveu o desenvolvimento econômico, o resgate feminino e a mudança de mentalidade em dezenas de países pobres; penso no grande movimento de ideias animado na França por Serge Latouche e na Itália por Maurizio Pallante; penso no triplo milagre do Slow Food, da Terra Mãe e da Universidade do Gosto em Pollenzo, idealizados e realizados por Carlo Petrini.

Todos esses e muitos outros movimentos de ideias e projetos de ação confluem no esforço comum de contrapor ao modelo consumista da sociedade industrial um modelo novo que, abandonando os mitos da velocidade, da concorrência impiedosa, da dedicação incondicional ao sucesso e ao trabalho alienado, da mercantilização das relações, com consequente afrouxamento dos laços sociais, recupere algumas dimensões perdidas da nossa vida e utilize-as como sustentação de uma sociedade renovada desde os alicerces.

DECRESCIMENTO E *SLOW* COMO REAPROPRIAÇÃO DE SENTIDO

Duas escolas de pensamento

Entre as múltiplas escolas de pensamento empenhadas em todo o planeta em dar corpo a esse empreendimento epistemológico, gostaria de me deter em duas em especial: aquela que, na França, explora a perspectiva de um decrescimento equilibrado e aquela que, na Itália, reivindica a primazia da lentidão sobre a velocidade, da qualidade sobre a quantidade, do local sobre o global. A importância fundamental dos seus trabalhos reside na natureza paradigmática e na complementaridade. De fato, elas não se limitaram a destacar a crise do modelo industrial e a denunciar a ausência de um modelo pós-industrial, mas visam a preencher o vazio propondo um novo modelo de vida que devolva sentido e significado às coisas.

Ambas as "escolas" partem do pressuposto de que a interação de produtivismo e consumismo traz como resultado a loucura industrial, a desorientação, a sensação de crise que temos diante dos nossos olhos já embaciados. Dispomos de um arsenal nuclear capaz de destruir cinquenta planetas. Um quinto da humanidade consome quatro quintos da riqueza mundial. Jogamos fora metade dos produtos armazenados nas nossas geladeiras. Uma parte do planeta sofre de fome e a outra de obesidade. Para obter uma proteína animal, transformamos doze proteínas vegetais. Usamos cerca de três toneladas de petróleo para produzir uma tonelada de fertilizantes; quatrocentos litros de água para produzir um quilo de cereais; 4 mil litros de água para produzir um quilo de carne. No Primeiro Mundo, os gastos com a saúde estão superando os da alimentação.

Como nos lembra Pierre Rabhi em seu *Manifesto pela terra e pelo homem*, "enquanto por toda parte espalham-se terrenos não cultivados, alimentos provenientes de todos os pontos do globo transitam e se entrecruzam num carrossel permanente de navios, aviões, cargueiros, trens e caminhões". E isso não é nada em comparação ao carrossel paralelo realizado pelo circuito financeiro. Escreve D. Morgan: "Quando a empresa Cargill vende milho para um industrial holandês, o grão é transportado no Mississippi, embarcado em Baton Rouge e enviado a Roterdã, mas, no papel e para o fisco, a mercadoria segue um caminho muito mais complicado. A Cargill vende o milho à Tradax International do Panamá (lembremos que a Tradax é da Cargill). A Tradax International do Panamá contrata temporariamente a Tradax de Genebra como seu agente. A Tradax de Genebra pode a seguir negociar a venda com um comerciante de farinha holandês passando pela sua filial, ou seja, a Tradax Holanda. Todo o lucro será levado para a conta da Tradax Panamá, companhia instalada nesse paraíso fiscal, e a Tradax Genebra receberá comissão por ter servido de intermediária entre a Tradax Panamá e a Tradax Holanda". Pelo menos igualmente complexo é o sistema denunciado por Hervé Falciani a propósito do HSBC e de outros bancos que operam no mundo para contornar as regras dos estados e permitir as grandes fraudes fiscais.

Partindo dessas premissas comuns, da convicção comum de que o modelo consumista imposto pelo neoliberalismo como dogma já chegou ao seu fim de linha, cada uma das duas "escolas" empreendeu seu próprio trabalho, privilegiando um campo específico de estudo e de intervenção.

Acabou a festa

A "escola" francesa, que tem como principal expoente Serge Latouche e lança suas raízes no pensamento de estudiosos como Ivan Illich, André Gorz, Nicholas Georgescu--Roegen, Jacques Grinevald ou Paul Ariès, adota uma ótica política e planetária partindo do pressuposto de que é necessário modificar radicalmente os nossos estilos de vida, se quisermos evitar que o atual sistema se afunde no desfecho catastrófico que ele mesmo preparou. Segundo esse movimento, é pura loucura comportar-se como se os recursos do planeta fossem infinitos e o desperdício pudesse continuar eternamente. Kenneth Boulding diz sem rodeios que "quem acredita ser possível o crescimento infinito num mundo finito ou é louco ou é economista". Serge Latouche comenta: "O drama é que agora somos todos mais ou menos economistas". E acrescenta: "Para onde estamos indo? Direto contra uma parede. Estamos a bordo de um bólido sem piloto, sem marcha a ré nem freios, que se destroçará contra os limites do planeta".

Num livro de 2003, significativamente intitulado *Pétrole, la fête est finie!*, Richard Heinberg sustenta: "É preciso reconhecer que a festa acabou, limpar e preparar a Terra para os que virão depois de nós". Por sua vez, num livro de 2010 intitulado *Pour sortir de la société de consomation*, Serge Latouche se diz certo de que "a sociedade de consumo de massa globalizada chegou ao final de um beco sem saída. É uma sociedade cuja base — aliás, cuja essência — consiste no crescimento sem limites, enquanto os dados físicos, geológicos e biológicos a impedem de prosseguir nesse caminho, devido à finitude do planeta. Chegou o momento da derrocada [...]. Agora o problema não é mais evitar a catástrofe, mas apenas limitá-la, e principalmente perguntar-se como administrá-la". Richard Leaky e Roger Lewin falam da *sexta extinção* da espécie devido ao rápido desaparecimento de espécies animais e vegetais provocado pelo homem, que corre o risco, por sua vez, de se tornar vítima.

Portanto, não se trata mais, segundo Latouche, de desacelerar o crescimento, de torná-lo sustentável, como se o limite já não tivesse sido amplamente superado. Trata--se de dar uma rápida marcha a ré para reduzir os danos de uma catástrofe já inevitá-vel, provocada por "um sistema econômico fundado na crença de que o crescimento é normal, necessário e pode durar indefinidamente", como diz ainda Heinberg.

Por trás dessa realidade, que leva diretamente a uma crise irreversível de ordem não só ecológica, não só econômica e financeira, mas também social e cultural, a astúcia da razão consumista viu uma nova fonte de lucro numa economia que se tinge de *green* e persegue não um simples desenvolvimento, mas um *sustainable development*, um "desenvolvimento sustentável", como se começou a denominá-lo por volta dos anos 1980 sob pressão de Henry Kissinger. Do que se trata? Segundo as palavras de Catherine Aubertin, trata-se de um desenvolvimento "economicamente eficaz, ecologicamente sustentável, socialmente justo, democraticamente fundado, geopoliticamente aceitável, culturalmente diversificado". Segundo as palavras de Hervé Kempf, trata-se, inversamente, de uma ideia que serve "para manter os lucros e evitar a mudança dos hábitos, modificando somente a rota".

Na verdade, os teóricos do decrescimento estão convencidos de que qualquer desenvolvimento, pelo próprio fato de ser desenvolvimento, comporta consumo adicional de recursos limitados e, portanto, prossegue num rumo errado, pois irreversivelmente destrutivo. Portanto, o "desenvolvimento sustentável" é um oxímoro enganador, porque não há um desenvolvimento bom e um ruim: o desenvolvimento sempre é danoso, precisamente por ser desenvolvimento; "Desenvolvimento, tal como crescimento, é uma palavra tóxica qualquer que seja o adjetivo que se queira lhe acrescentar", afirma Latouche. Uma palavra que tende a esconder os interesses de um capitalismo refundado, ético e responsável apenas na aparência, drogado com os hormônios do *eco-business*, "atrás da ilusão de um interesse geral, paralisando dessa maneira a resistência das vítimas". Venenos do pensamento, diplomacias verbais, extração capciosa de expressões enganosas da mina das palavras; expedientes e sistemas ardilosos para prorrogar a ruína, e não evitá-la.

Até agora o consumismo nos foi garantido pela ação conjunta de cinco fatores: a publicidade, que nos induz aos consumos supérfluos manipulando as nossas necessidades; os bancos, que nos levam ao endividamento para satisfazê-las; as dívidas, que nos obrigam a trabalhar mais para saldá-las; a vaidade, que nos leva a ostentar as coisas como *status symbols*, em vez de lhes conferir um sentido adequado; a obsolescência dos bens, tornada intencionalmente mais rápida pelos produtores, que leva os consumidores a preferirem a recompra à manutenção e à substituição compulsiva de produtos menos recentes por produtos mais recentes, mas nem por isso mais válidos. "Uma das contradições do crescimento", diz Jean Baudrillard, "é que ele produz ao mesmo tempo bens e necessidades, mas não no mesmo ritmo." Se pensarmos bem, porém, não se trata de contradição, mas justamente do mecanismo deliberado sobre o qual se funda o consumismo. Um dos resultados dessa dinâmica é a transformação anormal dos recursos em dejetos, mesmo sabendo-se que a Terra jamais conseguirá transformá-los em novos recursos.

Em virtude de um ciclo infernal como esse, um sexto da população mundial conseguiu crescer. Mas, como escreve Latouche, hoje o seu crescimento "é um negócio rentável apenas sob a condição de que seu peso e seu preço recaiam sobre a natureza, as gerações futuras, a saúde dos consumidores, as condições de trabalho dos operários e, principalmente, os países meridionais".

Decrescimento sereno e até feliz

Como tomar consciência desse beco sem saída em que estamos aprisionados e como sair dele? Para nos ajudar, Ivan Illich empregou uma bela metáfora: a do caracol que constrói sua casca acrescentando pacientemente, uma após a outra, espirais cada vez mais largas, até chegar o ponto em que, se acrescentar apenas uma espiral a mais, a casca ficará tão pesada que ele não poderá mais transportá-la. Então o caracol inverte a direção e começa a construir espirais cada vez mais estreitas.

São múltiplos e cada vez mais densos os grupos de sociólogos, economistas, filósofos e as massas de militantes que se mobilizam no mundo inteiro para que possa ocorrer essa inversão de sentido. Na Itália, por exemplo, muito atuante é o movimento para o decrescimento sereno, animado por livros e pelas iniciativas de Maurizio Pallante. Todos esses estudiosos sustentam com Latouche que "o objetivo do decrescimento sereno e de convívio é uma sociedade na qual se viverá melhor trabalhando-se menos e consumindo-se menos".

Como o mundo globalizado não consegue mais sustentar o modelo industrial consumista e como ele determina um sistema de vasos comunicantes pelo qual o crescimento impetuoso dos países emergentes obriga os países ricos a imitar os caracóis, invertendo a direção, seria necessário que a partir deste momento, para viver melhor trabalhando menos e consumindo menos, a publicidade falasse às necessidades qualitativas que, por sua natureza, podem ser satisfeitas com poucas despesas; os bancos deveriam financiar somente as empresas capazes de atender a essas necessidades; uma serena sobriedade deveria suplantar o desperdício ostensivo e a corrida estressante ao sucesso materialista.

"A frugalidade reencontrada", diz Latouche, "assim que os indivíduos tiverem se libertado da servidão publicitária criadora de necessidades, permite reconstruir uma sociedade da abundância fundada sobre aquilo que Illich chamava de a *subsistência moderna*." E no que consiste essa subsistência? Consiste, segundo as palavras do próprio Illich, no "modo de vida numa economia pós-industrial em que as pessoas conseguiram reduzir sua dependência do mercado, e o conseguiram protegendo, com meios políticos, uma infraestrutura na qual as técnicas e os instrumentos servem, em primeiro lugar, para criar valores de uso não quantificados e não quantificáveis pelos profissionais da fábrica de necessidades".

Tudo isso acarretaria a ruína de muitos mitos industriais, como a velocidade, a concorrência acirrada, a dedicação incondicional ao trabalho. Acarretaria a cura de doenças sociais como a alienação, o afrouxamento dos vínculos interpessoais, a mercantilização dos bens, dos serviços, das relações e da cultura; o impulso para recuperar algumas dimensões perdidas da nossa vida, começando pelo amor à Terra.

Essas dimensões perdidas e a ser recuperadas, segundo Latouche, são "o tempo para cumprir seu dever de cidadão, o prazer da produção livre, artística, artesanal, a sensação de tempo reencontrado, a diversão, a contemplação, a meditação, a conversação, ou simplesmente a alegria de viver". E Cornelius Castoriadis acrescenta o amor pela verdade, o senso de justiça, a responsabilidade, o respeito pela democracia, o elogio da diferença, o dever da solidariedade, o uso da inteligência. Em poucas palavras, o encanto da vida.

Direito ao prazer slow

Se à França cabe o mérito de ter iniciado o movimento pelo decrescimento, à Itália cabe o de ter recuperado o conceito de *slow* e deflagrado a proliferação de uma infinidade de movimentos — do Slow Food à Slow City, do Slow Money ao Slow Sex e dezenas de outros *slows* — detalhadamente examinados por Sylvain Menétrey e Stéphane Szerman em seu livro *Slow attitude! Oser ralentir pour mieux vivre*.

Comparados ao movimento do decrescimento, que rejeita tanto o conceito de sustentabilidade quanto o atual modelo econômico como um todo, os movimentos *slow* são menos alarmistas, menos avessos à economia de mercado, mais voltados para cada aspecto, como o alimento ou o turismo. Falam mais em qualidade de vida e, à diferença dos teóricos do decrescimento, não rejeitam o conceito de desenvolvimento sustentável. Defendem o direito ao prazer, à diversidade, ao convívio. São contrários ao consumismo, à padronização e à aceleração. Recusam o liberalismo, mas estão convencidos de que é possível chegar a um novo modelo de sociedade melhorando o atual e revalorizando a frugalidade. Para os movimentos *slow*, "viver e pensar *slow* significa adequar o próprio estilo de vida aos ritmos naturais, ser sensível às estações, readquirir a consciência das distâncias, desenvolver um conhecimento dos produtos e do ambiente em que vivemos", como dizem Menétrey e Szerman.

Bom, limpo, justo

O primeiro e principal dos movimentos *slow* é o Slow Food, presente em 130 nações com mais de 120 mil associados, nascido em 1986 por obra de Carlo Petrini, que continua a ser seu inspirador e líder.

O Slow Food, junto com as iniciativas coirmãs da Terra Mãe e da Universidade do Gosto, representa uma proposta e um experimento que pretende contribuir para preen-

438

cher o vazio de modelos que desorienta a sociedade pós-industrial. Esse projeto está muito presente na mente de Petrini: nós o encontramos formulado com clareza nos seus livros (ver *Terra Madre: come non farci mangiare dal cibo* e *Comida e liberdade*) e o encontramos sintetizado com igual clareza nesta sua definição: "Terra Mãe é uma rede, é constituída por comunidades e é feita por pessoas. Pessoas reais, que trabalham com o alimento e para o alimento, que o colocam no centro da própria vida, para não perder nem fazer os outros perderem o 'gozo da vida'. Pessoas que não querem ser comidas pela comida, mas, pelo contrário, querem retomar as rédeas da nossa relação vital com a Terra e todos os seres que a habitam. Terra Mãe é democracia participativa e economia real, local, da natureza. Nos campos e nos mares, coloca pessoas, e não multinacionais; faz alimentos primeiramente para comer, e não para vender. Celebra a alegria da vida em todos os seus aspectos e por isso está construindo um mundo melhor; sabe que esta é a resposta às crises e à incerteza, sabe para onde está indo a humanidade e tem as respostas para essa era pós-moderna em que o homem tende a se perder e a se sentir só. Terra Mãe é um tema político, exprime uma poética e uma estética que são a celebração da humanidade, mas, mais do que qualquer outra coisa, Terra Mãe é um projeto que tem objetivos a longo prazo, tendendo ao infinito. É um conjunto de passos lentos, mas decisivos, em direção a um novo humanismo, um renascimento que, tal como o velho renascimento, parte do belo. Um belo que está no alimento bom, limpo e justo, nas nossas aldeias, nas nossas paisagens, na relação com a natureza que o gera, nos modos de apropriá-lo, de gozá-lo. Exatamente por ser um projeto que não coloca limites na sua capacidade de construir, Terra Mãe olha para o futuro sem se deixar vencer pela incerteza, com grande confiança em sistemas que ainda não compreendemos plenamente: sistemas feitos de conexões ocultas que nos permitiram trazer até aqui a parábola da nossa existência na Terra".

Por essa sua visão de um modelo alternativo, Carlo Petrini coloca-se ao lado de Paulo Freire, de José Antonio Abreu e dos outros grandes projetistas de novos mundos vitais. O que ele propõe não é uma comida *slow*, mas um viver *slow*, partindo daquilo que mais *slow* sobrevive no nosso tempo: a Terra, a Terra Mãe.

Enquanto a perda da biodiversidade agrícola e cultural do nosso planeta prossegue em ritmo devastador, o modelo elaborado por Carlo Petrini parte do pressuposto de que nas próximas décadas assistiremos a uma nova revolução agrícola, igual e contrária à mesopotâmica. A nova fase revolucionária, rumo a ecossistemas favoráveis, comportará uma inversão de rota do atual modo de produção intensivo, governado exclusivamente pela voracidade do mercado.

No futuro próximo, portanto, a agricultura terá um papel cada vez mais importante no interior do sistema produtivo mundial: a chaga da fome, a exigência de alimento de qualidade, a exploração dos terrenos agrícolas e o desemprego recolocarão a agricultura em posição central na economia do planeta e imporão um novo modelo social marcado pelo retorno aos velhos trabalhos, agora, porém, auxiliados pelas novas tecnologias.

O Slow Food, a Terra Mãe, a Universidade do Gosto em Pollenzo — germes de todos os outros movimentos *slow* — propõem-se como espaço de ideação, projeto, experimentação dos novos ofícios e da nova sociedade. Um espaço não nostálgico, mas com visão ampla, científica, conceitual. Um espaço mental radicado no espaço físico — a Terra —, de onde extrai sugestões preciosas para estabelecer os ritmos de vida, as prioridades econômicas, as novas estruturas físicas, as novas relações entre cidade e campo, entre natureza e cultura.

Do decrescimento à sobriedade

Carlo Petrini nos ensinou que o alimento não é a parte gregária da nossa existência, mas possui uma força vital, uma filosofia intrínseca própria que não podemos dispensar, sob pena de uma decomposição da nossa natureza humana. Ensinou-nos a relação irredutível do alimento com a subsistência, a biodiversidade, a sinergia, a identidade, a soberania dos sistemas de conhecimento. Ensinou-nos a recuperação do mundo pré-industrial e clássico do aproximado, contraposto ao universo industrial da precisão. Ou seja, ensinou-nos a redescobrir o conceito grego de *métis*, que Petrini chama de "inteligência afetiva", e que não deve ser subordinado à "inteligência racional", como aconteceu na sociedade industrial, mas sabiamente conjugado a ela.

Petrini recupera a *métis* como modelo e como estilo. Escreve em *Terra Madre*: "Precisamos aprender a abrir a mente ao não exato, ao não totalmente explicado, ao bom e ao belo, conceitos que nem sempre podem encontrar uma codificação universal. Talvez seja necessário pensar de maneira um pouco sistemática, sem se deixar vencer por ansiedades e incertezas, que são filhas principalmente de um modelo de desenvolvimento que quer controlar e enquadrar o que não é controlável nem enquadrável. Não devemos temer os paradoxos, mas apenas a falta de empenho em superá-los [...]. A coerência, porém, é outra coisa: é ter claro que não se quer prejudicar a saúde do planeta; é a possibilidade das comunidades e das nações de comer livremente o que seus membros escolhem cultivar; é a garantia de que o alimento continua e continuará a ser a melhor forma de diplomacia da paz entre os povos de que dispomos atualmente, bem como a melhor fonte de prazer e de felicidade. Para chegar a isso, há milhões de maneiras ou talvez ainda mais".

Não se pode falar de Slow Food sem falar de Pollenzo, falanstério rural realizado concretamente por um rei iluminado nos mesmos anos em que Fourier desenhava os seus falanstérios industriais destinados a ficar no papel. E é bom encontrar aqui, nessa arquitetura onírica devolvida a uma nova vida por uma ideia, por uma equipe e por muitos computadores, o espírito pioneiro que ainda se respira na Escócia, em New Lanark, a *company town* criada duzentos anos atrás por Robert Owen, onde, fechando os olhos, pode-se voltar a ouvir, junto com a correnteza do rio, o ritmo dos teares, os gritos festivos das crianças que saem da "casa do caráter", as discussões animadas dos adultos na "casa da inteligência".

Em Pollenzo, fechando os olhos, pode-se voltar a ouvir a conversa dos agricultores aqui reunidos no século XIX para acolher as propostas iluminadas de Cavour, e, reabrindo-os, pode-se ver em ação a máquina organizacional do Slow Food e da Terra Mãe, que estão à frente de uma rede vasta como o mundo. Uma máquina organizacional composta por pessoas imaginativas e concretas, unidas por uma missão em comum, guiadas por um líder carismático, conscientes das atuais dificuldades, certas de que podem construir em torno da agricultura um novo mundo feliz, alimentado pela cultura do vagar entendida como atitude suave em relação à vida e aos seus infinitos prazeres.

Enquanto consumimos, escapa-nos o sentido paradoxal e autodestrutivo do consumo desmedido e poluente. A atual crise econômica, que todo o mundo capitalista lamenta e ostenta, poderia, numa heterogênese dos fins, resultar paradoxalmente em benefícios se, em vez de se camuflar de desastre conjuntural, soasse como um alarme para nos fazer tomar consciência do decrescimento estrutural, para nos desintoxicarmos da droga consumista e do mito da velocidade.

Talvez justamente graças à crise atual — que não é crise porque não é passageira — a redução *necessária* dos consumos venha a estimular a difusão de uma nova cultura, voltada para reduzi-los ainda mais, porém *por escolha*. Nesse cenário, o desperdício ostensivo há de perder brilho e se afigurar até mesmo ridículo. A dotação de material informático continuará a ser a única voz em crescimento no consumo das famílias, mesmo porque permitirá economizar em entretenimentos e na compra de jornais. Consumiremos mais produtos orgânicos, mais "alimentos da nostalgia" feitos em casa, mais *slow food*. Os armários cheios nos dissuadirão de entupi-los ainda mais com hábitos supérfluos. Deixaremos de jogar fora sistematicamente metade dos alimentos conservados nas nossas geladeiras. Em compensação, leremos mais livros, assistiremos a mais concertos e participaremos de mais discussões, faremos amor com mais frequência. Amaremos a nossa casa, cultivaremos melhor nossas amizades, escolheremos com mais cuidado os destinos das nossas viagens e nos prepararemos melhor para captar seu sentido.

Iremos nos tornar mais entendidos na escolha de produtos *low cost*; iremos nos agregar em "tribos" para aproveitar de forma organizada as ofertas especiais e escapar às ofertas enganadoras, navegando entre as diversas *brands*. Redescobriremos a loja da esquina e nos daremos conta de que todo centro histórico, todo bairro urbano é um supermercado ao ar livre, que une a cômoda variedade do shopping à possibilidade de aproveitar os monumentos da nossa cidade. Assim o decrescimento poderá se transformar em sobriedade serena e sabedoria feliz.

T. Trabalho

Como faço para explicar à minha mulher que quando olho pela janela estou trabalhando?
JOSEPH CONRAD

A ética do trabalho é a ética dos escravos, e o mundo moderno não precisa mais de escravos.
BERTRAND RUSSELL

O TRABALHO NA SOCIEDADE INDUSTRIAL

Gênios, homens e animais

O homem e a humanidade nunca ficaram parados, nem de dia nem de noite, nem com o corpo nem com a mente; sempre lutaram, e em várias frentes, pela sobrevivência pessoal e da espécie.

Como já vimos, Carl Gustav Jung e Konrad Lorenz demonstraram que homens e animais têm em comum quatro instintos — fome ou alimentação, sexualidade ou procriação, agressão ou atividade, fuga ou reflexão —, enquanto a criatividade é apanágio exclusivo dos seres humanos, que a empregaram constantemente, e com diferentes resultados, em sua perene luta de libertação da escravidão, da miséria, do cansaço, da ignorância, do tédio, da tradição, do autoritarismo, do sofrimento, da atrocidade, da morte. Luta combatida em várias frentes e com várias armas: os seres humanos se defenderam dos animais predadores dormindo em árvores, construindo armadilhas, entalhando machados de pedra e pontas para as flechas. Na linha de frente da natureza, a luta foi ainda mais complexa e obstinada: contra o frio glacial, contra o calor tropi-

442

cal, contra as grandes chuvas, as erupções, os terremotos e as tempestades marítimas, contra a lei da gravidade, contra as doenças, o sofrimento e a morte. Na linha de frente social, cada homem, cada família, cada aldeia, cada vilarejo teve de competir com os próprios semelhantes para a defesa e a conquista do território, dos recursos naturais, dos mercados, da cultura, do espaço, do céu. No plano individual, cada homem teve de lutar contra sua falsa consciência, sua indolência, contra a tentação de agredir, de se render ou de violar os acordos; contra o perigo, continuamente à espreita, de regredir à barbárie, degradando o próprio senso moral, estético, social, e privilegiando a rivalidade em detrimento da competitividade.

Para vencer esses desafios, os seres humanos mobilizaram sua criatividade, inventando instrumentos científicos e técnicos ou recorrendo a placebos como a arte e a religião. Seja como for, nunca deixaram de ser ativos, de encontrar e valorizar recursos, de criar organizações. Deram a algumas dessas atividades o nome de "trabalho" e lhes atribuíram uma remuneração. Se aceitamos as teorias de Lorenz e Jung, o trabalho é próprio da espécie humana apenas quando é criativo; nos outros casos, é um esforço que equipara homens e animais. Algumas atividades — por exemplo, as do sacerdote, do escritor ou do artista — foram consideradas um privilégio inestimável, em alguns casos, e um trabalho, em outros. Desse modo, as mesmas atividades podem ser remuneradas, quando são consideradas trabalho, ou realizadas gratuitamente, quando exercidas como hobby.

Ao ouvir a palavra "trabalhadores", minha mãe pensava automaticamente nos assalariados agrícolas, ou seja, na maioria dos empregados na cidadezinha rural em que ela morara quando moça; eu penso nos operários da indústria onde comecei a fazer pesquisas sociológicas quando jovem; minhas filhas pensam nos profissionais liberais, nos artistas, jornalistas, cientistas, publicitários, estilistas, nas cuidadoras de idosos, nos funcionários, nos rappers ou nos blogueiros que hoje representam a grande maioria da população ativa e que trabalham muito mais com o cérebro que com o resto do corpo. E os meus netos, que agora têm dez anos, em que pensarão ao ouvir esta palavra quando se tornarem adultos?

Ao ler leis e decretos governamentais, ao analisar a organização adotada pelas empresas, tem-se a impressão de que no imaginário de nossos gestores políticos persiste o estereótipo de que a figura do "trabalhador" ainda coincide com aquela do metalúrgico taylorizado e do funcionário público burocratizado: os escritórios, os marcadores de ponto, as catracas de entrada e saída, os regulamentos, as hierarquias, os espaços abertos, os estilos de liderança, o layout dos escritórios, a gestão do tempo e do espaço, cada coisa reproduz cansativamente os galpões industriais e os salões ministeriais, com seus ritos destinados ao "tudo para já" e "tudo sob controle".

Provavelmente, o trabalho entendido como atividade imposta aos escravos e remunerada às pessoas livres foi esboçado na Mesopotâmia com a invenção da agricultura, do artesanato, da moeda e da cidade; depois, evoluiu por etapas até encontrar sua acepção moderna na fábrica industrial. Ainda no século XVIII tendia-se a usar a palavra "trabalho" para indicar o esforço que fazem os parafusos ao penetrar na madeira. Portanto, salvo casos específicos como a guerra, a burocracia estatal ou as grandes construções públicas, durante milhões de anos a atividade humana nunca assumiu a forma do trabalho organizado em sentido moderno, nunca foi estruturada como hoje, em lugares precisos, fábricas, escritórios, funções, organogramas, descrições de cargos, hierarquias, normas, contratos, procedimentos, disciplinas, ritmos e sistemas de remuneração.

A partir de Bacon (1561-1626) e posteriormente durante os dois séculos industriais (1750-1950), centrados na produção de bens materiais em série, trabalho intelectual e físico foram compostos numa unidade organizativa — a fábrica moderna —, na qual a velha e nítida separação entre senhores e escravos se transformou em divisões sociais mais suaves entre empregadores e empregados, chefes e subordinados, acionistas, gerentes e colaboradores. Por mais violenta que tenha sido a luta de classes, ela nunca deixou de ser uma competição entre partes que se reconheciam "humanas" e se enfrentavam, cada uma com as próprias armas, num terreno comum (a fábrica) e com um mesmo desafio (a apropriação da mais-valia, que, com base nas forças em campo, podia beneficiar o lucro ou os salários).

No decorrer dos seus dois séculos, a organização industrial pouco a pouco extraiu, de sua própria experiência, os princípios operacionais descritos por Alvin Toffler em *A terceira onda*: racionalização dos processos, padronização de métodos, produtos e preços, divisão de tarefas, estrutura piramidal e hierárquica do poder, eficiência entendida como o emprego de meios mínimos para a obtenção de resultados máximos, economia de escala. Além disso, a organização industrial sempre atuou de forma inclusiva, obrigada a utilizar até mesmo assalariados de ínfima inteligência e instrução para assumir o lugar dos animais e dos escravos. J. K. Galbraith escreveu: "A verdadeira conquista da ciência e da tecnologia moderna consiste em tomar algumas pessoas normais, instruí-las profundamente num setor limitado e depois, graças a uma organização adequada, coordenar a competência delas com a de outras pessoas especializadas, mas igualmente normais. Isso permite prescindir dos gênios".

Esse milagre foi realizado por milhões de trabalhadores que dia após dia aprimoraram sua própria maneira de trabalhar, sempre com a intenção de produzir mais e melhor com menor esforço e em menos tempo. Mas dois engenheiros possuem o mérito de concluir esse longo percurso e depreender dele um novo paradigma, que ainda estrutura a maioria das nossas organizações. Trata-se de Frederick Winslow Taylor (1856-1915) e de Henry Ford (1863-1947). Graças a eles, Peter Drucker pôde orgulhosamente reivindicar para os Estados Unidos a paternidade da maior revolução do século XX: a produção em massa organizada cientificamente. Para compreender o que é o trabalho ainda hoje, é indispensável ver como eles o entenderam e o organizaram.

O engenheiro Taylor

Anos atrás, quando eu já lecionava na Universidade "La Sapienza" de Roma, um velho livro amassado, com o título *L'organizzazione scientifica del lavoro*, chamou minha atenção num quiosque. O autor era Taylor, precisamente o do famigerado taylorismo. O ano da publicação na Itália, 1915, era o mesmo em que Taylor morreu precocemente. Mas a surpresa maior, ao abrir o livro, foi o título — "Sul sistema Taylor" — da longa e perspicaz introdução assinada por Francesco Giannini, que não conheço, mas certamente era alguém muito inteligente. "No passado o homem vinha em primeiro lugar; no futuro primeiramente virá o sistema", começava o texto. Essa foi a grande intuição de Taylor: sistematizar as várias oficinas que antes funcionavam de maneira autônoma no interior da fábrica e transformá-las em vários departamentos de um único processo, em vários elos de uma única cadeia que começava com a aquisição das matérias-primas e terminava com o produto acabado. Graças a essa estruturação, também os diretores, a vigilância, os operários, as máquinas, o horário e o salário deixavam de ser amontoados de qualquer jeito, degenerando numa "confusão" que causava enorme desperdício de energia e de tempo, para se tornar projeto orgânico, científico. "O método científico veio direta e totalmente dos Estados Unidos", diz Giannini. Daqueles Estados Unidos onde, nos últimos cinquenta anos, os operários das indústrias haviam quintuplicado, os salários haviam decuplicado e os lucros haviam aumentado treze vezes.

No túmulo simples e imponente de Taylor, no antigo cemitério de Filadélfia, há uma lápide com a epígrafe: "The Father of Scientific Management". Como já lembrei em meu livro *O futuro do trabalho*, Taylor torna científica a administração, separando nitidamente os papéis diretivos dos papéis executivos e classificando estes últimos depois de os ter vivisseccionado, cronometrando-os, indicando-os e prescrevendo-os sem deixar aos operários nenhuma margem de discricionariedade. Com Taylor, o cronômetro entra na fábrica, se apodera dela, a regula e a domina. E não se limita à oficina, mas estende sua organização científica também aos trabalhos subalternos, como escreve em *Shop Management*: "Não existe um tipo de trabalho que não possa ser vantajosamente submetido à análise dos tempos, mediante a subdivisão em elementos, com exceção das operações mentais [...]. O trabalho dos empregados pode ser submetido com sucesso à análise dos tempos".

A ideia fundamental de Taylor é que todo o trabalho físico e boa parte do intelectual, progressivamente reduzidos na quantidade e acrescidos na produtividade, podem ser mecanizados e organizados até praticamente desaparecer como "problema", como fator de escassez econômica, de sofrimento individual e de conflito social. A tarefa do engenheiro organizador, em tal projeto, é precisamente a de introduzir métodos e técnicas aptos a reduzir sistematicamente o tempo e o esforço humano necessários para a produção, subtraindo o máximo de trabalho às atividades do homem e entregando-o a máquinas projetadas especificamente para isso.

Em 1899, Taylor enunciou pela primeira vez os seus *Princípios fundamentais indispensáveis para uma boa gestão*. Ele escreve: "Independentemente da própria posição, cada um deve respeitar as seguintes condições: 1) o resultado e o objetivo que se deseja obter devem ser claramente definidos e integrar o âmbito das próprias capacidades; 2) cada um deve ter a possibilidade de alcançar esse resultado, incluindo, portanto, a autoridade necessária e a responsabilidade pessoal; 3) em caso de sucesso, cada um deve ter certeza de que terá plena satisfação e a remuneração adequada; 4) em caso de insucesso, cada um deve estar pronto a assumir a própria responsabilidade e a sofrer a justa punição".

Em 1903, Taylor publicou o seu texto mais importante, *Shop Management*, tendo em vista três objetivos principais: 1) demonstrar que altos salários e baixo custo de mão de obra são a base da melhor organização; 2) enunciar os princípios gerais que possibilitam manter essas condições mesmo nas situações mais difíceis; 3) definir os vários estágios que devem ser atravessados na passagem de um sistema medíocre de organização para um melhor.

De acordo com Taylor, quem pretende aplicar a sua administração científica deve, antes de tudo, padronizar todos os instrumentos de trabalho e todos os métodos; depois, deve dividir cada função, de modo a "tornar cada tarefa mais breve e mais simples possível"; em seguida, deve medir cuidadosamente os tempos unitários exigidos por cada tarefa elementar; enfim, deve aplicar a cada tarefa o mais adequado dos quatro sistemas remunerativos disponíveis: trabalho diário, por empreitada, empreitada com prêmio e empreitada com tarifa diferencial.

Taylor está convencido de que uma organização planejada dessa maneira pode resolver, de uma só vez, tanto as exigências dos empregadores como as dos trabalhadores; pode conciliar altos salários e baixo custo da mão de obra; pode tornar os homens mais eficientes e, precisamente por isso, mais felizes e mais prósperos.

Hoje uma parte do mundo é cristã, outra é muçulmana, outra, ainda, é budista ou confuciana; uma parte do mundo é capitalista e outra é comunista; uma parte é constituída de brancos, outra de amarelos e outra de negros; todos, porém, ainda são tayloristas. Talvez não saibam disso; talvez nunca tenham ouvido falar de Taylor, mas são tayloristas: 24 horas por dia, pensam, trabalham, se divertem e até amam segundo os princípios e os ritmos do taylorismo introjetados e metabolizados, mais do que talvez faria hoje o próprio Taylor. Falando de uma operária, Sartre diz que, até de noite, quando faz amor, não é ela que ama, mas a máquina que ama nela.

O engenheiro Ford

A história do trabalho industrial se identifica com a de Henry Ford (1863-1947) e do seu carro. Sintetizo aqui seus pontos essenciais, remetendo o leitor mais exigente a meus dois livros: *O futuro do trabalho* e *Fantasia e concretude*.

Taylor era um consultor que, como consultor e quase por hobby, cuidava das fábricas de outros, quando estas ainda eram movidas a energia a vapor. Sua natureza teorizadora e planejadora levava-o a sobrepor a racionalidade absoluta à racionalidade relativa, como diria Herbert Simon. Ford, ao contrário, era um empresário que a cada dia tinha de tomar decisões concretas em sua empresa agora eletrificada. Até aquele momento, a produção em grande série só havia sido adotada em fábricas de parafusos, panelas, trilhos e afins; com Ford, a racionalização e a maximização conquistarão a empresa produtora do automóvel, ou seja, da máquina por excelência, aquela que mais que qualquer outra caracterizará o século XX.

No mesmo ano de 1903 em que Taylor lia para Saratoga o seu "manifesto" da Administração Científica, Ford fundava em Detroit a Ford Motor Company, onde, com 311 funcionários, construía o primeiro carro "Modelo A". Em 1908, colocava em produção aquele que depois seria o carro do século, o "Modelo T". Na sua *Autobiografia*, Ford conta que no ano seguinte, 1909, "certa manhã anunciei, sem nenhum aviso prévio, que daquele momento em diante construiríamos apenas um modelo, que o modelo seria o Modelo T e que o chassi seria exatamente o mesmo em todos os veículos, e observei: Todo cliente pode querer o carro da cor que preferir, desde que seja preto". Naquela época, Taylor dedicava-se sobretudo à jardinagem. Em 1913, ou seja, dois anos antes da morte de Taylor, Ford inaugurou a primeira linha de montagem, expressão e síntese máxima do taylor-fordismo.

A ideia de Ford era criar um veículo para o grande público, destinado tanto ao usuário individual como a toda a família, construído com materiais de qualidade e posto à venda a preços bem reduzidos, de maneira que "todo homem que tenha um bom salário possa ter um e desfrutar com sua família da bênção de algumas horas de prazer nos grandes espaços abertos por Deus". O fato é que o Modelo T, rigidamente vestido de preto, foi posto à venda por menos de mil dólares, quando um Mercedes, que o comprador podia escolher em sua cor preferida, custava 18 mil.

Antes de 1913, quando Ford inventou e introduziu a linha de montagem, sua fábrica era composta por um grupo restrito de operários altamente especializados, capazes de construir máquinas-ferramentas, de desenvolver projetos experimentais, de efetuar trabalhos mecânicos de alta qualidade, de aprimorar a modelística. Sob as ordens e em torno desses especialistas, que Ford orgulhosamente considerava "os melhores do mundo", trabalhava a massa de trabalhadores braçais imigrados, incumbidos de funções elementares que exigiam poucos dias ou até poucas horas para serem aprendidas. Esses trabalhadores passavam a maior parte do tempo perambulando pelos galpões e gritando em sua própria língua, em busca das ferramentas ou das peças de que necessitavam para montar um veículo (o Modelo T era composto de 5 mil peças).

A linha de montagem colocou em ordem toda essa babel de funções e de idiomas, evitando que o trabalhador se deslocasse ou se abaixasse para pegar uma peça porque ela levava as peças ao lugar preciso em que ele devia utilizá-las. Desse modo, grande parte do tempo antes perdido pelos operários era incorporada na linha de montagem; o trabalho se dividia ainda mais e perdia qualidade; a produtividade crescia a olhos vistos. Onde primeiro se acumulavam a desordem das coisas, o ir e vir e o vozerio dos homens agora reinavam soberanos a precisão dos gestos, o silêncio das pessoas, a potência e a prepotência da máquina. "Em outubro de 1913, eram necessárias nove horas e 54 minutos de tempo de trabalho para montar um motor; seis meses depois, com o método da linha de montagem móvel, esse tempo havia sido reduzido para cinco horas e 56 minutos." Em poucos anos, a linha de montagem, finalmente desenvolvida, conseguiu quadruplicar o rendimento de cada operário. Com o mesmo orgulho com que lembra esse sucesso, Ford anota: "O resultado líquido da aplicação desses princípios é a redução da necessidade de pensar por parte do operário e a redução de seus movimentos ao mínimo. Na medida do possível, o operário faz apenas uma coisa com um único movimento".

O fato de o operário, na linha de montagem, ser privado da necessidade de pensar não preocupa nem um pouco Ford, que, do sucesso como empresário, retira a legitimação para sentenciar também como psicólogo: "O trabalho repetitivo, o ato de fazer continuamente uma única coisa, sempre da mesma forma, é uma perspectiva terrível para certo tipo de mentalidade. É terrível também para mim. Eu jamais conseguiria fazer a mesma coisa todos os dias, mas para outros tipos de pessoa, e eu diria talvez para a maioria delas, as operações repetitivas não são motivo de terror. Na verdade, para alguns tipos de mentalidade, pensar é realmente um sofrimento. Para eles, o trabalho ideal é aquele em que o instinto criativo não se deve expressar. Os trabalhos que exigem o uso de cérebro e músculos têm poucos aspirantes... O operário médio, sinto muito ter de dizer, deseja um trabalho no qual não tenha de despender muita energia física, mas sobretudo deseja um trabalho no qual não tenha de pensar". A propaganda e os meios de comunicação pensarão por ele, enquanto a organização do trabalho, totalmente voltada para a eficiência produtiva e a redução dos custos, continuará a progredir, mas em detrimento do trabalhador, obrigado a regredir na alienação e na anomia.

Ford admitirá: "Não existem muitos contatos pessoais, os homens fazem o seu trabalho e voltam para casa; uma fábrica não é uma sala de estar". Mas a sua organização não apenas era bem diferente de uma sala de estar, não apenas empregava operários sem fazê-los pensar, não apenas separava o corpo da mente deles para usar esquizofrenicamente apenas seu hardware (por assim dizer). Em muitos casos, Ford não necessitava nem sequer de todo o corpo de seus operários; para fazer funcionar suas oficinas, bastavam-lhe simples fragmentos humanos, assim como bastavam a Frankenstein para montar o seu monstro. Em 1914, ele encomendou a realização de uma pesquisa que revelou que na sua fábrica os trabalhadores podiam ser agrupados em 7882 tarefas diferentes. Menos da metade dessas tarefas requeria executores de condição física perfeita ou normal, enquanto 4034 tarefas não exigiam capacidade plena. Para ser exato, 670 tarefas podiam ser realizadas por pessoas desprovidas das duas pernas; 2637 podiam ser realizadas por pessoas com uma só perna; duas podiam ser realizadas por pessoas desprovidas dos dois braços; 715, por pessoas com um só braço; dez, por cegos.

Como já escrevi em outro lugar, a "racionalização total" proposta por Taylor e posta em prática por Ford até suas extremas consequências privilegia a esfera quantitativa, o trabalho físico dos homens, a dimensão produtiva e consumista do homem, os lugares e as horas de trabalho. Consequentemente, coloca em segundo plano a esfera emocional e doméstica, os sentimentos, a contribuição feminina, a família, o tempo livre, separando artificiosamente a vida prática das instâncias éticas ("negócios são negócios"), o trabalho do estudo e do lazer: "Quando trabalhamos, temos de trabalhar. Quando nos divertimos, temos de nos divertir".

Produtividade e democracia

Sacrificando o pensamento de milhões de indivíduos, prendendo-os à linha de montagem de Ford, medindo seu rendimento com o cronômetro de Taylor, em duzentos anos a sociedade industrial fez mais progressos que em todo o milhão de anos precedentes. Quando ela se iniciou, na metade do século XVIII, a vida média na Europa girava em torno dos quarenta anos e a humanidade não ultrapassava os 600 milhões de indivíduos. Quando concluiu sua parábola, na metade do século XX, a vida média na Europa superava os oitenta anos e os habitantes da Terra beiravam os 6 bilhões.

Graças ao trabalho industrial, os países modernos conseguiram retardar a morte, embora não tenham conseguido debelá-la; conseguiram derrotar a fome, o cansaço e o sofrimento físico. Empregando milhões de operários sem fazê-los pensar, a fábrica taylorista-fordista, renovada nos planos tecnológico e organizacional, possibilitou a redução do tempo de trabalho e da jornada semanal, aumentando a produção, os salários e os consumos.

Em seus escritos, Taylor fornece vários exemplos desses efeitos benéficos obtidos já nos anos iniciais do século XX: empregando máquinas ainda alimentadas a vapor, mas revolucionando a organização, conseguiu obter de 35 pessoas que trabalhavam 8,5 horas por dia o mesmo volume de trabalho antes efetuado por 120 pessoas que trabalhavam dez horas por dia. Desde 1914, Ford levou o salário-mínimo a cinco dólares por dia (o maior do setor) e a jornada de trabalho a oito horas (a menor do setor). Em 1921, a Ford já havia produzido 5 milhões de veículos: o americano médio podia comprar um por menos de seiscentos dólares.

Nos anos seguintes, a ação conjunta do progresso tecnológico e da administração científica imprimiu um aumento exponencial à produtividade, como vimos no capítulo dedicado ao *jobless*.

O economista Nicola Cacace demonstrou que, em 1891, quando a população italiana era inferior a 40 milhões de pessoas, trabalhava-se por um total de 70 bilhões de horas. Cem anos depois, em 1991, os italianos eram 57 milhões, mas trabalhavam apenas 60 bilhões de horas, e mesmo assim conseguiam produzir pelo menos treze vezes mais.

A indústria que realizou esses milagres é uma grande máquina cujas engrenagens — algumas de ferro, outras de carne e osso; algumas pensantes, outras operantes; algumas principais, outras secundárias — estão todas interligadas e são indispensáveis para os objetivos da produção. Se uma dessas engrenagens para, toda a produção se interrompe. Isso conferiu ao proletariado uma força inédita, que lhe permitiu contratar suas condições de trabalho na fábrica e obter formas democráticas de governo no Estado. Os intelectuais "orgânicos" e os sindicatos organizaram e guiaram essa marcha para uma igualdade e uma justiça maiores. Como a organização industrial, que manteve no interior da fábrica uma hierarquia rigidamente piramidal com os vértices nomeados pelos vértices, no sistema social como um todo contribuiu para fazer com que a modernidade coincidisse com o crescimento democrático segundo o qual os vértices são votados pela base.

Os locais de trabalho: tudo sob controle

A literatura da época industrial, de Dickens a Engels e a Zola, descreve-nos com muita crueza os locais de trabalho na fábrica manufatureira. Gogol e Kafka os descrevem em relação às burocracias ministeriais. Michel Foucault os descreve em função de vigiar e punir. Seja como for, trata-se de verdadeiros fossos infernais nos quais falta a higiene, o clima é rigoroso ou escaldante, os ritmos são selvagens. Le Corbusier ficou indignado quando, visitando a fábrica de Thonet na Áustria, constatou pessoalmente as condições abjetas em que os operários produziam móveis elegantes, destinados às casas burguesas. No entanto, os operários sempre procuraram humanizar seus locais de trabalho com fotografias de família, de moças bonitas, de santos, paisagens, enquanto a solidariedade de classe criou na fábrica uma atmosfera amistosa e cúmplice, o orgulho de fazer parte de um grupo, a coragem de lutar juntos por objetivos comuns.

Sociedade industrial é sinônimo de racionalismo. Como na fábrica tudo devia ser inspirado na linha de montagem racional, linear, planificável, no escritório, da mesma forma, tudo devia ser esquematizado, esquadrinhado, mantido sob controle: paralelepípedos de tijolos até a metade do século XX, depois de vidro e cimento; longos corredores paralelos; evidente separação logística entre chefes e subordinados, entre setores produtivos e departamentos executivos, destacada a diferença de higiene, de cores, de mobiliário e de horários. Tudo em função de um trabalho em tempo integral, por sua vez minuciosamente programado, severamente controlado, realizado do amanhecer ao anoitecer e da juventude à aposentadoria sem solução de continuidade, sob a insígnia de um taylor-fordismo organizacional que tendia a medir cada gesto dos trabalhadores, enredando-os na linha de montagem das oficinas e das linhas burocráticas dos escritórios. Tudo em função da hierarquia empresarial, em que cada um era chefe de algum subordinado e subordinado de algum chefe.

O TRABALHO NA SOCIEDADE PÓS-INDUSTRIAL

Uma nova era

Essas condições de trabalho ainda persistem, às vezes até pioradas, em muitas empresas do Primeiro Mundo e em quase todas as do Terceiro Mundo. Mas, a partir da Segunda Guerra Mundial, a ação conjunta do progresso científico e tecnológico (sobretudo informática, nanotecnologias, biotecnologias, tecnologia nuclear, novos materiais, laser, fibras óticas, satélites), do desenvolvimento organizacional, da globalização, dos meios de comunicação de massa e da escolarização difusa produziu, no próprio interior da sociedade industrial, uma sociedade nova, que por comodidade podemos chamar pós-industrial, não mais centrada na produção em grande série de bens materiais, como automóveis e refrigeradores, mas na produção de bens imateriais, como serviços, informações, símbolos, valores, estética. A sociedade industrial não prescindiu dos produtos agrícolas, mas dos trabalhadores do campo, substituindo-os por tratores automáticos e por adubos químicos; assim, a sociedade industrial não está prescindindo dos produtos industriais, mas dos operários e dos funcionários executivos, substituindo-os pelos computadores, os robôs e os trabalhadores do Terceiro Mundo.

Na sociedade pós-industrial, as categorias essenciais do tempo e do espaço são modificadas: as primeiras, em decorrência de máquinas cada vez mais capazes de poupar, enriquecer, estocar e programar o tempo; as segundas, em virtude de meios de transporte e de comunicação cada vez mais capazes de conjugar a presença com a ubiquidade, o nomadismo com o sedentarismo. Tudo isso determina uma ruptura epistemológica que desloca nossos processos cognoscitivos e existenciais da simplicidade para a complexidade, da continuidade para a descontinuidade, do trabalho para o tempo livre, do tempo livre para o ócio criativo, entendido como síntese de trabalho, estudo e lazer.

Divisão internacional do trabalho

A perspectiva com que este capítulo é escrito corresponde à do habitante de um país rico, com um PIB per capita superior aos 30 mil dólares. Mas a divisão internacional do mercado atualmente provoca a presença simultânea no planeta, e a recíproca correspondência, de três tipos diferentes de países.

Os do Primeiro Mundo, que grosso modo correspondem aos 34 estados da OCDE, têm um PIB per capita superior a 10 mil euros e um custo do trabalho relativamente alto; mais que produzir bens, tendem a produzir serviços e ideias, tanto científicas como estéticas, na forma de patentes, design, moda, filmes, programas de televisão, música, bancos de dados, provedores, internet etc.

Temos também os países emergentes do Segundo Mundo, graciosamente reunidos sob siglas como Bric (Brasil, Rússia, Índia e China) e Civets (Colômbia, Indonésia, Vietnã, Egito, Turquia e África do Sul), que estão se tornando as fábricas e os escritórios do planeta, onde o PIB per capita é inferior aos 10 mil dólares, o trabalho custa menos da metade que no Primeiro Mundo, as normas que regulamentam o trabalho e protegem o ambiente são menos restritivas e menos observadas, os sindicatos são inexistentes ou manipuláveis. Por isso, o Primeiro Mundo tende a deslocar para lá suas próprias fábricas, que, comparadas aos centros de direção, aos laboratórios científicos, às casas de moda, aos bancos e às Bolsas de Valores, rendem muito menos e poluem muito mais. Atrás de cada produto da Apple é possível encontrar uma inscrição em caracteres quase invisíveis: *"Designed by Apple in California, assembled in China"*.

No entanto, uma dezena desses países emergentes, acumulando os baixos custos rurais com a alta produtividade industrial e a prodigiosa tecnologia pós-industrial, consegue correr muito mais que os países ricos: agora o PIB da China superou o do Japão e o dos Estados Unidos; o PIB do Brasil superou o da Itália; o PIB da Índia superou o da Espanha.

452

Enfim, o Terceiro Mundo, sobretudo a África subsaariana, produz bocas para alimentar e, por enquanto, não tem outra mercadoria de troca além das matérias-primas para vender a preços irrisórios, os braços da própria mão de obra barata, as bases militares e a subordinação política para dar em troca da sobrevivência. Pense que o PIB per capita da Somália é de 130 dólares, ao passo que o do Principado de Mônaco é de 163 mil dólares.

Enquanto os países do Primeiro Mundo, agora unidos por um baixo crescimento do PIB, continuam ligados ao modelo de vida norte-americano, com o chamado Consenso de Washington, caracterizado pela economia de mercado, pelo pluralismo partidário e pela liberdade de expressão, os países emergentes e sobretudo o Terceiro Mundo são atraídos pela via chinesa de desenvolvimento, com o chamado Consenso de Pequim, caracterizado por um rápido incremento do PIB, pelo socialismo de mercado, pelo partido único, pelo autoritarismo, pela censura.

Três tipos de trabalho

Com a passagem da sociedade industrial para a pós-industrial, o mercado do trabalho sofreu muitas transformações. A primeira, que acabamos de ver, diz respeito à tripartição entre países produtores de ideias, países produtores de bens materiais e países fornecedores de matérias-primas, de mão de obra de baixo custo e de subordinação política.

A segunda transformação diz respeito à mudança de peso entre os diversos setores produtivos. Na Itália, por exemplo, durante o último meio século, o percentual de pessoas empregadas na agricultura diminuiu de 29% para 4%; os trabalhadores na indústria diminuíram de 41% para 28%; os funcionários do setor de serviços subiram de 30% para 68%. No âmbito mundial, hoje, a contribuição da agricultura para o PIB total é de apenas 3%; a da indústria é de 27%; a dos serviços é de 70%. Do total de 1035 bilhão de trabalhadores do campo no mundo, 79% vivem na Ásia e 15% na África.

A terceira transformação diz respeito à composição dos trabalhadores empregados. Nas empresas industriais de meados do século XIX era necessária muita força de trabalho; cerca de 90% dos empregados desempenhavam tarefas operárias de natureza física, segmentada e repetitiva; só 10% dedicavam-se a tarefas intelectuais, predominantemente burocráticas. Hoje, o trabalho pós-industrial requer menos trabalhadores, ocupados sobretudo em atividades de tipo intelectual.

Vamos analisar melhor este último aspecto.

Cerca de um terço dos trabalhadores, empregados nas linhas de montagem ou dotados de instrumentos tecnológicos cada vez mais sofisticados, é constituído pelos operários que produzem bens e serviços ao realizar tarefas físicas e repetitivas. Trata-se de funções que excluem a criatividade, sendo rigidamente programadas e controladas para evitar qualquer desvio, ainda que mínimo, do protótipo. A precisão e a eficiência são confiadas às velhas regras de Taylor e de Ford, segundo as quais um trabalhador vale tanto quanto outro, todos são intercambiáveis como parafusos, todos devem trabalhar executando apenas gestos mecânicos o mais parecidos possível com os das máquinas, renunciando à parte intelectual das próprias capacidades e vendendo, portanto, apenas serviços inferiores às próprias capacidades efetivas. Seu rendimento é avaliado sobretudo com base na quantidade de horas trabalhadas e da produção efetuada.

A vida laboral desses assalariados é regulamentada e garantida pelas normas, pelos contratos e pela capacidade de negociação derivada de sua luta organizada. Sua duração total é de aproximadamente 80 mil horas (1750 horas ao ano por 45 anos) e as horas extras são pagas por contrato. Esperando que novas máquinas libertem esses 33% de trabalhadores das velhas torturas do trabalho desumano denunciado por Marx e por Weber, não vejo outra solução intermediária além da redução do horário de trabalho com igualdade de salário, em proporção direta à crescente produtividade das máquinas empregadas.

Entre outras coisas, a redução do horário permite melhor qualidade e produtividade dos serviços, como demonstrou, por exemplo, o experimento realizado com os funcionários públicos de Gotemburgo, a cidade sueca da Volvo e da Ericsson, onde o horário de trabalho teve redução de duas horas ao dia sem nenhuma redução do salário, mas com uma evidente melhora dos serviços.

Outro terço de trabalhadores compreende empregados, executivos, secretárias, donas de casa, porteiros de hotel, cuidadores, enfermeiros, garçons, caixas de banco, balconistas, recepcionistas, vigias, comissários de bordo e afins. Dotados de instrumentos mecânicos e informáticos cada vez mais sofisticados, esses trabalhadores desempenham funções intelectuais de tipo flexível e relacional com base em regras que devem ser adaptadas caso a caso às situações contingentes. Trata-se de atividades que exigem inteligência emocional, flexibilidade, intuição, experiência e atualização, mais prestigiadas, mais fáceis e mais bem remuneradas que as realizadas pelos operários, porém menos expressivas, valorizadas e bem pagas que as desempenhadas pelos trabalhadores criativos.

No papel, esse tipo de trabalho envolve cada empregado por aproximadamente 2 mil horas ao ano, ao longo de um período de 45 anos, por um total de 90 mil horas no decorrer da vida. Na verdade, os trabalhadores pertencentes a essa faixa são cada vez mais arrastados pelo fenômeno das horas suplementares e da disponibilidade, do qual falaremos daqui a pouco. Seu rendimento, que pode ser avaliado com base na quantidade e na qualidade da produção, vale-se de suportes tecnológicos cada vez mais capazes de deixar suas tarefas menos cansativas, conquistar maior espaço mental, melhorar a qualidade e a confiabilidade dos resultados. Esses trabalhadores flexíveis nunca serão substituídos inteiramente pelas máquinas e nunca serão totalmente intercambiáveis entre si, mas não têm poder de negociação por serem pouco organizados sindical-mente. Com isso, os empregadores tendem a monopolizar a vida de tais trabalhadores, sobretudo se estes são particularmente inteligentes e confiáveis. E não raro isso induz os colaboradores a uma excessiva dedicação ao chefe e ao trabalho, subtraindo espaço à própria vida pessoal e familiar.

Também para essa tipologia de trabalhadores é oportuno reduzir os horários (com igual salário) em proporção direta à produtividade que as novas tecnologias permitem incrementar. Daí derivariam uma melhor qualidade de vida para os trabalhadores, menos conflitos no ambiente de trabalho, a preservação dos níveis ocupacionais e uma fecunda transferência entre empresa e sociedade das habilidades organizacionais e profissionais.

E chegamos assim à terceira faixa de trabalhadores: os criativos. Eles não produzem bens e serviços usando a força física e máquinas como os operários, nem desenvolvem práticas repetitivas empregando parte das próprias capacidades intelectuais com a aju-da de computadores, mas produzem ideias mobilizando a própria mente e os próprios conhecimentos, com o suporte de tecnologias cada vez mais sofisticadas. Por ora, nos países avançados, trata-se de pelo menos um terço de toda a população ativa (mas a porcentagem está destinada a aumentar), composto de cientistas, artistas, professores, jornalistas, profissionais liberais, empresários, banqueiros, diretores, gerentes com ta-refas estratégicas e assim por diante.

Trata-se de funções expressivas e prestigiadas, cortejadas pelos meios de comunica-ção, mais bem remuneradas e garantidas que outras; atividades que, por sua natureza, lidam com informações, exigem muito preparo, não se prestam a restrições em termos de lugares, procedimentos, tempos e ritmos predefinidos rigidamente, que recorrem a tecnologias informáticas cada vez mais complexas e a redes de conhecimentos cada vez mais ramificadas, que necessitam continuamente de estímulos e de formação, pro-duzem novidades e emoções, antecipam necessidades, requerem "tempos mortos" de incubação, comportam uma contínua tendência criativa que nem sempre se traduz na produtividade constante de ideias. Como essa faixa emergente de trabalhadores re-presenta a verdadeira novidade do sistema pós-industrial, é preciso dedicar a ela mais algumas observações.

A atividade intelectual e criativa

Como já vimos no capítulo dedicado à criatividade, em meados do século XIX, 94% de todos os trabalhadores de Manchester, ou seja, daquela que era então a cidade mais industrializada do mundo, desempenhavam as tarefas físicas e segmentadas do operário: milhares de ex-trabalhadores do campo urbanizados, prisioneiros da "jaula desumana" manufatureira estudada por Max Weber e amontoados na metrópole alienante que será filmada por Fritz Lang. Mas, do próprio interior desse sistema, surgiram algumas novidades imprevistas. Um número enorme de atividades operárias e burocráticas — as mais mecânicas, repetitivas, padronizadas, executivas, sujeitas a controle quantitativo, fisicamente extenuantes, psiquicamente alienantes, biologicamente estressantes — agora é delegado às máquinas, que substituem os torneiros mecânicos por robôs, os caixas de banco por caixas automáticos, os bilheteiros por máquinas automáticas, os entregadores pelos drones.

Mas as máquinas, por mais sofisticadas e inteligentes que sejam, não conseguem produzir ideias: portanto, resta ao homem o monopólio da criatividade, que até agora nenhum progresso tecnológico conseguiu lhe subtrair. Hoje, nos países industrializados, cerca de um trabalhador em três é operário e ganha biblicamente o pão com o suor de seu rosto como nos tempos de Adão, de César, de Ford; os outros dois são intelectuais e trabalham com a mente. Desses dois trabalhadores intelectuais, um desenvolve funções burocráticas, executivas, repetitivas; o outro desenvolve atividades criativas.

Mas quantos são esses trabalhadores da mente? Quem tentou quantificar sua consistência numérica sem ter o cuidado de distinguir entre as várias subcategorias e falando genericamente de *knowledge workers* afirma que eles representam agora 33% na Espanha, 39% nos Estados Unidos, 41% na Itália, 43% na França, 48% na Alemanha, 52% no Reino Unido. Outros se arriscam a dizer que nos Estados Unidos os trabalhadores intelectuais de tipo flexível são 40%, aos quais seria preciso acrescentar cerca de 20% de trabalhadores que desenvolvem atividades criativas propriamente ditas.

Quantas horas trabalham os criativos? O criativo nunca se separa de seu meio de produção — o cérebro —, e portanto se expressa sem horário nem local de trabalho, por toda a vida, através daquela atividade que chamei de "ócio criativo", em que trabalho, estudo e lazer se confundem entre si, se desestruturam no tempo e no espaço, se organizam por objetivos, dependem sobretudo da motivação que, por sua natureza, apresenta altos e baixos, entusiasmos e depressão. Praticamente, um criativo "trabalha" 24 horas por dia, todos os dias do ano, com intensidade que varia com base nos próprios biorritmos e nas próprias necessidades cerebrais. Mesmo quando não está "a trabalho", sua mente vaga, absorve, metaboliza, elabora estímulos, ideias, temas, materiais, onde quer que esteja. Pensemos nos romances de Sade e nos diários de Gramsci escritos na prisão, ou nas fórmulas matemáticas intuídas por Poincaré enquanto subia num bonde.

Todos os cálculos capciosos que faremos daqui a pouco referindo-nos ao horário de trabalho do operário e do empregado não valem para quem realiza atividades criativas: aliás, restringindo os criativos numa organização baseada em rígidos critérios métrico-decimais de tipo fordista, sepulta-se sua criatividade, que é síntese vital entre imaginação e concretude, entre esfera racional e esfera emocional, indispensável para o sucesso das empresas pós-industriais. Para se desenvolver em toda a sua força inovadora, a atividade criativa precisa de liberdade, de cor, de ironia, de brincadeira, de amizade, de amor, de introspecção, de beleza, de cordialidade. Em relação a ela, toda separação entre profissão e vida é puramente fictícia, artificiosa, inatural. Assim como é inatural toda separação entre esfera emocional e esfera racional, a partir do momento em que ambas são necessárias, inteira e conjuntamente, para fecundar a criatividade.

Em qual lugar trabalha o criativo? Uma das condições indispensáveis para a criatividade, recurso imprescindível do homem pós-industrial, é a possibilidade de desestruturar o espaço e o tempo de trabalho. O criativo precisa trabalhar caso a caso onde e quando julgar melhor: em casa, no escritório, no laboratório, no ateliê, no bar, na praia, numa floresta, nos jardins públicos. E os lugares de trabalho devem confundir-se cada vez mais com os outros lugares de vida, porque o trabalho intelectual não admite muitas segmentações. Além disso, os lugares, o mobiliário e os equipamentos complementares aptos a acompanhar o fluxo dos pensamentos devem se integrar com lugares, mobiliário e equipamentos complementares capazes de facilitar o trabalho de grupo sem restringi-lo e sem empobrecê-lo.

Para apoiar a criatividade, o trabalho propriamente dito, o estudo e o lazer devem estar solidamente ligados uns aos outros naquele estado feliz da mente e do corpo que eu provocativamente denomino "ócio criativo". Em decorrência disso, também os lugares onde se desenvolve a atividade humana devem ser capazes de facilitar simultaneamente quer a atividade laboral com que produzimos riqueza, quer a atividade reflexiva com que produzimos conhecimento, arte, saberes, patentes, quer a atividade lúdica com que produzimos alegria e sensação de bem-estar.

Infelizmente, até agora, a arquitetura e o design, condicionados pelo planejamento em série exigido pela fábrica e pelas burocracias, não ofereceram a esse novo trabalho intelectual os instrumentos capazes de evoluir com o mesmo ritmo com que muda o próprio trabalho. Por outro lado, não é fácil acompanhar as infinitas formas que as atividades criativas vão assumindo e adequar oportunamente os lugares de trabalho às novas e mutáveis funções que nelas deveriam acontecer. Enquanto as empresas produtoras desenfornam um novo celular a cada trimestre, a adequação dos locais de trabalho às exigências de cada trabalhador exige tempos bem mais longos e despesas que só poucos empresários esclarecidos conseguem ver como investimentos.

Alguns trabalhadores criativos preferem trabalhar sozinhos, outros preferem trabalhar em grupo. Alguns trabalhos (como uma reunião de redação, por exemplo) exigem a presença simultânea de várias pessoas. Mas, hoje, a troca de ideias, o entrosamento e o entusiasmo necessários para um trabalho de equipe podem ser obtidos tanto em um grupo de pessoas que trabalham lado a lado no mesmo escritório como numa rede de colegas milhares de quilômetros distantes uns dos outros, mas ligados funcional e emocionalmente por aparelhos informáticos cada vez mais simples e eficazes. O isolamento físico dos indivíduos já não impede sua sinergia: o teletrabalho permite conciliar a solidão do indivíduo inventivo com a colaboração da equipe de criação. Pense no Projeto Genoma, que envolveu numa mesma missão milhares de cientistas distribuídos em todo o mundo.

Como deve ser organizada a atividade criativa? No livro *Fantasia e concretude*, procurei mostrar que a produção de ideias originais segue regras completamente diferentes da produção de objetos em série e de serviços padronizados. Assim, a organização do trabalho deve mudar profundamente em função de se tratar de atividades físicas e executivas, de atividades intelectuais e flexíveis, de atividades intelectuais e criativas.

As matérias-primas da atividade criativa são as informações, os dados, os símbolos, os valores, a estética: entidades abstratas que, para ser tratadas, não exigem nem a linha de montagem metalomecânica nem a sede fixa e coletiva na qual se reúnem centenas de burocratas.

Assim como o artesão da sociedade rural ou o profissional liberal da sociedade pré-industrial uniam a oficina ou o escritório à moradia, o trabalhador criativo pós-industrial pode reunir em casa as tarefas domésticas com as laborais, economizando tempo, dinheiro e estresse. Com a internet, pode ser fisicamente sedentário e virtualmente nômade. Se uma empresa não compra força bruta, mas criatividade, então, para seu próprio bem, deve respeitar a natureza própria do processo criativo. Deve convencer-se de que não basta estar distante da empresa para deixar de criar, nem basta a presença física na empresa para garantir que uma pessoa esteja "trabalhando". Enquanto as gerências de recursos humanos, agarradas à velha lógica das linhas de montagem, continuam teimosamente a restringir os minutos de licença e a controlar eletronicamente os cartões de presença, milhões de trabalhadores incumbidos de funções de natureza mental podem ser improdutivos com a mente mesmo quando estão pontualmente presentes no local de trabalho com o próprio corpo. Na organização ideativa, o absenteísmo não é mais um evento físico, mas um evento mental. Com o surgimento do trabalho intelectual de massa, desaparece o próprio conceito de lugar e de tempos determinados, de horário fixo, de controle hierárquico sobre os processos, de trabalho extraordinário, de aposentadoria. A única condição é que se passe de uma organização baseada no controle dos objetivos e dos processos para uma organização baseada no controle apenas dos objetivos. O *management by objectives* é a modalidade exigida pela criatividade organizada.

Por fim, para os trabalhadores criativos deve-se adotar um regime específico para a idade de aposentadoria, que não pode ser igual para todos, mas deve ser estritamente pessoal. O instituto da aposentadoria, diretamente vinculado ao conceito de welfare, foi introduzido na era industrial, levando em conta o esforço exigido do operário e o desgaste físico daí decorrente. Era óbvio e justo que os milhões de trabalhadores empregados nas linhas de montagem, sendo submetidos aos mesmos fatores desgastantes, se aposentassem com a mesma idade. Mas agora é evidente o absurdo normativo pelo qual um porteiro, um metalúrgico, um professor, um piloto, um publicitário devem ser aposentados todos no mesmo dia apenas por terem a mesma idade. Frequentemente a criatividade aumenta com a idade e com a experiência, e por isso é absurdo que, por exemplo, um jornalista seja obrigado a se aposentar ao completar sessenta anos de idade, precisamente quando seus conhecimentos são mais profundos, seu estilo é mais maduro, suas fontes de informação são mais numerosas. Se as atividades são criativas, é preciso que o fim do trabalho seja contratado individualmente entre cada profissional e seu empregador, com base nas respectivas conveniências, assim como acontece com os professores nas universidades dos Estados Unidos.

Três tipos de precariado

No seu conjunto, essas três faixas constituem o núcleo central do mercado do trabalho e têm o privilégio de produzir mais que de consumir. Os mais privilegiados desenvolvem atividades expressivas, os menos privilegiados realizam funções instrumentais; seja como for, todos têm um trabalho bastante seguro para administrar a insegurança e programar a própria existência.

Abaixo desse bloco central, forte e garantido, mas numericamente decrescente, há uma faixa crescente, sobretudo de jovens, que entram e saem continuamente do mercado de trabalho realizando pequenos serviços de todo tipo sem um contrato ou com um contrato que permite ao empregador a máxima arbitrariedade em decidir sua duração, a remuneração e as modalidades. Marx falava de "exército industrial de reserva", mas essa condição hoje se estende acima de tudo aos serviços.

Ainda mais abaixo há outra faixa quantitativamente crescente, composta por jovens que concluíram os estudos, mas não encontraram trabalho. Esse é o grupo cada vez mais numeroso dos Neet (*Not Engaged in Education, Employment or Training*), exposto à depressão, ao desespero, ao tédio, ao desvio social. Aos Neet somam-se todos os ex-empregados que perderam o trabalho, a maioria por volta dos cinquenta anos de idade, e não conseguem encontrar outro.

Essas três faixas precárias, condenadas a consumir sem produzir, constituem a versão pós-industrial do antigo *Lumpenproletariat*: "trapos ao vento" — para usar as palavras que Marx aplicava aos subproletários analfabetos de sua época —, indigentes mesmo quando possuem um diploma, à mercê de uma seguridade social muito avara, de improváveis bicos e de um núcleo familiar do qual são obrigados a depender e com o qual são obrigados a conviver.

Durante a sociedade rural, quando o trabalho do camponês, do operário e do servo era massacrante, os aristocratas se preservavam bem de trabalhar e desfrutavam o nobre privilégio de poder consumir sem ter de produzir. Hoje que o trabalho intelectual é agradável e o físico goza de vantajosas proteções, o privilégio consiste em poder produzir, antes mesmo que em ter de consumir.

Paradoxos organizacionais

O problema dos desempregados ameaça colocar em segundo plano o problema de todos aqueles que "têm a sorte" de um emprego estável. A vida de um desempregado é horrível, porque na nossa sociedade tudo depende do trabalho: salário, contatos profissionais, prestígio, e (no caso dos católicos) até mesmo a bíblica remissão do pecado original e o salvo-conduto para o paraíso. Portanto, se falta o trabalho, falta tudo. Com muita frequência, porém, até a vida do trabalhador empregado é reduzida a um inferno porque a organização administrativa das empresas se preocupa em multiplicar a quantidade dos produtos, não a felicidade dos produtores. Contra essa organização, que controla a vida nas empresas, pode-se levantar pelo menos uma dezena de acusações.

Em nome da competitividade, ela incita uma estúpida guerra de todos contra todos, que exalta o instinto da violência, devasta o espírito solidário e a afabilidade das relações humanas.

Em nome da praticidade, ela aniquila o senso estético, espremendo milhões de operários em galpões infernais e milhões de empregados em ambientes assépticos, anônimos, periféricos, alienantes.

Em nome da eficiência, ela extorque tempo e equilíbrio mental aos próprios funcionários, obrigando-os a ritmos estressantes, a inúteis horas extras, à mortificante disponibilidade para fazer coisas não raro desprovidas de sentido em prejuízo da vida familiar e social.

Em nome da socialização no trabalho, ela obriga a suportar chefes sádicos, colegas competitivos, ritos e processos empresariais que imolam a criatividade ao grande ídolo das regras e da hierarquia.

Em nome da sincronização e da coordenação, ela impõe obediência acrítica e sujeita os biorritmos dos trabalhadores individuais aos ritmos das máquinas e dos processos, até reduzir toda a empresa, a cidade e a sociedade a uma única e onívora linha de montagem.

Em nome da externalização, ela expulsa das empresas as funções mais criativas e mantém as mais executivas, planejáveis, controláveis, transformando pouco a pouco as empresas em idênticas burocracias esclerosadas.

Em nome da modernização tecnológica, ela condena as competências profissionais a uma rápida obsolescência e joga na sarjeta milhões de "excedentes".

Em nome da globalização, ela reduz os quadros de funcionários, destrói as indústrias nacionais, impõe culturas estranhas, mina a autoridade dos estados nacionais.

Em nome da flexibilidade, ela anula os direitos adquiridos pelos trabalhadores e restitui ao empregador o poder absoluto sobre a sorte deles.

Em nome do livre mercado, ela destrói a seguridade social do Estado de bem-estar, privatiza e transforma em negócios até mesmo as funções vitais do Estado, da saúde à educação, dos transportes à defesa.

Em nome da racionalidade, ela padroniza, concentra, especializa, despersonaliza, masculiniza o mundo do trabalho, destituindo-o de tudo o que é emocional, estético, subjetivo, feminino.

Assim, no interior das empresas, fazem-se sentir cada vez mais os efeitos paradoxais decorrentes da resistência administrativa às mudanças. Vejamos alguns deles. A vida aumenta, mas os anos dedicados ao trabalho diminuem, seja porque se adia o ingresso na empresa em virtude dos estudos cada vez mais prolongados, seja porque com frequência se interrompe a carreira em decorrência de demissões imprevistas, seja, enfim, porque é igualmente frequente a entrada em pré-aposentadoria.

A vida média das mulheres é quatro ou cinco anos maior que a dos homens, mas em muitos países e em muitos casos as trabalhadoras se aposentam antes que os trabalhadores ou são demitidas antes.

O desemprego aumenta porque a oferta de trabalho diminui e a demanda de trabalho aumenta, mas a jornada não é reduzida: poderíamos trabalhar todos e pouco, mas os pais trabalham cada vez mais enquanto os filhos ficam sem emprego nenhum.

Na sociedade, dia a dia caem os tabus sexuais e aumenta a igualdade entre os gêneros, mas nas empresas tanto os comportamentos sexofóbicos quanto as disparidades entre homens e mulheres se mantêm.

O nível cultural dos trabalhadores aumenta, porém os "trabalhinhos", como por exemplo os dos *call centers*, exigem cada vez menos conhecimentos, habilidades e criatividade.

Graças à sua natureza e às tecnologias informáticas, o trabalho intelectual poderia ser desvinculado da unidade de lugar e de tempo constituída pelo escritório tradicional, mas as empresas rejeitam a organização por objetivos e o teletrabalho.

A produção de ideias necessita de autonomia, de liberdade e de motivação, mas as empresas não renunciam ao exercício do controle e ao excesso de regras burocráticas.

Além disso, as mulheres que estudaram e trabalham melhor que os homens também têm menor probabilidade de fazer carreira.

As distâncias culturais entre vértice e base, entre chefes e subordinados, entre diretores e empregados, entre velhos e jovens se reduzem cada vez mais, mas o corte dos salários se amplia.

Na cultura pós-moderna, aumenta a importância atribuída à emotividade enquanto fator constitutivo da criatividade, mas as empresas consideram a racionalidade a única diretriz do comportamento organizacional.

Elogiam-se a meritocracia e o profissionalismo, porém prevalecem os lobbies e o servilismo.

Os gerentes têm cada vez mais necessidade de conhecer o contexto social, o mercado, os gostos dos clientes e os valores emergentes, mas vivem couraçados na empresa e pela empresa, vítimas do *overtime* e da disponibilidade.

Overtime *e disponibilidade*

Vamos nos aprofundar um pouco em algumas dessas acusações. Depois de Taylor, não apenas as empresas deixaram de reduzir o horário de trabalho, mas as novas tecnologias e os novos recursos administrativos continuaram a multiplicar sua produtividade. Porém os chefes de pessoal e os sindicalistas empenharam-se em criar composições esquisitas do horário de trabalho (tive a oportunidade de visitar uma refinaria que estabelece o início da jornada às 7h43 e o fim às 16h51), e na quase totalidade das empresas vigora para os funcionários e para os gerentes o *overtime* não remunerado. Do que se trata? De uma mística quantitativa segundo a qual um empregado é tanto mais valorizado quanto mais horas extras não remuneradas imola ao frenesi onívoro do próprio chefe para lhe fazer companhia dez ou mais horas por dia. Cria-se assim um círculo vicioso pelo qual, quanto mais horas um gerente ou um funcionário fica na empresa, mais se torna estranho para a família e para os amigos; quanto mais se torna estranho para a família e para os amigos, mais se sente à vontade apenas entre as paredes do escritório e tende a permanecer ali o maior tempo possível.

Longanesi falava ironicamente do diligente funcionário que mantém por toda a vida a foto dos cinco filhos sobre a mesa de trabalho e que só no leito de morte fica sabendo que pelo menos três não são dele.

Entretanto, os recém-contratados são cinicamente iniciados nessa grande farsa através da norma informal segundo a qual sua futura carreira depende precisamente de sua louvável disponibilidade em prolongar "voluntariamente" a permanência cotidiana na empresa.

O *overtime* prejudica os trabalhadores e suas famílias, mas prejudica também o mercado de trabalho. Façamos um rápido cálculo para a Itália, mas extensível sobretudo aos países latinos, onde os gerentes, predominantemente homens, têm o hábito de ficar no escritório até tarde da noite, não tanto por atração pelo trabalho quanto por repulsa pela família. Consideremos que em cada dia de trabalho um gerente faça cerca de duas horas não remuneradas de *overtime*. Num ano, os dias de trabalho são 220, portanto cada gerente fica no escritório 440 horas além do devido e do que recebe em troca. Na Itália, há aproximadamente 2 milhões de gerentes: portanto, no todo, a cada ano fazem 880 milhões de horas extras, correspondentes a cerca de 36,6 milhões de dias de trabalho. Uma vez que, como vimos, um ano compreende 220 dias de trabalho, 36,6 milhões de jornadas equivalem a um ano de trabalho para 166 mil desempregados. Portanto, ao presentear sua empresa com duas horas de trabalho a cada dia, nossos gerentes não apenas se furtam aos deveres familiares e às oportunidades do tempo livre, mas roubam dos desempregados 166 mil postos de trabalho.

À distorção do velho *overtime* vai se acrescentando a da mais recente *disponibilidade*, que consiste no direito reservado aos chefes de ter acesso a qualquer momento a alguns de seus funcionários onde quer que eles estejam durante o tempo livre e as férias, para consultá-los ou até para convocá-los. Essa sujeição total, permitida pelas novas tecnologias da comunicação, baseia-se numa dupla alienação: o chefe se sente onipotente full time e experimenta sadicamente essa onipotência perseguindo o funcionário a qualquer hora do dia e da noite; o colaborador, por sua vez, se sente indispensável e, portanto, orgulhosamente privilegiado nessa sua total submissão. Isso não impede que esse profissional tão indispensável possa ser degradado a qualquer momento à posição de "excedente", em que a própria palavra contém a desfaçatez com que pode ser tratado um empregado quando é desprovido da força contratual, de proteção sindical e de dignidade humana.

Multitasking

Se contei bem, as composições de Vivaldi são 788. Com certeza, as de Mozart são 626. As de Beethoven, 371. É praticamente impossível contar com precisão as de Bach. Antes de completar quarenta anos, Rossini já havia composto quarenta obras. Se passamos à literatura, encontramos produções igualmente imponentes: milhares de páginas escritas por Dumas, por Tolstói, por Dickens, por Dostoiévski, por Thomas Mann, para não falar, em outras disciplinas, de Marx ou de Max Weber. Mas como esses nossos ilustres antepassados conseguiam produzir obras de tal importância e em tal quantidade? Porque podiam concentrar-se.

À medida que uma criança cresce, aumenta a dimensão de suas mãos, de seus pés, de todo o seu corpo. Só os bilhões de neurônios contidos em seu cérebro mantêm cada um a mesma capacidade do nascimento até a morte. O que cresce não é a sua dimensão, mas o número das ligações — as sinapses — que os põem em rede. Essas ligações exigem reflexão, e a reflexão cansa. Isso significa que nosso cérebro, para formular ideias, necessita, alternativamente, concentrar-se, descansar, distrair-se, dependendo das exigências de cada "pensador". Mozart, Dickens ou Marx eram favorecidos pela ausência de celulares e de *open space*.

Por duzentos anos, a organização do trabalho foi pensada em função das tarefas operárias, físicas e repetitivas. A linha de montagem obriga o trabalhador a poucos movimentos do corpo, sempre iguais, que não implicam a intervenção do cérebro. Como já lembrei, Ford vangloria-se de, graças aos seus princípios organizacionais, obter "a redução da necessidade de pensar por parte do operário". Naquela época, 90% das tarefas realizavam-se na fábrica, eram de tipo físico e não exigiam a intervenção do cérebro a não ser em ínfima parte. Hoje, ao contrário, dois terços de todas as tarefas são realizados no escritório, no laboratório, no estúdio; são de tipo intelectual, requerem inteligência, atenção, concentração, motivação.

Ford e Taylor estudaram durante anos, meticulosamente, como se organiza o trabalho físico de maneira a obter a maior quantidade de produtos no mínimo tempo. Ninguém, hoje, estudou com o mesmo rigor científico como se organiza o trabalho intelectual, tanto individual como de grupo, tanto de cada jornalista como de uma redação de jornal.

Na ausência de novos critérios para organizar os novos trabalhos, as empresas aplicam para as atividades intelectuais os mesmos critérios e os mesmos instrumentos organizacionais pensados para o trabalho na fábrica: catracas de entrada e saída, cartões de ponto, supervisões, *open space*. O resultado é desastroso: ineficiência, burocracia, desperdício, estresse, péssima quantidade e qualidade dos serviços, sensação de crise. E quem se sente em crise, como eu já disse, deixa de planejar o futuro.

Dois centros de pesquisa californianos — a desenvolvedora de softwares Harmon.ie e o instituto de pesquisas de opinião uSamp — apuraram que as contínuas interrupções acarretam o desperdício de uma hora por dia e um prejuízo econômico de 10 800 dólares por ano, para cada funcionário. Para uma empresa com mil funcionários, o prejuízo supera os 10 milhões de dólares. Cerca de 45% dos trabalhadores não conseguem se concentrar no próprio trabalho por mais de quinze minutos sem serem interrompidos pelo chefe ou por um colega. Durante esses quinze minutos, toca o telefone, o chefe chama, um colega conversa, chega um SMS ou um e-mail. Antes de retomar o trabalho no mesmo ritmo, são necessários cerca de 25 minutos.

Essa contínua distração reduz as capacidades intelectivas em 10%, como se se tivesse passado uma noite sem dormir ou se tivesse fumado maconha; as decisões erradas aumentam 60%; até desastres como o da dispersão de petróleo no mar poderiam ser evitados. Em síntese, apenas nos Estados Unidos, um prejuízo de 588 milhões de dólares ao ano, com os quais seria possível remediar o déficit do orçamento nacional ou distribuir 635 dólares para cada cidadão.

À distração deve-se acrescentar o hábito recente do *multitasking*: milhares de pessoas que não conseguiriam fazer nem mesmo um trabalho por vez aventuram-se em vários ao mesmo tempo, distribuindo a atenção por diversas frentes: participam de uma reunião de trabalho e, simultaneamente, folheiam o jornal, leem os SMS, levantam-se para beber um café, verificam as cotações da Bolsa e os noticiários internacionais, pedem informações à secretária, transmitem decisões aos colaboradores.

Quando se produzem parafusos, as mãos do operário repetem ritmicamente operações elementares e padronizadas; quando se produzem ideias para aprimorar uma prática, escrever um artigo ou fazer um diagnóstico, às vezes somos muito rápidos, às vezes necessitamos de uma longa reflexão, que aos olhos dos outros pode ser confundida com ócio. A atenção representa o recurso mais precioso num mundo dominado pelo trabalho intelectual que exige mente livre, tranquilidade e concentração. Muitas empresas, porém, subestimam os prejuízos da distração e até encorajam o *multitasking*, que, em vez de multiplicar a eficiência e melhorar a qualidade, multiplica os erros e o estresse.

Diversidade de gênero

Nos países pós-industriais, a ocupação feminina beira 50% do total e as mulheres empresárias são cerca de um terço dos homens empresários. Nos conselhos de administração das sociedades cotadas em Bolsa, os conselheiros de sexo feminino giram em torno de 10%. Para corrigir essa assimetria, em muitos países foram introduzidas por lei as chamadas "cotas rosa": na Itália, por exemplo, uma norma recente reserva às mulheres 30% dos postos nos conselhos de administração de todas as empresas cotadas em Bolsa.

Durante duzentos anos, os empresários, diretores, chefes, consultores foram sobretudo homens, ao passo que às mulheres era imposto um papel servil de vestais da família. No *Gotha* das ciências organizacionais, mulheres famosas como Mary Parker Follett ou Johan Woodward contam-se nos dedos de uma das mãos. A exclusão do gênero feminino das direções empresariais implica que a empresa traz a marca masculina em cada um de seus aspectos: a racionalidade soberana, a concorrência impiedosa, os ritmos urgentes, a hierarquia militaresca, a especialização excessiva, a padronização massificada, o ambiente entediante.

Alijadas do mundo do trabalho, no qual os homens celebraram seu monopólio, durante a sociedade industrial as mulheres construíram um mundo próprio centrado no culto do serviço, da estética, da subjetividade, da emotividade, da assistência. Muitas mães foram cúmplices dessa segregação: "O machismo", escreveu a famosa feminista Germaine Greer, "é como a hemofilia: ataca os homens, mas é transmitido pelas mulheres."

Hoje, porém, na sociedade pós-industrial, precisamente aqueles valores, somados à preparação, à flexibilidade, à experiência da dupla presença, à abertura mental, à vontade de participar, determinam a paridade, se não a superioridade profissional e humana da mulher sobre o homem, sobretudo nos setores da estética, dos meios de comunicação, da formação, do bem-estar, do turismo, das relações públicas, onde efetivamente aumenta o número de mulheres que conseguem alcançar posições de liderança.

A essa altura é preciso saber se a empresa "no feminino", onde as mulheres podem fazer valer seu próprio poder autônomo, é melhor, diferente ou pior que a empresa "no masculino" à qual estávamos habituados. É preciso saber se, nos casos em que as mulheres mandam, triunfam finalmente os valores radicais que o homem sempre baniu do mundo do trabalho, como a solidariedade, a convivência, a doação, a alegria, a sensualidade, a emotividade, a estética, o ócio criativo. De acordo com algumas feministas, "as mulheres possuem modalidades diferentes de conhecimento científico, lógicas de conhecimento diferenciadas das dos homens, capacidades inovadoras também em sentido organizacional diferenciadas entre si, mas fundamentalmente diferentes das masculinas". Se isso é verdade, é preciso entender como a empresa machista pode mudar sob o impulso benéfico dessas virtudes femininas.

Em outras palavras, graças às mulheres, começa finalmente a vacilar a lei brutal do mais forte, teorizada e imposta nas empresas pelos homens e para os homens? As mulheres estão se mostrando capazes de libertar a todos libertando a si mesmas, de reinventar o seu trabalho, de conciliar melhor as obrigações com os recursos, de afirmar com força o direito a realizar uma empresa mais bonita e mais humana, de valorizar uma ética feminina do trabalho, ligada ao gosto pelas coisas bem-feitas, ao senso de responsabilidade, à atenção pelas relações interpessoais inspiradas mais nas pessoas que no dinheiro?

Na experiência concreta desses últimos anos em que aumentou, embora pouco, o número das mulheres dirigentes e empresárias, finalmente aconteceu algo tão revolucionário a ponto de nos levar a afirmar que a liderança exercida por uma mulher é mais criativa, melhor e mais justa que a exercida por um homem? Existem modalidades tipicamente femininas de enfrentar os compromissos de trabalho? Existe maior disponibilidade das mulheres gerentes à mudança, à imaginação, à equidade, à felicidade? Existem uma relação diferente com o poder e maior capacidade de rejeitar seus aspectos prevaricadores e manipuladores? Existe uma relação diferente com o trabalho, finalmente vivido como oportunidade criativa e não como expiação obrigatória? Existe uma avaliação diferente do ócio criativo, apreciado como fecundador de ideias, de serenidade, de equilíbrio? Há a esperança de que uma empresa no feminino recupere o eros expulso e castrado da organização machista? Até os homens começam a esperar que as respostas para essas perguntas sejam positivas.

Mas a diversidade de gênero não diz respeito apenas a homens e mulheres. Se ainda hoje as mulheres entram nos centros decisórios predominantemente como funcionárias da limpeza ou como secretárias, por sua vez os homossexuais, os bissexuais, as lésbicas e os transgêneros podem ter acesso aos postos-chave apenas se se dispõem a esconder prudentemente suas preferências sexuais.

Em 2014, a saída do armário de Tim Cook, de 53 anos, sucessor de Steve Jobs no comando da Apple, causou alvoroço precisamente por sua corajosa raridade. Com uma intervenção no *Bloomberg Businessweek*, Cook declarou: "Quero ser claro. Tenho orgulho de ser gay e considero o fato de ser gay um dos maiores presentes que Deus me deu". Depois explicou que a difícil escolha de anunciar publicamente a própria orientação sexual nasceu de uma intenção precisa: "Ouvir que o administrador escolhido pela Apple é gay pode ajudar alguém que luta para deixar claro quem ele ou ela é, dar alento a quem se sente sozinho ou inspirar as pessoas a insistir sobre sua igualdade".

Nos Estados Unidos, segundo um relatório Deloitte, 83% dos homossexuais, dos bissexuais, das lésbicas e dos transgêneros escondem a própria orientação sexual, mas nas empresas italianas calcula-se que a "presença sem rosto" dos gays é três vezes superior à que se encontra nos Estados Unidos, onde o problema foi enfrentado legislativamente até no mundo militar. Em 18 de dezembro de 2010, o Senado americano aprovou uma lei histórica, havia anos no centro das reivindicações dos gays americanos, que permite que homossexuais declarados possam servir nas Forças Armadas, encerrando assim o regime do *"Don't ask, don't tell"*. O presidente Barack Obama enviou à lista de e-mails de seus proponentes uma nota em que diz: "Quando a lei chegar à minha mesa, vou assiná-la, e essa política discriminatória chegará ao fim. Os gays e as lésbicas em serviço no Exército, corajosos americanos que lutam pela nossa liberdade, não precisarão mais se esconder. Uma voz a menos na lista da batalha pelos direitos civis, que continua".

Alguma coisa se move, portanto, aqui e além do oceano, mas é preciso acelerar esse difícil percurso da paridade nas empresas: não apenas é justo, mas necessário. A escola, a família, o mundo da arte, da moda, do design já deram alguns passos adiante nesse caminho, enquanto as empresas alheias a esses setores continuaram a manter um comportamento historicamente atrasado, eticamente injusto, economicamente danoso, organizacionalmente confuso.

A essa altura vislumbra-se o risco de que, em vez de atingir a esperada paridade, a situação se inverta e dessa vez as mulheres e os homossexuais expulsem os homens das funções de direção, relegando-os a tarefas gregárias e gerindo o poder com a dureza decorrente das injustiças sofridas nos séculos precedentes.

Raça e tipo
Mas a organização pós-industrial não tem de enfrentar apenas os problemas vinculados à desigualdade de gênero. Existem outros, igualmente profundos, ligados às diferenças de idade, raça, etnia, língua, costume e religião.

Quanto mais aumentar a mistura das populações e a taxa de mestiçagem no mundo, mais será preciso dar atenção à relação entre trabalhadores culturalmente diferentes na empresa para evitar prevaricações, lobbies e conflitos destrutivos. Se, por exemplo, no século XIX foi difícil administrar a convivência entre protestantes ingleses e católicos irlandeses em muitos condados da Grã-Bretanha, hoje em muitas regiões do planeta tornou-se difícil promover a convivência das multinacionais com as empresas e os governos locais, dos chefes autóctones com os funcionários imigrantes, dos muçulmanos com os cristãos etc. Diante dessas dificuldades, que o processo de globalização tornou mais frequentes e agudas, a empresa pós-industrial deve ser capaz de transformar a desvantagem das experiências conflitantes em riqueza das experiências complementares.

Outro desafio para a organização pós-industrial é representado pela relação determinada pelo abismo digital entre os "analógicos" e os "digitais". Enquanto não se completar a alfabetização informática de toda a população ativa, permanecerá, ainda que de formas cada vez mais fracas, a ruptura entre velhos e novos sujeitos, diferenciados não apenas por uma maior ou menor familiaridade com a informática, mas também por um conjunto coerente de características que se estruturaram em torno da informática. Refiro-me aqui sobretudo aos países do mundo ocidental.

Os "digitais" tendem a adotar uma atitude mais otimista diante da vida, diante do destino do planeta e da humanidade; estão convencidos de que, graças ao progresso científico e tecnológico, graças à inteligência artificial e à criatividade humana, os instintos vitais prevalecerão sobre os autodestrutivos; estão satisfeitos com a ubiquidade conquistada graças aos novos meios de comunicação e de transporte; defendem a igualdade de oportunidades e a feminilização da cultura; estão familiarizados com os produtos das biotecnologias, das nanotecnologias, com os novos medicamentos, com o controle de natalidade, com a multirracialidade, a interculturalidade, a globalização, o nomadismo, a ubiquidade; falam várias línguas, viajam com frequência e não sofrem o jet lag; tendem a acreditar que se vive uma só vez e que, portanto, é preciso viver da melhor maneira possível; estão preocupados com o equilíbrio ecológico do planeta; cultivam ideologias e necessidades fracas; não têm ideias políticas consolidadas e frequentemente se abstêm do voto; não diferenciam muito o dia da noite, os feriados oficiais e os dias oficialmente úteis; tendem a misturar as atividades de estudo, trabalho e tempo livre; a frequente convivência com o desemprego acostumou-os a conjugar períodos isolados de trabalho precário com fases de estudo, com viagens instrutivas, com a maior atenção à família e ao grupo de amigos; comunicam-se através da internet e das redes sociais; exprimem-se recorrendo também a novos esperantos linguísticos como o inglês, o rap, o rock e os grafites; manifestam-se coletivamente através de movimentos e *flash mobs*;

têm uma atitude sexualmente desinibida; estão cada vez menos propensos a considerar o consumo ostensivo como símbolo de status.

Os "analógicos", em contrapartida, rejeitam por princípio as inovações tecnológicas e informáticas; alimentam uma atitude pessimista diante das novidades sociais e econômicas; são fortes consumidores da mídia tradicional, sobretudo da televisão generalista; cultuam Deus, a pátria e a família; exercem o direito de voto e são fiéis às filiações políticas; são crentes ou, pelo menos, praticantes; estão assustados com o desenvolvimento demográfico, a imigração e a multirracialidade; consideram a violência, a corrupção e as guerras flagelos inevitáveis e crescentes da modernidade globalizada; temem as doenças, o estresse, a instabilidade política, a dívida pública, a inflação; mitificam o passado como tempo de bem-estar, harmonia, convivência e segurança; não ousam pensar no futuro; preferem a poupança ao investimento; separam nitidamente o dia da noite, os feriados dos dias úteis; conhecem pouco as outras línguas e viajam em grupos organizados.

Em virtude da diferença de idade entre os jovens "digitais" e os idosos "analógicos", unida à tendência gerontocrática de muitas organizações, os analógicos ainda ocupam os postos de maior poder não apenas nos ministérios e nas instâncias burocráticas, mas também nas empresas, e isso constitui uma fonte de conflitos latentes que serão atenuados à medida que se completar a troca de pessoal entre os dois tipos de sujeitos.

Idade e cargos de trabalho

No entanto, mesmo quando toda a população ativa for composta por "digitais", ainda assim nos locais de trabalho haverá motivos de conflito ligados às diferenças culturais de raça, religião, língua, formação educacional e profissional. A mistura entre qualidade do trabalho e idade cria problemas que, acumulados no tempo, ainda não encontraram uma resposta adequada às exigências pós-industriais, e por isso seria necessário repensar o mais rápido possível todo o sistema dos horários e da aposentadoria com base em três parâmetros: a crescente longevidade; a natureza específica do trabalho realizado; o progresso tecnológico e sua influência na produtividade entendida como quantidade de riqueza produzida na unidade de tempo.

No que se refere aos aspectos demográficos, é preciso levar em conta que em 2030 a população mundial será de 8 bilhões: não apenas bocas que comem, mas também cérebros que pensam e criam. Para passar de 6 para 7 bilhões, o planeta demorou catorze anos; para passar de 7 a 8 bilhões, levará dezessete anos. Portanto, o crescimento demográfico terá começado a diminuir. Poderemos viver até 86 anos (equivalentes a 750 mil horas), em relação aos atuais oitenta anos (equivalentes a 700 mil horas). As pessoas mais escolarizadas e com relações sociais mais intensas viverão mais. Os idosos com mais de 65 anos serão 910 milhões, em relação aos atuais 420 milhões. Em sua maioria, as pessoas envelhecem ficando velhas (ou seja, semi-incapacitadas física e psiquicamente) apenas nos dois últimos anos da própria vida, durante os quais as despesas farmacêuticas são iguais ao montante empregado para comprar remédios em todos os anos da vida precedente.

Para os operários e os empregados executivos, que ainda realizam um trabalho alienante (porque restrito a objetivos, tempos e métodos rigidamente predefinidos e porque destinado a um produto quantitativamente vinculado à duração da execução), será oportuno reduzir o horário de trabalho para atenuar sua virulência física e psicológica, e será também necessário reduzi-lo para evitar o desemprego, trabalhando menos para que todos trabalhem.

Como vimos, já em 1930 Keynes considerava que, para manter o futuro mercado de trabalho em equilíbrio, seus imaginários netos teriam de limitar o horário da semana laboral a não mais do que quinze horas. Atualmente, os trabalhadores executivos (operários e funcionários administrativos) trabalham oito horas por dia, cinco dias por semana e 44 semanas por ano, equivalentes a uma carga de trabalho anual de cerca de 1760 horas. Em geral, cada trabalhador segue esse regime por 45 anos (dos vinte aos 65 anos de idade) e por um total de 78750 horas em toda a sua vida laboral.

Imaginemos como poderia ser a carga de trabalho dos netos de Keynes quando, em 2030, o progresso tecnológico e a globalização tiverem feito outros prodigiosos saltos *labour saving*, quando essas mudanças permitirem duplicar a produtividade, quando a expectativa de vida tiver subido dos atuais oitenta anos para 86 e quando poderá ser considerado totalmente fisiológico realizar o trabalho executivo até os 75 anos de idade. Considere-se que, como eu já disse, só podemos ser julgados realmente velhos nos dois últimos anos da vida. Sem seguir exaustivamente as sugestões de Keynes, a carga total de trabalho poderia ser reduzida para mil horas anuais e o período da vida laboral poderia abranger dos 25 aos 75 anos. Cada trabalhador executivo trabalharia mil horas por ano por cinquenta anos, equivalentes a um total de 50 mil horas na vida. As mil horas anuais poderiam ser distribuídas mensal, semanal ou diariamente nas várias maneiras requeridas pelos diversos tipos de trabalho (mais manual ou mais intelectual, mais *back office* ou mais *front office* etc.). Caso se continuasse a trabalhar como hoje, por 43 semanas ao ano, a carga semanal seria de cerca de 23 horas, distribuídas nos dias que melhor respondem às exigências de cada função. Obviamente, nesse ponto o maior tempo livre reverteria em mais vantagem para as pessoas dotadas de mais cultura e de mais curiosidade intelectual, como Keynes já intuíra.

Lugares e não lugares

A forma nada mais é que a representação plástica da função, e os lugares de trabalho também acabam sendo a representação plástica daquilo que os trabalhadores produzem ali e de como o produzem. Hoje, como vimos, grande parte das atividades intelectuais, mesmo quando exigem a participação simultânea de várias pessoas, pode ser realizada em qualquer lugar com o simples suporte de um celular ou de um notebook. O teletrabalho apenas leva em conta a nova realidade em que as informações podem ser transferidas, e as ideias podem ser produzidas em qualquer lugar, reunindo finalmente aquilo que Taylor havia dividido: o estudo, o trabalho, o lazer, a vida produtiva e a reprodutiva.

No entanto, as empresas são contrárias ao teletrabalho e, além de concentrar nos locais de trabalho as massas de empregados, continuam a espremer as funções laborais alteradas nos antigos formatos adaptados de qualquer jeito: velhas fábricas transformadas em escritórios, residências transformadas em sedes de empresas, funcionários deslocados para bairros afastados da periferia, onde o custo das edificações é menor.

Existem trabalhadores para os quais continua a nítida separação entre lugar de trabalho e os lugares de vida, porque isso é exigido pela natureza de suas funções e pelas respectivas tecnologias perigosas, barulhentas, gigantescas; para estes, não existe nenhuma perspectiva de teletrabalho. Existem trabalhadores que continuam a respeitar essa separação mesmo quando a natureza de seu trabalho não mais o exige (ou até mesmo aconselharia o contrário), mas ao menos conseguem preservar a própria vida particular impedindo o trabalho de avançar sobre as horas livres; para estes, cedo ou tarde, o teletrabalho chegará. Existem trabalhadores que, impelidos pelas novas tecnologias, além de trabalhar no escritório, estão sempre ao alcance dos chefes, dos colegas, dos clientes, e permitem que a própria vida particular seja invadida pelo trabalho sem exigir nem o pagamento das horas extras, nem uma revisão contratual das antigas normas industriais que tornavam fixos tanto os lugares quanto os serviços. Esses trabalhadores, de fato, somam o teletrabalho ao trabalho e, cedo ou tarde, tomando consciência da dupla exploração a que são submetidos, reivindicarão a adoção do teletrabalho como única modalidade de serviço adequada para o próprio papel profissional. Existem trabalhadores que obtiveram essa revisão e que usufruem um regime novo, baseado no teletrabalho móvel ou em domicílio, nos centros-satélites, nos telecentros, nos grupos virtuais e assim por diante. Ainda são uma minoria, mas a satisfação e as vantagens que em geral manifestam acabarão estimulando uma expansão do fenômeno. Há, enfim, pequenos empresários, predominantemente jovens, que criaram novas e pequenas empresas dotadas de sedes físicas quase que simbólicas, mas que de fato teletrabalham com tablets, celulares, internet e Skype, administrando sites e portais da internet.

No plano informal, o teletrabalho se difunde a olhos vistos: nas ruas, nos trens, restaurantes, aeroportos, nas praias, há *knowledge workers* que ouvem informações, recebem e transmitem decisões, fazem consultorias, compram e vendem mercadorias, contratam e demitem pessoas, realizam um trabalho de relações públicas, criam lobbies. Como o personagem de Molière que falava em prosa sem saber que era um prosador, assim todos esses modernos trabalhadores teletrabalham sem se dar conta de que são teletrabalhadores.

No plano formal e contratual, por outro lado, o teletrabalho continua banido das empresas onde os chefes, acometidos por aquilo que chamo de "síndrome de Clinton", não podem prescindir do empregado ao alcance da mão. As direções das empresas preferem até mesmo reduzir os lucros desde que sejam evitadas inovações organizacionais que reduzam o domínio físico, tangível, sobre os funcionários. O que se teme mais que a própria concorrência é que a cultura empresarial possa se diluir na cultura social, que trabalho e vida possam mesclar-se numa mistura criativa e exuberante em que as produções de riqueza, de saber, de alegria e de sentido se entrelacem e se confundam, superando, finalmente, a separação alienante entre os diversos mundos vitais pelos quais transitamos. Ainda recentemente, um renomado sociólogo italiano, Aris Accornero, afirmou que "convém que trabalho e vida se separem... Trabalho e vida têm lógicas e culturas diferentes, e a riqueza da existência está em combinar os tempos e os âmbitos de tais instâncias. A justaposição delas é um mito: um mito a ser evitado". Obviamente, essa separação continua necessária em muitas funções *front office* dos serviços como em muitos trabalhos de fábrica. Mas, por um longo tempo, antes que fossem criados os grandes consultórios e escritórios conjuntos de médicos, advogados, arquitetos, muitos profissionais isolados e muitos artesãos exerciam sua atividade numa parte da residência familiar, conciliando extremamente bem trabalho e vida. Alguns profissionais, como os professores, os magistrados, os jornalistas, sempre realizaram uma parte de seu trabalho levando para casa as provas para corrigir, os artigos a ser finalizados, os processos a ser examinados.

O estúdio renascentista de Benvenuto Cellini, que durante o dia abrigava tanto a atividade criativa como a vida doméstica do artista, à noite se transformava num clube interdisciplinar onde se discutiam política, negócios e estética. Os espaços eram pensados, construídos, mobiliados de maneira a se tornarem perfeitamente funcionais a esses múltiplos papéis, e quando, na fusão do *Perseu*, o artista necessitava de mais lenha para queimar, não hesitava em usar os móveis da casa.

Hoje, ao contrário, em razão da experiência industrial, mesmo quando a atividade realizada requer criatividade e o trabalho tende a se confundir com o estudo e com o lazer, os lugares físicos que a abrigam são inadequados para favorecê-la. Quando se espreme num *open space*, asséptico como uma enfermaria hospitalar e abarrotado como um formigueiro, a atividade ideativa que exige reflexão solitária e escolha individual dos tempos e dos modos, se reduz sua taxa de criatividade e se compromete o êxito.

Por sorte, os sites e as redes sociais fornecem uma plataforma mais adequada para a atividade pós-industrial, cada vez mais flexível, abstrata e ubíqua, permitindo aos trabalhadores a possibilidade criativogênica de ser, ao mesmo tempo, isolados e unidos, nômades e sedentários.

Conflitualidade

Duzentos anos de experiência industrial nos acostumaram a um tipo de microconflitualidade e de macroconflitualidade estruturalmente centradas na fábrica. Qual tipo de conflitualidade nasce com o advento pós-industrial? O que acontece com os sindicatos? Os trabalhadores intelectuais também se reunirão em classes? Mas as classes ainda existem?

De acordo com Marx, a era industrial simplificou os antagonismos, polarizando toda a sociedade "em dois grandes campos inimigos, em duas grandes classes diretamente contrapostas uma à outra: burguesia e proletariado". Por dois séculos, a burguesia se agregou pelos privilégios que lhe eram proporcionados pelos meios de produção, enquanto o proletariado se agregou pela exploração que era decorrente da falta dessa propriedade.

Como podemos ver claramente e como Thomas Piketty demonstrou bem com o ensaio *O capital no século XXI* (2013), as desigualdades persistem e até se agravam. Mas como essa exploração (que Marx chamaria "alienação objetiva") já não se traduz em raiva coletiva, indignação organizada, luta de classe? A resposta nos vem do conceito de "alienação subjetiva", uma das grandes descobertas com que, graças a Marx, a sociologia do século XIX procurou explicar o paradoxo social pelo qual, diante da exploração, podemos permanecer tanto mais inertes e passivos quanto mais somos explorados.

A síndrome da alienação subjetiva manifesta-se através de vários comportamentos que hoje reencontramos nos trabalhadores intelectuais: o empregado recalca o problema de que é explorado; mostra desinteresse pelo próprio trabalho; atribui ao próprio trabalho uma função puramente instrumental; mesmo quando é proletarizado, adota os valores, as normas, os gostos, as atitudes e os comportamentos da burguesia; conforma-se com a própria impotência e delega a outros (empregadores, chefes, sindicalistas, políticos) sua sorte de trabalhador e de cidadão, rejeitando tanto a perspectiva de luta como a de participação.

Em todos esses casos, sua condição subalterna não se traduz em tomada de consciência, revolta, coragem, formação de vanguardas, organização de sindicatos e de partidos necessários para se libertar da exploração. Essa sua alienação subjetiva pode ser causada pela ignorância, pela manipulação educacional, midiática e religiosa; pelo medo de constrangimentos, de chantagens, do assédio moral e das demissões; pela ação daqueles sindicatos que deslocam o alvo da conflitualidade dos empregadores e dos dirigentes para o Estado, a burocracia, os países e as empresas concorrentes.

Quadros de pessoal, gerentes e até diretores podem hoje cair num novo proletariado, de tipo intelectual, unido ao proletariado histórico pela mesma insegurança ocupacional e existencial, pela mesma subordinação a ordens que vêm do alto e cuja lógica frequentemente não se consegue compreender. Um proletariado intelectual que até então não se conscientizou de que é uma classe explorada porque, em relação ao operário, conserva ainda alguns privilégios e algumas ilusões. Esses novos proletários não têm consciência de classe e, portanto, não são (ainda) uma classe. São inócuos porque atuam individualmente, de acordo com táticas baseadas mais na lealdade acrítica aos superiores que numa sensata desconfiança, mais na demanda individual que na reivindicação sindical, mais na competitividade com os colegas que na solidariedade. E mais na resignação que na conflitualidade, considerada inerente aos colarinhos-azuis e alheia aos colarinhos-brancos.

Sendo inócuos, para torná-los dóceis e leais bastam as escolas de negócios com suas atividades formativas pensadas para aprimorar o processo de integração; o mercado de trabalho com suas contínuas ameaças de redução de pessoal; as revistas, os livros, os seminários dos gurus norte-americanos que, para se mostrar excêntricos, se fingem mais indignados, intransigentes e combativos que seus alunos, como relata no livro *Twilight Manager* o guru arrependido Matthew Stewart.

Daí a ilusão de que as classes evaporaram como se consistissem em simples estados de espírito e não em diferenças de vida cada vez mais drásticas e cruéis. Contudo, as frequentes turbulências das multinacionais e dos bancos, os efeitos da chamada crise, com o suicídio de centenas de empresários e de gerentes, as novas lutas da juventude em todo o mundo, as repercussões da crise financeira que se alastram progressivamente por todas as camadas sociais, a começar pelos trabalhadores intelectuais, legitimam a hipótese de que a sociedade pós-industrial nos reserva divisões tão duras quanto as industriais entre grupos, camadas e movimentos que se perscrutam, se experimentam, se aliam e se separam, quase como se esperassem as melhores ocasiões para se organizar novamente em grandes agregados planetários, dispostos como o exército para o confronto.

Em síntese: 1) Alguns países vão assumindo a liderança da ação modernizadora através do incremento do próprio aparato científico-ideativo; outros se limitam a implementar as ideias alheias; outros ainda são obrigados ao simples papel subalterno de usuários colonizados; 2) O poder, que na sociedade industrial estava ligado sobretudo à propriedade dos meios de produção, na sociedade pós-industrial depende cada vez mais da propriedade dos meios de ideação e de comunicação; 3) Toda empresa produtora de alguma coisa é compradora de outras coisas produzidas por outras empresas.

Isso reduz a autonomia de decisão de cada empresa; 4) A concorrência entre empresas que produzem os mesmos bens ou serviços em partes diferentes do mundo, enquanto contrapõe estruturalmente os trabalhadores de uma empresa ao seu empregador, ao mesmo tempo os coloca ao lado deles na mútua luta de concorrência com a empresa estrangeira; 5) Desse modo, a condição "proletária" que une os trabalhadores de uma empresa coloca-os objetivamente do mesmo lado da barricada em que se encontram os colegas trabalhadores da concorrente; mas, ao mesmo tempo, os trabalhadores das duas empresas encontram-se objetivamente contrapostos pelo fato de que suas duas empresas são concorrentes e o sucesso de uma depende do fracasso da outra; 6) Isso cria uma divisão internacional de classe entre todos os empregadores do mundo e todos os trabalhadores do mundo. Deriva daí mais uma dissimetria entre as duas classes, porque os trabalhadores encontram dificuldades em encontrar os meios e as maneiras de se organizar no âmbito planetário, enquanto os empresários, juntamente com os banqueiros, os altos executivos, os grandes latifundiários e os políticos patrocinados por eles, criam organizações supracionais para planejar, debater e combinar as ações comuns (pense na reunião anual do Fórum Econômico Mundial de Davos, pense no Rotary, no Instituto Aspen etc.); 7) Enquanto na fábrica a greve prejudica diretamente o empregador e apenas indiretamente os clientes, a greve nos serviços (ou seja, no setor hoje amplamente majoritário) prejudica diretamente os clientes e apenas indiretamente o empregador. Essa chamada "terceirização da greve" coloca em primeiro plano a função comunicativa da mídia que influencia a opinião pública, impelindo-a à solidariedade ou à desaprovação em relação aos grevistas; 8) O desafio dos conflitos consiste na capacidade e no poder de programar a inovação e o futuro próprio e dos outros; 9) As várias etapas da produção (ideativa, decisional, produtiva, de utilização) são quase sempre distanciadas no tempo e no espaço, de modo que é impossível para os usuários finais controlar as etapas que precedem seu acesso aos bens e serviços, agora pensados e produzidos por outros. Quando os bens e serviços são programados, os usuários não sabem nada sobre eles; e quando passam a conhecê-los, já é tarde demais para modificá-los; 10) Todo progresso faz suas vítimas, e, com muita frequência, os programadores do progresso tendem a negligenciá-las, enquanto os que defendem as vítimas tendem a negligenciar o progresso ou são incapazes de pensá-lo e programá-lo. Isso determina uma alienação social que consiste precisamente na incapacidade de pensar ao mesmo tempo no progresso e nas suas vítimas, salvando um e as outras; 11) A dialética, na empresa e na sociedade, tende cada vez mais a se deslocar da contraposição direita-esquerda ou revolucionários-reformistas para a contraposição inovadores-conservadores, que corta transversalmente tanto a burguesia quanto o proletariado; 12) No conflito pós-industrial, torna-se crucial o papel da informação, que pode fazer a balança da opinião pública pender em favor dos trabalhadores ou dos empregadores. Assim, a posse dos meios de comunicação torna-se essencial para vencer as batalhas contratuais; 13) Enquanto no conflito industrial as partes envolvidas eram praticamente fixas porque a burguesia era hegemônica em tudo e o proletariado era subalterno em tudo, no conflito pós-industrial existe maior intercâmbio das partes: por exemplo, o médico que, quando faz greve, prejudica os doentes deixando-os sem tratamento amanhã pode ser, por sua vez, prejudicado pelos pilotos que o privarão dos transportes aéreos. Isso cria crescentes dificuldades para aquelas federações que representam, sob um mesmo rótulo organizativo, categorias que outrora eram complementares (por exemplo, transportes aéreos, marítimos e terrestres), mas que hoje não raro se encontram em concorrência recíproca; 14) No Ocidente, o avanço da classe operária, marcado na Itália pelo Estatuto dos Trabalhadores (1970), provocou uma reação feroz de cunho neoliberal por parte das classes dominantes contra as classes dominadas para recuperar as margens de vantagem perdidas, como bem descreveram Serge Halimi em *Le Grand Bond en arrière* (2004) e Luciano Gallino no já citado *La lotta di classe dopo la lotta di classe*.

A luta de classe dos ricos contra os pobres é global, assim como é global a economia capitalista agora triunfante em todo o planeta. Nessa luta, os ricos não economizam despesas para financiar universidades, escolas de negócios, empresas de consultoria, clubes, congressos internacionais, editoras, revistas, pesquisas, sites, contratando exércitos de economistas, gurus, gestores e jornalistas.

Apenas em casos extremos trata-se de uma luta cruenta, ainda que a miséria sempre faça os seus mortos. Na maioria das vezes trata-se de uma guerrilha muito sofisticada, que adota táticas diferentes dependendo das camadas sociais e raciais dos inimigos. Contra os pobres do Terceiro Mundo é exercida uma pressão global para transformá--los num indefeso exército industrial de reserva e num imenso mercado para todos os refugos do Primeiro Mundo. Contra a classe média do Primeiro Mundo é exercida uma manipulação adequada a adversários escolarizados a ser convertidos em executores especializados motivados e dóceis no trabalho, em consumidores vorazes cultos e dóceis no tempo livre, em cidadãos sempre assustados pela insegurança física e ocupacional.

O papel dos gestores

Algumas reflexões à parte devem ser dedicadas à figura do gestor, que, no nosso mundo anarcoide, é uma das poucas fontes de ordens prontamente executadas por colaboradores tornados dóceis pelo medo de virar sucata. Mas também o seu papel necessita de novos fundamentos epistemológicos, uma vez que se encontra num estado confusional perigoso para si mesmo, para seus funcionários e até mesmo para quem o paga. Essa sua desorientação está ligada tanto à sensação de impotência induzida pelo sistema global à mercê de poderes incontroláveis quanto ao tom de fingida segurança, que não raro degenera em autoritarismo pueril, com que ele tenta exorcizar o próprio estado confusional.

Ralf Dahrendorf se perguntava: onde estão as classes que, promovendo a própria liberdade, promovem a liberdade de todos? Cem anos antes, Marx identificara essa classe no proletariado. Seria possível identificá-la hoje na burguesia gestora? Provavelmente, a maioria dos gestores responderia orgulhosamente que sim. A partir dos anos 1990, de fato, com um ataque neoliberal generalizado do privado contra o público (guiado pela ordem de Reagan: "Matar o monstro de fome"), as razões da empresa agrediram as da *pólis* e os critérios organizativos da empresa se candidataram para regular também a gestão da vida pública. De acordo com essa visão "empresocêntrica", a cultura gestora é melhor que qualquer outra cultura, incluindo a política: portanto, tem direito de condicionar também o Poder Legislativo e o administrativo.

Mas em que consiste essa cultura? Consiste na primazia da economia, do lucro e dos negócios; na adoção do sucesso econômico e dos consumos como medidas da autorrealização pessoal; na precedência atribuída à dimensão prática sobre a estética, à dimensão racional sobre a emocional, à dimensão empresarial sobre a subjetiva; na propensão a antepor a concorrência à aliança, a competitividade à solidariedade; na preferência por tudo aquilo que é quantitativo, planejado, especializado, que está sob controle; na adesão à estrutura hierárquica, piramidal, das organizações; na sistemática identificação com os vértices e na aceitação acrítica das ordens que vêm do alto; na idolatria da eficiência entendida como quantidade e velocidade; na visão machista e agressiva da vida; numa boa dose de cinismo em relação a tudo o que é perdedor; numa declaração de intenções inclinada à inovação desde que não modifique as estruturas do poder constituído; num modernismo tecnológico acoplado ao tradicionalismo cultural; numa acentuada propensão ao dever entendido como antitético ao prazer; na pretensão de se considerar artífice exclusiva do progresso e do bem-estar de uma nação; na dificuldade de aceitar as conquistas dos cidadãos; na tendência a subestimar e simplificar as dinâmicas sociais, a permanecer com os pés no chão, a recusar instintivamente toda visão de amplo alcance; na consideração das normas e dos sindicatos como obstáculos dos quais é preciso se libertar.

Contudo, hoje, os gestores têm diante de si o horizonte ilimitado e extasiante da sociedade pós-industrial que acabou de nascer. No cenário dessa nova sociedade, a empresa continua a ser uma instituição fundamental, ainda que não hegemônica. Dela e de quem a dirige dependem quase toda a riqueza e boa parte da democracia destinadas às novas gerações.

Se os gestores traírem a missão civilizatória que deriva de seu poder, insistindo na sua cultura e impondo-a a seus colaboradores, o preço que eles mesmos pagarão será muito alto, porque seus ritmos, suas preocupações, suas visões se reduzirão a ritmos, preocupações e visões de um sistema insensato.

Para evitar esse colapso, os gestores terão de realizar uma laboriosa palingênese, na falta da qual não poderão se tornar uma classe e uma força social que, promovendo a própria liberdade, poderá promover a liberdade de todos. Serão uma classe e uma força não libertadora, mas a ser libertada.

O que vamos jantar esta noite?

De acordo com Woody Allen, as três perguntas cruciais que a humanidade deve se fazer são: de onde viemos, para onde vamos, o que vamos jantar esta noite. Vimos de onde vem e para onde vai o trabalho. Falta compreender o que vamos jantar esta noite. Ou seja, o que fazer aqui e agora.

Antes de mais nada, é muito provável que vamos comer um pouco menos que ontem. Depois teremos de nos conscientizar de que estamos mergulhados numa situação paradoxal desorientada e desorientadora que leva à depressão. Atualmente os franceses já consomem num ano mais de 40 milhões de caixas de antidepressivos.

Em 25 de janeiro de 1912, Frederick W. Taylor, pai da administração científica, foi obrigado a se defender, diante de uma comissão especial da Câmara dos Representantes, de algumas acusações feitas pelos sindicatos. Em seu depoimento, Taylor declarou que a organização científica não consistia nem em expedientes para incrementar a eficiência nem em sistemas particulares de empreitada e de pagamento: "Na sua essência", ele declarou, "a organização científica implica uma revolução mental completa por parte dos operários empregados em qualquer estabelecimento ou indústria, uma revolução mental completa por parte desses homens em relação ao seu trabalho, tanto no que se refere a seus colegas como aos empregadores. E ela implica a mesma revolução mental completa por parte dos dirigentes — o chefe, o supervisor, o dono da empresa, o conselho de administração —, uma revolução mental completa por parte deles, quer no que se refere a seus deveres para com os colegas de trabalho na direção, quer no que se refere a seus operários e a todos os problemas cotidianos destes. Sem essa revolução mental completa de ambas as partes, não pode existir organização científica."

No começo do século XX, Taylor e Ford assinalaram o ápice da passagem histórica da manufatura à indústria. Hoje, no começo do século XXI, o trabalho não necessita de retoques ornamentais, mas de uma nova revolução que assinale a passagem da organização industrial à pós-industrial. Essa nova revolução implica a necessidade de substituir a cultura moderna do consumo pela cultura pós-moderna da felicidade. Portanto, revolução contra depressão.

U. Universidade

Educar significa enriquecer as coisas de significados.
JOHN DEWEY

OITO BILHÕES

Desde o momento em que uma empresa automobilística pensa em construir um novo modelo ou uma indústria farmacêutica decide produzir um novo remédio até o momento em que esses produtos chegam ao mercado, passam-se anos. Essas indústrias são, portanto, obrigadas a prever com muita antecedência tanto a evolução das tecnologias como a evolução das necessidades e dos gostos do público, para definir o novo produto e a acolhida que o mercado poderá reservar a ele. Caso se preveja que a acolhida será pouco entusiástica, a propensão à compra poderá ser incentivada por meio de manipulações publicitárias para induzir os potenciais compradores a consumos não espontâneos.

A escola deveria ter a mesma capacidade de previsão e de programação, com duas diferenças imprescindíveis: é mais difícil prever a médio prazo a necessidade de profissionalização e o andamento do mercado de trabalho; seria imoral induzir os jovens, através da manipulação publicitária, a escolher profissões para as quais não têm verdadeira vocação.

Se uma criança de seis anos se matricula hoje no primeiro ano do ensino fundamental, entrará na universidade treze anos depois e sairá dela após dezesseis anos. Passados o estágio e a especialização, começará a trabalhar depois de vinte anos. Enquanto isso, a população mundial terá superado os 8 bilhões; a duração da vida terá ultrapassado as 750 mil horas; a riqueza produzida no mundo será o dobro da atual; a ciência terá avançado a passos de gigante; os computadores serão milhares de vezes mais potentes que os de hoje; dezenas de robôs serão nossos empregados dóceis; o aumento da produtividade terá destruído milhões de postos de trabalho, que não sabemos se serão substituídos por novos trabalhos e de que tipo; a maioria dos adultos terá à disposição um tempo livre muito superior ao atual; as atividades virtuais prevalecerão sobre as físicas e a cultura digital terá suplantado a analógica; as necessidades recairão sobre bens e serviços muito diferentes dos atuais, mas difíceis de imaginar desde agora; para produzi-los serão necessárias competências e habilidades igualmente difíceis de prever. A escola, portanto, é obrigada a orientar os próprios alunos para um cenário no qual tudo — vida, sociedade, economia, trabalho, relacionamentos, tempo livre — terá se transformado, mas não sabemos como.

Nunca como agora o mundo teve de enfrentar problemas tão complexos, mas nunca como agora, para resolvê-los, pôde contar com tantos milhões de cérebros e com um patrimônio tão rico de saber, historicamente acumulado pela espécie humana e transmitido pela escola de geração em geração.

Foi graças à instrução e à pesquisa que, em milhares de anos, o homem conseguiu transformar o sistema-mundo, fazendo-o transitar de uma organização predominantemente rural, centrada na produção agrícola e artesanal, para uma organização industrial, centrada na produção em série de bens materiais.

Depois, graças ao acúmulo de conhecimentos e ao aumento das cabeças pensantes, em apenas dois séculos a sociedade industrial evoluiu para algo estruturalmente diferente, assumindo uma organização pós-industrial centrada na produção de bens imateriais, como os serviços, os símbolos, as informações, a estética, os valores.

Paralelamente, a riqueza aumentou, a violência diminuiu, a formação educacional se ampliou, a conectividade se multiplicou: na média, o PIB per capita de cada habitante do planeta é superior a 10 mil dólares, valor que aumenta quatro pontos a cada ano. No total, o mundo gasta 5% de seu PIB global com a educação.

Nos Estados Unidos, onde o PIB per capita é de 52 mil dólares, as despesas com a educação são equivalentes a 5,4% do PIB; na Itália, onde o PIB per capita é de 33 840 dólares, a despesa com educação equivale a 4,5% do PIB; no Brasil, onde o PIB per capita é de 11 340 dólares, as despesas com educação são equivalentes a 5,8% do PIB. Quanto mais rico um país, mais alta a porcentagem de seus diplomados em curso superior em relação ao número de jovens entre os trinta e os 34 anos de idade. Na Europa, têm porcentagens baixas a Romênia (22%), Portugal (27%), a Itália (28%), a Hungria (30%), a Grécia (31%). Em contrapartida, porcentagens altas, superiores a

40%, são encontradas entre os países mais ricos: Luxemburgo, Bélgica, França, Suécia, Noruega, Reino Unido e Suíça. Os Estados Unidos, o país mais rico e mais poderoso do mundo, é também aquele que conta com as melhores universidades, como atestam as três classificações mais renomadas. Segundo o ranking da *Times Higher Education*, elaborado na Inglaterra, entre as primeiras trinta universidades, 22 estão nos Estados Unidos e quatro no Reino Unido. De acordo com a classificação QS World University Rankings, igualmente elaborada na Inglaterra, quinze estão nos Estados Unidos e sete no Reino Unido.

Segundo a *Academic Ranking of World Universities*, redigida em Xangai, vinte encontram-se nos Estados Unidos e três no Reino Unido. Só a Grã-Bretanha, como se vê, procura manter a excelência que caracterizou todas as universidades europeias no decorrer dos séculos, até que o advento do fascismo e do nazismo provocou uma fuga de cérebros da qual o Velho Continente nunca se recuperou.

POR QUE A UNIVERSIDADE DEVE MUDAR

Globalização

Além do PIB, outros fatores influem direta ou indiretamente nas necessidades de formação superior e no sistema universitário.

Nos países conscientes das mudanças históricas provocadas pela globalização, também as universidades assumem uma organização globalizada, educando seus alunos para a ubiquidade, a cidadania mundial, a visão planetária e a linguagem universal, promovendo intercâmbios contínuos de estudantes e docentes com as universidades estrangeiras.

Nos Emirados Árabes, de Dubai a Abu Dhabi, onde o PIB per capita é de 50 mil dólares, os melhores arquitetos do mundo estão projetando as sedes em *outsourcing* das mais prestigiosas universidades norte-americanas (da Northwestern à Carnegie Mellon, da Georgetown ao Weill Cornell Medical College), reservadas a pouquíssimos talentos drenados de todos os cantos do mundo por severos selecionadores. O campus da New York University de Abu Dhabi, onde o PIB per capita é de 53 mil dólares, abriga 150 estudantes escolhidos em 39 países entre quase 6 mil concorrentes e agora entrou em joint venture com a University of the People, uma universidade on-line que tem mil inscritos de 115 nações. Vinte famosas universidades, entre as quais a de Manchester e a London Business School, abriram suas sedes nas duas riquíssimas zonas francas oferecidas pela cidade de Dubai: a International Academic City e o Knowledge Village. Em Doha, capital do Catar, a Education City abriga seis das maiores universidades americanas com o objetivo de atrair os melhores cérebros jovens da África, da Índia e do Extremo Oriente. Ainda em Doha, abriu uma sede também a Hec de Paris, que tem sedes em Pequim, Xangai e São Petersburgo.

Esses países, que até agora basearam sua economia nos recursos petrolíferos, apostam hoje nos recursos intelectuais e na hegemonia da Knowledge Economy.

Na sociedade pós-industrial globalizada, todo vazio de bens e serviços que se cria em determinado país é imediatamente preenchido com bens e serviços provenientes de outros países. Mas o vazio preenchido mais rapidamente é o das ideias, voláteis por natureza: se um país não as produz, de imediato outros países o invadem com suas patentes, sua cultura, seus modelos de vida, colonizando não apenas seus mercados e seus bancos, mas também a mente e a alma. Cabe sobretudo à universidade dotar ou privar de conhecimento determinado país, destinando-o ao Primeiro ou ao Terceiro Mundo.

Planejamento do futuro

As ideias são a matéria-prima dos projetos. Na sociedade pós-industrial, vence quem consegue planejar o futuro e impor seu projeto a todos os outros. Para planejar, porém, são necessárias competência e criatividade, ou seja, mais ideias. Para produzir ideias, é preciso ter uma adequada plataforma de conhecimentos e a formação para a criatividade fornecida pela escola. Um país desprovido de sistemas universitários adequados fica sem classe dirigente e sem perspectivas, condenando-se a subordinar o futuro dos próprios filhos ao interesse de seus opositores.

Em 1995, pela primeira vez no mundo, nos Estados Unidos, foram vendidos mais computadores que televisores e foram trocadas mais mensagens pela internet que pelo correio. Desde então, as assinaturas da internet aumentaram em média 5% ao ano. No setor da informática, a mudança foi tão rápida que a cada ano 80% do faturamento é derivado de produtos que dois anos antes não existiam. A eletrônica e a informática, além de nos oferecer a inédita possibilidade de interagir à distância e em tempo real, modificando radicalmente nossas categorias ancestrais de tempo e de espaço, nos proporcionaram uma gama infinita de novos serviços a custos cada vez mais reduzidos. E como a organização é vida relacional, essas inovações revolucionaram profundamente qualquer sistema organizado, qualquer método de formação, qualquer expressão de criatividade.

Exclusão digital e nível de instrução são dois fatores altamente discriminadores entre um país e outro: nos Estados Unidos, por exemplo, há mais portadores de diploma universitário e mais assinantes de internet que em todo o continente africano. A escola é chamada a reduzir tais distâncias, a se informatizar em primeiro lugar, a preparar e acompanhar a revolução digital, educando os cidadãos para usá-la de maneira correta.

Inovação

Quando faltam comunicação e formação, desaparece o suporte cultural indispensável para dominar a inovação, que corre em cinco pistas: um progresso tão veloz a ponto de parecer incontrolável; uma sucessão tão rica e rápida de acontecimentos a ponto de provocar desânimo e perda de sentido; uma assustadora e crescente probabilidade de perder o trabalho, que antes afetava apenas a classe operária e que agora se estendeu aos funcionários administrativos, aos gerentes e até aos diretores; um crescente distanciamento entre as velhas gerações, ligadas a um paradigma existencial coerente com o mundo industrial, e as novas gerações, ligadas a um novo paradigma coerente com o sistema pós-industrial; uma sensação, por parte dos países avançados, de um progresso ameaçador dos países emergentes, com sua eficiência, sua insondável especificidade cultural, sua obstinada diligência desprovida das restrições impostas às empresas ocidentais pelas indispensáveis conquistas civis.

A escola, portanto, é chamada a identificar rapidamente essas mudanças, a compreender sua natureza e essência, a se modificar com base nas realidades emergentes, a preparar os jovens para que eles saibam antecipar e administrar a inovação em vez de sofrê-la.

Terceirização

Outro fator que influi sobre a universidade é a terceirização do mercado de trabalho. Em 1956, pela primeira vez no mundo — novamente nos Estados Unidos —, os colarinhos-brancos superaram percentualmente os colarinhos-azuis e os trabalhadores do setor de serviços superaram os da indústria. Na Itália, a superação aconteceu em 1973. No ensaio *O advento da sociedade pós-industrial*, que o tornou famoso, Daniel Bell identificou nessa terceirização uma causa e um efeito da revolução pós-industrial: revolução comparável, pela importância histórica, àquela que, cem anos antes, na Inglaterra, havia determinado o predomínio dos operários da fábrica sobre os trabalhadores do campo, marcando o advento da sociedade industrial.

Hoje, nos Estados Unidos, 81% dos trabalhadores atuam no setor dos serviços; na Itália a porcentagem desce para 68%; no Brasil, para 63%. Nesses três países, os serviços absorvem mais empregados do que os setores da agricultura e da indústria juntos. Na China, ao contrário, os serviços absorvem apenas 36% dos trabalhadores, porcentagem ligeiramente superior aos 35% que se dedicam à agricultura.

Todos esses dados, extraídos do último Pocket World in Figures publicado pela *Economist*, demonstram que, não obstante as grandes diferenças ainda subsistentes, em todos os lugares o desenvolvimento é confiado à progressiva passagem da agricultura aos serviços, que caminha lado a lado com a passagem de uma maioria de analfabetos a uma maioria de portadores de diploma universitário.

Trabalho intelectual

Privilegiando a produção de serviços, informações, símbolos, valores e estética, a sociedade pós-industrial exige a contribuição de operadores intelectuais (empresários, sindicalistas, profissionais liberais, gerentes, diretores, professores, jornalistas, cientistas, artistas) cada vez mais instruídos. Daí a necessidade de uma universidade capaz de aprimorar a bagagem de conhecimentos e o senso crítico, requisitos fundamentais para formar aquela *creative class* que atualmente, tanto nos Estados Unidos como na Itália, abrange ao menos um terço de todos os trabalhadores. Essa nova classe caracteriza-se não apenas pelas atividades ideativas que desempenha, mas também por seu estilo de vida, pelo tipo de diversões que prefere, por sua comunidade e seus valores de referência, pelos objetos de que se serve e de que se cerca, por sua linguagem, seus mitos e seus ritos. O *knowledge worker* usa como meio de produção o cérebro, que não apenas o acompanha sempre e em todos os lugares, porém, com o passar dos anos, se torna mais culto e especializado; para dar bons resultados, não deve ser controlado, mas motivado; sua atividade, estreitamente ligada aos biorritmos do corpo e da mente, pode ser desestruturada no tempo e no espaço através do teletrabalho; a natureza mental de seus serviços não lhe permite separar o trabalho do tempo livre nem adotar os métodos organizacionais elaborados no passado para tornar produtivo o trabalho industrial.

Tudo isso exige uma preparação universitária e depois uma formação permanente centrada na criatividade e capaz de preparar o futuro profissional para um tipo de vida pós-moderno em que trabalho, estudo e lazer se misturam incessantemente, confluindo naquela síntese vital que denomino "ócio criativo": arte que se aprende e que, sem aprendizado, não pode ser expressa.

Oportunidades profissionais

Outro fator incisivo na transformação da universidade é o rápido prolongamento da vida que, juntamente com a redução drástica do tempo humano necessário para produzir bens e serviços, faz com que, para um número crescente de pessoas, o tempo livre agora predomine nitidamente sobre o tempo de trabalho, usurpando sua centralidade.

Por sua vez, o tempo livre envolve cada vez menos o corpo e cada vez mais o cérebro. Cinema, teatro, jornais, televisão, livros, jogos, viagens, para ser bem aproveitados, exigem usuários cada vez mais cultos. Portanto, a formação universitária não pode limitar-se a fornecer competência para o trabalho, mas deve oferecer instrumentos para enriquecer de sentido a vida inteira.

No entanto, um país não deve apenas diplomar um grande número de jovens; deve também valorizá-los profissionalmente.

Há cem anos, a população italiana era de 34 milhões e os estudantes universitários, cerca de 15 mil. A cada ano, entre 1881 e 1920, diplomavam-se 3800 jovens e a cada ano emigravam mais de 1300.

Hoje, a população italiana é de 60 milhões. A cada ano, diplomam-se 250 mil universitários, 40% dos quais têm mais de 26 anos. Faltando um ano para a obtenção do diploma, apenas 55% dos formados trabalham. Depois de três anos, 75% trabalham; 12% ainda procuram emprego, e o restante (13%) está tão desanimado que desistiu de buscar trabalho. Dos que trabalham, apenas metade tem um contrato por tempo indeterminado. A porcentagem dos que, depois de três anos, conseguiram um emprego sobe para 81% no caso dos formados em engenharia e desce para 38% no caso dos formados em direito.

Isso significa que o desemprego intelectual é um fato endêmico na Itália e que o país não sabe utilizar seus recursos profissionais. Para remediar o problema do *jobless growth*, a universidade, que deveria educar os jovens para uma vida feliz, garantindo ao país a melhor classe dirigente, é obrigada a manter os olhos no mercado de trabalho, orientando o estudante para as disciplinas mais requeridas em termos profissionais e preparando-o para valorizar também os períodos desprovidos de trabalho, sem cair na depressão.

GENOCÍDIO CULTURAL

Como o sistema escolar italiano, e em particular o universitário, respondeu a solicitações tão radicais? Eis alguns dados quantitativos da questão. Na Itália, a cada ano, 300 mil jovens se matriculam na universidade. No total, os estudantes universitários são 1,8 milhão, correspondentes a 41% de todos os jovens entre dezenove e 25 anos de idade. Há 87 universidades, sessenta das quais são públicas. Os professores efetivos são 63 mil, cerca de um para cada 29 estudantes, se considerarmos o total das faculdades; mas a relação sobe para um professor para cada 65 estudantes se considerarmos faculdades como a de psicologia ou um professor para cada 72 estudantes se considerarmos faculdades como a de ciências da comunicação. No MIT de Boston, a relação é de um para onze; no Instituto de Tecnologia de Chennai, a antiga Madras, é de um para oito; nas universidades de Pequim, é de um para um.

Dezoito por cento dos estudantes italianos abandonam os estudos depois do primeiro ano; 38% dos que continuam demoram mais tempo para concluí-los. Apenas 48% conseguem obter o diploma. Trinta e nove por cento se diplomam depois dos 26 anos de idade, e 63% dos diplomados obtêm o título fora do tempo regulamentar.

Como se vê, estamos a milhares de quilômetros de distância tanto de Boston como de Dubai. Esses dados, que igualam a universidade italiana à de alguns outros países ocidentais de tradição acadêmica tão antiga quanto a nossa, demonstram que os adultos, por intermédio de suas classes dirigentes, cometeram um autêntico genocídio cultural em prejuízo dos jovens, impedindo-os de compartilhar o conhecimento do passado e de desenvolver o saber necessário para o progresso futuro. Em vez de estabelecer um pacto intergeracional para redistribuir equanimemente o trabalho, a riqueza, o saber, o poder, as oportunidades e os cuidados, esses países estão "terceiromundizando" seus jovens. E estão fazendo isso, sistematicamente, há muitos anos, tanto que hoje a universidade está reduzida a um doente terminal contra o qual se obstinam o desinteresse dos governantes e dos docentes, o absenteísmo das famílias, a rendição incondicional dos estudantes.

A gravidade de tal crime se mostra ainda mais evidente se considerarmos que a nova divisão internacional do trabalho mantém hoje no Primeiro Mundo apenas os países que, apostando todas as suas fichas no conhecimento, fortalecem suas escolas, financiam seus laboratórios de pesquisa científica, humanista e artística, os bancos de dados e os meios de comunicação, cultivam os próprios talentos e atraem os de outros países, multiplicam no próprio território as empresas de alto valor agregado e deslocam para o Terceiro Mundo as atividades manufatureiras que requerem baixo know-how, rendem pouco economicamente e poluem.

Na Itália, assim como na China, na Índia e no Brasil, o acesso à universidade ainda é um privilégio de poucos. De cem jovens em idade universitária, na Itália, apenas 41 estão inscritos na universidade (contra 78 da Coreia do Sul, 64 da Rússia, 63 da Grécia) e a metade abandona os estudos antes de se diplomar. Apesar disso, os conservadores se perguntam o que faremos com mais portadores de diploma de nível superior.

No final do século XIX, o ministro Baccelli propôs tornar obrigatório o ensino fundamental para todos os cidadãos e também na época os conservadores pergunta-ram o que faria a Itália com tantos alfabetizados. O ministro respondeu que a escola obrigatória não servia apenas para trabalhar, mas sobretudo para viver de maneira ci-vilizada. Algo semelhante poderia ser dito hoje acerca do diploma universitário: numa sociedade complexa como a atual, a cultura representa a condição imprescindível para o bem-estar pessoal de cada cidadão e para uma inserção digna da Itália no mundo. O diploma universitário, em particular, garante os conhecimentos indispensáveis não apenas para desempenhar uma profissão, mas também para se orientar no sistema pós-industrial, para educar os próprios filhos ou até mesmo apenas para decodificar as notícias de um telejornal.

Acompanhando por vinte anos o destino de mais de 20 milhões de estudantes, dois professores de Harvard (Rah Chetty e John Friedman) e um professor de Columbia

(Jonah Rockoff) perceberam como o fato de ter tido um bom professor reduz por toda a vida o risco de fazer tolices e aumenta a probabilidade de encontrar um trabalho melhor e mais bem remunerado.

A carência de estruturas universitárias, as informações imprecisas, as mudanças irracionais das sedes, a imagem cada vez mais obsoleta e descuidada das universidades, a insegurança das oportunidades profissionais depois da conclusão do curso desencorajam os jovens diplomados no ensino médio de se matricular. Só 68%, superando tais obstáculos, se inscrevem na universidade, mas depois são dissuadidos de inúmeras maneiras de frequentar os cursos, os estágios e a licenciatura pedagógica.

Essa dissuasão sistemática se concretiza através da soma perversa de todas as carências já citadas, às quais se unem a negligência organizacional, o calendário insensato das aulas, a escandalosa carência de salas de aula, laboratórios, alojamentos, cantinas, bibliotecas, equipamentos esportivos, a falta de avaliações didáticas por parte dos professores, que, igualmente desmotivados, não conseguem motivar os alunos. Assim, o estudante — sobretudo se estuda longe de casa — deixa gradualmente de participar da vida universitária, abandona as aulas e se isola. Voltará às dependências da universidade apenas por ocasião dos exames, reduzidos a encontros burocráticos, efêmeros, motivo de ansiedade tanto para examinadores como para examinados, que nem ao menos se conhecem uns aos outros.

OS CULPADOS: UM, NINGUÉM, INÚMEROS

É inútil buscar um único culpado para tantos crimes. Para ser consumado de maneira tão impune, contínua, difusa e tolerada, eles exigiram anos de omissões e de violações por parte das famílias, dos estudantes, dos docentes, dos governos, de todo o país. As sucessivas reformas e contrarreformas provenientes da direita, do centro e da esquerda num período infinito de tempo tentaram consertar o barco de qualquer jeito, começando da proa ou da popa, dos mastros ou da sala de máquinas, mas as avarias são muito grandes e o mar tempestuoso demais para esperar que se chegue a algum porto seguro. Reitores e diretores são reduzidos a donos absolutos de nada, lamentavelmente impotentes diante da distância entre o que seria necessário e o que está ao seu alcance. Suas reuniões oficiais — na pró-reitoria acadêmica, nos conselhos universitários — são campos de batalha nos quais se combate uma penosa guerra entre pobres para abocanhar espertamente míseros fundos e poderes de fachada.

Assim, enquanto alguns países como os Estados Unidos, o Japão, a Coreia do Sul miram a produção e a transmissão do saber como pré-requisito do desenvolvimento, a

Itália alimenta a ilusão de poder desfrutar eternamente o patrimônio cultural imenso, mas obsolescente, herdado de um passado glorioso, porém cada vez mais remoto. Essa preciosa herança — literatura, arte, história, arqueologia, filologia, música —, equânime e generosamente distribuída por todo o território italiano, para ser explorada, classificada, estudada, cuidada, restaurada, reunida, protegida, transmitida, valorizada, exigiria uma profunda cultura humanista. A mesma cultura que poderíamos aproveitar vantajosamente para preencher de conteúdos os milhares de condutores eletrônicos que não sabemos inventar e produzir.

Reduzidos a comprar as patentes dos países que privilegiam o estudo e a pesquisa, somos obrigados a transferir as fábricas para países onde a mão de obra custa menos, perdemos os melhores talentos em fuga para as universidades estrangeiras, sentimo--nos incapazes de produzir tanto ideias como bens materiais, rastejando num limbo que soma as veleidades do Primeiro Mundo com as misérias do Terceiro.

Para fazer frente a esta que chamamos "crise", atribuindo-lhe ilusoriamente a duração passageira de uma indisposição incômoda, mas transitória, recorremos topicamente a remédios econômico-financeiros de aplicação fácil e rápida, porém de resultado nulo, porque a doença é grave, suas causas são agora múltiplas e endêmicas, sua incubação foi longa e ignorada, o doente está reduzido a um estado terminal e os tratamentos extremos são onerosos, têm resultados incertos, exigindo orçamentos notáveis, tempos longos e esforço intelectual ilimitado. Para dificultar a recuperação, intervêm circunstâncias políticas, econômicas, sociais, familiares e individuais.

FORMAÇÃO PARA A VIDA

Atualmente, um jovem de vinte anos tem diante de si uma perspectiva de vida de aproximadamente sessenta-setenta anos, durante os quais, descontados o estudo e o trabalho, poderá dispor de cerca de 300 mil horas de tempo livre. Em outros termos, para cada hora de trabalho, terá à disposição sete horas de tempo livre. Não obstante, todas as instituições — a família, a escola, a empresa — preocupam-se em preparar os jovens para o trabalho, ou seja, para um oitavo de sua futura existência, ao passo que ninguém se preocupa em prepará-los para a vida como um todo, que, além do trabalho, compreende descanso, reflexão, amores, família, amigos, viagens, brincadeira, diversões, convívio: todos aqueles aspectos da vida que Aristóteles, no tratado sobre as *Leis*, coloca no centro da atenção educativa.

A mente humana caracteriza-se pela criatividade, e a formação universitária deve ser acima de tudo formação para a criatividade, que consiste na síntese mágica de imaginação e de concretude. A imaginação impele a voar alto; a concretude fornece as técnicas para calcular o voo e a rota, alcançando a meta sem se espatifar no chão.

Em certo sentido, até a nossa universidade, não obstante suas deficiências estruturais e pedagógicas, e em parte precisamente em virtude delas, oferece aos alunos e aos professores algumas ocasiões para exercer a própria criatividade. O caos em que a experiência universitária se arrasta, com todo o acúmulo de iniciativas extravagantes, de ideias raras, de tentativas anarcoides e desvairadas, de fato pode estimular a iniciativa e a construção de um projeto de vida, antecipando as dificuldades que acompanham aquelas profissões criativas em que a inspiração, a rapidez das decisões, a flexibilidade, a capacidade de socializar, a tendência para a revolução científica e estética contam pelo menos tanto quanto os conhecimentos técnicos e a habilidade prática.

No entanto, a vida para a qual o estudante se prepara — formada por um oitavo de trabalho e sete oitavos de não trabalho — não será desperdiçada. De acordo com Pier Luigi Celli, ex-diretor-geral da universidade particular Luiss, "hoje, e especialmente no futuro, o mundo da competição ilimitada assume as conotações de uma guerra não convencional, feita de mobilidade, digressões, táticas". Mas é esse o mundo hobbesiano que queremos? É para esse mundo que o estudante deve ser preparado pela universidade para sair dele ileso, como um guerreiro corta-cabeças, com a perfídia intacta ou até aumentada? Em vez disso, não seria tarefa da universidade fornecer aos jovens os instrumentos para viver e melhorar a vida na sua totalidade, para criticar os aspectos competitivos da sociedade e substituí-los pela emulação solidária?

ESTUDANTES DIGITAIS, PROFESSORES ANALÓGICOS

O conjunto das inovações que serviram de suporte para o nascimento da sociedade pós-industrial determinou o advento de um novo paradigma, que poderíamos chamar de "digitalidade", segundo o qual um número crescente de jovens pratica um modo de vida completamente novo em relação àquele que por dois séculos caracterizou a sociedade industrial. Um dos profetas dessa revolução, Nicholas Negroponte, indica seu núcleo na passagem dos átomos aos bits. Outro, Bill Gates, afirma que a revolução aconteceu em duas etapas: primeiro com a invenção do computador pessoal e depois com a da estrada da informática. Na verdade, o fenômeno não pode ser atribuído a um ou mais fatores tomados individualmente, mas deve ser reportado a um conjunto de novidades que aos poucos confluíram num sistema coerente, que por conveniência chamamos *digital* e que diz respeito a campos diversificados: do trabalho à antropologia, da ciência e da tecnologia à política e à estética.

Os "digitais", que compartilham tal paradigma a ponto de fazer dele uma espécie de hábito mental, crescem quantitativamente e tendem a abarcar em bloco a cultura pós--industrial, contrapondo-a à cultura tradicional daqueles que poderíamos chamar de "analógicos": predominantemente idosos, resistentes às inovações, agarrados ao poder, mas desorientados ética, estética e politicamente.

Da contraposição entre digitais e analógicos nasce um dos problemas mais inquietantes da universidade: predominantemente, os professores ainda são analógicos e os estudantes já são digitais. Pela primeira vez na história, os alunos possuem saberes (informática, línguas, experiências de viagem) que os professores ignoram. Pela primeira vez os adultos propõem aos jovens algumas metas que estes repelem, alguns sacrifícios que estes julgam inúteis, alguns valores que estes consideram obsoletos.

Contra a filosofia do sofrimento em função da carreira, promovida pelos "analógicos", hoje conspiram o prolongamento da vida, o progresso tecnológico, a cultura digital. Mas ainda são os analógicos que decidem conteúdos e métodos didáticos, marcando os programas universitários mais pela obsessão do bem-fazer que pelo prazer do bem-estar.

O trabalho oferece sobretudo possibilidades de autorrealização profissional, de ganho, de prestígio e de poder; o ócio oferece sobretudo possibilidades de autorrealização humana, de introspecção, de brincadeira, de convívio, de amizade, de beleza e de amor. Perpetuando programas de inspiração industrial, voltados predominantemente para o trabalho ("Empresa, internet, inglês" sintetizava num slogan a concepção berlusconiana da *mission* educativa), a universidade se subtrai à obrigação de uma formação "total" dos próprios alunos e produz "homens unidimensionais", intransigentes diante dos subalternos, competitivos perante seus pares, dóceis diante dos chefes, prontos a dividir a própria existência entre o escritório e o shopping; induzidos a supervalorizar o trabalho e a subestimar o ócio.

AS FAMÍLIAS

Graças ao advento pós-industrial, pela primeira vez na nossa história chegaram à universidade também os filhos de pais desprovidos de diploma de curso superior: trabalhadores do campo, operários, pequenos comerciantes, aposentados e donas de casa, que enfrentam sacrifícios enormes para manter nos estudos ao menos um dos filhos. Uma pesquisa realizada na universidade de Bolonha revela que, no final dos anos 1990, entre cem estudantes, ao menos 73 estavam nessa situação. Passados dez anos, começavam a se manifestar alguns sinais de mudança, e a porcentagem de estudantes universitários com pais sem diploma superior diminuíra para 67%. Mas em algumas faculdades, como as de economia e pedagogia, a porcentagem atingia 81%.

No aspecto positivo da ascensão social, esse fenômeno — que cessará apenas quando todos os estudantes universitários forem filhos de portadores de curso superior — é acompanhado pelo inconveniente de que os pais que não conheceram a universidade não têm condições de acompanhar o percurso escolar dos próprios filhos, avaliar os programas, os professores, os métodos didáticos e as estruturas acadêmicas.

Por outro lado, quando os estudantes pertencem a famílias de profissionais abastados, não raro são abandonados à própria sorte, porque os pais não têm tempo ou vontade de se interessar por eles. Os pais os acompanharam todos os dias à creche quando eram crianças, esporadicamente às escolas de ensino fundamental e médio quando eram adolescentes. Depois que os filhos se tornaram jovens e chegaram à universidade ao atingir a maioridade, os pais deixam de se responsabilizar por seu destino escolar: ignoram como se desenrola a vida universitária e quais normas a regulam, como e quando há aulas e exames, os problemas a serem enfrentados pelo jovem engolido pela selva da vida da faculdade. O fato de na Itália as mensalidades dos cursos universitários serem baixas acaba encorajando esse desinteresse, uma vez que a sociedade consumista acostumou os adultos a deduzir o valor das coisas com base no preço.

OS PROFESSORES

Em relação aos seus estudantes já "digitais", os professores, em grande parte ainda "analógicos", têm um relacionamento diferente não apenas com a informática, mas também com a estética, o trabalho, o tempo livre, a família, o bem-estar, os hábitos e a vida.

Muitos ainda escrevem com caneta esferográfica, orgulham-se disso e consideram bárbara a substituição do livro de papel pelo eletrônico. Em muitos aspectos da vida, eles sentem saudade dos míticos bons tempos, quando ainda havia meia-estação, não se trancavam as portas das casas, os trens chegavam no horário e as moças se casavam ainda virgens.

"Quem não vive o espírito do seu tempo do seu tempo colhe apenas os males", dizia Voltaire, inconscientemente profetizando o estado de ânimo de muitos professores que chegaram à universidade quando ela ainda aparecia como um templo austero e prestigioso onde se forjavam belas almas e mentes selecionadas, mas hoje afligidos por salários ridículos, ambiente inculto, estruturas obsoletas e condições mortificantes.

Com a ilusão de ter chegado ao decoro burguês das academias oitocentistas, mas reduzidos a viver em faculdades que se parecem com tantas favelas subproletárias, os professores perderam até mesmo a capacidade de aparentar respeito pela própria dignidade humana. Os reitores se reúnem periodicamente, ameaçam lockouts, encontram-se com o ministro da Educação, emitem declarações belicosas e depois voltam docilmente para seus lugares. Enquanto isso, os pesquisadores são reduzidos a peões da universidade, com salários menores que o dos bedéis e obrigados a trabalhar como professores catedráticos, desprovidos de qualquer instrumento adequado de pesquisa e de qualquer perspectiva séria de carreira, obrigados a usar como única arma a suspensão das atividades didáticas. Mas trata-se de uma arma inócua, desprovida de qualquer força dissuasiva, visto que apenas poucos estudantes frequentam as aulas.

A arrecadação dos impostos universitários é baixa, e o governo não está disposto a investir recursos adequados no desenvolvimento educacional, considerando-o um acessório, as contratações de novos professores são vetadas, e, consequentemente, as atividades didáticas recaem também sobre os pesquisadores, quando não os doutorandos, não raro reduzidos a autodidatas abandonados à própria sorte.

Diante desses desafios, cada integrante da vida universitária atua isoladamente, sem assumir problemas alheios e sem colaborar para um resgate comum. Muitos professores catedráticos não poderiam realizar cursos, seminários e treinamentos sem a ajuda dos pesquisadores, e apesar disso não se preocupam com as lutas deles. Vivem em função dos estudantes e graças a eles, e mesmo assim não se preocupam com o direito ao estudo, sistematicamente violado.

A FORMAÇÃO CLÁSSICA

Na democracia ateniense, os homens livres eram quase todos alfabetizados e nas escolas se ensinavam, em igualdade de condições, letras, música, dança, matemática e ginástica. De acordo com o testemunho de Platão, nas estruturas escolares, necessariamente públicas, democráticas, gratuitas e meritocráticas, dotadas de todos os recursos didáticos, conviviam professores bem remunerados e alunos muito motivados, de ambos os sexos. O cidadão era educado quando criança na família, quando jovem nos ginásios, quando adulto nos teatros, nos centros desportivos, na cidade, através das histórias representadas na superfície dos vasos e nas paredes dos templos, através de relatos mitológicos, representações sagradas, competições poéticas, ginásticas e hípicas, temporadas teatrais, através das estátuas, da música, da dança e dos simpósios, numa imersão total ética, estética, artística, esportiva e política.

Para Platão, a educação ("o mais importante dos esplêndidos bens que os melhores homens recebem") é tudo aquilo que "forma desde jovens para a virtude, suscitando o amor e o desejo de se realizar como cidadãos, de maneira a saber governar e ser governados segundo a justiça". As disciplinas de ensino consideradas mais adequadas para conferir um harmonioso equilíbrio aos melhores cidadãos, na paz e na guerra, eram a ginástica, a filosofia, as artes, a música, a aritmética, a geometria, a astronomia e a dialética. Todo ateniense podia ser inferior ou superior a si mesmo: dependia da formação que recebera. O corpo era formado através da ginástica; a mente, através da música; ambos — alma e corpo —, através dos coros e das danças. De acordo com Platão, entre todas as questões referentes ao funcionamento da *pólis*, a da formação escolar era a mais importante. Platão diferenciava a educação negativa, voltada para o lucro, e a educação positiva, orientada para a virtude; Aristóteles, ao contrário, distingue entre a educação voltada para a atividade e aquela, ainda mais importante, voltada para o ócio. O objetivo da vida não é o domínio sobre os outros, mas a felicidade de viver. O ócio, por sua vez, não é inércia do corpo e da alma, não é silêncio das virtudes, não é deserto dos sentimentos. Assim como a atividade requer coragem e força, o ócio requer amor pelo conhecimento, e ambos exigem temperança e justiça. A escola, sempre única e pública, deve ensinar a ginástica porque é útil para a saúde do corpo, a gramática e o desenho porque são úteis para a vida prática, a música porque é útil para exercer nobremente o ócio, reunindo educação e recreação, que são próprias dos homens livres.

A FORMAÇÃO RENASCENTISTA

Hoje, tanto na Itália como em outros países europeus, a universidade está em crise. Contudo, na Idade Média e depois no Renascimento, precisamente nesses países foram testados métodos pedagógicos ainda válidos, e nos seus ateneus floresceram uma elaboração teórica e um profissionalismo empírico sem os quais provavelmente a própria cultura norte-americana, com todo o seu progresso tecnológico, hoje não existiria.

A célula mais importante do sistema educacional e criativo do Renascimento era a oficina, lugar onde se formavam os artistas, nasciam as ideias, realizavam-se obras-primas. De modo geral, o adolescente que demonstrava aptidão criativa era levado para a oficina por volta dos treze anos. A formação era em tempo integral: o discípulo tinha de morar com o mestre, aprender como se preparavam os materiais para pintar e as superfícies para realizar os afrescos, treinar os olhos e a mão através de exercícios de desenho. O mestre, por sua vez, comprometia-se a lhe ensinar a arte, fornecer-lhe alimento, alojamento, roupas e remuneração previamente combinada.

Depois de um período que oscilava entre três e cinco anos, dependendo da capacidade de aprendizagem, o discípulo se tornava aprendiz. Eram necessários mais quatro ou cinco anos para fazer a prova final. Se aprovado, o aprendiz passava à categoria de artesão e, por sua vez, podia abrir sua oficina, inscrevendo-se na corporação.

Em termos modernos, diríamos que a oficina constituía um sistema interdisciplinar de mestres, artesãos e alunos, em concorrência com outras oficinas, para granjear e realizar encomendas de qualidade e importância muito diversificadas. Um sistema particularmente apropriado para alimentar a criatividade, não apenas por unir teoria e prática, com predominância desta última, mas também por constituir uma espécie de clube para o qual confluíam amigos fiéis, patrocinadores, mecenas, visitantes, colegas e clientes. O fato de o aluno passar logo à prática certamente era uma vantagem, mas o expunha à exploração por parte do mestre, sem lhe permitir comparar os estilos e as técnicas deste com as de outros mestres.

Pouco a pouco, portanto, insinuou-se a exigência de um novo sistema formativo — que assumirá o nome de *academia*, em homenagem à escola ateniense de Platão —, finalmente capaz de desvincular o aluno de um único mestre e de ancorar a prática a uma sólida base teórica, conferindo à arte, considerada atividade predominantemente manual, o mesmo prestígio que acompanhava atividades intelectuais como a matemática, a literatura e a filosofia. Leonardo, a quem foi erroneamente atribuída a invenção da academia, recomendava ao futuro artista: "Estude primeiro a ciência e depois a prática nascida dessa ciência. Os que se apaixonam pela prática sem ciência são como timoneiros que entram no navio sem timão ou sem bússola".

Mas o verdadeiro modelo para aquelas que se tornariam as modernas academias de arte foi a Academia do Desenho, fundada por Vasari em 1563. Com o passar do tempo, as academias adquiriram uma estrutura própria, criaram seu próprio estatuto, obtiveram uma fama cada vez maior, exerceram um papel preciso na formação dos artistas e na elaboração dos novos estilos, tornaram-se cada vez mais numerosas. Na segunda metade do século XVIII, estavam em atividade ao menos 72 academias de Estado, muitas das quais gradualmente se burocratizaram até desaparecer.

A SEREIA E O CENTAURO

Nem sequer a academia de Vasari escapou desse perigo, tanto que o próprio fundador se afastou dela, indignado com "as zombarias e tolices de nossos acadêmicos".

As faculdades de hoje não são menos afetadas por essas "zombarias e tolices" locais, mas, para remediá-las, visam substituí-las — como é moda — pelas "zombarias e tolices" tomadas de empréstimo do neocapitalismo, adotando os defeitos do Consenso de Washington sem igualar os seus méritos.

De acordo com Francis Bacon, pai da nossa sociedade industrial, toda a filosofia grega não passava de "um monte de idiotices contadas por velhos caducos para jovens preguiçosos". As atuais políticas educacionais italianas também tentam tirar da formação dos nossos jovens as disciplinas humanistas e estéticas, consideradas palavreado inútil para as finalidades do progresso tecnológico, da produtividade empresarial, do jogo na Bolsa e do crescimento dos dividendos. Daí a predileção acrítica pelas faculdades econômicas e científicas, as únicas consideradas em consonância com os novos tempos e capazes de preparar os jovens, como um viático, para as carreiras que acompanham o passo da história, em que o lucro é o fim, a empresa é o meio, as *stock options* são o combustível.

Cada época, aliás, inspirou suas organizações em modelos considerados excelentes: o exército, o reinado, a Igreja. Hoje é a vez da empresa, com seu sucesso comercial, seus dirigentes empreendedores, sua eficiência aprovada pelo mercado. A escola, portanto, deve ser concebida como empresa em concorrência com outras empresas, como lugar de especialização onde se formam cidadãos-gerentes que, recebendo as chaves do saber técnico e organizacional, se preparam para o sucesso econômico.

Nessa perspectiva, um país que se respeite deve ter como ideologia o neoliberalismo e deve adequar toda a vida dos próprios cidadãos e das próprias instituições públicas e privadas — a começar pela escola — às virtudes da produtividade e do consumismo, dos ritmos frenéticos e da competitividade. Só com uma formação universitária inspirada no princípio de que "negócios são negócios" é possível que ao trabalhador maleável e solícito corresponda o consumidor manipulável e voraz.

Nossa vontade de adequar os valores da universidade italiana a esse modelo é tão peremptória a ponto de quebrar todas as resistências psicológicas dos legisladores, dos professores, dos estudantes e de suas famílias. Se a vontade não se traduz em reformas coerentes é apenas porque a adequação completa exigiria uma quantidade de empenho, dinheiro e dinamismo semelhante à empregada nos Estados Unidos, enquanto nós vagamos numa apatia catatônica e desprovida de meios financeiros.

No final, cada uma das inumeráveis reformas universitárias tentadas pelos vários governos fingiu revolucionar o sistema substituindo a reforma precedente sem nunca mudar nada e lançando o mundo universitário num estado cada vez mais confuso.

Nos Estados Unidos, a universidade e a sociedade caminham em perfeita sintonia: tanto uma como a outra privilegiam a competitividade num mercado que parece livre, mas que, de fato, é dominado pelos aparelhos financeiros, pelos oligopólios industriais, pelos monopólios militares, pelos lobbies empresariais.

A escola prepara para a vida no sentido de que o estresse laboral dos adultos é antecipado pelo estresse educacional dos jovens, numa contínua competição feita de notas, créditos, recompensas, provas e exames. Nas escolas mais renomadas dos Estados Unidos e naquelas que as tomaram por inspiração (pense por exemplo na Phillips Academy americana ou na Yoyogi International School japonesa), os ritmos são obsessivos, o horário é estressante, a competitividade sem trégua, porque tudo está em função da máxima eficiência profissional, da carreira à qual é preciso sacrificar afetos familiares, liberdade de pensamento, amizades e vida. O vizinho de carteira é considerado não um companheiro de crescimento, mas um adversário cerebral, que deve ser superado a qualquer preço se não se deseja sucumbir na grande corrida da vida profissional. O modelo que daí resulta se compraz em proclamar a primazia ética da meritocracia e a busca da felicidade indicada pelos pais fundadores, mas acaba premiando os mais ricos e os mais ousados, numa concorrência desleal que visa unicamente ao sucesso na carreira pessoal e à hegemonia na competição planetária. Steve Jobs, como vimos, é uma amostra exemplar disso.

Países como a Inglaterra, que também estão a reboque dos Estados Unidos em tudo o que diz respeito à paz e à guerra, ainda assim preservaram zelosamente a identidade de sua escola, como de seu cinema ou de seu teatro, e têm motivos para se orgulhar disso. A França, consciente do valor cultural de um sistema educacional que produziu Descartes e Pascal, Pasteur e Sartre, conseguiu torná-lo cada vez mais eficiente sem jamais corromper sua essência. Na Itália e em outros países ocidentais, ao contrário, a confusão normativa, a incapacidade organizacional e a falta de investimentos produziram um sistema de formação que deixou de ser latino e ainda não é americano, uma espécie de monstro mitológico confuso: uma sereia agora muda ou um centauro agora aleijado.

Não obstante, da universidade depende *tudo*: o futuro de todo o país no contexto das nações, o futuro de cada cidadão na conquista da liberdade.

V. Václav

O homem é aquilo que ele faz para ser.
JEAN-PAUL SARTRE

Václav Havel, escritor, dramaturgo e político, nascido em Praga em 1936, foi o último presidente da Tchecoslováquia (de 1989 a 1992) e o primeiro presidente da República Tcheca (de 1993 a 2003). No teatro e na ensaística, contribuiu com textos importantes como *Os conspiradores* (1971), *Largo desolado* (1984), *Tentação* (1985), *Interrogatório à distância* (1990), *A arte do impossível* (1998). Morreu em 18 de dezembro de 2011.

Em setembro de 1990, encontrei-o em Capri, onde ele estava para receber o prêmio Malaparte, e tive a oportunidade de conversar com ele sobre o papel dos intelectuais, a criatividade e a formação. A parte principal de nossa conversa foi gravada e transmitida em 28 de setembro de 1990 pela Rádio 3 da RAI. Passados muitos anos, várias coisas sobre as quais conversamos — se reconsideradas à luz da biografia de Havel — adquirem um significado ainda mais contundente hoje, sobretudo diante da crescente desorientação das organizações, tanto estatais como empresariais ou do terceiro setor.

PRIVILÉGIO, EXCLUSÃO, PERSEGUIÇÃO

Nascido em uma boa família burguesa (o avô e o pai tinham sido arquitetos e empresários de sucesso na Praga influenciada pela Secessão e pela Wiener Werkstätte), em *Interrogatório à distância* o próprio Havel descreve sua infância mais que abastada:

"Quando criança, especialmente quando morávamos na nossa casa de campo e eu frequentava a escola do povoado, gozava de inúmeros privilégios e vantagens: era (diferentemente de todos os meus colegas de escola e amigos) 'o filho do patrão', provinha de uma família rica e, portanto, influente, que possuía, como então era costume em nosso meio, alguns empregados: eu tinha uma preceptora, tínhamos a cozinheira, a criada, o jardineiro, o motorista".

Em 1948, com o Partido Comunista assumindo o poder por força de um golpe de Estado apoiado pela União Soviética, a família de Havel foi acusada de colaboracionismo com os alemães. Assim, de repente, a situação de privilégio transformou-se primeiro em exclusão e depois em perseguição, condicionando o seu olhar sobre o mundo: "Um olhar que é propriamente também uma chave de leitura das minhas obras de teatro. É o olhar 'de baixo', o olhar 'de fora'. É o olhar de quem se desenvolveu a partir da experiência do absurdo".

A dupla condição — da riqueza e da decadência — aprimorou a sensibilidade social de Havel: "Ou seja, a aversão pelos privilégios desmerecidos, pelas barreiras sociais injustas, por qualquer predestinação, familiar ou de outro tipo, à chamada 'posição elevada', por qualquer degradação da dignidade humana".

Nos anos subsequentes, durante os quais foi impedido de frequentar a escola, Havel sobreviveu trabalhando como carpinteiro, assistente de laboratório e realizando outros ofícios manuais. Depois das escolas noturnas, em vez de entrar na universidade, matriculou-se em economia dos transportes, estudou dramaturgia por correspondência e só mais tarde, finalmente, conseguiu frequentar a faculdade de teatro. Trabalhou como maquinista no Teatro ABC, participou da experiência do Teatro da Balaustrada e começou a compor textos com uma abordagem própria do teatro do absurdo, que pouco a pouco o tornou famoso também fora da Tchecoslováquia.

De acordo com Havel, o teatro do absurdo "é o fenômeno mais importante da cultura teatral do século XX, porque mostra a humanidade contemporânea no seu estado de crise". Obras como *A cantora careca* de Ionesco ou *O vigia* de Pinter nada têm de niilistas. Elas "querem apenas advertir. De maneira provocativa, colocam-nos diante da questão do sentido, representando sua essência. O teatro do absurdo não oferece consolo ou esperança. Lembra-nos apenas como vivemos: sem esperança [...]. O dramaturgo do absurdo não fornece soluções. Não se considera mais informado ou consciente que o espectador. Vê como sua tarefa formular plasticamente situações que afligem a todos e evocar sugestivamente um segredo diante do qual todos ficamos igualmente perplexos".

PARADOXOS E ABSURDO

Essas primeiras passagens já nos permitem extrair boas ideias para analisar as dinâmicas organizacionais de um Estado, um partido, uma escola, uma empresa, e o papel que um intelectual pode desenvolver no interior delas. Quem atua na organização e na formação não é mais informado ou mais consciente dos seus funcionários ou de seus alunos: limita-se a tornar explícitos os paradoxos que se abrigam nas organizações, induz colaboradores e alunos a tomar consciência deles, a refletir sobre as situações incomuns, a evitar o absurdo cotidiano de regras, palavras e ações agora ritualizadas e desprovidas de sentido. Hipnotizados pela repetitividade, pela reconfortante conformidade, pela proteção dos procedimentos, pela coação a repetir, contemplamos os aspectos usuais da nossa biografia, aceitamos as situações paradoxais como se fossem normais, assumimos como lógico, admirável e louvável tudo aquilo que é previsível e óbvio, ao passo que censuramos e autocensuramos como aberrante tudo aquilo que — inovador, descontínuo, inquietante — daria significado à vida. Com muita frequência, nas organizações de todos os tipos, as técnicas de seleção, os métodos de formação, os sistemas de gestão e os critérios de promoção contribuem para privilegiar o conformismo, ocultar o absurdo, desencorajar a criatividade. Não por acaso o mundo do trabalho organizado é tão frequentemente destituído de autonomia e de sentido: ou seja, daquelas dimensões que o teatro do absurdo desnuda.

Segundo as próprias palavras de Havel, seu teatro politicamente engajado quer "provocar a inteligência do espectador, apelar para a imaginação dele, obrigando-o a refletir sobre questões que o afetam diretamente de maneira a viver intimamente a mensagem teatral". Provocação, inteligência, reflexão, imaginação são outras palavras-chave da organização e da formação, se enfrentadas com compromisso cívico.

REVOLTA, PERSEGUIÇÃO E VITÓRIA

Quando, em 1968, terminou a Primavera de Praga, Havel, expulso do teatro, deu início a uma intensa atividade política. Em sua obra *O poder dos sem poder* (1975), teorizou o pós-totalitarismo, ou seja, a moderna ordem sociopolítica que induziu milhões de pessoas a "viver no interior de uma mentira".

Dois anos depois, juntamente com quatro colegas, redigiu a *Carta 77*, o ato mais drástico do dissenso intelectual na Tchecoslováquia, provocado pela prisão dos músicos do grupo Plastic People of the Universe. A *Carta 77* criticava abertamente o governo pela falta de respeito aos compromissos subscritos em matéria de direitos humanos, políticos, civis, econômicos e culturais. Os signatários se autodefiniam como "uma associação livre, aberta e informal de pessoas [...] unidas pela vontade de lutar individual e politicamente pelo respeito dos direitos humanos e civis".

A reação do governo foi muito dura: a imprensa oficial declarou que a *Carta 77* era "um documento abusivo, antiestatal, antissocialista e demagógico". Os signatários foram descritos como agentes do imperialismo, traidores e renegados, políticos fracassados e aventureiros internacionais. Perderam o emprego e a cidadania. Havel, preso por dissidência, ficou cinco anos na prisão.

Adepto da não violência, quando saiu do cárcere tornou-se um dos líderes da Revolução de Veludo de 1989, durante a qual foi novamente preso. As reflexões efetuadas nos dois períodos de detenção foram mais tarde reunidas no livro *Cartas para Olga* (1988).

Depois de libertado, Havel foi primeiramente eleito presidente da Assembleia Federal da Tchecoslováquia e depois duas vezes presidente da República Tcheca. Sua orientação sempre foi anticomunista e liberal, favorável à economia de mercado e à entrada da República Tcheca na Otan (1999).

CORAGEM E DESENCANTO

Outra série de ensinamentos para quem se interessa por organizações por atuar nelas ou estudá-las nos vem da coragem e do desencanto com que Havel enfrentou primeiro o obscurantismo do comunismo e depois o consumismo do capitalismo. Quando, num sistema baseado na delação e na repressão, corria-se o risco de ser preso ou até torturado por dissidências de mínima importância, Havel enfrentou com franqueza, através de denúncias escritas e ações conduzidas abertamente, a força brutal do poder; apoiou-se na cultura e na verdade; transformou as restrições opressivas de uma terrível situação libertícida em oportunidades salvadoras para refundar a sociedade e a nação com base nos princípios da livre autodeterminação.

Daí um ulterior ensinamento exemplar para políticos, gestores e educadores. Em qualquer organização — partidos, escolas, empresas — em que o nível de autoritarismo que caracteriza o estilo de liderança é inferior ao máximo de um regime ditatorial, os riscos que se correm ao afirmar o próprio ponto de vista, revelando os paradoxos organizacionais, denunciando os procedimentos absurdos, recusando-se a obedecer a decisões aberrantes, são bem menos graves que os que Havel enfrentou conscientemente opondo-se a um governo sanguinário. Não obstante, com muita frequência os políticos, os gestores e os educadores, diante do dever de dizer a verdade, de denunciar os paradoxos organizacionais, de contradizer os chefes incompetentes, preferem aumentar o espectro das represálias que poderiam sofrer, afogam a coragem no conformismo, sacrificam a inovação ao status quo, tornam-se cúmplices de decisões que comprometem a tranquilidade dos trabalhadores e o bem-estar dos consumidores.

Com o avanço da sociedade pós-industrial, essa conivência, ao invés de diminuir, aumentou. À medida que as funções executivas foram delegadas a máquinas cada vez mais inteligentes, à medida que a escolarização e os meios de comunicação tornaram mais sofisticadas e diversificadas as necessidades dos usuários, à medida que o trabalho e o tempo livre passaram a exigir mais inteligência e criatividade, aumentou o percentual dos trabalhadores intelectuais, que agora representam dois terços de toda a força de trabalho. Assim, ao lado do proletariado de sempre, explorado através do trabalho físico extenuante, perigoso e banal, surgiram os novos proletários, explorados através do trabalho intelectual estressante, precário e insensato.

Esses trabalhadores não têm nem a consciência de classe nem a combatividade nem a coesão do velho proletariado manufatureiro, e, com seu aquiescente conformismo individualista, ficam entalados entre a inovação e o desemprego. Em vez de se rebelar coletivamente contra tal degradação, se escondem, por insegurança ou por rigidez mental, na reconfortante trincheira de normas escleróticas e procedimentos sem sentido, preferindo a reivindicação individual à luta organizada e acabando fatalmente por perder terreno. Nos anos 1970, os países pós-industriais viveram os últimos choques violentos entre proletariado industrial e burguesia; nos anos 1980, viveram o antagonismo sem tréguas entre inovadores tecnológicos e conservadores; nos anos 1990, assistiram à ascensão do choque irredutível entre criativos e burocratas; nos primeiros quinze anos do terceiro milênio, sofreram o baque da globalização e da progressiva erosão da política por parte da economia e, depois, da economia por parte do sistema financeiro. Essa grande metamorfose do mercado de trabalho e da conflitualidade, ao invés de se atenuar, se acentuou e se orientou ainda mais para a terceirização depois da derrocada, em 1989, da mais mastodôntica, onívora e poderosa das burocracias modernas: a *nomenklatura* dos países comunistas, que encontrava no muro de Berlim sua maior expressão simbólica. Por isso, homens como Havel, que, arriscando a vida e a liberdade, determinaram essa derrocada, procurando dirigir positivamente suas consequências, podem fornecer à nossa sociedade desorientada, e a cada uma das organizações desorientadas em que ela desordenadamente se articula, as ideias e os modelos necessários para abater as milhares de *nomenklaturas* capilares que envolvem o nosso cotidiano e ameaçam nossa felicidade.

Václav Havel foi um personagem fora do comum, dotado de uma grande força de ideias, tanto mais dissuasivas quanto mais desencantadas. Como a surdez, separando Beethoven dos sons de sua época, o preservou do condicionamento destes, permitindo que, com os últimos quartetos, sua virgem genialidade compositiva antecipasse a música moderna, assim por muitos anos a Cortina de Ferro e a prisão privaram Havel e outras personalidades do Leste de toda a riqueza da cultura ocidental contemporânea, mas — por outro lado e sem querer — os defenderam dos aspectos negativos que também se aninham nessa cultura. Desse modo, com a queda do comunismo, eles se encontraram numa condição de beethoveniana virgindade intelectual, que lhes permitiu expressar candidamente ideias diretas e verdadeiras demais para que pudessem nascer no nosso complicado e confuso Ocidente.

O TOTALITARISMO ALIENANTE

Quando nos encontramos em Capri, em setembro de 1990, era a primeira vez que Havel punha os pés na Itália. Ele mesmo me confiou os distantes motivos de sua curiosidade por essa ilha: "Minha mãe estudava pintura e, na sua juventude, passou um verão inteiro em Capri. Eu nasci depois de seu retorno para a Tchecoslováquia e, durante minha infância, sempre vi que pintava Capri. Conheço Capri pelos desenhos dela. Ainda tenho em casa um de seus quadros, que representa o Vesúvio com Nápoles". Para satisfazer sua curiosidade, percorremos Capri de ponta a ponta e fomos de lancha até o arquipélago de Li Galli, para visitar Rudolf Nureyev, que então morava ali.

Na época eu me ocupava de questões sociológicas ligadas aos grupos criativos e às barreiras que impedem a criatividade nas organizações complexas. Portanto, não teria nenhuma condição de abordar temas políticos ou literários com Havel. O premente para mim era conhecer o seu ponto de vista sobre as questões que então orientavam a minha investigação: o que determina a propensão e a resistência às mudanças; qual relação de fim e de meio se instaura entre o trabalho e o trabalhador na sociedade pós-industrial; em que medida as organizações capitalistas e coletivistas facilitam ou dificultam a autorrealização das pessoas; como é possível formar os homens para uma relação equilibrada com o próprio trabalho; qual é o papel dos educadores — e, mais em geral, dos intelectuais — nas organizações complexas; qual estilo de vida e de trabalho é necessário adotar para se distanciar dos burocratas.

Havel se esquivava: "Vim aqui como curioso: gostaria de aprender, ouvir as coisas, conhecer as coisas, mais que responder; não acho que sou uma pessoa tão sábia a ponto de poder dizer sempre alguma coisa nova e interessante".

Mas *Interrogatório à distância*, publicado na Itália precisamente nos dias da nossa conversa, dedicava muitas páginas aos temas cruciais da sociologia da organização, demonstrando que Havel havia assimilado, com a mesma aceitação, tanto os *Manuscritos econômico-filosóficos* de Marx a propósito do trabalho alienado quanto os textos de Daniel Bell ou de Alvin Toffler sobre a superação da sociedade industrial.

"Antes de qualquer coisa", escreve por exemplo Havel nesse texto, "a questão é que o homem seja a medida de todas as estruturas, inclusive das econômicas, e não que exista à medida dessas estruturas. Isso significa que o mais importante é que não se percam as relações pessoais, ou seja, as relações entre o homem e seus colegas de trabalho, entre inferiores e superiores, entre o homem e o seu trabalho, entre esse trabalho e o destino de seus produtos etc." Aqui, como se vê, parece reler literalmente as páginas de Marx sobre o trabalho alienado.

Mas Havel continua: "Uma economia totalmente estatizada e totalmente centralizada (ou seja, guiada por um plano normativo), como a conhecemos aqui entre nós, destrói de maneira catastrófica essas relações: entre o homem e a vida econômica, abre-se um abismo cada vez mais profundo. Eis por que, além de outras coisas, esse tipo de economia funciona tão mal: tendo perdido a relação pessoal com o próprio trabalho, com a própria empresa, com a decisão sobre o significado e a finalidade do próprio trabalho e o destino de seus produtos, o homem perdeu o interesse pelo próprio trabalho. Dizem que a empresa é de todos, mas na verdade não é de ninguém. Sua atividade se dissipa num anônimo movimento autorreflexo do sistema, pelo qual ninguém é responsável e dentro do qual ninguém vê. Todos os motores naturais da vida econômica, como a criatividade e a iniciativa dos homens, a necessidade de uma remuneração justa, as relações de mercado, a concorrência e coisas semelhantes, foram eliminados; ninguém é responsável por nada; ninguém se importa com nada; ninguém obtém, por um ou outro resultados do próprio trabalho, nem uma justa recompensa nem uma justa punição; os homens perdem — e isso é o pior — todo contato com o sentido do próprio trabalho. Tudo cai no enorme fosso de um impessoal e anônimo movimento autorreflexo da economia, do trabalho do último operário braçal até a decisão do burocrata no escritório central de planejamento".

A IBM E A SKODA

Se tudo isso diz respeito à alienação no trabalho planejado do Leste, as críticas que Havel reservava à organização científica nas fábricas do Ocidente não eram menos drásticas. "Ainda que em outros níveis e por aspectos ainda mais complexos", disse-me durante nossa conversa, "o capitalismo está às voltas com os mesmos problemas (no início, a alienação foi atribuída precisamente ao capitalismo): sabe-se que as enormes empresas privadas, integradas e internacionalizadas, podem ser assimiladas aos Estados socialistas; com a industrialização, a centralização, a especialização, a monopolização e enfim a automatização e a computadorização, é compreensível que se radicalizem cada vez mais os elementos de despersonalização e de perda de sentido do trabalho, e paralelamente se verifique também a total manipulação da vida do homem por parte do sistema (embora essa manipulação — em comparação com a do Estado totalitário — seja em si menos clamorosa)." Havel parece evocar aqui certas páginas de Bell, de Toffler ou de Galbraith sobre a superação da sociedade industrial e do capitalismo concorrencial.

Ele continuava: "A IBM certamente funciona melhor que a Skoda, mas isso não muda nada: as duas empresas perderam há tempo toda dimensão humana e fizeram do homem uma pequena roda de sua engrenagem, totalmente alheia ao que o mecanismo de fato faz, ao porquê e ao para quem o faz e ao que isso provoca no mundo. Eu diria até que a IBM, em alguns aspectos, é pior que a Skoda: enquanto a Skoda de vez em quando produz um reator atômico de tipo antigo destinado aos membros mais atrasados do Comecon, a IBM invade o mundo com calculadoras cada vez mais aperfeiçoadas, sem que qualquer um de seus funcionários possa prever ou mesmo exercer um condicionamento sobre o que elas fazem da alma humana e da sociedade: se dominam ou libertam a humanidade, se a defendem do apocalipse ou se, ao contrário, a tornam mais próxima dele. Esses megamecanismos não atendem à dimensão humana, e, desse ponto de vista, a circunstância de que um é capitalista, visa à obtenção do lucro e funciona melhor, ao passo que o outro é socialista, não se importa com as perdas e funciona pior parece-me totalmente secundária".

Eis um ponto acerca do qual muitos políticos, educadores e gestores ainda não tiveram a coragem de tomar uma posição clara: vimos o fracasso do comunismo como uma oportunidade para igualar o Leste ao Ocidente, em vez de considerá-lo um estímulo para um renascimento humanista dos dois sistemas.

Nos países do comunismo real, era preciso ter muita coragem para impor a mudança (o próprio Havel pagou o seu engajamento com a marginalização e com a prisão), e mesmo assim milhares de intelectuais escolheram a prisão e o gulag à sujeição psicológica. Nos países do capitalismo real, onde ostentamos a liberdade de expressão como uma medalha ao nosso valor pessoal, a crítica aos defeitos do sistema organizacional é devidamente autocensurada por medo das pequenas represálias que poderiam comprometer nossa vida sossegada, o pequeno salto na carreira, o modesto aumento no holerite. Aliás, Tocqueville já alertava contra as pequenas condescendências ainda mais que contra as grandes tiranias, como explico no capítulo dedicado à mídia.

504

BOM GOSTO E QUALIDADE HUMANA

O diagnóstico de Havel sobre os efeitos alienantes que as organizações podem suscitar, independentemente de sua natureza pública ou privada, é bastante claro. Mas precisamos nos deter com mais atenção no papel das estruturas sociais e na ação coletiva organizada. Atuando isoladamente, como tendem a fazer os trabalhadores intelectuais — empregados, profissionais liberais, gerentes —, não se consegue derrotar a entropia das organizações e muito menos a deriva a que elas se abandonam quando a estrutura hierárquica degenera em autoritarismo. Sozinho, sem um grupo genial, corajoso e organizado, vanguarda de uma massa "cansada de estar cansada", Havel não teria conseguido ter êxito num regime tão cruel como o stalinista. Isso não impede que a correção das falhas organizacionais dependa em grande medida *também* do esforço individual, da dimensão estética, afetiva e ética das organizações.

"Desde que assumi o cargo de presidente", contou-me Havel, "de repente me encontrei em diversos ambientes governativos: escritórios, salas, edifícios e assim por diante, e percebi que as pessoas que ocupavam esses lugares eram totalmente desprovidas de bom gosto. Acho que os que não têm bom gosto não podem governar bem." Naturalmente, o problema não é apenas estético e não diz respeito apenas aos governantes. "O mais importante hoje", esclareceu, "é que os grupos econômicos mantenham ou então renovem a relação com o homem concreto, que o trabalho tenha um conteúdo e um sentido para o homem, que lhe permita ver o que é realizado, falar disso e responder por isso, que tenha — repito — dimensões humanas, ou seja, que permita que o homem trabalhe como homem, como um ser com alma e responsabilidade, e não como um robô, seja este elementar ou extremamente inteligente. Considero esse indicador, difícil de mensurar do ponto de vista econômico, mais importante que todos os outros indicadores econômicos conhecidos até agora. Mas o problema não é apenas o do homem enquanto trabalhador. É o do significado geral do seu trabalho, cujo critério de avaliação deveria voltar a ser, a meu ver, a qualidade humana no sentido mais amplo da palavra (em contraste com a quantidade da produção e com a abstrata 'qualidade em si'), mais uma vez algo difícil de mensurar com qualquer curva de crescimento econômico, capitalista ou socialista. Por exemplo, a consideração de que para o homem essa terra deve ser não apenas uma casa, mas a pátria, que o mundo deve ter uma ordem, uma cultura, um estilo; que a configuração do ambiente deve ser respeitada e cultivada com sensibilidade (até mesmo em detrimento do aumento da produção); que deve ser dada muita importância à secreta criatividade da natureza, à sua variedade de cores e à inexplorável complexidade de todos os elos que a compõem no seu todo; que as cidades e as estradas devem ter características próprias, uma atmosfera própria, um estilo próprio; que a vida humana não pode ser reduzida ao estereótipo da produção e do consumo, mas devem ser oferecidas a ela as mais diversas possibilidades; que os homens não devem ser um rebanho manipulado e uniformizado pela variedade dos bens de consumo e pela cultura televisiva de consumo, independentemente de tal variedade lhe ser oferecida por três gigantes capitalistas em concorrência mútua ou por um único gigante socialista sem concorrência; simplesmente, que entre a variedade exterior de um sistema e a repulsiva monotonia do outro não se deve esconder o abissal vazio de uma vida que perdeu seu significado."

UNIDADES PRODUTIVAS CENTRADAS NAS PESSOAS

Para sair dessa armadilha, afirmava Havel, são necessárias duas condições. A primeira consiste em criar unidades produtivas centradas nas pessoas: "Eu tenderia para um sistema econômico baseado na máxima pluralidade de empresas descentralizadas, estruturalmente heterogêneas e pequenas em vez de grandes, que respeitem a especificidade das várias localidades e das várias tradições e saibam fazer frente às pressões unificadoras com a pluralidade dos vários modelos de propriedade e de decisões econômicas: do privado (no setor industrial, do comércio, dos serviços, do varejo, na agricultura e certamente no setor insubstituível da cultura) aos vários modelos de propriedade cooperativa e sociedades anônimas à propriedade coletiva (unida aos autônomos), até a propriedade estatal. Ao mesmo tempo, nada disso, na esfera da sua ação, deveria excluir a priori o surgimento de qualquer outra coisa. O critério de uma eventual (e, numa medida certamente mínima, indispensável) regulamentação central desse cenário econômico diversificado deveria ser tão somente uma aguda sensibilidade por aquilo que em geral é benéfico para o ser humano e, no seu oposto, por aquilo que o limita e o prejudica; uma situação desse tipo naturalmente não deveria ter como árbitro uma burocracia estatal, e sim uma representação politicamente selecionada, que se baseia num contínuo diálogo entre a opinião pública e a opinião dos especialistas. No que diz respeito ao sistema político, eu não confiaria demais no tradicional princípio dos dois ou três grandes partidos políticos como única garantia possível de democracia".

O DESPERTAR DA ALMA

Mas a redução das grandes empresas, sobretudo das multinacionais, a várias pequenas unidades produtivas centradas nas pessoas por si só não é suficiente. É necessário que o próprio homem, assim me explicou Havel, saiba se questionar e saiba dotar-se de um "estilo". Que se realize nele uma revolução interior para formas de vida mais refinadas, mais gentis e mais solidárias. "Acho", explicou-me ele, "que o mundo, a humanidade, hoje, encontram-se em ameaça global, e identifico um meio de salvação naquilo que defini como 'despertar da alma', em particular o respeito pelos valores pessoais superiores e a superação dos não valores: estatais, políticos, individuais. Vejo que o mundo hoje é palco de choque contínuo dos interesses particulares políticos, militares, econômicos e até pessoais, e isso se reflete, posteriormente, numa espécie de inaceitável pragmatismo que leva cada um a seguir apenas o próprio objetivo. Podemos ver isso também na afirmação de grandes interesses de grupos econômicos. Por exemplo, na atitude de quem diz: produzimos armas e as vendemos a quem deseja comprá-las porque o resto não nos interessa. Desde que sou presidente, sou obrigado a viajar, e do alto vejo a Terra como ela de fato é: pequena. De Praga chegamos a Nápoles em apenas uma hora e meia, e não entendo por que é preciso colocar entre nós as armas, os interesses, as inimizades; por que se criam tantos problemas se essas distâncias e diferenças na verdade não existem."

Essas observações valem para os Estados, para os grupos econômicos, para as empresas, grandes ou pequenas. Enquanto a contraposição frontal dos blocos políticos se dissolveu com a Guerra Fria e o confronto entre as nações substituiu o conflito entre Leste e Ocidente, as empresas insistem numa concorrência sem tréguas mesmo quando a negociação seria mais proveitosa para todos, e continuam a fomentar a guerra até em tempos de paz, obrigando os trabalhadores a esforços supérfluos, a ritmos sem sentido, a uma guerra de todos contra todos que, no campo de batalha do capitalismo, não deixará feridos ou prisioneiros, mas apenas mortos.

A revolução interior das pessoas é condição imprescindível para conseguir superar tudo isso. Havel dizia-se convencido de que "uma mudança realmente profunda e de perspectiva para o melhor no campo dos sistemas não poderá prescindir de um importante e preciso movimento na esfera da consciência, e não será, portanto, garantida por um mero 'imbróglio organizativo'. Para mim, é difícil pensar que um sistema como aquele que procurei descrever possa se formar sem que aconteça aquilo que chamo um 'voltar a si' do homem. E isso não será promovido por nenhum revolucionário ou reformador, mas talvez será simplesmente a manifestação natural de um estado de espírito. Ou seja, de uma condição em que o homem olhe um pouco além do próprio umbigo e — consciente de uma realidade universal e eterna — consiga assumir a responsabilidade também por aquilo que não lhe diz respeito diretamente e sacrificar um pouco o próprio interesse em nome do interesse comum. Sem essa mentalidade, até o mais ousado projeto de sistema se reduzirá a nada".

O PAPEL DOS CRIATIVOS

Outro pressuposto fundamental para o início de uma nova sociedade, baseada no binômio já caro a Camus do *homme solitaire-homme solidaire*, ou seja, na necessidade de conciliar a introspecção com a solidariedade, é reconhecer e reavaliar o papel dos criativos no sistema pós-industrial. "Há pouco", me disse Havel, "antes desta conversa, falamos dos caminhos através dos quais os intelectuais chegaram ao poder na Tchecoslováquia. O problema principal é que essas ideias deles, as invenções que eles querem realizar, se chocam continuamente com aquela fortaleza de classes burocráticas que se encontram abaixo deles, nos níveis mais baixos."

No mesmo dia de nosso encontro, realizava-se em Capri uma megaconvenção da Confederação Geral da Indústria Italiana. E causava certa impressão ver o presidente da República tchecoslovaca de jeans e camiseta colorida na mesma praça em que centenas de gestores, todos monotonamente vestidos num cinza-escuro totalmente alheio ao sol de verão da ilha, nem sequer notavam a sua presença. E eis mais um alvo perdido, outra frente de ataque da cultura organizativa: à falta de "estilo", à separação do contexto, à opacidade estética impostas pela tradição industrial era preciso contrapor comportamentos mais revigorados, mais desenvoltos, mais vitais; era preciso saber tomar posição, clara, e não mais de prudente mediação, em favor dos criativos e contra os burocratas.

É bom pensar que era um escritor, um dramaturgo, jovem e extrovertido, quem estava decidindo as sortes de seu país depois de meio século de cinzenta opressão totalitária. "Não sei", disse-me Havel quando fiz essa observação, "se sou um dos poucos escritores ou dramaturgos que se tornaram presidentes de uma nação, mas talvez seja o único que não fez nada para sê-lo."

Porém na época havia intelectuais no poder em outros países do Leste, além de na Tchecoslováquia? "Meu colega presidente húngaro também é escritor", explicou-me Havel. "Na Polônia, o grupo mais importante em torno de Mazowiecki também é composto por intelectuais e escritores."

Como tantos intelectuais criativos haviam assumido o poder após a queda dos velhos regimes comunistas?, perguntei-lhe então. "O problema", ele me respondeu, "é que dentro do sistema totalitário de quarenta anos atrás não havia possibilidade de crescimento para homens políticos alternativos: quem desejava fazer política tinha de se enquadrar na única imperante. E por esse motivo, em nosso país, assim como em outros países do Leste, coube agora aos intelectuais assumir essa responsabilidade política. Basta ver o nosso Parlamento repleto de cantores, escritores, poetas que assumiram cargos políticos. O motivo é este: o Partido Comunista concentrou tantas armas, tanto poder, tantos instrumentos de poder, que a única maneira, a única arma para destituí-lo, era apenas o espírito: com outros meios, não teria sido possível."

O INTELECTUAL ONÍVORO

Havel tinha ideias muito precisas e, em alguns aspectos, expiatórias sobre o papel dos criativos e dos intelectuais em geral. Ágnes Heller atribuía ao intelectual o papel de mediador entre os movimentos e as instituições. Havel, ao contrário, conferia ao intelectual o papel drástico de combatente: "Acho", explicou, "que o intelectual deve continuamente alertar, deve testemunhar a miséria do mundo, provocar com sua independência, rebelar-se contra todas as manipulações e contra todas as pressões ocultas e evidentes, ser principalmente aquele que questiona os sistemas, os poderes e suas fórmulas mágicas, ser o testemunho das mentiras deles."

Traduzido em termos organizacionais, isso significa que o intelectual inserido nas organizações — seja ele humanista ou cientista — deve desenvolver não apenas o papel de mediador entre a cultura da sociedade externa e a cultura da organização em que ele atua, mas deve fazê-lo alertando, provocando, rebelando-se e testemunhando.

Com o fim da Guerra Fria, a inserção de tantos pensadores honestos e geniais nos postos de comando parecia demonstrar que a batalha entre criativos e burocratas, entre democratas e autoritários, poderia ser vencida pela ideia e pela palavra, e não pelas cartas marcadas e pelas armas. Mas Havel alertava para o fato de que havia armadilhas ocultas também atrás do poder dos intelectuais: "Acho", esclareceu, "que no início existe a palavra, ou melhor, a ideia. A ideia depois toma a forma da palavra, e, quando a ideia é expressa, alguém começa a agir. Então, penso que todas essas iniciativas, essas ações, devem ser antes inventadas por alguém. Mas de que palavra se trata? Hitler e Mussolini também começaram apenas falando. O problema, e um certo perigo, consiste no fato de que os intelectuais, mesmo de boa-fé, procuram inventar novas sociedades, novas regras, novas dimensões, mas depois, quando chegam ao poder, procuram restringir toda a sociedade e toda a vida ao recinto dessas ideias concebidas por eles."

CANSADOS DE ESTAR CANSADOS

Terminou aqui, precisamente quando eu gostaria de recomeçá-la, minha agradável conversa com Václav Havel, esse absurdo dramaturgo do absurdo, homem político que nunca se interessou por política, sociólogo que nunca estudou sociologia, homem de teatro que não gostava de ir ao teatro, pessoa pacífica e tranquila que sempre levou a vida movimentada do revolucionário, intelectual que sentia o dever de testemunhar, de se rebelar, de provocar, mas candidamente confessava que, ao menos em sua parte mais profunda, toda essa sua vida paradoxal acabava por diverti-lo.

Antes de nos despedirmos, Havel me presenteou uma última reflexão, fulminante e profética. "O comunismo sabia distribuir a riqueza, mas não sabia produzir. O capitalismo, ao contrário, sabe produzir a riqueza, mas não sabe distribuí-la. Lembre-se, portanto, de que o comunismo perdeu, mas o capitalismo não ganhou."

Infinitas vezes, no decorrer desses anos, os eventos me obrigaram a recordá-lo. A luta de classes, que era então conduzida pelos pobres contra os ricos para conquistar os direitos elementares, transformou-se na luta de classes dos ricos contra os pobres, para anular essas conquistas. A insensata distribuição da riqueza, que fez com que uma centena de capitalistas super-ricos conseguissem acumular uma riqueza igual à de bilhões de pobres, ampliando ao infinito a discrepância entre seus privilégios e os sacrifícios alheios, não é o resultado imprevisto de uma mão invisível, mas o resultado cientificamente buscado por um capitalismo financeiro que contagiou até os netos do comunismo, alastrando-se por todo o planeta.

Agora estamos cansados de estar cansados. Mas até então não encontramos nem os valores nem a têmpera nem o estilo com que Havel conseguiu aliviar a si mesmo e ao seu povo do cansaço. Isso não significa que não o faremos no futuro próximo.

W. Web

Considero a Web um todo potencialmente ligado a tudo, como uma
utopia que nos concede uma liberdade jamais vista.
TIM BERNERS-LEE

Se Steve Jobs ainda estivesse vivo hoje,
deveria estar na prisão.
THE NEW YORK TIMES, 2 DE MAIO DE 2014

TEIA DE ARANHA PLANETÁRIA

O martelo e o computador

Se daqui a alguns bilhões de anos, observava agudamente Simone Weil, um arqueólogo encontrasse um martelo, observando com atenção sua estrutura simples e bem
equilibrada e avaliando seu peso, poderia tranquilamente deduzir que se tratava de um
objeto bonito, útil e flexível. Um objeto tão fácil de utilizar que sem dúvida o inventor
o produzira para seu uso pessoal. Se, ao contrário, o mesmo arqueólogo encontrasse
um martelo pneumático, observando seu tamanho, o barulho que produz, seu peso,
a dificuldade de manejo, deduziria tratar-se de um objeto complexo, de uso restrito,
quase impossível de dominar. Um objeto incômodo a ponto de induzir a excluir a ideia
de que seu inventor pensasse em utilizá-lo pessoalmente.

Era o que dizia Simone Weil. Mas e se o arqueólogo encontrasse um computador?
Com base na forma e na leveza, poderia deduzir o interesse do construtor pela estética

e pela comodidade. Diferentemente do martelo simples ou pneumático, o PC não exige força física, mas atenção intelectual; não mobiliza os bíceps, mas o cérebro, os olhos e as extremidades dos dedos; não se limita a si mesmo, mas pode ligar-se a inúmeros computadores semelhantes presentes em todo o mundo; não responde a uma única exigência, mas pode atender a infinitas necessidades.

Quem usa um computador tem a sensação de que está lidando com um objeto mais inteligente que ele e acaba imaginando que poderia dar um salto do mecânico ao orgânico, do material ao espiritual. Aliás, o computador se aperfeiçoou muito desde a época em que era apenas uma máquina analítica com a qual, entre 1833 e 1842, Charles Babbage queria resolver problemas computacionais e lógicos! No século XX, avançou a passos largos: com o Colossus, os ingleses quebraram os códigos nazistas durante a Segunda Guerra Mundial; com o Univac I, os Estados Unidos elaboraram os resultados do censo demográfico; com o Apple II, o computador se introduziu nas nossas casas. O ano 2000 começou com a estreia do Power Mac G4, capaz de ultrapassar 1 bilhão de operações por segundo. Dez anos depois, no âmbito do projeto SyNapse, a IBM apresentou dois protótipos de chip que funcionam como um cérebro humano: dotados de nós que elaboram informações como se fossem neurônios e ligados a memórias integradas como se fossem sinapses, eles conseguem selecionar os inputs com base em sua importância e aprender tanto da experiência como do ambiente. O objetivo é obter computadores cognitivos capazes de analisar a realidade quase como os seres humanos, mas com um poder de cálculo e de memória infinitamente maior. Em 2015, o computador superou a capacidade cognitiva de um rato. Até 2045, superará as capacidades dos cérebros de todos os seres humanos juntos.

Homo zappiens

Depois de ter sido *erectus* e *sapiens*, o *Homo* está finalmente prestes a chegar à condição híbrida de *zappiens*, como o definiria o holandês Wim Veen, que há anos estuda as interações entre aprendizagem e tecnologia.

Se o nosso arqueólogo aprofundasse ainda mais sua análise sobre o PC, descobriria um sistema dotado de um corpo, provavelmente de uma mente, mas não ainda de uma alma.

No Gênese está escrito: "Então Iavé Deus modelou o homem com a argila do solo, insuflou em suas narinas um hálito de vida e o homem se tornou um ser vivente". Para que o nosso PC se tornasse um ser vivo, uma equipe de cientistas, humanistas e artistas teria de soprar nas narinas de um microprocessador e insuflar-lhe a alma. Mas em que consiste a alma? Qual é a relação dela com o cérebro e o corpo? Entre o cérebro e a alma está a mente, ou a alma é a mente?

Nos seres humanos, a percepção sensorial, a consciência do tempo, a capacidade de simbolizar, de imaginar e de se expressar representam as funções daquele prodigioso software que é a mente e daquele poderosíssimo hardware que é o cérebro, no qual cada parte possui as capacidades do todo, graças às qualidades holográficas e à espantosa quantidade de interações.

O fato é que não apenas o nosso computador, mas também todos os objetos cotidianos dotados de inteligência difusa são corpos que começam a adquirir mente. E a relação entre o corpo e a mente de tais objetos já simula muito bem a relação que existe entre o cérebro e a mente humana. Ou seja, entre um órgão tangível, que pesa entre 1200 e 1800 gramas, composto por 1 trilhão de células, das quais 100 bilhões são neurônios com todos os seus dendritos e axônios, seus neurotransmissores, suas sinapses, seus impulsos que viajam à velocidade de cem metros por segundo, sua plasticidade e sua variedade estrutural, funcional e molecular: o cérebro, em suma, constituído de células que se comunicam entre si, se organizam em redes e pouco a pouco modificam suas conexões com base na experiência; e uma entidade impalpável feita de memória, imaginação, autoconsciência, aprendizado, inteligência, criatividade, emoções, estados de espírito, pulsões, inclinações e desejos: a mente, em suma, que deveria ser fruto do cérebro, mas que muitos consideram irredutível ao funcionamento de um órgão, por mais complexo que seja.

Living network

No seu atual estágio de evolução, o computador ainda não tem uma vida interior dotada de percepção sensorial e de consciência do tempo e do espaço; ainda não é plenamente capaz de simbolizar, imaginar, falar, lembrar, criar, auto-organizar-se, representar e explicar o mundo que o cerca. Mas, apreendendo todas as noções que o homem elaborou até aqui, compartilha com ele, se não a mente, ao menos os produtos mentais.

Meu cérebro é feito também do cérebro dos meus colaboradores e dos meus amigos, é feito dos meus livros e dos deles, dos meus objetos, dos meus discos. Para o bem e para o mal, tudo o que crio não é criado apenas por mim, mas também por todas essas pessoas e por todas essas próteses cerebrais. Eu sou uma *living network*.

Do mesmo modo, meu computador já consegue falar, e suas informações já podem se mover e interagir. Portanto, é dotado de um cérebro, de uma mente individual e, graças à Web, de uma mente coletiva. Com o teletrabalho, com o *outsourcing*, com a granularidade, com as suítes de aplicativos, está dando os primeiros passos na pós--modernidade, tornando porosas as barreiras entre interno e externo, forma e conteúdo, comunicante e comunicado, latente e manifesto, autêntico e inautêntico, significante e significado, produtor e consumidor.

Se tudo isso faz do meu computador uma entidade a meio caminho entre um corpo e uma mente, essa entidade ainda está muito distante de possuir uma alma. Quando falamos da alma de um indivíduo, intencionalmente entendemos alguma coisa diferente da sua mente, ou seja, da sua memória, da sua imaginação, da consciência de si, da emoção, dos estados de espírito, dos impulsos, das inclinações, dos desejos, do aprendizado, da inteligência. E até mesmo da sua criatividade.

Quando falamos da alma de um indivíduo, entendemos alguma coisa que transcende cada uma dessas capacidades e até sua soma aritmética. Entendemos a interação recíproca dessas capacidades isoladas, entendemos sua síntese capaz de expressar de forma intangível o nível de equilíbrio, de beleza, de ética, de eficiência ao qual aquele indivíduo chegou. Entendemos aquilo que faz dele um indivíduo e lhe permite ser uma "pessoa": não um indivíduo qualquer, mas *aquele indivíduo*, *aquela pessoa*, diferente de todas as outras. A mente, em resumo, é aquilo que nos diferencia dos outros animais; a alma é aquilo que nos distingue dos outros homens.

Mas se o computador e a inteligência distribuída ainda não possuem uma alma, permitem contudo que o homem enriqueça a sua. Libertando-o dos entediantes trabalhos intelectuais de calcular, copiar, pesquisar, classificar, deixam-lhe tempo e liberdade para brincar, criar e amar. E com a Web permitem-lhe também a ubiquidade e o diálogo universal.

Espaços infinitos

World Wide Web significa "teia de aranha planetária": a imensa rede, tão grande quanto o mundo, que permite que cada ser humano se coloque em contato com o restante da humanidade por meio da internet. A era Web começa em 6 de agosto de 1991, quando o cientista da computação inglês Tim Berners-Lee, então pesquisador do Cern, coloca on-line o seu primeiro site, desenvolvendo um projeto iniciado em 1989 com seu colega Robert Cailliau. Graças aos links que unem todos os textos uns aos outros, a Web permite ampliar ao infinito os espaços conceituais onde se pode navegar. Todos aqueles que possuem acesso à internet e um espaço Web podem publicar ali conteúdos multimídia e fornecer serviços compatíveis: da distribuição de softwares (download) à gestão de provedores de correio eletrônico (Web mail), da transmissão em tempo real de áudio e vídeo, Web tv e Web Rádio (*streaming*) à comunicação em tempo real entre vários usuários (Web chat).

A produção cultural, como já mencionamos, atravessou três fases históricas: a multissecular, em que poucos sujeitos elaboravam informações destinadas a poucos usuários (por exemplo, os concertos para violino e orquestra compostos por Mozart para a restrita corte do arcebispo de Salzburgo); a multidecenal, inaugurada com o advento dos meios de comunicação de massa como o rádio e a televisão, em que poucos sujeitos elaboram produtos culturais destinados a muitos usuários (por exemplo, as imagens da alunagem de Armstrong vistas ao mesmo tempo por 1 bilhão de telespectadores); a recente, das mídias sociais, em que, graças à Web 2.0 e a seus aplicativos, é finalmente possível que todos elaborem produtos culturais e todos desfrutem deles, criando uma imensa rede semântica que prenuncia outros desenvolvimentos inimagináveis da Web. A Wikipédia é um ótimo exemplo disso.

Até certo ponto, a Web 1.0, ou seja, a Web estática, permitiu uma interação substancialmente unilateral: o usuário podia visualizar os conteúdos de um site, mas não podia modificar seu estado nem as informações nele contidas. Na prática, a Web 1.0 limitava-se a oferecer uma enorme biblioteca, com o acréscimo de fóruns, chats e blogs em forma ainda primitiva. Depois, para evitar a confusão entre termos idênticos, mas de significado diferente, imaginou-se a possibilidade de acrescentar a cada termo outras informações semânticas, marcando-o com tags. Posteriormente, encontrou-se uma maneira de especificar as relações entre informações e de elaborá-las automaticamente, facilitando seu compartilhamento.

A essa altura, a metamorfose da Web 1.0 em Web 2.0 já estava completa. Quem se encarregou de batizar a nova criação e divulgá-la no mundo foi Tim O'Reilly, um irlandês formado em letras clássicas em Harvard. A nova Web é uma galáxia de aplicativos que permitem um elevado nível de interação entre o site e o usuário (blogs, fóruns, chats, Wiki), bem como de plataformas para compartilhar mídias (Flickr, YouTube, Vimeo, Facebook, MySpace, Twitter, LinkedIn, Foursquare etc.). O conjunto desses instrumentos oferece ao usuário a possibilidade não apenas de usufruir de um hipertexto, mas também de contribuir para a sua riqueza semântica, corrigindo-o e alimentando-o com mais conteúdos. A potência da rede enriquece-se assim com uma nova filosofia: a da socialidade e do compartilhamento. E tudo isso com um custo baixo, de maneira simples e acessível, transferindo o domínio da Web dos cientistas para os estudantes, os escritores, os jornalistas, os artistas. Para todos.

PROGRESSO E LUCRO

Laboratório invisível

O surgimento e a evolução da Web ocupam apenas um capítulo da história da informática, muito mais ampla e um pouco anterior, e envolveram um único departamento do imenso laboratório invisível, com ramificações na Europa, na Ásia, mas sobretudo nos Estados Unidos, do qual nasceu uma das maiores aventuras do gênero humano: a revolução digital. Nos protagonistas dessa aventura, imaginação e concretude se conjugam para se expressar numa criatividade inédita, de tipo pós-industrial, a meio caminho entre ciência e negócios, brincadeiras licenciosas e disciplina profissional.

Juntamente com a revolução da biotecnologia, das nanotecnologias e dos novos materiais, a revolução digital foi uma das últimas grandes expressões de criatividade coletiva. No entanto, não se tratou da elaboração de um "projeto" pensado por um único motor organizacional e realizado de acordo com um plano centralizado, como ocorreu no caso do Projeto Genoma. Tratou-se mais da combinação da obra individual de inventores isolados ou de pequenos núcleos de pesquisadores que, embora atuando cada um por sua conta, com frágeis ligações recíprocas, contribuíram contudo para a formação de um mosaico unitário, cujo plano de conjunto só pode ser percebido olhando-se em retrospecto.

A sucessão de descobertas e invenções digitais que criaram um novo mundo de bits ao lado do nosso velho mundo de átomos não pode deixar de evocar o mistério da criatividade, permitindo-nos investigar seus aspectos inéditos e úteis para iluminar as faces dessa nova fase da história humana. Para fazê-lo, porém, temos de dar alguns passos para trás.

"Made in Europe"

Grande parte da revolução informática aconteceu nos Estados Unidos. Mas a Web é "made in Europe", filha de dois cientistas da computação europeus e do Cern. Hoje, todos atribuímos aos norte-americanos o mérito da criatividade, mas os Estados Unidos não foram nem os primeiros a tentar a passagem da sociedade industrial para a pós-industrial, nem os primeiros a experimentar os modernos processos de invenção coletiva.

É na Europa que, entre o final do século XIX e meados do XX, podem ser encontrados os sinais premonitórios da iminente revolução pós-industrial. Entre 1870 e 1890, Lobachesvky demonstrou a imperfeição do postulado da reta, abalando os fundamentos de toda a geometria euclidiana. Em 1872, Nietzsche publicou *O nascimento da tragédia a partir do espírito da música* para contrapor o dionisíaco ao apolíneo e revelar a destruição dos valores ocidentais. Em 1899, Freud publicou *Die Traumdeutung*, a interpretação dos sonhos, colocando-lhe a data de 1900 para lhe imprimir o carisma de uma guinada secular. Na verdade, com esse ensaio, Freud aproximava a psicologia da filosofia e a renovava desde os alicerces. Precisamente em 1900, com o ensaio *Über die Elementarquanta der Materie und der Elektrizität*, sobre os quanta elementares da matéria e da eletricidade, Max Planck tornou conhecida a sua teoria dos quanta e da mecânica quântica, que, juntamente com a teoria da relatividade de Einstein, representaria um dos dois pilares da física moderna. Em 1902, Marie Curie descobriu o rádio e a radioatividade, contribuindo para o progresso da física, da química e da medicina. No mesmo ano de 1905 em que Klimt pintava *As três idades*, Ernst Mach analisou a filosofia do positivismo em *Erkenntnis und Irrtum*, conhecimento e erro, enquanto Albert Einstein derrotou a física clássica com a teoria da relatividade restrita, apresentada no artigo "Zur Elektrodynamik bewegter Körper", sobre a eletrodinâmica dos corpos em movimento. Pouco depois, em 1907, Picasso inaugurou em Paris a nova era da pintura com *Les demoiselles d'Avignon*, que rompiam o equilíbrio da composição pictórica e, assim, a unidade perceptiva da simetria. Enquanto isso, na arquitetura, o ferro, o aço e o concreto davam representação plástica ao estruturalismo nascido em 1915, juntamente com a linguística e a semiótica modernas, com a publicação póstuma do *Cours de linguistique générale* de Ferdinand de Saussure. Na literatura, o erotismo provocador e anticonvencional de Wedekind encorajava o despertar da primavera que o *Art Noveau*, o *Jugendstil* e o *Liberty* dotariam de curvas harmoniosas e indolentes. Em 1918, Le Corbusier concebeu o Modelo Dominó com o qual se superavam, de uma só vez, os critérios construtivos da arquitetura tradicional. Em 1922, Joyce publicou *Ulisses*, com o qual a obra aberta ameaçaria a hegemonia do romance acabado. Em 1923, Schönberg publicou o artigo "Komposition mit 12 Tönen", composição com doze notas, que, teorizando a dodecafonia, subverteria a tonalidade tradicional com as dissonâncias da música pantonal. Em 1931, Kurt Gödel demonstrou os dois teoremas de incompletude de acordo com os quais cada sistema axiomático suficientemente completo é internamente incoerente e apresenta proposições indecidíveis. Em 1934, Enrico Fermi provocará a fissão do átomo do urânio, inaugurando a era nuclear. Em 1953, Crick e Watson descobrirão a estrutura do DNA e abrirão caminho para a biologia molecular. Em 6 de agosto de 1945, Little Boy, a primeira bomba de urânio, destruirá Hiroshima e, com ela, determinará o fim da era industrial.

No mesmo período de tempo em que esses pioneiros europeus impulsionavam as ciências e as artes tradicionais para levá-las da modernidade à pós-modernidade, sempre na Europa, atuaram grupos artísticos e científicos que, com as respectivas disciplinas, renovaram também os processos criativos, transformando-os de individuais em coletivos. Basta percorrer os créditos de um filme para perceber o quanto é coletivo o cérebro que hoje produz obras-primas. Não existe nenhum objeto — de um par de sapatos a um computador pessoal — cuja paternidade possa ser identificada, uma vez que, como as antigas catedrais, cada produto, mesmo quando possui uma grife, é sempre realizado por um grupo interdisciplinar que idealiza sua estrutura e função, escolhe e calcula seus componentes, realiza protótipos e cópias dele, promove sua compra, aufere os dividendos.

Fuga para os Estados Unidos

Enquanto isso acontecia na Europa, os Estados Unidos se dedicavam ao aperfeiçoamento da produção em série de bens materiais, desenvolvendo técnicas organizacionais cada vez mais sofisticadas para aumentar a eficiência. Frederick W. Taylor, Henry R. Towne, Henry Ford, Elton Mayo, Henry Gantt, Frank e Lillian Gilbreth, Mary Parker Follett, Douglas McGregor, William Edwards Deming e Chester Barnard são algumas das personalidades que povoam o panteão do progresso industrial americano, frequentemente esnobado como avarento e mercantilista pela Europa, culta por definição.

Enquanto no Velho Continente os Pasteur, os Hoffmann, os Gropius, os Keynes, os Horkheimer, os Dohrn, os Guccia, os Morris, os Fermi criavam grupos originais, cooperativas, lobbies, redes pensadas para incrementar a produção de ideias, para inventar novos produtos, novos paradigmas, novos sistemas de pensamento, no Novo Continente os gênios da administração científica aperfeiçoavam a linha de montagem, o layout dos automóveis, a gestão dos operários, os organogramas e as funções de direção, tudo para incrementar a produção de bens construídos em série. Se o grupo Fermi obterá setenta patentes em poucos meses, no período de vinte anos a Ford desenfornará 15 milhões de automóveis Modelo T quase iguais, mas com preço decrescente.

Quando a Europa havia aprendido a organizar pequenos grupos para criar e os Estados Unidos haviam aprendido a organizar imensas fábricas para produzir, entra em cena a história com o nazismo e o fascismo. Centenas de artistas e de cientistas fugiram para os Estados Unidos, onde foram generosamente acolhidos e para onde levaram não apenas sua genialidade científica ou artística, mas também sua originalidade organizacional. Anos antes, quando, no outono de 1933, Albert Einstein aceitara o convite para lecionar no Instituto de Estudos Avançados de Princeton, o físico Paul Langevin já constatara: "Este é um grande acontecimento, como seria a transferência do Vaticano de Roma para o Novo Mundo. O papa da física se muda, e os Estados Unidos se tornarão o centro da ciência". E foi o que aconteceu.

Provavelmente aqueles gênios imigrados da Europa ignoravam os paradigmas industriais de Taylor e Ford aplicados com sucesso nas fábricas americanas, mas em seus laboratórios e ateliês haviam empregado, talvez sem se dar conta, tipos de organização totalmente originais, coerentes com a natureza criativa de suas equipes e capazes de aumentar sua criatividade. Ao chegar aos Estados Unidos, aqueles gênios não apenas ensinaram e inventaram coisas novas, mas o fizeram de uma maneira nova, configurando a organização não mais na execução em massa, e sim na criação em grupo. Enrico Fermi, por exemplo, que formara em Roma o grupo com o qual descobriu a fissão do átomo de urânio, posteriormente criou em Chicago o grupo com o qual desenvolveu a pilha atômica e depois ainda reuniu em Los Alamos o grupo com o qual contribuiu para a invenção da bomba atômica. Precisamente em Los Alamos, a grande maioria dos físicos, dos químicos e dos matemáticos chamados para estudar a realização da nova arma era composta por imigrados europeus.

Os Estados Unidos contribuíram para a fertilidade desse enxerto metodológico, oferecendo aos gênios imigrados da Europa um clima particularmente favorável. Por mais desagradável que fosse o período de adaptação à nova língua, aos novos usos e costumes, ainda assim os Estados Unidos se revelavam para esses exilados — de acordo com as palavras do escritor Pasinetti, igualmente exilado — um "campo de experimentação do imaginário, continente de encontro de hipóteses tecnológico-fantásticas, futuro hipotético do mundo antecipado como intuição verificável [...] onde os centros de pesquisa se propõem como lugares temáticos de encontro daquela internacional de cérebros".

DOIS MODELOS ORGANIZACIONAIS

A revolução do século XXI

Quem alguma vez criou uma estrutura destinada a funções executivas — uma fábrica, uma instituição burocrática, um exército — tomou como modelo os experimentos realizados nas oficinas da Midvale Steel, nos departamentos da General Electric de Hawthorne, da Renault, da Glacier Company, no Oscar Center e em todas as outras mecas da organização industrial, com seus gurus, seus manuais, suas pesquisas, suas *business schools*. Mas esse imenso aparato de homens, meios e bibliotecas, fundamentais para maximizar a produtividade das fábricas manufatureiras, tem bem pouco a ensinar a quem hoje deve organizar uma companhia cinematográfica, um laboratório científico, uma rede de televisão, um grupo de trabalho qualquer que, tendo delegado às máquinas as funções executivas, dirige todas as próprias energias intelectuais para a produção e a realização de ideias.

Excluindo poucos casos excepcionais como o de Louis Comfort Tiffany, de Elbert Hubbard com seus Roycroft Shops, de Charles Rohlfs, de Charles e Henry Greene e de poucos outros, quase todos os grupos criativos que, entre a metade do século XIX e a metade do século XX, experimentaram a organização funcional para a criatividade eram europeus. Cada um deles, organizados para produzir arte e ciência, havia elaborado também seu próprio modelo original de organização, de financiamento e, não raro, de venda. O distrito, a rede, o lobby, o *management by objectives*, o *project work*, o congresso permanente, todas as diversas inovações de que, de uns tempos para cá, os novos teóricos das ciências organizacionais têm se vangloriado, já haviam sido pensados e devidamente adotados pelos grupos criativos surgidos na Europa há mais de um século. Se, referindo-se à Revolução Industrial e esquecendo a contribuição da Inglaterra, Peter Drucker reivindicará que a ideia da produção em massa, ou seja, a ideia mais revolucionária do século XX, é "*made in USA*", nós podemos nos vangloriar com o mesmo orgulho de que a criatividade coletiva, ou seja, a ideia mais revolucionária do século XXI, é "*made in Europe*".

A variante norte-americana

A experiência original da criatividade coletiva, trazida pelos cientistas e artistas europeus, encontrou nos Estados Unidos um terreno particularmente fértil. Nos anos subsequentes, esse terreno se enriqueceria pela possibilidade, oferecida pelas novas tecnologias da comunicação, de interagir também à distância, dando lugar a uma imensa "universidade invisível" que estenderia suas fronteiras da East Coast à West Coast, de Boston e Chicago a Los Angeles e San Francisco.

Na Route 128 de Boston, assim como em Palo Alto, encontramos o entusiasmo coletivo, a disposição para o risco, o prazer da surpresa e da exploração, a confiança nas capacidades inovadoras do homem e no poder do seu cérebro que, antes da guerra, haviam caracterizado os grupos criativos europeus. Esse "caldo de cultura" é como uma onda contagiante que atrai, inspira, envolve e financia todos os que inventem algo novo no setor da tecnologia da informação e da comunicação, premiando-os rapidamente com o sucesso, a riqueza, a entrada no rol dos famosos, na lista da *Forbes* e no mito, alimentado pela mídia e por Hollywood.

Essa "universidade invisível" representa um experimento criativo de importância revolucionária que conseguiu fecundar milhares de ideias concatenadas uma à outra num laboratório pouco a pouco ampliado até abranger toda a América, com ramificações em todo o mundo. E isso justamente graças à Web 2.0, que conseguiu transformar a multidão solitária de David Riesman (*The Lonely Crowd*) na multidão sábia de James Surowiecki (*The Wisdom of Crowds*). Na trama já tão densa desse tecido criativo depois se distinguem nós de densidade ainda mais marcada, como o Vale do Silício: 4 milhões de habitantes distribuídos por cerca de quinze aglomerados urbanos (de Cupertino a Newark, de Palo Alto a San José, de Santa Clara a Saratoga), servidos por renomadas universidades (Stanford, Berkeley, San José e Santa Clara), com milhares de empresas de alta tecnologia, entre as quais Apple, Facebook, Google, Hewlett-Packard, Intel, Microsoft, Symantec, Xerox e Yahoo!. Um grande laboratório de gênios muito jovens que, sem ao menos se conhecer uns aos outros, deram uma contribuição determinante para a revolução digital.

Os vários episódios que formaram essa revolução foram celebrados numa série de relatos que, para atender às preferências do grande público americano tão propenso a celebrar os heróis solitários, enfatizaram suas figuras centrais, transformando-as em lendas. De fato, nessas epopeias, sobressaem mais os pioneiros isolados que as equipes. Mas esses protagonistas atuam, se movimentam, inventam, criam, fundam, desenvolvem e esbanjam sempre no âmbito de alguma universidade norte-americana, de alguma comunidade científica ou artística.

Além disso, com exceção de bem poucos casos — Esther Dyson, Meg Whitman, Donna Dubinsky, Carly Fiorina —, essa revolução é predominantemente masculina. Sem dúvida, por trás de seus protagonistas, há uma infinidade de colaboradoras, esposas e secretárias, mas a revolução digital é assinada por homens. E isso constitui também um de seus limites: é verdade que ela se sustenta na capacidade de criar ideias ininterruptamente, imprimindo à pesquisa tecnológica a aceleração de uma corrida frenética, mas também é verdade que, nessa corrida, a ciência é dominada pela aridez de valores como a competitividade, o dinheiro e o sucesso.

Muitas invenções e muitas empresas do setor informático originam-se em contextos neurotizantes nos quais a estética, a emotividade, o universalismo e a solidariedade são subordinados ao delírio de onipotência, à consciência da hegemonia planetária de que os Estados Unidos se orgulham e da exigência de fortalecê-la, a uma idolatria do sucesso que se mede em termos de faturamento e de lucro.

Sob esse aspecto, a revolução digital que temos diante de nós é talvez a primeira — em ordem de tempo — a não nascer de uma cultura abrangente na qual sabedoria e coragem, conhecimentos científicos e humanistas, objetivos práticos e aspirações universais convivem harmoniosamente como na Atenas helênica, na Florença dos Medici, na Viena dos Habsburgo, na Londres vitoriana. De fato, seu palco foram os Estados Unidos, embriagados por seus êxitos bélicos e econômicos, neurotizados pelo consumismo desenfreado, ofuscados pelas rápidas ascensões que a nova economia permite e incinera.

O paradoxo que surge daí é de cunho eminentemente americano e pós-industrial: uma revolução elitista, suscitada por homens brancos, anglo-saxões, protestantes, graduados, especializados, super-remunerados, que, atuando no interior de um sociograma exclusivo de hiper-ricos e hiperpoderosos, criam a internet, ou seja, a mais democrática das revoluções humanas, que permitiria que os indivíduos compusessem uma rede sem deixar de ser indivíduos, que constituíssem um corpo sem deixar de ser células.

A variante europeia

Nessa galáxia inventiva, a Web representa um caso à parte, seja por ter nascido na Europa e não nos Estados Unidos, seja por ter sido fortemente ancorada por seu fundador a uma missão social mais que empresarial. Como já mencionei, a Web tem dois pais: Tim Berners-Lee e Robert Cailliau, que — um inglês, o outro belga — se encontraram no Cern em Genebra.

Nascido em Tongeren em 1947 e formado em engenharia civil com 22 anos de idade, após a especialização e um mestrado em ciências da computação na Universidade de Michigan, Roberto Cailliau chegou com 27 anos ao Cern, onde se ocupou do sistema de controle do acelerador de partículas. Em 1987, passou ao departamento de Processamento de Dados, onde depois foi promovido a diretor dos Sistemas de Computação.

Na época, sentia-se no Cern a necessidade de ter o acesso mais rápido possível à documentação científica, e, assim, em 1989, Cailliau apresentou um sistema de hipertextos. No ano seguinte, começou a sua colaboração com Berners-Lee. Nascido em Londres em 1955 e formado em Física em Oxford, Berners-Lee já havia estado no Cern em 1980, como consultor, realizando um software para armazenar informações na base após a primeira Web, e em 1984, com uma bolsa de estudos que lhe permitira aprofundar os sistemas distribuídos em tempo real para adquirir dados científicos e sistemas de controle. Cinco anos depois, da colaboração com Calliau surgiu a proposta de um projeto global para o desenvolvimento da World Wide Web. Além de ter criado o primeiro servidor, o primeiro cliente e a primeira versão da linguagem de formatação de documentos com capacidade de ligações hipertextuais, foi Berners--Lee quem lhe deu o nome agora de uso universal. Inaugurando uma nova forma de atuar, ele submete as iniciais específicas de todo o processo à discussão de uma ampla comunidade de usuários.

Em 1993, porém, começam a surgir divergências entre ele e o Cern: o diretor Carlo Rubbia julga oportuno que o Centro torne pública a brilhante invenção, sem contudo se empenhar na sua promoção. Berners-Lee, ao contrário, deseja que a Web seja promovida, e, por isso, aceitando a oferta de Michael Dertouzos, se transfere para o Laboratório de Ciências da Computação do prestigioso MIT de Boston. Ali, em 1994, Berners-Lee funda (em colaboração com o Cern) o World Wide Web Consortium, também conhecido como W3C, que se propõe o objetivo de desenvolver todas as potencialidades da Web (*Leading the Web to Its Full Potential*, como diz o seu lema). Hoje, o Consórcio — com o qual colabora ativamente também Cailliau — reúne mais de quatrocentos membros, entre eles as maiores empresas de informática, companhias telefônicas e de setores correlatos, universidades, laboratórios de pesquisa e organizações sem fins lucrativos.

"A internet deve continuar gratuita, aberta e neutra." Com esse compromisso de Berners-Lee, o W3C pretende preservar a vocação democrática da rede em função do crescimento econômico e cultural da humanidade. O Consórcio, de fato, assumiu o objetivo de criar e atualizar a linguagem comum entre todos os aparelhos para se conectar à Web; de facilitar o acesso de portadores de deficiências ao imenso potencial da Web; de proteger a total liberdade da Web e desenvolver as potencialidades comunicativas dos seres humanos. Suas áreas operacionais ocupam-se de gerenciar a tecnologia que está na base da Web; de simplificar a relação entre homem e informação; de adaptar a infraestrutura tecnológica aos interesses sociais, legais e públicos; de garantir que todos possam usufruir plenamente as potencialidades da Web; de formalizar os progressos em documentos informativos destinados a todos os que queiram utilizar a Web; de garantir que tais progressos não violem nenhum direito autoral ou patente.

"Se a World Wide Web deseja representar e sustentar a teia da vida, deve nos dar a possibilidade de agir de maneira diferente com grupos diferentes de diferentes dimensões e finalidades em diferentes lugares, a cada dia, nas nossas casas, escritórios, escolas, igrejas, cidades, estados, países e culturas", diz Berners-Lee, distanciando-se assim de outros grandes personagens do sistema estelar informático — de Bill Gates a Larry Page, de Jeff Bezos a Mark Zuckerberg, de Steve Ballmer a Paul Allen —, todos situados nos primeiríssimos lugares da escala Forbes dos homens mais ricos do mundo.

Tim Berners-Lee sempre se recusou a patentear sua preciosa invenção para obter lucros, bem como a ingressar no círculo de celebridades, fiel à ideia de *open source* e de uma informática a serviço de toda a humanidade.

No entanto, assim que a Web desembarcou nos Estados Unidos, as empresas vislumbraram os negócios e logo a transformaram num poço de dinheiro. Eis como a definiu outro Tim, Tim O'Reilly, mesmo sendo defensor do software livre e dos movimentos *open source*: "A Web 2.0 é uma verdadeira revolução que está atravessando o setor da informática e os negócios que gravitam em torno dele. Tudo é favorecido pela utilização da internet como verdadeira plataforma aplicativa e pela tentativa de compreender e adotar esse novo modelo para ter sucesso na rede. A primeira regra para alcançar esse sucesso é criar aplicativos que explorem o efeito da rede e obtenham lucro da utilização maciça dos usuários". Assim as palavras "negócios" e "sucesso" se insinuaram numa invenção originariamente sem fins lucrativos e democrática, para depois se apoderarem dela.

O IMPÉRIO DIGITAL

Cérebro e dedos, sem braços

No seu longo caminho milenar, o homem sempre procurou reduzir a quantidade de matérias-primas, de investimentos econômicos e emocionais, de maquinários, de trabalho físico e intelectual essenciais para satisfazer suas necessidades. A internet e a Web contribuíram para essa economia de recursos, intelectualizando nossa vida e deslocando grande parte das atividades, tanto laborais como lúdicas, dos braços para o cérebro, que só precisa de nossos dedos para controlar o computador. Esse longo esforço para domesticar a natureza graças à cultura foi recompensado por crescentes sucessos que desenharam uma trajetória da simplicidade à complexidade, da casualidade ao planejamento intencional de curto e depois de longo prazo, da linearidade à sistemicidade, da genericidade à especialização, da imprecisão à profissionalidade, da executoriedade à criatividade, da manualidade e da tangibilidade à digitalidade e à virtualidade.

A internet e a Web redefiniram nossa relação com o espaço e com o tempo, permitindo-nos a ubiquidade e uma nova percepção do mundo, uma maior tolerância diante da diversidade, feedbacks mais rápidos e intensos, rápidas mudanças de opinião, formação de novos lobbies sociais e de novos grupos de pressão, desagregação das comunidades baseadas na contiguidade espacial, composição de novas comunidades fundamentadas no compartilhamento de gostos, interesses e orientações, busca de soluções "sob medida" para satisfazer nossas necessidades, igualmente transformadas. O Stanford Research Institute lembrou que a revolução eletrônica "mudou a forma de arrecadar impostos, de gerenciar as empresas, de empregar as próprias economias, de ensinar (e de aprender) na escola, de trabalhar na fábrica e no escritório; influenciou a maneira de comunicar e de se divertir dos jovens, com o boom dos video games. Inovou a forma de escrever livros e jornais, de fazer cinema e espetáculos. Criou novas profissões e aposentou outras; abalou setores econômicos inteiros, redefinindo o território competitivo das empresas". Com a Web, mudaram a produção e o consumo, o gosto e os sentidos; a esfera privada e a pública tornaram-se fenômenos planetários, modelados e lubrificados pela informática. Inserindo-se impetuosamente na nossa vida, a Web provocou efeitos desconcertantes na qualidade da existência, do ambiente, da sociedade, da economia, da política, do desenvolvimento tecnológico ulterior. Mudaram substancialmente nossas maneiras de nos instruir, de trabalhar, de nos comunicar, de empregar o tempo livre, de ouvir e de ser ouvidos. Numa palavra, de viver.

A redundância de informações em tempo real influenciou profundamente nossa esfera emocional e valorativa, multiplicou nosso estresse, comprometeu nossas capacidades críticas, implicou uma dificuldade crescente de processá-las e dominá-las. O remédio que fomos obrigados a empregar para combater a desorientação daí decorrente foi pior que a doença: confiamo-nos a intérpretes e mediadores culturais (âncoras, astros de cinema e televisão, santarrões, formadores de opinião), autorizando-os a encontrar, mutilar, deformar, resenhar, comprimir, comentar e manipular as notícias para torná--las mais palatáveis e menos nutritivas, mais sensacionalistas e menos confiáveis, mais agradáveis e menos educativas. Sem perceber, caímos num sistema de controle total exercido por uma miríade de grandes e pequenos irmãos, de *small* e *big data*, internos e externos a nós mesmos, que nos reduzem a números e a perfis de consumo.

A civilização que criamos, totalmente orientada para o desempenho, o resultado rápido e impactante, a competitividade e a obtenção de objetivos mensuráveis, contribuiu de maneira determinante para que se chegasse a essa situação desastrosa. Uma civilização na qual até as técnicas de relaxamento como os hobbies e o esporte foram cada vez mais inseridas em espaços muito competitivos da existência, que, em vez de relaxar, perturbam os indivíduos que as procuram.

Linguagem, dificuldades, conflitos

As oportunidades oferecidas pelo aumento das informações disponíveis e particularmente pela Web foram aproveitadas de maneira diferente dependendo das capacidades socioeconômicas, culturais, críticas, de filtragem e de seleção de cada sujeito. A adoção de novas tecnologias e da Web implicou um descompasso entre o mundo dos excluídos e o dos incluídos, dos conscientes e dos inconscientes. As pessoas incluídas privilegiaram valores e modelos de comportamento propícios à obtenção da riqueza e do sucesso. Os excluídos conscientes sentiram-se frustrados pela sensação de terem escolhido o lugar, a família, os estudos e o trabalho errados. Os excluídos inconscientes ficaram marginalizados na periferia do sistema social.

Como a rede se difundiu sobretudo nos países desenvolvidos, entre os grupos sociais mais instruídos e em algumas ilhas dinâmicas de regiões subdesenvolvidas, enquanto seu avanço foi lento precisamente onde ela era mais necessária, grande parte do tráfego na internet ficou concentrada em sites criados no Primeiro Mundo, que serviram de veiculadores do modelo cultural dominante.

A possibilidade de navegar na rede pressupõe a alfabetização digital, o domínio das línguas e uma boa cultura geral. Trata-se, portanto, de mais uma vantagem reservada aos já privilegiados: pessoas de alto nível educacional e capazes de falar várias línguas, acostumadas ao uso da tecnologia, competitivas, ricas a ponto de se permitirem a compra de hardware e softwares sofisticados, poderosos e atualizados, pessoas cultas e inovadoras, estudantes e professores, religiosos, operadores do mundo financeiro, dos meios de comunicação e do mundo do entretenimento.

Portanto, cada indivíduo e cada grupo, com base no próprio nível econômico, escolar, valorativo e cultural, será mais ou menos apto a compreender e aproveitar as vantagens da informática, a se dispor a utilizá-la e a se apropriar dela no tempo oportuno. Para conseguir isso, contudo, também precisará possuir competências específicas, curiosidade intelectual, flexibilidade, abertura para o diferente, capacidade de inserir as novidades tecnológicas no interior de projetos globais, de dar sentido aos conhecimentos e às habilidades, às opiniões, às atitudes, às emoções e aos sentimentos.

Enquanto os saberes ligados à pesquisa científica e tecnológica concentraram-se nos lugares em que já existiam grandes investimentos econômicos com retorno imediato, estruturas educacionais eficientes, elevada consciência social, os saberes ligados à rede e aos novos modelos de comunicação tiveram uma boa distribuição. Isso permitiu uma formação mais ampla, porém mais superficial, com o risco para os jovens de se sentirem menos capazes de análise, aprofundamento, crítica e debate em relação às gerações precedentes.

Também em decorrência do uso que se fez da Web, a difusão de uma sólida cultura técnica e humanista foi mais fraca que a penetração da cultura de massa, posto avançado da mercantilização. O saber técnico, por sua vez, predominou sobre o humanista, com o risco de uma perda da capacidade de síntese, de crítica, bem como dos instrumentos culturais necessários para formar a própria identidade e expressar o próprio conhecimento. Isso se torna muito mais perigoso na medida em que é precisamente a rapidez da mudança tecnológica que exige aquela flexibilidade e poliedricidade que só a cultura humanista tem condições de oferecer.

A difusão das novas tecnologias e da Web, penetrantes por natureza, aumentou a mobilidade social; a substituição dos guichês físicos pelos sites eletrônicos melhorou as relações com a administração pública e transformou o cidadão de simples consumidor de serviços em gerador de informações. Ao mesmo tempo, porém, criaram-se novas formas de exclusão e, com elas, novas classes desfavorecidas e novos tipos de pobreza. O acesso à rede e à informação não garantiu a igualdade nem a equidade. Assim, por exemplo, agravou-se a lacuna geracional entre os jovens e os idosos precisamente quando o prolongamento da vida média e a melhoria da saúde possibilitavam o emprego socialmente útil destes últimos. Aumentaram, portanto, o mal-estar social e as tensões entre quem conseguiu entrar na nova dimensão técnico-econômica e quem foi deixado de fora.

A Web determinou novos modelos de linguagem, impondo-os também aos meios de comunicação tradicionais. Simplificou a gramática e a sintaxe, e acelerou a passagem de uma cultura predominantemente baseada na escrita e na impressão para uma centrada principalmente nas imagens e nos tablets. Os grupos editoriais e de comunicação foram impelidos a se integrar através de acordos e fusões para oferecer toda a informação e em formas cada vez mais personalizadas, interativas, *on demand*, respondendo assim a interesses subjetivos, até mesmo momentâneos: desse modo, deixaram de ser produtores de informações para se tornar fornecedores de menus, de listas de temas no interior das quais cada destinatário pode escolher aquilo que mais lhe interessa.

Centro do império

É impressionante a velocidade com que tudo isso aconteceu. Contemplando o percurso em retrospecto, percebemos as conquistas realizadas: pela primeira vez, temos condições de construir máquinas que substituem não apenas a força muscular do homem, mas também a sua força mental e até uma parte da sua criatividade; pela primeira vez, graças às novas tecnologias da informação e da comunicação, as relações entre homens e coisas, entre coisas e coisas, entre homens e homens podem acontecer de forma totalmente virtual, prescindindo da contiguidade física, da variável tempo e dos aparelhos táteis.

Mas também é evidente que, pela primeira vez depois de milhares de anos, o epicentro da elaboração científica e cultural se deslocou da Europa para os Estados Unidos e que um único modelo de vida, elaborado nas universidades, nos laboratórios, nas empresas e nas agências de socialização americanas, colonizou o mundo inteiro não apenas através da imposição armada, mas também da comunicação persuasiva dos meios de comunicação de massa e da força conectiva da internet e da Web. É provável que os sistemas dedicados à comunicação, à pesquisa, à educação e à formação evoluam em todo o mundo de forma sinérgica, enriquecendo-se cada vez mais de intercâmbios, uma vez que o acesso à rede garantirá uma distribuição cada vez mais eficaz das informações, mas é igualmente provável que, ao menos por mais algumas décadas, na maioria dos setores de ponta do desenvolvimento científico e tecnológico, a supremacia criativa continue a ser prerrogativa dos Estados Unidos. Os Estados Unidos inventarão, os outros produzirão. O computador no qual estou escrevendo apresenta na parte de trás, em caracteres minúsculos, uma inscrição que sintetiza tudo isso: *"Designed by Apple in California, assembled in China".*

Todas essas inovações incorporam lógicas próprias e, aonde quer que cheguem — aos escritórios, aos departamentos de produção, às casas, ao tempo livre —, impõem tais lógicas. O mundo inteiro, da Califórnia à China, da Índia ao Brasil e à Europa, mesmo sem saber, pensa e funciona de acordo com a racionalidade, a flexibilidade, a precisão, a segurança, a estética e a rapidez incorporadas nas tecnologias da comunicação e na rede até formar um verdadeiro novo paradigma de trabalho e de vida: o paradigma americano, o Consenso de Washington. Um paradigma que confia à digitalidade a tarefa de eliminar as fronteiras entre setores, entre atividades, entre sistemas lógicos, de romper as barreiras entre estudo, trabalho e tempo livre, de promover novas atividades e introduzir novos métodos de produção, novos consumos do tempo livre, novas formas de interatividade e até de afetividade e de sexualidade, sempre sob a insígnia do livre mercado, do consumismo e da competitividade.

Periferia do império

Há algum tempo, tive a oportunidade de debater esse problema por teleconferência com Nicholas Negroponte, grande especialista de comunicação digital, professor no MIT de Boston e fundador do laboratório Media Lab para pesquisas sobre os meios de comunicação. O desconforto que senti em relação a esse guru mundial da informática não devia ser muito diferente daquele que sentia um intelectual da Trácia ao encontrar um colega da Roma imperial.

Gostemos ou não, no plano científico-técnico, a Itália, assim como grande parte do mundo, é uma província do Império Americano, com o agravante de que os dominadores de 2 mil anos atrás demoravam dias e dias para chegar às áreas onde exerceriam seu domínio material, ao passo que os dominadores atuais, para exercer o domínio imaterial, colonizam sobretudo nossa cultura de subalternos, chegando até nós em tempo real com a internet e a Web. Negroponte tem consciência desse poder excessivo. Quando lhe falei sobre isso, ele me respondeu candidamente: "Vocês italianos dominam o mundo da moda, na qual são os melhores. Nós somos os melhores na eletrônica: portanto, cabe a vocês se submeterem ao nosso domínio nesse campo".

O primeiro motivo do meu desconforto, portanto, estava nesse ser esmagados sob a nossa evidente fraqueza. A qual não se limita ao setor eletrônico, mas se estende a quase todos os ramos: somos inferiores tanto na pesquisa nuclear como na espacial, tanto no campo da biologia como no da física, da química, da medicina e da engenharia. E não é só isso. Pouco a pouco, os americanos criaram as melhores bibliotecas interdisciplinares do mundo, formaram orquestras e solistas de excelente nível, artistas e filantropos, acolhendo gênios em fuga de qualquer ditadura e obtendo a primazia em qualquer âmbito, tanto humanista como científico. O povo que nós, europeus, durante décadas arrogantemente julgamos grosseiro e inculto hoje nos supera em sofisticação cultural e em coragem no progresso.

Mas não era apenas essa a causa do meu desconforto. Além da distância cultural que agora nos separa dos Estados Unidos, infelizmente é o próprio mecanismo dessa moderna subalternidade que nos prende quase irreversivelmente ao nosso papel de colonizados. Não apenas a essência, mas também o método nos desfavorece.

Nas sociedades industriais dominadas pelas fábricas manufatureiras, lutava-se porque as indústrias produziam riqueza, e os dois sujeitos das relações industriais — os patrões e os empregados — procuravam cada qual ficar com a maior parte da riqueza. O desafio nas lutas de classe era a apropriação da chamada "mais-valia" produzida pelas empresas. Mas hoje, na nossa sociedade pós-industrial dominada pelo saber, vence quem tem condições de impor aos outros as próprias opções intelectuais, quem tem condições de programar seu destino e o dos outros através da ciência. Em outros termos, domina quem tem mais laboratórios, mais cientistas, mais patentes.

A essa diferença se acrescenta outra, igualmente letal. O domínio material do patrão industrial sobre o próprio empregado acontecia num lugar preciso, a fábrica, no qual as duas partes contrapostas conviviam e se chocavam até mesmo fisicamente. O domínio imaterial dos cientistas estadunidenses sobre os cidadãos de todo o mundo se beneficia, ao contrário, da distância espacial e temporal que separa esses dominadores de nós, dominados. Neste momento, em algum lugar dos Estados Unidos, há laboratórios em que estão sendo criados chips, medicamentos, alimentos, imagens e armas que condicionarão minha vida e a dos meus filhos, mas não sei nada de tudo isso: não sei onde estão esses sujeitos, quem são, o que estão preparando. Se soubesse, talvez poderia discutir com eles, convencê-los a rever os projetos e a levar em conta também as minhas exigências. Mas não sei. Quando souber, já será tarde demais para modificar seus produtos, prontos a me colonizar, modificando para sempre minha indefesa existência.

É de tanta impotência de ordem científica e existencial que deriva o meu desconforto diante de certos gurus estadunidenses, sem dúvida geniais e obstinados, mas cujo poder infinito se deve também à sorte de terem nascido no epicentro do império, onde se prepara, se pesquisa, se sabe e se decide tudo muito antes que no restante do mundo.

A LEI FÉRREA DO CAPITALISMO

Da anarquia ao capitalismo digital

É preciso perguntar se essas novas tecnologias da informação teriam tido efeitos econômicos, sociais e políticos diferentes se, em vez de serem criadas e administradas por empresários privados de crença protestante e de ideologia neocapitalista, estivessem nas mãos de grupos organizados de acordo com modelos hindus, budistas, confucionistas, muçulmanos ou católicos. Só o terreno cultural dos Estados Unidos podia produzir em tão pouco tempo uma revolução tão abrangente, mas esse mesmo terreno que permitiu atrair e motivar inventores, fomentar invenções, facilitar sua aplicação e difusão também determinou a maneira como essa aventura evoluiu rápida e fatalmente. A revolução digital — desencadeada na mesma Califórnia na qual alguns anos antes haviam nascido os movimentos estudantis, o pacifismo contra a Guerra do Vietnã, as novas formas musicais, o novo ambientalismo — foi incubada numa cultura anárquico-libertária, mas, com a mesma velocidade com que queimou etapas, também abraçou os cânones do capitalismo monopolista. A alegre brigada dos Bill Gates, Steve Jobs, Larry Page, Sergey Brin, Mark Zuckerberg e colegas, todos provenientes de simples garagens e de repúblicas universitárias, assim que pôde se mostrou tão predatória e inescrupulosa quanto os piores patrões das antigas ferrarias. E, na esteira deles, no Vale do Silício, "ainda se usam roupas hippies, mas atrás dos rostos de tantos antigos sonhadores de vinte anos desponta uma máquina pronta a esmagar tudo o que impede os planos de conquista", como nos confirma Federico Rampini, que a essa metamorfose dedicou o livro *Rete padrona. Amazon, Apple, Google & co. Il volto oscuro della rivoluzione digital* (2014).

Excluindo Tim Berners-Lee e poucos outros gênios da informática que deliberadamente ficaram de fora do totalitarismo digital, todos os pioneiros do setor, jovens ou não, dirigem empresas onde os horários e os ritmos de trabalho são excessivos, onde não se para nem sequer nos feriados, onde inexistem sindicatos, onde a parte que recebe menos e requer mais trabalhos é confiada a exploradores do Terceiro Mundo.

Todos começaram proclamando-se neutros, jurando que jamais aceitariam inserções publicitárias, que respeitariam a privacidade de cada usuário e as leis de cada país. Bastaram poucos anos ou, em alguns casos, até mesmo poucos meses para que esses geniais senhores neocapitalistas do universo aprendessem a praticar a evasão fiscal, a espionar os clientes, a usar, sem que estes soubessem, as informações recolhidas sobre suas atividades, a privatizar a internet: "A deriva que afasta cada vez mais a rede dos ideais libertários, igualitários, antimercantilistas dos seus fundadores é acompanhada por uma ideologia privatizante que é uma impostura", afirma Rampini.

Tomemos como exemplo a Apple. Com 193 milhões de iPhones vendidos em 2014, com um faturamento de 74,6 bilhões de dólares no primeiro trimestre fiscal de 2015, com um lucro de 18 bilhões no mesmo trimestre ("O mais elevado de todos os tempos para qualquer empresa", segundo o *Guardian*), com uma capitalização de quase 800 bilhões (o dobro da Exxon, segunda da lista), a Apple, se quisesse, poderia distribuir 556 dólares para cada um dos 320 milhões de cidadãos norte-americanos. Mas, naturalmente, não quer. De fato, a Apple não é uma instituição filantrópica, mas uma empresa neocapitalista que queria mudar o mundo apostando na inovação, na simplicidade e em Jonathan Ive, o designer que conferiu beleza às linhas iPod, iPad e iPhone, permitindo que esses produtos "criassem um elo emocional com os clientes", como escreveu recentemente Fabio Chiusi na *l'Espresso*.

Pena que, passados quarenta anos desde sua fundação, as promessas éticas originárias da sociedade tenham sido amplamente descumpridas. "Estamos perdendo o controle sobre os instrumentos que outrora prometiam iguais oportunidades na expressão e para a inovação", escreveu Dan Gillmor, que define a Apple como uma empresa "perigosa para o futuro das redes abertas e da tecnologia controlada pelo usuário".

Essa empresa tem 98 mil funcionários no mundo que, segundo as palavras de Tim Cook, "se misturam um com o outro a ponto de já não se conseguir dizer quem trabalha onde". Mas também não se sabe onde está seu dinheiro. De fato, o Congresso submeteu a Apple a uma comissão especial de inquérito para apurar o seu comportamento de "campeã da evasão fiscal". Descobriram-se assim os truques e as tramas com que a empresa, contando com suas filiais disseminadas por todo o planeta, conseguiu realizar, com arrogância exemplar, um mecanismo diabólico que em apenas três anos subtraiu do Internal Revenue Service no mínimo 74 bilhões de dólares. A Apple se vangloriou de ser a sociedade com a maior liquidez de toda a história do capitalismo: 178 bilhões, uma quantia com a qual poderia comprar a Disney e a Amazon de uma só vez. Pois bem, dois terços dessa soma astronômica estão depositados em paraísos fiscais. "Os impostos que a Apple sonegou", comentou o senador Carl Levin, presidente da comissão de inquérito, "acabaram recaindo sobre outros contribuintes: famílias de trabalhadores e pequenas empresas. E tudo isso acontece enquanto o déficit público atinge níveis alarmantes."

Rampini observa que a Apple, que tanto se disfarça com valores iluminados, é sem dúvida a mais conhecida das empresas borderlines, mas não a única: em sua boa companhia está todo o *gotha* das empresas ligadas ao setor de informática, da Microsoft à Hewlett-Packard, da Amazon à Google. "Quanto mais os fundadores são jovens, liberais, de ideias avançadas, mais parecem à vontade para imitar as atitudes dos antigos *robber barons*, os 'barões ladrões', monopolistas do petróleo e das ferrovias aos quais Ted Roosevelt declarou guerra no início do século XX", afirma Rampini.

Embora nas sondagens da *Fortune* a Apple tenha sido a empresa mais admirada do mundo por três anos consecutivos; embora tenha sido subornado um exército de advogados, de lobistas, de agentes dedicados à imagem institucional e pessoal, até uma divindade como Steve Jobs teve de tirar a máscara diante das acusações comprovadas de ser não apenas um monopolista e um explorador de seus funcionários, bem como dos operários chineses, mas também um péssimo pai. Ao menos 64 mil engenheiros e especialistas em software foram prejudicados por um acordo secreto de cartel com que Steve Jobs, por bem ou por mal, conseguiu das grandes empresas informáticas — Google, Intel, Adobe, Intuit, Pixar, Lucasfilm etc. — o acordo de não roubar os talentos criativos umas das outras. *Stock options* retroativas, cartel de preços sobre os e-books e outras bravatas do tipo levaram a definir Jobs como "a personificação do delito antitruste".

Mike Daisey, autor da peça de teatro *The Agony and the Ecstasy of Steve Jobs*, com a qual o carisma do chefe da Apple foi redimensionado também na Broadway, interpreta toda a nossa tristeza quando diz: "Se tivesse decidido adotar a verdadeira transparência sobre as condições de trabalho de seus operários na China, toda a indústria do planeta teria de se adaptar e imitá-lo". O mesmo poderia ser dito de quase todas as empresas do setor informático. Nascidas quando os perigos da organização capitalista já eram bem conhecidos e reprovados; nascidas num país já rico e poderoso, o mais rico e poderoso do planeta, essas empresas baseadas em tecnologias e competências totalmente novas poderiam ter revolucionado o mundo do trabalho, inaugurando princípios vitais destinados a tornar a humanidade mais livre, igual e feliz.

Descompromisso e participação

Um membro do conselho de administração do Facebook disse que "a Igreja católica demorou 2 mil anos para atingir 1,2 bilhão de fiéis, enquanto nós alcançamos o mesmo objetivo em dez anos". A velocidade com que se expande o setor de informática aproxima-se da velocidade da luz. Assim, é difícil prever aonde a rede e a Web nos levarão. Podemos apenas levantar hipóteses que o futuro imediato se encarregará de tornar obsoletas.

Se, como é previsível, as tecnologias da informação continuarem a levar a um modelo consumista, o consequente desinteresse pela política e pelos valores cívicos e sociais aumentará o risco da autocracia, do golpe e de novos autoritarismos. Como a adoção das tecnologias da informação atuará em favor de uma democracia direta, em tempo real, com renúncia à delegação e à representação, poderão derivar daí consequências desastrosas para a vida democrática, com a formação de maiorias totalmente incompetentes, ocasionais e frágeis. Por sua vez, a internet e a Web tenderão a não alimentar entre os cidadãos um debate muito profundo sobre essas ameaças.

A participação social e política aumentará apenas onde houver fortes contraposições ideológicas de tipo religioso, como as decorrentes do fundamentalismo islâmico ou as determinadas pela posição da Igreja católica acerca das biotecnologias. O desinteresse não suscitará problemas sérios enquanto a economia estiver em alta, mas, em caso de recessão, o desprezo dos cidadãos pela política e por seus representantes ultrapassará o nível de atenção. Na prática, não apenas a economia superará a política, não apenas as finanças superarão a economia, mas a política servirá de bode expiatório para ambas. Desse modo, as tensões sociais se agudizarão e serão consolidadas formas de oposição que expressarão, de um lado, a necessidade de redimensionar o welfare state e, de outro, a exigência de dar maior peso à dimensão social e à solidariedade.

Estética e **short attention**

A contaminação provocada pelas interações cada vez mais frequentes no âmbito internacional constituirá uma séria ameaça para as identidades locais. Diante da uniformização, poderá aumentar a reivindicação das identidades coletivas nas comunidades nacionalistas e em cada etnia. A falta de organismos dedicados à mediação entre o interesse individual e o coletivo, por sua vez, favorecerá o aumento de um individualismo desprovido de originalidade e subjetividade dos comportamentos. Haverá, antes, mais uma nivelação nos modos de vida, nos ideais e na cultura. Portanto, não obstante um aumento da eficiência em todas as manifestações da vida econômica e social, o conteúdo da própria vida poderá empobrecer-se ainda mais, sem que surja uma reação contra essa deprimente tendência.

A estética se ligará à evolução tecnológica e se aplicará cada vez mais aos instrumentos desta. A mudança do gosto recairá especialmente sobre as cidades, que também assimilarão a instância estética, tornando-se mais funcionais ao uso das tecnologias da informação e, ao mesmo tempo, mais bonitas.

Nas cidades digitais e tecnológicas se dedicará especial atenção à qualidade da vida, ao ambiente e à bioarquitetura. Novos instrumentos com imensas potencialidades permitirão simulações de impacto ambiental que poderão ser utilizadas sempre que se quiser inserir novos elementos num contexto urbano preexistente. A dimensão estética não se reduzirá a um acréscimo ornamental e não funcionará apenas como embalagem das inovações, mas, passando a ser essencial, seu peso será acentuado nos produtos, na comunicação, no cuidado do corpo.

A questão ética ligada à privacidade será cada vez mais premente porque serão cada vez maiores as possibilidades tecnológicas de violá-la, em virtude da dificuldade de se atingir o equilíbrio entre a proteção dos dados individuais e sua livre difusão na rede.

As inovações informáticas poderão acentuar a *short attention*, ou seja, a atenção parcial, tornando-a, porém, cada vez mais transversal, distribuída em várias atividades: todos terão condições de dirigir, falar ao celular, ouvir rádio, atender o próprio filho e observar as placas de trânsito ao mesmo tempo. E isso em todos os momentos do dia. O que nos tornará mais neuróticos, menos reflexivos, mas também mais reativos. Sobretudo os jovens assumirão essa "atitude de curto prazo", impelidos pelo contexto tecnológico a serem animados, ágeis, transversais e dispersivos.

O desenvolvimento das tecnologias informáticas influenciará a economia, impelindo-a a adotar estruturas cada vez mais capazes de fornecer produtos e serviços circunstanciados e especializados, orientados para os chamados "micromercados de massa".

Átomos e bits

Ao mesmo tempo, o processo de globalização econômica implicará a concorrência em todos os mercados, a busca de grandes números, uma forte tendência para os serviços personalizados e os bens de consumo. As novas tecnologias permitirão alcançar instantaneamente, no âmbito global, empresas e indivíduos isolados, desencadeando processos de "comoditização" e "desintermediação", que transformarão os incrementos quantitativos de qualquer parâmetro em consequências qualitativas de destaque.

O cidadão será cortejado para poder ser conhecido e depois alcançado por ofertas diretas de bens e serviços que ele mesmo contribuirá para melhorar e refinar. As interações entre produtores e clientes se tornarão cada vez mais frequentes e personalizadas, fornecendo a base para relações espontâneas, para a *customer intimacy* de longa duração.

Na *Old Economy* será líder quem se reorganizar globalmente, oferecendo novas formas de trabalhar aos próprios colaboradores, novas maneiras de comprar aos próprios clientes e novos produtos ao mercado. Mas, em geral, a *Net* e a *New Economy* levarão à superação das costumeiras distinções de setor, dimensão e localização das empresas.

A difusão das tecnologias da informação e da comunicação continuará a influenciar tanto a maneira de produzir como os conteúdos da produção. Informática e telecomunicações, juntamente com os métodos de planejamento e produção assistidos por computador, permitirão transferir para onde for mais conveniente até mesmo as atividades produtivas muito elaboradas e complexas, com base na demanda do mercado.

As oportunidades de trabalho se deslocarão ainda mais dos setores manufatureiros para as atividades de serviços, para as empresas e para aquelas vinculadas à busca de um bem-estar global constituído de saúde física e aculturação permanente. Essa tendência será facilitada tanto pelo desenvolvimento de atividades em rede quanto pelo crescente nomadismo, físico e virtual, igualmente facilitado pelas tecnologias da informação e da comunicação.

Com o desenvolvimento da economia virtual, as relações econômicas virtuais crescerão mais que as relações econômicas tangíveis. Em decorrência disso, aumentará o desequilíbrio entre os serviços fornecidos pela infraestrutura física e os fornecidos pela infraestrutura de comunicação, entre a troca de átomos e a troca de bits.

O eterno dilema

No estado das pesquisas de previsão, parece bastante provável que, pelo menos no futuro próximo, os ricos, os cultos e os competitivos serão cada vez mais ricos, cultos e competitivos, ao passo que os pobres se tornarão cada vez mais pobres, ignorantes e indefesos, porque as regiões do mundo que conseguirão obter as maiores vantagens das inovações científicas e tecnológicas serão, em essência, as já desenvolvidas. Os desequilíbrios demográficos aumentarão; as áreas frágeis serão cada vez menos protegidas; a contraposição predominará sobre a cooperação; o equilíbrio do ecossistema será cada vez mais ameaçado por um uso irresponsável dos recursos energéticos, a não ser que uma nova ordem social seja exigida e obtida pelas populações atualmente prejudicadas.

Estamos, portanto, num trágico dilema: se a consciência e a indignação dos "danados da Terra" aumentarem, se essa indignação encontrar formas adequadas de organização antagônica, os conflitos se tornarão ingovernáveis, mas poderão levar a uma redistribuição finalmente igualitária da riqueza, do trabalho, do saber e do poder. Se a irresponsabilidade e o descompromisso predominarem, o peso do gênero humano sobre o ecossistema superará a capacidade de carga da natureza.

X. Xénos

Nossa natureza está no movimento. A única
coisa que nos consola das misérias é a diversão.
BLAISE PASCAL

Quanto menos inteligente é o branco,
mais o negro lhe parece estúpido.
ANDRÉ GIDE

Xénos em grego significa estrangeiro. E a condição de estrangeiro nos acompanha por toda a vida, num mundo em que, sem termos pedido, nascemos depois de uma ausência perene e do qual, sem termos pedido, nos afastaremos para uma ausência definitiva. Não bastam oitenta anos para se tornar nativo de um planeta onde nunca estivemos e ao qual nunca mais voltaremos. E mesmo quando as burocracias certificam nossa cidadania num país específico, a residência numa cidade específica, numa rua específica, num número específico, a sensação de estraneidade continua a se insinuar. Somos estrangeiros nos lugares que visitamos como turistas ou para onde nos mudamos como emigrantes; somos estrangeiros para as ideias com as quais não concordamos, para os programas de televisão que nos entediam, para os grupos aos quais somos arrastados a contragosto; somos estrangeiros em relação aos concidadãos que não temos interesse em conhecer, aos vizinhos de casa que não queremos frequentar, aos amigos que perdemos de vista. Somos estrangeiros para nós mesmos quando não nos reconhecemos nas ideias que pensamos, nos rostos que nos amaram, nas ações e nas palavras que nos credenciaram.

Somos estrangeiros para nós mesmos e para os outros quando, na desorientação que nos desconcerta, buscamos a salvação no deserto das relações e dos sentimentos. Somos estrangeiros quando confiamos à fuga de uma viagem o distanciamento dos lugares que se tornaram sufocantes.

Aqui, a seguir, procuro a companhia de quem é estrangeiro para si mesmo por desaparecimento, por loucura ou por raiva; e de quem é estrangeiro para os outros por aventura, por migração ou por errância.

ESTRANGEIRO POR DESAPARECIMENTO

Jim Blake, protagonista imaginário de um romance policial escrito em 1935 por Franklin Delano Roosevelt, é um advogado americano por volta dos quarenta anos de idade, muito rico, que está farto de sua vida, de seus negócios, de seu casamento, de seus amigos, de sua rotina. Por isso, decide desaparecer — como em *O falecido Mattia Pascal* de Pirandello ou como em *Herzog* de Saul Bellow —, mas levando consigo um patrimônio bilionário para poder fazer algo útil para os outros, talvez organizar uma atividade recreativa numa remota cidadezinha onde ninguém possa reconhecê-lo.

Desaparecer com alguns bilhões não é nem um pouco fácil, e Roosevelt, que não sabe como resolver essa questão, uma noite confia essa dificuldade — como fazer Jim Blake desaparecer — a alguns de seus convidados de jantar, entre os quais está o diretor da revista *Liberty*, que decide ajudá-lo. De fato, no dia seguinte, convoca os sete autores mais famosos de livros policiais, apresenta-lhes a trama sem revelar seu autor e convida cada um deles a escrever um capítulo, de acordo com o próprio estilo e a própria imaginação. *The President's Mystery Story*, assinado por Roosevelt, foi publicado em capítulos, teve enorme sucesso e deu origem também a um filme.

É difícil passar despercebido numa pequena cidade do interior. É muito fácil desaparecer numa metrópole. Mas por que desaparecer? Há pelo menos dois possíveis motivos para isso: um voluntário, outro involuntário.

Todos estão sujeitos a ficar insatisfeitos com a própria vida e, na certeza de que só se vive uma vez, a querer resgatar os dias que faltam fugindo da prisão de uma normalidade monótona e frustrante para dar finalmente um sentido aos próprios dias. Os psicanalistas a denominam "fantasia de desaparecimento": sonhar que se está em outro lugar, geográfico ou imaginário, onde seja finalmente possível iniciar uma experiência inédita, criar um projeto de vida e levá-lo a termo.

Mas existe também um desaparecimento involuntário, devido não ao nosso desejo de nos fazer engolir pela sociedade, mas à sociedade que nos engole, tornando-nos anônimos e marginais, contra a nossa vontade. São sobretudo as metrópoles que a cada ano engolem milhares de pessoas, transformando-as em embalagens descartáveis. Nos Estados Unidos, os *homeless*, os sem-teto, são milhões, e não raro se trata de antigos profissionais liberais ou antigos executivos que a cidade surpreendeu num momento de fraqueza e anulou para sempre. Mas às vezes até centros relativamente pequenos em relação às megalópoles internacionais se revelam cruéis a ponto de excluir as crianças, os velhos, os fracos e todos aqueles que se mostram física ou sociologicamente inaptos para a dura luta cotidiana pela sobrevivência.

Tempos atrás, morreu na Itália Tiberio Mitri, famoso campeão mundial de boxe, de quem havia anos ninguém mais se lembrava. Vivia entre nós, mas não nos dávamos conta disso. A seu modo, havia desaparecido. Não porque não quisesse ser visto, e sim porque não o víamos e não notávamos seu dilacerante desespero. Até um homem forte e famoso como ele pode resvalar pouco a pouco para o fundo escuro da solidão e da desgraça, esquecido pelos próprios concidadãos que o haviam aclamado. É esse o túnel ao qual cinicamente leva a cidade da multidão solitária. É essa a escuridão do esquecimento onde nos tornamos estrangeiros em nossa pátria, e que engoliu, ainda em vida, até poetas delicadíssimos como Sandro Penna, Elsa Morante, Aldo Palazzeschi ou Umberto Saba, que escrevera: "Mai appartenni a qualcosa o a qualcuno./ Fui sempre ('Colpa tua' tu mi rispondi)/ fui sempre un povero cane randagio".*

ESTRANGEIRO POR AVENTURA

A aventura é uma diversão à qual o homem se entrega para fugir do tédio da norma-lidade e agarrar-se a um acontecimento anormal. Uma diversão para se tornar estran-geiro diante de si mesmo e de sua vida cotidiana. Como em todas as diversões, também na aventura está implícita a ideia de mistério, excentricidade, paixão, disputa consigo mesmo e com a sorte, tensão, fuga, iniciativa e sagacidade.

Nem todos, obviamente, têm a mesma inclinação para a aventura, que envolve riscos e exige coragem. Aquela coragem que levou Ulisses além das Colunas de Hércules e impeliu Parsifal à busca do Santo Graal.

Toda a história humana é marcada por grandes aventuras prodigiosas destinadas à glória e por pequenas aventuras cotidianas destinadas ao esquecimento. Epopeias glo-riosas como o assédio impetuoso de Aquiles aos pés das muralhas de Troia; as longas

---

* "Jamais pertenci a algo ou a alguém./ Fui sempre ('Por tua culpa', me disseste)/ Fui sempre um pobre cão sem dono." (N. T.)

marchas de Alexandre, o Grande, e de Juliano, o Apóstata, além das fronteiras misteriosas da Pérsia; a travessia atlântica de Cristóvão Colombo, que zarpa da Espanha para "chegar ao Oriente através do Ocidente"; o doce extremismo de Gandhi e a amarga prisão de Mandela, que defendeu o direito de seus povos à identidade. Mas igualmente exemplares são as aventuras mais humildes de Renzo e Lucia, que seguem seu próprio sonho de amor; a de Emma Bovary, que tenta desesperadamente fugir do tédio burguês; a de Madame Butterfly, que se abandona à ilusão e sucumbe ao engano.

Existem aventuras que impõem respeito: a nobre do herói, a estética do artista, a dinâmica do empresário, a generosa do educador, a obstinada do cientista. Há outras que causam surpresa: a atrevida do don-juan, a temerária do alpinista, a audaciosa do apaixonado. Existem outras, enfim, que despertam repulsa: a despudorada da cortesã, a violenta do mafioso, a presunçosa do incompetente, a arrogante do trapaceiro.

A aventura exorciza o medo do risco com o prazer da descoberta. Exige, portanto, insatisfação com a situação atual, esperança numa situação melhor, confiança na possibilidade de realizá-la, inquietude física e intelectual, propensão a experimentar novos caminhos em vez de percorrer os já consolidados.

No conto "A rosa de Paracelso", de Borges, o discípulo pergunta ao mestre: "Mestre, qual é a meta?", e o mestre responde: "Cada passo é a meta". A felicidade da aventura não está tanto na sua realização, mas nas várias etapas do percurso que é preciso superar antes que ela se realize.

A coragem é um conceito especular do medo. O medo do inimigo, o medo do diferente, o medo do difícil, o medo do complexo, o medo do desconhecido remetem à coragem necessária para derrotar o inimigo, para aceitar o diferente, para dominar o difícil, para deslindar o complexo, para decifrar o desconhecido.

Assim como o medo, a coragem assume formas específicas em função do tempo, do lugar e das circunstâncias que a requerem. A coragem necessária para enfrentar a Inquisição certamente foi diferente da necessária para curar leprosos, escalar montanhas, chegar à Lua. A coragem prodigiosa e temerária ostentada pelo trapezista é bem diferente da coragem cotidiana e paciente demonstrada pela viúva; a coragem prolongada do espião é bem diferente da coragem instantânea do trombadinha.

Graças ao recurso tecnológico, muitas atividades humanas que outrora exigiam coragem desceram da categoria do heroísmo para a da tarefa comum: o sacrifício de Ícaro é anulado pelos aviões supersônicos; um simples celular aplacaria toda a ansiedade de Penélope e alertaria toda a fugitiva retaguarda de Waterloo.

Para evitar a astúcia, é necessária uma coragem sutil; para enfrentar a arrogância, uma coragem inflexível; para educar a ignorância, uma coragem missionária; para seguir o líder, uma coragem devota; para neutralizar a trivialidade, uma coragem suave; para debelar a burocracia, uma coragem irônica; para dirigir a democracia, uma coragem organizada; para ignorar a ofensa, uma coragem magnânima; para sacrificar-se por uma causa, uma coragem neurótica.

As obras e os dias do homem estão permeados de coragem: a necessária a Giordano Bruno para enfrentar a fogueira; a necessária ao gladiador para derrubar o adversário; a necessária ao santo para testemunhar a fé; a necessária ao cientista para refutar os paradigmas consolidados; a necessária ao astronauta para enfrentar a lei da gravidade; a necessária ao dirigente para tomar uma decisão; a necessária ao apostador para arriscar um blefe. É preciso ter coragem até mesmo para enfrentar a coragem.

Os campos privilegiados nos quais a coragem se expressa são a defesa, o ataque e a inovação. Pense na coragem de Eneias, que defende os seus lares; na coragem de Antônio Francisco Lisboa, o Aleijadinho, que, desfigurado e mutilado pela lepra, se obstina em esculpir com o martelo e o cinzel presos aos tocos dos dedos; na coragem de Joaquim José da Silva Xavier, o Tiradentes, decapitado e esquartejado por ter assumido toda a culpa da insurreição de Minas Gerais; na coragem de Sacco e Vanzetti, que defendem seu direito à verdade.

Mas pense também na coragem destemida de Aquiles contra os defensores de Troia; na utópica de Alexandre, o Grande, e de Juliano, o Apóstata, contra as misteriosas fronteiras orientais; na intrépida de Parsifal contra a monstruosidade de Klingsor; na falsamente louca de Hamlet contra a perfídia materna; na realmente louca de Ofélia contra a ausência de Hamlet; na ingênua de Fabrizio del Dongo contra os inimigos do mito napoleônico; na alucinada dos camicases contra o ultraje dos blasfemos.

Homens corajosos na inovação são Copérnico e Galileu, que subvertem o universo bíblico; Brunelleschi, que constrói a cúpula da igreja Santa Maria del Fiore sem usar cimbres; Diderot e Voltaire, que desafiam o absolutismo régio e a Inquisição eclesiástica para afirmar a liberdade de um mundo emancipado do infantilismo da fé; Taylor, que impõe ao trabalho as regras científicas da eficiência; Keynes, que liberta do trabalho o destino de seus netos; Adriano Olivetti, que constrói a cidade do homem segundo os padrões da beleza.

Existe uma coragem que impõe respeito: a nobreza do herói, o talento do artista, a grandeza do gênio, a segurança do cirurgião, a bravura do profissional, a iniciativa do empresário, a magnanimidade de quem perdoa.

Existe uma coragem que causa surpresa: a desfaçatez do don-juan, a audácia do espadachim, a temeridade do equilibrista, a segurança do dançarino, o sangue-frio do assaltante, a abnegação do socorrista, o golpe de vista do conhecedor, a extravagância do dândi, a negociação ousada do comerciante, o blefe calculado do jogador de pôquer.

Há uma coragem que nos pega desprevenidos: o descaramento do ladrão, a insolência do moleque, a falta de pudor da cortesã, a ousadia do apaixonado, a irreverência do blasfemo.

Há uma coragem que exigiria prudência: a determinação do irresponsável, o atrevimento do autodidata, a indiscrição do presunçoso, a insolência do temerário, a irreverência do descomedido, a jactância do erudito, a soberba do primeiro aluno da classe.

Há uma coragem que merece desprezo: a arrogância do mafioso, a presunção do incompetente, a petulância do mais forte, a imprudência do ignorante, o abuso do maldoso, o descaramento do bajulador, a grosseria do mal-educado, a insolência do malfeitor, a pretensão do incompetente, o esnobismo do erudito.

ESTRANGEIRO POR EMIGRAÇÃO

Três saídas de emergência do subdesenvolvimento

No começo do século XX, quando a população mundial era de 1,65 bilhão, 20% dos desníveis demográficos entre uma nação e outra eram preenchidos com as migrações: basta pensar no número de italianos que partiram para os Estados Unidos ou para o Brasil. Hoje, em contrapartida, somos 7 bilhões e só 3,5% dos desníveis são compensados com as transferências de migrantes de um país para outro.

Contudo, isso significa que a cada ano cerca de 250 milhões de pessoas mudam de país: reunidos numa só nação, seriam a quarta parte do mundo em número de habitantes. Dessa imensa maré de humanidade migrante, mais ou menos 70 milhões de pessoas são recebidos na Europa; cerca de 50 milhões, nos Estados Unidos. À emigração regular deve-se ainda acrescentar a clandestina: calcula-se que só na Índia os clandestinos sejam aproximadamente 20 milhões; nos Estados Unidos, 10 milhões; na Europa, 7 milhões.

Antigamente, os pobres do Terceiro Mundo não tinham consciência das diferenças entre a vida que levavam e a que se tinha nos países ricos. Em decorrência disso, não se viam tentados a emigrar para uma legítima busca de fortuna, como sempre fizeram os irlandeses, os poloneses e os italianos. Hoje, ao contrário, os meios de comunicação de massa levam as imagens da nossa despudorada riqueza até os cantos mais remotos do planeta (há trinta anos, já pude ver, no Zaire, como periodicamente os helicópteros lançavam sobre os vilarejos dispersos na floresta as baterias necessárias para o funcionamento de rádios portáteis).

Uma vez consciente da diferença escandalosa entre a própria condição e a dos privilegiados, da exploração a que são submetidos e do próprio direito ao desenvolvimento, os pobres têm três saídas: tentar mudar o próprio destino individualmente, oferecendo os próprios braços no mercado internacional do trabalho; desencadear uma revolução total aproveitando a esmagadora superioridade numérica dos danados da

Terra; criar movimentos locais, revoltosos e cruentos, apoiando-se no fundamentalismo. A primeira saída é adotada por milhões de emigrantes isolados que confluem nas imensas ondas migratórias; a segunda, por ter necessidade de uma estratégia unitária, de uma organização eficiente e de uma liderança carismática, ao menos por enquanto continua utópica; a terceira saída encontra contínuas manifestações concretas através de atentados, guerrilhas e guerras frequentemente realizados em nome de um deus único e de uma religião intransigente.

O preço da emigração

No ano de 2009, quando os fluxos migratórios ainda não haviam atingido a dimensão atual, as remessas dos emigrados para seus países de origem alcançaram 420 bilhões de dólares, dos quais 317 bilhões foram destinados a países em vias de desenvolvimento.

Essa soma é mais que três vezes o total dos auxílios internacionais. Isso não impede que um país obrigado pela pobreza a fazer seus filhos partirem na flor da idade se veja ainda mais empobrecido precisamente em virtude dessa partida: depois de ter alimentado por anos os seus emigrantes quando ainda não eram produtivos, deve desfazer-se deles justamente quando enfim adquiriram as forças e os conhecimentos necessários para trabalhar.

Os que encontram a força para abandonar as próprias raízes e se aventurar em terras estrangeiras quase sempre são os mais dinâmicos e não raro os mais escolarizados. Metade dos portadores de curso superior de Gana e um terço dos de Angola vivem no exterior. No Reino Unido, 37% dos médicos e 18% do pessoal da saúde (sobretudo o que se ocupa dos idosos) são compostos por imigrantes.

Depois de chegar aos países de destino, os estrangeiros precisam lutar não apenas com os naturais do local para evitar a exploração, mas também com os que imigraram antes deles. Nós, italianos, sabemos bem disso: quando nossos antepassados deixavam suas casas e embarcavam para os países além-mar, ao chegar ao Rio Grande do Sul ou ao Brooklyn eram explorados sobretudo pelos que haviam chegado antes e haviam aproveitado as melhores oportunidades.

Os fluxos migratórios no Mediterrâneo

Setecentos milhões de pessoas, cerca de 10% da população mundial, gostariam de emigrar do próprio país, preferencialmente para os Estados Unidos ou a Europa. Essa necessidade é criada, de um lado, pela força centrífuga exercida pela miséria, pelo desemprego, pelas ditaduras, pelas guerras, e, de outro, pela força centrípeta exercida pelo bem-estar dos países ricos, que a mídia torna evidente e atraente. Tomemos o caso da região mediterrânea. Os nove países da margem Norte (França, Itália, Espanha, Grécia, Eslovênia, Portugal, Croácia, Sérvia e Albânia) têm uma população total de 220 milhões de pessoas que vivem em relativa paz; os oito países da margem Sul (Líbia, Turquia, Líbano, Argélia, Tunísia, Marrocos, Síria e Egito) têm uma população total de 271 milhões de indivíduos que vivem em contínuas guerras e revoluções.

Entre os dois blocos — separados pela mais frágil das fronteiras, ou seja, pelo mar — existem grandes diferenças em termos de longevidade, padrão de vida, riqueza, instrução e tecnologias. A esperança de vida é de oitenta anos na margem Norte e de 73 na margem Sul. A renda per capita é de 33 600 euros nos países do Norte e de apenas 4750 nos do Sul. Do ponto de vista demográfico, o ritmo é discrepante. A taxa de natalidade dos países do Sul, onde a cultura arcaica e a pobreza induzem a se multiplicar com rapidez, é o dobro da dos países do Norte, onde cultura moderna e bem-estar levam a reduzir o crescimento. Assim, em 2030, a população da margem setentrional terá descido para 215 milhões de habitantes, e a da margem meridional terá subido para 341 milhões. Os jovens com menos de 25 anos representam apenas um quinto dos habitantes dos países do Norte, onde aumenta cada vez mais a porcentagem de adultos e idosos, enquanto são a metade da população nos países do Sul, constituindo, portanto, um potencial recurso precioso para uma Europa que se torna cada vez mais velha.

Por isso, seria conveniente para os países da margem Norte acolher generosamente os emigrantes dos países da margem Sul. Mas não apenas por esse motivo.

Encerrados os quarenta anos de Guerra Fria com a queda do muro de Berlim, a cisão entre Norte e Sul do planeta tornou-se ainda mais nítida, e os países da Europa meridional, anteriormente elo de ligação entre Oriente e Ocidente, veem-se diante de uma nova e fecunda perspectiva estratégica: tornar-se elo de ligação entre o hemisfério dos ricos e o dos pobres, entre os insiders e os outsiders da sociedade afluente, começando a experimentar, também em nossa casa, aquela boa convivência inter-racial que há séculos já é realidade no Brasil. Todo comportamento racista de nossa parte em relação aos imigrantes, além de imoral, é míope, porque torna cada vez mais remota aquela colaboração sem a qual nossa economia está destinada a sucumbir e o nosso papel no tabuleiro internacional está destinado a se apagar.

De migrantes a escravos

Os nativos dos países ricos recusam cada vez mais as atividades trabalhosas, entediantes, repetitivas, banais, insalubres, de baixa remuneração. Por isso, se têm condições de ser transferidas, como acontece com a produção em série, essas atividades são instaladas nos países emergentes. No caso das funções não passíveis de transferência, como os trabalhos pesados na agricultura ou os serviços pessoais na assistência domiciliar, então o Primeiro Mundo as entrega à mão de obra imigrada dos países pobres.

Decorre daí uma tripartição do mercado internacional, descrita mais detalhadamente no capítulo dedicado ao "Trabalho": um Primeiro Mundo que tende a monopolizar todas as atividades ideativas — científicas, humanistas, estéticas —, às quais confere prioridade, financiamentos, pesquisa, tecnologias e formação; um Segundo Mundo, o dos países emergentes, no qual pouco a pouco são deslocadas as fábricas de bens materiais; um Terceiro Mundo, caracterizado pela baixa produção tanto de ideias comercializáveis como de manufaturados, obrigado a mendigar a própria sobrevivência em troca de matérias-primas e mão de obra.

Grande parte dos países europeus pertence ao primeiro segmento desse mercado internacional e importa dos países pobres trabalhadores dispostos a realizar aquelas atividades massacrantes, humildes e sub-remuneradas que não podem ser externalizadas. No entanto, nossa matriz cultural nos obrigaria a uma mobilização permanente para evitar que tais trabalhos borderlines pouco a pouco transformem a condição de estrangeiros na de escravos.

Nosso DNA de europeus e nossa retórica estão permeados de virtudes como a convivialidade, a acolhida, a solidariedade. Nas veias de todo europeu corre o sangue de muitos povos que lutaram, mas também se misturaram uns com os outros no decorrer dos séculos. A partir da Idade Média, ao menos formalmente, abolimos a escravidão; a partir do Iluminismo, conquistamos a laicidade, a aspiração à democracia e à liberdade. Ainda assim, cada vez mais insistente, insinua-se entre nós uma tentação inédita, que se choca com o estereótipo benevolente de uma Europa impregnada de valores humanistas: devolver os imigrantes ao mar ou transformá-los em escravos.

Durante décadas, os italianos, poloneses e irlandeses foram povos de migrantes, obrigados a buscar em outro lugar, como estrangeiros, a dignidade e o trabalho que a miséria ou a perseguição lhes negavam na pátria. Agora, porém, somos destino de fluxos de migrantes que não vêm para nos subjugar, como fizeram os espanhóis e os austríacos com a Itália, os franceses com a Alemanha ou os alemães com a Polônia, mas para se submeter; aos nossos costumes, às nossas leis, às nossas aspirações. Com muita frequência, diante desses novos hóspedes, brotam em nós um patológico complexo de superioridade, um impulso à rejeição e à exclusão, quando não uma pretensão de posse e submissão total que ameaça nos fazer regredir milênios.

Acolhida

Em 1908, Bartolomeo Vanzetti alcançou a terra prometida dos Estados Unidos; um ano depois, chegou Nicola Sacco. Vanzetti contará: "No centro de imigração, tive a primeira surpresa. Os emigrantes eram separados como tantos animais. Não havia uma palavra de gentileza, de encorajamento, para aliviar o fardo de sofrimentos que pesa tanto sobre quem acabou de chegar à América". Bem pior é a sorte de um imigrante que chega hoje à Europa.

A maioria dos italianos, dos espanhóis e dos franceses se declara cristã. Muitos cultivam ideologias solidaristas de tipo social-democrata ou social-comunista. Portanto, a acolhida e a integração dos imigrantes deveriam representar um compromisso prioritário e até bem-vindo, por motivos éticos e por vantagens práticas. Em vez disso, o fenômeno da imigração suscita hostilidade em grande parte da Itália; é tratado com cinismo em toda a União Europeia.

Estima-se que em catorze anos tenham se afogado no Mediterrâneo 23 mil emigrantes. Cada um deles fizera um longo percurso a pé para chegar da Síria, da Eritreia, da Somália, de Gâmbia, de Mali e do Sudão até os lugares de embarque, onde foi necessário acampar por semanas; entregara todas as suas economias aos comerciantes de carne humana para ser carregado nos barcos infláveis como embalagem descartável, como animal entre os animais; nos longos dias da travessia, lutara contra a fome e a sede, esperara inutilmente por socorro, tentara salvar os filhos caídos no mar e depois, morto de frio, se abandonara às ondas.

Os que conseguem chegar às nossas costas, desprovidos de tudo e muitas vezes também dos entes queridos perdidos durante a viagem, são aglomerados por meses nos campos de concentração, alimentados como porcos numa pocilga frequentemente sem leitos e sem serviços higiênicos. Alguns são levados de volta aos países de origem — como os albaneses enviados de Bari para Tirana —, e muitas vezes, assim que pisam de novo em sua pátria, são massacrados de pancadas, quando não fuzilados na própria pista do aeroporto por serem considerados desertores.

Os que ficam na Itália, depois de fugir dos campos de concentração, desprovidos de recursos e até de palavras para se expressar, tentam passar clandestinamente para outros países europeus; se não conseguem, procuram um trabalho entre nós; se não o encontram, adaptam-se a qualquer emprego, mesmo ilícito: exatamente como faziam nossos antepassados expatriados no início do século XX nos Estados Unidos, onde, para sobreviver, se prestavam aos trabalhos mais humildes ou passavam a engrossar as fileiras da criminalidade.

As cuidadoras sul-americanas que se encarregam dos idosos, os trabalhadores braçais magrebinos que trabalham nas propriedades rurais da Emília-Romanha, os lavadores de pratos egípcios que trabalham nas cozinhas dos restaurantes gozam de uma acolhida mais ou menos digna porque, sem eles, muitos de nossos idosos ficariam sem assistência, muitos produtos agrícolas não poderiam ser recolhidos, muitos hotéis e muitos restaurantes teriam de fechar as portas. No entanto, assim que os imigrantes ultrapassam o número estritamente necessário para atender a nossas exigências, assim que ousam tentar trabalhos menos repulsivos, logo estala em nós o medo da sua possível intromissão. Os que não têm um trabalho nem assistência (exceto a do voluntariado católico) pouco a pouco caem numa espiral de marginalidade que cedo ou tarde os afunda na miséria mais extrema, expondo-os à violência e à prisão.

Diante do caos normativo e organizacional que não permite controlar as chegadas, a marginalização ou a violência dos imigrantes, nossas reações são cada vez mais tingidas de intolerância racial. No Parlamento chegou-se até a propor o fichamento dos imigrantes pela coleta das impressões digitais dos pés. No mundo subterrâneo do mercado de trabalho já está estabelecida a prática de se apropriar não apenas do tempo e das energias dos imigrantes, mas também da única propriedade que lhes resta: seu corpo.

Daí as duas formas extremas de sujeição: a prostituição e o trabalho irregular, ambos impostos aos extracomunitários, e sobretudo aos clandestinos, em formas cruéis a ponto de se parecerem com o antigo escravagismo.

Racismo

Quando na Itália havia apenas italianos e éramos nós os emigrantes, tínhamos orgulho de não ser racistas. No entanto, assim que nosso país timidamente se encaminhou para se tornar uma sociedade multiétnica, logo revelamos inimagináveis tendências xenofóbicas.

Considerando cada imigrante um transgressor por definição, comprazemo-nos em imputar aos hóspedes faltas desonrosas de todos os tipos. Assim, nossas prisões se encheram de estrangeiros obrigados a cometer delitos para sobreviver, mas sobretudo de estrangeiros à espera de julgamento, suspeitos pelo simples fato de serem estrangeiros. E, no entanto, também nós, ao lado de gângsteres tipo Al Capone e Lucky Luciano, exportamos jovens como Sacco e Vanzetti, acusados injustamente e justiçados sem culpa. Antes de morrer, falando de seus acusadores, Nicola Sacco escreverá ao filho: "Eles poderão crucificar nossos corpos como vêm fazendo há sete anos, mas não poderão jamais destruir nossas ideias, que permanecerão ainda mais belas para as futuras gerações". E Bartolomeo Vanzetti dirá: "Eu não desejaria a um cão ou a uma cobra, à criatura mais miserável e infeliz da Terra, não desejaria a ninguém aquilo que tive de sofrer por coisas pelas quais não sou culpado. Mas minha convicção é que sofri por coisas pelas quais sou culpado. Estou sofrendo por ser um radical, e de fato sou um radical; sofri porque sou italiano, e de fato sou italiano".

Há muito menos imigrantes na Itália que na Alemanha ou na França, e contudo nossa xenofobia tomou corpo e se transformou em partido político bem mais que nos países vizinhos, agigantando o fenômeno e agitando-o como um imenso espectro. De acordo com a criteriosa pesquisa do Ipsos Global @dvisor, citada no capítulo "Interpretação", a maioria dos italianos acredita que os imigrantes são 30% dos residentes, enquanto são apenas 7%. A xenofobia é mais acentuada precisamente nas regiões como o Vêneto, onde a miséria reinou até algumas décadas atrás, obrigando milhões de pobres a se transferirem para o Brasil, onde, não por acaso, no Rio Grande do Sul existem cidades denominadas Nova Veneza ou Nova Vicenza.

Apenas uma política de integração pode livrar-nos do destino dos brancos sul-africanos que, empenhados por anos num obstinado apartheid cruel e autodestrutivo, tiveram depois de ceder por derrota aquilo que poderiam ter reconhecido por uma visão de longo prazo.

ESTRANGEIRO POR LOUCURA

Os loucos, dizia Chesterton, perderam tudo, exceto a razão. Aliás, existe neles uma consequencialidade minuciosa, uma coerência lucidamente racional que não se encontra nas personalidades "normais". Se um louco está convencido de que é Napoleão, atribuirá a homens e coisas nomes e características próprios do mundo napoleônico: chamará seu cunhado de Joaquim Murat, chamará sua mulher de Josefina de Beauharnais, evitando interferências com o mundo real.

Isso implica que cada louco eventualmente viva como certas figuras de Bosch: na bolha de um espaço virtual que ele mesmo criou para si e com o qual faz coincidir seus limites cognoscitivos sem conseguir mais superá-los: a membrana transparente em que se encerrou é intransponível e o impede de estabelecer qualquer forma de comunicação com outros loucos, eles também encerrados, cada qual por sua própria conta, numa mônada impenetrável. É o que se diz do peru: se traçamos ao seu redor um círculo com giz, ele não é capaz de sair dele.

Um dos contrassensos do manicômico — talvez o mais cruel — é precisamente o de colocar juntas pessoas que são constitucionalmente e não raro definitivamente sozinhas. Pessoas que, por causa de sua inculpável patologia, são refratárias à comunidade, à comunicação, à relação interpessoal, desprovidas de toda possibilidade fisiológica de constituir "grupos": como muitos castelos fechados e sem pontes levadiças. Totalmente estrangeiros para si mesmos e para os outros.

O manicômio nunca é um grupo. Cada louco desempenha o seu papel num roteiro que prevê um único personagem, interpretado na ausência de público. Um monólogo, portanto, que não tem nenhuma possibilidade intrínseca de entrar em simbiose, de se entrelaçar conscientemente com outros monólogos até compor um diálogo ou uma história conjunta.

Por isso o manicômio, qualquer manicômio, é absolutamente desprovido de uma dimensão estética. Nem bonito nem feio, nem limpo nem sujo. Ou seja, feio, sujo e malcheiroso a ponto de ultrapassar o próprio conceito de estética. Um inferno arquitetônico e existencial, destituído de compaixões, de lucidez, de asseio. Se a estética é a disciplina que mais que qualquer outra se encarrega da nossa felicidade, o manicômio não pode ter nenhuma conotação estética. Está fora do tempo e do espaço, ou seja, fora das categorias que contribuem de modo determinante para as sensações estéticas. Está aquém da estética do feio e além da estética do belo.

O aspecto degradante, a caverna assustadora de angústia que o manicômio escava no visitante, marcando-o para sempre, está precisamente na impassível tolerância que os loucos conseguem manter diante de um contexto metaestético no qual estão encerrados e do qual são parte. Vítimas e carrascos de si mesmos como do mundo dos "normais".

Mesmo que não tenhamos ido a manicômios para visitar parentes ou amigos, certamente lemos livros, assistimos a filmes ou a representações teatrais neles ambientados. Pois bem, todas as reconstruções fornecidas em tais obras, incluindo *Um estranho no ninho* de Miloš Forman e *Henrique IV* de Pirandello, são igualmente falsas porque restituem o manicômio a uma dimensão estética (portanto, já não é um manicômio) e os loucos a uma dimensão social (portanto, já não são loucos).

Nos desenhos (como, por exemplo, naqueles de Giacinto Ferraro) e nas fotografias (como, por exemplo, nas de Mimmo Jodice), ao contrário, os loucos podem continuar loucos e os manicômios podem continuar a ser manicômios. Quase nenhum dos personagens reproduzidos por esses artistas aparece em qualquer relação com os próprios semelhantes. Os olhos com que eles nos fixam não conseguem atingir as nossas pupilas, por estarem perdidos numa inatingível distância. Ou, talvez, distantes estamos nós que os olhamos e não conseguimos reduzir as distâncias por sermos incapazes de penetrar, decifrar e compartilhar o mistério lancinante da loucura.

Em seu prefácio à *opera omnia* de Sade publicada na coleção Meridiani da editora Mondadori, Moravia recorre a uma imagem que mais que qualquer outra me parece se aproximar, em forma de metáfora, do conceito de loucura como condição extrema e absoluta de estraneidade. "A mente de Sade", escreve Moravia, "nada tem de misteriosa; podemos ver claramente como funciona, do mesmo modo que, aberta a caixa de um relógio, podemos acompanhar os movimentos das esferas. Mas essa visibilidade do pensamento sadiano não exclui uma extrema complicação, de modo que no final ele nos parece uma leitura tão difícil como se estivesse envolto na mais hermética escuridão. De onde vem essa complicação? Diríamos que da relação de uma racionalidade autoritária com uma sexualidade obsessiva, realizada, porém, na ausência completa do mediador habitual dessas núpcias difíceis, ou seja, do sentimento que recebe o nome de respeito. O qual não é senão o reconhecimento e a consciência da existência do 'outro', do parceiro. A indolor e total ausência do respeito humano provoca no organismo da psicologia sadiana uma estranha ligação de partes habitualmente distantes uma da outra, um pouco como um sistema digestório no qual o estômago tenha sido amputado e o intestino ligado diretamente ao esôfago."

A mesma ligação estranha de partes se encontra na modalidade com que foto e desenho, quando são obras-primas, nos restituem fragmentos dessas instituições totais: sua apatia, a posição fetal em que muitas vezes os loucos se encolhem, a androginia de seus rostos e de seus corpos, seus movimentos não contidos pela razão exibem-nos, intocada, a metaestética dos manicômios e dos loucos reais. Nessas obras, a arte consiste precisamente em nos restituir os sujeitos sem a mediação da arte, sem o "estômago".

Ao final da consternada contemplação, quem observa esses desenhos e essas fotografias (representações estranhantes de sujeitos estranhos) encontra-se no exato estado de espírito de quem sai de um manicômio real. Eles produzem em nós a mesma sensação de asséptica sujeira, os mesmos cheiros de desinfetantes borrifados a esmo, a mesma consciência de que, se realmente existisse a Providência Divina, não existiriam loucos, e de que, se realmente existisse a piedade humana, não existiriam manicômios.

ESTRANGEIRO POR RAIVA

Um rio subterrâneo de sangue escuro atravessa a literatura de todos os tempos: de Hiponates a Cecco Angiolieri, de Verlaine a Rimbaud, de Kerouac a Salinger, de Hornburg a Pasolini. São os poetas malditos: aqueles que vivem a própria existência como uma descida ao inferno, um doce escorregar na água, em direção ao medo. Ao lado da literatura, o rio subterrâneo de sangue escuro impregnou também a música (de Bob Marley aos Assalti Frontali), a arte (de Caravaggio a Basquiat), o cinema (de *Easy Rider* a *Pulp Fiction*).

Dante também desceu ao inferno, mas com a recomendação de Beatriz e com a guia de Virgílio, como numa reportagem jornalística a prudente distância dos danados: o suficiente para vê-los arder sem se queimar. Caravaggio, Rimbaud e Kerouac, em contrapartida, compartilharam o mesmo submundo de seus personagens, empunharam pessoalmente o punhal da vingança, seguiram deliberadamente as alucinações das drogas e das violências.

A partir do momento em que o tempo de vida se prolonga, o tempo de trabalho diminui e, portanto, o tempo livre aumenta, quantos cederão à tentação fatal de preencher os próprios dias vazios com uma descida ao inferno? É mais pornográfica uma viagem ao Caribe anunciada pelas revistas elegantes ou é mais pornográfica uma fuga entre as brigas de rua, as festas rave e os frágeis noiados de Portland e de Nova York? Estão

548

fazendo de tudo para que um número de jovens desempregados há muito tempo e um número crescente de idosos aposentados cedo demais prefiram o caminho do inferno.

Também em *Trainspotting*, um filme de 1996 baseado no livro homônimo de Irvine Welsh e dirigido por Danny Boyle, o jovem protagonista se sente obrigado a escolher entre uma vida familiar com pais idiotas numa casinha confortável por sua asseada banalidade e uma vida *grunge* em lugares fétidos, entre coetâneos devastados pela heroína, mas ainda capazes de voar alto no delírio da droga. Se o dilema fosse realmente esse, se de fato não existisse uma terceira via entre a cinzenta mediocridade da vida pequeno--burguesa e a fosforescente autodestruição da droga, muitos de nós escolheriam a droga.

Temos a mesma sensação ao ler *Bongwater*, de Michael Hornburg: o protagonista, David, exerce a profissão de eterno "ex-aspirante" a alguma coisa e encara o próprio bar de Portland como uma "casa de repouso para os desempregados terminais". Diante de seus cínicos amigos, os semianalfabetos jovens vagabundos de Pasolini parecem adoráveis crismandos. Os durões de Portland, ao contrário, todos com curso médio ou superior, são capazes tanto de ironias muito sutis como de estupros impiedosos. "Eu estava tão chapado", diz David, "que tudo tinha um duplo sentido, uma coisa virava outra, era muito perigoso arriscar alguma conclusão, ainda que elas estivessem todas ali na minha cabeça." Quando por acaso lê no jornal os indefectíveis anúncios do McDonald's, acaba concluindo que "o aspecto mais excitante desses trabalhos era a capacidade psicológica de algum modo convencer a si mesmo de que não era um fracassado total".

Tanto em Portland como em Nova York, todos procuram alguma coisa para passar o tempo: "Passei muito tempo perdendo tempo, tomando ecstasy, seguindo os pontinhos de luz das bolas de espelho do City Club ou do Metropolis. Passava de um copo vazio a outro, transava com mulheres que não conhecia, a vida me parecia sem sentido". David conhece apenas pessoas que fazem amigos errados no bairro errado com o futuro errado; todos querem fugir de alguma coisa; todos — não importa onde morem — gostariam de estar em algum outro lugar. "Nunca tanta gente perdeu tanto tempo para obter tão pouco."

Portanto, ao nosso ex-aspirante só resta concluir: "A certa altura espero ter um álibi magnífico para justificar o miserável fracasso da minha vida, como um acidente de carro ou um câncer no cérebro". E uma amiga dele constata: "Daqui a pouco vai começar a contagem regressiva do final do milênio, tudo se tornará gótico e será estranho, será uma mescla de glam-new-age-de-fim-de-século e uma espécie de instantâneo *Zeitgeist*". Conclusão igual e muito diferente que a do estrangeiro por excelência, o Meursault de Camus, que nos deixa para sempre, e sem ar, com as palavras: "Para que tudo esteja consumado, para que eu esteja menos só, só me resta esperar que haja muitos espectadores no dia da minha execução e que me recebam com gritos de ódio". No final dos anos 1990, alguns ex-jovens escritores italianos — de Niccolò Ammaniti a Aldo Nove, de Massimiliano Governi a Tiziano Scarpa — também estavam com muita raiva. A cândida Isabella Santacroce, por exemplo, conclui assim o seu romance *Destroy*: "Vocês estão aspirando um sintético Violence Jack Vol. 1 enquanto seu cão sodomiza a Barbie modelo. Masturbam-se enquanto ela grita *slave*. Chupam vibradores de aço. Os gemidos dela excitam vocês. Deixam vocês molhadas [...]. Queria ver suas cabeças explodirem. Queria que todos explodissem. Como fogos de artifício numa noite escura e brilhante".

A cândida Isabella não terá o nosso escalpo: amamos demais a vida para não saber que entre o inferno do desespero e o limbo do consumismo há lugar para bilhões de anjos.

ESTRANGEIRO POR ERRÂNCIA

Sem a prisão da carruagem

Jean-Jacques Rousseau, devoto da sacralidade do viajar, com dezesseis anos foi a pé de Savoia a Turim. Mais tarde, nas *Confissões*, escreveu: "Só viajei a pé nos meus melhores dias e sempre com prazer. Logo os deveres, os negócios e uma bagagem para carregar obrigaram-me a me comportar como rico e tomar a carruagem. O tormento das preocupações, os incômodos e as contrariedades subiram nela comigo. Enquanto nas minhas viagens de outrora desfrutava apenas o prazer de ir, depois só passei a sofrer a necessidade de chegar".

No século XVIII, os aristocratas faziam o *Grand Tour* para se instruir, como hoje se vai a Boston ou a Bangalore para fazer um MBA. No século XIX, os exploradores faziam suas expedições a pé, a cavalo, de carruagem, para descobrir as nascentes desconhecidas dos rios, as fronteiras do mundo, os segredos das terras desconhecidas. No século XX, os turistas viajavam de trem, de carro, de avião, para encontrar a si mesmos ou para aumentar seu prestígio com os símbolos de status certificados pelos carimbos no passaporte, ou até mesmo apenas para atender ao apelo das agências de turismo. Johann Gottfried Seume, que gostava de se locomover "sem a prisão da carruagem", em 1802 percorreu a pé o trajeto de Leipzig a Siracusa. Em 1914, Alexandra David-Néel foi a pé até o Tibete e escreveu o delicioso diário *Viagem de uma parisiense a Lhasa*. A arte de caminhar foi praticada, louvada e descrita por Thoreau, Stevenson, De Quincey, Goethe, Eichendorff, Schopenhauer, Nietzsche e Illich.

Filosofia da errância

O telefone, o rádio, a televisão e o correio eletrônico são outras tantas próteses das nossas pernas, dos nossos olhos, dos nossos ouvidos. Hoje já nos permitem ouvir palavras pronunciadas em outros lugares, ver rostos que nos olham de longe, mudar de paisagens e de interlocutores: tudo isso em poucos segundos e sem dar um passo, apenas apertando um botão. Com o teletrabalho, além disso, podemos desenvolver as nossas funções de trabalhadores "empregados", ficando em casa e eliminando, assim, o desperdício dos deslocamentos cotidianos entre escritório e moradia.

De acordo com um apólogo do abade de Condillac, Deus quis dar a uma estátua a possibilidade eminentemente humana de conhecer e compreender o mundo. Pouco a pouco deu-lhe os olhos e os ouvidos, o tato, o paladar e a sensualidade, mas a estátua não fez nenhum progresso enquanto não teve a possibilidade de caminhar, de explorar pessoalmente os vários cantos da Terra e de ver coisas a partir de muitos pontos de vista. Aquela estátua revive ainda na filosofia do *Wandern*, da errância, que sempre agita os espíritos inquietos: de Ulisses a Caravaggio, de Walser a London, de Kerouac a Herzog e a Chatwin.

As modernas tecnologias nos permitem conjugar o sedentarismo com a comunicação à distância e com a viagem virtual, mas a exigência de intercâmbios diretos, ligados ao estudo, ao trabalho, à cultura e ao lazer obriga cada vez mais frequentemente a mudança de domicílio de uma cidade para outra, de um país para outro, de um continente para outro. Diminuem os microdeslocamentos e multiplicam-se os deslocamentos de maior amplitude e de mais longa duração. Visitamos continentes distantes sem ter estado nas cidades vizinhas. Nossa sociedade pós-industrial, aliás, baseia-se na globalização, ou seja, no movimento e na reunião de pessoas, mercadorias e informações produzidas nos mais diversos lugares.

Até a Segunda Guerra Mundial, para a maioria dos homens, a única separação da própria terra estava ligada ao serviço militar. As mulheres, isentadas dessa obrigação, acabavam vivendo e morrendo na mesma casa, no mesmo bairro. Especialmente quando cinema e televisão não existiam, os livros de viagem, enriquecidos de fabulosas ilustrações, fizeram muito sucesso porque forneciam aos leitores sedentários a ilusão de acompanhar os audaciosos protagonistas em suas viagens ao redor do mundo ou ao fundo do mar. Os diários de Goethe e de Stendhal, escritos ao longo do território italiano, logo foram lidos por milhares de jovens abastados, que se inspiraram neles para descer ao ventre da grande mãe mediterrânea. Na Rússia, quando um jovem aristocrata partia para o seu *Grand Tour* italiano, os amigos não apenas faziam apostas sobre a probabilidade de ele voltar são e salvo, mas aumentavam o lance dependendo do fato de o itinerário programado chegar até Florença, até Nápoles ou até Palermo. Viajar era, precisamente, como se submeter a uma roleta-russa.

Hoje, ao lado das viagens de curta duração para lazer, cultura ou negócios, aumentam as oportunidades para transferir por muito tempo a própria moradia. O que antes acontecia apenas aos diplomatas transferidos para o exterior, aos funcionários públicos enviados para trabalhar em outro lugar ou aos emigrantes que abandonavam a própria terra para se estabelecer nas cidades industriais, hoje acontece com executivos, jornalistas, artistas, prelados, cientistas, intelectuais e jogadores de futebol.

Errantes e sedentários

Essa experiência de nomadismo difuso modifica profundamente a nossa personalidade, seja obrigando-a à elasticidade mental necessária para apreender as diferenças entre pessoas, lugares e modelos diferentes, para ver a realidade a partir de vários pontos de vista, para resolver problemas inéditos, seja submetendo-a à flexibilidade prática necessária para administrar situações mutáveis, para encontrar a linha de ação mesmo em contextos desordenados, para transformar as restrições em oportunidades.

A experiência da mudança, por sua vez, estimula a criatividade. Desde a primeira infância, Mozart não faz outra coisa senão percorrer a Europa para dar concertos, encontrar clientes, visitar cortes episcopais e principescas. Grande parte da ópera *A clemência de Tito* parece ter sido escrita numa carruagem. Cada viagem, por mais desconfortável que fosse, contribuiu para enriquecer e refinar a sua mente musical até fazer dele o grande gênio que todos conhecemos.

Mudar de lugar estimula a criatividade até mesmo quando os lugares visitados não são muito diferentes dos da nossa vida cotidiana. O príncipe siciliano de Resuttano, que viveu no início do século XX, aterrorizado por uma grave doença que o deixara à beira da morte, fez o voto de ir a pé até Jerusalém caso ficasse curado. Uma vez salvo, porém, arrependeu-se da enormidade da promessa e obteve do bispo a permissão de percorrer a mesma distância que separa a Sicília da Palestina caminhando entre os cômodos da própria mansão. O diário do príncipe, escrito durante os meses da sua curiosa viagem no interior da própria casa, demonstra que até um deslocamento fictício como esse pode tornar mais criativo e mais sábio aquele que o realiza.

Uma parte de nós tem horror do domicílio estável e aspira a percorrer o mundo sem cessar; outra parte sente a necessidade de um lugar para pendurar o chapéu, de uma moradia fixa onde viver. Às vezes predomina um desses impulsos, outras vezes eles entram em conflito e nos neurotizam sem que nenhum deles consiga se sobrepor ao outro.

No decorrer da história, primeiro fomos nômades, depois sedentários. Três milhões e meio de anos atrás, nossa distante ancestral Lucy, uma garota de pouco mais de vinte anos cujo esqueleto foi encontrado intacto, aprendera a caminhar em posição ereta, ainda dormia nas árvores e mudava de lugar a cada noite. Nos nossos dias, J. D. Salinger viveu toda a vida num *bunker* sem jamais se deixar ver em circulação, e Gore Vidal, um dos maiores escritores americanos do século XX, viveu isolado no Sul da Itália, numa *villa* a pique sobre o mar.

O termo "nômade", como lembra Chatwin, vem de pastagem, pastorear. Os pastores, assim como os caçadores, tinham de se deslocar continuamente para encontrar novos terrenos e novos animais de caça, mas há mais de 50 mil anos, na zona pantanosa entre o Tigre e o Eufrates, nasceram duas das mais antigas cidades — Ur e Uruk —, que atingiram o número considerável de 30 mil habitantes. A copresença estável de tantas pessoas possibilitou descobertas prodigiosas: a matemática, a astronomia, a moeda, a escola, a organização piramidal da sociedade, a roda e o carro. Desde então, os centros urbanos, lugares destinados ao sedentarismo, tiveram um sucesso crescente, que o advento das indústrias tornou triunfal.

O desafio entre habitante da cidade e nômade data, portanto, de milênios. Com a urbanização, o sedentarismo parece ter vencido em todas as frentes, mas o antigo nômade que trazemos no coração nunca morre, e, quando menos esperamos, seu desassossego acorda de sua letargia para nos impulsionar a partir. A viagem e o porto, as incursões e a caverna convivem e lutam dentro de nós, como necessidades biológicas herdadas da pré-história, ambos indispensáveis no caminho da civilização. Foi nos vales e nos portos que o homem fez progressos; foi através das planícies e dos mares que o progresso se difundiu. O moinho de água, os arreios modernos dos cavalos, a bússola chegaram até nós trazidos pelas grandes ondas de nômades citas, hunos, árabes, mongóis e turcos.

Os nômades jamais construíram as obras-primas arquitetônicas que exigem anos de vida estável, mas em compensação construíram grandes religiões como o islamismo, aperfeiçoaram nosso conhecimento do universo estelar e da diversidade da terra, elaboraram modelos de vida que agora estão impressos para sempre no nosso imaginário coletivo. Chatwin lembra-nos que a viagem é sempre ansiedade e curiosidade: a raiz de *travel*, viagem em inglês, é a mesma de trabalho: sofrimento decorrente de um parto, de uma vida nova.

Embora a civilização urbana seja sedentária, os cidadãos praticam um estilo de vida caracterizado pelo ritmo frenético e pelo impulso para a carreira. O automóvel, a competitividade e os consumos ostensivos são os símbolos adorados desta civilização.

Não obstante sua existência seja um contínuo peregrinar, não raro os nômades cultivam a preguiça e a vida contemplativa: Chatwin também nos conta que os bejas do Sudão oriental, mesmo sendo combativos, gostam de desfrutar longas fases de ociosa preguiça, durante as quais passam horas penteando-se uns aos outros.

Tanto o sedentário como o nômade necessitam de pontos de referência: a casa estável para um, o trajeto habitual para o outro. Mas o nômade, de acordo com todos os testemunhos, conserva um segredo de felicidade que o habitante da cidade perdeu, e a esse segredo sacrifica as comodidades e a segurança.

A civilização da viagem

A nova civilização do ócio, do saber viver e da viagem é "*made in England*". Foi na Inglaterra que um economista como John Maynard Keynes honestamente reconheceu, e com pesar, que "por muito tempo fomos acostumados a trabalhar em vez de nos divertir".

Quando Shakespeare descreve a lúgubre atmosfera do castelo de Macbeth, a Inglaterra ainda não amadurecera um gosto estético e existencial comparável ao sublime da Atenas de Péricles ou da Florença dos Medici. Em compensação, seu primeiro-ministro Francis Bacon (do qual, segundo alguns, Shakespeare era apenas um pseudônimo) já estabelecera as premissas para fazer da sua terra o epicentro do novo bem-estar baseado na industrialização e na exploração das colônias.

Bacon odiava tanto a metafísica como as ideias abstratas desvinculadas da realidade cotidiana. Seu governo visava melhorar as condições de vida dos ingleses através de uma "ciência ativa" capaz de dar à produção e ao consumo uma organização moderna. Sua política de desenvolvimento fundamentava-se na convicção de que, graças às máquinas, também para os homens havia chegado o momento de se libertar do trabalho e de se dedicar finalmente ao ócio. "A diferença entre os homens civilizados e os selvagens", escreve Bacon, "é semelhante à que existe entre os deuses e os homens. E essa diferença não nasce nem da terra, nem do clima, nem da raça: nasce das artes." Graças ao impulso dado por Bacon, em poucos anos a Inglaterra se tornará não apenas a pátria da democracia parlamentar, a vanguarda das novas produções industriais, o paraíso dos economistas, mas também o país dos esportes mais aristocráticos, dos clubes mais exclusivos, da vida mais confortável, encarada com humor e com elegância intencionalmente descuidada. O país dos viajantes mais entusiastas e joviais.

Depois de ter sido precursora na arte de trabalhar com método industrial, a Inglaterra também o foi na arte de descansar na maneira pós-industrial, passando de uma psicologia da pobreza proletária a uma psicologia da riqueza burguesa, da centralidade do trabalho à centralidade do tempo livre, da arte de produzir à arte de viver, da qual a arte de viajar era parte essencial.

Essa estética da vida e da errância encontrará uma sensata combinação de puritanismo elisabetano e de inovadora liberdade de costumes em dois laboratórios exemplares — o grupo dos pré-rafaelitas reunidos em torno de William Morris e o círculo de Bloomsbury, surgido em torno de Vanessa e Virginia Woolf — unidos pelo refinamento estético, pela rejeição da opressiva moral vitoriana, pela originalidade e pelo exclusivismo, pela amizade tingida de intricadas implicações sexuais. E pela inclinação à viagem considerada como fuga, contemplação, liberdade e alimento. Com esses ingleses geniais, o *Grand Tour* dos nobres em carruagem torna-se viagem dos burgueses de trem e de carro; o nomadismo transforma-se em apanágio não mais de aristocratas, mas de pessoas abastadas que na viagem unem estudo, trabalho e lazer. O ócio criativo se torna móvel e democrático.

A inquietação de Garibaldi

Na metade do século XIX foram lançados os primeiros navios a vapor, foram instalados os primeiros trilhos e inauguradas as primeiras locomotivas; no final do século XIX surgiu o automóvel (repensado depois por Ford para permitir que os jovens trabalhadores do campo norte-americanos se deslocassem rapidamente de uma fazenda a outra); nos primeiros anos do século XX difundiu-se a energia elétrica e surgiu o avião, que em poucos anos ultrapassaria muito a velocidade do trem e do carro.

Com a regulamentação contratual do tempo passado na fábrica nasceu — como outro lado da moeda — o tempo livre do qual cada um poderia dispor ao bel-prazer: as férias como parênteses entre dois períodos de cansaço organizado; o lazer como nova forma de descanso frenético. As estações termais, as estâncias balneárias, os lugares de veraneio em moda, o contato com a natureza, agora possível rápida e confortavelmente, o mar no verão, a neve no inverno, o esporte o ano inteiro, a grande atração das cidades do entretenimento, a pesca, a bricolagem, os hobbies ofereceram outras tantas ocasiões de nomadismo moderno. Da excursão ao campo da família pequeno-burguesa ao safári africano para o descanso do grande guerreiro industrial, trata-se sempre de uma fuga da vida cotidiana.

Ao lado dos novos meios de locomoção que deslocam fisicamente pessoas e coisas, difundem-se também os mais recentes, que deslocam imaterialmente notícias e informações: o telégrafo, o telefone e depois o rádio. O homem industrial, que viaja de carro, corre mais rápido e mais confortavelmente que o seu avô que viajava de carruagem. Mas sua voz, suas ideias e as notícias que lhe dizem respeito viajam ainda mais rápido, precedendo-o ao longo do fio do telégrafo e através do espaço.

Na sociedade industrial, atrás de cada empresa, atrás de cada paz e de cada guerra, estão o movimento, a vitalidade, o deslocamento de homens e de coisas. Está a curiosidade, filha da ignorância e mãe do conhecimento. Estão a inquietude, a fuga dos perseguidores, a mania do protagonismo. Giuseppe Garibaldi, que falava italiano, francês, inglês, alemão, espanhol e português, antes de completar vinte anos de idade, já havia estado no mar Negro e no mar de Azov, havia morado nos portos gelados de Odessa e Taganrog, nos portos tórridos de Constantinopla e Gibraltar. Depois, a pé e a cavalo, atravessará várias vezes a Itália, metro por metro. Na América do Sul, será o corsário e o combatente da Argentina ao Uruguai, de Santa Catarina ao Rio Grande do Sul. Na Europa, se deslocará continuamente entre Londres, Newcastle, Nice e Paris. Entre o final de 1849 e o início de 1854, comandando pequenas frotas, viajará de

Túnis a La Maddalena, de Gibraltar a Tânger, de Liverpool a Nova York, de Cuba ao Panamá, da Nicaraguá ao Peru. Depois, do Havaí à China, das Filipinas à Austrália e à Nova Zelândia. E depois, novamente, para Valparaíso, no Chile, e Islay, no Peru. Em seguida, ainda na América do Sul, dobrando o cabo Horn e voltando ao Atlântico ao longo das costas da Argentina, do Uruguai, do Brasil, até o Caribe e depois mais acima, até Boston e novamente Nova York.

Passando do plano heroico ao cotidiano, sem os transportes e as transportadoras, nossas cidades morreriam de fome, nossas fábricas não teriam nem como alimentar o próprio trabalho nem como distribuir seus produtos. Com a substituição das carroças pelos caminhões, a figura do viajante criou uma enésima variante. O trabalho nômade do caminhoneiro exige resistência física unida à flexibilidade mental; possibilita a satisfação das necessidades de aventura e de autonomia; no imaginário coletivo está ligado às grandes sagas dos filmes de Jean Gabin e das viagens *coast-to-coast* onde esses novos nômades encontram o cansaço físico, o mal-estar, o perigo, a ausência, a espera, a promiscuidade, o retorno, todos ingredientes imprescindíveis para que a viagem tenha sentido. Como todo nômade, o caminhoneiro está ligado aos seus trajetos, aprimora-os no decorrer dos anos, percorre-os como um insone Dom Quixote. Assemelha-se aos nômades citas descritos por Heródoto: "Homens que vivem levando as próprias habitações nos carros, é natural que sejam invencíveis e inacessíveis". Alimenta-se de admiração e refina o seu conhecimento da humanidade porque, para conhecer o valor dos seres humanos, é preciso viajar, como disse Ibn Battuta, o Marco Polo marroquino que no século XIV viajou de Tânger a Meca, do Iêmen à Pérsia, do Afeganistão a Déli, de Calcutá às Maldivas, da Malásia a Java, de Sumatra a Pequim, sempre impelido pelo gênio da errância.

Nomadismo pós-industrial

Robert Louis Stevenson afirma: "É muito bom se mover, sentir mais de perto as necessidades e as dificuldades da vida; descer dessa cama de penas da civilização e encontrar sob os pés o granito do globo, salpicado de pedras cortantes". Eu já disse que o nômade conserva um segredo de felicidade que o habitante da cidade perdeu. Para descobrir esse segredo, os sedentários das cidades de tempos em tempos se perguntam: "O que estou fazendo aqui?". Então, tomam como pretexto o trabalho ou férias, um show de rock, um jogo de futebol ou um encontro religioso, fazem as malas e partem. Como observou Musil, em qualquer lugar o cigano se sente em sua própria casa; aonde quer que vá, o judeu errante se sente estrangeiro. Poderíamos dizer o mesmo do executivo que viaja a negócios, ou do turista que viaja por distração. São muitos os resultados, os álibis e os sentimentos da viagem; um só é o profundo motivo interior que a determina: buscar o segredo daquela remota felicidade.

Alguns gostam de viajar com seu companheiro ou em grupo, como se não quisessem perder o contato com suas próprias raízes afetivas e sociológicas. Outros, como William Hazlitt, calejado viajante inglês do século XIX, preferem a viagem solitária: "Uma das coisas mais agradáveis do mundo é viajar: mas gosto de ir sozinho. Sei apreciar uma boa companhia numa sala, mas uma vez fora de casa basta-me a natureza como companheira, porque então nunca estou tão pouco sozinho como quando estou só". De fato, o viajante nunca está sozinho: no seu guia *O passeio*, o escritor suíço Robert Walser revela-nos a variedade humana que um viajante solitário pode encontrar: "Ela julgará impossível que num tranquilo passeio como aquele eu me depare com gigantes, tenha a honra de encontrar professores, visite livreiros e funcionários de banco, converse com cantores e atrizes, almoce com nobres, percorra florestas, envie cartas comprometedoras e tenha acaloradas discussões com alfaiates pérfidos e irônicos. E, no entanto, isso pode acontecer".

A raiz de *Wandern*, de *Wanderer*, de *Bewandert*, remete à de navegação, de navegar, de navegante. Por mar, por florestas, pelas estradas, pelas cidades e por desertos navegava o viajante solitário dos séculos rurais e industriais quando queria encontrar gigantes e professores, nobres e alfaiates, elfos e mendigos. Onde navega hoje o navegante pós-industrial? E quais sentimentos leva consigo? Enquanto um número cada vez menor de escravos do trabalho, sobretudo executivos, se fecha em defesa das próprias dez horas de trabalho diárias, cultiva com obstinada solicitude o mito do trabalhador incansável, concentra-se na competitividade, na luta pelo poder, no aumento de valor do pacote acionário, uma massa crescente, sobretudo de jovens, vai tomando consciência de que a nossa vida se baseia agora no tempo livre e na valorização desse tempo. Muitas empresas não demoraram a se lançar sobre esse novo "segmento de mercado" para traduzi-lo em negócios. Assim, a viagem, transformada de experiência aventuresca em pacote planejado nos mínimos detalhes pelas agências de turismo, corre o risco de se transformar em mera mercadoria de troca, alienante hoje assim como era outrora o trabalho na linha de montagem.

Para viver plenamente a civilização do ócio e da viagem não é preciso ter muito dinheiro, mas sim muita cultura e muita liberdade. É preciso modificar profundamente a avaliação social do ócio, não mais como pai de todos os vícios; é preciso saber conciliar sabiamente o nomadismo físico com o nomadismo virtual, permitido pelas novas tecnologias capazes de trazer todo o mundo para nossa casa e de nos levar para todo o mundo. A viagem virtual encontra um obstáculo na exclusão digital que, ao menos por enquanto, afeta sobretudo a faixa dos idosos: aquela que mais que qualquer outra emprega seu enorme tempo livre em viagens organizadas. Mas é apenas uma questão de tempo e de aproximação das gerações para que, em um curto período, sejamos todos digitais.

O nômade pós-industrial viaja indiferentemente e, dependendo do caso, com as próprias pernas, o próprio celular, os meios físicos de transporte, o correio eletrônico, a internet; naquele ciberespaço do qual William Gibson já em 1984, em seu *Neuromancer* (e depois em sua sequência, *Count Zero*), oferecia uma profética descrição: "Os oceanos tinham as sereias e toda aquela porcaria, e nós temos um mar de silício, não é? Claro, é só uma alucinação conveniente aquela que todos dizemos ter, o ciberespaço, mas todos que se conectam sabem que é todo um universo. E a cada ano fica mais lotado [...]. Wig se convencera de que Deus morava no ciberespaço, ou talvez que o ciberespaço era Deus, ou uma nova manifestação dele".

É nesse mar de silício lotado de bits que navega o nômade pós-industrial, digital, global, seguindo os princípios, as técnicas e as modalidades da nova errância. Em seu manual para os *Nuovi nomadi* [Novos nômades], Arianna Dagnino ofereceu-nos um retrato-falado dele, o repertório dos seus elementos de identificação: intolerância aos controles burocráticos; conhecimento de uma ou mais línguas; mente flexível, aberta para o novo e para o outro; enfoque cosmopolita; sensação de estar em casa onde quer que se esteja; ausência de uma moradia fixa; recusa do peso constituído por propriedades imobiliárias e bens materiais; disponibilidade para a mudança e para a migração; contatos sólidos com a comunidade escolhida e com os amigos; espírito de cooperação que se sobrepõe ao espírito de competitividade; formação permanente de si mesmos; enriquecimento constante da própria bagagem de experiências ao longo de um percurso que não segue itinerários predeterminados, mas curiosidade, estímulos e oportunidades do momento; familiaridade com as tecnologias mais avançadas sem se tornar escravos delas; recusa de qualquer preconceito e sectarismo ideológico.

Estar distantes de todo lugar: é isso que importa. O moderno nômade, armado de celular e de computador, "*é aquele que ousa*, em que ousar significa ter a coragem de olhar o mundo com olhos diferentes de como nos foi ensinado, de se deixar guiar pelas próprias intuições e percepções, de enfrentar a vida como uma busca muito pessoal, assumindo toda a responsabilidade por ela; e é também a coragem de ter um sonho e de pagar um preço para tê-lo".

"*Ces jeunes*", testemunhou Marcelle Padovani, "*ne demandent pas d'emplois, pas d'investissements, pas d'argent, mais un autre regard*", não pedem trabalho, investimentos ou dinheiro, mas um outro olhar. É este que os torna felizes estrangeiros.

Y. Yin e Yang

O Tao/ gerou o Um,/ o Um gerou o Dois,/ o Dois gerou o Três,/ o Três gerou as dez mil criaturas./ As criaturas voltam as costas para o Yin/ e voltam o rosto para o Yang,/ o chi infuso as torna harmoniosas.

LAO-TSÉ

Seja qual for sua idade, alegria e sofrimento estão misturados. Permaneça fiel à alegria e esteja pronto para enfrentar o sofrimento com coragem.

ROBERT SCHUMANN

DUAS POLARIDADES

Lao-Tsé, Lao Tse, Lao-tzu, Laozi ou Lao-tzi, assim como Ho mēhorōn (aquele que não vê), Hómōros (o refém, o cego), ou Omerèin (encontrar-se), são nomes provavelmente fictícios para indicar dois videntes ou dois grupos, ou então duas sequências de videntes que viveram entre os séculos VII e VI a.C., um na China, outro na Grécia.

Lao significa "velho" e *tzŭ*, "filósofo ou criança". Dizem que Lao-Tsé era arquivista do rei e que fundou uma escola onde recebeu a visita de Confúcio. Sua doutrina chegou até nós graças à transcrição em 5 mil palavras realizada por Chuang-Tsé no livro *Tao Te Ching* (ou seja, discurso sobre a natureza e suas manifestações), que teve grande sucesso também na Europa graças à sua particular afinidade com a metafísica ocidental.

De acordo com a filosofia chinesa e com as reflexões de Lao-Tsé sobre fenômenos como a alternância da escuridão da noite com a luz do dia, ou como a diferença entre o fogo que tende a subir e a água que tende a descer, as coisas teriam acontecido desta forma: o Tao, ou seja, o Princípio, a Via, o Caminho, a força eterna e fundamental de todo o Universo animado e inanimado, além de nutrir todas as coisas, cria no caos um fluxo de insaciável desejo e perpétua mudança.

No início, o Universo encontrava-se num estado indiferenciado, mas, a certa altura, suas forças caóticas polarizaram-se em dois princípios: de um lado, tudo aquilo que é branco, quente, luminoso, ativo; de outro, tudo o que é negro, frio, escuro, passivo. O primeiro princípio foi representado com caracteres que significam "o lado ensolarado da colina" (Yang); o segundo, com caracteres que significam "o lado sombreado da colina" (Yin).

Daí a distinção, desprovida de valorações morais, entre sol e lua, flexível e rígido, acima e abaixo, sul e norte, saciedade e fome, leste e oeste, direita e esquerda, ativo e passivo, alegria e sofrimento, alto e baixo, terra e céu, dragão e tigre. Mas também entre masculino, entendido como tudo aquilo que é brilhante, forte, criativo, racional; e feminino, entendido como tudo aquilo que é materno, receptivo, intuitivo, sombrio. Yang é o dinamismo do homem de ação; Yin é a quietude contemplativa do sábio.

Taoismo e confucionismo, ciência, medicina e artes marciais adotaram esse conceito fundamental de dualidade que governa o universo e fizeram dele a base de seus respectivos paradigmas.

Yin e Yang não são duas faces da mesma moeda: são duas polaridades distintas que podem entrar em conflito, dialogar ou atuar sinergicamente. Para regular e tornar harmoniosa sua relação dinâmica, o Tao infundiu o *chi*, graças ao qual acontece o jogo perene dessas duas forças, desses dois princípios, que regula todo o ritmo do universo e de tudo aquilo que o compõe: por exemplo, a alternância das quatro estações durante o ano solar, a sucessão das quatro fases de nascimento, maturidade, declínio e morte durante a vida do homem. Yin e Yang são princípios distintos, mas um não pode existir sem o outro. Por isso, eles se alternam e se conjugam no tempo e no espaço, seguindo a via do Tao, que é precisamente *Via* panteisticamente subjacente a todas as coisas.

De tais premissas provêm alguns corolários. Como explica a estudiosa Jean Campbell Cooper, nenhum desses dois princípios é completo em si mesmo. É a recíproca combinação e cooperação entre eles que dá origem a todas as formas e variedades de existência da Natureza. Yin e Yang são interdependentes entre si e em cada um deles há um pouco do outro, assim como em cada homem há um pouco de mulher. Além de ser interdependentes, são também complementares; poderíamos dizer que são "de soma zero": se um aumenta, o outro diminui em igual proporção. Por terem surgido ambos de uma única força inicial, Yin e Yang podem se desvanecer um no outro como acontece entre a noite e o dia com o crepúsculo e a aurora, mas os dois polos conservam a própria identidade, e a alternância entre um e outro pode ocorrer também de modo repentino e traumático.

HARMONIA, DESORIENTAÇÃO, CONFLITO

Trata-se, portanto, de uma teoria bastante elementar, forjada alguns séculos antes de Cristo pelo mundo rural da imprecisão, onde tudo se mantém no interior de um sistema mítico. Isso não impede que essa bipolaridade, como ressalta o historiador das religiões Mircea Eliade, tenha servido para criar um modelo de classificação universal, um paradigma fecundo aplicado não apenas na cosmologia, mas também em várias técnicas de exercício do corpo e da mente, e que tenha estimulado especulações filosóficas, científicas e artísticas cada vez mais rigorosas.

Nessa perspectiva, ou seja, enquanto modalidades diferentes de declinação da relação entre Yin e Yang, podem ser interpretadas, por exemplo, as composições para piano de Beethoven e de Schumann. Como observou Massimo Mila em sua *Breve storia della musica* (1963), na abertura de cada uma das 32 sonatas beethovenianas para piano são expostos apenas o primeiro e o segundo tema, e depois, "como num rito, o devir dos dois temas, o desenvolvimento deles, e a redução final à unidade tonal celebram a cada vez uma luta entre dois princípios opostos [...]. O contraste entre os dois temas se torna cada vez mais marcante: o primeiro geralmente robusto, rude, mais rítmico que melódico, confiado aos grandes fundamentos da tonalidade; o segundo mais melodioso e lento, afetuoso, sinuosamente flexível. Mas, ao mesmo tempo que se acentua a oposição dos dois temas, mais profunda se torna a secreta afinidade melódica. O desenvolvimento central se agiganta em comparação com os compositores precedentes e se torna o palco de um amplo drama, de uma disputa na qual tudo é colocado em jogo, de modo que a retomada onde os contrastes se aplacam na unificação tonal chega como uma libertação triunfal".

Diferentemente, em *Davidsbündlertänze op. 6* e em *Carnaval op. 9*, de Schumann, alternam-se, sem jamais se fundir, trechos inspirados na figura de Florestan, enérgico, excêntrico, combativo, heroico, temperamental, impetuoso, exaltado, e trechos inspirados na figura de Eusébio, suave, doce, íntimo, frágil, sonhador, melancólico, contemplativo. Aqui a escolha ou a síntese é confiada ao ouvinte, que, na alternância dos dois estilos, obterá prazer mais de um, mais do outro ou de ambos. Esse dualismo entre duas almas que convivem, lutam, se alternam numa mesma personalidade ou numa mesma sociedade é encontrado em todo o Romantismo, como no romance *O vermelho e o negro*, de Stendhal, ou em *Orgulho e preconceito*, de Jane Austen.

A unidade da vida e do universo não é anulada pela presença de dois polos opostos; ao contrário, é fruto de sua complementaridade. Tiziano Terzani afirma: "Tudo é um. Essa ideia da dicotomia é profundamente errada. E nada melhor que um grande símbolo asiático, neste caso chinês, esta roda com o Yin e o Yang, representa a vida, o universo [...], é a harmonia dos opostos. Porque não existe água sem fogo, não existe feminino sem masculino, não existe noite sem dia, não existe sol sem lua, não existe bem sem mal. E esse símbolo do Yin e do Yang é perfeito. Porque o branco e o preto se abraçam. E no interior do preto há um ponto de branco e no interior do branco há um ponto de preto".

Por mais ingênua que possa parecer à primeira vista, a ideia de Yin e Yang oferece ainda hoje um código interpretativo ao qual podemos recorrer para aprofundar os conceitos de homogeneidade e diversidade, de normalidade e anomalia, de mudança e estabilidade, de cooperação e conflito, de localismo e globalidade, de identidade e homologação. Quanto mais se atenua a dialética entre Yin e Yang, mais se entra num estado de equilíbrio que gera harmonia, mas corre o risco de desembocar na inércia e na desorientação; quanto mais se acentua a dialética, mais se entra num estado dinâmico que gera vitalidade, mas corre o risco de se radicalizar em conflito destrutivo.

MUTAÇÃO E IDENTIDADE

"Estamos num momento de transição", dizia Ennio Flaiano. E acrescentava: "Como sempre". E aqui está toda a normalidade da diversidade: na dinâmica perene dos sistemas que, mesmo mudando, conseguem conservar a própria identidade; no milagre pelo qual o entrelaçamento sempre diferente de fatores sempre iguais consegue produzir resultados que são iguais e diferentes ao mesmo tempo. Quem hoje relê poesias, dramas, comédias clássicas, renascentistas e modernas encontra ali seres humanos que, cada qual à sua maneira, amam, odeiam, se divertem, sofrem, alimentam afetos, rancores e ciúmes sempre semelhantes, embora criem cidades, povos, sistemas sociais profundamente iguais e diferentes uns dos outros. Este é o milagre que a sociologia é chamada a explicar.

Tanto no microcosmo quanto no macrocosmo, deparamo-nos com fenômenos análogos: Darwin viu-se obrigado a explicar como todos os membros da mesma espécie podiam ser portadores dos mesmos instintos, mas, também, a seleção natural agia precisamente na diversidade, decretando a predominância ou a eliminação de indivíduos dotados de requisitos particulares. Pode-se dizer o mesmo das organizações humanas. Sua vitalidade depende do fato de que, ainda que mudando, elas consigam manter uma identidade própria. Mas a mudança depende sempre de anomalias. Graças a esse milagre, o entrelaçamento sempre diferente de fatores predominantemente iguais consegue produzir resultados que são iguais e diferentes ao mesmo tempo.

No decorrer da história, sucederam-se fases em que predominou o universalismo ou o globalismo e fases em que predominou o particularismo ou o localismo. Foi o que ocorreu, por exemplo, no âmbito arquitetônico: na tentativa de chegar a um estilo único aplicando critérios e regras válidas em todos os lugares e para todos, o clássico, o românico, o renascentista, o neoclássico e o racionalismo modernista aplicaram mais ou menos os mesmos estilemas à basílica de Santo Ambrósio em Milão e à catedral de Toulouse, às *villas* vênetas e aos palácios de São Petersburgo, às arquiteturas de Berlim ou de Moscou, bem como à de Chandigarh.

O gótico, o barroco, o *liberty*, o pós-moderno, em contrapartida, procuraram exaltar os componentes estéticos locais com formas expressivas baseadas nas diversas culturas e, como tais, deliberadamente diferenciadas e imediatamente distinguíveis. Existem, portanto, um gótico propriamente francês e um gótico propriamente alemão; um barroco propriamente vienense e um barroco propriamente romano; existem o Art & Craft inglês, o Jugendstil alemão, o art déco francês, o art nouveau belga, o *liberty* italiano. E há um pós-moderno de Robert Venturi em Londres, um pós-moderno de James Stirling em Stuttgart, um de Charles Moore em Nova Orleans e um de Aldo Rossi em Milão: todos muito diferentes um do outro, mas todos repletos de citações e de ornamentos, alusões e simbolismos, atentos às relações com o contexto social e histórico que os acolhe.

DESORIENTAÇÃO E ESTERILIDADE DE NARCISO

Tanto a igualdade como a diversidade são o fundamento da comunicação: não podemos interagir com outros se não temos coisas diferentes, até opostas, a nos dizer e se não temos linguagens comuns e códigos compartilhados, graças aos quais podemos decodificar as informações recíprocas.

Tanto a igualdade como a diversidade são o fundamento do crescimento dos indivíduos e também das sociedades: a criança precisa se parecer com o adulto se deseja conquistar serenidade e segurança herdando o patrimônio cultural da própria genealogia; mas o adolescente precisa desmamar-se, diversificar-se do adulto, aventurar-se na construção de sua própria identidade, se deseja crescer e também se tornar adulto, se deseja escapar da armadilha do narcisismo.

A semelhança absoluta entre Yin e Yang, a homologação exasperada e a igualdade artificial levam à contemplação estéril, eliminam o confronto dinâmico, minam as próprias bases da vitalidade, levam tudo ao centro da curva de Gauss, excluem os extremos, obrigam à norma, mergulham no narcisismo, criam confusão e desorientação. O excesso de normalidade, coincidência, igualdade, equilíbrio, regularidade, hábito, exalta a analogia, a paridade, o padrão. E o padrão é fundamento, instituição, regra, método, guia, mas também linha de conduta, forma predeterminada, burocracia, ausência de anomalia e de exploração, medo do desconhecido.

Narciso estava encerrado no amor por si mesmo e rejeitava qualquer pretendente porque Tirésias profetizara que ele viveria apenas enquanto não conhecesse alguém além de si mesmo. Por isso, entre tantos galanteadores e galanteadoras, rejeitou até a ninfa Eco e o amigo Amínio, que, desesperado, tirou a vida diante da casa de seu amor impossível. Para vingar Amínio, Artêmis decretou que Narciso também se apaixonasse por um objeto de amor inatingível. Um dia, chegando exausto a uma fonte clara e intocada na região de Téspia, Narciso viu a própria imagem refletida no espelho d'água e ficou irremediavelmente fascinado por ela: arrebatado, portanto, por um amor incontrolável por quem não era outro senão ele mesmo, só conseguiu se libertar dele com o suicídio.

No mundo físico, a metáfora de Narciso se realiza através da entropia positiva, que anula progressivamente os desníveis e os diferenciais, nivelando tudo numa inércia opaca. Nos sistemas sociais, a metáfora de Narciso se realiza através da preferência concedida à evocação do passado e não ao planejamento do futuro, da satisfação obsessiva e paralisante com a própria história, do medo do novo e do diferente, da recusa de qualquer conflitualidade e dialética, da ação repressiva da censura, aquela homologante da formação e da mídia.

GLOBALIZAÇÃO

Na Grécia antiga, duas divindades protegiam a casa: a deusa da lareira, Héstia, era colocada no centro da construção, na parte mais íntima e escura reservada às mulheres; o deus do limiar, Hermes, ao contrário, era voltado para o exterior e protegia os homens, que tinham a tarefa de tratar de negócios fora do lar. Hoje a internet e a televisão violaram todos os limites entre esse Yin e Yang da vida familiar. E igualmente porosos tornaram-se os limites das cidades, das regiões e dos estados.

Lançando a costumeira pedra no costumeiro lago, obtemos uma série de ondas concêntricas que pouco a pouco se expandem por toda a superfície da água. Graças ao progresso tecnológico, hoje o nosso planeta tornou-se precisamente como um lago onde cada onda atinge e envolve rapidamente até os cantos mais remotos. Se um avião se atrasa na rota entre Tóquio e Moscou, esse atraso acaba provocando disfunções em todos os aeroportos do mundo. Se as ações da IBM sofrem uma variação em Wall Street, a Bolsa de Milão será imediatamente afetada por ela. Esta é a globalização: o globo transformado numa única grande realidade em que tudo vibra e faz vibrar, ecoa e faz ecoar.

A tendência a passar do local ao global é quase um instinto inscrito no DNA da nossa espécie. No decorrer da história, a globalização assumiu várias formas: a tendência a descobrir, conhecer e cartografar o planeta e o universo; a troca de mercadorias num raio cada vez mais amplo, até englobar todo o mundo conhecido; a tentativa de colonizar militarmente os povos fronteiriços e depois, pouco a pouco, os povos cada vez mais distantes, até subjugar todo o planeta; a tendência a invadir todos os mercados com as próprias mercadorias, a permear todo o mundo com as próprias ideias, a expandir o raio de ação dos próprios capitais, da própria moeda, das próprias fábricas. Antigamente, os modelos da Fiat eram totalmente construídos no interior de suas próprias instalações em Turim. Ao que parece, hoje um carro da Fiat contém mais de 20 mil peças: apenas 2 mil são feitas em Turim; outras 2 mil são compradas na Itália, e todo o restante vem de países e de continentes distantes. Nesse meio-tempo, a empresa mudou de nome, transferiu a sua sede legal para a Holanda, o seu domicílio para o Reino Unido e a sua produção principal para Detroit.

A miniaturização dos produtos manufaturados e a facilitação dos transportes auxiliam essa troca permanente que faz com que muitos objetos, mesmo os mais simples, como canetas ou relógios, contenham componentes produzidos em continentes diferentes. O automóvel é hoje um produto globalizado, um símbolo universal, igual em todos os lugares e utilizado por qualquer pessoa. O mesmo pode ser dito dos aviões, dos televisores, das geladeiras, dos celulares e de uma infinidade de objetos e serviços.

Os meios de comunicação, as ciências, as finanças e a cultura são globalizados. Todo telejornal contém notícias, imagens e vozes captadas do mundo inteiro em tempo real. Todo laboratório científico realiza intercâmbios contínuos com todos os outros laboratórios. Ainda mais globalizados são os mercados monetários, em que a propriedade das empresas se desloca rapidamente com a passagem dos pacotes acionários de mão em mão. Apenas no mercado de Londres são negociados a cada ano 75 trilhões de dólares, equivalentes a 25 vezes o valor de todos os bens que o mundo inteiro produz no mesmo tempo.

A vida inteira é globalizada: todo mundo escuta as mesmas músicas, assiste aos mesmos filmes, usa os mesmos objetos, tende a consumir as mesmas coisas. A rede McDonald's vende a cada dia 15 milhões de hambúrgueres, todos iguais, nos seus 16 mil restaurantes instalados em 83 países. A cada ano são distribuídos no mundo mais de 128 milhões de garrafas de Chianti, ao passo que a Coca-Cola vende 32 milhões de garrafas por hora. Yin e Yang, globalizando-se, acabam coincidindo, neutralizando-se mutuamente e atenuando sua dialética até anulá-la.

HOMOLOGAÇÃO

O ecumenismo implícito nos mercados e na mídia, a longa hegemonia planetária exercida pelos Estados Unidos, o consumo em massa produziram uma forma ulterior de globalização, de natureza predominantemente intelectual e psicológica: a homologação cultural. Ser acordados de manhã por um radiojornal que oferece notícias de todo o mundo; tomar banho com um chuveiro alemão e um sabonete francês; ir para o trabalho com um carro desenhado na Itália, mas que inclui peças japonesas e chips coreanos; competir nos mercados mundiais com capitais de joint venture; vender mercadorias e informações em todas as praças do planeta; escutar um disco gravado nos estúdios de vários países e mixado em outros tantos; saber que um vírus pode percorrer o mundo infectando-o em poucos dias; morar numa cidade, trabalhar em outra, passar as férias em outra ainda, e chegar até elas num piscar de olhos; conversar em tempo real via chats e correio eletrônico; usar o Skype para falar e ver pessoas separadas por oceanos e continentes: tudo isso provoca as vertigens da ubiquidade, mas a cada dia torna mais frágeis trabalhadores, empresas, homens políticos e Estados, engajados numa competição cada vez mais ferrenha entre concorrentes que falam a mesma língua, vendem os mesmos produtos em todos os lugares e, com suas propagandas, se vangloriam de diferenças e supremacias agora inexistentes.

Diante da globalização, reagimos com a contradição que é própria de todas as revoluções epocais: de um lado, com a embriaguez da onipotência, e, de outro, com o impulso a buscar segurança no localismo e na volta às raízes. Ao menos por enquanto, ainda não somos capazes de ser cidadãos da aldeia global onde Yin e Yang tendem a se confundir, sentimo-nos desorientados pela ausência de pontos de referência e sonhamos com o retorno salvífico àquele pedacinho de terra que é nossa aldeia pessoal, onde Yin e Yang conservam ainda intactas suas recíprocas individualidades.

CULTURAL SENSITIVITY

O mundo globalizado tende a ser um todo homologado em que as classes dominantes anulam as culturas das classes subalternas colonizando-as com a própria cultura hegemônica.

No conceito de homologação estão implícitas a conquista, a ingerência, a anexação, a prepotência assimétrica exercidas por quem homologa sobre quem é homologado. Num mundo homologado, todos pensam e agem, produzem e consomem do mesmo modo, mas só poucos ditam as regras. Não existe espaço para uma pluralidade de culturas nem, portanto, para um diálogo paritário, uma sinergia intercultural, uma recíproca fertilização de entidades distintas: ou o Yin fagocita o Yang ou o Yang fagocita o Yin. *Tertium non datur.*

A tudo isso se opõe o conceito de *cultural sensitivity*, que enfatiza a presença simultânea de culturas diferentes e distintas, o respeito pelo outro, a dignidade da diversidade, o desejo da conciliação, a curiosidade em relação ao outro diferente de si, a simetria entre os vários sujeitos que entram em contato e tecem o discurso. Yin e Yang dialogam com igual dignidade e cada um se enriquece graças à contribuição construtiva do outro. Juntos, criam assim uma inédita vantagem sinérgica.

A globalização e a homologação são estratégias de conquista; a *cultural sensitivity* é uma filosofia de civilização. O modelo da globalização e da homologação é o imperador Trajano; o modelo da *cultural sensitivity* é o imperador Adriano. A globalização e a homologação seguem os preceitos militares de Clausewitz; a *cultural sensitivity* segue o traçado de Gandhi e Mandela, a antropologia cultural e o estruturalismo de Lévi-Strauss.

EXCELLENCE AND HARMONY

Se a vida é norma, só a diversidade é normal, e a diversidade é disparidade, dissonância, contraste, variedade. A variedade, por sua vez, é busca, mudança, alteridade, multiplicidade e gradação. Convidados, tempos atrás, pelo Instituto Nacional de Estatística a definir a cor da própria pele, os alunos das escolas de ensino médio brasileiras indicaram 137: do carvão ao café, de areia a canela.

A normalidade da diversidade está em conflito com a normalidade da igualdade? Na entrada do Eusoff Hall de Cingapura há um brasão com o lema: "Excellence and Harmony". Giuseppe Bonazzi, que o descreve numa bela reportagem, faz o seguinte comentário: "Harmonia, que nas nossas línguas evoca consonância de sons, proporção das partes, justo equilíbrio de coisas entre si, adquire em chinês (*tiao-he*) um significado a mais, o de acordo entre desiguais. No confucionismo, a desigualdade entre as partes que estão bem juntas precisamente por serem desiguais é aquilo que infunde à harmonia vigor, credibilidade, tensão ética e estética. As obrigações recíprocas fundamentam-se no mútuo reconhecimento de serem desiguais e de continuarem a sê-lo".

O Ocidente foi mais relutante em considerar normal a concordância entre os diferentes; toda sua história é uma sucessão de guerras entre estados fronteiriços, inquisições, cruzadas, lutas de classe, conflitos de religião, de raças, de gênero, baseados no pressuposto de que, quando existe diversidade, nunca há equivalência entre as partes, mas uma parte sempre é melhor que a outra e tem o direito de fazer valer essa sua superioridade. O Brasil, que no decorrer de quinhentos anos entrou em guerra uma única vez com um de seus dez estados vizinhos, o Brasil, onde mais de quarenta etnias convivem pacificamente, onde reina o sincretismo cultural e religioso, pode ser considerado uma verdadeira exceção no panorama ocidental. No século IV, os cristãos, que pregam paz e caridade, não hesitaram em matar o sábio, clarividente, refinado e bondoso Juliano, então com 32 anos de idade — depois marcado como apóstata —, porque, em vez de impor Cristo como deus único e onívoro, segundo a doutrina de alguns pescadores-apóstolos da Galileia, propunha que se incluísse Jesus no panteão sincrético em que acreditaram Platão, Sócrates, Píndaro e Aristóteles, onde cada deus era diferente do outro e todos juntos habitavam o Olimpo, dispostos a acolher novas divindades.

A ideologia cristã, que alimentou perseguições, inquisições e guerras de religião ao longo dos séculos, a política e a formação adotadas pela burguesia conservadora e os provérbios populares que representam seu corolário, tudo conspira em favor do status quo, da vida pacata, da tolerância ao abuso, da paciência como virtude, da continuidade, do fatalismo, de uma inerte confiança na Providência, quando não um absoluto abandono a um destino prescrito e fatal que o indivíduo sofre sem poder modificar.

Por sua vez, o racionalismo industrial, aplicando princípios que pretende universais, válidos para qualquer organização, tende a produzir objetos idênticos com métodos organizativos sempre iguais, prefere os produtos em série aos protótipos, considera todo evento diferente do arquétipo uma renúncia à sua qualidade, um distanciamento intolerável do padrão predeterminado, uma recusa anarcoide da continuidade, uma falta de garantia de excelência.

NORMAL E EXCÊNTRICO

Com o sistema industrial, o impulso criativo do gênio, do artesão e do artista empenhados em criar objetos sempre diferentes e surpreendentes é sacrificado à exigência de produzir objetos cada vez mais iguais, com processos cada vez mais repetitivos, executados em tempos cada vez mais curtos e previsíveis a custos cada vez menores. A duração do processo necessário para realizar cada função ou para produzir cada objeto passa a ser o eixo em torno do qual gira o desafio epocal da eficiência, que se torna prioridade da fábrica industrial e a condição da sua sobrevivência no mercado concorrencial. Condenada a crescer para sempre, aumentando eternamente a produtividade (ou seja, a relação entre a quantidade de objetos produzidos e a quantidade de tempo necessário para produzi-los), a economia industrial visa até mesmo anular o tempo humano de produção, sonhando com uma fábrica totalmente automatizada em que a mão humana jamais toque em coisa alguma e nada nunca se desvie das prescrições.

Mas, antes que este sonho se realize, a administração científica se encarrega de programar cada coisa nos mínimos detalhes de modo a eliminar qualquer possível anomalia desde a raiz. Em *Shop Management* (1903), Frederick W. Taylor escreve: "Todas as ordens devem ser dadas aos operários detalhadamente, por escrito; além disso, para preparar o trabalho do dia seguinte e estabelecer seu movimento em toda a oficina, os operários devem fornecer diariamente à seção de planejamento relatórios escritos indicando o que foi feito. Antes que qualquer peça fundida ou forjada chegue à oficina, é preciso estabelecer o itinerário exato que terá de percorrer de uma máquina para outra. Deve-se compilar um manual de instruções, que indique detalhadamente como deve ser realizada cada operação em cada peça, bem como o tempo necessário, o número de projeto, os utensílios especiais, as ferramentas exigidas [...]. Em todos os casos é oportuna uma severa e precisa inspeção do trabalho, ao menos uma vez ao dia e eventualmente duas".

Estudo minucioso dos tempos e dos métodos; cuidadosa preparação de cada operação, até mesmo de cada gesto, em todos os seus detalhes, de maneira a torná-lo o mais curto e o mais simples possível; cronometragem de cada operação elementar; controle rigoroso dos comportamentos, dos resultados e dos eventuais desvios do padrão; eliminação dos desperdícios: esses são os princípios que garantem à organização industrial o absoluto triunfo da normalidade sobre a diversidade, a partir do momento em que ela fundamenta a própria eficiência na repetição rápida e precisa de produtos e processos padronizados nas oficinas, de práticas e procedimentos padronizados nos escritórios. A repetição, a normalização, a padronização, a unidade de tempo e de lugar, a sincronização, a pontualidade, a economia de escala são todos princípios obsessivos que garantem a exclusão do excêntrico, do impertinente, do diferente, do complexo, do criativo, do novo, do arriscado, em favor do normal, do executivo, do repetitivo, do contínuo, do linear, do simples.

Na organização científica do trabalho, a intransigência diante da diversidade constitui um pré-requisito da qualidade garantida, do profissionalismo, de relações humanas corretas e livres da conflitualidade. Assim, as margens de tolerância se estreitam, o controle sobre homens e coisas se torna inflexível, a objeção é considerada rebelião, a discordância é considerada desvio, a ruptura da continuidade torna-se "ruptura" tout court.

Aquela mesma administração científica que escava um abismo entre patrão e empregado, entre ordem e execução, entre trabalho e tempo livre, organiza a produção, a distribuição e o consumo, sepultando o próprio conceito de diversidade sob os mitos do universalismo, da racionalização e da velocidade. Não por acaso o triunfo da indústria manufatureira normalizada é paralelo ao triunfo do modernismo na arquitetura, do futurismo na arte, do urbanismo e do consumismo na vida, uma vez que seus princípios não pretendem ficar circunscritos e amarrados à oficina, mas permear toda a existência humana.

Assim, a normalização do existente e a demonização das diversidades se estendem da organização das indústrias à organização de toda a sociedade, que, desse modo, se torna "sociedade industrial": aquela sociedade que exaltou o coletivo contra o subjetivo, a massa contra o indivíduo, e que dispôs todos em classes, grupos, sindicatos, partidos, ordens, corporações; a sociedade que mais que qualquer outra tentou homologar as diferenças de produção através da linha de montagem e as diferenças de consumo através dos modismos e da publicidade; a sociedade que mais que qualquer outra combateu a diversidade entre Yin e Yang, mas que, mais que qualquer outra, foi conturbada pela dialética entre as partes e a rebelião dos diferentes.

DIALÉTICA E CONFLITO

Na sociedade rural e artesanal, trabalho e vida, oficina e residência, universo masculino e universo feminino, lugar de produção e lugar de consumo coincidiam. A sobreposição entre Yin e Yang estava no auge. A sociedade industrial, em contrapartida, separou claramente o Yin-trabalho do Yang-tempo livre, os bairros onde se produz dos bairros-dormitório, os dias úteis dos feriados, o universo masculino do universo feminino.

Tendo interpretado mal a racionalidade iluminista, a cultura moderna buscou uma estrutura social em que tudo o que era considerado positivo devia ser racional, tudo o que era racional só podia ser masculino, tudo o que era masculino dizia respeito à produção, tudo o que se referia à produção era feito na fábrica, longe de casa. Ao contrário, tudo o que era negativo pertencia à esfera emocional, tudo o que era emocional só podia ser feminino, tudo o que era feminino dizia respeito à reprodução, tudo o que se referia à reprodução era feito em casa, longe da fábrica.

Mas a maior discrepância provocada pela sociedade industrial foi aquela entre Yin-burguesia e Yang-proletariado. A partir do século XIX, as diversas ideologias e concepções do trabalho determinaram enfoques radicalmente divergentes do conflito de classe. Para a Igreja, o trabalho representava e representa sobretudo uma oportunidade concedida por Deus ao homem para continuar a criação e expiar o pecado original. Transformá-lo num campo de batalha pelo choque entre empregadores e trabalhadores deve ser considerado um delito contra a natureza, instigado pelas ideologias subversivas dos socialistas e dos sindicalistas. "O erro capital na questão presente", diz Leão XIII na encíclica *Rerum novarum*, "é crer que as duas classes são inimigas natas uma da outra, como se a natureza tivesse armado os ricos e os pobres para se combater mutuamente num duelo obstinado. Isto é uma aberração tal que é necessário colocar a verdade numa doutrina contrariamente oposta, porque, assim como no corpo humano os membros, apesar da sua diversidade, se adaptam maravilhosamente uns aos outros, de modo que formam um todo exatamente proporcionado e que se poderá chamar simétrico, assim também, na sociedade, as duas classes estão destinadas pela natureza a unirem-se harmoniosamente e a conservarem-se mutuamente em perfeito equilíbrio. [...] A concórdia traz consigo a ordem e a beleza; ao contrário, dum conflito perpétuo só podem resultar confusão e lutas selvagens."

Essas palavras poderiam parecer em plena sintonia com o expresso pelo lema *Excellence and Harmony* que se lê em Cingapura, onde o confucionismo atribui à desigualdade irredutível entre as partes o mérito da tensão ética e estética que garantia harmonia ao todo. Mas, para Leão XIII, a relação entre as partes deve ser libertada de qualquer forma de conflito e assimilada à relação orgânica entre a videira e os ramos. Yin se torna um ramo de Yang, ou vice-versa. Assim, surpreendemos Leão XIII de mãos dadas com Taylor, segundo o qual, graças à administração científica, todo trabalhador "adquire uma atitude mais amigável em relação aos empregadores e ao conjunto das condições de trabalho, ao passo que antes utilizava grande parte do seu tempo em atividades de crítica, em suspeitosa vigilância e às vezes em posturas abertamente hostis".

Para a doutrina social da Igreja, assim como para os paradigmas da sociologia empresarial, do taylorismo às relações humanas, aos recursos humanos e assim por diante, a caridade, a paciência, a norma, a motivação, a administração científica e participativa, o respeito à lei e a humilde aceitação das diferenças constituem algumas garantias de uma pacífica convivência humana no trabalho e na vida. A defesa ativa dos próprios direitos, a aspiração à igualdade, a anomalia e o conflito constituem alguns resultados patológicos, portadores de desgraças terrenas e de punições divinas.

Os pensadores social-democratas, por sua vez, valorizam o conflito, a anomalia, o contraste e a diversidade como formas de vitalidade e de crescimento. Yin e Yang voltam a ser forças ativas, distintas, vitais, dialéticas. "Tudo o que é criatividade, inovação e evolução na vida do indivíduo, do seu grupo e da sociedade", escreveu Ralf Dahrendorf, "deve ser considerado em grande parte uma consequência dos conflitos entre um grupo e outro, entre um indivíduo e outro, e entre emoções diferentes no interior do mesmo indivíduo. Esse fato fundamental parece-nos suficiente para justificar o juízo de valor segundo o qual o conflito é essencialmente *desejável* e constitui *um bem*." A recuperação do conflito, ainda que sob o controle vigilante do Estado, pressupõe a recusa das injustiças sociais, baseia-se na *cultural sensitivity* e propõe o Estado de bem-estar.

Em contraste com as visões católica, empresarial e social-democrata, a vertente marxista relaciona o conflito às crescentes desigualdades estruturais de riqueza e de poder, destinadas a se aprofundarem até explodirem numa luta de classes revolucionária finalmente capaz de inverter toda a organização da sociedade e restaurar a igualdade. Portanto, a dialética entre Yin e Yang deve ser encorajada, organizada e exasperada até explodir, eliminando o polo burguês em favor do proletário. Começa assim o *Manifesto do Partido Comunista* de Marx e Engels: "Até hoje, a história de todas as sociedades tem sido a história das lutas de classe. Homem livre e escravo, patrício e plebeu, barão e servo da gleba, membro da corporação e artesão, em suma, opressor e oprimido sempre estiveram em confronto recíproco, sempre combateram uma batalha ininterrupa, aberta ou disfarçada, uma batalha que sempre terminou com uma transformação revolucionária de toda a sociedade ou pela destruição comum das classes em conflito. [...] A moderna sociedade burguesa, nascida do ocaso da sociedade feudal, não aboliu as contraposições de classe. Apenas criou novas classes no lugar das antigas, produziu novas condições de exploração, novas formas de luta entre as classes. No entanto, a nossa época, a época da burguesia, caracteriza-se pela simplificação das contraposições de classe. Toda a sociedade divide-se cada vez mais em dois grandes campos inimigos, em duas grandes classes que se enfrentam diretamente: burguesia e proletariado".

AS ANOMALIAS

Contra o domínio da normalidade industrial, contra a sua epistemologia da linearidade, da simplicidade, da continuidade que encontra as próprias metáforas no relógio e na linha de montagem, a sociedade pós-industrial e a sua epistemologia da complexidade exaltam o subjetivo, o emocional, o descontínuo, o local, o complexo: tudo isso que encontra a própria metáfora na rede, no network, no virtual.

Com Popper, a epistemologia descobre a falseabilidade de todas as certezas e a diversidade conquista a dignidade de norma: "Todas as vezes que uma teoria lhe parecer a única possível, tome isso como um sinal de que você não entendeu nem a teoria nem o problema que se pretendia resolver". Com Kuhn, a anomalia assume até um papel salvífico em relação aos paradigmas que pretendem continuar imutáveis. Seu conceito de progresso do conhecimento através das revoluções científicas descreve mais uma relação dinâmica possível entre Yin e Yang.

Como se desenvolve, de acordo com Kuhn, o processo do conhecimento? Não mais através do jogo aristotélico da indução e da dedução ou do jogo hegeliano da tese e da antítese, e sim através do círculo virtuoso das revoluções científicas: fase pré-

-paradigmática em que se percebe um problema, mas não se descobre a solução para ele; descoberta ou invenção de uma solução em que se funda um novo paradigma; aplicação desse paradigma através de procedimentos "normais"; surgimento de anomalias; nova fase pré-paradigmática e assim por diante. Durante o século XVIII, por exemplo, após uma longa fase pré-paradigmática, a pesquisa física em torno do fenômeno da luz chega ao paradigma fornecido pela ótica newtoniana, segundo a qual a luz consistia em corpúsculos materiais. Esse primeiro paradigma foi adotado por muito tempo, mas depois entrou em crise ao se chocar com anomalias cada vez mais numerosas, de modo que, no começo do século XIX, os escritos óticos de Young e Fresnel formularam um novo paradigma de acordo com o qual a luz era um movimento ondulatório transversal. Esse segundo paradigma também foi bem-sucedido, até que, no início do século XX, foi substituído por um terceiro paradigma devido a Planck e a Einstein, segundo os quais a luz é constituída por fótons, ou seja, por entidades da mecânica quântica que apresentam algumas propriedades características das ondas e outras propriedades características das partículas.

Kuhn entende por "paradigma" um corpus de ideias, fórmulas, leis, definições, práxis, deontologias, soluções, métodos, exemplos, modelos relacionados a determinado campo científico, compartilhados por determinada comunidade científica e adotados por essa comunidade na sua atividade de estudo e pesquisa.

Depois de se ter afirmado plenamente, cada novo paradigma entra na fase que Kuhn define como "normal" porque "estavelmente fundamentada em um ou mais resultados obtidos pela ciência no passado, aos quais determinada comunidade científica, por certo período de tempo, reconhece a capacidade de constituir a base da sua práxis ulterior".

A fase "normal" de uma ciência caracteriza-se pela aceitação e aplicação pacífica de determinado paradigma, ao qual se atribui a capacidade de explicar a maioria dos fenômenos explicáveis sobre determinado campo. Durante essa fase, os cientistas "normais" empenham-se em aperfeiçoar o paradigma, em acumular experimentos aplicativos, em resolver os vários quebra-cabeças com os quais se deparam, recorrendo à astúcia da razão para "forçar a natureza a se encaixar nos limites pré-fabricados e relativamente rígidos fornecidos pelo paradigma".

Cedo ou tarde, porém, alguns quebra-cabeças resistem às soluções oferecidas pelo paradigma, porque até "um sucesso extraordinário nunca é, para uma teoria científica, um sucesso completo". Diante dessa anomalia, os cientistas que se reconhecem no paradigma relutam em acreditar na sua inadequação, resistem obstinadamente à eventualidade de abandoná-lo, reprimem como heresia as dúvidas e as alternativas apresentadas pelos cientistas heréticos. A luta contra a diversidade e a inovação radical dura até que a multiplicação e o acirramento das anomalias atinjam uma massa crítica capaz de refutar definitivamente o paradigma consolidado e até que ulteriores descobertas cheguem a um novo paradigma capaz de revolucionar o curso da ciência.

O novo paradigma, por sua vez, terá seus adeptos, que se encarregarão de aprimorá-lo e aplicá-lo numa paciente obra de ciência normal até que surjam novas anomalias e se formulem novos paradigmas.

Para Kuhn, portanto, nos processos do conhecimento científico, as fases revolucionárias e "festivas", em que dominam a diversidade, a anomalia e a descoberta, se alternam com as fases aplicativas, repetitivas e cumulativas, em que domina a pacífica normalidade do trabalho "de todo dia". No percurso da ciência, a normalidade da diversidade está na impossibilidade de deter para sempre o processo cognoscitivo na fase à qual chegamos. Assim como Yin e Yang jamais se dissolverão um no outro, pondo fim à dinâmica da mudança e dando lugar a uma entidade única, definitiva e, portanto, inerte, assim o processo cognoscitivo dessa dinâmica continuará para sempre.

PÓS-MODERNIDADE

No catálogo de uma de suas mostras no Centre Pompidou, Bob Wilson anota: "Enquanto olho da janela do meu estúdio, vejo um edifício moderno. Bem ao lado dele há uma construção do século XVIII e, acima, um edifício em construção. Eu vejo não apenas a Paris atual, mas também vestígios de seu passado e presságios de seu futuro".

A colagem, que a cultura pós-moderna assume como sua característica, está nas coisas. Sobretudo na Europa, patchwork de presente e passado, de natureza e cultura, de invenção e lembrança.

No final do século XVIII, graças ao Iluminismo e à *Encyclopédie*, rejeitou-se o misticismo barroco e recuperou-se o imanente respeito pelo transcendente; as visões do mundo foram libertadas dos localismos; o conhecimento foi depurado e ampliado com uma renovada pesquisa científica e artística, a miséria foi desafiada com a produção industrial em massa.

Tudo parecia suscetível de ser colocado sob controle. No entanto, um século mais tarde, no universo das certezas consolidadas surgiram as primeiras fendas, as primeiras anomalias. O relativismo, a dúvida e as diferenças irromperão no sistema homogêneo das certezas e da precisão industrial. O diferente pretenderá ser aceito e apreciado.

À medida que a sociedade rural se afasta no tempo e permanece apenas como reminiscência, à medida que a sociedade industrial declina, afirma-se a pós-industrial, em que convivem culturas do passado e pressentimentos de futuro. Bob Wilson diz ainda: "Levanto os olhos e vejo as nuvens passarem. Passa um avião. Na rua, vejo um homem que anda e um carro que corre. Tudo isso acontece ao mesmo tempo, em velocidades diferentes [...]. Trata-se de um espaço repleto de tempo. Não diria que é um espaço atemporal, mas um lugar propenso às lembranças".

Como procuro explicar no capítulo dedicado à "Beleza", a cultura pós-moderna traduz tudo isso em estética da apropriação, da reciclagem, da miscelânea, do efême-ro, do "juntar"; da arte como plural, como beleza que não tranquiliza, como novidade, mudança, distorção e choque; da vida como capacidade de reconduzir num contexto coerente, perceptível como tal e como tal gerenciável, a infinidade de conhecimentos, diferenças e experiências que hoje pulsam, se chocam e convivem em nossa experiência.

Essa operação salvífica nada tem de fácil, e a consciência da complexidade complica ainda mais as coisas. Filhos de uma epistemologia industrial baseada na racionalidade, na certeza planejada, no progresso linear, na continuidade uniforme da linha de montagem, temos dificuldade em nos adaptar a uma epistemologia descomposta pela incerteza, pela complexidade, pela descontinuidade, pelas relações reticulares e labirínticas.

Os seres humanos aspiram à simplicidade, mas a simplicidade, como afirma Constan-tin Brâncuşi, "é uma complexidade resolvida". O problema, portanto, está em resolver a complexidade que, ao contrário, a cultura pós-moderna acentua, atenuando, até elimi-nar, as membranas entre interno e externo, entre conteúdo e forma, entre significante e significado. E, assim, tornando confusa também a distinção entre verdadeiro e falso.

THINK AND ACT GLOBAL

Dimensão local e dimensão global constituem uma díade cada vez mais indistinta. Na sociedade industrial, a fábrica foi lugar, laboratório, símbolo, centro de gravidade e modelo para toda a sociedade. Durante dois séculos, foi ali que nasceram os produtos que depois o mercado foi induzido a consumir por meio da publicidade e dos modismos. Hoje as novas tendências já não nascem nos locais de trabalho manufatureiro — e talvez nem sequer nos lugares de trabalho propriamente ditos —, e sim nas infinitas articu-lações da sociedade complexa. A empresa, por mais inovadora que seja, pode apenas assumir uma posição de escuta, captar e decifrar os valores emergentes da sociedade, inspirar neles seus novos produtos: pode tornar-se *marketing oriented*. Precisa, portan-to, aprimorar a própria sensibilidade cultural, se deseja perscrutar as transformações do mercado e antecipar suas tendências; se deseja traduzi-las em ideias empresariais e depois em produtos concretos; se deseja encontrar quem os compre.

Durante dois séculos, o Yin-indústria impôs seus produtos ao Yang-mercado; hoje, ao contrário, é este que dita as regras, obrigando os produtores a ir atrás dos consumidores numa corrida tanto mais complicada quanto mais os valores emergentes na sociedade provêm de todos os cantos do planeta e quanto mais os desejos dos clientes se tornam impalpáveis, deslocando a ênfase da substância para a forma, do tangível para o intangível, do duradouro para o efêmero, do prático para o estético.

Dizia-se: "Think global, act local", mas por fim passou-se a aplicar o critério: "Think and act global". No contínuo confronto entre o Yin da cultura local e o Yang da cultura global, foi o Yang que ganhou terreno e nos impele para um nivelamento à cultura globalizada. Já hoje, tanto em Nova York como em Pequim, no Rio como em Bangalore, em Roma como em Nova Délhi, os jovens instruídos têm em comum o fato de serem *global*, ou seja, anglófonos, digitais, andróginos e competitivos.

YANG-BURGUESIA E YIN-PROLETARIADO

Em meio a tantas confluências de Yin e Yang, existem, porém, dois âmbitos da realidade social em que as entidades em jogo são bem distintas e tendem a se distanciar a ponto de entrar em conflito. O primeiro desses âmbitos é aquele em que se contrapõem em medida crescente o modelo americano (Consenso de Washington), com baixo crescimento do PIB, liberdade de imprensa, eleições livres e pretenso respeito aos direitos humanos, e o modelo chinês (Consenso de Pequim), com forte crescimento do PIB, sem liberdade de imprensa nem eleições livres e com pouco respeito aos direitos humanos. Nesse plano, cada um dos dois polos representa para o outro "o diferente", embora o avanço do consumismo na China atue em favor da progressiva diminuição das diferenças.

O segundo âmbito em que a margem das diferenças está se ampliando é o representado pela relação entre ricos e pobres no mundo, problema premente que, por esse motivo, foi tratado várias vezes neste livro. Se é verdade que o planeta aumenta sua riqueza entre 3% e 5% ao ano, também é verdade que esse crescimento, planejado pelos profissionais criativos, depende cada vez menos da contribuição executiva dos trabalhadores do Primeiro Mundo e cada vez mais das tecnologias que substituem o trabalho humano e da mão de obra sub-remunerada do Terceiro Mundo. Como é necessário cada vez menos trabalho humano para produzir cada vez mais bens e serviços, na falta de uma adequada redistribuição do trabalho residual, o *jobless growth* gera bolsões crescentes de desempregados pauperizados. Todos os ricos têm um trabalho ou uma renda garantida; todos os pobres são desempregados ou trabalhadores precários.

Embora manipulados pelos ricos, hoje os meios de comunicação mostram aos pobres como vive a parte privilegiada da sociedade, impelindo-os a migrar ou a se rebelar.

Com a maior visibilidade da discrepância, a crescente escolarização em massa e o apoio eficaz das redes sociais, aumentam em todo o mundo os fluxos migratórios e as revoltas dos trabalhadores precários prejudicados pelo *jobless growth*. Desse modo, nos países industriais e pós-industriais, o desemprego passou a ser prioritário na agenda dos governos neoliberais, que imaginam uma infinidade de expedientes para remediá-lo, mas não fazem senão acentuá-lo. Hoje, na Europa, os jovens desempregados são mais de 30%; na Itália, 40%; na Espanha, 50%. Se as coisas continuarem assim, em pouco tempo os empregados serão uma pequena minoria entrincheirada numa fortaleza produtiva, sitiada por uma massa ameaçadora de excluídos do trabalho.

Para evitar esse resultado suicida, agora já não bastariam nem sequer os remédios tão invocados pelos talk shows televisivos e nunca adotados — combate à evasão fiscal, mais serviços públicos para a saúde e a educação, deslocamento da tributação do trabalho para o capital, salários-mínimos, rendas garantidas para os pobres, normas de distribuição equitativa das rendas etc. —, porque o que é necessária é uma *restauratio magna ab imis fundamentis*, para usar as palavras de Bacon. Ao contrário, como eu escrevia desde 1999 num ensaio publicado na revista *Pluriverso* que mencionei no capítulo "*Jobless*", e como enfatiza Luciano Gallino em seu *La lotta di classe dopo la lotta di classe* (2012), de algumas décadas para cá os ricos inverteram a direção da luta de classes, conduzindo uma luta sem tréguas contra os pobres.

Inúmeras pesquisas demonstram que, uma vez superado certo nível de riqueza, a qualidade da vida não continua a melhorar paralelamente à renda. Nos Estados Unidos, por exemplo, nos últimos quarenta anos a renda dobrou, mas a porcentagem de cidadãos que se dizem satisfeitos diminuiu. Por uma espécie de "síndrome de Joanesburgo", se mal produzida e mal distribuída, em vez de criar um sentimento de bem-estar, a riqueza provoca nos ricos medo e rancor em relação aos pobres, precisamente como aconteceu na África do Sul, onde, por anos a fio, uma exígua população branca relegou a guetos uma imensa maioria de negros.

Como Luciano Gallino demonstra com dados precisos, entre o fim da Segunda Guerra Mundial e o fim dos anos 1970, graças à luta de classes conduzida contra a Yang-burguesia, o Yin-proletariado dos países industriais conseguiu obter notáveis melhorias da própria condição social (aumentos salariais, Estado de bem-estar, saúde, redução da jornada de trabalho, aumento das férias, proteção social). Por mais modesta que tenha sido essa redistribuição do poder e da riqueza, ainda assim ela foi suficiente para convencer a classe dominante a dizer basta e inverter a tendência, iniciando uma luta de classes do alto, contra a classe dominada. O neoliberalismo de Reagan, de Margaret Thatcher, de Chirac e Sarkozy, de Berlusconi e de Angela Merkel, o desvio capitalista da Rússia e o consumista da China, bem como a oposição demasiado branda, senão conivente, das forças de esquerda, determinaram em todo o mundo uma reação sistemática e concêntrica da classe dominante (proprietários de grandes patrimônios, altos executivos, políticos, banqueiros, financistas, latifundiários) contra a massa dominada, para reduzir ou abolir o Estado de bem-estar, anular as oportunidades e as proteções, gerenciar sua poupança, aumentar ainda mais sua insegurança, sua precariedade, sua degradação.

Falei de classe dominante no singular porque seus membros, por mais minoritários que sejam em relação aos pobres, são contudo selecionados, formados, coesos e organizados. Falam todos o mesmo inglês, estudam todos nas mesmas *business schools*, frequentam os mesmos círculos e as mesmas convenções internacionais, fazem parte dos mesmos lobbies, recorrem às mesmas empresas de consultoria e de comunicação, dispõem de poderosíssimos sistemas de informação, financiam as campanhas eleitorais de candidatos fiéis à sua classe, têm condições de transformar em leis e decretos os seus interesses, sobretudo em matéria fiscal e de trabalho, têm a hegemonia do Fundo Monetário Internacional e de outros grandes motores financeiros, conseguem obter consideráveis ajudas governamentais quando seus erros põem em risco sua própria hegemonia (basta pensar nos 15 trilhões de dólares que os bancos norte-americanos obtiveram do governo na última crise financeira para evitar a falência), conseguem obter enormes isenções fiscais que revertem contra os pobres, porque vão reduzir os fundos destinados aos serviços públicos, sobretudo educação e saúde, e contra os sistemas de proteção social. O turbocapitalismo que daí deriva introduz monoculturas nos imensos latifúndios criados no Terceiro Mundo e obriga milhões de agricultores a migrar do campo para a cidade, para as favelas onde agora vive ao menos 1 bilhão de deserdados.

Obviamente, a concentração excessiva da riqueza em poucas mãos (já vimos que os 85 personagens mais ricos da escala "Forbes" dispõem de uma riqueza igual à de 3,5 bilhões de pobres) implica uma excessiva estagnação dos consumos que põe em crise o próprio capitalismo, como demonstrou Thomas Piketty em seu *O capital no século XXI*, mas a dinâmica da exploração acionada pela classe hegemônica transnacional não dispõe de freios. A cada ano, o planeta produz 65 trilhões de dólares, ou aproximadamente 65 trilhões de euros; segundo a ONU, bastaria uma centena de bilhões para debelar a fome no mundo, e contudo os detentores do poder preferem levar o bólido planetário a se estraçalhar ao invés de inverter a corrida. Por ora, portanto, o Yang-classe-hegemônica, exíguo, poderoso, coeso, organizado e determinado, cria um abismo econômico, linguístico, existencial e cultural entre si e o Yin-massa-subalterna, imenso, crescente, impotente, fragmentado, desorganizado e desorientado.

OITO REFLEXÕES SOBRE A DIVERSIDADE

Tento uma síntese de tudo o que afirmei até aqui para melhor controlar os conceitos que giram em torno do tema da diversidade, abordado, quase por brincadeira, com o apoio da metáfora Yin-Yang.

1. Tanto o conceito de diversidade como o de identidade implicam a presença simultânea de entidades distintas, de cujo confronto surge uma diversidade, uma semelhança ou uma igualdade. Pode-se ser o oposto ou a cópia de alguma coisa, e, no meio, existem infinitos matizes. Dependendo do caso, o conceito de diversidade pode assumir conotações positivas ou negativas. O mesmo vale para o conceito de identidade e de igualdade. Em geral, a igualdade é considerada positivamente quando remete à justiça, aos direitos, aos deveres, à equidade, ao entendimento, à democracia. Mas é considerada negativamente quando remete à homologação, à monotonia, ao nivelamento, à rejeição da meritocracia, ao conformismo, à intolerância pela diversidade, pela subjetividade, pela autonomia.

Por sua vez, a diversidade assume um valor positivo quando é considerada condição indispensável para a dialética fecunda entre uma tese e uma antítese capazes de produzir uma síntese; quando alude à variedade, à originalidade, à distinção, à excelência, à criatividade; quando postula tolerância, inclusão, acolhida, polifonia. Ao contrário, assume um valor negativo quando remete ao esnobismo, à extravagância, à inferioridade, à ovelha negra, ao indisciplinado, ao excêntrico, ao estranho, ao estrangeiro, ao inimigo: diversidades que são todas retribuídas com a exclusão, a rejeição, a intolerância, o racismo, a punição, a perseguição, o isolamento, a guerra.

2. Dependendo dos tempos e dos lugares, as mesmas diversidades foram apreciadas, cultivadas, recompensadas, ou então temidas, evitadas, marginalizadas, punidas. Basta pensar no hermafrodita, no corcunda, no vidente, no herético, no estrangeiro, mas também no canhoto, no homossexual, na mulher, no gênio.

O mesmo comportamento, a mesma pessoa, o mesmo rito (da imolação ao canibalismo), o mesmo alimento (do porco às rãs até o cérebro dos macacos ainda vivos) são considerados exemplares, normais, repulsivos ou vetados, dependendo dos grupos de referência. Tiradentes, por exemplo, era até ontem um bandido para os portugueses e um mito para os independentistas da Inconfidência Mineira, ao passo que hoje é um herói exemplar para todos os brasileiros que anualmente o celebram com um feriado nacional. Cesare Battisti era um traidor para os austríacos e um patriota para os italianos. Osama bin Laden foi um monstruoso terrorista para os norte-americanos, mas um líder heroico para os talibãs e para a Al-Qaeda.

3. A história humana está repleta de intolerância em relação à diversidade: os bárbaros, os infiéis, os judeus, os imigrantes, os negros, as mulheres, os homossexuais, os loucos, os estrangeiros. A rocha Tarpeia, o ostracismo e o auto de fé, o gueto, Auschwitz e Guantánamo, o manicômio, a prisão e a limpeza étnica, a camisa de força e a contenção química, mas também a cirurgia plástica, a reeducação, a psicanálise, a demonização, a excomunhão, a santificação e a pastoral missionária, embora sejam dispositivos e práticas muito diferentes entre si pela brutalidade, refinamento, finalidades, intenções, eticidade e modernidade, representam, contudo, idênticos instrumentos usados em cada caso para expulsar, reprimir, punir, isolar, domesticar, reduzir, tratar, converter, exorcizar, incorporar e sublimar a diversidade, para desse modo administrá-la.

4. No jogo dos espelhos, a diversidade, o contrário e a oposição podem dar lugar a inúmeras díades. Algumas delas se prestam a uma reflexão sociopolítica: jovem e velho, individual e coletivo, direita e esquerda, guerra e paz, centro e periferia, fraco e forte, cidadão e estrangeiro, ateu e crente, divino e diabólico. Outras díades se prestam a uma reflexão estético-formal: palavra e silêncio, clássico e moderno, apolíneo e dionisíaco, monódico e polifônico, ritmo e harmonia, concordância e dissonância, bonito e feio, pequeno e grande, branco e preto, alto e baixo, oculto e evidente, luz e sombra, real e imaginário, solitário e grupal. Outras se prestam a uma reflexão epistemológica: verdadeiro e falso, conhecido e desconhecido, abstrato e concreto, forma e substância, contínuo e descontínuo, ordem e caos, simplicidade e complexidade. Outras se prestam a uma reflexão científica: energia e transformação, fisiológico e patológico, alma e corpo, homem e animal, macho e fêmea, vazio e cheio, côncavo e convexo, sono e vigília, realidade e ilusão, transitório e permanente, vida e morte, origem e fim, material e virtual. Outras se prestam a uma reflexão psicológica: o eu e o outro, medo e coragem, razão e paixão, dúvida e certeza, eros e etos, atração e repulsão, masculino e feminino. Outras têm ambiguidade suficiente para se prestar a análises cruzadas: branco e preto, por exemplo, são categorias cromáticas, mas também categorias políticas se pensamos no racismo e no apartheid; abstrato e concreto são categorias filosóficas, mas também definições atinentes à arte; ordem e desordem interessam igualmente ao físico, ao filósofo, ao sociólogo, ao político e ao policial. Enfim, outras díades de importância fundamental envolvem mais diretamente os aspectos filosóficos, etnológicos e antropológicos. Basta pensar nos problemas conceituais em contínua fase de elaboração hermenêutica, que têm em seu centro a questão da "diversidade cultural": mestiçagem e hibridização, multiculturalismo e interculturalidade, inclusão e exclusão, rejeição e reconhecimento, racismo, xenofobia e assim por diante.

5. Na natureza não existe praticamente nada que não seja diferente de todo o resto e que não extraia sua identidade precisamente da sua diversidade, a ponto de causarem mais espanto, até parecerem monstruosas, duas entidades perfeitamente idênticas — dois gêmeos, duas árvores, dois poodles — em vez de duas entidades profundamente diferentes uma da outra.

Enquanto a diversidade representa a condição normal da natureza, a igualdade, na maioria das vezes, é uma construção social da cultura. Uma construção que tem dificuldade em se afirmar. A democracia na Grécia constituiu uma exceção no panorama dos regimes adotados por todos os outros estados da Antiguidade clássica. A partir da Revolução Francesa, a Constituição de todo Estado democrático faz questão de repetir que todos os cidadãos são iguais, mas basta observar a sociedade real dos próprios Estados para perceber o quanto eles estão distantes da aspiração que declaram realizar.

6. A partir do Iluminismo, por duzentos anos a sociedade industrial unificou os produtos, tornando-os reprodutíveis em série, unificou os sistemas produtivos através das linhas de montagem e da administração científica, unificou os sistemas de venda através dos preços únicos e das grandes lojas de departamento. Até o produto artístico tornou-se reprodutível ao infinito graças à fotografia, à litografia e a outros sistemas de reprodução técnica.

Por outro lado, porém, a sociedade industrial separou o tempo de trabalho do tempo livre, a atividade ideativa da executiva, a estética da prática, a esfera racional da esfera emocional, o mundo feminino do mundo masculino, a dimensão nacional da dimensão global, a burguesia do proletariado, os bairros ricos dos pobres, as zonas industriais das cidades-dormitório. De tudo isso surgiu uma cultura que chamamos "moderna" e que pouco a pouco se impôs paralelamente à industrialização. Podemos dizer que essa cultura procurou criar a máxima divergência entre Yin e Yang.

7. Depois de duzentos anos de sociedade industrial, a partir da Segunda Guerra Mundial consolidou-se uma sociedade profundamente diferente, que por conveniência chamamos pós-industrial. Essa sociedade produziu uma cultura própria, que chamamos pós-moderna. Enquanto a sociedade industrial e a cultura moderna tendiam à divisão, à diferenciação, à exclusão, à contraposição entre nações, classes, gêneros, raças, ideologias, religiões, a sociedade pós-industrial e a cultura pós-moderna tendem à fusão, à confusão, à inclusão, ao pluralismo, ao relativismo, à hibridação, à mestiçagem, à eliminação das fronteiras, dos limites, das membranas, à busca do consenso, a "juntar" para que tudo se sustente.

Nessa tentativa de recuperação e de acolhida, até o feio e o trash foram recuperados como categorias aparentadas com o belo, sendo ambos nada mais que experiências e energias de quem olha. Ao lado de uma nova estética formal, afirmou-se uma nova estética existencial, igualmente baseada na aceitação e na valorização da diversidade; uma cultura que tornou possíveis, admitiu, encorajou vários modos e estilos de vida muito diferentes uns dos outros, mas igualmente capazes de permitir uma experiência rica e intensa. Como explico no capítulo dedicado à "Beleza", o problema ético e estético da nossa existência, de acordo com os teóricos do pós-moderno, consiste precisamente em organizar os vários pedaços da nossa experiência de modo a conferir-lhe um sentido e não entregá-la à esquizofrenia.

Em outras palavras, a cultura pós-moderna procurou a máxima composição entre Yin e Yang, mas essa busca fez desaparecer os limites entre fatos e interpretações, abandonando-nos à desorientação.

8. A complexidade acabou abalando aquela clareza e aquela linearidade da dialética entre Yin e Yang que Lao-Tsé percebia no fluxo da vida e no processo do conhecimento. No entanto, quanto mais complexa, indecifrável e incontrolável parece a realidade, mais se sente o desejo de confiabilidade, de um novo realismo, de pontos fixos, de marcos indicadores, de caminhos bem traçados, de modelos bem definidos, de correção, de ética.

Por isso, novamente se difunde a exigência de interpor uma distância mais marcante entre Yin e Yang para poder distinguir seus papéis e controlá-los.

À medida que se torna menos nítida a distinção entre esses opostos e desaparecem os pontos de referência intelectuais, difunde-se a desorientação; a desorientação gera uma sensação de crise profunda; a sensação de crise impede-nos de planejar o nosso futuro com confiança.

Daí a recente tendência a reconhecer a consistência dos fatos em relação às interpretações, a recuperar o primado da realidade e das necessidades fortes em relação ao pensamento e às necessidades fracos, para construir um modelo de vida alternativo ao pós-moderno, baseado na mescla das culturas sem destruir sua identidade, na harmonia das experiências sem nivelar sua originalidade, na acolhida do diferente sem atenuar sua diversidade, na beleza total do planeta sem destruir sua biodiversidade. Em poucas palavras, um modelo baseado na copresença paritária, dialogante e fértil de Yin e Yang, categorias ingênuas e arcaicas, mas ainda capazes de vir em nosso auxílio com sua milenar e revigorante sabedoria.

Z. Zeta

*A peste pode chegar e ir embora sem que o coração
do homem seja modificado por ela.*
ALBERT CAMUS

*Quando o fascismo se apodera de uma alma,
não mais a abandona.*
BENITO MUSSOLINI

DEMOCRACY INDEX

A desorientação em massa pode levar a resultados divergentes. Se, quase por milagre, um povo desorientado consegue produzir uma elite culta, democrática, visionária e previdente, dotar-se de uma Constituição que garanta o necessário equilíbrio dos poderes e dos controles, administrar seus meios de comunicação em função do crescimento sociopolítico dos cidadãos; se esse povo se torna consciente e zeloso dos seus direitos e dos seus deveres, então, enquanto permanecer maduro e ponderado, poderá contar com um futuro enriquecido pelas liberdades democráticas.

Por outro lado, se um povo desorientado tem também a infelicidade de gerar uma oligarquia corrupta, exaltada pelo delírio de onipotência, apoiada por meios de comunicação organizados para isso, passivamente aceita por seguidores vulneráveis à manipulação, deseducados e desinteressados pela democracia, pagos com brinquedos mecânicos e gratificações ilusórias, então esse povo está destinado ao longo túnel de um regime ditatorial e depois, se conseguir, a uma sangrenta guerra civil para amadurecer o sentido da democracia e readquirir uma Constituição democrática.

Nem uma nem outra situação são dadas de uma vez por todas. A democracia está bem distante de ser disseminada por todo o planeta, e enquanto alguns estados a conquistam, outros a perdem. Nem mesmo os países que passaram de uma organização rural ou industrial para a pós-industrial são completamente democráticos. De fato, a democracia admite inúmeros matizes e, segundo a maioria dos cientistas políticos, só pode ser considerada completa quando nela coexistem sete condições: eleições livres, competitivas, periódicas e corretas; sufrágio universal masculino e feminino; inclusão de todos os cargos políticos no processo democrático; direito de participação de todos os membros da comunidade política numa lógica inclusiva; pluralismo partidário e competição; liberdade de expressão, de associação e de oposição, bem como respeito pelos direitos fundamentais da pessoa; liberdade e pluralismo das fontes de informação.

Se concordamos com Péricles, que em 430 a.C. atribui orgulhosamente a Atenas a invenção da democracia, temos de admitir que esse modelo de convivência humana, que todo o Ocidente hoje concorda em considerar excelente, demorou 2400 anos para se consolidar e ainda hoje prevalece apenas em menos da metade dos estados existentes no planeta. Em outros termos, a democracia é uma realidade muito recente e parcial.

No ensaio *A terceira onda. A democratização no final do século XX*, Samuel Huntington demonstra que a democracia se afirmou em três grandes ondas correspondentes a mudanças análogas dos contextos culturais, sociais e internacionais. A primeira onda aconteceu entre 1828 e 1926 em decorrência da industrialização e da exigência de incorporar o proletariado na gestão da coisa pública. Mas entre 1922 e 1942 o totalitarismo substituiu a democracia na Itália, na Polônia, nos Países Bálticos, na Alemanha e na Espanha, reduzindo para doze o exíguo grupo das nações democráticas.

Depois da Segunda Guerra Mundial, a democracia difundiu-se também para fora do Ocidente, e as nações democráticas passaram a ser 36. Mas os estados formados a partir de ex-colônias mostraram-se muito frágeis na adoção do modelo democrático, ameaçado por frequentes conflitos internos. Na América Latina, na África, na Grécia, na Turquia, os militares assumiram o poder com violentos golpes de Estado.

A Revolução dos Cravos em Portugal (1974) abriu uma terceira onda de transições para a democracia com o fim dos regimes ditatoriais na Grécia, em Portugal e na Espanha (1974-8), bem como em países da América Latina como Argentina, Bolívia, Brasil, Equador, Peru, Uruguai, Chile e México. Na Ásia, depois de 1977, a Índia voltou à democracia, e, em seguida, pouco a pouco, Filipinas, Coreia do Sul e Taiwan também se democratizaram.

Com a queda do muro de Berlim e o fim do comunismo soviético, ao menos 68 nações no mundo iniciaram reformas em sentido democrático, enquanto no Velho Continente a democratização se completou e 29 nações voltaram a integrar o mosaico das democracias europeias. Nesse meio-tempo, a democracia conquistava também muitos estados africanos, do Benim à Namíbia, da África do Sul a Gana, do Mali ao Senegal, de modo que hoje uma dezena de nações daquele continente podem ser consideradas plenamente democráticas, e dezessete, semidemocráticas. Nos últimos quarenta anos, as democracias praticamente dobraram no mundo, atingindo o número de 82, mas os 85 estados governados por regimes autoritários ainda constituem a maioria.

Como a democracia admite inúmeros matizes, surgiram grupos de estudo especializados na avaliação desse fenômeno, eminentemente qualitativo, com o emprego de métodos quantitativos.

Um dos três grupos principais é o Freedom House, fundado por Eleanor Roosevelt e explicitamente pró-norte-americano, a ponto de declarar que "a liderança norte-americana nos negócios internacionais é essencial para a causa dos direitos humanos e da liberdade". Seu índice, formado por uma escala que vai de um a sete, compara 194 estados com base no respeito dos direitos políticos e das liberdades civis. As piores pontuações (*the worst of the worst*) cabem a dezessete países, quase todos asiáticos. A Itália, considerado um país semilivre, em 2014 ocupa o 64° lugar na classificação da liberdade de informação.

Outro centro de estudos é o Polity IV, que elabora anualmente um Country Report no qual 167 países são avaliados com base no recrutamento do Executivo, nos limites postos à autoridade do governo e na competição política. Os países são colocados num ranking de 21 pontos que vão da autocracia à democracia plenamente institucionalizadas.

Um terceiro *democracy index* é elaborado pelo semanário inglês *The Economist* e compara 167 países com base em cinco dimensões: processo eleitoral e pluralismo, liberdades civis, funcionamento do governo, participação política e cultura política. As nações são divididas em quatro categorias: democracias consolidadas, que na edição de 2014 foram 28; democracias imperfeitas, que foram 54; regimes híbridos, que foram trinta; regimes autoritários, que foram 55.

Numa escala de zero a dez, a Suécia obteve a pontuação mais alta (9,88) e a Coreia do Norte, a pontuação mais baixa (1,03). Os Estados Unidos estão no 17° lugar, precedidos de ao menos treze países europeus. A Itália está no 34° lugar, o Brasil, no 42°, a China, no 138°.

ZETA, ESTÁ VIVO

Longe de ser uma condição duradoura, a democracia é um bem instável, que deve ser buscado e cultivado com cuidado, sob pena de dar lugar ao autoritarismo quase sem que percebamos. O *democracy index* demonstra que, em relação a 2013, em 2014 pelo menos 41 nações conseguiram melhorar seu nível de democraticidade, mas 48 regrediram a níveis mais autoritários. Uma ditadura não surge do nada, e a onda autoritária mostra claros sinais premonitórios, mesmo com muita antecipação. No entanto, a distração, a superficialidade, o medo, a falsa consciência, a presunção e a ilusão toldam o olhar e induzem a subestimar o perigo. Lembram-se dos discursos temerários dos jovens judeus nem um pouco assustados pela iminente chegada do exército nazista a Varsóvia no filme *O pianista*, de Roman Polanski, Palma de Ouro no Festival de Cannes de 2002?

Outras vezes existem vanguardas fortes, cultas e corajosas que percebem o perigo, o combatem, procuram avisar as massas, mas não conseguem deter o avanço ilimitado do terror. Em 21 de abril de 1967, os coronéis se apoderaram da Grécia com um golpe de Estado. Mas um ano antes o escritor Vassilis Vassilikos já publicara o romance *Z*, em que descrevia nos mínimos detalhes os movimentos dos golpistas e o atentado mortal de 1963 contra o deputado socialista Gregoris Lambrakis como preparação para a tomada violenta do poder. Em 1969, com o golpe ocorrido, o diretor Costa-Gavras baseou no romance o filme *Z: A orgia do poder*, que ganhou o Oscar e o Prêmio do Júri em Cannes. O filme terminava com esta legenda: "Ao dar o golpe, os militares também proibiram os cabelos longos, as minissaias, Sófocles, Tolstói, Mark Twain, Eurípides, quebrar copos à maneira russa, Aragon, Trótski, fazer greve, a liberdade sindical, Lurçat, Ésquilo, Aristófanes, Ionesco, Sartre, os Beatles, Albee, Pinter, dizer que Sócrates era homossexual, a ordem dos advogados, aprender russo, aprender búlgaro, a liberdade de imprensa, a enciclopédia internacional, a sociologia, Beckett, Dostoiévski, Tchekhov, Górki e todos os russos, o *Who's who*, a música moderna, a música popular, a matemática moderna, os movimentos pacifistas, e a letra 'Z', que em grego antigo significa *está vivo*".

AS RAÍZES DO FASCISMO

Mesmo passados muitos anos desde o fim de um regime totalitário e a entrada em vigor de uma Constituição democrática, a ideologia conservadora sempre está pronta a reencontrar uma base consistente: ou seja, a voltar a ser fascismo. Muitas vezes os refluxos autoritários têm origem no desatino isolado de um grupo de políticos ou de militares e encontram o fim precisamente no confronto com as massas populares, como aconteceu na Itália em 1960 e em 1964, cerca de vinte anos depois da queda do fascismo. Outras vezes a onda restauradora consegue infectar um bom número de cidadãos pertencentes tanto às oligarquias mais poderosas como àquela parte da classe média que busca privilégios mais modestos de pequeno alcance.

"É precisamente essa participação das massas", escreveu Talcott Parsons em 1942, quando Hitler e Mussolini estavam no auge de seu delírio bélico, "o elemento que distingue o fascismo do conservadorismo tradicional." O fato de que nem mesmo décadas de história formalmente democrática sejam capazes de imunizar as nações de guinadas autoritárias e até totalitárias deve nos deixar consternados e, queiramos ou não, nos obrigar a reexaminar o fenômeno sempre à espreita de um fascismo que fantasiamos ter entregado definitivamente ao estudo retrospectivo dos historiadores e dos psiquiatras.

Os sistemas políticos são vizinhos uns dos outros, e as invasões são mais fáceis do que imaginam os que têm o privilégio de viver numa democracia. Todo o século passado foi marcado por desvios dos regimes liberal-democráticos primeiro para regimes autoritários e logo depois para regimes totalitários.

O processo é garantido: quem tem o poder, mesmo conquistado com instrumentos formalmente democráticos, e pretende transformá-lo em domínio autoritário começa ampliando, matizando ou confundindo seus limites constitucionais, para depois criar grupos oligárquicos apenas aparentemente pluralistas. As eleições populares são primeiramente manipuladas e em seguida eliminadas, de modo que a legitimação de baixo se torne autolegitimação e o déspota já não tenha de prestar contas nem ao Parlamento nem ao povo. Depois o poder se concentra inteiramente nas mãos de uma única pessoa e de sua turma, enquanto o Estado de direito se transforma em Estado autoritário. O jogo é bem-sucedido porque o grupo dominante (por exemplo, o exército ou um partido único, nacionalista ou fundamentalista) promete tirar o país da profunda crise em que se encontra para depois devolvê-lo à plena democracia. Nazismos, fascismos e comunismos são exemplos dessa escalada, que desemboca no totalitarismo quando o ditador consegue controlar cada aspecto da vida individual e social através da escola, da propaganda, da polícia e do medo. Desaparece, assim, qualquer resquício de pluralismo, e o cidadão se vê completamente submetido à imprevisível e irrefreável vontade ditatorial, irremovível por parte do eleitorado e não mais responsável por ela. A essa altura, o Estado é totalitário para todos os efeitos: o poder está concentrado numa só pessoa ou num partido único que impõe a todos a ideologia oficial, usa as forças de polícia e o terror como instrumentos de poder, manipula e mobiliza as massas através da propaganda.

Quando, em 1946, os italianos se dispuseram a construir uma democracia sobre os destroços da monarquia e do regime fascista, quando em 1985 os brasileiros fizeram o mesmo sobre as ruínas do regime militar, tiveram uma vantagem incalculável: a de poder contar com a repugnância popular diante do autoritarismo, do antiparlamentarismo e da guerra. Acumulado em vinte anos de submissão e de degradação, esse patrimônio de ódio pelo fascismo conferia às duas renascentes instituições uma garantia de invulnerabilidade sem precedentes diante de qualquer tentativa restauradora. Temos de nos perguntar agora se não existe o perigo de que tal patrimônio tenha sido dilapidado em poucas décadas e de que uma conspiração de homens e de circunstâncias possa novamente levar uma parte do povo, ainda que minoritária, a silenciar os fantasmas do passado e recriar as condições para uma volta à mais desastrosa das nossas experiências históricas. Analisar o caso da Itália seria um exercício possivelmente útil para todos os países que tiveram experiências análogas à nossa.

Ao examinar, em sua época, as causas dos movimentos autoritários na Alemanha e na Itália, Parsons concluiu que o advento do fascismo estava ligado às rápidas inovações tecnológicas e culturais que, no início do século XX, tinham tirado sobretudo as classes médias de seu costumeiro universo de equilíbrios, lançando os cidadãos isolados naquela situação de vazio social que Durkheim define como "anomia", premissa de todos os suicídios individuais e coletivos.

Nas primeiras décadas do século XX — explica Parsons no ensaio *Alguns aspectos sociológicos dos movimentos fascistas* —, a industrialização forçada, a fuga do campo, o desenvolvimento das cidades, o desemprego, as rápidas mudanças da qualidade de vida, a sucessão de modismos e de ideologias, o abandono das tradições, a negação de muitos valores éticos e religiosos, a substituição de todos os modelos de comportamento unívocos por uma quantidade de possíveis alternativas levaram inúmeros indivíduos a compensar sua desorientação submetendo-se a uma autoridade central e tirânica, pronta a escolher por todos e a impor a todos a própria vontade despótica.

Parsons atribui pouca importância aos fatores mais estritamente ligados à distribuição da riqueza e do poder, mas as inovações por ele ressaltadas nas primeiras décadas do século XX, ao incidirem na situação estrutural daquele período, também contribuíram para lançar as massas num estado de desequilíbrio capaz de induzi-las a aceitar, como pretenso mal menor, o reconfortante cativeiro do fascismo e do nazismo.

Com muito mais motivo, as ulteriores mudanças tecnológicas e culturais realizadas nesses últimos anos, exaltadas, nos seus efeitos negativos, pelas crescentes desigualdades socioeconômicas, criam o perigo de uma nova guinada para soluções desastrosas como as de 1922 na Itália, de 1933 na Alemanha, 1964 no Brasil. No início do século XX caíram certezas às quais todo o Ocidente se acomodara havia séculos: as da ética e da filosofia, subvertidas por Friedrich Nietzsche; as da psicologia, subvertidas por Sigmund Freud; as da física, subvertidas por Albert Einstein; as da pintura, subvertidas por Pablo

Picasso e por Wassily Kandinsky; as da música, subvertidas por Arnold Schönberg e por Igor Stravinsky; as da arquitetura, subvertidas por Le Corbusier; as da literatura, subvertidas por Arthur Rimbaud e por James Joyce. Em poucos anos, um universo inteiro de certezas cai na conjecturabilidade, subtraindo do homem as coordenadas com as quais estava acostumado desde sempre a se situar na galáxia das coisas e dos conceitos.

AS CIRCUNSTÂNCIAS VOLTAM A SE MANIFESTAR

Esse processo inovador, longe de se esgotar com os anos, depois de dois conflitos mundiais se difundiu e se acelerou: o progresso tecnológico, a explosão demográfica, as migrações em massa, o terror nuclear, a ameaça ecológica, os conflitos religiosos, o desemprego, as crises financeiras perpetuam uma insegurança já conhecida, mas com nova intensidade, amplificada e acirrada pelo poder dos meios de comunicação de massa e das redes telemáticas.

Essa insegurança atingiu todos os países, mas se manifestou de maneiras diferentes nas várias áreas e entre os diversos grupos sociais; resultou daí um aumento exponencial das distâncias entre os que se emanciparam em maior medida e os que se emanciparam em menor medida da escravidão da fome, da tradição e da autoridade, dos velhos esquemas profissionais, das costumeiras oscilações do gosto, dos padrões da respeitabilidade, da tendência à passividade, da dependência psicológica. Em outros termos, nos lugares em que a estrutura socioeconômica permaneceu mais desequilibrada e mais incapaz de eliminar as próprias contradições internas de classe, são mais amplificados os efeitos traumáticos das inovações introduzidas em benefício das classes dominantes e em detrimento dos interesses das classes subalternas.

Ao menos sob esse aspecto, o atual estado de insegurança do Ocidente é mais preocupante que o apresentado pela Itália do primeiro pós-guerra (quando a dinâmica social era amenizada pela imobilidade da economia rural) e é ainda mais preocupante que aquele que caracterizava a República de Weimar (em que os efeitos da industrialização e da racionalização eram em parte absorvidos por uma burocratização rígida da indústria e da administração, por um forte controle central dos processos de intercâmbio e por uma tradição de governo baseada mais na expressão kantiana do dever que no exercício absolutista do poder). Em contrapartida, muito semelhantes aos da República de Weimar são, entre nós, a atual dinâmica da relação capital-trabalho, a emergência dos sujeitos econômicos como interlocutores privilegiados e fortes do governo, o fechamento dos empresários em posições corporativas e antissindicais com o álibi da globalização. É verdade que grande parte da burguesia ocidental está hoje paralisada diante de reformas ou de tentativas de reformas que apenas alguns anos atrás ela mesma invocava e muitas vezes metabolizava sem grandes traumas. O Estatuto dos Trabalhadores tentou levar às fábricas a democracia prevista pela Constituição; a lei sobre o divórcio e a lei sobre o aborto tentaram garantir às famílias aquelas liberdades confessionais que integram os direitos elementares de todo povo civilizado. Isso é tudo.

O fato de reformas desse tipo, em vez de obterem um consenso cada vez maior, provocarem reações cada vez mais obscurantistas, alarmismos e propostas restauradoras leva a pensar que, sob a aparência da democracia formal, as raízes do fascismo ainda estão vivas. Assim, é oportuno examinar mais profundamente o tecido das nossas instituições para revelar essas raízes.

A FITA BRANCA

Se os mesmos fatores estruturais produzem efeitos sociais diferentes nos vários países ocidentais; se os mesmos temores econômicos, as mesmas inovações tecnológicas e legislativas produzem em alguns deles flutuações políticas e refluxos totalitários muito mais consistentes que em outros, isso demonstra o quanto é oportuno ampliar a pesquisa além do plano econômico, já explorado por inúmeros estudiosos, levando-a também ao âmbito sociocultural e ao psicológico, muitas vezes negligenciados. Michael Haneke fez isso muito bem com seu filme de 2009 *A fita branca*, que explora a formação das crianças e dos adolescentes numa aldeia protestante do Norte da Alemanha na véspera da Primeira Guerra Mundial e, com sugestiva acuidade, aponta nos distantes rituais punitivos a semente do nazismo, que, pouco depois, transformará aqueles jovens em SS.

Em seu discurso aos concidadãos de 430 a.C., Péricles tem o cuidado de ressaltar os efeitos deletérios da educação administrada em cidades como Esparta, governadas com métodos autoritários e militarescos, em relação aos efeitos de uma educação democrática como a ateniense. "Também no sistema educacional", ele diz, "enquanto os adversários, desde pequenos, são educados para o heroísmo com um treinamento muito duro, nós, ao contrário, enfrentamos os perigos com a mesma força, ainda que vivendo uma vida descontraída, e gostamos de enfrentar os perigos com nobre autoconfiança, e não com desgastante exercício, e com uma coragem que não é fruto de normas, mas do nosso deliberado modo de viver."

Se, com base no ensinamento de Péricles e seguindo o exemplo de Haneke, reexaminássemos os currículos das escolas fascistas, os métodos pedagógicos que elas adotavam, os livros didáticos que impunham, certamente descobriríamos uma chave para decifrar essa operação capilar de doutrinação graças à qual o fascismo sobreviveu a si mesmo, introduzindo suas sementes nas cabeças dos jovens e nutrindo-as secretamente, preparando-se assim para ressurgir, mais perigoso que antes, depois de uma longa incubação.

Todos aqueles que na Itália e na Alemanha tinham quinze anos em 1945, todos aqueles que em Portugal e na Grécia tinham essa mesma idade em 1974, na Espanha em 1975, na Argentina em 1983, no Brasil em 1984, nos antigos países soviéticos em 1989, milhões de pessoas na Europa, na América do Sul, na Ásia, na África, mesmo que hoje vivam em nações democráticas, receberam uma educação severamente marcada pelo autoritarismo e não podem deixar de manifestar seus efeitos.

Ainda nos anos 1970, os italianos doutrinados nas escolas fascistas eram mais de 15 milhões. Percorrendo as páginas dos livros didáticos que serviram de base para sua formação durante o Vintênio Fascista, seria difícil acreditar que 15 milhões de italianos — que se tornaram empresários, legisladores, magistrados, professores, pais de família — estudaram e aprenderam de cor quando jovens as insensatas amenidades e as cínicas atrocidades contidas naqueles volumes.

Muitos desses italianos certamente esqueceram as máximas dispensadas pelo *Primo* e pelo *Secondo libro del fascista*, textos obrigatórios de doutrinação nas escolas de ensino fundamental e médio. Aquelas máximas, que começavam definindo o fascismo como "uma democracia organizada, centralizada, autoritária", foram inoculadas em seus cérebros através de competições escolares, prêmios de encorajamento e palmatórias nas mãos; e ainda estão ali, escondidas no mais íntimo do inconsciente dessas pessoas, sempre prontas a se traduzir em indiferentismo ou a explodir em violência se não forem exorcizadas culturalmente com a liberdade e mantidas sob controle por uma vigilante autoconsciência. Provavelmente, a ação de tais máximas nunca deixou de difundir o autoritatismo em todos os meandros mais íntimos do organismo social, tanto que, observando com atenção, a República italiana baseada no trabalho foi por muitas décadas (e em parte ainda é) um estranho sistema que se diz democrático, mas é constituído, na verdade, por uma colagem de vários subsistemas ditatoriais.

O cidadão que, nascido após a queda do fascismo, por décadas acreditou que vivia numa democracia na verdade veio à luz na pequena ditadura de uma clínica dirigida por um *duce*-médico-chefe; ainda recém-nascido, sofreu o batismo na pequena ditadura de uma paróquia administrada por um *duce*-vigário; foi criado na pequena ditadura de uma família tiranizada por um *duce*-pai; estudou na pequena ditadura de uma escola dominada por um *duce*-professor; trabalha oito horas por dia na pequena ditadura de um escritório ou de uma fábrica tiranizados por um *duce*-tecnocrata; é informado por órgãos de imprensa e meios de comunicação gerenciados autoritariamente com a intenção e a astúcia de perpetuar nele a ilusão da liberdade formal. Assim, o homem, plasmado para ser uma perfeita combinação de agressividade e docilidade, de conformismo e idiotização apolítica, e a mulher, criada nas virtudes servis que os alemães sintetizam nos três K de *Kinder*, *Kirche* e *Kueche*, tiveram a ilusão de que podiam decidir o destino de seu país através do exercício periódico do sufrágio universal e acabaram esquecendo que, em cada instante, no desenvolvimento cotidiano das próprias atividades, eram escravos de um poder que Tocqueville já descrevia como "absoluto, minucioso, metódico, previdente". Em seu *A democracia na América*, texto profundo e profético que citei várias vezes neste livro, Tocqueville vislumbrou com lucidez os germes de autoritarismo presentes num Estado esquizofrênico em que a Constituição é republicana, mas todas as instituições são monárquicas, de modo que, cedo ou tarde, o povo se rebela ou se prostra.

BASTÃO, DOUTRINAÇÃO E CENOURA

Como entre 1922 e 1945 os italianos foram educados com meticulosa predeterminação, de maneira a assimilar profundamente as ideias difundidas nas escolas fascistas para transformá-las num modelo de vida e num mito, assim a educação para a obediência tácita e a agressividade bestial inoculou em milhões de cidadãos dos países recentemente libertos da ditadura um fascismo que ainda hoje, mesmo a muitos anos de distância, se esconde silencioso e surdamente resiste às instituições democráticas.

Em 1919, quando ainda não havia assumido o poder, Mussolini disse: "O fascismo é uma mentalidade especial de inquietações, de antipatias, de ousadias, de misoneísmos até mesmo arriscados". Em 1922, ano da Marcha sobre Roma, disse: "Nós tocamos todas as cordas da lira: da corda da violência à da religião, da corda da arte à da política". No ano seguinte, acrescentou: "O fascismo é um fenômeno religioso de amplas proporções históricas e é o produto de uma raça". Em 1924, quando o regime já estava estabelecido, disse: "O fascismo é emoção, teoria e prática; é sentimentos, ideias e ações; é alguma coisa de sentido, alguma coisa de pensado e alguma coisa de feito; é inspiração espiritual, substância de doutrina e sistema de política de estados". E em 1925, quando o regime já estava consolidado: "Hoje o fascismo é um partido, é uma milícia, é uma corporação. Isso não é suficiente: deve tornar-se um modo de vida. Devem existir os italianos do fascismo, assim como existem, com características irrefutáveis, os italianos da renascença e os italianos da latinidade".

Os milhões de adultos que aplaudiam essas palavras nas praças de toda a Itália vestiam a farda preta, mas não tinham estudado nas escolas fascistas, e sim nas do Estado liberal posterior à unificação. Dentro deles se escondia a semente da independência e o fascismo já era uma "milícia", mas não ainda um "modo de vida". Os poucos antigos sobreviventes que ainda resistem nos postos do poder e muitos adultos que hoje detêm o poder nos países de democracia mais recente — da Argentina ao Brasil, da Polônia à Romênia, de Gana ao Senegal — estudaram não nas escolas liberais, e sim nas reformadas pelas ditaduras, vestem não os uniformes impostos pelos coronéis, mas estão expostos ao risco de refluxos totalitários no seu modo de viver. Uma geração educada liberalmente pode cair no fascismo, mas sabe sair dele com a resistência; uma geração educada com princípios ditatoriais, que sofreu a lavagem cerebral por parte de professores-hierarcas, pode fazer a resistência, mas pode também recair na mentalidade nela plasmada pela ditadura, considerando que as ideias aprendidas nos anos de formação são naturais e que é ético aplicá-las.

A manipulação total, aliás, constitui o programa explícito de todas as pedagogias autoritárias. Em 1926, Mussolini disse: "Os meus preferidos são aqueles que trabalham dura, incansável e esforçadamente, com obediência e, se possível, em silêncio". Algo análogo devem ter pensado também Hitler na Alemanha, Stálin na Rússia, Salazar em Portugal, Franco na Espanha, Castello Branco no Brasil, Ceauşescu na Romênia e todos os outros ditadores da Terra.

Quatro anos depois, em 1930, o próprio Mussolini deu por encerrada a transformação do país num Estado-guarnição: "Hoje a Itália está realmente como eu queria; um exército de cidadãos e de soldados, prontos para as obras de paz, laboriosos, silenciosos, disciplinados". O modo de vida fascista é submissão à ordem e ele costuma recorrer à autoridade para que sufoque na violência tudo aquilo que o ameaça. Vinte anos de fascismo acostumaram milhões de italianos a serem plasmados e protegidos pela mão forte e vigilante do regime, que chegava a todas as partes para vigiar e punir.

A mão forte é adotada desde o primeiro momento. Em 1923, Mussolini ameaçava: "Eu quero governar, se possível, com o consenso do maior número de cidadãos; mas, na expectativa de que esse consenso se forme, se alimente e se fortaleça, eu reúno o máximo das forças disponíveis. Porque pode acontecer que a força, casualmente, leve a reencontrar o consenso, e, em qualquer caso, se não houver consenso, há a força. Para todas as providências tomadas pelo governo, até mesmo as mais duras, colocaremos os cidadãos diante deste dilema: ou aceitá-las por elevado espírito de patriotismo ou suportá-las".

Em 1929, quando o bastão fez o trabalho sujo, Mussolini acena com a cenoura, vangloriando-se de um cuidado paternalista de seus súditos: "Nestes seis anos, concedi mais de 60 mil audiências; examinei 1 887 112 processos de cidadãos, que chegaram diretamente à minha secretaria particular. Todas as vezes que um cidadão, mesmo dos vilarejos mais remotos, se dirigiu a mim, obteve resposta. Não basta governar com força; é preciso que o povo, mesmo o distante, humilde, esquecido, tenha a prova de que o governo é composto por homens que compreendem, socorrem e não se sentem isolados do restante do gênero humano".

A PERSONALIDADE AUTORITÁRIA

O bastão e a cenoura, contudo, não foram suficientes para evitar que, em 1945, os filhos se revoltassem contra o "pai". Mataram-no e destruíram suas relíquias até então objeto de veneração fetichista. Cada casa italiana tornou-se uma praça Loreto, na qual foi exposto o cadáver de Mussolini depois de fuzilado: por todos os cantos se esconderam fotografias, livros, uniformes e medalhas, todas lembranças desagradáveis do estado de menoridade do qual se saíra de repente; a dependência pronta, cega e absoluta (segundo a regra moral do *duce*: "Crer, obedecer, combater") transformou-se em contradependência oculta e furtiva. Depois da morte de Hitler, levado ao suicídio pela derrota, muitos alemães sentiram-se órfãos; depois da morte de Mussolini, fuzilado por seus próprios compatriotas, muitos italianos se sentiram patricidas. Trata-se de uma diferença não negligenciável do ponto de vista psicanalítico: a catástrofe violenta do regime imprimiu-se no inconsciente de muitos italianos como um sombrio remorso, que os impeliu a impedir por todos os meios que as forças democráticas anulassem definitivamente os efeitos do fascismo, ou seja, os vestígios do "pai". Aquele "pai" em cujo modelo continuaram a inspirar — consciente ou inconscientemente — a própria conduta todas as vezes que tiveram a oportunidade de administrar um fragmento qualquer de poder e de transformar as relações interpessoais em prevaricação autoritária.

Os filhos desses filhos, hoje atraídos pela tentação neofascista, representam o núcleo mais consistente e mais perigoso do exército de reserva ao qual poderia ter acesso qualquer um que apresentasse a si mesmo como o homem novo da Providência: um núcleo de indivíduos que escondem, sob a pátina da arrogância, uma insegurança constitucional diante de qualquer flutuação econômica, inovação científica ou mudança cultural e que, dominados pelo pânico, não sabem gerenciar o progresso nem impedi-lo, mas se limitam a invocar um Estado forte que os defenda.

São esses — na Itália — os fascistas que, acostumados à prepotência para com os fracos e à submissão diante dos fortes, dão hoje livre vazão às taras herdadas do Vintênio Fascista e encerradas por anos dentro deles, com a conivência das instituições apenas formalmente democráticas que pouco ou nada tentaram fazer para sanear os tecidos infectados da sociedade.

Camuflados sob rótulos de todos os tipos — na Itália, na Alemanha, em toda a Europa, em todo o mundo —, homens mantidos nos postos de comando durante e depois dos regimes autoritários, jovens educados por eles, e portanto dispostos a qualquer operação ideológica de cunho autoritário e violento, muitas vezes se apoderaram das instituições, desnaturando-as e violentando-as. Poderosos hoje como ontem, instalaram-se nos tribunais, nas universidades, nos organismos econômicos, nos parlamentos. Nada sabemos desses homens: nem quantos são nem como neutralizá-los. Muitas vezes nem mesmo eles sabem qual vocação autoritária trazem dentro de si, e quão pronta ela está a se traduzir de potencialidade latente em ato irreparável. Os sociólogos, do pós-guerra até hoje, ocuparam-se de tudo, dos astros aos parafusos, dos detergentes ao suor, mas não encontraram tempo para descrever e denunciar as sobrevivências e as primícias fascistas da nossa sociedade. A mais famosa pesquisa sobre a personalidade autoritária, que remonta a 1950 (*A personalidade autoritária*, de Theodor Adorno, Else Frenkel-Brunswik, Daniel Levinson e Nevitt Sanford), demonstra que as convicções políticas, sociais e econômicas de um indivíduo potencialmente fascista "não raro formam um amplo projeto orgânico, quase como se fossem reunidas por uma *mentalidade* ou por um *espírito unificador*, e que esse projeto é a expressão de tendências profundamente arraigadas na personalidade". Essas tendências podem ser relacionadas a uma psicologia sadomasoquista caracterizada por uma atitude particular diante da autoridade. O fascista potencial, de acordo com a análise de Erich Fromm, "admira a autoridade e tende a se submeter a ela, mas ao mesmo tempo também quer exercer a própria autoridade sobre outros indivíduos".

A pesquisa de Adorno e de seus colaboradores chegou a delinear seis categorias de personalidades potencialmente fascistas. Personalidades que ainda podem ser encontradas nas nossas sociedades: os que agem com base num "ressentimento de superfície", derivado ao menos em parte de uma mesquinhez pequeno-burguesa, e que racionalizam seus sentimentos de culpa atribuindo as responsabilidades a minorias ou a estrangeiros (judeus, estrangeiros etc.); aqueles que se fecham num mundo convencional, rejeitando qualquer forma de protesto e aceitando incondicionalmente os modelos culturais dominantes; os que atingem um equilíbrio social apenas através da obediência e da subordinação, que lhes permitem a identificação com o pai e com qualquer outra figura autoritária, moldando nela seu próprio comportamento e descarregando a agressividade em grupos estrangeiros; os que transformam o complexo de Édipo numa atitude "rebelde" que os leva a odiar qualquer autoridade, mesmo mantendo uma secreta propensão a capitular diante da própria autoridade por um impulso destrutivo que leva a uma atitude niilista e violenta; aqueles que, por uma síndrome psicopata, tendem a perseguir sadicamente os mais fracos e indefesos; os maníacos que, não conseguindo aceitar a realidade, rejeitam o mundo externo e se isolam num mundo interior baseado em preconceitos e no racismo; os manipuladores, que constituem o grupo mais perigoso e talvez hoje mais difundido. Quem pertence a esse grupo, segundo John Madge, "tem uma visão estereotipada do mundo, que considera um campo de manipulação administrativa. Não existe nele nenhuma consideração pelas pessoas ou pelas coisas: contam apenas os aspectos técnicos da vida. A ênfase é colocada exclusivamente na ação, e o conteúdo do que é seguido é considerado com indiferença. A tecnologia é um fim em si mesma, e a melhor solução é a tecnicamente mais eficiente, não aquela que promove o bem-estar da humanidade".

A PESTE

Há várias maneiras de sair da desorientação. Criando um novo modelo de vida, coletivo, universal, híbrido, em que emoção e regra, imaginação e concretude confluem harmoniosamente, oferecendo aos viajantes um percurso seguro, mas não coercitivo. Acentuando o desânimo e, com ele, a anarquia de todos contra todos, a fragmentação em partículas do sistema enquanto cada um se agarra a seu próprio mito, a seu próprio amor insano, a sua própria confortável ilusão. Isolando-se do mundo como estrangeiro em sua pátria para se refugiar numa bolha na qual se sobrevive desconhecido de todos e por todos esquecido. Dispondo-se a aceitar um salvador que assuma — em troca de uma obediência pronta, cega e absoluta — todas as incertezas e os medos da massa, e a guie com temerária determinação para horizontes radiantes que cedo ou tarde se revelarão cruentos.

Para ficar apreensivos, basta-nos um olhar para a desorientação em que estacionamos e da qual neste livro procurei fotografar alguns fragmentos, ainda que com pouca compreensão e incompleta humanidade. Como vimos, estrutura, cultura e pessoas apresentam sinais de deterioração, resvalam cada vez mais para a alienação e o fascismo. Enquanto escrevo, 85 estados são oprimidos por governos totalitários, e os que foram recém-libertados nem sempre aproveitaram plenamente as oportunidades para educar os jovens e reeducar os idosos para a democracia após a libertação.

Nem todos os cidadãos formados sob regimes totalitários conservam indeléveis os germes do fascismo, nem todos os cidadãos educados mais tarde são totalmente imunes a ele. Além disso, a idade e a educação recebida são fatores que agem junto com muitos outros, não raro com a mesma magnitude. Se em todos esses anos a Itália e os outros países antes totalitários permaneceram constitucionalmente democráticos, isso se deve não apenas àquela carga de profunda repugnância pelo fascismo que as massas adquiriram pela experiência da ditadura e da guerra, mas também a algumas escolhas apropriadas que, aproveitando a colocação ideológica e geográfica de cada um desses países, conseguiram manter distantes, até agora, os perigos de novas saídas ditatoriais.

Em todos esses países, também graças à democracia reconquistada, diminuiu sensivelmente o analfabetismo, a qualidade de vida melhorou, a presença do Estado como sujeito ativo no âmbito econômico limitou ao menos minimamente o superpoder dos monopólios privados; os modelos de comportamento, liberados dos tabus religiosos e laicos, tornaram-se bem mais homogêneos; a liberdade, ainda que inconscientemente, é vivida como condição imprescindível. Por outro lado, seu progressivo amadurecimento permitiu que os trabalhadores experimentassem concretamente o poder dos instrumentos democráticos, tomassem consciência da própria força de classe e criassem instrumentos organizativos que agora constituem a maior proteção da liberdade.

Sem dúvida, nenhum cidadão culturalmente democrático pode ter hoje a ilusão de que o fascismo foi derrotado para sempre e de que no futuro poderemos confiar numa pretensa irreversibilidade das formas democráticas de governo. Pelo menos por enquanto, o fechamento nacionalista em que se apoiou a doutrina fascista foi exorcizado pelo desenvolvimento das comunicações, pela abertura das barreiras alfandegárias e pelo contínuo intercâmbio entre os povos; faltam aos partidos de extrema direita os pretextos para camuflar a restauração sob aparências revolucionárias; a inovação triunfante nas ciências deslocou a ênfase para o futuro e não para um heroico passado imperial; os jovens não sofreram diretamente a educação fascista, e a maioria tende a preferir modelos de organização social caracterizados pela tolerância das diversidades. Mas todos esses elementos em favor da democracia não são suficientes, por si sós, para garantir sua sobrevivência: é preciso fortalecê-los e coordená-los numa estratégia política baseada na consciência de que as sementes do fascismo não morrem nunca e que só podem ser neutralizadas através de uma ação salvífica: consciente, vigilante e obstinada.

Após a experiência terrível da Segunda Guerra Mundial, em 1947 Albert Camus publicou A peste, romance em que a epidemia era tomada como metáfora da luta da resistência europeia contra o nazifascismo e, mais ainda, daquela que desde sempre a humanidade realiza contra o mal. Em Oran — lugar universal do espírito mais que lugar geográfico concreto — explode repentinamente a peste, e o dr. Bernard Rieux, como médico e como homem, está empenhado pessoalmente, junto com dois colegas e com a mãe, no socorro dos contagiados devastados pela doença. O livro quer ser uma crônica, redigida com o devido distanciamento, dos dias em que "o cheiro da morte entorpecia todos aqueles a quem não matava". Rieux escreve tomando deliberadamente o partido das vítimas, na tentativa de "juntar-se aos homens, seus concidadãos, nas únicas certezas que eles têm em comum, ou seja, o amor, o sofrimento e o exílio". Ao fazê-lo, torna-se testemunha do quanto, não obstante suas feridas pessoais, conseguiram realizar contra a peste "todos os homens que, não podendo ser santos e recusando-se a admitir os flagelos, se esforçam para ser médicos".

Quando as autoridades se dão conta de que os ratos saídos dos esgotos transmitem uma peste bubônica, a cidade é isolada do resto do mundo, e no interior de seus muros começam a se entrelaçar as terríveis e humaníssimas histórias de homens obrigados a viver duramente "apenas com aquilo que se sabe e de que se tem lembrança, privados do que se espera".

Depois de fazer os seus mortos durante semanas com impiedosa violência, a peste se dissipa misteriosamente assim como chegara, e "toda a cidade lançou-se às ruas, para festejar o minuto de opressão em que terminava o tempo dos sofrimentos e ainda não começara o tempo do esquecimento". Ainda que temporariamente, a alegria da libertação cria aquela igualdade solidária que nem sequer a presença da morte conseguiu gerar. Os sinos festivos, as orquestras e as danças improvisadas nos cruzamentos, sobretudo os casais encantados e silenciosos de jovens amantes, turistas da paixão, "negavam tranquilamente, contra toda a evidência, que tivéssemos jamais conhecido esse mundo insensato [...]. Negavam, enfim, que tivéssemos sido esse povo atordoado de que todos os dias uma parte, empilhada na boca de um forno, se evaporava em fumaça gordurosa, enquanto a outra, carregada com as correntes da impotência e do medo, esperava a sua vez".

A excitação festiva e a felicidade momentânea dos sobreviventes, que sofreram juntos, na carne e na alma, um exílio irremediável, testemunham que, "se há alguma coisa que se pode desejar sempre e obter por vezes, essa coisa é o afeto humano". No meio deles, testemunha não participante de sua exultação, Rieux considera justo que, "ao menos de vez em quando, a alegria viesse recompensar os que se contentam com o homem e com seu pobre e terrível coração".

A crônica do dr. Rieux termina como poderiam terminar as crônicas de todas as festas do povo que eclodem quando é morto o ditador até alguns dias antes venerado pelas massas. E se encerra como também quero encerrar — pedindo emprestadas as palavras a Camus — esta crônica da sociedade pós-industrial dividida em 26 *tags*: "Ao ouvir os gritos de alegria que subiam da cidade, Rieux lembrava-se de que aquela alegria estava sempre ameaçada: ele sabia o que a multidão ignorava, e que pode ser lido nos livros, ou seja, que o bacilo da peste nunca morre ou desaparece, que pode ficar dezenas de anos adormecido nos móveis e na roupa, que espera pacientemente nos quartos, nos porões, nas malas, nos lenços e nos papéis velhos e que talvez chegaria o dia em que, para desgraça e ensinamento dos homens, a peste acordaria seus ratos para mandá-los morrer numa cidade feliz".

ESTA OBRA FOI COMPOSTA PELA ABREU'S SYSTEM EM INES LIGHT
E IMPRESSA EM OFSETE PELA LIS GRÁFICA SOBRE PAPEL PÓLEN SOFT DA SUZANO
PAPEL E CELULOSE PARA A EDITORA SCHWARCZ EM MARÇO DE 2017

A marca FSC® é a garantia de que a madeira utilizada na fabricação do papel deste livro provém de florestas que foram gerenciadas de maneira ambientalmente correta, socialmente justa e economicamente viável, além de outras fontes de origem controlada.